图书在版编目（ＣＩＰ）数据

聊斋志异 / (清) 蒲松龄著. -- 北京：线装书局，
2016.1
（中国二十大名著 / 马博主编）
ISBN 978-7-5120-2004-7

Ⅰ.①聊… Ⅱ.①蒲… Ⅲ.①笔记小说－中国－清代
Ⅳ.①I242.1

中国版本图书馆CIP数据核字(2015)第255668号

聊斋志异

原　　著：〔清〕蒲松龄
主　　编：马　博
责任编辑：高晓彬
装帧设计：博雅圣轩藏书馆　Boyashengxuan Cangshuguan
出版发行：线装書局
　　　　　地　址：北京市西城区鼓楼西大街41号（100009）
　　　　　电　话：010-64045283（发行部）　64045583（总编室）
　　　　　网　址：www.xzhbc.com
经　　销：新华书店
印　　制：北京彩虹伟业印刷有限公司
开　　本：710mm×1040mm　1/16
印　　张：28
字　　数：340千字
版　　次：2016年1月第1版第1次印刷
印　　数：0001－3000套

定　　价：4980.00元（全二十册）

国学经典文库

中国二十大名著

图文珍藏版

写鬼写妖高人一等的大师 刺贪刺虐入骨三分的巨著

聊斋志异

第五册

[清]蒲松龄○著 马博○主编

线装书局

导读

  《聊斋志异》，清朝蒲松龄编著的短篇文言小说集，是蒲松龄的代表作，在他从 40 岁左右历时 30 多年完成的著作。"聊斋"是他的书斋名，"志"是记述的意思，"异"指奇异的故事，指在聊斋中记述奇异的故事，题材非常广泛，内容极其丰富，艺术成就很高。作品成功地塑造了众多的艺术典型，人物形象鲜明生动，故事情节曲折离奇，结构布局严谨巧妙，文笔简练，描写细腻，堪称中国古典文言短篇小说之巅峰。多数作品通过谈狐说鬼的手法，对当时社会的腐败、黑暗进行了有力批判，在一定程度上揭露了社会矛盾，表达了人民的愿望，但其中也夹杂着一些封建伦理观念和因果报应的宿命论思想。在文学史上，它是一部著名短篇小说集。全书多达 500 多篇，内容十分广泛，多谈狐仙、鬼妖、人兽，以此来概括当时的社会关系，反映了 17 世纪的中国的社会面貌。

目 录

第一卷

考城隍 ·············· （1）
耳中人 ·············· （2）
尸变 ·············· （2）
喷水 ·············· （4）
瞳人语 ·············· （4）
画壁 ·············· （6）
山魈 ·············· （7）
咬鬼 ·············· （8）
捉狐 ·············· （8）
荞中怪 ·············· （9）
宅妖 ·············· （9）
王六郎 ·············· （10）
偷桃 ·············· （12）
种梨 ·············· （13）
崂山道士 ·············· （14）
长清僧 ·············· （16）
蛇人 ·············· （17）
斫蟒 ·············· （18）
犬奸 ·············· （19）
雹神 ·············· （19）

狐嫁女 ·············· （20）
娇娜 ·············· （22）
僧孽 ·············· （25）
妖术 ·············· （26）
野狗 ·············· （27）
三生 ·············· （27）
狐入瓶 ·············· （28）
鬼哭 ·············· （29）

第二卷

金世成 ·············· （30）
董生 ·············· （30）
龁石 ·············· （32）
庙鬼 ·············· （32）
陆判 ·············· （32）
婴宁 ·············· （35）
聂小倩 ·············· （40）
义鼠 ·············· （43）
地震 ·············· （43）
海公子 ·············· （44）
丁前溪 ·············· （45）
海大鱼 ·············· （46）

张老相公 ·············· （46）
水莽草 ·············· （46）
造畜 ·············· （48）
凤阳士人 ·············· （48）
耿十八 ·············· （50）
珠儿 ·············· （51）
小官人 ·············· （53）
胡四姐 ·············· （53）
祝翁 ·············· （55）
猪婆龙 ·············· （56）
某公 ·············· （56）
快刀 ·············· （56）
侠女 ·············· （56）
酒友 ·············· （59）
莲香 ·············· （60）

第三卷

江中 ·············· （65）
鲁公女 ·············· （65）
道士 ·············· （67）
胡氏 ·············· （68）
戏术 ·············· （70）

国学经典文库

中国二十大名著

目录

图文珍藏版

丐僧 ……………… （70）
伏狐 ……………… （70）
蛰龙 ……………… （71）
苏仙 ……………… （71）
李伯言 …………… （72）
黄九郎 …………… （73）
金陵女子 ………… （76）
汤公 ……………… （76）
阎罗 ……………… （77）
连琐 ……………… （78）
单道士 …………… （80）
白于玉 …………… （81）
夜叉国 …………… （84）
小髻 ……………… （87）
西僧 ……………… （87）
老饕 ……………… （87）
连城 ……………… （89）
霍生 ……………… （91）
汪士秀 …………… （92）
商三官 …………… （93）
于江 ……………… （94）
小二 ……………… （94）
庚娘 ……………… （96）
宫梦弼 …………… （98）
鸲鹆 ……………… （101）
刘海石 …………… （102）
谕鬼 ……………… （103）
泥鬼 ……………… （103）
梦别 ……………… （104）
犬灯 ……………… （104）

番僧 ……………… （105）
狐妾 ……………… （105）
雷曹 ……………… （107）
赌符 ……………… （109）
阿霞 ……………… （109）
李司鉴 …………… （111）
五羖大夫 ………… （111）
毛狐 ……………… （111）
翩翩 ……………… （112）
黑兽 ……………… （114）

第四卷

余德 ……………… （115）
杨千总 …………… （116）
瓜异 ……………… （116）
青梅 ……………… （116）
罗刹海市 ………… （121）
田七郎 …………… （125）
产龙 ……………… （129）
保住 ……………… （129）
公孙九娘 ………… （129）
促织 ……………… （133）
柳秀才 …………… （135）
水灾 ……………… （136）
诸城某甲 ………… （136）
库官 ……………… （136）
鄠都御史 ………… （137）
龙无目 …………… （137）
狐谐 ……………… （137）

雨钱 ……………… （140）
妾击贼 …………… （140）
驱怪 ……………… （141）
姊妹易嫁 ………… （142）
续黄粱 …………… （144）
龙取水 …………… （148）
小猎犬 …………… （148）
棋鬼 ……………… （149）

第五卷

阳武侯 …………… （150）
赵城虎 …………… （150）
螳螂捕蛇 ………… （151）
武技 ……………… （152）
小人 ……………… （152）
秦生 ……………… （153）
鸦头 ……………… （153）
酒虫 ……………… （157）
木雕美人 ………… （157）
封三娘 …………… （158）
狐梦 ……………… （161）
布客 ……………… （163）
农人 ……………… （164）
章阿端 …………… （165）
馎饦媪 …………… （167）
金永年 …………… （168）
花姑子 …………… （168）
武孝廉 …………… （172）
西湖主 …………… （173）

孝子 …………… (177)
狮子 …………… (178)
阎王 …………… (178)
土偶 …………… (179)
长治女子 …………… (179)
义犬 …………… (181)
鄱阳神 …………… (181)
伍秋月 …………… (182)
莲花公主 …………… (184)
绿衣女 …………… (186)
黎氏 …………… (187)
荷花三娘子 …………… (188)

第六卷

潞令 …………… (191)
马介甫 …………… (191)
魁星 …………… (197)
厍将军 …………… (197)
绛妃 …………… (198)
河间生 …………… (200)
云翠仙 …………… (200)
跳神 …………… (203)
铁布衫法 …………… (204)
大力将军 …………… (204)
白莲教 …………… (206)
颜氏 …………… (206)
杜翁 …………… (208)
小谢 …………… (208)
缢鬼 …………… (212)

吴门画工 …………… (213)
林氏 …………… (214)
胡大姑 …………… (215)
细侯 …………… (217)
狼三则 …………… (218)
美人首 …………… (219)
刘亮采 …………… (219)
蕙芳 …………… (220)
山神 …………… (221)
萧七 …………… (222)
乱离二则 …………… (224)
蓁蛇 …………… (225)
雷公 …………… (226)
菱角 …………… (226)
饿鬼 …………… (228)
考弊司 …………… (229)
阎罗 …………… (231)
大人 …………… (231)
向杲 …………… (232)
董公子 …………… (233)
周三 …………… (233)
鸽异 …………… (234)
聂政 …………… (236)
冷生 …………… (237)
狐惩淫 …………… (238)
山市 …………… (239)
江城 …………… (239)

第七卷

罗祖 …………… (246)

刘姓 …………… (247)
邵女 …………… (248)
巩仙 …………… (253)
二商 …………… (255)
沂水秀才 …………… (257)
梅女 …………… (257)
郭秀才 …………… (260)
死僧 …………… (261)
阿英 …………… (261)
橘树 …………… (264)
赤字 …………… (265)
牛成章 …………… (265)
青娥 …………… (266)
镜听 …………… (270)
牛门瘟 …………… (271)
金姑夫 …………… (272)
梓潼令 …………… (272)
鬼津 …………… (272)
仙人岛 …………… (273)
阎罗薨 …………… (277)
颠道人 …………… (278)
胡四娘 …………… (278)
僧术 …………… (281)
禄数 …………… (281)
柳生 …………… (281)
冤狱 …………… (283)

第八卷

画马 …………… (286)

局诈 …… （286）
放蝶 …… （289）
男生子 …… （289）
钟生 …… （290）
鬼妻 …… （292）
黄将军 …… （292）
三朝元老 …… （293）
医术 …… （293）
藏虱 …… （294）
梦狼 …… （294）
夜明 …… （296）
夏雪 …… （296）
化男 …… （297）
禽侠 …… （297）
鸿 …… （297）
象 …… （298）
负尸 …… （298）
紫花和尚 …… （298）
周克昌 …… （299）
嫦娥 …… （299）
鞠药如 …… （303）
褚生 …… （304）
盗户 …… （306）
某乙 …… （306）
霍女 …… （307）
司文郎 …… （310）
丑狐 …… （314）
吕无病 …… （315）
钱卜巫 …… （319）

第九卷

邵临淄 …… （321）
于去恶 …… （321）
狂生 …… （324）
澄俗 …… （325）
凤仙 …… （325）
佟客 …… （328）
辽阳军 …… （329）
张贡生 …… （330）
爱奴 …… （330）
单父宰 …… （333）
孙必振 …… （333）
邑人 …… （333）
元宝 …… （334）
研石 …… （334）
武夷 …… （334）
大鼠 …… （334）
张不量 …… （335）
牧竖 …… （335）
富翁 …… （335）
王司马 …… （336）
岳神 …… （336）
小梅 …… （336）
药僧 …… （339）
于中丞 …… （340）
皂隶 …… （341）
绩女 …… （341）
红毛毡 …… （342）

抽肠 …… （343）
张鸿渐 …… （343）
太医 …… （347）
牛飞 …… （347）
王子安 …… （347）
刁姓 …… （348）
农妇 …… （349）
金陵乙 …… （349）
郭安 …… （350）
陵县狐 …… （350）

第十卷

王货郎 …… （351）
疲龙 …… （351）
真生 …… （352）
布商 …… （353）
彭二挣 …… （353）
何仙 …… （354）
牛同人 …… （354）
神女 …… （355）
湘裙 …… （358）
三生 …… （361）
长亭 …… （362）
席方平 …… （365）
素秋 …… （368）
贾奉雉 …… （372）
胭脂 …… （375）
阿纤 …… （379）
葛巾 …… （382）

国学经典文库

中国二十大名著

目 录

图文珍藏版

第十一卷

冯木匠 ………… （386）
黄英 ………… （386）
书痴 ………… （389）
齐天大圣 ……… （391）
青蛙神 ………… （393）
又 ………… （395）
任秀 ………… （396）
晚霞 ………… （398）
白秋练 ………… （400）
王者 ………… （403）
某甲 ………… （404）
衢州三怪 ……… （404）
拆楼人 ………… （405）
大蝎 ………… （405）
陈云栖 ………… （405）

司札吏 ………… （409）
蚰蜒 ………… （409）
司训 ………… （409）
黑鬼 ………… （410）
织成 ………… （410）
竹青 ………… （412）
段氏 ………… （414）
狐女 ………… （415）
嘉平公子 ……… （416）

第十二卷

二班 ………… （418）
车夫 ………… （419）
乩仙 ………… （419）
苗生 ………… （419）
蝎客 ………… （420）
杜小雷 ………… （420）

毛大福 ………… （421）
雹神 ………… （422）
李八缸 ………… （422）
老龙舡户 ……… （423）
青城妇 ………… （424）
鸮鸟 ………… （424）
古瓶 ………… （425）
元少先生 ……… （425）
薛慰娘 ………… （426）
田子成 ………… （428）
王桂庵 ………… （429）
寄生附 ………… （432）
周生 ………… （435）
褚遂良 ………… （435）
刘全 ………… （436）
土化兔 ………… （437）
人妖 ………… （437）

第 一 卷

考 城 隍

我姐夫的祖父宋老先生,名焘,是本县秀才。有一天,他因病躺在床上,恍惚中看见有个官吏牵着一匹前额长白毛的马,手里拿着官府的文告过来对他说:"请你前去参加考试。"宋老先生说:"主考官还未光临,为何突然提及考试的事?"那官吏并不言语,只是催促他快快动身。宋老先生只好勉强拖着病体乘马随那官吏而去。

他感到脚下的道路非常生疏。转眼间就到了一座城堡前,看上去好像是帝王的都城。一会儿功夫他们便进入官府,只见房舍十分壮丽豪华,上面坐着十多个官员,却不知是什么身份的人,其中只有关帝爷还认识。屋檐下摆着小桌和墩子各两个。在他之前,有一个秀才已坐在一端,宋老先生便挨着他坐在旁边。小桌上放着笔和纸,很快试题纸传下来,展开一看,见上面写着八个字:"一人二人,有心无心。"两人很快把文章写成,呈到殿上。宋老先生文中有这样两句:"有心为善,虽善不赏;无心为恶,虽恶不罚。"殿上众神传阅之后,称赞不已。众神召宋老先生上殿说:"河南缺一个城隍神,你可去任此职。"宋老先生这才醒悟过来,感激涕零地叩头相谢道:"承蒙受到恩赐的任命,怎敢推辞。只是家里有七十二岁老母,无人奉养。我请求侍奉老母送终后,再听从任命。"上面有位像帝王模样的人立即令人查看他母亲的寿数,一位留着长胡须的官吏翻开表册查阅一遍说:"还有九年阳寿。"正当大家踌躇间,关帝说:"不妨让张先生暂且代职九年,到时让他接任。"然后又对宋老先生说:"本应立即赴任,今念及你的一片仁义孝敬之心,可批准九年假期,到时候再召你赴任此职。"随即又勉励了那位秀才几句,二人垂首叩拜一齐退下。

那位秀才握着宋老先生的手,一直送到郊外。他自我介绍说是长山县张某。临别时又作诗相赠,具体内容全忘了,其中仅"有花有酒春常在,无烛无灯夜自明"两句记下了。宋老先生骑上马告别张某而去。

等回到家里时,豁然如梦初醒。这时,他已死去三天了。老母亲听见棺材里有呻吟声,赶忙将他扶出来。过了大半天,他才能说话。家里派人到长山县一带去打听,果然有张某此人,就在这一天死去了。

后来过了九年,宋母果真去世。等到为老母办完丧事以后,宋老先生沐浴更衣,进房安然而死。他岳父家住在县城西门内,这天忽然见宋老先生乘坐雕饰华丽的马车,并有众多随从陪同而来,登堂拜别。大家都很惊疑,却不知道他已经成了神仙。当岳父家的人奔走乡里去询问时,宋老先生已经去世了。

宋老先生有自记小传,可惜经过丧乱以后失传了,这里所记不过是个大略罢了。

耳 中 人

谭晋玄是县里的秀才,非常相信吐纳导引的法术。他日夜练习,不避寒暑。坚持了好几个月,觉得似乎有所收获。

有一天,他正盘腿静坐时,隐隐约约听见耳畔仿佛有一种像苍蝇那么细小的声音在说:"可以现形了。"当他睁开眼睛,那声音就听不见了;一闭上眼睛,平心静气,那声音又像先前一样听得很真切。他心想:一定是修炼"内丹"已经成功,暗自欣喜不已。

从此以后,他每次静坐时都能听到这种声音。于是他打算等再听到这种声音时做出反应,加以验证。一天,他又听到同样的话,于是便小声应答道:"可以现形了。"一会儿他就觉得耳里习习然,好像有个东西出来,侧目斜视,只见是个三寸来长的小人儿,形貌狰狞丑恶得像夜叉,旋转着落在地上。他暗暗诧异,索性凝神观察小人的变化。

这时,忽然有个邻居敲门,大声呼喊着要借东西。那小人听见,像是很慌张的样子,在屋子里绕圈子乱转,如同老鼠找不到洞穴。谭生顿时觉得魂魄失散,也不知道那小人的去向。于是得下疯癫病,不停地喊叫,经过足足半年时间的医治,才渐渐地痊愈。

尸 变

阳信县有位老翁是本县蔡店人。村子距县城约有五六里远。他和他儿子在路边开小店做生意,也供过路的商人住宿。有几个车夫,经常贩卖东西从这里过往,每次都要在他家里住。

一天黄昏时分,这四个人一起来到店门口,要求投宿。但老翁家里房间已经全部让客人住满了。四个人商量了一下,觉得再也没有别的去处,就坚持要求老翁想办法安排他们住下。老翁沉思了一下,想起有一个空地方可以住人,只是怕客人们不满意。客人们说:"我们只求有一间侧房能够安身歇息就行,哪里还敢挑来拣去的呢?"

原来,老翁有一个儿媳妇刚刚死去不久,尸体就停放在将要让客人留宿的这间屋子里。儿子出门去购买棺材,还没有回来。老翁想着这灵室还安静,就领着客人们穿过通道到了那里。客人们进到室内,只见里面桌案上灯光昏暗,桌案后面搭着布帐,布帐后面停着一具女尸,纸糊的被子盖在死者的身上。他们再看看要住的地方,是与此仅隔一个门的房间,放着连在一起的床铺,算是一个通铺。这四个客人白天奔波赶路,实在疲乏极了,头刚一挨枕头,就都睡了,鼾声又粗又重。

其中有一个客人还处在似睡似醒的朦胧状态,突然听到停尸的灵床上有"嚓嚓"的响声。他赶紧睁开眼睛看去,只见灵前的灯光将他所能看到的一切照得非常分明:那女尸竟然揭开纸被坐起来,一会儿功夫便下了床,慢慢地走到四个客人的卧室里来。客人见那女尸脸上呈现出淡淡的金黄色,额头上戴着一圈生丝绢。女尸走到客人床前,把那熟睡的三个客人都呼呼地吹了一遍。醒着的那位客人见此情景,恐惧极了,害怕女尸也来吹他,就悄悄地拉着被子把自己的头完全盖住,在被窝里屏住呼吸,连唾沫也不敢咽,静静地听外面的动静。不一会儿,女尸果然来到他跟前,也像对别的客人那样,把他吹了一遍。后来,他感觉到那女尸出了卧室,然后,又听见灵床和纸被的响声。客人胆颤心惊地掀开被角,往灵床那边窥视,看见女尸仍然像先前一样僵卧在那里。客人更加恐惧,不敢出一点声。他在被子里悄悄地用脚蹬别的几个客人,但是他们连动都不动一下,他想来想去没有别的办法,就准备穿上衣服逃跑。

客人刚刚提起衣服要穿,突然又听见外面灵床响起"嚓嚓"声。客人害怕极了,急忙又躺下,把头缩进被子里,他感觉到那女尸又来了,一连吹了好几遍才离去。过了一会儿,灵床又有了响声,客人知道女尸又躺下来。于是从被子里慢慢伸出手摸到裤子,急忙穿上,也来不及穿鞋,光着脚往外跑。那女尸也随即离了床,似乎要来追赶他。等女尸离了帐子,客人已经拉开门栓,撒腿跑出屋外。女尸也紧紧地追随着奔跑出来。客人一边奔跑一边大声呼叫救命,但村里的人却没有一个被惊醒的,客人想去敲主人家的门,但又害怕来不及而被女尸追上,就只好在去县城的路上拼命逃窜。

客人跑到东郊,看见前面有一座寺庙,也能听见里边传出来的木鱼声。客人用力猛敲寺庙的大门。庙里的和尚感到太突然,没敢及时来开门放他进去。转眼间,那女尸已追到客人跟前,距离只有一尺多,客人更加窘迫不堪。幸亏庙门外有一棵大白杨树,树围大概有四五尺粗,客人趁机用白杨树来掩护自己。女尸追到右边,他就藏到左边,女尸追到左边,他就又藏到右边。女尸被激怒了,更加暴怒。双方都疲倦不堪。女尸首先停了下来,站在原地不动了。客人更是汗流如注,上气不接下气,躲避在树中间歇气。没过多久,女尸突然暴起,伸出两条长胳膊,隔着树身来抓捕他。客人恐惧极了,被惊吓得瘫软无力,扑倒在地上。女尸没有抓着客人,抱着白杨树僵硬地站立在那里。

和尚在庙门里窃听了好长时间,外面没了声息,也没了动静,这才慢慢地开了门出来看究竟。只见客人躺在地上一动不动,和尚拿着蜡烛上来照看,发现客人死了。和尚又俯下身去摸摸,觉出客人心口微微跳动,口里还有一丝丝气息。和尚当即把客人背进庙里。过了很长时间,天快亮的时候,客人方才苏醒过来。和尚又给客人喝了些汤水,然后问他怎么会弄成这个样子?客人有气无力地把他所遭遇到的一切,全都告诉了和尚。

这时,晨钟已经敲响,东方呈现出鱼肚白,曙色迷蒙,和尚壮着胆子往外看,果然发现有一具僵硬的尸体,依靠白杨树站着。和尚大吃一惊,派人将女尸追逐客人的事报告给县官。县官立即亲到现场问取证词查验尸身。县官让人去拔女尸的手,但是女尸的双手牢牢地抓着树身,怎么也取不下来。县官近前仔细一看,只见女尸左右手的四个指头互相并在一起,卷曲成铁钩形状,深深地抠进树身,连指甲也陷了进去。县官又叫几个人一起合力往外拔,这才把女尸的手指从树里弄出来。然后再看手指抓过的孔穴,就像用凿子凿成的深洞一样。县官派差役到老翁家里去探视,而老翁家里因尸体不见,客人毙命,正议论纷纷。差役将女尸和客人在东郊庙门外相斗的情状告诉了主人。老翁马上跟随差役到了东郊庙门外,将女尸抬了回去。

客人哭着对县官说:"我们一起出来了四个人,现在只剩下我一个人回去,这让我怎么给乡亲们交代呢?他们一定不会相信我的话的。"县官一想也是,就当下写了一纸文书作为证明,将客人送回原乡。

喷　　水

莱阳县的宋玉叔先生在京城做官时，租赁了一所宅地，十分荒凉破落。

一天夜里，两个婢女陪伴着宋老夫人睡在房子的厅堂上。听见院子里有扑扑的声响，很像缝纫师用水喷衣服时发出的那种响声。

老夫人急忙催促婢女赶快起来，在窗纸上戳个小洞往外观看，发现院子里有一个老妇人，个儿很低，又是个驼背，满头白发像扫帚一样，头顶上盘着一个发髻，大约有二尺长。老妇人在满院子转圈圈，脚步急得就像鹤鸟行走时一样。这老妇人一边急走一边不停地扑扑喷水，水源源不断地落下来。婢女吓得目瞪口呆，转身跑回老夫人跟前，将看到的情形向老夫人说了。

老夫人听后也非常害怕，赶紧起来，让两个婢女搀扶着一起到窗前向外观看。这时，老妇人突然逼近窗户，猛然对着窗棂里边喷水，刹那间，窗纸破裂。三个人惊吓得瘫倒在地上，但是家里没有人知道。

第二天早晨，太阳已经升起，宋家的人全都起来，敲大厅的门，但厅堂里却没有人应声。这时大家都很吃惊，就撬开门进去，发现老夫人和两个婢女倒在一起，死在大厅里。家人发现其中一个婢女胸腔间还有些余温，就把那婢女扶起来给灌了些汤水，过了一些时间才渐渐苏醒过来，便把夜里发生的一切向家人说了。

宋玉叔先生回到家里，得知老母惨死，悲愤交集。他让家人在院子里仔细查寻，终于找到一个角落，向下挖掘了三尺多深，地下渐渐露出白发来，宋先生不甘心，让家人再往下挖，终于挖出一具尸体，和婢女所讲述的情形完全一样。尸体脸面又胖又肿，就像活人一样。宋先生命令家人击打尸体，顷刻间，骨散肉烂，皮内全是清水。

瞳　人　语

京城里有一士人叫方栋，非常有才气，但是为人轻薄放荡，特别不守礼节。他每一次在郊野路上遇见游玩的女子，就总是要轻佻地尾随在人家后面追逐一阵子才罢休。

清明节的前一天，他偶尔到郊外去游玩，看见一辆小车，挂着彩色帐幔，十分华丽，有几个婢女骑着马相随慢行。其中有一个婢女，骑着小骏马，容貌长得非常美丽，光彩照人。方栋被这漂亮女子所吸引，也骑着马紧随其后。稍稍逼近一些，发现小车的帐幔掀开，露出一处小孔，从这孔里望进去，他看见里面坐着一个女郎，芳龄大约十六岁，红装艳丽，娇美绝伦，举世无比，确实是平生从未目睹过。方栋就像被勾了魂似的，身不由己，目光一直不能离开车内的漂亮女子，他骑马和小车紧紧相随，有时他的马走到前边，他就让马稍停一下；有时他的马落在后边，他就又把马拍打一下，让它赶上去。就这样，他跟随那漂亮女子一直奔走了好几里路。

方栋在马上忽然听见车内女子叫骑马随从的婢女走近到车跟前，那女子说道："把车帘子给我放下来，外面哪儿来的疯狂轻薄儿郎，不停地往车子里边偷看。"于是婢女将车帘子放了下来，回头对方栋怒气冲冲地说："你知道她是谁吗？她就是仙境中芙蓉城的七郎子的新媳妇，现在她要回娘家去看望自己的父母。她和那些没有身份的农家娘子不一样，怎么能随便叫秀才偷看呢！"婢女说完话，很快从地上掬起一把被车轮辗得很细的尘土，向方栋猛地扬了过去，方生的双眼顿时被眯得睁不开了。等他擦揉了一阵子再去看那车子，车马和人早已走得很远很远了，只留下一丝渺茫的幻影。方栋又惊又疑没有方法，只好悻悻地掉转马头回家去。

方栋回到家里，眼睛一直很难受。他就请人翻开上下眼皮，看里边还有什么东西，结果发现眼球上生出一个白翳，正好盖在瞳仁上。睡了一个晚上，眼睛更加难受，眼泪扑簌簌地往下流，止也止不住。后来，白翳长得越来越大，几天以后，竟然长得跟铜钱一样厚。不久，右眼上也长起一个螺旋状的东西。见此情形，家里就帮他四处求医找药，但什么药也治不好他的病。方栋内心十分痛苦，对自己不检点的行为，感到非常后悔。

方栋听说《金光明经》能够解除他的厄运和痛苦，于是就找来一本《金光明经》，请人教他诵读。刚开始的时候，方栋还觉得烦躁，时间长了，他便安定下来。早晚没事的时候，他就盘腿坐下，只管捻着珠子诵读《金光明经》，这样一直坚持了一年多时间，一切世俗杂念都因此而被净化了。

有一天，他忽然听见左眼里有像苍蝇嗡嗡那么大的声音在说话："这里面太黑了，像漆一样，真是无法忍耐憋闷死人了！"右眼里也有相同的声音呼应说："是的，咱们可以一块出来游玩一会儿，透一透这闷气儿也会舒服些。"紧接着，方栋便隐隐约约感觉到两个鼻孔在轻轻蠕动着，十分痒痒，再接着就好像有什么东西，离开鼻孔出去了。过了很长时间，那东西又回来了，仍旧沿着两个鼻孔爬上去，又进到眼眶里去了。然后，两个眼眶里又有像苍蝇嗡嗡那么大的声音在说："很长时间不到花园里去观望了，那些珍珠兰没人浇灌，已经枯死了。"方栋平时非常喜欢香兰，在花园种植了很多，平日里都要去亲自灌溉，现在，自从双目失明之后，一直没有顾得上去浇灌。刚才，当他听到眼睛里的对话之后，心里就很有点着急，立即问妻子道："花园里的兰花怎么会枯死？"方栋的妻子很奇怪，于是就反问他怎么会自己知道花园里的兰花枯死了呢？方栋将自己眼睛中两个东西对话的事向妻子说了。方栋的妻子即到花园去看那些兰花是不是真死了，结果确实像方栋说的那样，兰花全枯死了。方生的妻子异常惊讶，就悄悄地藏在房子里，等待方栋眼睛里的东西出现，果然看见有两个小人顺着方栋的鼻孔爬出来，这两个小人还不到黄豆那么大，从门里飞出去，越飞越远，最后竟然消失了，不知道去了什么地方。过了不久，方栋的妻子又发现那两个小人手臂相挽着从外面回来，飞到方栋的脸上，就像进洞穴里一样钻进方栋的两个鼻孔。方栋妻这样观察了两三天。

后来，方栋又听见左眼眶里的小人在说："每次迂回着从鼻孔出出进进，就像钻隧道一样麻烦，这样太不方便了，还不如自己重开一道，出入会很方便的。"右眼眶里的小人回答说："我这儿壁膜太厚了，要弄开一道门，很不容易。"左眼眶又说："让我先在这边试着开辟门道，如果能开出，就和你一块儿从这儿出进。"话音刚落，方栋即觉得左眼眶里的眼膜像被抓起来，使劲地撕裂着，方栋疼痛得难以忍受。这样持续了一会儿功夫，方栋再睁开眼睛，立即觉得已能豁然看见东西了。方栋高兴极了，赶快告诉了妻子，妻子过来仔细看他的眼睛，发现他的眼膜上果真被撕开一个小缝隙，眼膜里的黑眼球炯炯有光，就像绽裂的花椒。

再睡了一个晚上，方栋眼睛里的幛膜已经完全消失，再仔细看时，竟发现左眼里多了一个瞳仁，然而右眼里的旋螺还像以前那样，没有任何变化。方栋这才知道他左右眼里的瞳仁已经合住在一个眼眶里了。方栋虽然瞎了一只眼睛，但是比起先前用双眼去看东西，却更加清晰明了。因此，方栋对自己的行为更加检点，对自己的要求也更加严格。乡里人便称赞他的美德。

异史氏说:"乡里有一士人,有一天和两个朋友在路上骑马而行。他远远看见有一个少妇骑着驴出现在前方,他开玩笑吟唱诗句说:'有美人啊。'又回头对两位朋友说:'驱马前去,睹一睹那漂亮女子的芳容!'于是,几个人会意地大笑着驱马赶上前去。很快地,他们就追上了前边骑驴的漂亮女子,仔细端详时才发现,那女子原来是他的儿媳妇。他心里极其愧疚,垂头丧气,一下子沉默了,什么话也说不出来。他的两个朋友假装不知道真情,对他的儿媳妇进行十分下流的评论,他非常难堪羞愧,结结巴巴地说:'那是我的大儿媳妇。'两个朋友听后,不由都转过脸去偷着笑了一阵才算罢休。轻薄的人在谋图侮辱别人的时候,往往最后反而侮辱了自己,这实在可笑。至于那人眯目失明的方栋,则是遭到了鬼神的惨报。主持芙蓉城的神仙,不知是什么神,难道是菩萨现身不成?然而小朗君能够洗心革面,鬼神即使凶恶,也何曾不允许人们悔过自新啊。"

画　壁

江西有个叫孟龙潭的人,他和一个姓朱的举人在京城里客居。有一天,他们两个人无事闲游,不觉来到一座庙门前,看那殿宇禅舍,都不是太恢宏宽敞的,只有一个云游四方的老僧人暂住在里面。老僧人见有客人来了,整理一下衣服便上前来相迎。孟朱二人向他还了礼,说明自己是来随意游玩游玩。老僧人便领他们到庙中转悠。

庙里塑着南朝高僧志公禅师的像,两面墙壁上是一些非常精妙的绘画,人物画得栩栩如生。东面的墙壁画着天女散花图,在这幅图画中有一个少女披垂着长长的秀发,手里拈着一束鲜花,樱唇含露,楚楚欲动,眼波洋溢着柔情,闪闪有神。朱举人站在画前,凝目注视了很久很久,不觉有些神情摇荡,意念飘飓,在恍然沉思中眼前幻化出许多奇境来。朱举人感觉到自己飘飘然而起,像腾云驾雾一样,飞升到壁画里。朱举人看殿阁林立,层层叠叠,和人间所能见到的大不相同。在殿阁里一个老僧人正于座上在讲说佛法,旁边围绕着很多和尚。朱举人也站在中间聆听老僧人布道传经。

刚站了一会儿功夫,他就觉着似乎有人暗中拽他的衣襟,回头一看,却是那位披着长长秀发的散花少女,她笑容可掬地离去,朱举人转身便跟着她走,绕过曲栏,来到一个小屋,却犹豫不敢近前。少女回过头来,举起手里的花束,远远地摇动着做出向他招呼的样子,他这才大胆地走了过去。他发现屋里寂静无人,于是上前去拥抱那少女,少女并没有怎么拒绝,竟然和他相好上了。过了一会儿,那少女关上房门出去了,临走时叮咛不要咳出声,夜里她会再来。

就这样,他们在一起相好了两天,不料却被几个女伴发觉,大家一起搜出朱举人,便共同取笑那少女说:"说不定你肚子里的小郎君已经很大了,怎么还头发蓬蓬学做处女的样子呢?"说话间,大家便捧着玉簪、耳环之类的首饰,催着她梳头扎髻,那少女脉脉含羞,并不说话。女伴中有一个人说:"姐姐妹妹们,咱们不要闹得太久了,怕人家不高兴。"于是大家便嬉笑着离去。

女伴们走后,朱举人仔细端详这女子,见她梳起高高的发鬓,云鬓低垂,俨然一个少妇的新面貌,比起先前少女装束更加美艳。朱举人环顾四周无人,渐渐拥抱亲昵,双双沉入爱河,香兰熏心,其乐无穷。这时,突然听见一阵靴子声传来,还有锁链的声音,随即又夹杂着威喝声和辩解声。这女子惊起,和朱举人一起向外偷看,只见一个身穿金甲的使者,脸面黑得像漆一样,手里握着槌棒和铁锁,众女子围绕着他。使者问大家:"都到齐了没有?"大家回答:"到齐了。"使者又说:"如果什么地方隐藏着下界凡人,大家都应该立即出面告发,不要自寻烦恼。"大家齐声说:"没有的事。"金甲使者回转身用老鹰似的眼光,四面搜寻,仿佛真发现有凡人藏在这里似的。女子惊恐不已,面如死灰一般。她连忙对朱举人说:"你赶快躲在床底下!"女子说完,急忙打开墙上的小门,仓惶逃走。朱举人趴在床底下,连喘都不敢喘一下。不一会听见靴子声来到屋里,然后又出去了,再过一会儿,喧嚣声慢慢远去了,他这才渐渐安下心来。但是门外还有过往和说话的声音。朱举人畏缩恐惧时间很长,觉出耳畔有蝉叫声,眼中也要冒出火星,那情景简直无法忍受。只有静静地等候那女子回来,竟然不明白自己是怎么钻进床底下的。

就在这个时候,孟龙潭一人尚在殿中转悠,转眼间发现朱举人不见了,便疑惑不解地询问引路的老僧。那老僧笑笑说:"到那边听讲说佛法去了。"孟龙潭又问:"在什么地方?"老僧说:"不远。"过了一会,老僧用手指弹弹墙壁叫道:"朱施主,怎么游了这么长时间还不回来?"转眼间只见壁画上出现了朱举人的影子,站在那里好像在倾耳聆听。老僧又叫道:"你的伙伴等你好长时间了。"朱举人旋即从墙壁上飘然而下,落地后竟像木头一样呆立在那里,两眼瞪着,腿脚酥软,心也灰冷灰冷。看到这情景,孟龙潭大吃一惊,一问,才知道他正趴在床底下听到呼叫像雷鸣一样,所以走出来探听。

这时,大家再看壁画,发现原来拈花的女子,已不再是先前的那个披垂着秀发的少女,现在却是螺髻高高悬在头顶的风韵少妇了。朱举人惊慌地跪拜在老僧面前请求解释,老僧笑着说:"迷幻由人而生,贫道无法解释。"朱举人心情郁闷,志气低沉,孟龙潭却惊叹不已,茫然无主。于是便立即起身,走下台阶而出。

异史氏说:"幻由人生,说出这话的人像是一位深明哲理的人,人如果有了荒淫的意念,因此会出生猥亵的幻境;如果有了猥亵的念头,因此也会出生恐怖的幻觉。菩萨点化愚顽蒙昧的灵魂,千变万化,都是人心自动所为。老僧教人心切,只可惜未听说他们听其言而大彻大悟,披散头发进山去修行。"

山 魈

孙太白曾经说:他的曾祖父在南山柳沟寺读书,麦子成熟时回到家里,十多天后又返回寺庙。打开书房的门,书桌上盖了一层尘土,窗户上也结满了蜘蛛网。叫仆人来打扫,直到晚上才觉得书房里干净清爽,可以坐下来继续读书。

曾祖父于是整理床铺,准备关门睡觉,这时,月光照满窗户了。在床上睡了一会儿,四下里一点声响也没有,格外静谧。就在这时,突然听得一阵风声隆隆,门被弄得大响。心里以为寺中僧人忘了插门。正想着,风声渐渐接近居室,一会儿房门大开,很是惊疑。正惊疑间,又听见靴子声踢踢踏踏进了房门,心里恐惧极了。转眼间房门大开,睁大眼睛一看,只见一个大鬼弯着腰挤了进来,站在床前,头顶着大梁,脸像南瓜皮的颜色,目光像闪电,向屋子四周巡视着,口张得像巨盆一样大,牙齿稀稀疏疏有三寸多长,舌头转动着,喉咙里发出"啊喇"怪声,四面墙壁也被震动了。

曾祖父极其恐惧,想着自己与鬼只相距咫尺,无法脱逃,不如趁机刺杀了它。于是便从枕头下悄悄抽出佩刀,突然使劲砍去,砍中那鬼的肚子,发出石缶声来。那鬼被激怒,伸出巨爪来抓曾祖父,曾祖父稍稍往后缩了一下,那鬼抓着被子,扯下去,愤愤然离去。曾祖父被拽下床去,趴在地上失声大叫。家人举着火把闻声赶来,只见房门像先前一样关闭着,只好从窗户翻进去,他们看见曾祖父的样子,非常吃惊,连忙把他从地上搀扶起来,放到床上。过了一会,曾祖父缓过劲儿,才说了刚才所经历的一切。大家在屋里察看,发现被子夹在门缝里,大家又开了门仔细检查,又发现门上留有那大鬼的爪痕,足足有畚箕一般大,五个指头所触及到的地方,全都穿了孔。

天亮以后,曾祖父再也不敢呆下去,赶快背着书箱回到家里。后来问那庙里的和尚,他们说再也没有什么意外的情况发生。

咬　　鬼

沈麟生说:他的一个朋友某老翁,夏天睡午觉,恍惚间看见一个女子掀开帘子进来。这女子用白布裹着头,身上穿着孝服,径直朝里屋走去。老翁怀疑她是来找自己的妻子说话,但又一想不对头,她为什么突然穿着这一身孝服到别人家? 正疑惑不解时,却看见那女子又出来了。仔细一看,她大约有三十多岁,脸色又黄又肿,眉眼紧紧皱在一起,神情十分可怕。她在屋里徘徊着,并不离去,又慢慢地逼近床边。老翁假装睡着,看她会怎么样。不料想,那女子竟然撩衣上了床,压在老翁的肚子上,他感觉有千百斤那么沉重。这时,他虽然心里很清楚,但是手好像被捆住了,抬不起来,脚也软绵绵的,动也动不得。焦急中他想呼救,但却苦于喊不出声来。那女子用嘴去嗅他的脸,从颧骨到鼻子、眉毛、额头,齐齐闻了个遍。那女子的嘴冷得像冰雪,寒气直透骨髓。老翁在窘迫之中想出一个办法,等她闻到脸颊和下颏的时候,就趁机咬住她。不一会儿,那女子果然闻到下颏,老翁便立即趁势用力咬住那女子的颧骨,直到咬进肉里去。那女子疼痛难忍,只得松开他,一边挣扎一边哭叫着。老翁却咬得越发起劲,只觉得血水流得满脸都是,把枕头也浸湿了。彼此正相持不下,忽然听见妻子在屋子外面说话的声音,于是他连忙大声喊道:"有鬼!"口一松,那女子立即飘忽逃跑。妻子慌忙奔进屋子,却什么也没看见,便嗤笑睡魇了,正做着噩梦。老翁便把刚才的经过详细说给妻子听,而且指血为证。妻子和他共同查看,果然发现一摊水像是从屋上漏下的,流在枕头和席子上,湿了一大片。夫妻两个伏下身子去闻,只觉异常腥臭,老翁便呕吐不止。过了好几天,老翁还觉得嘴里有一股腥臭味儿。

捉　　狐

孙翁是我亲家孙清服的伯父,胆子向来很大。有一天,他白天睡觉休息,迷迷糊糊中好像觉得有什么东西爬到床上,便感到身体摇摇晃晃,飘飘忽忽,俨然腾云驾雾一般。他心想:莫非是狐狸精在作怪? 他稍稍睁开眼睛睨视,果然瞥见有个东西像猫那么大,身上的毛呈现黄色,嘴是绿的,从脚边蠕动着爬过来,唯恐他醒来似的。那东西慢慢地靠近他的身体,一触到他的脚,脚便瘫软了;一触着他的腿,腿便酥软了。等它刚一爬到肚子上,孙翁猛然坐起身子,一把压住它,将它捉住,紧紧捏住脖子,丝毫不松手。那怪物连声急叫挣不脱身。孙翁急忙呼喊妻子用绳子来绑怪物的腰。于是扯着带子的两头,笑着说:"听说你善于变化,现在就当面盯着,看你究竟能变出什么花样来?"话刚说完,忽见那怪物把肚子缩起来,一直缩得成了一个细管子,差点挣脱绳索逃走。孙翁大吃一惊,急忙用力勒紧,那怪物却又把肚子鼓起来,像碗口那样粗,而且非常坚硬,他稍微一松劲,那怪物又缩小。孙翁只怕它逃脱,叫妻子赶快杀了它,可是妻子很慌张,四下里环顾却找不见刀在哪里。等孙翁转脸用眼光向她示意所在的地方,再回头看那怪物时,手里却只拿着个空绳环,那怪物早已消失得无影无踪。

养 中 怪

长山县有个姓安的老头,向来喜欢操持农活。秋天,荞麦成熟了,他就把它们割了堆放在田埂边上。那时,附近村落有偷盗庄稼的事情发生,所以,安老头就叫雇用的打工人在月夜里赶车,把荞麦往场上运,等装上一车往回运时,安老头就自己留下来,在地里转悠巡视。

安老头把随身带着的戈矛放在地上,自己枕在上面,在月亮地里躺下来。他刚合上眼睛想要养养神,突然听见有人踩着荞麦根,发出咋咋的响声,他怀疑是个强盗,就急忙抬起头来,却看见原来是个高大的鬼怪,有一丈多高,红头发,毛草胡须,离自己的身体很近。安老头恐惧极了,危急中也想不出别的办法,就纵身跳起来。手持戈矛向鬼怪奋力冲刺过去,那鬼怪像雷鸣般吼叫着逃跑了。安老头害怕那鬼怪过会儿又来,就独自捎着戈矛回家去了。在半路上,他迎面遇上运载荞麦的佣工,把自己遇到的事向他们说了,并且劝告他们不要到地里去了。众人有些不太相信。

第二天,他们在场上晒荞麦,忽而听见天空中有一种声音,安老头惊叫道:“鬼怪来了!”他转身就跑。大家也跟着奔跑。过后,他们聚集在一起,安老头嘱咐大家多准备些弓箭,以防备鬼怪再来扰乱。

又过了一天,那鬼怪果然来了。大家早就准备好了,那鬼怪一出现,立即众箭齐发,鬼怪受了惊吓,仓皇逃跑。以后两三天,竟没敢再来。

荞麦入仓以后,场里到处是乱糟糟的荞麦杆,安老头叫大家把它们堆积成垛。安老头自己爬到垛上,把它们往实里踩,一直堆到好几尺高。这时,安老头遥望远处,突然失声惊叫道:“鬼怪又来了!”大家急忙寻找弓箭,说时迟,那时快,那鬼怪早已向安老头扑去,安老头跌倒在垛上,鬼怪咬了一下他的额头,很快离去。众人爬到垛上细看,只见安老头额头上被咬去巴掌那么大一块,昏迷不醒地躺在那里。人们把他背回家里,他很快就死去了。

以后,大家再也没有见过那鬼怪出现,谁也不知道那是什么怪物。

宅 妖

长山县李公是刑部尚书李化熙的侄子。他的住宅里常发生怪事。他曾经亲眼看见过大厦房里有一个长木凳呈现出肉红色,非常润滑。李公知道家里并没有这样的东西,于是就走到跟前去用手抚摸,那东西随着手势变弯曲了,像肉那样柔软,他吓了一大跳,转身就走。走了几步,回过头一看,只见那凳子的四个腿开始向前移动,过会儿,慢慢地进入到墙壁里。他又看见有一根白木杖靠在墙壁上,那木杖又长又光亮。李公走到跟前用手一拄,那木杖滑腻腻地触手而倒了,弯弯曲曲地钻到了墙壁里,过了一会儿就消失了。

康熙十七年的时候,秀才王俊升在家里教书。有一天黄昏,到了掌灯时分,他没有脱鞋,和衣躺在床上歇息。这时,他突然看见有一个小人儿大约有三寸多长,从屋外进来,但小人儿只到屋里略略打了盘旋,就即刻离去了。过了片刻时间,那小人儿又在肩上扛了两条小凳子进到屋里,摆在堂中。那小凳子像小孩子们用高粱杆芯做成的。又过了片刻,有两小人儿抬着一副棺材进来,只见那棺材仅仅有四寸多长,两个小人儿把棺材放在堂中的小凳子上。棺材在凳子上还没有放好,又见一个女子带着几个丫鬟进来,这些人也都不过三寸来长。那女子身穿孝服,头上裹着白布,腰里束着麻绳,用衣袖捂着口,嘤嘤地哭泣着,声音像苍蝇一样细小微弱。王生微睁双眼,偷偷窥视了很长时间,吓得他毛骨悚然,头发直往上竖,全身直打冷战,像浇了雪水似的。因而他失声大叫,从床上滚跌下来,想赶快逃走,但浑身颤抖,站都站不起来。学堂的人闻声纷纷赶来,然而堂中空寂如旧,什么东西也没有。

王 六 郎

在淄川城的北郊,有一家姓许的打鱼人。他每天夜里到河边去捕鱼,都要带上酒,一边捕鱼一边饮用。他每次饮酒的时候,总是要先往地上洒一杯,虔诚地祈祷说:"淹死在河水里的鬼魂们也来喝一杯吧。"时间一长,这便成了他的一种习惯。别的人捕鱼往往一无所获,而他却总是将满筐的鱼带回家来。

有一天夜里,正当他独自饮酒时,有一个少年来到他身边,徘徊着不肯离去。于是,他就招呼少年和他一起来饮酒。但是,这天夜里他连一条鱼也没有捕到,心里很失落。这时,少年站起身说:"请让我到下游去为你驱赶鱼吧。"少年说完话,便飘然离去。不长时间,少年又回来了,并且对他说:"有一群鱼来了。"少年说完话不久,果然听见很多鱼的唧唧呷呷的叫声。许渔夫趁机撒网,很快就捕上好几条鱼,都有一尺多长。许渔夫极其喜悦,就向少年表示真诚感谢。少年说他要回去了,许渔夫就拿起自己捕的鱼想送给他,但是少年说什么也不要。少年对许渔夫说:"屡次都来喝你的好酒。赶鱼是区区小事,不值得这样道谢。如果你不嫌弃,以后就经常为你效劳。"许渔夫回答说:"今夜仅仅只和你初次对饮,怎么能说是多次相扰呢,假使你能长期来我这儿光顾,那确实也是我的心愿,但我只是没有更好的东西招待而难为情。"许渔夫又询问少年的姓名字号,少年说:"我姓王,没有字号。以后见了就直呼王六郎好了。"说完,便离去了。

第二天,许渔夫用卖鱼得来的钱又买了酒,等夜幕降临以后,便带着酒到了河畔。那少年早已先于他在河边等待着。于是,两人像故友一样坐下来开怀畅饮。饮过数杯之后,少年还像昨夜一样,到河的下游去为许渔夫赶鱼。这样一直过了大约有半年多。

有一天夜里,王六郎忽然对许渔夫说:"咱们从认识到现在,真是比亲兄弟还要密切,可是要不了多久咱们得分手了。"他说这话时,神情、语调都显得很忧伤、悲凄。许渔夫很吃惊地问他原因,他几次想说却都打住了。最后终于说道:"像我们俩人这样深挚的情分,说出来你也许不会惊怕的。现在我们就要分手了,我不妨还是明白告知你:我实际上是个鬼。平素特别贪恋美酒,因而于沉醉中不慎落到水里被淹死。在这里做鬼已有好几年时光了。以前你比别人捕鱼多,都是因为我在暗中赶鱼帮助你,这都是我有意借此来答谢你以酒洒地来祭奠我。到明天,我做鬼的期限已满,那时将会另有替身来代我,我便要到别处去投生。咱们共聚的机会只有今夜最后一次了,所以不免难过。"许渔夫刚听这话,非常吃惊,但毕竟在一起这么长时间了,关系非常亲近,所以也就不再恐怖,也为王六郎感到悲伤。于是又斟满一杯酒递给他说:"六郎,喝了这杯酒,不要太悲哀。相见时间太短,又要匆匆分手,确实令人伤怀。但是高兴的是你的劫难已过,应该祝贺才是,喜多于悲。"说完,两人又举杯畅饮了一番。许渔夫又问六郎:

"你的替身是什么人?"王六郎说:"兄长明天可在河边观望,正午时分会有一个女子从这里过河,落水而死的便是她。"俩人一直喝到鸡叫时才洒泪告别。

第二天,许渔夫到河边耐心地等候,想观看变化。果然看见有一个妇人抱着婴儿来到河边,一到河上就跌落到水里,婴儿被扔在岸上,举手蹬脚地啼哭。那妇人在水里一会儿沉下去,一会儿又浮上来,最后又忽然水淋淋地爬上河岸来,在原地稍稍休息了一下,就抱起婴儿径直走了。在妇人落水挣扎时,许渔夫在岸上很是不忍心,心里想着要下水去救她。但他转念一想,这妇人正是王六郎的替身,就只好打消了念头不救。后来,等妇人自己爬上岸来,他却又有点怀疑王六郎的话不灵验。

黑夜来临,许渔夫仍然到老地方去捕鱼。过不久,少年又来了。少年先开口说道:"现在我们又相聚在一起,而且不必说分别的话了。"许渔夫问他原因,少年说:"本来妇人已经做了替身,但是我可怜她怀里抱着婴儿。为了代替我一个人却要送掉两条性命,我也于心不忍,所以就放弃了这次机会。但以后要再找到一个新替身,不知还要等到什么时候。也许是我们兄弟二人的缘分还没尽吧?"许渔夫深为感叹地说:"你的这片仁慈之心,一定能通达上天啊!"于是,他们又像先前那样相聚共饮。

几天以后,王六郎又来向许渔夫道别,许渔夫怀疑他有了新的替身。六郎赶快解释道:"哪里呀,上次我救妇人的一片恻隐之心,果然上达天庭,现在授命我去做招远县邬镇的土地神,明天一大早就去赴任。你老兄倘若不忘咱们往日的交情,以后可以前去看望小弟,千万不要怕路途遥远而忘掉了我!"许渔夫欣然地向他道贺说:"你真正成为神仙,足以宽慰人心。如果可能,我一定会去看望你的。但只是人神道路阻隔,即使我不怕路途遥远,又怎么能够彼此相通呢?"少年说:"你不用忧虑,到时候只管前往就是。"六郎临分手时,又再三地叮咛他一定要前往。

许渔夫回到家里,真的马上准备行装,打算当即去招远县探望王六郎。他妻子笑着劝他说:"从咱这里到招远,两地相距几百里路程。你即便是真正找见了那地方,只恐怕你和那泥塑像无法共同对话的。"许渔夫并不听妻子的劝说,辛苦跋涉。终于到了招远县。在那里,他询问当地居民,果真有个邬镇。后来又找到邬镇,他住进一家旅馆,问土地祠在什么地方。主人非常惊讶地说:"难道客人是姓许吗?"许渔夫答:"就是,你怎么知道的?"主人又问:"你是从淄川来的吗?"答:"正是。你怎么都知道?"旅馆主人没有回答他,转身出去了,过了一会儿,男人们抱着孩子,女人们从门里探头窥视,纷纷来了许多人,一层一层围得像墙一样堵塞在门外,许渔夫更加惊讶了。众人于是告诉他:"几天前的夜里梦见土地神说:'我在淄川有一个姓许的朋友,近日要前来,大伙要帮他一些盘缠费用。'所以我们在这里已经恭候很久了。"许渔夫也感到奇怪,就特地前往土地祠祭祝说:"自从和你分别,做梦都想着你。这次特地远道而来,为实现昔日定下的盟约。承蒙你托梦告示父老乡亲,使我非常感动。我很惭愧自己没有带什么厚重的礼物来,只有这一杯薄酒献给你。你如不嫌弃,就请像在河边那样干了它吧!"渔夫说完,又烧纸钱。忽然,只见一股风从神座后面吹起,旋转了很长一阵时间方才散去。

到了夜间,许渔夫梦见王六郎来了。只见他穿戴非常整洁讲究,和以前所见的样子大不相同。王六郎向他拜谢说:"承蒙你远道赶来,使我感激泪下。但今天担任小小的神职,不便于和你相见。你我虽然近在咫尺,却如同远隔山水,心里非常难过,本地百姓会送给你些薄礼,聊表一点心意,以答谢咱们以往的友好交情。等你启程回归的时候,我一定抽身前来相送。"

许渔夫在邬镇居住了几天,起了归心。大家都非常殷勤诚恳地挽留他再住些时间。乡亲父老从早晨到晚上都纷纷宴请他,一天之内,就有好几户人家做东道主。但许渔夫终究归心似箭,坚决辞别,要立刻上路。起身那天,大家都争先向他馈赠礼物,时间不长,东西就装满他的行囊。当地的老人小孩都赶来给他送行。他刚刚走出村子,忽然,眼前刮起一股旋风,一直相伴跟随了十几里路。许渔夫已经觉知那是王六郎来送他,他频频地回过头来相拜说:"六郎,请多珍重!不要再远送了,您怀有一颗仁爱之心,定能为一方民众造福,用不着老朋友我再多说什么了。"那股旋风盘旋了很长一阵时间后,这才离去,村里相送的人,无不惊讶。

许渔夫回到家里,日子过得比以前稍稍宽裕了些,于是他不再夜里出去捕鱼了。后来,他偶尔碰见招远一带的人,就很关切地问起土地神的情况,他们都说很灵验。

有人说,邬镇就是章邱县的石坑庄。但不知道谁的说法对。

异史氏说:"身处青云得志的环境,而不忘那些贫贱的朋友,这就是六郎做神很灵验的原因。今天乘坐着豪华车马的王公贵族,哪里肯与戴斗笠的故友再去相认呢?我家乡有一位隐士,家境很寒。他有一个从小交结过的好朋友,正担任着一个肥缺之职。他心想如果投奔此人,一定能得到周济。他竭尽全力酬办了一些路费,远涉千里去投奔朋友,结果使他大失所望。他没有办法,只好把行李和来时所骑的马都变卖了,这样才得以还乡归家。他的一个同族兄弟为人非常诙谐、滑稽,特地作了一首《月令》词嘲笑说:'这一个月,哥哥回得家来,貂皮帽子没有了,伞盖也没有了,良马变为草驴,靴子悄无声息。'读后,叫人不禁发笑。"

偷 桃

幼年时到省城去参加考试,正值春节。按照惯例,春节的前一天,各行各业经商的生意人,都要张灯结彩,吹吹打打地赶赴到藩司衙门前,把这称作"演春"。当时,我也跟随友人去看热闹。

这一天,游人聚集得像一堵堵墙壁似的,府堂上有四位身着红袍的官员,分东西两排面对面相向端坐着。那时,我年龄还很小,不知道他们都是些什么官。只听得到处人声嘈杂,锣鼓喧天,震耳欲聋。忽然看见有一个人带领着披散头发的小孩,挑着担子走上堂来,他好像在报告几句话,由于周围人声像潮水一般汹涌,根本听不清他说了些什么,只能看见堂上那些官员在发笑。这时,有一个身着青衣的人大声宣布:"变戏法开始。"那人一面答应着,一面问道:"变什么戏法?"堂上的官员们交头接耳说了几句话,其中有一个小官吏下来问那人:"你有什么专长?"变戏法的人回答:"可以使时令颠倒而变出东西。"小官吏向在座的官员回了话,然后又下来命令道:"就做取桃子戏法。"

变戏法的人说声:"好的。"于是脱下衣服盖在箱子上,故意做出抱怨的样子说:"长官大不分时序节令了,现在正是冰天雪地的严冬,怎么会有桃子可取? 如果不取吧,却又怕长官们发怒,这可叫人怎么办呢?"他的儿子说:"父亲,已经许诺了的事情,怎么能够推辞呢?"变戏法的人踌躇了很长时间,终于说:"我翻来覆去地想过了,初春时节到处一片积雪,人世间哪里能找到桃子? 只有天池上王母娘娘的花园里,一年四季花果从不凋谢,那里或许会有。必须得上天去偷。"儿子为难地说:"哎呀! 可以沿着阶梯爬上去吧?"父亲胸有成竹地说:"可以,我有法术。"

变戏法的人打开箱子,拿出一捆魔绳,大约有几十丈长,他找见绳头,向空中用力抛去,那魔绳即刻朝天际直立起来,好像上面有什么东西牢牢挂住一样,不一会儿,变戏法的人把绳子越抛越高,一直进入云层里,最后,他手里的绳子也抛完了。变戏法的人转身对儿子说:"你过来! 我老了,身体笨拙了,手脚也不灵便了,不能上去了,还是得你上去一趟。"老头说完,就把绳子交给了孩子,又说:"你抓住它,就可以上到天上。"儿子接过绳子,脸上现出很为难的神色,抱怨说:"阿爸太不明白事理了,这样危险的一条绳子,要我攀着它爬到万丈高的天上去,如果绳子在空中断了,岂不粉身碎骨!"父亲抚拍哄劝儿子说:"我已经失口了,后悔不及,还是烦劳你走一趟吧。你不要怕危险,如果能偷取来桃子,就一定能够得到百金重赏,可以用这笔钱给你娶个漂亮媳妇。"儿子没有办法,只好抓住绳索盘绕着往上爬去,脚随着手移动着,就像蜘蛛结网一样,慢慢爬进云霄里去了,从地上再也看不见他的踪影。

过了很长时间,真的从天上掉下一个桃子来,有碗那么大。变戏法的人高兴极了,他捧上桃子恭恭敬敬地献上公堂。那些官吏惊喜地互相传看多时,而谁也不知道那桃子究竟是真是假。人们突然发现绳子掉落在地上,变戏法的人大惊失色,说道:"坏了! 上边有人弄断了我的魔绳,叫我的儿子攀附什么呢?"过了一阵子,有一个东西掉下来,人们仔细一看,见是那孩子的头颅。变戏法的人手捧儿子的头大哭着说:"肯定是偷桃时,被果园的守护神发觉。我的儿子完了!"又过了一阵子,天上掉下来一只脚,紧接着,那孩子的身体被肢解成几截,纷纷落下来。整个身体没一处是完整的。变戏法的人大为悲哀,流着泪把儿子的骸骨收拾在一起,装进箱子里。末了,他对大家说:"我老头就只有这一个儿子,整天跟随我游荡南北,如今受了长官之命,上天去偷桃,不幸却遭受这样大的横祸,我得去好好安葬他。"说完,走上堂来,跪着对众官说:"为了偷取桃子,送了我儿子的命,请可怜可怜我老头子,帮我安葬了儿子,我死了也一定要报答大人们的恩德。"

那些在座的官吏见发生了这样的事故,都惊吓得目瞪口呆,大家都向老头给银两,老头收了钱,装进腰包,然后若无其事地走下府堂,敲着箱子说道:"八八儿,还不赶快出来向大人们谢赏,等什么呢?"大家眼睁睁地盯着那箱子,突然见一个蓬头小孩用头顶着箱盖出来了,面朝堂上在座的官员磕头作揖。大家仔细一看,这小孩正是变戏法人的儿子。

由于这个戏法变得太出奇了,所以至今还记忆犹新。后来我听说白莲教的人能玩这种法术,猜想这人是他们的后代吧?

种　　梨

有一个乡下人到集市上去卖梨,那梨的味道甘甜鲜美,价钱自然也很昂贵。这时,一个穿戴极其破烂的道士,走到这人车子跟前来乞讨梨子吃。乡下人很鄙夷地呵斥他走开,但那道士就是不离去。乡下人有些恼怒,于是斥责谩骂起来。道士却并不生气,心平气和地说道:"你这么大一车子梨,足足有几百颗,贫道也不贪心,只是想乞讨一颗尝尝,这对你来说,并不会有多大损失,你发的什么怒呀?"在一旁观看的人也好心劝他,捡一个不好的梨子打发他去,然而乡下人就是执拗不给。

正当他们喧吵不休的时候,集市上一个酒店的伙计实在看不下去,就自己掏钱买了一个梨给了道士,道士很感激地向他拜谢了,然后又回头对旁边围观的人说:"出家人不知道什么叫作吝啬,我现在有很多好梨,愿意拿出来给大家尝尝鲜。"旁边有人问他:"你自己既然有梨,为什么不吃自个的,还讨要人家的梨?"道士回答说:"我就需要这种梨核作种子。"道士说完,便拿着梨大口吃完,把梨核吐在手心攥着,然后从肩上解下一把铲子,就在脚下的地上挖了一个几寸深的坑,把梨核埋进土中,他又向集市上的人要烧开的水来浇灌它。旁边喜欢热闹的人连忙到路边的店里去要来滚开的热水给道士,道士接过来浇在坑里。大家盯着那坑仔细观看,一会儿,果然见坑里冒出树芽,渐渐地越长越高,转眼间就长成了一棵大树,枝叶茂盛,一忽儿开了花,一忽儿又结了果,只见那树上的梨非常繁盛,又大又香。道士走到树下随手摘下那些梨,分给旁边观看的人吃,一会儿就分食完毕。末了,道士又取出铲子来砍梨树,叮叮咚咚地砍了很长时间,梨树终于被伐倒。道士连枝杆带叶子一起扛在肩上,从从容容离去了。

开始,当道士做出这戏法时,那卖梨的乡下人也夹杂在众人当中,好奇地踮起脚跟,昂着头,一眼不眨地看热闹,竟至于忘了卖梨。等道士走了以后,他才回头看见车子上的梨早已空了。他这才醒悟过来,原来刚才道士给大家分吃的那些梨,全都是自己的。他再仔细看看,又发现车上的把手也丢失了,上面留下了新的断茬,显然是被刚刚截去。乡下人彻底明白了事情原委,心里愤恨至极,急忙去追踪道士。当他转过墙角,发现车把就被丢在墙根下面,这才知道道士所砍的梨树正是这个车把。而道士早已无影无踪,集市上的人被逗得哄然大笑。

异史氏说:"这乡下人太糊涂,那种吝啬的憨态伸手可掬,被市人们所见笑是有的。常常能见到乡里有钱的人家,遇到好朋友来借米,就内心不安,并且盘算着:'这是好几天的花费啊。'这时,有人劝他救人的一时困难,让孤寡之人吃上一顿饱饭,一听这话,他就有些生气,于是又盘算起来:'这是可供十个人、五个人吃的口粮啊。'更有甚者在父母兄弟之间,也会斤斤两两地计较。然而,这些人一旦嫖赌起来,便鬼迷心窍,花尽钱财也在所不惜;遇上刀斧架在脖子的危难,花钱赎命唯恐不及。诸如此类,不胜枚举,那个愚蠢的乡夫,何足为怪。"

崂山道士

本县有姓王的读书人,在兄弟中排行第七,原本是望族世家子弟。王生少年时代喜欢学道。有一天,他听人说崂山这地方有很多神仙,于是背上书箱,专程前往游学。

他登上一座山顶,发现有一座道观,格外幽静。道观里有一个道士盘腿坐在蒲团上,长长的白发披垂在肩头,精神焕发,气度豪迈。他叩拜见礼和道士攀谈,感觉到其中道理非常玄妙,于是就请求拜道士为师。道士摇摇头说:"看你娇生惯养的样子,恐怕受不了这等清苦。"王生自信地说:"只要师父肯收我为徒,我保证能吃得这份苦。"道士的门徒非常多,傍晚时分,便都聚集在一起,王生对他们很敬慕,一个一个向他们行礼,于是就留在观内学道。

第二天一大清早，道士把王生叫去，交给他一把斧子，叫他跟着大伙一起上山去砍柴，王生很恭敬地接受了安排。过了有一个多月时间，他的手脚都磨起了一层厚茧，实在忍受不了这种苦，心里暗暗起了回家的念头。

一天晚上，他回到观里，看见师父和两位客人喝酒，这时，四周已经一片黑暗，观里并没有灯盏蜡烛，师父就拿起一张纸剪成圆镜形状，把它粘贴在墙壁上，顷刻间，室内生光，明亮得像有一轮圆月映照一般，连细微的头发也能看得清清楚楚，门徒们在一旁伺候着师父和客人，在庭堂上奔走不停，非常殷勤。其中一位客人说道："这样美好的夜晚，饮酒为乐，不能不让大家共享欢乐。"客人说完，就从桌案上取下一把酒壶来，交给门徒们，让大家放开畅饮，一醉方休。王生心想：门徒有七、八个人，只有一壶酒，怎么能人人都喝上呢？他还在纳闷时，只见大家各自分头去寻找酒具，争先喝酒，生怕转到自己跟前酒壶空了。但是说来也怪，那小小的一壶酒，你斟我酌，倒来倒去，却总有美酒犹如甘泉一般涌流出来，并不见有所减少，感到十分诧异。这时，又听见另一位客人说道："承蒙道长赐予明月相照，像这般默默饮酒，不免有些寂寞，为何不把嫦娥请来为我们起舞同乐？"客人说完，当即把一根筷子抛进月中，于是就看见一个美女风姿翩翩地从月亮中走出来。刚开始还不到一尺来长，等落到地上，很快就和常人一样大小。只见那美女秀颈顾长，纤腰柔细。她将长袖款款扬动着，跳起了"霓裳羽衣舞"。随后又唱道：

> 仙君啊仙君，你何时归还？
> 为什么要我幽禁在月宫呢？

那歌声清丽激越，清脆如管箫之声。唱完后，在空中盘旋了一圈，然后登上桌子。大家正看得惊讶，而那仙女依旧变成一根筷子。

道士和客人们开怀大笑。又有一个客人说："今夜最快乐，我喝得有点醉了，你们在月宫为我饯行可以吗？"三个人离宴席而去，慢慢地进入月亮中。大家清清楚楚地看见他们坐在月亮里继续开饮。三个人的胡子眉毛逼真清楚，就像映在明镜里的身影。过了不长时间，月光渐渐黯淡下来，直到完全消失，一个门徒点亮蜡烛，这时大家分明看见观里只有师父一人独坐，那两位客人却无踪影。桌上吃剩的饭菜残渣依然存在；墙壁上的那轮明月，只不过是一张像圆镜一样的白纸罢了。

师父问大家："你们都喝好了吗？"大家回答："喝好了。"师父又说："喝好了就趁早睡觉去，不要误了明天砍柴。"于是，大伙应声各自走散。王生心里很羡慕，从此又打消了回家的念头。

又过了一个月，实在艰苦难熬，但是还未得到道士的一点传授。王生心下怎么也不愿意再呆下去了，于是向师父告辞说："弟子不辞辛苦，跋涉了几百里的路程来向师父学道，即使得不到长生之术，或者得到一点小小的功夫，也可稍稍慰藉一下我的求教之心。现在我已经来了两三个月了，每天所能干的不过就是早出砍柴，晚上归宿而已。弟子当初在家里时，从未遭受过这等艰苦。"道士听完，却不经意地笑笑说："我一开始就说过你恐怕受不了这份苦，怎么样？今天果真应验了。明天一大清早就送你回去。"王生又说："弟子毕竟在观里劳作多日，还请师父略教我一点小技，不白来这一趟就行了。"道士问道："你想学什么道术？"王生回答："我每次看见师父行走时，能够穿墙越壁而过，什么也不能隔挡，我只请求能学到这样的本领就满足了。"道士笑着答应了。道士教给他一段口诀，让他自己默念一遍，然后大声命令道："进吧！"王生面朝墙壁却不敢进去。道士又重复一遍："试着进。"王生小心翼翼地往前走去，碰到墙面被挡住了。

道士向他提醒说："低着头就可以进去，不要犹豫。"王生退后几步，然后跑过去，等触到墙壁时却感觉什么阻碍也没有，再回头一看，发现自己果然已在墙壁另一边了。这时他欣喜若狂，立即过去向道士致谢，道士告诫地说："回家后一定要洁心操守，否则法术就不灵了。"于是，打发了他些路费，让他回家。

到家以后，王生便向家人自夸说遇到了神仙，学得了道术，再坚硬的墙壁都不能阻挡。妻子不相信他的话，他就按照道士教的法儿，在离墙壁几步远的地方向前猛奔过去，结果额头碰在坚硬的墙壁上，一下子跌倒在地上。妻子扶他起来，发现他额头上隆起一个大疙瘩。妻子耻笑他吹牛，王生又惭愧又气愤，咒骂那道士没安好心，欺骗了他。

异史氏说："听了这故事，没有不大笑的。可是像王生这类人，在世上还多的是。现在有很多粗鄙的家伙，喜欢阿谀奉承而害怕良言忠告。于是就有了那些无耻的谄媚奉迎之徒，为主子们出一些逞强逞暴、作威作福的害人之计，以取得欢心，并且欺骗说：'坚持这样去做，可以横行无阻。'开始尝试未曾不无小小的效应，于是自以为即使这样大的天下，也都可以横行霸道，为所欲为。不落得个头触硬壁倒地血流的下场不会停止。"

长　清　僧

长清县有一个老和尚，道行相当高深，已经年过八十身体却还很健康。有一天，他突然跌倒在地上爬不起来。寺里的和尚赶来抢救。但老和尚已经死了。

老和尚并不知道自己已经死去，魂灵飘荡，一直到达河南境内。这里有一个已经过世的豪绅的儿子，当时，他正率领十多个随从，骑着马，带着鹰犬，在荒郊野外捕猎野兔。不料马受惊而狂奔不止，他自己也坠马身亡。这时，恰巧碰上老和尚的魂灵游来此地，于是便附着在公子的遗体上。仆从们惊慌失措，公子却若无其事地苏醒了。仆从们惊喜地围着他问个不休，他却一睁开眼睛就很诧异地问道："怎么会来到这里？"大家并不明白他所问的意思，只管小心谨慎地把他搀扶回家里。

他刚一进门，就有不少施朱涂粉，打扮得十分娇艳的女人，纷纷聚拢过来，问这问那。他极为惊讶地反问道："我是和尚，怎么会到了这里？"家里人疑惑不解，都以为他神志不清，就多方提醒和开导他。他也不再申辩解释，只管闭上眼睛，不再说什么。后来家人端来饭菜，他张口就吃，而酒肉却一点不进。夜里休息时独自成眠，不要妻妾侍奉。家里人都说他性情剧变，好像换了个人似的。

几天以后，他忽然想出去散散步，大家都为此感到高兴。他一出房门，稍稍平静一些，这时，便有几个仆人纷纷送来账簿，向他汇报钱粮收支情况，公子托故疲劳，推脱不理。他问下人："山东有个长清县，你们知道不？"大家回答："知道。"公子又说："我烦闷极了，想去长清游玩游玩，赶快准备一下行装。"大家都劝说他病刚好，不宜出门。但他并不听从劝告，第二天就上路了。

到了长清县，只见风景依旧，无须问路，径直来到寺庙。和尚们见有贵客临门，十分恭敬地相迎。公子问道："老僧到哪里去了？"弟子说："师父已经去世。"公子问安葬在哪里，众人就领他去看，只见一座三尺高孤坟，荒草还不曾掩盖住新土。和尚们不知道他的心意。不久他便要勒马回家。临走时，公子告诫大家说："你们的师父是个有戒行的高僧，他所遗留下来的经卷物什，你们珍惜恪守，千万不要损坏。"大家应诺，于是公子回河南去了。

在家里，公子每天平心静坐，一概不理家务。这样过了几个月，一天他自己悄悄出了门，直奔长清寺。他对徒弟们说："我就是你们的师父。"和尚们怀疑他是在说谎，所以大家彼此看看忍不住笑了。为了让大家相信，他便讲述了自己如何借尸还魂的经过，又将他自己一生所干过的事情都一一说出来，全部符合事实，大家这才不得不相信。大伙让公子住在老和尚原来住的地方，也像以往侍奉老和尚一样地侍奉着公子。后来，公子家的人多次派车马来苦苦地请求他回去，但他却毫不理会。

又过了一年多的时日，公子的夫人又派管家送来很多财物用品。他把金银绸缎全都退回，只收下一件布袍。往日的朋友前来拜访，见他沉默寡言，为人真诚；年龄不过三十，却常常说一些八十多年来的往事。

异史氏说："人一死魂灵就消散了，而那飘游千里不散的魂灵，是由于本性不移的缘故。我对老和尚并不奇怪他的死而复生，而只是惊奇他进入豪华富丽的家室，却能摆脱人事，逃出凡尘世俗。假若眼睛一迷乱，而被香兰薰心，见异思迁，恐怕成了求死不能的人了，何况去做和尚呢？"

蛇　人

东郡有个人，以耍蛇为职业。他曾经蓄养着两条驯服的蛇，都是青颜色，大的称作大青，小的叫二青。小的额头上有个红点，很是灵活、驯顺，盘旋缠绕，无不随人意愿。耍蛇人非常喜爱，把他另眼看待。

一年以后，大青死去，耍蛇人想补上一条，但是苦于没有闲暇机会。有一天夜里，耍蛇人在山上佛寺寄宿。第二天天亮，他打开竹篓看时，发现二青也不见了。耍蛇人痛不欲生，怅惘极了。他到处寻找，到处呼喊，最终还是杳无踪影，以前，只要遇到深山密林，草木茂盛的地方，他就会放两条蛇出去，让它们自由自在，放开性子玩一阵子，过后不久，它们都很自觉地重新回来。由于这个缘故，他希望二青这次也能自己回来。他一直坐等了很久很久，太阳已经升得很高很高了，还不见二青的影子，他终于绝望了，只好怀着难过的心情离开寺庙，登途赶路。

他刚走出庙门几步远，忽然听见草丛中有一种窸窸窣窣的声音。他本能地停下脚步回头去看，惊喜地发现二青回来了，他高兴极了，如获至宝一般。他放下担子，停在路边休息，蛇也停止移动，和他一起休息。这时他一看二青身后，才注意到那里有一条小蛇尾随着。耍蛇人激动地蹲下来，俯身抚摸着二青说："我以为你离开我走了呢，小伙伴是你相邀来的吗？"耍蛇人当即拿出食物来给它吃，同时也给小蛇东西吃。小蛇有些惧怕，缩着身子不敢来吃。二青衔着食物去喂它，俨然一个主人敬待客人的样子。耍蛇人再去喂它，它这才大胆地吃了。吃完东西，小蛇跟着二青一起进到竹篓里，耍蛇人背着它们继续行路。

耍蛇人很精心地训练小蛇，它很快就学会了各种技巧动作，盘绕旋转都很符合要求，其驯顺与熟练程度，和二青没有多少差异。于是耍蛇人给它起名叫"小青"。从此，耍蛇人带着它们在四方卖艺献技，确实获利不少。

大凡耍蛇人玩蛇都是以二尺为标准，太大了就会过重，往往需要更换。但是由于二青太驯顺，所以耍蛇人并没有放走它。以后，又过了二、三年时间，二青已经长到三尺多长了，盘卧在竹篓里占得满满的，这时，他才决定放它走。一天，他走到淄川东山停下来，先给二青喂了一顿美食，然后把它放出竹篓，并向他祝福来日平安。二青走了一段路，很快又回来了，在竹篓外透迤盘桓。耍蛇人忍痛割爱地向它挥手致意道："你快快地去吧！世上没有百年不散的筵席，你从此隐居于深山大谷，很可能会化为神龙，小小竹篓哪里是你的久居之地呢？"于是二青便离去了。耍蛇人一直深情地目送着它远去，一会儿它又回来了，耍蛇人仍然挥手赶它，它还是不肯离去，却频频地用头触着竹篓，小青在竹篓里也是随之振奋跃动。耍蛇人马上醒悟过来，他问二青："是不是想和小青告别一番？"于是便打开竹篓，放小青出来。小青和二青彼此头舌交并，显得难舍难分，亲热极了，仿佛有千言万语要相互叮咛。一会儿时间，两条蛇一起蜿蜒离去。耍蛇人正猜疑小青不会回来了，很快小青竟然独自一个回来了，爬进竹篓卧下。

此后，耍蛇人到处物色，却一直没有寻到一条理想的好蛇。小青这时也渐渐长大了，不便于再玩耍。后来虽然找到一条，也比较驯顺听话，但总是不如小青那么随人意愿。而小青已长得像小孩手臂那么粗大了。

在此之前，二青在山中生息，樵夫常常撞见它。再过几年以后，二青已有好几尺长了，足足有碗口那样粗大，而且时不时出来追逐行人，来往行人互相告诫，都不敢从那里走。

有一天，耍蛇人经过，有一条蛇猛然出现，像一阵疾风似的追赶过来。耍蛇人大为惊恐，狂奔逃命，那蛇也越发追赶得迅猛了，耍蛇人回头看时，见那蛇已经追到身边。他再细看蛇头，只见有一个很清晰的红斑点，这才断定是二青，就急忙放下肩上的担子，大声叫道："二青！二青！"那蛇马上停下来，昂起头持续了很久。二青很亲热地纵身缠在耍蛇人身上，和过去一样熟练。耍蛇人知道它不存恶意，但无奈它太粗大，耍蛇人已经承受不了它的重量，于是就躺在地上叫它松缠，二青很通人性地脱身下来。它又用头去触摸竹篓，耍蛇人明白它的意思，就把小青从篓里放出来，两蛇相见如故，非常亲密地交缠在一起，很久很久才分开。耍蛇人对小青说："我很久就想和你分手了，今天正好有了伴儿。"然后又对二青说："小青本是你引来的，现在还是你再引它去吧，我还有一句话要叮咛你们：深山里有的是吃的喝的，不要惊扰过往行人，否则会遭天谴的。"二蛇似乎有所接受，双双低下头来。然后，二蛇突然腾空跃起，二青在前，小青随后，凡是二蛇经过的地方，草木都分向两边，成为通道。耍蛇人定定地站在原地看着它们远去，直到望不见影子才离开。从此以后，行人往来如常，没人知道那蛇到什么地方去了。

异史氏说："蛇是愚蠢的动物，而对故人却有如此眷恋之情，并能听从善意的劝谏。但奇怪世上偭然有一些人模人样的家伙，对待十多年的老朋友，或者几世蒙受恩惠的主人，却总想落井下石，恩将仇报。还有一些道貌岸然者对朋友的忠言劝谏，不但不予理睬，反而恼怒而视同仇敌。像这样的人，与这两条蛇相比，而应感到羞愧。"

斫　蟒

胡田村有一家姓胡的兄弟俩，一天，他俩一起到深山去砍柴，突然遇见一条巨蟒。当时哥哥走在前边，被巨蟒所吞噬。走在后边的弟弟开始看到这样的情形很惊恐，本想逃跑，但见哥哥被吞食，顿时怒火中烧。他操起砍柴用的利斧，向巨蟒的头部猛砍过去，巨蟒受伤后还在吞食，人头虽然吞进去了，肩膀因为太宽却吞不下去。弟弟在焦急之中无法可想，于是就用两只手抓住哥哥的脚，拼命往出拽，与巨蟒争夺起来。最后，弟弟终于把哥哥从巨蟒的口中拉了出来,那巨蟒也因头部受伤,忍着疼痛逃走了。

弟弟再看哥哥时,发现他的鼻子、耳朵都化了,已经气息奄奄,幸亏还有一口气。弟弟背起哥哥往回走,半路上总共歇息了十多次,终于把哥哥背回家里。后来医治了半年多时间,哥哥总算痊愈了。但是至今哥哥脸上尽是些斑痕,鼻子、耳朵仅剩几个孔。

唉,农人中,竟有这样友爱的弟弟! 有人说:"哥哥没有被蟒吃掉,这是全仗了弟弟的德行义气感动了巨蟒。"这话是可信的。

犬　奸

青州有个商人,客居异地,常常整年不回家。家中养着一条白犬,妻子忍受不了这种寂寞,就和这条犬相交。时间长了,犬也习以为常。

有一天,丈夫突然回家来了,夫妻同床共眠。这时,白犬也突然进到屋,像平常一样上了床,竟将男主人咬死。后来,邻居渐渐得知事实真相,大家都愤愤不平,就将此事告到官府衙门。

官府将妇人捉拿归案,但是妇人不肯服罪,便将她囚禁起来。审讯官命令将白犬绑了牵来,又将妇人从狱中提出来。白犬忽然看见妇人,直扑上去撕烂妇人的衣服,要和她相交。妇人这才无话可说。审讯官命令手下两个差役押解到上级衙门去,一人押人,一人押犬。有人想要观看人犬相交的情景,就凑了一笔钱去贿赂差役,差役便将人犬牵聚在一起,使其交媾。

所停之处,总有数百人观看。差役因此大获其利。最终人犬都受到寸断肢解的酷刑而死。

唉! 天地如此广大,真是无奇不有啊。然而,貌似人面目而做出兽性相交举动的,难道只是这样一个妇人吗?

异史氏为此案判决说:"私会于濮水之畔,古人讥讽嘲笑;约见于桑林之中,人们不值一提。这人忍受不了活守寡的苦,思想苟合交欢的快乐。晚上趴在其床的,竟然是家中的母狗;敏捷进洞的白狗,便成了被子底下的情郎。在云雨台上,乱摇续貂的大尾巴;在温柔的身上,不断牵动像一般的腰。锐利的锥子置于皮囊,大腿一纵便脱颖而出。把情欲凝结在箭头之后,箭深入没羽便如同生根一样牢不可拔。忽然想那异类性交,真叫人难以想象。猛犬防奸却自去行奸,又妒忌而凶残杀人,用国法很难以治罪。人不是兽而实际与兽一样,作奸者污秽,淫荡者腥臊,豺狼虎豹都不吃其肉。唉! 人因奸而杀人,就用千刀万剐之刑判处女方;至于狗因奸而杀人,人世间还没有这种法刑。人不善,就罚他来世作狗;至于狗不善,阴曹地府应该也没有办法,对其应加以肢解,并追摄魂魄,押赴到地狱让阎王问罪。"

雹　神

王筠苍先生到楚地任职,打算登临龙虎山去拜谒张天师。他走到鄱阳湖边,刚到船上,就看见有一个人划着一艘小艇过来,此人通过船主请求与王公相见。王公见来人相貌堂堂,身材魁伟,从怀里掏出张天师的拜帖,说道:"天师闻讯大人光临,特地差遣小人前来带路。"王公很惊奇张天师会预先得知他的来访,更为敬慕,便虔诚地随同前往。

到了龙虎山，张天师隆重设宴款待嘉宾。王公见在宴会上服侍的人，无论是衣饰还是相貌，都与常人大不相同。先前驾小艇的人也侍立在一旁。片刻间，他俯在张天师耳边细语，张天师就对王公说："这是先生的同乡，先生不认识吗？"玉公问他是谁？天师回答说："这就是世间所传说的雹神李左车。"王公听了非常吃惊，脸色也变了。天师又说："他刚才说，奉旨要前去降雹，所以特地来告辞。"王公惊问："在什么地方降雹？"天师："在章丘。"王公因章丘与自己的家乡接壤，起身离席向天师请求免降。天师说："这是玉皇大帝的旨令，什么时候在哪里降雹，都有一定数额，怎么能徇私情？"王公苦苦哀求，天师低头沉思了许久，便回头对雹神说："那就多在山谷降些，别伤害庄稼好了。"随后嘱咐道："有贵客在座，去时文明些，不要太粗莽。"

雹神李左车出去，到了庭院中，忽然脚下生烟，云雾满地环绕，过了一会儿，猛然用力腾空，开始时只有庭中树那么高；再往上腾起，就超过楼阁了；随后又听得轰隆一声巨响，便向北方飞去。大家只感到房屋震动，桌案上的杯盘器皿摇摆颠簸不已。王公十分震惊，说道："他离开时都要响惊雷吗？"天师笑着说："没听我刚才告诫他，所以才迟迟而起，要不然就平地一声炸雷，轰然离去了。"

王公告别回去，记下了当时的日期，派人到章丘一带去查问，这一天果然天降冰雹，沟渠河汉都积满了，但是田地里只不过有几颗零星冰雹而已。

狐　嫁　女

吏部殷尚书是历城人，年少时家境贫寒，为人很有谋略胆识。县里有原来官宦人家遗留下来的家园，宽广有几十亩，楼阁相连，延伸不断。由于里边常常出现一些鬼怪异事，所以长期以来，一直荒废着，没人敢去居住。后来，园里长满了蒿草，即使青天白日，也没人敢进到里边去。

有一天，殷公和朋友们在一起饮酒时，有人开玩笑说："如果有谁敢一个人进去住上一夜，我们大家凑钱设宴款待他。"殷公站起身说："这有什么大不了的！"当即带上席子前往园里居住。朋友们送他到门口，还开玩笑说："我们大家在这里等候着，倘若遇见鬼怪，就大声呼救。"殷公很不以为然地笑着说："若有鬼狐之类，我一定捉来作为凭证。"于是进了园林。只见蒿草丛生如麻，大路小径全被遮盖住了，难以分辨，当时正值七月初八，一轮残缺的上弦月，孤零零地挂在天空，月色虽然昏黯，门户却幸而分辨得清。殷公摸索向前，走了好一阵子，才到达一座后楼。他登上月台，觉得这里清爽洁净，令人喜爱，就在这儿停下来。殷公举首西望，只见月亮仅仅剩下一线余光。他一个人静静地坐了很久，见没有任何动静，心想平日谣传不能相信，不觉暗自发笑。他觉着既然没有什么鬼怪变异，就无须提防，干脆还是躺一会儿。于是他就地一躺，以石为枕，仰面遥看牛郎星和织女星。

大约将近二更时分，殷公有些倦意，正要昏昏欲睡时，突然听见楼下传来脚步声，向着楼台拾级而上。于是在假装熟睡中偷看。有一个身着青衣的丫鬟端着一盏莲花灯，蓦然发现睡在地上的殷公，惊吓得直往后退缩，对身后的人说："有一个生人在这里。"下面的人问道："是谁？"丫鬟回答："不认识。"过了一会儿，一个老翁上楼来到殷公身边仔细一看，说："这是殷尚书，他已睡熟，不用怕，我们只管办自己的事儿。殷公为人爽直不拘泥，也许不会责怪的。"于是，大家都进楼去了，楼门全打开了。没过多一会儿，来往的人越来越多，楼阁里灯火辉煌，如同白昼。殷公稍稍翻了一下身子，咳嗽了几声，老翁见他醒了，就出了楼门跪在跟前说："小人有个女儿，今晚出嫁，不想冲撞了您，请不要怪罪。"殷公起身扶起老翁说："不知今夜是个大喜的日子，我只是惭愧没有什么可以作为贺礼！"老翁说："承蒙贵人光临，为我们驱除凶神恶煞，这已经很是万幸了，老朽想请您赏光婚礼，更增加一些喜庆气氛。"殷公很爽快地答应了。

殷公随老翁走进楼里，见布置得十分豪华绚丽。这时，有个妇人近前来向他行礼，约莫四十来岁。老翁介绍说："这是我的妻子。"殷公也还了礼。紧接着，室内乐声骤起。这时，有人跑上楼来大声说："来了！来了！"老翁立即出门去迎接，殷公也站起来等候。转眼工夫，宫灯相照，人群簇拥着新郎进来了。新郎大约有十七八岁，长得很秀气，很有风度。老翁引他到殷公跟前行礼。新郎看了看殷公，殷公也就充作主持婚仪的傧相似的，按半个主人的身份答礼，接下来是翁婿互拜，过后便入席。过了片刻，又来了一群浓妆淡抹的丫鬟使女。酒肴美馔，香气扑鼻，玉碗金盏，交相辉映。酒过数巡，老翁叫使女去请小姐出来，使女应了一声便去了。过了很长时间不见出来，老翁就亲自掀帘去催促，很快，新娘就被丫鬟老妪们扶拥着出来了。只见新娘容光照人，玉佩环坠，铃铃作响，香兰芳草，馥馨醉人，老翁命她向客人拜了拜，拜完就坐在母亲身边。殷公稍稍注视了一下新娘，见她头戴翠凤，耳垂珠玉，容颜美丽绝伦，世上少见。随即主人又用大金杯酌酒劝饮，大得可盛几斗酒。

殷公心想，这大酒杯可以拿回去给人作为见证，就随手藏在袖子里，然后他便假装醉酒，伏在桌子上睡着了。大家见状便说："殷公醉了，殷公醉了！"再过了一会儿，就听见新郎辞别，紧接着，又乐声大起，其他人也都纷纷下楼去了。后来，主人收拾酒具时，发现少了一只大金杯，四处寻找也没找见。有人怀疑也许杯子在殷公身上，老翁急忙制止住，只怕殷公听见。最后，楼里楼外彻底寂静无声，殷公才起身，四处漆黑无灯火，只剩下脂粉香气和酒肉香味，还在到处飘散。天色大亮后，殷公从从容容地出了楼，他用手摸摸衣袖，金杯还在，就大步走出园林。这时，朋友们正在门口等着，怀疑他夜里出来、趁早又进去的。他便掏出金杯让大家看，无不惊异，便问他见都到了些什么，他把自己亲眼目睹的一切向大家讲述了一遍。大家一想，这金杯不是贫寒书生所能拥有的，这才相信了。

后来，殷公考中了进士，在肥丘做官。当地有一个姓朱的世家公子宴请他。席上，主人命令仆人去取大杯来向客人敬酒，仆人去了很长时间不见回来。这时有一个年轻仆人过来附在朱公子耳边说了几句悄悄话，公子脸上立即现出怒色。过了一会儿，主人端金杯向客人劝酒，殷公仔细端详，发现这杯子无论是样子、花纹等，都与当年狐狸精所用的金杯毫无差异。殷公大为疑惑，就问这酒杯是什么地方制作的？主人说："此杯总共有八只，是先父做京官时特请良工监制的，这是上世所传宝物，珍藏多年了。因大人光临弊舍，刚才从箱里取出以款待大人，只剩下七只，那一只怀疑是被家人偷去，但是十多年一直尘封如故，实在无法理解。"殷公笑着说："想必这金杯是仙物羽化了。但世传珍品是不能失去的。我那里正好有一只与公子家的非常相像，愿意以此物奉送。"吃完筵席，回到公署，殷公当即派人骑马把那只金杯送去。朱公子看罢，又与家物对比，确实丝毫不差，心里惊讶极了。他亲自登门去致谢，询问此物从何而来。殷公就把以前经历的事情详细讲给他听。这才知道千里之外的物品，狐狸精可以随意取用，但却不敢长久留下。

娇　娜

　　书生孔雪笠，是孔子的后代。他为人温文尔雅，擅长写诗。有一位挚友在天台做县令，写信叫他去，结果他去了以后，友人却恰巧去世了。孔生流落他乡无法回归，只得借住在普陀寺里，为和尚抄写经文，才得以糊口。

　　在距离普陀寺西边百步远的地方，有一所大宅院，是属于一位单先生的。单先生本是世家公子，因吃官司而弄得家道萧条，由于家里人口少，移居乡下去了，所以这所宅院就空着。

　　有一天，大雪纷飞，天气严寒，晚上无人行走。孔生偶然从宅院门口经过，遇见一个少年从里边出来，这少年风度翩翩，容貌可亲。他看见孔生，忙向前行礼，于是俩人便寒暄了几句，少年请孔生到宅子去坐，孔生欣然步入。里面的房屋都不太宽敞，到处悬挂着锦绣制作的帘子，墙壁上多是古人的书画。桌子上放着一本书，书签上写着《琅环琐记》。孔生有些好奇，就随手翻看了几页，书中内容都是他以前从未看见过的。孔生以为既然他能住在这宅子里，自然应该是主人了，所以也就不问他的姓名和门第。少年却仔细询问起他的行踪了，听了孔生的自述，少年深表同情，劝他设馆教书维持生活。孔生叹息道：“我这漂泊异地的客人，谁会引荐抬举呢？”少年说：“先生如若不嫌弃，我愿拜您为师。”孔生一听，很高兴地说：“做老师不敢当，咱们还是做个朋友吧。”孔生又顺口问道：“这宅子为何长久关闭？”少年说：“这本来是单府，昔日因公子移居乡下，所以长期空着没人居住。我本姓皇甫，祖籍陕西。由于家宅被野火焚烧，现在暂时借住在这里。”孔生这才知道，少年并非单家人，但两人当晚谈笑得很投机，于是就留宿在单宅里。

　　第二天清晨，有一个童仆来屋里烧炭火。少年先起身到屋里，孔生还拥着被子坐在床上，童仆进来说：“老太爷到。”孔生很惊惶地起身。见一个白发苍苍的老翁，到屋里来向他殷勤致谢说：“承蒙先生不嫌弃我儿子的愚顽，愿意向他赐教。小儿只是初学诗文，不要因为是朋友，就拿他当同辈相待。”老翁说完，马上就有人送来锦衣、貂帽、鞋袜等。老翁看着让孔生梳洗完毕，便吩咐端来酒和饭菜。孔生看见屋里的桌椅、茶几、床榻、衣裙等光彩夺目，却又叫不上名字。喝了几杯酒，老翁就告辞了，挂着拐杖离去。吃完饭，皇甫公子呈上他的课业，都是些古文词，并没有眼下时兴的八股文。孔生问他原因，公子笑着说：“我并不想考取功名。”

　　到了晚上，公子又为孔生摆上酒和饭菜。公子说：“今晚可以尽情畅饮，明天以后家父就不许这样了。”他又叫来童仆说：“去看看老太爷睡了没有，如果睡了，就悄悄把香奴叫来。”童仆应声走了，先抱来一把用绣花锦囊装的琵琶，一

会儿功夫，一个身穿鲜红衣裙的妖艳丫鬟出来，公子让她弹一曲《湘妃怨》。那丫鬟用象牙拨子勾弦弹奏，声调激扬悲烈，节拍不像平时听到的那样，很奇异。公子又命令仆人用大杯向孔生劝酒，这样，一直闹到半夜三更才收场。第二天早晨起来后，公子就跟着孔生开始一起读书。

皇甫公子聪颖灵慧，他所读的书都能过目不忘，完全背诵下来。这样读了两三个月以后，所写的文章，都很精彩动人，令人惊讶佩服。后来他们约定好，每五天喝一次酒，每回喝酒，都要召来香奴弹奏尽欢。有一天夜里，孔生喝多了酒，只觉浑身燥热，郁闷难熬，他目光呆滞，死死地盯住香奴看，皇甫公子已悟出孔生的意思，就对他说："这丫头是我老父身边的人，老兄离家千里，不免心中寂寞，我日夜都在替你思忖着这件事，考虑不久就可以为您找到一个佳偶的。"孔生说："如果真这样操心，一定找一个像香奴这样好的。"公子笑着说："您真是少见多怪了，把香奴看作美人，那您的愿望也就太容易满足了。"

这样住了半年时间，有一天，孔生想到郊外去游玩游玩。他步行到了门口，只见门从外反锁着，孔生就问公子为什么这样做。公子解释说："父亲怕交游分心，所以拒绝见客。"孔生想想也对，便安下心来。

当时是炎暑盛夏天气，为了凉爽，他们就把书房移到花园里的亭子上。这时，孔生胸脯上起了一个像桃子那么大的肿疙瘩，过了一夜，就很快长得有碗口那样大了，孔生疼得不停地呻吟。公子白天晚上守护在身边，弄得吃不好饭、睡不好觉。又过了几天，孔生病得更厉害了，饮食难进，老太爷也来看望，却束手无策，只能在一旁长吁短叹。公子说："我前天夜里还思忖着，先生的病也许娇娜妹子能够医治，我已派人到外祖母那儿叫她来，为什么现在还没有到？"一会儿，童仆到屋里来报信："娇娜姑娘来了，还有姨母和松姑娘也一块来了。"于是，父子俩急忙把她们迎了进来。稍等了一会儿，公子带着娇娜姑娘来看孔生。孔生见这女子年龄不过十三、四岁的样子，一双美丽的大眼睛水灵灵的，流露出聪慧的光芒，身材苗条，俨如阳春的婀娜细柳，让人生不尽的爱意。孔生看姑娘长得如此楚楚动人，顷刻间忘记了自己病痛难忍的身体，精神为之一振，清爽了许多。

公子对娇娜说："先生是哥哥的好朋友，感情胜过手足同胞，妹妹一定要好好为他医治病痛。"娇娜于是收敛满脸的羞涩，撩起长袖，走近孔生的床边来为他诊视。当娇娜姑娘给孔生摸脉之际，孔生感觉到有一股比香兰更浓郁的芳馨，从娇娜姑娘身上散发出来，真是沁人心脾。娇娜笑着说："得这样的病，因心脉动了。病症虽然严重，还可以医治，只是身上郁积下的这个肿块一定要削除，这样就非要伤些皮肉不可。"娇娜一边说着，一边卸下胳膊上的金钏，放置在肿块的地方，然后慢慢往下按着，只见那肿块明显地往上突出了有一寸多，高出金钏之上，但是，肿块根部完全缩小在金钏里边了，不像先前的碗口那么大了。娇娜用一只手掀起罗衣，解下佩刀，刀刃薄得像纸一样。娇娜一手按住金钏，一手握着佩刀，小心翼翼地往肿块根部割去，于是，紫红色的淤血从身上流到枕席上，孔生由于一心贪恋于享受接近美女娇柔身姿的快乐，完全忘记了医治时的痛苦，而且内心里唯恐娇娜姑娘把那肿块割快了，使他们失去接触。手术做了不长时间，娇娜姑娘就从孔生身上割下一块腐肉，足足有树上的瘿结巴那么大。娇娜叫人赶快端来水为孔生清洗伤口，她又从嘴里吐出一颗红丸，像弹子那么大，放在伤口边的肌肉上按着转动，刚刚按了一圈，孔生已感觉到身上热气直往外冒；再按动一圈，又觉微微有些发痒；当按完三圈时，孔生顿时觉得周身清凉舒适，一直浸入骨髓。

娇娜姑娘收起那颗红药丸，吞进嘴里，然后说道："伤痛已好。"说完就快步走了出去。孔生一跃而起，去向姑娘道谢，一身的重病顿时消失。他一直苦苦思恋着娇娜姑娘的芳容丽质，魂牵梦绕，不能自我控制。从此以后，他常常身不由己地放下手里的书本，呆呆地静坐，内心十分空虚，很有一种失落感。

皇甫公子已暗中观察到此种情形，便对孔生说："我已给老兄物色好一个佳偶了，您一定会很欢心的。"孔生脱口忙问："这人是谁？"公子说："也是我家的一个亲戚。"孔生凝神猜想了好一阵子，却说："不必这样。"随后他又面对着墙壁吟起唐代大诗人元稹的诗句："曾经沧海难为水，除却巫山不是云。"公子很明白他的用意所指，就说："家父仰慕您的才华，一直想着和您联姻，但只是由于我只有一个小妹妹，年龄还太小，不能如愿。现在我有一个姨表姐，名叫阿松，今年十八岁，容貌很不难看，如不相信，松姐每天都要到花园的亭子上去散步，您可悄悄地在厢房里等候，就能看见她。"孔生按着公子所教的办法到厢房去窥视，果然远远看见娇娜姑娘和一位美丽的女子一起走过来，丰姿与娇娜姑娘不差上下。孔生十分高兴，当即请公子为他牵线做媒。第二天，公子从屋里出来，喜形于色地对孔生说："事情成了。"于是，家里立即收拾整修了另一处院落，为孔生成婚。当晚，整个宅院里鼓乐大响，震起尘土。此时此刻，孔生只觉得，和朝思暮想的美女忽然同衾共幄，便怀疑嫦娥居住的广寒宫，并不是在天上。婚典以后，孔生心情十分舒畅。

一天晚上，公子对孔生说："您在学业上给了我很大的教益和帮助，我永远难以忘怀。近日单公子那桩官司已经了解，他催促我们搬迁，我们打算离开这里回陕西去，分手以后也许很难再得相聚。所以心里很不是滋味。"孔生表示愿意跟随他们一起到陕西去，公子劝他还是回自己的家乡去，孔生因还乡的道路遥远而为难。公子安慰他说："不必忧虑，我们可以立即送您启程。"没多久，老太爷带着松娘来了，拿出上百两黄金赠送给孔生。公子左手握孔生，右手牵着松娘，嘱咐他们俩闭上眼睛，不要睁开，孔生顿时觉得似乎飘飘然上到天空里向前飞行，耳边风声不断地掠过。过了很长时间，只听公子说："到了。"孔生再睁眼一看，果然是自己的家园，这时他才知道皇甫公子并不是凡人。孔生欣喜地上前敲门，母亲闻声出来，更是喜出望外。她见儿媳妇长得这么漂亮迷人，心里宽慰极了。等他们再回头看公子时，早已消失了。松娘在家里对婆婆很孝敬，而且她以自身的美貌和贤淑，在远近都落下了好名声。

后来，孔生中了进士，朝廷任命他到延安府做司法官，他带全家前往赴任。母亲嫌路途遥远就留在家里没去。这时，松娘生下一个男孩，取名叫小宦。不久，孔生因为刚正不阿而得罪上司，被罢免官职，听候处理，所以还不能回归故里。

有一天，孔生在郊野射猎，偶然遇见一位漂亮少年骑着小黑马从身边走过，那少年频频地回过头来看他，他定睛一看，终于认出那少年原来是皇甫公子，他立即勒住马缰绳跳下来，俩人相见时悲喜交加。公子邀孔生同行，他们来到一个村落，那里树木茂密，阴暗遮天，阳光照不进去。进到屋里，只见满室金碧辉煌，如同贵族世家一般。孔生询问起公子的妹子，公子说已经出嫁，松娘的母亲也已去世了。彼此很是感慨了一番。孔生在这儿住了一晚上，回去又把妻儿带来了，娇娜也来了，她抱起宦儿逗他玩耍说："姐姐，你把我们的种族搅乱了。"孔生当即向娇娜拜谢当年的治病之恩，姑娘笑着说："姐夫如今做官身贵，伤病已好，现在还记得当时的疼痛吗？"这时，公子的妹夫吴朗也来拜见孔生。一起住了两夜才离去。

突然有一天，公子愁容满面地来对孔生说："我们眼前有大祸要降临了，你能不能相救?"孔生不明白是什么事情,但愿意挺身救助,决不推诿。公子马上出去,领全家人进来,团团围跪在厅堂,孔生大吃一惊,急忙问出了什么事?公子说:"实不相瞒,我们都不是人类,是狐类。现在要遭遇雷轰电劈的劫难,您如果能挺身赴难,我一家老小就都有希望活下来。要不然,就赶快抱着宦儿离开,不要都牵连进去。"孔生发誓要与大家同生共死,公子让他手持长剑守住大门,并叮咛他:"电打雷轰时,千万不要动!"孔生答应照办。这时,果然见阴云密布使得天昏地暗,像一块黑石盖在上空。他回头一看屋宇,都不存在了,只见周围高坟耸立,洞穴无底。他正惊惧间,忽听霹雳一声,摇撼山岳,狂风急雨顿时大作,大树被连根拔起,孔生被震撼得目眩耳聋,但他却毫不动摇地站在那里。他猛然看见一个利齿长爪的怪物,在一片滚滚的浓烟黑雾中。从洞穴里抓着一个人出来,随着那股烟雾一直往上升。孔生发现被抓的人的衣服鞋子都像是娇娜的,于是,孔生一跃而起,用手里的利剑向鬼怪奋力刺去,被抓的人随即跌落在地上。忽然间,雷鸣山崩,孔生被震倒在地,便死了。过了片刻,烟雾消散,雨过天晴,娇娜渐渐自己苏醒,她见孔生死在身边,大哭说:"孔郎为我而死,我也不想活了!"松娘从屋里出来,一起把孔生抬回去。娇娜叫松娘捧起孔生的头,又叫公子用金簪拨开孔生的牙齿,然后自己用手托住他的下巴颏,用舌头顶着红丸慢慢送到孔生的咽喉,又用嘴对着孔生的嘴吹气。红丸随着气流进到喉咙里,里边很快发出格格的响声,过了一会儿,孔生终于苏醒过来。他睁开眼睛看见全家人都在一起,觉得刚才发生的一切恍然如在梦幻中一般。劫难过后,大家全家团圆,由惊转喜。孔生觉得墓穴幽暗空旷,不是久居之地,建议他们一起迁回山东。大家都很赞同孔生的意见,只娇娜一人心中闷闷不乐,孔生请她和丈夫一起迁走。她担心婆家不肯让小儿离开。大家还正议论不定时,忽然见吴家一个小奴气喘吁吁、汗流满面地跑来报信,说吴家也在同一天遭遇大难,全家身亡。娇娜一听跺着脚悲痛欲绝,泪流不止。大家纷纷安慰一番,于是决定迁往山东。孔生进城清理了遗留的手续,然后连夜赶路回乡。

到了家里,孔生把一个空闲的园子让给公子一家居住,平日时一直把门反锁着,当孔生和松娘来了才开门。从此以后,孔生与皇甫公子兄妹们或下棋饮酒,或谈天说地,两家和睦相处如同一家。后来,小宦慢慢长大,模样清秀,带点狐仙的柔媚。他到城里去游览,人们都知道他是狐仙所生。

异史氏说:"我对孔生不羡慕他有一位美艳无比的妻子,只羡慕他有一位美丽而亲昵的女友。见到她的容貌,可以忘记饥渴,听到她的声音,足以叫人喜笑颜开。能有这样的朋友,时常饮酒谈心,会叫人精神愉悦,比那同床共枕的夫妻还要舒心和谐。"

僧　孽

张某突然死去,跟随鬼差一起去见阎王。阎王查核生死簿,发现抓错了人,很生气,责令马上将他送回人世阳间。

张某走下台阶,暗地里请求鬼差带他参观一下地狱。鬼差答应领他到各处转转。鬼差指点着刀山、剑树等地方让他看。最后他们来到一个地方,见有一个和尚被扎透了大腿,用绳子倒吊起来,痛苦得大喊大叫。走近一看,原来是他的哥哥。张某惊吓悲伤得不得了,就问:"他犯了什么罪,到了这地步?"鬼差说:"他做和尚,到处募捐,却把那些钱物用来嫖赌,所以这样惩罚他。要想消除这一难,他必须忏悔。"

张某魂魄还阳后,以为哥哥已死。但是他的哥哥还住在兴福寺里,他前去探望。

一进门,就听见哥哥痛苦的叫声。他走到房间,看见哥哥大腿生着脓疮,血流不止,脚倒挂在墙上,这情景和他在地狱看见的一模一样。张某很惊恐地问哥哥为什么这样?哥哥说:"这样挂着还能减轻一点痛苦,不然就会疼得心肺都要破裂。"张某于是把在地狱所见所闻对哥哥说了。和尚听后,大为惊骇,从此以后便戒掉恶习,虔心念经修养。半个月以后,疮病慢慢好了,哥哥终于修行成一个操守戒律的和尚。

异史氏说:"地狱是非常渺茫的地方,作恶的人常常借此来为自己开脱。但却不知道他们在阳世上所受的罪孽,也正是阴间阎王的惩罚。这能不让人畏惧吗?"

妖　术

于公这个人,少年时就有侠义之气。他善于拳技,双手能高举起盛水的巨壶,像旋风般舞动。

明朝崇祯年间,他到京城去殿试,当时仆从患上疫病,他很担忧。正好市上有人善于算卦,能断出一个人的生死命运,便打算代仆从前去问问吉凶。到了算卦人那里,还没有说什么,算卦的人倒先问起他来:"您是不是想来问仆人的病呢?"于公非常吃惊地点头答应着。算卦的人又说:"病人倒不要紧,您却眼前有难。"于公便让算卦人给自己卜算,算卦人一算很吃惊地说:"您三天之内会死的。"于公惊疑不定了很长时间,过了一会儿,算卦人对他说:"我有小小法术能为您解除厄运,但需要十两银子作为报酬。"于公心想,既然生死命运已成定局,施以法术有什么用处?于是他便不予理睬,起身要走。算卦人说:"爱惜这点小钱,可不要后悔。"那些喜欢于公的人无不为他担惊受怕,并劝他不要吝惜钱财,尽其所有,求求算卦人。但是于公坚决不听。

转眼间到了第三天,于公端坐在旅店里静静等待着,想看看死亡究竟怎样来临。但是整整一天过去了,却什么也没有发生。夜幕降临了,于公关上门,点上灯,手握剑端坐,继续等待。一更将近时,死神还未到来。这时,他正要上床入睡,忽然听见窗缝有一阵索的响声,转眼一看,有一个小人扛着长矛进来,落到地上就和常人一样高大了。于公持剑跳起,朝那人急刺过去,飘忽忽的没有刺中,很快又变小了,瞅着窗缝想逃走,于公急忙用剑一砍,那小人应声倒下。他持灯一照,见是一片纸人,腰已断了。于公不敢入睡,又坐着等待。不久,他又发现有个东西从窗缝钻进来,其狰狞面目像鬼怪一样凶煞可怕。那物一落地,于公立即用剑去刺,那物被砍成两截,上下还在不停地蠕动着。于公怕它再起来,又连砍几剑,每剑都砍中了,发出又硬又响的一种声音。砍完后再仔细一看,原来是泥塑人,已成一团碎片。

后来,于公干脆移坐在窗前,眼睛定定地瞅着窗缝。过了很长时间,听见窗外像有一阵牛喘的声息,同时推送窗棂,力量威猛,墙壁被震摇,像要立即崩塌似的。于公生怕房倒被压在底下,想着还不如出去与其格斗,于是猛然开门奔出,看见屋外是一个大鬼,身高触到屋檐,在朦胧月色中,只见那鬼的面目像煤一样黑,两眼闪烁,发出黄光,上身和脚都赤裸着,手握弓,腰插箭。于公正惊骇间,那鬼射来一箭,于公急忙用剑挡开。于公刚要出击,那鬼又射来一箭,于公急忙躲闪,箭射进墙壁,发出振振响声。那鬼很恼怒,拔出佩刀,飞快地向于公砍来,于公像猴一般敏捷向前,刀砍在庭院的石头上,石头马上裂成两半。于公钻到鬼的胯下,用剑刺中鬼脚,发出铿锵的响声。鬼更加暴怒,吼声如雷,转身又用刀砍于公,于公就势伏倒,刀子划断了他的衣服。于公钻到鬼的腋下,用剑猛砍,又发出铿锵的响声,鬼终于被砍倒而挺直躺着。于公还用剑乱砍一通,那响声就像剁在硬木梆上发出的。于公端着灯看时,见是木偶,有一人高,腰里还挂着弓箭,面目狰狞可憎,剑所砍中的地方都有血浸出。于公坐在灯下一直到天亮,此后再也未有鬼怪来侵扰。这时他才明白,这些鬼怪全是算卦人派来的,想置自己于死地,来证实他卜卦的灵验。

第二天,于公将此事通告朋友,和他们一起找到算卦人住的地方,算卦人远远看见于公他们,一晃就消失了。朋友中有人说:"这是隐身术,用狗血可以破除。"于公照朋友说的办法,有准备地去找。算卦人一看见他,又施行隐身术躲避,于公急忙用狗血向他站立的地方泼洒,算卦人立即现出真形,只见他血污满头满脸,目光灼灼闪动,像鬼一样地站在那里。于公将算卦人押送到官府治罪,将他杀了头。

异史氏说:"我曾说算卦问卜是愚蠢人的举动。世上以卦术算人生死的,到底有几个真正灵验?算了不准,等于不算。而且即使明明白白算我死期就要到了,又有什么?何况有人借别人的命运来显示他的道术灵验,那不是更加可怕吗?"

野　　狗

于七之乱时,杀人如麻。有一个叫李化龙的乡民从山中逃回家里,正碰上清军连夜开进,他唯恐遭受难辨真假的灾祸,焦急中又无处藏身,就趁机躺在死人堆里,装成死尸。

大兵过去以后,他还不敢立即出来。这时他忽然见那些缺头断臂的尸体像树林一样纷纷站立起来。其中有一具尸体头和肩膀还连在一起,张口说道:"野狗子来了,怎么办?"群尸声音不齐地跟着说:"怎么办!"一会儿,又全部倒下,不再有任何声息。

李化龙正战战兢兢地想爬起来,只见一个兽头人身的怪物过来,伏在地上啃咬人头,挨着个儿吮吸脑髓。李化龙害怕极了,把头藏在尸体下面。那怪物来搬李化龙的肩膀,想把他的头弄出来,李化龙死死地趴在地上,不让它得到。那怪物推移开盖在李化龙身上的死尸,于是,他的头便暴露在外边。李化龙更加恐惧,用手在腰下摸索到一块碗大的石头,紧紧握在手里,等怪物刚俯身要啃时,李化龙猛然跳起来,大叫一声,用石块一下子击中怪物的头部,正好打在嘴上。怪物像猫头鹰一样地嗥叫着,捂着嘴巴,忍着疼痛逃跑了,一路上洒下血迹。李化龙低头仔细一看,见血污中有两颗牙齿,中间弯曲,两头锐利,长约四寸左右。李化龙将那牙齿拿回家给人看,大家都不知道是什么怪物。

三　　生

刘举人能记得前世的事情。他和我已故的同族兄长蒲文壁同一年考中举人,曾清清楚楚地谈论前世的事情。

他自称自己第一世是个绅士,品行多有不检点,活到六十二岁就死了。他初次见到阎王,阎王以乡里长者的厚礼对待他,给他赐座,请他品茶。他瞥见阎王杯中的茶水非常清澈,而自己杯中却浑浊如胶。他心里怀疑莫非迷魂汤就是这样子?他趁阎王不注意,就将杯中茶水悄悄倒在桌子下面,假装喝完。过了一会儿,阎王查出他前生的罪恶,一怒之下,命令群鬼将他揪下去,罚他做马。立即就有恶鬼将他捆绑起来拉着走。他被拉到一家大院跟前,只见门槛很高,无法跨越。他正踟蹰时,恶鬼用鞭子猛抽了他一下,他疼得栽倒。当他抬头看时,发现自己已在马圈里,只听有人叫道:"黑马生了个小驹,是匹公马。"他心里很清楚,嘴里却说不出话。他觉得肚子很饿,迫不得已,就靠近母马来吃奶。过了四、五年时间,他就长得身高马大,最怕抽打,一见马鞭,就惊恐逃窜。每次遇到主人骑他,就放上鞍子,又加上障泥,轻轻拽住辔爵,这样还不太痛苦。如果遇到仆人、马夫骑他时,不用鞍鞯,用两脚紧紧夹击马腹,直疼到心腑里去。他忍不过这种折磨,气得三天不吃东西,就死了。

他第二次到了阴间,阎王一查他罪罚期限未满,斥责他有意逃避惩罚,于是就将他一身马皮剥掉,又罚他做狗。他心里非常懊丧,不愿意去,群鬼又对他一顿乱揍,忍不住皮肉疼痛,他就逃窜到荒郊野外。他心想着不如死掉的好,于是气呼呼地走上悬崖往下一跳,跌在地上爬不起来。他再抬头一看,自己已经趴在狗窝里,母狗正爱昵地用嘴舔着他的头和身子,他明白自己又生在人世上了。稍稍长大一点,看见粪便之类,他知道那很污秽,闻上却还有些香味,但他决心不去吃那些东西。大约过了一年,他常常气得要死,又害怕阎王斥责自己罪孽未满有意逃避,只好强忍着。无奈主人养着他又不肯杀,于是他故意咬掉主人腿上的一块肉,主人怒不可遏,一顿乱棒将他打死。

他第三次来到阴间,阎王再次审讯他,憎恨他是疯狗,于是又鞭打数百下,再将他罚为蛇。他被关在一间阴暗的房子,见不上太阳,苦闷极了,就沿着墙壁往上爬,从屋子的一个孔穴钻出去。这时他发现自己伏在深草丛中,居然成为一条蛇。他发誓不残害生灵,饥饿的时候,只吞食树上的果子。过了一年多,他常常思索着,自杀不行,害人而死也不行,想找一个好死的上策却没有。一天,他正躺在荒草丛里,听见一阵车轮声传来。他急忙爬出去挡在路当中,车轮飞驰而过,他被压断成两截。阎王纳闷他这么快又来了,他赶快伏在地上申辩。阎王见他这次是无罪而死,就原谅了他。准许他罪期已满再回阳世做人,这就是刘举人。

刘举人一生下来就会说话,读书能过目不忘,辛酉年考中举人。他常常奉劝人:骑马一定要放上鞍子,千万不要用腿夹击马腹,这比用鞭子抽打更厉害。

异史氏说:"禽兽之中,竟有王公大人在其中,其所以如此,是由于在王公大人之中,未必没有禽兽。所以贫贱之人做善事,好比想要得花而栽树;高贵人家做善事,好比已经有了花儿,还要更精心培养其根基。栽下树木可以使其长大开花,培养根基可以使花保持长久开放。否则,拉车或被笼套所束缚,那就是做马;再不然,去吃粪便,经受烹割之苦,那便是做狗;还不然的话,就要披上鳞甲,将葬身鹳鹤之腹,这就是做蛇了。"

狐 入 瓶

万村石家的媳妇被狐狸所纠缠,很担忧,却又无法将它赶走。她家门背后有一个瓶子,每次听到媳妇的公公来,狐狸就急忙躲藏在瓶子里。石家媳妇多次看见这一举动,嘴上不说,心里却在暗暗盘算着如何下手。有一天,狐狸又急急慌慌地窜入瓶子,石家媳妇连忙用棉絮严严实实地塞住瓶口,然后放在锅里,用水煮,当水烧沸之后,狐狸在瓶子叫喊:"太热了,不要恶作剧!"石家媳妇并不应声,只管烧火,狐狸在里面越叫越急,过了很长时间,里面渐渐没了声息。石家媳妇从开水中取出瓶子,拔开瓶塞一看,只见里面只有一堆毛,几点血。

鬼 哭

谢迁反叛时,官宦人家的宅第全都成了"贼窝"。学政王七襄的住宅,"贼寇"聚集得更多。清兵攻破城池,起事的人被杀死无数,台阶下堆满尸体,门里门外血流成河。王公回到城里,搬走死尸,洗清血迹,依旧住在宅子里。他常常白天看见鬼,黑夜床下总是鬼火乱飞,墙角里鬼哭不断。

一天,有个叫王皞迪的先生在王公家寄居。他听见床底下有小声连连喊道:"皞迪!皞迪!"一会儿,喊声就慢慢地大起来:"我死得好苦啊!"说完便哭,随后满院子也跟着哭起来。王公听见后,提着利剑进来大声说:"你们不认识我王学政吗?"只听四周发出一阵嗤嗤声,讥笑他。王公于是便请来和尚、道士设水陆道场,让他们念经布道来超度这些冤魂。夜里,向院里撒些鬼饭,便看见鬼火荧荧,满地都是。

在此之前,有个姓王的看门人得了重病,昏迷不省人事已好几天了。这一夜,他忽然打着呵欠伸着四肢醒转过来。他老婆给他饭吃,他却说:"刚才主人不知为何在院子供饭,我也跟着大伙饱食一顿,吃完才回家,所以一点不饿。"从此以后,宅子里再也没闹过鬼怪。难道敲击法器做道场,念经超度施舍饿鬼真有用吗?

异史氏说:"一切鬼怪之类,只有施以德行可以消除。当城池被攻陷之时,王公正威风凛凛,显赫一时,人们听见他的声音无不颤抖,可是鬼怪却敢揶揄取笑他,想必鬼怪也知道他不会有好下场吗? 在此想奉告普天之下的大人先生们:以'人'的面目出现还不能吓住'鬼',请不要装扮成一副'鬼'模样来吓人!"

第 二 卷

金 世 成

金世成是长山县人,向来行为不检点,忽然出家做了行脚僧人。整天是一副疯疯癫癫的样子,吃脏东西以为是美味佳肴。狗和羊在前拉屎尿,他马上趴在地上舔食干净,自称是"佛"。那些愚民愚妇对他的所作所为颇感奇异,于是拜他为师的人竟成千上万。金世成常常呵令他们食粪便,没有一个人敢于违抗。他要修建楼阁亭院,所费很多,人们却都乐于捐款给他。

长山县令南公特别厌恶他的怪异作为,就派人把他抓来打了一顿板子,并责令他修孔庙。金世成的门人竟纷纷奔走相告说:"佛爷遭难了!"大家都争着拿出钱来救他。孔庙的殿堂宫宇在一个月时间里便修成了,资金筹集之快,远远比酷吏强迫追缴要快得多。

异史氏说:"我听说金道人,人们都以他姓名的谐音来称呼,叫作'今世成佛',人品下贱到吞食粪便,真是到了极点。痛打他不足以为羞辱,责罚他恰能成事。长山县令南公办事真妙!然而学宫坍塌,却烦妖道来修复,是士大夫们的奇耻大辱!"

董 生

董生,字遐思,是青州西部边远地方人。冬天傍晚,打开被褥铺好床,烧着炭火。他正要点灯时,却有朋友来请他喝酒,于是他锁上门就走了。到了朋友住的地方,在酒席上遇见一位医生,此人精通太素脉法,便为大家都诊了脉。末了,看着王九思和董生说:"我诊过脉的人太多了,但从未遇见过像你们两位这么奇特的脉,贵脉显现出贱兆,寿脉却又有妖征。这便是我所不能判断得了的。尤其以董君最为显著。"大家都惊讶地问他,他说:"到了这样的地步我已无能为力,不敢臆断,还是希望两位自己慎重。"两人开始都很害怕,但后来又听他的话模棱两可,就不太在意了。

半夜时分,董生回到自己住的地方,发现书房的门虚掩着,就很纳闷。他喝得有点醉,想着自己是不是当时走得太急忘了锁门。进到屋里,还没来得及点灯,他就先把手伸进被窝,看是不是烘热。他手刚伸进去就感觉柔腻腻的发现有人躺在里边。他大吃一惊,连忙将手缩回,急忙点亮灯一看,原来竟是个美丽的姑娘。只见她长得红颜皓齿,粉嫩迷人,与仙女没有异样之处。董生欣喜若狂,他又用手去摸姑娘的下身,却发觉有一条毛茸茸的长尾巴,不禁惊恐异常。他正想要逃跑,姑娘已经醒来,伸手抓住董生的胳膊问:"你要去哪里?"董生更加惊恐,浑身战抖着哀求道:"希望仙人可怜宽恕。"姑娘却笑着说:"你看见了什么,这么怕我?"董生说:"我并不怕头而害怕尾巴。"姑娘又笑着说:"你弄错了,哪有什么尾巴?"姑娘边说边牵董生的手硬拉着又去摸,他只觉得姑娘的大腿柔软光滑,尾骨光秃秃的,那里有什么尾巴。姑娘笑着问道:"怎么样?你是喝醉了酒,迷迷瞪瞪的,不知看见了什么,就这样诬陷人。"董生本为她的美貌所倾倒，这样一来益发受了迷惑，反而归咎于自己刚才一时未辨清之错。但他又对女子的突如其来起了疑心。姑娘说："你不记得当年邻居有个黄头发的女孩吗？一眨眼就十年过去了，那时我还不到十五岁，你也未成年。"董生恍然大悟说："噢，那你就是周家的阿琐了？"姑娘也应道："是啊！"董生说："你一说，我好像记起来了。十年不见，你竟出落得这般苗条娇柔！那你今天怎么突然就来了？"姑娘说："我嫁给一个白痴已有四、五年了，公婆先后去世，我又不幸守了寡。我一人孤孤单单无依无靠，想起小时候认识的人只有你了，于是就来找你了。我进门时天色已晚，刚也有人来请你喝酒，我就一直在屋里等候你回来，时间久了，就两足冰冷，浑身颤栗，所以就自己钻进被窝来暖暖身子，请你不要怀疑。"董生听得心花怒放，于是宽带解衣，和那姑娘同枕共眠，心里十分得意。

这样过了一个多月时间，他渐渐人见消瘦。家里人很奇怪，就问原因，他却总是搪塞说自己也不知道为什么。久而久之，他的面目瘦得失了常形，于是开始恐惧起来。有一天，他专程去找擅长太素脉法的医生为他诊脉，医生说："这是妖脉。那一天所诊出的妖征现在得到了证实，你已病入膏肓，不可救药。"董生听后痛哭着不愿离去。医生没办法，只好给他针灸脐两处，又给他开了些药，并叮嘱他如果遇到什么东西，要坚决拒绝。董生也自知危险。回到家里，那女子对他笑脸相邀，他愤愤地说："不要再来纠缠我！我眼看就要死了。"董生一直走开，并不理睬。女子很羞愧，也怒冲冲地说："你还想再活吗？"夜里，董生服药后独自一个人入睡，刚合上眼，就梦见和女子交欢，醒来发现已遗精了。就更加恐惧，便移到里屋去睡，妻子点着灯守护他。但他梦中所见还和刚才一样。窥探那女子时，没有影子。没过几天，董生就大吐血死去。

王九思正在书房读书，看见走进来一个漂亮女子，他很喜欢她的美貌就和她私通了。他问女子从什么地方来，女子回答说："我是董生的邻居，他过去和我相好，不料想却被狐怪迷惑而死。这些狐怪妖气非常可怕，读书人一定要小心提防。"王生听她说得这般恳切，就更加钦佩她，于是便和她愉快地相处在一起。这样厮混了好几天，王生突然发现自己迷迷糊糊，像得病一般面容消瘦起来。

一天夜里，他忽然梦见董生对他说："和你相好的是个狐怪，她害死了我，现在又来害你。我已投诉到阎罗殿，以泄此幽愤。七日夜里，你一定要在卧室外点上香，千万别忘了！"醒来后，他感到很诧异。就对那女子说："我病得很重，恐怕死期不远了，有人劝我不要和女人睡觉。"女子说："命该长寿，和女人睡觉也没关系；该短命的，就是不和女人睡觉也会死的。"于是她又挑逗王生，王生不能自持，就又和她厮混在一起，事后他又很后悔，却不能自拔。

到了七日夜里，王生就在门外插上香，女子一来就拔掉扔了。梦中董生来责备他没有守约，第二天夜里，他暗中叮咛家人在他入睡后悄悄点香。女子在床上突然惊起说："谁又在燃香？"王生说不知。女子急忙起身去把香折灭，进屋后问王生："是谁教你这样做的？"王生搪塞说："也许是妻子担心我的病，听信巫人的话这样做来驱邪的。"女子心里很不高兴。家里人偷看香火灭了，又点了一根插上，女子忽然叹息说："你太有福分了。我误害了董生又来找你，这确实是我的过错，我将和董生对质于阎罗殿上。你如果不忘我们相好一场的情分，就请不要毁坏我的皮囊。"说完，迟迟疑疑下了床，倒地而死。王生赶快掌烛去看，见是只狐狸，害怕它再复活，就立即叫家人来剥了它的皮挂起来。

王生病情有所加剧，他梦见狐怪来说："我也上诉到阴曹地府。阴间法官认为董生见美色而动心,死有应得,但也责怪我不该迷惑别人,收回金丹,令我生还。我的皮囊在何处?"王生说:"家人不知道,已经剥下来了。"狐怪很凄楚地说:"我害的人太多了,早该死了。可是你也太狠心了!"狐怪说完,含恨而去。王生几乎病死,半年以后好了。

𪖉　石

新城县王钦文老太爷家有个养马的仆人姓王,幼年时曾到崂山学道。久而久之,不吃熟食,只吃松子、白石之类东西,全身都长了毛。好几年以后,因想念母亲年老就回了家。渐渐又恢复吃熟食,但仍旧吃白石。他把白石拿到太阳光下一照,就能知道它是甜的、苦的和酸的、咸的,就像吃洋芋疙瘩一样。老母亲死后,他又到了山里,到现在也已有十七八年了。

庙　鬼

新城县秀才王启后,是已故布政使王象坤先生的曾孙。有一天,他看见有一个妇人进了房子,相貌丑陋,长得又黑又胖,她边笑边走近坐在床沿上,样子很下流。王秀才拒绝她,她却赖着不走。从此无论是坐、是卧,他都能看见她。王秀才依然态度坚定,始终不动摇。那妇人终于被激怒,很响地扇他的耳光,他却并不觉得怎么疼。那妇人又把带子吊在梁上,揪住他的头发一起去上吊。王秀才毫无知觉地自己走到梁下,伸长脖子做出要上吊的样子。人们看见他双脚离地,直挺挺地悬在空中,却也并未死去。他从此便得了疯癫病。有一回,他忽然说:"她将要和我一起去跳河了。"说完,就朝着河边狂奔而去,别人拉住他才作罢。像这样的种种举动,一天发生几次。用巫术用医药,但都无效。

一天,忽然见有个武士拿着锁链进来,大声呵斥道:"这么老实的人,你怎么敢来侵扰他!"说完,立即用锁链拘住丑妇的脖子,从窗棂中间出去了。刚到窗外,丑妇已失掉人形,眼睛像闪电,嘴巴血红血红,像巨盆一般。人们见到这情景,便想起城隍庙里的四个泥鬼,丑妇非常像其中的一个。从此以后,王秀才的病完全好了。

陆　判

陵阳县有个朱尔旦,字小明。此人性情豪放,但平时比较迟钝,虽然学习很勤奋,而学业上却未出名。

一天,他和文社众学友一起饮酒,席上有人跟他开玩笑说:"您素负豪名,若能深夜到十王殿左边走廊下把判官像背来,那么,我们大家凑钱设宴款待您。"原来陵阳有座十王殿,里面的神神鬼鬼全是木雕的,妆饰得栩栩如生。东廊屋中有判官立像,面呈绿色,满脸赤须,形貌非常狰狞可怕。有时能听见里面有拷讯声。白天进去的人,都会吓得毛骨悚然。因此,大家就用这来难为他。朱尔旦很不在意地笑笑,起了身径直往十王殿走去。没多久,门外就传来呼喊声:"我把髯宗师给大家请来了!"众人站起来,一会儿朱尔旦真把判官背进来放在桌上,并为判官连敬三杯酒。大家眼看着;都吓得瑟缩发抖,不敢坐稳,叫快快地将判官像背回去。朱尔旦又以酒浇地,祈祷说:"弟子太轻狂无礼,大宗师想必不会怪怨的。寒舍离此处不远,在您高兴的时候,就请光临共饮,希望不要有人鬼的界限。"说完，就将判官背回去了。

第二天，大家果然宴请他，一直喝到天黑才醉意朦胧地回家，但是他还觉得酒兴未尽，就又挑灯独饮。这时，忽然有人掀开帘子进来，他抬头一看，正是十王殿里的判官。朱尔旦站起身说："想来我是要死了！昨天晚上我有所冒犯，今天是来惩罚的吗？"判官捋着浓须笑着说："不是，昨日承蒙你盛情相约，今夜正好有空，特意前来赴旷达之人的约会。"朱尔旦很高兴，赶快请客人坐下，亲自起来洗杯温酒。判官说："天气温暖，可以冷饮。"朱尔旦遵命，把酒壶放在桌上，跑去告诉家人准备些菜肴水果下酒。妻子一听是判官来了，害怕极了，就劝朱尔旦不要出去。朱尔旦不听，立等着做好菜肴来。换杯敬酒，才问判官姓氏。判官笑道："我姓陆，没有名字。"谈起古书，判官应答如流。朱尔旦问陆判官："你会八股文吗？"陆判官说："还能辨别出优劣，阴间与阳间所读的，基本差不多。"陆判官很能喝酒，连饮十大杯。朱尔旦因为白天已喝了不少酒，晚上再接着饮，终于不胜酒力，醉醺醺地倒在桌上睡着了。一觉醒来，只见灯光昏暗，鬼客早已离去。从此，陆判官常常隔三两天来一回，两人关系更加融洽。有时他们就睡在一起。朱尔旦拿出自己的文稿来向陆判官请教，陆判官也不见外，就直接拿红笔在上面勾勒点批，看了多篇，陆判官都说不好。

一天晚上，朱尔旦喝醉了，就先睡下，陆判官还自斟自饮。在醉梦中，朱尔旦突然感到五脏六腑微微有些疼痛，他一睁眼，发现陆判官正坐在床前划破他的肚子，取出肠胃一一清理。便吃惊地问："你我向来无仇无怨，为什么要杀我？"陆判官笑着说："别怕，我正在替你换一颗灵敏聪慧的心。"陆判官很从容地把肠胃放进去，然后合好，最后再用裹脚布把腰部缠紧，做好这一切，并未见床上有什么血迹，只是觉得肚子略略有点麻木。他看见陆判官把一个肉块放在桌上，就问怎么回事，陆判官说："这是你原来的那颗心，作文没有灵气，是因为心窍堵塞。我刚才从阴间千万颗心脏中拣了一颗绝好的给你换上，拿着这个还得去补缺数。"说完，便掩门离去。天亮以后，朱尔旦将肚子上的裹脚布解开一看，伤口已合好，只有一条红线仅存。从此，他文思大有进步，读书过目不忘。过了些日子，他再拿着文稿让陆判官看，陆判官说："不错了。只是你福薄，做不了大官，只能中个举人罢了。"朱尔旦问："什么时候可以中举？"陆判官说："今年一定中头名。"不久，朱尔旦科试得了冠军，接着乡试又夺了魁。同社学友向来都爱揶揄他，等看见他考举人的试卷，都很惊讶。大家细细盘问他，才知道他换了心。大家都求他在陆判官跟前通融通融，愿意和他结交。陆判官答应了。大家共同设宴款待陆判官，刚到更时陆判官来了，只见他满脸赤须飘动，双目炯炯有神，如同电光一样闪亮。众人吓得脸色大变，牙齿不停地打战，渐渐就都溜之大吉。

朱尔旦就领着陆判官到自己家里去喝酒。朱尔旦带着醉意对判官说："清肠洗胃，我已受惠不少，现在我还有一件小事相烦，不知行不行？"陆判官让他直说。朱尔旦说："既然心肠都可以换，我想面目也可以改变了。我妻子身体都还可以，就是相貌不好

看,想烦你动动刀斧换一下,怎么样?"陆判官笑着说:"可以,让我慢慢想办法。"过了几天,陆判官半夜来敲门,朱尔旦急忙让进来。用灯一照,见他衣襟裹着个东西。一问,判官说:"你以前嘱咐的事,一时不好物色,刚才正好有机会弄到这颗美人头,就来满足你的要求。"朱尔旦一看,脖子上还流着血。判官催他快快进去,不要惊动鸡犬。朱尔旦顾虑夜里门上了锁进不去。判官来到,一手推门,门就自己开了。他把判官领到卧室,见夫人侧身睡着,判官把头交给朱尔旦抱着,他自己从靴子取出短剑,按住夫人的脖子用力一切,就像切豆腐一样,头落到枕边,又急忙从朱尔旦怀里拿过美人头接在夫人脖子上,看看是否端正,然后再按捺好,最后把枕头垫在肩膀下边,叫朱尔旦把夫人的头埋在僻静处,他便离去了。朱妻醒来,觉得脖子有些麻,脸上像有什么东西粘着,她用手一搓,看见血块,非常害怕,便大声叫丫鬟端水来洗,丫鬟见她满脸是血,吓得要命。一洗脸,盆里水都染红了,抬头一看,夫人面目全变了。夫人拿着镜子自己一照,很惊诧又不明白是怎么回事。朱尔旦进来说明了缘故,仔细端详,只见她又长又细的秀眉,弯弯如柳叶,掩映着双鬓,脸上一笑,出现两个小酒窝,完全是一个画中美人儿。解开衣领查验,只见脖子有一圈红线,红线上下肉色全然不同。

在此之前,有个吴御史的女儿长得非常漂亮,还没有出嫁就先死去两个未婚夫,所以都十九岁了还未嫁人。她在上元节游十王殿,当时游人太杂乱,其中一个无赖见她长得这么美丽,就起了歹心。无赖暗中打清吴家住址,夜里翻墙进去,先把一个丫鬟杀死在床下,企图强奸吴女,吴女一边抵抗一边喊救命。无赖一怒之下把吴女也杀了。吴夫人隐约听到吵闹声,叫身边丫鬟去看,丫鬟看见尸体,吓得要死。全家人闻讯惊起,将尸体停在堂上,把砍下的头放在脖子边,一家人号啕大哭,整整闹腾了一夜。第二天早晨,揭开被子一看,身体在而头不见了。将侍女挨个鞭打一遍,说她们看守不紧叫狗吃了。吴御史将杀人案告到官府,官府限令捉拿罪犯,但三个月过去了,也没有抓到凶手。后来,慢慢地有人将朱家发生换头的奇闻说给吴御史听,吴御史有些怀疑,就派了家里一个老年女佣到朱家去探视。女佣进门一见朱夫人,吓得一口气跑回吴家告诉给主人。吴御史再看看女儿尸体明明在,自己也惊疑不决。他猜疑是朱尔旦用妖术杀害了他女儿。他去质问朱尔旦。朱尔旦说:"妻子夜里做梦换了头,也不明白是什么原因。说我杀了你女儿,实在冤枉。"吴御史不相信他的话,就告到官府。官府先抓来朱家仆人审问,口供和朱尔旦说的完全一致,长官一时也定不了案。朱尔旦只好向陆判官讨主意,判官说:"这不难,可以让这女孩自己说明。"吴御史当晚就梦见女儿说:"我是被苏溪杨大年杀害,与朱举人无关,朱举人嫌自己妻子长得不漂亮,陆判官就取了我的头和他妻子换了,这样我虽然身死头却还活着,请不要和他们为仇。"吴御史醒来把所做的梦告诉了夫人,夫人说她也做了相同的梦。于是把情况告诉给官府,一查问,苏溪果然有个杨大年,当即逮捕刑讯,就承认了罪行。

吴御史来到朱家,求见朱夫人,从此他和朱尔旦以翁婿相称。并把朱妻的头和女儿尸体合在一起安葬了。

朱尔旦三次入京会考,因违犯考场规则而被逐出。朱尔旦从此灰心仕途,一直默默无闻地过了三十多年。一天晚上,陆判官来告诉他:"你寿命不长了。"朱尔旦问还有多长时间,判官说只有五天了。朱尔旦又问有没有救?判官说:"这是天意,不可违抗,个人怎么能随意改变?而且,达观的人把生死看得同样乐观。何必以生为乐而以死为悲?"朱尔旦觉得他说得对,就立即置办衣被棺材等。一切准备完毕,便穿戴整齐寿终正寝。朱尔旦死后第二天,妻子正扶着棺材哭泣,朱尔旦却从容地从外面进来。妻子很害怕。朱尔旦说："我确实已做了鬼，却和活着时一样，想着你们孤儿寡母的，放心不下，特地回来看望你们。"妻子更哭得伤心不已，悲痛欲绝。朱尔旦平心静气地安慰她。妻子说："自古以来就有还魂的说法，你既然有灵，为什么不再复活呢？"朱尔旦说："天意不可违背。"妻子问他："你在阴间做什么？"朱尔旦回答："陆判官推荐我管理文书事务，授有官职，不算苦。"妻子还想说什么，朱尔旦说："陆判官和我一起来的，可为我们准备些酒菜。"快步走了出去。妻子去准备了。只听两人还和生前那样谈笑着，声音很响亮。到半夜时分再去看，两人已杳然离去。

从此，朱尔旦每隔三两天就回一趟家，有时他竟然在家留宿，和妻子感情还像以前那样亲近，有时还顺便料理一下家务。儿子叫朱玮，已有五岁，朱尔旦回家时还常常抱着他玩。到七、八岁时他就教他读书。儿子很聪明，九岁就能作文，十五岁考取秀才，竟不知道父亲已死，从这时起，朱尔旦回家次数渐渐减少，只是偶尔回来一回。又一天夜里他回来对妻子说："我们要永别了。"妻子问他将去哪里，他说："奉上帝之命做了华山山神，将要远道赴任，事务又多，所以不能再来了。"母子听了抱着他就哭，他说："别这样，儿子已长大成人，家里日子也过得去了，哪里有百年不散的夫妻？"他又看着儿子说："好好做人，不要坏了父亲的事业。十年后还可相见一次。"说完径直走出门去，消失了。

后来，朱玮二十五岁时中了进士，官至行人之职。他奉命前去祭祀西岳华山，途经华阴县境内，忽见一队车马，上张羽盖，随从众多，直冲他的仪仗队驶来。他很诧异，仔细一看，原来车上坐着他的父亲。他便下车伏在路旁哭拜，父亲停车说："你为官声誉好，我可以闭上眼了。"朱玮伏拜不起，朱尔旦催车前行，火速奔驰而不顾。但刚离开几步远，回望儿子解下佩刀叫人送来，远远地说："佩着它，会显贵的。"朱玮起来，想去追赶，只见车马随从像疾风一样飘逝，转眼间杳无踪影。朱玮悲恨许久，抽刀细看，做工极为精细，上面刻着一行小字："胆欲大而心欲小，智欲圆而行欲方。"朱玮后来官位做到司马。生有五个儿子，分别叫朱沉、朱潜、朱汤、朱浑、朱深。一天夜里他梦见父亲说："佩刀应赠给朱浑。"他照办了。朱浑后来做到左都御史，政绩较卓著。

异史氏说："断鹤续凫，矫作者妄；移花接木，创始者奇。凿去心脏肝肠，施用刀术换取头颅，更是神技妙术。陆判官这人，可以说外貌丑陋，却内心美善。从明代至今时隔不远，陵阳陆判官还在吗？还有灵验不？假如在的话，我就是替他赶车，也感欣慰啊！"

婴 宁

王子服是莒县罗店人，早年丧父。王子服非常聪慧，十四岁就考取了秀才。母亲很钟爱他，平时不让他到郊野去游玩。他曾与肖氏女子订婚，但未娶进门就夭折了，至今还一直没有找到如意的配偶。

上元节时，舅表兄吴生邀他一起去游玩，他们刚到村外，舅家一个仆人来把吴生叫走，王子服见来游的女子特别多，也就乘兴独自闲逛。他见一个漂亮女子带着丫鬟，手里拈着一枝梅花，美丽无比，笑容可掬。王子服被她迷住了，目不转睛地盯着她看，竟忘乎所以。女子走过去几步，对丫鬟说："这个少年目光灼灼地盯看人看，像个贼似的。"女子将手里的花往地上一丢，吟吟地笑着走了。王子服捡起被遗弃在地上的花，心里充满了惆怅，很失落地返回。到家里，把那枝梅花悄悄地藏在枕头底下，自个垂头倒在床上，不说话也不吃饭。母亲不知什么原因，只是心疼地看着儿子发愁。母亲请来道士驱邪禳灾，不但没有减轻儿子的郁闷，反而有所加剧，眼看着儿子一天天消瘦下去。母亲又请医生来诊视，谁知吃药后益发昏迷不醒。母亲用手轻抚着他问病因，他却默然不答。

正好吴生来了，母亲嘱托他偷偷地问儿子。吴生来到床前，王子服一见他，忽地泪流满面，吴生坐在床边安慰，又询问原因。王子服如实向他说了，并向他请求办法。吴生笑着说："你也太痴情了，这小小的愿望有什么达不到的？我可以替你去打问打问，徒步到郊外去游玩，谅定不会是富贵人家女子。倘若她还没有许人，这就很好办了，再不然，充其量就是多出些钱，我想一定能成。只是你得好好养病，只要痊愈，这事我保证替你办好。"王子服听完，舒心地笑了。吴生出来，告诉了姑姑，当即打探女子的住处，但查来问去也没个下落。母亲忧心忡忡，再没有别的办法。

自从吴生去后，王子服心绪好转，脸上有了笑意，饭量也稍微有些增加。过了几天，吴生又来了，王子服询问结果，吴生哄他说："已经打听到了，我以为是什么人呢，竟是我姑姑的女儿，也是你的姨表妹，现在还没有定亲，虽然是近亲结为婚姻有点不合适，但只要如实相告，就没有什么不如意的。"王子服高兴得眉开眼笑。他又问女子住哪里，吴随意提了个地方说："在西南面的一个小山村，离这儿大约三十多里。"王子服又再三再四地托付。吴生慷慨地答应着离开。

后来王子服饮食不断增进，几天后身体就康复了。有一天，他掀开枕头去看那花，只见已经干枯，但却并未凋谢。他把花儿拈在手里，浮想联翩，那女子就像站在眼前。过了很久也不见吴生来，王子服就捎信叫他，吴生托故不愿来。王子服很恼怒，又郁郁寡欢起来。母亲担忧他会旧病复发，就急忙为他四处求婚，一和他商量，总是摇着头不愿意，只是盼着吴生来。而吴生却毫无踪影，他就更加怨恨吴生了。他转念一想三十里路并不算远，为什么不自己去看看，何必要仰仗于别人？就把那支干枯的梅花藏在袖子里，自己堵着气前往，而家里人却不知道他的行踪。

王子服孤零零独自行路，一路上不见别的人影，无从问路，只顾往南山方向走。走了大约有三十多里，来到一片乱山丛中，这里满眼葱翠，使人赏心悦目，四周异常寂静，了无人踪，只有鸟儿能飞过险峻小路。举目四望，只见遥远的山谷下面，在花丛树林中，隐隐约约有几家小院落。王子服下了山来到村里，见这里房屋并不多，全是些茅草房，但感觉很清静幽雅。有一户人家门朝北开，门前种着很多垂柳，院墙内桃杏繁茂，花香宜人，高高的翠竹杂间其中，果树与竹林中有鸟儿在不住地啼唱，悦耳动听极了。王子服怀疑这是人家的别墅亭园，所以就不敢贸然闯入。他再回头看对面人家门前有块巨石，光洁闪亮，于是他就走过去坐在上面休息。

一会儿听见墙内有个女孩拉长声音在喊"小荣"，声音娇细甜润。他正倾耳聆听时，只见有个女子从东边出来向西走来，手里拈着一支杏花，微低着头，正准备往头发上插戴。她一抬头看见王子服，于是不再往头上插，含着笑拈花进去了。王子服仔细审视，发现这正是上元节时在郊野遇上的那位女子。他不觉欣喜若狂。但一想没有什么借口进去，喊声姨妈吧，却从未来往过，不免冒昧，生怕弄错。但是附近却又无人可问。他坐也不是，去也不是，进退两难，这样一直从早晨挨到太阳西斜，真是望穿秋水，连饥渴也忘记了。时不时瞥见那女子露出半边脸偷偷窥视他，似乎在惊讶他为何不离去。忽然有个老妇人拄着拐杖出来，对他说："你是何处少年，听说你清晨就来到这儿，现在还不走，你想要干什么？难道肚子不饿？"王子服急忙起身向老婆婆作揖说："我是来访亲的。"老婆婆有点耳聋，没听清他的话，他就又大声说了一遍。老婆婆问道："亲戚姓什么？"王子服答不上来。老婆婆笑着说："奇怪，啊！连姓名都不知道，访的什么亲？我看你这少年，是个书呆子。还不如跟我到屋里来，吃顿粗茶淡饭，家里有张小床你晚上可以过夜。等明天回去问清姓名，再来探访也不迟。"王子服这时正感觉饥肠辘辘想吃东西，而且进屋就可以和那美人慢慢接近，高兴极了。

他跟着老婆婆进到门里，只见脚下全是白石砌路，两旁红花掩映，台阶上落着片片花瓣，曲曲折折往西走着，又进了一道门，庭院里是满架的豆棚花。老婆婆把客人请进屋，墙壁粉刷得异常洁白，看上去明亮如镜。院里的海棠连枝带花，伸进窗户。屋里的桌凳、床铺之类，样样都整洁光亮。他刚刚坐下，就觉得有人在窗外偷看。老婆婆叫道："小荣，快去做饭。"外面有丫头高声应答。相对而坐，王子服详细陈述了自己的宗族门第。老婆婆说："你外祖父是姓吴吗？"王子服说是。老婆婆惊讶地说："那你就是我的外甥，你母亲是我妹妹，多年来因家境贫穷，又没个能顶门立户的男儿，所以就隔断了音信。不想外甥已成大小伙子了，还不相识。"王子服说："我这次就是来找姨妈的，匆忙中竟忘了姓什么。"老婆婆说："我夫家姓秦，并未生育儿女。唯一的女儿，也是姨太太所生，她母亲改嫁，留给我抚养。女儿很灵巧，就是缺少教育，贪玩，爱笑，不知什么叫愁。过会儿叫她来见你。"很快，丫头就把饭端来了，菜肴里还有肥嫩的小雏鸡。老婆婆在一旁不停地劝他多吃。吃完饭，丫鬟收拾餐具。老婆婆说："去唤婴姑娘来。"过了好大一会儿，就听见门外有隐隐的笑声。老婆婆朝外面一唤说："婴宁，你姨表哥在这儿。"门外依然咮咮地笑个不停。丫头把她推了进来，她还是掩着口，笑声不断。老婆婆嗔怒地瞪着她说："有客人在，嘻嘻哈哈，成什么样子？"女子忍住笑站在一旁，王子服向她作揖。老婆婆说："这是王郎，你姨妈的儿子，一家人却不相识，真让人见笑了。"王子服问："妹子多大年龄了？"老婆婆没听懂，王子服又说一遍。女子笑弯了腰。老婆婆说："我说她少教诲，这不是看见了吗？今年十六了，痴呆得像个婴儿似的。"王子服说："比我小一岁。"老婆婆说："外甥十七了，莫不是庚午年生，属马的？"王子服点点头。老婆婆又问："外甥媳妇是谁？"王子服说："没有。"老婆婆说："像外甥这样一表人才，怎么十七岁了还未订婚？婴宁也正好没有婆家，本来该是天生的一对，只可惜有近亲之嫌。"王子服并不说话，目不转睛地看着婴宁。丫头在一旁小声说："目光灼灼的，贼性不改。"婴宁听了又大笑起来，回头对丫头说："去看看碧桃开花了没？"说罢，即刻起身出去，走时依旧用袖子掩着口，脚步细碎。到门外，便放声大笑。这时，老婆婆也起身，叫丫头给王子服铺床，说道："外甥来一趟不容易，应住上三、五天再送你回去。如果还嫌寂寞，后院有个小园子可供玩耍，也有书可读。"

第二天，他到屋后，果然看见有半亩大的园子，绿茵茵的细草铺在地上，像毡毯一样碧茸茸的，杨花点点，坠落在路畔，与绿草相映生辉。其中有草屋三两间，花林环抱四周，十分幽雅。王子服在花丛中穿行散步，听见树上一阵"苏苏"声，仰面看时，只见婴宁坐在树上。她看见王子服过来，大笑几乎要从树上跌落下来。王子服忙说："别这样，小心掉下来！"婴宁边笑边下，不能自我控制。快要下到地上了，失手栽了一跤。这时止住笑。王子服赶快过去扶她，趁机在她手腕上捏了几把，婴宁又笑起来了，直笑得浑身发软，靠在树上不能行走，很长时间才停止。王子服一直等着她笑完，才从袖子里取出梅花给她看。婴宁接过花说："都枯了，怎么还留着？"王子服说："这是上元节时妹子扔下的，所以一直小心地保存着。"婴宁问他："留它有什么意义？"王子服回答："表示爱你不能忘记。自从上元节见到你，就相思成病，想着不久会死掉的，不料今天又见

国学经典文库

中国二十大名著

聊斋志异

图文珍藏版

到了你,且望你怜悯怜悯我。"婴宁说:"这实在是小事,是至亲有什么吝惜?等你回家时,园里的花,可叫老奴折一大捆送你。"王子服说:"妹子怎么这么实心?"婴宁疑惑不解地问:"怎么是实心?"王子服说:"我并不是真爱花,而是太爱拈花的人。"婴宁说:"既然是亲戚,爱是不用说的。"王子服说:"我所说的爱,并非亲戚之间一般的爱,而是夫妻之间的爱。"婴宁又问:"亲戚之爱和夫妻之爱有什么不同?"王子服说:"夫妻相爱,就是晚上同床共枕。"婴宁低头沉思了很长时间才说:"我不习惯晚上和生人睡在一起。"话还没说完,丫头悄悄来到跟前,王子服溜走了。过了不久,他们都到了老婆婆那里,老婆婆问:"到哪里去了?"婴宁说在屋后园子说话来。老婆婆责怪道:"饭熟好长时间了,有什么话说这么久?"婴宁说:"大哥说要和我睡觉。"一句话说得王子服面红耳赤,难堪至极。急忙用眼睛瞪她。她微笑不再言语。幸亏老婆婆没听见,却还在啰啰嗦嗦追问他们说些啥。王子服赶紧用别的话来搪塞掩饰,趁机小声责备婴宁。婴宁说:"刚才那些话不该说吗?"王子服说:"这是背着人讲的话。"婴宁说:"背别人可以,岂能背老母亲。况且睡觉是平常的事,有什么忌讳的?"王子服怨她太实心,没有办法叫她明白。

刚吃完饭,就见家里牵着两头驴来找王子服。开始,王子服离家后,母亲等他很久不见回来,就产生怀疑,先是在村里几乎找遍了没见人影。后来又到吴生家去询问,吴生想起他当初哄骗王子服所说的话,因此就叫家人到西南面的山村来寻找。家人问了好几个村,最后才找到这儿。王子服刚出门时,正好碰上,当下进屋向老婆婆辞行,并且请求带着婴宁一块回。老婆婆高兴地说:"我早有这个想法,不是一天了,只是我年迈不能远行,正好有外甥带着宁儿去认认姨妈,再好不过!"老婆婆说完又大声喊婴宁,婴宁笑着过来,老婆婆说:"有什么喜事,笑得没完没了?若不傻笑,就是十全十美的人。"老婆婆一边数落一边生气地瞪着她。又说:"快去收拾一下,表哥要和你同去呢。"又为王家来的人准备了些酒菜吃了,才送他们出门。临走时又叮咛婴宁说:"姨家很富足,能养得起闲人,到了那儿不要急着回来,可以学些诗书礼仪,将来也好侍奉公婆。姨妈给你找个好女婿。"于是两人起身同行,走到山坳,再回头看时,还依稀望见老婆婆倚在门前往北目送着他们。

回到家里,母亲见儿子领回来个这么漂亮美貌的女孩,吃惊地问她是谁。王子服说是姨表妹,母亲说:"以前你表哥吴生对你说的话全是编造的,我没有姐姐,哪来的外甥女?"又问女子,她说:"我不是母亲亲生的。我父亲姓秦,他死的时候我还是个婴儿,所以什么也记不得了。"母亲说:"我确实有个姐姐嫁给秦家,但已死去好多年了,难道会复活?"于是又追问女孩关于她母亲的相貌特征以及身上的痣瘤等等,女子答对得完全符合。母亲还是怀疑地说:"是她没错。但她去世好多年了,怎么句能还活着?"她还疑惑未解,这时吴生来了。女子赶快进到里屋。吴生问明事情原委,茫然很久。忽然说道:"女子是叫婴宁吗?"王子服说是,吴生连连说是怪事,母亲问吴生怎么会知道,吴生说:"秦家姑妈去世后,姑父一直单身,后来被狐怪迷惑而病死。姑父与狐妻生下一女叫婴宁,在婴儿时,家里人都见过。姑父死后,狐怪还常来看那女孩。后来家里人求来张天师的神符贴在墙上,狐怪就把女儿带走了。莫非就是她?"大家疑惑猜测。却听见里屋吃吃地全是婴宁的笑声。母亲说:"这女孩太憨了。"吴生要求亲眼看看她。母亲进去,她却只管大笑着并不理会。母亲催她赶快出去见客,她这才极力忍住笑,又面对墙壁站了好一阵子才出来。刚刚拜了拜,就立即转身进屋,又放声大笑。满屋的妇女都受了感染,于是禁不住全笑起来。

吴生提出要到山村去看看情况，顺便为王子服做媒。他找到那里，并没有什么房舍家园，只见山花零落满地。吴生回忆姑妈埋葬的地方似乎不远，但是坟墓埋没荒草中，无法辨认，惊叹地返回。母亲怀疑婴宁是鬼怪，进里屋把吴生的话讲给她听，她却没有任何反应；说到她无家可归，她也没有丝毫悲伤的意思，只是一味地憨笑着。大家也无法断定。晚上，母亲让她和家里小女儿一块睡。天亮时，她很自觉地来向母亲问安。她做针线活灵巧得无人能比。只是老爱笑，禁也禁不住。但是笑得很可爱，即使狂笑也无损于她的娇媚，大家都很喜欢她，邻居无论是未嫁少女还是过门媳妇，都争着和她做朋友。母亲决定择个吉日为他俩完婚，却始终怀疑她是鬼。于是就暗地偷看她在阳光下有没有影子，结果都与常人没有丝毫差异。吉日到了，母亲让她身穿艳服，装扮得楚楚动人，举行婚礼。结果她笑得太厉害，使婚礼无法进行。王子服因为她太憨痴，生怕她把闺房中的隐私泄漏出去，而她却守口如瓶，绝不肯吐露一个字。每逢母亲愁闷或发怒时，只要她到跟前一笑，一切便消解了。家里丫头女佣偶犯过失，害怕受罚遭打，常常求她到母亲那里说闲话，犯过的丫头女佣趁机进去认错，事情就过去了。她爱花成癖，向所有的亲戚打探好花，甚至偷偷典当首饰，用来购买好花种子，几个月过去，家中所有地方都种满花木。

院子后边有一架木香，和西邻相接，她常常攀上去摘了花往头上插。母亲偶尔遇见一就要呵斥，她却终不能改变这个习性。一天，她刚上到树上，西边邻居的儿子看见她，看得直发愣，被她的美貌所倾倒。她对他笑着。他以为女子对他有了情意，更加淫心荡漾。女子笑着指指墙根下边，他想那一定是她给他暗示幽会地点，于是心都醉了。天黑以后，他按约前往，看见女子果然等在那里。他上前就去和她相交，顿时感到阴部像锥刺一样，疼痛直往心里钻，他大声号哭着倒在地上，仔细看时哪里是什么美女子，而是一截朽木扔在墙根下，他所接触的便是朽木上的一个湿窟窿。其父闻声赶来问他怎么回事，他只哼哼不说话。妻子来问，他才说出实情。他们点灯一照，见窟窿里有只大蝎子，像小螃蟹那么大。其父破了木头将蝎子弄死，然后把儿子背回家，到半夜就死了。邻居老头把王子服告到官府，揭发婴宁是妖怪。县令一向钦佩王子服的才华，熟知他是品行忠厚的人士，说邻居老头蓄意诬告，将用杖责打。王子服代向县令求情，才免受杖罚，释放回家。母亲对婴宁说："你这样憨狂，我早知道会乐极生忧的。县令贤明，幸好未受连累。要是碰上个糊涂县官，一定会逮你到公堂去拷问的，叫我儿子有什么脸面再去见人？"婴宁脸色严肃，发誓不再笑。母亲又说："人哪有不笑的，但必须笑得适时。"但婴宁确实从此不再笑了，即使有意逗她，她还是不笑。不过一整天里也未见她有不高兴的脸色。

一天夜里，婴宁对王子服流下眼泪。王子服感到奇怪。她呜咽着说："以前因为和你相处时间短，说出来怕你被吓着。现在知道婆婆和你都很爱我，也没有猜疑，我对你直说了也许无妨吧？我本是狐母所生。母亲临去时将我托给鬼妈妈，我们相依为命十多年，这才有了今天。我没有兄弟姊妹，现在唯一可依靠的只有你了。如今老妈妈孤零零地守在山谷，无人怜悯为她合葬，常常抱恨九泉之下。你如果肯花点钱，使地下老母消除悲痛，那么天下养女儿的人家就都不忍把女婴溺死或者抛弃。"王子服答应了她的要求，但是顾虑在荒草堆里无法辨认坟墓。婴宁只说不必担忧。选定日子夫妻俩就用车拉着棺材前往山谷。婴宁在荒草乱石中指示墓穴，果然挖出老婆婆的尸骨，皮肤还好好的。婴宁抚尸哭得很伤心。然后把尸首入棺运回，找见秦氏的坟墓合葬了。当天夜里，王子服梦见老婆婆来向他致谢，醒来后对婴宁说了，婴宁说："我夜里见到她了,她嘱咐我不要惊动你。"王子服很惋惜没有邀请留下老婆婆。婴宁说:"她是鬼,生人多的地方阳气太盛,她怎么能久住呢?"王子服又问起小荣,婴宁说:"她也是狐,聪明极了,狐母留她照看我,她常常去找食物喂我,我总是在心地里感激她的恩德。昨天问母亲,说她已经出嫁了。"从此,每到清明节,夫妻俩就一起去秦氏墓前去祭拜,从未误过。过了一年,婴宁生下一个男孩。他在母亲怀抱中就不怕生人,见人就笑,和母亲的性格一模一样。

异史氏说:"观婴宁一味地憨笑,似乎她是没有心肝的人。但是墙根下的一出恶作剧,显示出她聪颖过人。至于悲凄恋念鬼母,反笑为哭,我想婴宁大概是用笑来掩护自己了。我曾经听说过山中有一种草,名叫'笑矣乎',闻闻它,就会大笑不止。房里若种了这种草,那么合欢、忘忧之类花卉都将大为逊色。至于解语花,我嫌弃它太做作呢。"

聂小倩

宁采臣是浙江人,为人慷慨豪爽,端正自重。他常对人说:"平生除过妻子,不近其他女色。"

一次,他有事去金华府城,行至北郊,卸装在庙里休息。寺里的大殿、宝塔等建筑都十分壮观、华丽,只是蓬蒿长得比人都高,好像从未有人进来过。东西两边僧人的房舍门都虚掩着,只有南边的一间小屋新上了门锁,再看看殿东一角,高高的竹子有满把粗,阶下有个大水池,池里的野藕正开着花。他很喜欢这里是个幽静的所在。正值学政大人巡视到来,城里的房价极贵,心想不如就住在这里,于是在寺院随意走走,等和尚回来。傍晚时分,他见有个书生来开南屋的门,宁采臣就过去向他打招呼,并把想在寺院留宿的意图说了,书生说:"这里没有房主,我也是在这里暂住,你只要不嫌这里荒凉就住下吧,我还有幸早晚向你求教。"宁采臣很高兴,就铺草为床,支起木板当桌子,要在这里久住。这天夜里,明月高悬,清光柔媚似水,两人在殿廊上促膝相谈,互通姓名。书生自我介绍说:"姓燕,字赤霞。"宁采臣以为他是来应试的秀才,但口音却不像浙江人,一问才知是陕西人。他说话朴实真诚。随后没什么可谈的了,于是拱手道别,各自就寝。

宁采臣因到了生地方,很久不能入睡。他听到房子北边传来说话声,像是住着人家。他起身伏在北边墙壁石窗户下偷偷窥视,见短墙外有个小院落,有四十岁左右的妇人和身穿暗红色衣服、头戴银首饰的驼背老太婆,在月光下对话。妇人说:"小倩为何这么长时间还不见来?"老太婆说:"大概就要来了。"妇人又说:"该不会是对老母有怨言吧?"老太婆说:"这倒没听说,但她好像有些不高兴。"妇人说:"对这丫头不宜太好!"话音未落,就见一个十七八岁的少女进来,容貌美艳绝伦。老太婆说:"背地不要说人,我两个正说着,小妖精进来没有个响声,幸亏没说什么坏话。"又说:"小娘子确实是个画中人,假使我老太婆是个男人,也会被勾了魂去。"少女说:"姥姥若不夸赞我,还会再有谁说我好呢?"她们下边说些什么就听不清楚了。宁采臣以为她们是邻居人家女眷,就睡下不再去听。过了很久,那边才悄无声息。

他正要睡着时,忽然觉得有人进来了,他急忙起身一看,正是北院那个少女。他惊讶地问她来干什么,女子笑着说:"迷人的月夜睡不着,想和你玩玩。"宁采臣严肃地说:"你要防别人说闲话,我也怕流言。稍一失足,就会廉耻丧尽,道德败坏。"女子说:"深夜没人会知道。"宁采臣大声呵斥她,她在地上打着转还想说什么,宁采臣又喝道:"快走!再不走,我就要叫南边屋子的人来看。"女子害怕了,才退了出去,但她刚到外面就又回来了,拿出一锭黄金放在褥子上。宋采臣抓起来一把扔到屋子台阶下边,说道:"不义之财,不要玷污了我的口袋!"女子很羞惭地出去,从地上拾起金子自言自语说:"这汉子真是铁石之人。"

第二天一早,有个兰溪县书生带着仆人来等候考试,住在东厢房,夜里暴病而死,脚心有个小孔,像是锥子扎的,还有细细的一丝血流出来。大家不知什么缘故。过了一夜,仆人也死了,症状和主人一样。晚上,燕生回来了,宁采臣询问怎么回事,燕生认为是鬼怪弄的。宁采臣向来耿直胆正,对此很不在意。

半夜时分,那女子又来了,她对宁采臣说:"我见的人多了,没有人像你这么刚正的,你确实是个正直人,我不敢欺骗。告诉你吧,我姓聂,叫小倩,十八岁时夭亡,就葬在寺院隔壁。我常被妖魔威胁,干各种下贱的事务,强装笑脸勾引男人,这实在不是我的意愿。今夜寺院里无人可害,恐怕夜叉会来危害你的。"宁采臣很害怕,问她该怎么办?她说:"和燕生住在一起,会免除大难。"他问为何不去迷惑燕生?女子说:"他是个奇人,不敢接近。"宁采臣又问:"怎么去迷惑人?"女子说:"谁要是亲近我,我就悄悄地用锥子刺他的脚心,他就会昏迷不醒,于是抽他的血供妖魔喝。假使谁爱钱我就给他金子,其实那不是金子,是罗刹鬼的骨头,谁拿了它就会剜取谁的心肝。这两种办法都是用来对付那些好色或者贪财的家伙的。"宁采臣感谢她来通信,并问夜叉什么时候来?女子说是明晚。分别时,女子流泪说:"我掉进苦海里,上不了岸,您是君子,义气冲天一定能把我救出苦海,如果愿意将我尸骨重新葬个好地方,您就是我的再生恩人。"宁采臣毅然答应一定照办。又问她葬在什么地方,女子说:"你一定记住,白杨树上有鸟巢的便是。"说完,一出门就不见了。

第二天,宁采臣害怕燕生有事出门,一大早就到他的房间去约请。到半清早准备好酒菜同饮。并留意观察燕生的举止,最后提出晚上要和他同住一屋。燕生以性情孤僻喜欢寂静来推辞,宁采臣把自己的铺盖硬搬进燕生的房里,燕生没办法,只好同意。他叮嘱说:"我知道你是个大丈夫,令人敬佩,但我有些话不便明说,希望你不要翻看我的箱子和包袱,否则,这会对我们两个都不好。"到了晚上,他们都各自睡了。燕生把一个箱子放在窗户上,刚挨上枕头不久就鼾声如雷。宁采臣却睡不着,大约一更时分,窗外隐隐约约有个人影,慢慢地走近窗户往里偷看,目光闪烁。宁采臣吓得刚要叫醒燕生,突然有一个东西破箱飞出,光亮耀眼,像一匹白练,碰折了窗上的石棂,极快地向外面一射,随即又收回箱中,仿佛电光消失一样。燕生觉察起身,宁采臣装睡偷看他。燕生端起箱子检查着,从里边取出个东西,对着月光闻闻看看,只见那东西白光晶莹,有二寸来长,大约像韭菜叶宽。燕生把它裹了几层包好,仍旧放进破箱里,自言自语说:"什么老鬼怪,竟这般大胆,把我的箱子都弄坏了。"说完又睡下了。宁采臣非常奇怪,就起来问他,并把自己刚才看见的情形告诉了他,燕生说:"蒙你顾爱,怎敢隐瞒。我是剑客。要不是这石窗棂,鬼怪早定了;即使这样,还是受了重伤。"宁采臣又问他藏的是什么东西?燕生说:"是剑,刚才闻闻,有一股妖气。"宁采臣要看。燕生向他慨然出示,是一柄寒光闪闪的小剑。于是宁采臣对他更加敬重。

早晨起来,看到窗户外留有血迹,宁采臣走出寺院,只见北边全是乱坟,那边果然有棵白杨树,树顶有个鸟巢。他办完事情,打点行装准备回家。燕生为他钱别,两人结下深厚情谊。燕生送给宁采臣一个破皮袋,说:"这是个剑袋,好好珍藏着,它能驱邪除妖。"宁采臣还想跟他学剑术,燕生说:"像你这样刚正而又重信义的人本来可以学学,

国学经典文库

中国二十大名著 聊斋志异

图文珍藏版

但是你是富贵场上人，不是我们这一行的。"宁采臣托词他有个妹妹葬在这里，挖出女尸，用衣物包好，雇船回家。他的书房靠近野外，就建造坟墓把女尸葬在书房附近，并祝祷说："我同情你孤孤单单，把你葬在这小屋附近能听见你的声音，也免得让你受恶鬼的欺凌。送你一杯水酒喝，不成敬意，希望不要嫌弃。"他祝祷完就往回走，却听见后面有人喊："等等，一块走！"他回头一看，见是聂小倩。她高兴地感谢说："您的信义，我死十次也不足以报答。请带我回家拜见公婆，我愿做个婢妾也无悔。"宁采臣仔细看她，只见她肌肤光洁如流霞，小脚翘若细笋，白天端相，更加娇艳。两人一起回到书房。宁采臣叫小倩稍坐一会儿，他先进屋告诉母亲。母亲听了很吃惊。当时宁采臣的妻子重病在床很久了，母亲劝他不要说，害怕使其受惊。正说时，小倩已轻盈地进来，向母亲跪拜。宁采臣说："这就是小倩。"母亲很惊惶，只听她说："我孤身一人，远离亲人，蒙受公子恩德，施于我身，我愿意做奴妾服侍他，报答深情厚谊。"母亲见她长得风姿绰约，端丽可爱，才敢开口和她说话："姑娘肯照顾我儿子，我高兴都来不及。但我一辈子就他这么一个儿子，还要靠他传宗接代，不能娶鬼妻。"小倩说："我绝无二心。我这九泉之下人，老母既不信任，我愿把他当哥哥对待，就跟母亲在一起，早晚侍候，行吗？"母亲见她这么真诚，就同意了。她还想拜见嫂子，母亲以她有病推辞，这才止了。小倩当即下厨做饭，穿堂入室，像是家里人一样熟悉。天黑了，母亲害怕她，让她自己回去睡，没给她安排床铺，她心里明白母亲的意思，就辞别了。经过书房时她想进去，又退出来，只在窗下徘徊，好像怕什么。宁采臣叫她进去，她说："房里的剑气我很怕，当初我一路上不敢见你就是这个缘故。"他马上明白是剑袋的关系，就忙取下拿去挂在别的房间。小倩进来坐在烛光下，好一会儿也没说一句话。很久才问："你夜里读书不？我小时候念过《楞严经》，现在大半都记不得了，请找一卷，夜里没事时请大哥指导我读。"他答应了。小倩又默默地坐着，无话可说，二更快过去了，还不想走。宁采臣催她走，她悲凄地说："我怕回荒墓里去，到那里孤零零一个人。"宁采臣说："书房里又没第二张床，而且兄妹之间到了台阶上就座避嫌。"小倩站起来，一副痛苦神色想要哭的样子，抬脚想走又不愿走，慢慢出门，到了台阶上就消失了。宁采臣心里很可怜她，本想留她睡在别的床上，又怕母亲不高兴。

小倩早晚都向母亲问安，侍候梳洗，下堂操持家务，一切都博得母亲欢心。一到黄昏就自觉告退，每次经过书房都要在烛光下读一阵经书，只要一看宁采臣想要睡觉，她就很难过地离去。以前，宁妻卧病在床，母亲劳累得厉害，自从小倩来后，母亲轻松多了，心里很感激她。日子久了，更加亲近，母亲竟把她当成自己的女儿，居然忘记她是个鬼。晚上再也不忍心叫她走，就留她一起住。小倩刚来时不曾饮食，半年后渐渐吃几口稀粥。母子俩都越发喜爱她，说话时都忌讳说鬼字。人们也辨别不清。

　　不久，宁妻去世，母亲有收小倩为儿媳的意思，但又怕对儿子不利。小倩猜出母亲的心思，找机会对母亲说："我来一年多了，母亲该了解孩儿的心，我不想害任何人，所以才跟随宁郎来家里。我没有其他心思，只因公子为人光明磊落，天和人都钦佩。我心里实际想侍奉他三五年，等他成就功名做官后，我也可借以封诰，在阴间也感到荣光。"母亲也知道她没有恶意，只是怕她不能生儿育女。小倩说："生儿育女是上天所授，大哥有天福，将有三个光宗耀祖儿子，不会因为娶了鬼妻就绝后的。"母亲相信她说的，和儿子商议婚事。宁采臣很高兴，于是发出请帖，大办婚筵。亲戚朋友有人要求看看新媳妇。小倩穿戴得花枝招展，落落大方地出来见客人，大家看了无不艳羡，都不相信她会是鬼，而以为她是仙。因此亲戚的妇女都送厚礼表示祝贺，争相拜会结识她。小倩很擅长画兰梅，就用画幅来答谢她们，大家得到画卷都珍藏起来，以此为荣。

　　有一天，她低头站在窗前，显出怅然若失的样子。忽然问道："剑袋在哪里？"宁采臣说："因为你害怕，我就把它放在别的房间了。"小倩说："我接受阳气已经不少了，不再害怕，应当取来挂在床前。"宁采臣问她为什么要这样做，小倩说："三天来，我一直心跳不停，想着是金华那老妖精恨我远逃，恐怕早晚会找来的。"宁采臣拿来剑袋，小倩翻来翻去看了很长时间说："这是剑仙盛人头用的，已经破旧成这样子，不知杀了多少人！我今天看着它还浑身发抖。"说完就挂起来。第二天，又叫挂在窗户上。夜里她坐在烛前，叫宁采臣不要睡。忽然有一个东西，像飞鸟一样落下来，小倩吓得把身子缩在帐幕中。宁采臣一看像夜叉的样子，目光如电流，舌头血红血红，张牙舞爪地扑上前来。它到了门口又停住，在外边徘徊了很久，慢慢靠近剑袋，企图用爪子摘取，好像要将它撕裂，剑袋突然"咔嚓"一声响，一下子胀得像两个竹筐那么大，仿佛其中有个鬼物猛地伸出半个身子，把夜叉揪了进去，旋即没了声息，剑袋也收缩成原来的样子。宁采臣非常惊惧，小倩也出来，欣喜万分地说："这下没有危险了！"他们再去看袋子里面，只有几斗清水罢了。

　　几年后，宁采臣果然中了进士，小倩也生下个男孩。宁采臣纳娶一个小妾后，两人各生下一个男孩。三个儿子都做了官，而且有好的声望。

义　　鼠

　　杨天一说：他看见两只老鼠出来，其中一只被蛇吞食，另一只瞪着像胡椒似的圆眼，仿佛极其愤怒。但它只是远远地看着，不敢往跟前去。蛇吃饱了肚子，蜿蜒而行，进入穴洞。身子快要进去一半的时候，那只老鼠奔过来使劲咬住它的尾巴。蛇发怒，退出身来，老鼠本来就灵便，嗖地一下逃跑了。蛇追不上它，又返身回去。等刚进到洞里，老鼠又奔过来还像先前一样咬它的尾巴。只要蛇一进洞，老鼠就来咬它；蛇一出来，老鼠撒腿就逃，这样相斗了很久。蛇爬出来，把吞进去的死老鼠吐在地上。那只老鼠过来嗅嗅它，啾啾地叫着，好像是在哀悼。最后衔着它走了。

　　友人张历友，为此特地写了一篇《义鼠行》。

地　　震

　　康熙七年六月十七日戌时发生大地震。当时，我正客居临淄，和表兄李笃之对坐饮酒。忽然听见外面有雷声，从东南向西北滚滚而去。大家异常惊骇，不明白发生了什么变故。眨眼间桌案颠簸起来，酒杯哗啦一声全都倾倒了，屋梁椽柱发出折断的声音。大家你看我我看你，脸色都变了。好久，才知道是发生了地震。我和表兄急忙跑到屋外，只见楼阁屋舍倾斜后又立起，墙壁和房屋倒塌的声音，以及小孩、女人叫的声音，搅和在一起，喧嚣得像开了锅的水一般。人人头晕目眩站立不住，坐在地上，又随着地一起旋转。河水泼洒，溅起一丈多高的浪花，满城里鸡鸣狗叫。大约过了一个时辰左右，才稍稍安定下来。再看街上，男男女女裸体相聚，互相说这说那，都忘记了自己没有穿衣服。后来又传说什么地方井塌了，不能汲水；谁家楼房南北换了个方向；栖霞县境的山裂开一条大缝；沂水县境内陷下去一个深洞，有几亩地大。这真是不平常的奇变啊！

淄川有个妇女，夜里起来小便，回屋后发现儿子被狼叼走。妇女急忙去和狼搏斗，狼一松口，妇女夺回儿子，把他抱在怀里。但是狼却蹲在地上不去，妇女就大声叫喊起来。街坊邻里的人奔聚过来，狼这才逃走。妇女变惊为喜，指天画地讲述着儿子如何被狼叼走，自己又如何将儿子从狼口里夺回来的情形。说了很久时间，突然，意识到自己周身一丝未挂，于是扭头就跑。这和地震时男女裸聚一起而互相忘记这一点，是属于同一情形的。人在紧急恐慌的境遇里一时失去主意，是多么可笑！

海 公 子

在东海古迹岛上，有一种五色耐冬花，一年四季常开不败。但是岛上历来却无人居住，也很少有人到岛上去。

登州府有个张生，生性好奇，喜欢游览打猎。他听说有这么个风光美丽的胜地，就特意准备了些酒食，独自驾着一叶扁舟前往。到了岛上，耐冬花开得正繁盛，香飘几里之外。岛上树木有粗到十多围的。他反复游览，对这么个美好的所在颇感惬意。欣喜之余，他便找了块地方坐下来，开酒坛自饮，只恨没有一起前来游览的人。

忽然有个美人从花丛中出来，穿着艳丽的红装，使人眼花缭乱，美貌无人能相比。她见了张生，笑吟吟地说："我自以为兴致与凡人不同，不料原来还有情调相同的人呢。"张生吃惊地问："你是什么人？"女子说："我是胶州的妓女，刚刚陪着海公子一起到这儿来，他寻找风景更美的地方玩去了，我因步行艰难，所以留在这儿。"张生正苦于寂寞，却遇上了这样一个美人，喜不自禁，招呼她坐下一起饮酒。女子说话温柔婉转，听着令人心神摇荡。张生不禁为之倾心。他害怕海公子回来，不能与女子尽情欢乐，于是拉着女子要和她发生性关系，女子也欣然顺从。正当他们交欢在兴头上时，忽然听得狂风声呼呼，草木全被摧倒，还夹杂有枝干折断的声响。女子急忙推开张生起来，说："海公子来了！"张生刚刚于忙乱中系结衣带时，女子已消失了。他旋即看见一条大蛇，从树丛中窜出，蛇身比大桶还粗壮。张生惊恐，将身子躲藏在大树后边，希望蛇看不见他。谁知，蛇爬过来，把他连人带树紧紧地缠了起来，一直缠绕了好几圈，张生的两只手臂紧贴大腿，一点都不能弯曲。蛇昂起头，用蛇信子直刺张生的鼻子，弄得张生鼻血喷射如注，地上流成血泊，于是蛇低下头去吸食。张生自料必死无疑，忽然想起自己腰中带着荷包，有毒狐狸的毒药，趁机用两个手指悄悄夹出荷包，又弄破荷包，把毒药倒在掌心，然后弯着脖子看着手掌，让鼻血滴在毒药上，片刻间就血流满掌。蛇果然把头伸到手掌上去吸食，但是还没吸完，蛇身猛地一伸，尾巴猛力摇摆着，有如霹雳声一般，碰到树，树干拦腰折断。蛇躺在地上一根梁木似的僵直死去。张生也昏眩倒地不能起来,过了一会才醒过来。

张生用船载那条大蛇返回,大病一个多月。他怀疑那女子也是一条蛇精。

丁 前 溪

丁前溪是诸城县人,家中非常殷富,平生重情义行侠事,羡慕西汉郭解的为人。御史衙门追查他,他逃走了。到安丘县境,遇上大雨,便到客店避雨。雨下到中午还不停。这时有个少年来了,给他安排住房而且准备丰盛的饭菜。天黑的时候,他便留住在这家客店。少年铡碎草料喂牲口,对他也招呼得很周到。问他主人的姓名,少年说:"主人姓杨,我是他的侄子。主人喜欢交游,正好出外了。家里只有娘子在。供给客人不周,希望多多谅解。"他询问主人操持什么职业。才知这一家没有什么资产,只是每天开设赌场,谋些饭食。

第二天,雨还是下个没停,主人对他供给仍然很周到。到了傍晚,少年照例来铡草,草捆很湿,而且长短不齐。丁前溪感到奇怪。少年说:"实话相告,家太穷,没有草料喂牲口,刚才娘子把茅屋上的草扯下来喂牲口了。"丁前溪更加诧异了,心思他们可能是想得到报酬。天亮后,他就拿钱付给少年,少年不接受,他又硬交给少年让他拿进屋里。一会儿少年出来了,又把钱还给他,说:"娘子说了,我们并不是靠这来换取饭食的。主人在外,往往几天不带一文钱。客人到了我们家,怎能就要钱呢?"丁前溪赞叹着离开杨家。临走时嘱咐说:"我是诸成县丁前溪,主人回来后请告诉他。有空请他到诸城光顾。"但是一别几年,没通消息。

正碰上饥荒之年,杨家更贫困了,无法生活。妻子无意中提到可以投奔诸城县丁前溪。杨某听从了妻子的主意。到了诸城县,找到丁家。杨某向守门人通报了自己的姓名,丁前溪一时记不起来;杨某说了当年避雨暂住的经过,丁前溪这才记起来了。于是急急忙忙拖着一双鞋出门相迎。他见杨某衣服破烂,脚上的鞋子也开了洞。他把杨某请进温暖的屋里,摆酒席款待,礼节异常隆重。第二天,丁前溪为杨某制作了新衣帽,里里外外穿戴得很温暖,杨某觉得丁前溪很讲义气,但是他一想到家里人仍然不得温饱,反而更加忧虑,所以就心里盼着能得到更多的礼物。杨某住了几天,却总是不见主人提到赠礼送别,于是心里越发急切。他不得不对丁前溪明说:"不敢隐瞒,我到这里来时,家里连一升米都没有。现在我在这里很受好待,固然快乐,但家里的妻子儿女该怎么样了?"丁前溪说:"这个你不必忧虑,我已经让人办好了。希望再安心多住几天,我会帮助你一些盘缠的。"丁前溪让人招来一些赌徒,让杨某入座去抽头收钱,一晚上得了上百两银子,于是送他回家。

到了家里,杨某看见妻子家人穿戴整齐一新,身边竟然还有丫头侍候。他很惊讶地问妻子。妻子说:"你走后第二天,就有人用车子送来谷米布匹,堆满了屋子,来人说这是诸城县丁客赠送的,同时还送来一个丫头让我使唤。"杨某感激不尽。从此过上了小康的日子,也不屑于操持旧业了。

异史氏说:"贫穷但却好客,酗酒赌博,游荡江湖的人都容易做到。最难能可贵的,倒是杨某的妻子。受了别人的恩惠不予报答,还能算是人吗?然而,对一顿饭的小小恩德也不忘报答,丁前溪是很有这种古风的。"

海　大　鱼

海边原本没有山。一天，忽然出现层层叠叠的崇山峻岭，绵延好几里，大家都很惊诧。又过了一天，山突然迁到别处，化为乌有。人们相传海里有大鱼，到清明节时，携带全家前来扫墓，所以寒食节时多出现这种现象。

张老相公

张老相公是山西人，在将要出嫁女儿时携带全家来到江南，亲自购买嫁妆。船到达金山，张老相公先过江，嘱咐家人在船上不要煎炒荤腥菜肴。原来，江里有鼋怪，闻到香味就出现，撞毁船只吞食行人，这样为害已经很久了。

张老相公离开以后，家人忘了他的话，就在船上烤肉。突然间江面上巨浪滔天，船被掀翻了，妻子和女儿全淹没在江水中。张老相公划船回来见家人和船全淹没了，痛恨得要死。于是，他登上金山，询访寺院里的和尚，了解鼋怪的变化情况，准备报仇。和尚听了他的话，吃惊地说："我们整天离它这么近，唯恐惹下灾祸，因此把它奉若神明，祈祷它不要发怒。我们常常杀牛宰羊，投到江里，让它吞食，谁还敢和它结仇呢？"张老相公听了和尚的话，顿时想出一条计策。

张老相公招来铁匠，在半山腰搭起熔炉，烧炼一百多斤重铁块直到通红。查明鼋怪经常出没的地方，叫来两三个健壮的小伙子，用大钳举起来投进江里，鼋怪从水里腾起，急忙张口吞下。没多久，江面上波涛像山一样翻腾，转眼间浪平水静，而鼋怪的尸体已浮在水面上了。水上行客、山寺和尚都无不称快。他们为张老相公建了一座祠堂，在里边塑了像，尊称他为水神。以后每当祈祷时都很应验。

水　莽　草

水莽是一种毒草，枝蔓长得像葛条，花呈紫色，很像扁豆。如果误食了它，就立即会被毒死，死后就成为水莽鬼。民间相传水莽鬼不能轮回，必须再有人被毒死，才可代替。所以楚地桃花江一带，水莽鬼尤其多。

楚地人把同岁出生的称作同年，投帖子互相拜访，称作庚兄庚弟，子侄辈称呼他们为庚伯。这是一种习俗。有个姓祝的书生去拜访一个同龄朋友，途中干渴难耐想喝水。他又走了不远，看见路边有个老太婆搭着凉棚供给茶水，就快步走过去。老太婆把他迎进棚，很殷勤地招待他。他闻到茶水有一股怪味，不像茶叶味。他没喝就放下茶杯起身出来，老太婆急忙留住他，连声叫着："三娘，快拿一杯好茶来。"很快就有个少女端着一杯茶从凉棚后边出来。这女子大约十四、五岁，姿色艳丽，容光照人。她手上戴着戒指，臂腕戴着手镯，晶莹光洁得能照见人影。祝生从她手里接过茶杯，不觉神思飞扬。他闻闻茶水，浓香袭人，无与伦比。他喝完一杯，又要第二杯。他瞅着老太婆出了凉棚，就趁机抓住女子的手腕捏弄着，顺手卸下她的一枚戒指。女子红着脸微笑，祝生更被她所迷惑。他试探着询问她的住处，女子说："你晚上来，我就在这儿。"祝生向她要了一把茶叶，并将戒指藏起来就告辞走了。

祝生到了朋友家，觉得恶心要吐，怀疑是茶水的问题，于是把路上遇到的事情对朋友讲了。朋友吃惊地说："糟糕！你遇上的是水莽鬼。我的父亲就是这样死去的，这是不可救药的，将怎么办？"祝生吓傻了，拿出茶叶验看，确实是水莽草。他又拿出戒指，并把女子的容貌讲了一遍。朋友猜想了一下说："这肯定是寇三娘。"祝生听这名字符合，就问他咋知道？朋友说："南村有个姓寇的富翁，他女儿长得非常漂亮。几年前，误吃了水莽草被毒死，肯定是她在作祟。"有人告诉他，被水莽鬼害死的人，假如知道鬼的姓名，可以要来死者穿过的裤衩煮水喝了就会好的。朋友就赶快到南村寇三娘家里去，说明实情，跪在主人面前苦苦哀求，寇家认为祝生将作为女儿的替身去死的，所以吝惜不给女儿的内裤。朋友气愤地返回，把情况告诉给祝生。祝生也对寇家恨得咬牙切齿，说："我死了，发誓不让他家女儿脱生！"朋友抬着祝生回家，快要到家门口时死了。母亲痛哭着将儿子埋葬了。

　　祝生留下一个儿子，刚满周岁，妻子不愿守寡，过了半年就改嫁了。祝生母亲便自己抚养小孙子。由于忍受不了那份劳苦，母亲从早到晚啼哭不已。有一天，母亲正抱着儿子在屋里啼哭，祝生悄悄地进来。母亲非常惊恐，擦着眼泪问他。他说："儿在九泉之下听见母亲的哭声，心里十分悲痛，所以就回家来早晚侍奉母亲。儿虽然死了，又有了妻室，现在带她回来与母亲分担家务，母亲不要再悲伤。"母亲问："儿媳妇是什么人？"祝生说："寇家对我见死不救，眼睁睁看着让我死了，我恨死他们了。我死后就寻找三娘报复，却不知道她在什么地方，最近碰见庚伯，告诉我怎样去找。儿前去了，三娘已在任侍郎家投生。儿急奔而去，把她硬是抓了回来。现在她已做了儿的媳妇，我们相处得很好，没有什么痛苦。"一会儿功夫，门外一个女子进来，装扮艳丽，容貌秀美，一进门就向母亲跪拜。祝生说："这就是儿媳寇三娘。"他们虽然不是活人，但母亲看着，心里略略得到安慰。祝生叫寇三娘去操持家务，寇三娘出身富贵之家，做家务很不习惯。不过她为人随和温顺，特别讨人喜爱。从此祝生和寇三娘就住在他原来的房间，不再离开。寇三娘请祝生母亲去告知娘家，而祝生的意思不让告诉。但母亲还是按照三娘的意思终于告诉了寇家。寇家老俩口听后大吃一惊，立即命人备车快速前往。他们到祝家一看，果然是自己的女儿，面对面失声痛哭，女儿劝住了父母。老太太见祝生家里太贫穷，心里非常难过。女儿说："我已经做了鬼，还有什么贫穷之嫌？祝家母子对我情义深厚，我已很安心在这儿了。"老太太问女儿那个卖茶水的老太婆是谁？女儿说："她姓倪，自愧无法迷惑行人，所以向我来求助，现在已投生在郡城卖茶水的人家。"三娘又回头对祝生说："既然已经做了我家女婿，却不拜见岳父岳母，让我心里怎能好受？"祝生便向两位老人跪拜磕头。三娘下厨房，代母亲生火烧饭来招待自己的父母。老太太看着女儿亲自下厨房，心里很悲伤。回家后，就派了两名丫头来供他们使唤，又送来一百斤银子、几十匹布帛，还不定时地送来酒肉等，使祝生母亲过上了小康日子。寇家时常叫三娘回去看看，但是稍住几天，女儿就说："家里没人，应送儿早早回去。"如果寇家硬挽留着不让走,三娘就自己出门飘然而归。寇老翁又替祝生建起大宅院,购置一切用具,但是祝生却从未去过寇家。

一天,村里有人中了水莽草之毒而死去,却又死而复生,人们传为怪事。祝生说:"是我把他救活的。他被李九所害,我替他赶走了李九的鬼魂。"母亲说:"你为什么不找个人做你的替身?"祝生说:"我最恨这种人,要把他们全部赶走,不屑于干这样的事。而且我侍奉母亲深感快乐,不愿意投生。"此后,凡是中了水莽草之毒的人家,往往备办好丰盛的酒席到祝家来祈祷,都很灵验。

过了十多年。祝母去世,祝生夫妇极尽哀悼之礼,但他们不接待客人,只是让儿子披麻戴孝,守灵哀哭,教他行各种礼仪而已。安葬完母亲,过了两年,他们又给儿子娶了媳妇,新娘是任侍郎的孙女。原来,任侍郎的小妾生下一个女孩,几个月后就夭折了。后来他听说祝家发生奇异之事,于是坐车到了祝家,与祝生认作翁婿。到这时,又把孙女许配祝生的儿子,从此两家往来不断。

有一天,祝生对儿子说:"老天爷因我对人世有功,就册封我为四渎牧龙君,今天就要启程了。"转瞬间就见院子里出现一辆四匹骏马驾辕的黄幨车,马腿上都长着鳞甲。祝生夫妇身着华丽衣装一起登车而行,儿子、儿媳妇哭着拜送,转眼间就消逝了。这一天,寇家也见女儿回来,向二位老人拜别,所说的话和祝生相同。老太太哭着挽留,女儿说:"祝郎已先走了。"说完话,出了门,就不见踪影了。

祝生的儿子叫祝鹗,字离尘,前来寇家请求,将寇三娘的尸骨与祝生合葬在一起。

造　畜

魇昧这种妖术,不只是一种,有的用美味来诱骗人吃,吃了以后人就会糊涂地跟着走,俗名称作"打絮巴",在江南,人们叫作"扯絮"。小孩无知,往往深受其害。还有把人变成牲畜的,名叫"造畜",这种妖术在江北还不多见,黄河以南常常有。

在扬州旅店,有人牵着五头驴暂时拴在牲口槽边,说:"我去去就回来。"又叮咛旁人不要给驴子吃东西,说完就走了。驴子曝晒在烈日下,又踢又咬闹得厉害,店主人不忍心,就把驴子牵到荫凉地里。驴子一见水就跑过去,店主人便放开让喝个够。这些驴子往地上一滚,立即变成妇人。店主人很惊诧,就问缘故,但是她们舌头硬得说不出话。于是店主人把她们藏在屋里。

过了不久,驴主人回来,又赶着五头羊到了院子。他一看驴不见了,就吃惊地问店主人驴到哪里去了?店主人拉他坐下,立即端上饮食,并说:"你先吃饭,驴子就回来了。"店主人出来,又给那五头羊喝水,一个接一个全变成了儿童。店主人暗中派人告到官府,官府立即派捕役将施妖术的人抓获,就用刑仗打死了他。

凤阳士人

凤阳府有个读书人,背着书箱去远方游学。他走时对妻子说:"半年就可以回来。"可是他一走十几个月,竟一直没有消息。妻子对丈夫的盼望十分迫切。

一天夜里,妻子刚刚头挨着枕头,月光照耀着纱窗,树影婆婆摇动,就又激起了她的满怀离情。正当她辗转反侧不能入睡时,忽然有一个身穿艳丽服装的漂亮女子,掀起帘子走了进来,邀她一块去,妻子怕路途遥远难走,漂亮女子只管叫她不要担心。说着就牵上她的手往出走,在月光地里走了一小段路程。妻子觉得行走得太快,而自己却步履艰难,就叫她稍微等等,说要回家去换一双夹底鞋。漂亮女子牵着她的手在路边坐下,把自己脚上的鞋脱下借给了她。她很高兴地穿上,觉得非常合适,就又起身跟着走。这回觉得脚步轻盈,像飞一样快。一会儿,她就看见自己的丈夫骑着一头白骡子来了。丈夫见到妻子非常吃惊,急忙从骡子上下来问道:"你到哪里去?"妻子说:"我来找你。"他又回头问那漂亮女子是谁?妻子还未得及开口,漂亮女子却掩嘴微笑着说:"暂且不必问这些,娘子一路奔波实在不容易,郎君也披星戴月地奔驰了大半夜,人畜想必都很疲乏了,我家离得不远,请前去歇歇,明天一早再赶路也不晚。"抬头一看,果然在几步之外就有一个村落,于是他们一同前往。

来到一所庭院,漂亮女子叫醒睡梦中的丫鬟起来招待客人。漂亮女子说:"今晚月色明媚,不需点烛,小台石桌上可以坐。"士人把骡子拴在屋檐前的木柱上,就过来坐下。漂亮女子对妻子说:"鞋子大不合脚,在途中很不舒服吧?你回家时有牲口骑,请把鞋还给我。"妻子道谢一番。把鞋子还给她。片刻间,摆上饭菜,漂亮女子斟酒说:"你们夫妻离别已久,今夜才得团圆。薄酒一杯,为你们敬贺。"士人也举杯还谢。主客欢聚,又说又笑,腿脚交错相碰。士人一眼不眨地盯着漂亮女子看,多次说些轻佻的话来挑逗她。尽管他们夫妻久别初聚,却并不说一句互相问候的话。漂亮女子美丽的眼睛脉脉传情,并说一些调情的暗语。妻子默默无语地干坐着,在一旁装傻。到后来,两人都有些醉意,言语举止越发猥亵。漂亮女子又用大杯向士人劝酒,士人借口醉了推辞,而漂亮女子却劝得更殷勤。士人笑着说:"你为我唱一曲,我就喝这杯酒。"漂亮女子并不拒绝,就拿起牙拨一边拨琴一边唱道:

> 黄昏卸得残妆罢,窗外西风冷透纱。听蕉声,一阵一阵细雨下。何处与人闲磕牙?望穿秋水,不见还家,滴滴泪似麻。又是想他,又是恨她,手拿着红绣鞋儿占鬼卦。

唱完歌,笑着说:"这是市井中下里巴人的歌谣,不堪让您一听,但因是世俗所崇尚的,所以就赶时髦学唱罢了。"漂亮女子声色靡靡,态度轻狎,士人大为迷惑,更加不能自制。一会儿,漂亮女子佯装醉酒离开酒席,士人也起身跟着漂亮女子去了,很久不见出来。丫鬟也困得伏在走廊上睡着了。妻子一人孤零零地坐在那里,无人陪伴,心里愤懑极了,非常难堪。她本想独自逃回家去,但是又苦于夜色迷茫,记不清回归的道路,一时拿不定主意。妻子起身去探看。刚刚走近窗下,就隐隐约约听见男女之间的那种缠绵的做爱声。再仔细听,又听到丈夫把他们夫妻俩平时做爱的种种猥亵情状完全讲了出来。妻子听到这里,气得浑身颤栗,心砰砰地跳个不停,真是无法忍受。她想着还不如出门跳进深沟里死掉算了。她愤怒地正走着,忽然看见弟弟三郎骑马到来,立即跳下马问她怎么了。她把刚才发生的事情说给弟弟听。三郎火冒三丈,立即同姐姐一起返回直入那人的家,只见房门紧闭,男女间的枕上私语还喁喁不断。三郎举起一块斗大的石头,直往窗棂上抛掷过去,窗棂咔嚓一声被砸断了好几根。里边大喊:"郎君头破了!怎么办?"妻子一听,吓得大哭起来,对弟弟说:"我并不是要叫你杀死他,现在该咋办?"三郎瞪着眼睛说:"你呜呜哇哇地哭着催我来,现在刚消除了胸中的恶气,却又来袒护丈夫,怨怪起我来了。我才不习惯像丫头一样听人指使!"说完,转身就走,妻子又抓住弟弟的衣角说:"你不带我一起去,叫我往哪里去?"三郎一把将她推倒在地,脱身离去。妻子一下子惊醒过来,才知道是在做梦。

过了一天,士人果然回来,骑着白骡子。妻子感到很奇怪而没有说出来。士人这一夜也做了个梦,他把自己所梦见的情形对妻子说了,结果和妻子做的梦完全相同,所以两人都很吃惊。随后,三郎听说姐夫出远门回来,也前来问候。谈话中对士人说:"我昨夜梦见您回来,今天果然如此,真是太奇怪了。"士人笑着说:"幸亏我没有被大石头砸死。"三郎惊讶地问原因,士人把自己做的梦给他说了。三郎大为吃惊,原来夜里,他也做梦梦见姐姐向自己哭诉,他气愤地向窗户投掷石头。三人做梦都很相同,只是不知道漂亮女子是什么人?

耿 十 八

新城县人耿十八病得很重,自知不能好转,就对妻子说:"咱们永别就在早晚之间了。我死了以后,或改嫁或守节都由你自己决定,请说说想法。"妻子沉默不语。耿十八坚持追问,并且说:"为我守节固然很好,改嫁也是常情。请你明白地告诉我,有什么妨害!我就要和你永别了。你守节我心里会得以安慰,你改嫁我就断绝意念。"妻子就悲伤地说:"家里粮食不足,你在的时候日子都过得很艰难,你死了叫我怎么守?"耿十八听了妻子的话,抓住妻子的胳膊,发出恨恨的声音说:"你太残忍了!"话音刚落,就断了气。但是他握着妻子的双手却死也扳不开。妻子号啕大哭,家里人来了,两人抓住他的手指用力硬掰,这才弄开了。

耿十八不知道自己已经死了。他出了门,见有十几辆小车,每辆车坐满十个人,都用一幅方纸写上名字贴在车上。车夫看见耿十八,就催他赶快上车,耿十八看见车上已经有九个人,加上自己正好是十个。再看车上贴的名称,自己被排在最后。车子发出咋咋的响声,震得耳根发麻,也不知道车子将走向哪里。不久,车子就到了一个地方,他听见有人说:"这是思乡地。"听到这个名称,他有些怀疑。又听见车夫相对私语说:"今天要铡断三个人。"耿十八听后非常害怕,再仔细听听他们说的,全是阴间的事情,这时才醒悟过来,心里说:"我这不是变成鬼了吗?"立即就想起家来,但也觉得没有什么可挂念的,只有老母亲年纪很大了,妻子改嫁后无人奉养。想着想着,不觉泪眼江濛濛。又过了一会儿,看见一座高台,大约有好几丈,游人很多,那些被蒙头、戴着脚镣的人,呜呜咽咽地上上下下,他听别人说这是"望乡台"。大家到了这里都下了车,纷纷争着登台。车夫或者鞭挞,或者阻止,唯独对耿十八却催他赶快去登。他上了十几级,便登到台顶,翘首远望,自己家里的门窗、庭院都宛然尽收眼底。但里屋隐隐约约看不清楚,仿佛笼罩在烟雾中一样。他心里非常悲凄。

耿十八偶然回头一看,只见一个穿短衣的人站在他的下边,那人询问耿十八的姓名。他如实对那人说了。那人也自我介绍是东海匠人。他看见耿十八伤心落泪,就问:"什么事放心不下?"耿十八就告诉了他。匠人和他谋划越台逃跑。耿十八害怕阴曹追捕,匠人说不要紧。耿十八又担心台高会跌伤,匠人叫他只管跟着自己走。匠人先跳,他也随着跳下,落到地上,竟没一点事。很高兴无人发现,再看所乘坐的车子,还停在台下。两人急步逃跑,才跑出几步,忽然想起自己的名字还贴在车上,害怕人家拿着名字来追赶,于是回到车子那里,用手指蘸唾沫涂掉自己的名字,又拼命奔逃,跑得上气不接下气也不敢停一下。不长时间,就跑到村口,匠人送他到屋里。他突然看见自己的尸体,蓦地苏醒过来。觉得又疲倦又干渴,一个劲地喊着要水喝。家人惊恐极了,给他端来水,他一口气喝了一担多水。然后突地坐起身,又作揖又叩拜,随后又出门拱手道谢,完了才回来。回来后又僵卧在床上一动也不动。家人见他举止奇怪,怀疑他不是真话。但再慢慢观察他，并没有别的特殊举动。家里人渐渐走近问他，他就详细地说了他所经历的事情，家里人又问："为什么出门去？"回答说："和匠人告别。"又问："为什么要喝那么多水？"又答："先是我喝，后来匠人又喝。"家里人慢慢给供饭食，过了几天就完全好了。从此，他再也看不起妻子，也不再和她同睡一张床。

珠 儿

常州府百姓李化，田产殷富，都五十多岁了，还没有儿子，只有一个女儿叫小惠，容貌清秀娇美，夫妇怜爱极了。但是女儿十四岁上，暴病夭折，家里冷冷清清，更少了人生乐趣。后来就收了个丫鬟做妾，过了一年便生下个儿子，简直视若宝贝，取名叫珠儿。

珠儿渐渐长大，身材魁梧，十分令人喜欢。但是性情痴呆，五、六岁了，还分辨不清豆子麦子，说话也结结巴巴的口齿不清。李化太爱儿子，也不嫌弃这些。恰好遇见一个单眼和尚在市上化缘，这和尚往往知人家的隐秘事情，大家都把他视为神明，而且他自己说可以让人生死，也能给人祸福。因此从几十到上百甚至千两银子，他都是指名募化的，无人敢违抗。这个和尚到李化家来化缘，提出要一百贯钱，李化很为难，只给了十两银子，但是和尚拒绝接受。慢慢加到三十两。和尚声色俱厉地说："必须一百贯，少一文都不行！"李化也被激怒，收回银子就走。和尚气愤地站起来说："不要后悔，不要后悔！"过了没多久，珠儿突然心里剧痛，双手乱抓乱抠床上的席子，脸色像土灰一般。李化害怕起来，就拿了八十两银子到和尚那里求救。和尚冷笑着说："拿了这么些钱来很不容易！但我又能有什么作为？"李化无可奈何，当他回到家里时，儿子已经死去。李化哀痛极了，于是就拿着状子告到县府，县官将和尚抓起来审问，但他狡辩不说实话。拷打他，就像打在皮革上。搜他的身，竟发现有两个小木人和一副小棺材、五面小旗幡，县官大怒，用手举着这些东西让和尚看，和尚害怕了，叩头无数，县官并不依，用棍棒将他打死。李化跪谢了县官后回家去。

这时已经天黑，李化和妻子坐在床上，忽然看见一个小孩不安地进到屋里说："阿爹为何走得这样急？我拼命追赶也撵不上。"仔细看他的模样，大约七、八岁。李化很吃惊，正要问他，却见他若隐若现，恍恍惚惚像是一团烟雾，眨眼间，小孩已经上床坐下。李化把他推下床去，落地时毫无声息。小孩说："阿爹为什么这样"一转眼他又上了床，李化恐惧极了，就和妻子一起奔逃出来。小孩在他们身后"阿爹阿妈"地嗲声嗲气叫个不停。李化进了小妾房间，急忙关上门，回头看时，小孩已在膝下了。李化惊恐地问他想干什么，小孩答道："我是苏州府人，姓詹，六岁时死了父母，兄嫂不能容我，就把我赶到外祖家，有一次我偶然到门外去玩，被妖僧迷住杀死在桑树底下，从此我被迫为他做害人之事，含冤九泉，不能超生。幸赖阿爹为我报仇，我愿意给你做个儿子。"李化说："人和鬼不一样，怎么能在一起生活？"小孩说："只要打扫一间小房子，给我弄个床铺，每天浇上一杯冷粥，其他没什么事。"李化照办了。小孩很高兴，于是独自住在房间。

早晨，小孩在内室出出进进，完全像亲生的孩子。他听见小妾在哭珠儿，就问："珠儿死几天了？"小妾说七天。小孩说："现在天气寒冷，尸体应不会腐烂，试挖出来看看，如果没有损坏，我可以救活他。"李化听了很高兴，和小孩一同前往，挖出一看，躯体完好无损。他正在悲哀时，回头看那小孩，已不见了踪影。他很纳闷，就抬着儿子的尸体回家。刚刚把珠儿尸体放在床上，发现眼睛已在转动，接着就喊着要汤喝，喝完汤就出汗，刚出过汗就坐起身来。大家都为珠儿的起死回生而高兴，再加上他变得聪明伶俐，已与昔日判若两人。只是到了夜里，他就僵卧如尸，毫无生气，推他翻他，他毫无知觉，像死了一样，大家非常震惊，以为他又死了。然而一到天亮，他又如做梦醒来。大家疑惑不解，就问是怎么回事。他便说："以前跟随妖僧时，一块有两个小孩，其中一个叫哥子。昨天追不上阿爹，是因为正和哥子话别。现在他在阴间已给姜员外做了义子，也很悠闲。夜半，邀我一块去玩耍，刚才他用白鼻黑嘴的黄马送我回来。"母亲问他在阴间是否见到珠儿？他说："珠儿已经转生了。他和阿爹没有父子的缘分，不过是金陵严子方投胎来讨还百十债钱罢了。"当初，李化曾在金陵做生意，欠下严子方一笔货款没有偿还，后来严子方去世了，这事没有人知道。李化听后大为吃惊。母亲又问见到惠姐没有？小孩说："不知道。下次去后再寻访。"过了两三天，小孩对母亲说："惠姐在阴间生活得非常好。她嫁给了楚江王的小儿子，头上戴满珠宝首饰，一出门总有几十成百的随从前呼后拥。"母亲问："为什么都不回家看上一趟？"小孩说："人死了就都和亲骨肉没关系了。如果有人把生前的事仔细一说，才能豁然记起而思念亲人。昨天我托了姜员外，才凭借关系见了惠姐。惠姐叫我坐在珊瑚床上，我和她说起父母常常挂念着她，她听着就像做梦似的。我说：'姐姐活着时，特别爱绣并蒂莲，有一回剪刀刺破了手指，鲜血染在绫布上，姐姐随手就绣成个赤水云，至今母亲还悬挂在床头的墙上，一看就念叨你。难道姐姐都记不得了吗？'姐姐听完，这才伤感起来，说道：'让我先告诉了郎君，再回家去看望母亲。'"母亲问什么时间会回来，小孩说不知道。

一天，小孩对母亲说："姐姐就要来了，随从仆人很多，要多准备些酒菜。"一会儿，小孩又跑回屋说："姐姐来了。"于是家人就把桌子移到中堂，小孩说："姐姐先坐下休息休息，请别再哭了。"其他人都没见到什么。小孩领着人到门外烧纸浇酒，酬谢那些随从。回来说："随从骑卒暂时先叫走了。姐姐说：'当年所盖过的绿锦被曾被烛火烧了豆大个洞，现在还在不？'"母亲说："在呢"。当即打开箱子取出让她看。小孩说："姐姐叫我把它放在她原来的房子。她困了，要休息一会儿，明天再和阿母说话。"

东邻赵家女儿过去和小惠是闺阁中好友。这天夜里，忽然梦见小惠戴着头巾披着紫色披肩看望她，一起说笑就像生前一样。小惠并且说："我已成了异物，和父母相见，和隔山隔水似的，想借妹子之口和家人说话，请不要害怕。"天亮以后，赵家女儿正和母亲说话，忽然倒在地上闭了气，过了一刻时间才醒过来，对赵母说："小惠和婶婶分别好几年，头上已有了白发。"赵母惊恐地说："你发疯了？"女儿向母亲拜别出来，母亲知道其中必有缘故，就跟着她来到李家。赵家女儿抱住李母痛哭。李母惊呆了，不知是咋回事。赵女说："女儿昨天回来，十分困倦，所以就没来得及说一句话。女儿不孝，中途抛弃父母，烦劳父母悲伤牵挂，这罪过怎么能赎。"母亲马上明白了，于是也失声痛哭起来。随后母亲问："听说女儿现在做了贵夫人，使母亲很欣慰。只是你身在楚江王家。怎么能随便来？"女儿说："郎君和我感情很好，公婆也非常喜欢我，绝不嫌弃我。"小惠活着时，喜欢用手支着下颏，现在说话，时不时做出过去的举动，神情完全和活着时一样。没过多久，小孩跑来说："接姐姐的人到了。"于是赵女站起来，边哭边和母亲拜别。说："女儿走了。"说完，就倒在地上，过了一会儿便苏醒过来。

几个月后，李化病得越来越重，求医服药都没有效果，小孩说："恐怕不可挽救了。有两个鬼坐在床边，一个手持铁杖，一个挽着麻绳。大约有四、五尺长。我昼夜哀求，他们都不走。"母亲哭着为老伴准备后事。天黑以后，小孩进屋说："一切杂人都暂时退避一下,姐夫来探望阿爹。"片刻间,小孩鼓掌大笑,母亲问笑什么,小孩说:"我是在笑那两个鬼,听见姐夫来了,都慌忙钻到床底下像缩头乌龟。"又过了一会儿,只见小孩仰头向天空道着寒暄,问姐姐的生活情况。随后又拍手说:"这两个小鬼,我苦苦哀求,他们就是不去,这回算他们倒霉,真是大快人心!"他走出门外,又回来了。说:"姐夫走了,那两个鬼被锁在马鞍上。阿爹的病就会好的。姐夫还说,他回去将禀告楚江王,要为阿爹阿妈求个百年长寿。"全家人听后高兴极了。到了晚上,李化的病就减轻了许多,几天后就完全好了。

李化为小孩请了老师教他读书。小孩很聪明,十八岁就中了秀才,还能说阴间的事情。他见邻居有病,就指出鬼在什么地方,便用火去烧,往往就好了。后来小孩突然得了病,全身紫青,自己说是鬼神责罚他不该泄漏隐秘,从此以后,不再说那些事了。

小 官 人

翰林某公,忘了他的姓名。白天在书房休息,忽然见有小仪仗队从厅堂的角落出来。马像青蛙那么大,人比手指还细小。小仪仗队由几十人组成,其中一位官员头戴乌纱帽,身穿绣袍,坐着轿子,和众人一道纷纷走出门去。某公感到奇怪,怀疑是他睡眼朦胧出现幻觉。突然又看见一个小人返回屋里,提着一个拳头那么大的包,一直走到床下报告说:"我家主人有薄礼敬献给翰林公。"说完,站在对面。却又不呈上礼物。过了片刻,小人又自笑着说:"小小一点东西,想着翰林公也用不着,不如就赏给小人算了。"某公点点头。那小人高高兴兴地提着礼物走了。以后再也没见过。可惜的是当时某公胆怯,不曾询问小人的来历。

胡 四 姐

泰山有位姓尚的书生,平时独自住在清静的书房。正值秋夜,银河高悬,明月当空,清光流泻而下。尚生独自一人徘徊在花丛中,遐想联翩。这时,忽然有个女子翻墙过来,对他笑着说:"秀才深思些什么?"等走近了,见她生就一副花容月貌,如同天仙一般。尚生惊喜地搂着她进了书房,很是亲昵地缠绵了一番。女子自我介绍说:"我姓胡,名叫三姐。"尚生问胡三姐住在什么地方,她只笑不答。尚生也不再追问,只希望永远相好就行了。从此,胡三姐每天夜晚都来。

一天夜里,他们两人坐在灯下促膝相谈,尚生非常喜欢胡三姐,目不转睛地看着她。胡三姐笑笑说:"为什么这样呆呆地看着我?"尚生说:"我看你像那美艳绝伦的芍药碧桃花,真是整夜整夜地凝视,也不觉厌烦。"胡三姐说:"我容貌这般丑陋,却被你这么看重。如果再见了我家四姐,不知如何神魂颠倒呢!"尚生听了欲念倾动,恨不得即刻一睹芳容,直挺挺地跪在地上向胡三姐哀求要见胡四姐。第二天夜里,胡三姐果然带着胡四姐一块来了。只见她十五、六岁的样子,就如清晨带露的粉荷,三月里春雨滋润的杏花,嫣然含笑,娇艳妩媚,真是美丽绝伦,举世无双。尚生一见,欣喜欲狂,赶快拉她坐下。胡三姐和尚生说笑,而胡四姐在一旁只低着头用手拈绣带。过了一会儿,胡三姐起身告别,胡四姐要跟她一块走,尚生却拽住她不让走,望着胡三姐说:"我的亲亲,请你说一声吧!"胡三姐便笑着说:"看把个狂生焦急的!妹妹你就稍稍待一会儿吧。"胡四姐不吭声,胡三姐就走了。两人尽情交欢一番,完事后就用胳膊作枕头,躺在一起互诉身世，不隐瞒什么。胡四姐说自己是狐精。尚生迷恋于她的美貌，所以并不见怪。胡四姐告诉他："姐姐最为狠毒，她已经杀死三个人，凡是被她迷惑的人没有不死的。我有幸承蒙你的昵爱，不忍心看着你被害死，应当趁早和她断绝来往。"尚生听了十分恐惧，向胡四姐求问对付的办法。胡四姐说："我虽然是狐精，却得到了仙人的正法，可以画一道符贴在卧室门上，就能使她不敢近前。"说完就给他画了一道符。天亮以后，胡三姐来了，一见符果然退却，说："这丫头太负心了，倾心于新郎，竟然把媒人忘了。你们两人应有缘分的，我也不会记恨，但何必要这样做？"说完就走开了。几天后，胡四姐说她有事要到别的地方去，和尚生约定隔夜再来。

这天，尚生偶然出门观光。山下原来有一片槲树林，苍莽中走出一个少妇，长得很有些风韵，她走到尚生跟前说："秀才何必天天为迷恋胡家姐妹而沾沾自喜？她们又不会给你一文钱。"少妇说着就拿出一吊钱来给尚生，并且说："你先拿着回去买好酒，我随后带美味佳肴来，和你一起畅饮。"尚生拿了少妇给的钱回来后果真去买了酒。不长时间，少妇也如期而至，把烧鸡和卤猪肘放在桌上，用刀子切成细丝。于是两人斟酒对饮，边喝边相互调笑，显得异常和谐融洽。随后吹灭蜡烛，携手上床，极尽淫欲放荡之兴。天亮后才起床。少妇正坐在床边要穿鞋时，忽然听见有人说话，细细倾听，外边的人已经揭帘进来，原来是胡家姊妹俩。少妇一眼瞥见，就仓惶而逃，连鞋子也丢在床下。姊妹俩于是骂道："你这骚狐精，竟敢来和人睡觉！"她们追出去，过了一阵子才回来。胡四姐埋怨尚生说："你这人太不长进了，竟然和一个骚狐精厮混在一起，叫人无法再和你接近。"说着，脸上现出既生气又失望的神情转身要走。尚生十分惶恐，赶快跪下认错，言词十分恳切。胡三姐又在一旁调解劝说，胡四姐怒气渐渐消解，慢慢地又和好如初。

有一天，一个陕西人骑着驴登门拜访说："我一路寻找妖怪，不是一朝一夕了，今天总算在你这里找到。"尚生的父亲觉得这人话里有话，就向他询问来由。客人说："我奔游四方，一年十二个月常有八、九个月不在家，我弟弟被妖怪蛊惑杀害。我回家后非常悲愤，发誓要找到妖怪并杀死它为弟弟报仇。我已奔波几千里，未见妖怪踪迹。如今妖怪在你家，不消灭它，一定会有继我弟弟而死的。"这时，尚生和胡四姐她们正来往得密切，父母略有觉察。他们听客人说了这些话，心里非常惧怕，就请客人进门作法。客人拿出两个瓶子摆在地上，画符念咒，过了很久，就发现有四团黑雾分别被收进两只瓶子里。客人高兴地说："一家妖怪全到了。"于是就用猪膀胱裹住瓶口，封得非常牢固。尚生的父亲很高兴，就坚决请求客人留下吃饭。尚生很为胡四姐她们难过，他走到瓶子跟前窥视，听见胡四姐在瓶中说道："坐视不救，你为何这么负心？"尚生更加感动，急忙拿起瓶子启封，但却怎么也打不开。胡四姐又说："不必这样，只要放倒法坛上的旗，

用针戳破猪膀胱，我就能从空隙里出来。"尚生照她说的办法做了，果然看见有一丝白气从小孔中钻出来，一直升到天空里去了。客人出来，看见旗横倒在地上，大吃一惊说："妖怪逃走了，这肯定是你家公子干的。"客人摇摇瓶子，俯着耳朵听听，说："幸亏只逃走了一个。这个怪物不该死：可以赦免。"于是便带着瓶子走了。

后来，尚生在田里监督佣人们割麦子，远远看见胡四姐就坐在前面的一棵大树下面。尚生走过去握着她的手向她问好。胡四姐说："分别有十年之久了，现在我已修炼成仙。但心里一直想念着你，所以专程来看望看望。"尚生想请她一块到家里去。她拒绝说："我已今非昔比，不能再去沾染俗尘世情，以后还会相见的。"说完，就不见踪影了。

又过了二十多年，正当尚生一人独处，看见胡四姐从外面进来。尚生很高兴地问候她。四姐说："我现在已名列仙籍，本来不该再到尘世来。但总是念及你的厚情，所以就特地来向你告知你的死期。你可以及早安排后事，但不必悲伤，我会度你为鬼仙的，不会有什么痛苦。"胡四姐说完就走了。到了胡四姐所说的日子，尚生果然死了。

尚生是我的朋友李文玉的亲戚，我曾亲眼见过他。

祝　　翁

济阳县祝村有个祝翁，五十多岁时病死。家人进屋料理丧服，忽然听见祝翁呼喊很急。大家都跑到灵堂跟前，见他已经复活。大家都高兴地慰问他。祝翁只对老伴说："我刚才离去，下决心不再回来。走了几里路，回头一想，留下你这一把老骨头在儿子们手里，冷暖都得仰求他们，活着也没多大意思，你还不如跟着我一起去。所以我又回来，想带你一块同行。"大家都以为这是老翁刚刚复活后说胡话，所以都不往心上放。结果祝翁又把那话重复了一遍。老伴说："这样也没有什么不好。但是正活得好好的，怎么才能死呢？"老翁挥挥手说："这并不难。家里的日常琐事可以赶快料理料理。"老伴笑着没有动身。老翁再次催促她。

老伴走出门外，过了几刻时间又进来，哄他说："家务都安排好了。"老翁催她赶快收拾打扮一下，老伴不去，老翁催得更急了。老伴不愿违背他的意思，于是换好衣裙梳妆出来：儿媳、女儿都在一旁偷着笑。老翁把枕头挪了挪，用手拍拍空出来的地方叫老伴躺下，老伴说："儿女都在跟前，两人直挺挺躺着像什么样子？"老翁捶着床说："老两口一起死有什么可笑的？"儿女们见老翁那么急躁，就都劝老母姑且顺从他。老太婆听从他们的话，就和老翁并枕而卧。家人都笑了。过会儿再看，老太婆的笑容忽然收起，两眼慢慢地合上，很久不见有声息，俨然睡去一般。大家这才到跟前仔细去看，老太婆身上都已冰凉也不呼吸了。大家试试老翁也一样，这才都悲痛起来。

康熙二十一年，受雇于任知州的毕际有家，讲述这件事很详细。

异史氏说："老翁是不是向来都有与众不同的操行？茫茫阴间路，他都来去自由，奇了！而且白头老伴要她一起去，就能叫着她走，又是多么从容！人在弥留之际，最不忍分别的就是一生同床共枕的亲人。倘若这种办法能够推广的话，那么就可省去临死之际还念念不忘妻妾的事情了。"

猪 婆 龙

猪婆龙生长在江西一带，形状像龙却比龙短，能横着飞行，经常在江边出没吞食鹅和鸭子之类水禽。有人猎获了它，就把肉卖给陈和柯两户人家。这两姓人家都是元代农民军首领陈友谅的后代，世世代代吃猪婆龙的肉，而别的家族的人不敢吃。

有一个客商从江西来，得到一头猪婆龙，拴在船上。一天，他把船停在钱塘江边，绳子稍微有些松，猪婆龙忽然挣脱跳进钱塘江。一会儿功夫，江上波涛汹涌，商船被掀翻而沉没了。

某 公

陕西某公，顺治十八年中了进士，他能记得前世的事情。他曾经说过自己前生是个读书人，中年时死去。死后在阴间见阎王判决公事，鼎铛油镬之类刑具都和世人传说的一样。在殿堂东边的角上，摆着几个木架，上面搭着猪羊犬马等各种皮囊，管生死簿的官吏叫着鬼魂的名字，有的被罚为马，有的被罚为猪，使全裸露着身体从木架上取下相应的皮披在身上。很快地轮到某公了，只听阎王说："这人该罚为羊。"鬼卒就取下一张白羊皮裹在他身上。官吏说："这人曾救过人一命。"阎王重新翻着生死簿查看，说："免了他。他虽然作恶不少，这件善事可以赎罪。"鬼就去从他身剥取羊皮，结果羊皮已经紧紧粘在身上，脱不下来了。两个鬼，一个抓着胳膊，一个按着胸脯使劲往下拽，他疼痛难忍。羊皮裂成碎片，无法完全取下来。最后肩膀附近粘着一块手掌大的羊皮。他转生之后，脊背就有一丛羊毛，剪掉后又长出来。

快 刀

明朝末年，济南府管辖的境内盗贼特别多。各县都养着兵，只要抓获盗贼就杀掉。章丘县境的盗贼尤其多。有一个兵卒的佩刀非常锋利，杀人时一刀即断头，像从骨缝中削过似的轻巧。一天，抓了十多个盗贼，押到刑场处斩。其中有个盗贼认识这个兵，吞吞吐吐地对兵说："听说你的刀最锋利，杀头时一刀了断，不用第二刀。请你杀我。"兵说："好。你留心紧跟着我，不要离开。"盗贼跟他到了刑场，那兵持刀挥斩，盗贼人头豁然落地。头滚到几步之外，一边旋转一边称赞说："好锋利的刀！"

侠 女

金陵人顾生，多才多艺，但是家境非常贫寒。又因为母亲老迈，不忍心远离膝下去游学，每天只是给别人写字作画，得到一点钱财以维持生计。他已经都二十五岁了，还没有娶妻。

他家对门有一所空着的旧宅院，有一个老太太和一个少女租住在里边。因为她家没有男子，所以就没人询问她们是什么人。有一天，顾生偶然从外面回来，看见女郎从母亲房里出来，年龄大约十八、九岁，美丽淑雅，世上少有人能与她相比。她看见顾生并不怎么躲避，但意气凛然。顾生回到屋里问母亲，母亲说："这是对门女子，她来向我借剪刀和尺子。刚才她说家里也只有一个老母亲。她不像是贫寒家庭出身。我问她为什么不出嫁，她借口说是母亲年老需要奉养，就不愿出嫁。我明天应该过去拜见一下她母亲，顺带从侧面示意，她若没有什么奢望，你可以为她代养老母。"第二天，顾母前去拜见女子的母亲，她母亲是个聋子。看她家里连隔宿的粮食都没有。顾母问她以什么为生，说全靠女儿做针线活为生。顾母慢慢将话题引到将两家合为一家的事上来，老母似乎同意，转身和女儿商量，而女儿却沉默不语，好像很不乐意。顾母只好回去。她仔细思量着说道："女子该不是嫌我家太贫寒？在人跟前不苟言笑，真是'美艳如桃李，冷酷若冰霜'的奇人！"母子两个又是猜又是叹息，就此作罢。

有一天，顾生正在书房，有个少年前来向他求画。少年长得风度翩然，行为却极为轻佻。顾生问他从何处来，少年说是邻村。此后每两三天就来一回。这样，彼此就慢慢地熟悉了，两人互相开玩笑，顾生怀着异念去拥抱他，他并不怎么拒绝，两人便发生了同性恋。从此两人来往非常密切。

一次，正好遇见女子从门前经过，少年一直目送着她，问她是谁，顾生说是邻家女子。少年说："她长得这么艳丽，神情却为什么那么可怕？"过了一会儿，顾生回到屋里问母亲。母亲说："刚才女子是来借米的，说是家里断炊火一天了。这女子极其孝顺，只是穷得太可怜，应该稍稍地周济周济。"顾生依从了母亲的话，就背了一斗米送过去敲开门，说明了母亲的意思。女子收下来，也不道谢。女子每次到顾家来，只要看见顾母缝衣做鞋，她就主动帮忙，在家里出出进进，完全像个媳妇一样。顾生更加感激她。顾家每次收到客人送来的好吃的，必然要分给她母亲一些，女子从不说感谢的话。顾母下身生了痛疽，疼痛难忍，昼夜呻吟不止。女子时时到床前来探望，给她清洗伤口抹药，每天不下三、四次。顾母心里很不安，但女子毫不嫌弃腥秽。顾母叹道："唉，哪里能找来个像你这样的好媳妇，一直侍奉我到死！"说完，伤心地哽咽起来。女子安慰她说："你有个非常孝顺的儿子，胜过我们寡母孤女百十倍。"顾母说："床头服侍的活儿，哪里是男儿所能做的？况且我已年老，早晚将遭病而死，很担心会绝后。"正说着，顾生进来了。顾母泪如雨下，说："我们欠姑娘的太多了，你一定不要忘记报答人家。"顾生于是拜伏在地。女子说："你敬奉我母亲我没谢你，你谢什么呢？"自此，顾生对女子更加敬爱。但是她举止生疏冷漠，让人无法接近。

有一天，女子出门时，顾生用眼注视着她，女子忽然回头向他嫣然一笑。顾生喜出望外，当即跟着到了她家。顾生有意挑逗她，她也不拒绝，于是和她欣然交欢一番。干完后，女子告诫顾生说："这事只能做一回，不能再有第二次！"顾生并未应声就回家去了。第二天，他又和女子约会。女子脸色严厉，置之不顾而离去。她每天到顾家来几次，常常见面，但是并不在言词或神色上给他以亲切可近的暗示，有时顾生稍稍用言词调戏，她却以冷言冷语回敬，让人不寒而栗。她忽然在没人的地方问顾生："每天来的那少年是谁？"顾生如实告诉了她。女子说："他的举止状态，对我已多次无礼。因他和你关系亲昵，所以我一直置之不理。请你转告他，如果再这样，这便是他自己讨死！"晚上，顾生把女子的话转告给少年，并且告诫他一定要小心，她不可冒犯。少年不以为然地说："既然不可冒犯，你为什么用私情冒犯她？"顾生否认他和她有任何瓜葛。少年说："如果没有瓜葛，那些不可告人的猥亵言词，怎么会传到你的耳朵呢？"把顾生噎得无言以对。少年说："我也烦你向她传个话：不要这么假惺惺地作态，要不然，我要将此事到处传扬开去。"顾生听了十分气愤，怒形于色，少年才离去。

一天夜里，顾生一人在书房独坐，女子忽然进来，笑嘻嘻地说："我和你情缘未断，

国学经典文库

中国二十大名著

聊斋志异

图文珍藏版

岂不是天意!"顾生欣喜欲狂,一把将女子搂在怀里,正要亲热,突然听见一阵脚步声响,两人吃惊地站起来,就见少年推门进来了。顾生惊讶地问道:"你来干什么?"少年不怀好意地笑着说:"我特地来看看这个贞洁的人儿。"他又回头对女子说:"今天不会再怪别人了吧?"女子脸颊绯红,柳眉竖起,一语不发。她急忙掀开上衣,露出一个皮鞘,顺手抽出一支一尺来长的利剑,晶莹闪亮,寒光逼人。少年一见,吓得转身就逃。女子立即追出门外,四处看看不见踪影。女子将剑猛地往空中一抛,嘎然一声震响,空中闪现出灿然的光芒,像一道长虹,随即就有一个东西掉落在地上。顾生急忙用蜡烛一照,见是一只白狐,头和身子已被劈为两段。顾生恐惧极了。女子说:"这就是你的相好美童。我本来宽恕了他,无奈它自己不想活下去!"说完,她便收剑入鞘。顾生搂着她要进屋子。她说:"刚才这妖物败了人的意兴,我明晚再来。"说完就出门径直走了。第二天晚上,她果真来了,两人尽情缠绵一番。顾生问起她超人的剑术,她说:"这事不是你所能知道的,必须严守机密,泄漏出去对你很不好。"顾生又向她提起嫁娶的事。她说:"咱们夜里同床共枕,白天我为你操持家务,这不是妻子做的事是什么? 实际上已经做了夫妻,何必还要再提嫁娶呢?"顾生说:"你莫不是嫌弃我贫穷吧?"女子说:"你固然贫穷,难道我就富吗? 今晚与你相聚,正是由于怜悯你的贫穷。"临别时,她又叮咛说:"这种苟且的行为,不能常有。该来的时候,我自然会来的;不该来时,强求也不会有好处。"以后每次相见,顾生总想拉她说情话,她往往避开。但是缝衣服、烧火做饭,她都完全承担,就像是妻子。

过了几个月,女子的母亲死去,顾生竭尽全力埋葬了她,从此女子就独自居住。顾生心想她孤单一人睡觉,可以和她同居。他就翻墙进去,隔着窗子不停地叫女子,室里始终不应声。顾生看门上锁了锁,屋里没人,私下怀疑她和别人有约。第二天夜里他又去了,但还像昨晚一样。屋空门锁。顾生在女子窗户上留下一块佩玉走了,过了一天,他们在顾母的房间相遇。顾生出来时,女子跟在他身后说:"你在怀疑我吗? 人各有心事,不可告诉别人。今天想使你无疑,怎能办到? 但是有一件事需要你赶快想办法。"顾生问她什么事。她说:"我怀孕已经八个月了,恐怕早晚要分娩。我身份未明确,能为你生孩子,但不能为你养孩子。你可以悄悄告诉母亲,给孩子找个奶妈,就假说是抱养人家的,请不要把我说出去。"顾生按女子说的告诉了母亲。母亲笑着说:"这女子真是奇怪,聘她不成,却私下和我儿子结为夫妻。"母亲高高兴兴地照办了。又过了一个多月,女子好几天都没来顾家。顾母有些怀疑,就到她家去探望,门紧关着,四周冷清。顾母敲了好长时间,女子才蓬头垢面地从里边出来,开了门让顾母进去,她又把门关上了。在屋里,顾母发现孩子已经呱呱啼叫地躺在床上。顾母惊喜地问:"生下几天了?"女子说:"三天了。"顾母抱起来一看,是个男孩,孩子脸盘丰满额头宽广,很漂亮。顾母高兴地说:"媳妇儿啊,你已为我生了孙子,以后孤零零一身,将托身何处?"女子说:"区区隐衷,不敢告诉老母亲。等夜里没人时,可将孩子抱过去。"母亲回家告诉了顾生,他们都为此感到诧异。到了夜里,顾生把儿子抱了回去。

再过了几天的一个晚上,快到半夜时分,女子忽然敲门进来,手里提着皮袋,笑着说:"我大事已了结,现在要和你分手了。"顾生急忙问她什么原因。女子说:"你代我养母的恩情,我时时刻刻都不能忘怀,以前所说的。此事只做一回不能再有第二次,是由于报恩并不只在床上。因为你贫穷不能成婚,我特意为你生儿延续一线血脉。本来期望一次可以达到目的,不料月经又来了,于是破戒又来了一次。现在你的恩情总算已报,我的愿望也实现了,再没有什么遗憾的了。"顾生问:"袋子里是什么东西?"女子说:"是仇人的头。"顾生翻开一看,只见人头上胡须头发全粘在一起,血肉模糊。他惊恐极了,就又追问根底。女子说:"以前不给你说,是害怕你泄漏出去。现在事情已经办成,不妨向你直说了。我本是浙江人,父亲做官为府同知,被仇人陷害,抄了家。我背着母亲逃出来,隐姓埋名已经三年了。当时没有立即报复,只因还有母亲在。母亲去世了,肚子里又怀着孩子,所以就一拖再拖。前几天夜里出去不为别的事,是仇家的门户道路不熟,怕有闪失。"说完,她就出了门,又回头嘱咐说:"我生的儿子,要好好抚养。你福薄,年寿不高,儿子可以为你光大门庭。夜深,不可惊动老母,就此去了。"顾生深感凄凉,正要问她去哪里,女子像电光似的一闪,转眼间就看不见她的影子了。顾生叹息着在门口呆呆地站了很久,好像失魂落魄似的。第二天,顾生将女子离别的事告诉了母亲,母子在一起嗟叹了好一阵子。

三年后,顾生果然死去。儿子十八岁中了进士,还奉养祖母到终老。

异史氏说:"人一定要娶个侠女似的妻子,才可以蓄养娈童。不然,你喜欢他,他就要勾引你的老婆了!"

酒 友

车生家产不及中等水平,但是嗜酒成性,每天夜里不喝上三杯就睡不着觉,所以床头上的酒杯总是不空。

一天夜里,他醒来翻身时,发现似乎有人睡在身旁,他以为是衣服掉在旁边。用手一摸,是个毛茸茸的东西,像猫却要大些。他点着蜡烛一照,原来是只狐狸,醉沉沉地像狗一样盘曲卧着。他再看酒瓶,发现已经空了。因而笑着说:"这是我的酒友。"不忍心惊动它,又给它盖上衣服,搂着就一起睡了。他留着烛火,要观察它究竟如何变化。半夜时,狐狸欠伸着。车生笑着说:"睡得美极了!"他掀开衣服一看,却见它变成个英俊潇洒的书生。书生急忙起身拜伏,感谢车生的不杀之恩。车生说:"我嗜酒成癖,别人都认为我太痴,只有你才是我真正的知己。如果不见外,咱们就做个好酒友吧。"车生说着就拽他上床再睡。并且说:"你以后可以常来,不必顾虑。"狐狸答应了。车生醒来后,狐狸早已离去。于是又准备下一杯好酒,专等狐狸。

晚上,狐狸果然来了。于是双双促膝畅饮。狐狸酒量特别大,而且又很诙谐,于是只觉得相见恨晚。狐狸说:"屡次承蒙用好酒招待,不知用什么来还报?"车生说:"喝几杯薄酒,何足挂齿!"狐狸说:"话虽这么说,但你毕竟是个穷书生,几个喝酒钱来得不容易。我应为你想办法弄点酒钱。"第二天夜里,狐狸来告诉他:"在离这儿七里远的东南方,路边有丢下的银子,早早地去取回来。"一大清早,他到指定的地方去,果然拾得二两银子,就用它买了好菜,供晚上喝酒用。狐狸又说:"你家后院窖里藏着钱,可以挖出来用。"车生照办,果然挖出一百多吊钱来。车生高兴地说:"口袋有钱了,再也不用发愁没酒喝了。"狐狸却说:"不能这样。车辙沟里的几滴水经得住几次舀?还应该想别的办法。"另一天,狐狸对车生说:"集市上的荞麦价钱很低,这是奇货可以囤积。"车生听从了,便收买荞麦四十多石。大家都讥笑他。过了没多久,天大旱,庄稼全都枯死,只有荞麦可以播种。车生将荞麦种子卖出去,竟赚了十倍的钱。从此更富裕,购置了二百亩良田。播耕的事他只听从狐狸的安排,所以多种麦,麦就丰收,多种小米,小米就丰收。一切种植的时间,都让狐狸决定。日子长了,关系更加亲密,狐狸称车生的妻子为嫂子,把车生的儿子当作侄子。后来车生死了,狐狸就不再来。

莲　香

　　有个书生姓桑名晓，字子明，是沂州人。桑晓从小父母双亡，寄居在红花埠。他为人静穆平和，喜欢独处，每天两次出来到东边邻居家吃饭，除此之外就在书房定定地坐着读书。东边邻居书生偶尔到他书房来开玩笑说："你一个人独居就不怕鬼狐来吗？"桑晓不经意地笑道："大丈夫怕什么鬼狐？公的来了我有宝剑，母的来了我就开门相迎。"邻居书生走了，和朋友商量，晚上就找了个妓女，让她爬梯子翻墙过去，敲他的门。桑晓探问外面是谁，妓女说她是鬼，桑晓吓坏了，浑身颤抖，牙齿上下打得直响。妓女迟疑徘徊着离去。第二天早晨，邻居书生来到桑晓书房，桑晓把昨晚的事说了，并且告诉邻居书生他打算回家。邻居书生拍着手说："为什么不开门迎接她？"桑晓马上明白昨晚的鬼是假的，于是像平时那样地住着。

　　半年过去，一个女子夜里来敲门，桑晓以为又是朋友来开玩笑，就开门将女子请进来，一看，她长得漂亮极了，真是天香国色。他很惊喜地问女子从何处来，女子说："我叫莲香，是西边一家的妓女。"在红花埠本来就有很多妓院，所以他相信了。于是桑晓拉着她熄灯上床，极尽缠绵之情。从此，那女子便隔三、五夜来一回。

　　有一天晚上，桑晓一人独坐沉思，有个女子飘然进来。他以为是莲香，迎过去正要和她说话，一看模样不是，这女子年仅十五六岁，双肩瘦削，长发披垂，风流清秀，脚步行进时，显得非常飘逸。桑晓见此情状，惊骇极了，他以为是狐精。女子自我介绍说："我是良家女子，姓李。平日仰慕你是高雅的读书人，希望能见爱怜。"桑晓听了十分高兴，就上前与她握手，却只觉她双手冷冰冰的。桑晓问道："你的手为什么这么凉？"女子说："我自幼体质虚弱，夜里冒着寒凉的霜露，怎能不冰冷？"随后就宽衣解带，俨然还是个处女。女子说："我为了情缘，就将这娇嫩的处女身子给了你，失去贞操。你如不嫌弃，愿意常常与你同枕相伴。你房里是否还有别的人？"桑晓说："没有别人，只有西邻的一个妓女，倒也不常来。"女子说："我该谨慎地避开她。我和她们妓女不一样，你要严守秘密，切不可泄漏出去，只要她来我去，她去我来就行了。"鸡叫的时候，女子起身要走，赠给他一双绣花睡鞋说："这是我脚上穿着的东西，你留着玩玩可寄托情意。但是有人时，你千万别拿出来玩弄。"桑晓接过信物在手里一看，两头微微翘起，像勾线时用的锥子，心里很喜爱。第二天夜里没人，他便拿在手里细看玩耍，女子忽然翩然而至，于是两人缠绵一番。从此，只要桑晓拿绣鞋来玩，女子必应念而来。桑晓感到疑惑不解，就问她为什么，而她说正好赶巧罢了。

　　有一天夜里，莲香进来，吃惊地说："你为什么神色萎靡不振？"桑晓说："我并没觉出。"莲香便和他告别，约好十天后再来。她走后，李小姐就夜夜必来，从不空缺。她问桑晓："你的情人为什么这么长时间不来？"桑晓就把约好十天后相见的事说了。李小姐笑着说："你看我和莲香谁长得漂亮？"桑晓说："你们两个可以称得上是双璧两绝，只是莲香的肌肤更加温和。"李小姐一听脸色大变，说："你当着我的面都说两人美貌超绝，那她一定长得像月宫里的仙女，我是比不上她的。"李小姐因此很不高兴。她扳着指头一算，十天时间已满，就叮咛桑晓不要泄漏，她将暗地里偷偷观察莲香究竟长得有多美。这天晚上，莲香果然来了。两人说说笑笑十分融洽。睡觉时，莲香大吃一惊说："坏了！十天时间不见，你竟然疲惫到这种地步！保证没有外遇吗？"桑晓反问她怎么见得？莲香说："从你的精神和气血查看，脉搏细弱得像乱丝，这是鬼症。"第二夜李小姐来了,桑晓问她看莲香长得怎么样?女子说:"漂亮极了。我本来就认定人世间不会有这么美艳的佳人,果然是个狐精。她离开的时候,我在后边紧紧尾随着,见她居住在南山洞穴里。"桑晓认为她是出于嫉妒,就漫不经心地随应一声。

过了一个晚上,桑晓开玩笑对莲香说:"我绝不相信,有人说你是狐仙。"莲香赶紧问:"是谁说的?"桑晓说:"是我自己和你开玩笑说的。"莲香说:"狐与人有什么不同?"桑晓说:"人被迷惑就会得病,严重的会死掉,所以很可怕。"莲香说:"不对。像你这样的年龄,和女人同房后三天,会恢复元气,就是狐狸有什么害处?假如每天同房,那么人就比狐狸更有害。天下那些患色痨病死去的人难道都是被狐狸害死的吗?虽然你说是开玩笑,但肯定有人议论我。"桑晓极力辩白没人说她什么,莲香却追问得更紧。桑晓实在包不住了,就如实相告。莲香说:"对于你身体的伤损,我本来就觉得奇怪。但是怎么这么快就成了这样?莫非她不是人?你不要说出去,让我明晚像她偷看我一样地偷看她。"第二天晚上,李小姐来了,才说了两三句话,她听见窗外有咳嗽声,就急忙逃走。莲香进来说:"你危险了!她真是个鬼!你再迷恋她的美色不与她立即断绝来往,你死期就近了!"桑晓又以为莲香嫉妒了,所以沉默不语。莲香说:"我明白你不会忘情,但我实在不忍心看着你死去,明天,我会带着药来为你消除阴毒。幸亏病根还浅,十天内就可以治愈。我要和你同床共寝,直到完全恢复为止。"第二天夜里,莲香果然拿出一小勺药让桑晓服下。刚服下药一会,桑晓就泻了两三次,感觉脏腑清虚,精神爽快。他虽从心地里感激莲香,但到底不相信李小姐是鬼。莲香每天夜里都与桑晓同衾相偎。桑晓想和莲香交欢,莲香总是拒绝。几天后,身体完全恢复好。分别时,莲香一再殷切地嘱咐他要和李小姐决绝,他假装答应了。

莲香走后,他关了门点上灯,又拿出绣花鞋玩着,心里想念着李小姐。李小姐如约而来,分别了几天,她一脸的怨气。桑晓说:"她连着几夜为我治病,请不要怪怨。但我们之间的亲情都由我做主。"李小姐听了,脸上慢慢有了喜色。桑晓在枕头上对她悄悄说:"我十分爱你,竟有人说你是鬼。"她顿了好长时间无话可说,然后骂道:"这肯定是那个淫狐造谣,想迷惑你,如果不和她断绝关系,我就不再来了!"说着就呜呜地抽泣开了。桑晓百般劝慰,她这才作罢。隔了一夜,莲香来了,她知李小姐又来过,怒气冲冲地说:"你一定要寻死吗?"桑晓笑着说:"你为什么要嫉妒得这么厉害?"莲香越发愤怒了:"你自己种下祸根,我为你铲除,不嫉妒的人又将怎么样?"桑晓借口戏谑道:"她说我以前的病,因狐精作祟所致。"莲香无可奈何地叹息说:"确实如你说的,你是执迷不悟,万一出现不测,我就是有一百张口怎么说得清?既然如此,今天就分手好了。百天以后,我再来病床前看你。"桑晓挽留不下,莲香恼怒地径直而去。从此李小姐每夜和他相聚。这样过了大约两个多月,他感到困乏极了。起初还老是自我宽慰,后来一天

比一天消瘦虚弱了,每顿饭只喝些稀粥。他本想回家去养养身子,但是又对李小姐恋恋不舍,忍不下心马上离去,于是又拖延了几天,以至于虚弱得再也起不了床。邻居书生见他病成这个样子,就每天派馆童来给他送些吃的。桑晓至此开始怀疑起李小姐,于是对她说:"我后悔当初没听莲香的话,到了这样的地步。"说完就昏迷过去。等他醒过来,睁着眼睛四下张望时,发现李小姐早已走了。从此再也见不到她的踪影。桑晓一人病卧书房,这时思念起莲香来,就像庄稼人盼望丰收一样地迫切。

一天,他正在凝神想念着莲香,忽然有人掀开帘子进来了,他一看竟是莲香。莲香走到床前嘲笑着说:"乡巴佬,难道是我胡说吗?"桑晓呜咽了很长时间,自己承认错了,只求救命。莲香说:"你已病入膏肓,实在无法可救,我今天是特地来和你永别的,并证实我并非嫉妒。"桑晓极其悲伤地说:"我枕头底下有件东西,请你代我毁掉它。"莲香找出绣花鞋,拿到灯下翻来覆去地抚弄着,李小姐一闪而入,突然见到莲香,转身就要走。莲香用身子挡住门,李小姐急迫地不知该从哪儿出去。桑晓指责数落着她,她无话可答。莲香笑着说:"我今天才有机会和阿姨当面对质。以前你说郎君的病,未必不是我所造成的,现在到底如何?"李小姐只好低头谢罪。莲香说:"长得这样美貌,却怎么因爱而结仇呢?"李小姐即刻跪在地上哭泣,乞求怜悯相救。莲香赶快扶起她,详细询问她的身世。她说:"我是李通判的女儿,早年而死,葬在墙外。春蚕虽死,但情丝却未断,于是就和郎君结为情侣,这是我的夙愿。至于要害死郎君,这绝不是我的本来心意。"莲香说:"我听说鬼总是喜欢人死,因为这样才能常常相聚,是吗?"李小姐道:"不对。两个鬼在一起,并没有什么乐趣。如果有乐趣的话,九泉之下的少年郎难道少吗?"莲香说:"太痴了!夜夜寻欢,人都受不了,何况是鬼?"李小姐问道:"狐狸能害死人,你却为什么不这样?"莲香说:"那是采补者之流才干的事,我和他们不是同一类,所以世上有不害人的狐狸,而绝对没有不害人的鬼,这是由于鬼的阴气太盛了。"桑晓听了她们的对话,这才知道她们真是狐狸和鬼。幸亏已经见多习惯了,并不惊怕。但他一想到自己只剩下一丝气息,不觉失声痛哭起来。莲香瞅着李小姐问:"你准备怎样处置他?"李小姐羞愧满面,表示没有办法。莲香笑着说:"只怕他身体强壮后,你这醋娘子又要吃杨梅。"李小姐整好衣襟下拜说:"如果有神医妙手,使我能不负罪于他,我将永远葬身地下,岂敢再厚着脸皮到人世上露面?"莲香赶快解开袋子取出药来说:"我早已预知会有今天,分别后就走遍三座仙山去采药,总共花了三个多月时间,才把药料配齐,不管被鬼被狐致死,只要用了这药都会见效。但是病是怎么样得的,就得采用什么样的药引,所以不得不烦劳你效力。"她问需要什么?莲香说:"只需你樱桃小口里的一点香唾就行了。我把药丸放进他口里,麻烦你嘴对嘴用唾液把药丸给他送下去。"李小姐满脸通红。低头看着自己的鞋很难堪。莲香取笑她说:"妹妹最得意的只是这双绣鞋!"李小姐听后更加羞惭,完全是一副无地自容的样子。莲香说:"接吻是你平时惯做的拿手好戏,怎么现在这么吝惜?"说着把一丸药放进桑晓的口里,转过身催促她赶快唾唾沫。她迫不得已,只好照办。莲香说:"再来一次。"她就又嘴对嘴地为桑晓送药。这样连唾了三四次,才咽下去。不大一会儿功夫,桑晓肚里像雷鸣一般轰响着,莲香随即又放进一丸药,这回她亲自对着桑晓的嘴运气。桑晓顿时感到丹田火热,精神焕发。莲香高兴地说:"好了!"李小姐一听鸡叫,就匆忙离去。

莲香因桑晓的病刚好,还需要调养,出去吃饭很不方便,于是她就把门反锁了起来,佯装桑晓已经回家,断绝和外人的来往,她日夜守护在桑晓身边。李小姐也每晚必来,侍奉很殷勤,她也把莲香当亲姐看待。莲香也非常喜爱她。过了三个月,桑晓已恢复得像原来那么健康。李小姐便好几夜不来，偶尔来了，看看就走。大家面对面在一起时，她也郁郁寡欢。莲香留她一起睡，她坚决不愿意。桑晓追出门，把她连拽带抱地拉回来，只觉她身体轻得像草人一样。她逃脱不了，就和衣而睡，蜷缩着，身体不到二尺长。莲香越发怜爱她，悄悄地叫桑晓拥抱亲她。但怎么摇她也不能使她醒来。桑晓只好自己睡了，再醒来找她，她早已不见踪影。后来十多天，她都不再来。桑晓想她想得很迫切，就常常拿出她的绣鞋来和莲香一块把玩。莲香说："她长得这样窈窕可爱，我见了还很喜爱，何况男人。"桑晓说："以前只要我一玩鞋她马上就来，我心里原本怀疑她，但到底料不到她真是鬼。现在睹鞋思人，实在叫人伤心。"说着眼泪就落下来了。

原先，有个姓张的富翁，他女儿名叫燕儿，十五岁那年得闭汗症而死。一夜过去，却又活过来，起身就要往外跑，张某急忙把门关上，使她不能出去。她自言自语地说："我是李通判女儿的魂灵。我很感激桑郎对我的一片思念之情，遗下一双绣花鞋还在他那里。我真是个鬼，把我关在这里有什么好处？"张家人听她话出有因，就问她怎么到这里来。女子低头徘徊沉思，自己也感到茫然说不出原因。有人说桑晓因病回家，女子极力争辩说不对，家人非常怀疑。东邻书生听到消息，就翻墙进去察看，果然看见桑晓正和一个美丽的女子说话，他闯进门去，匆忙间女子消失了。邻居书生吃惊地问这是怎么回事。桑晓笑着说："我以前不是对你说过，如果是母的就开门迎接吗？"邻居书生将张家女儿的话对他说了。桑晓开了门，准备到张家探察，但却苦于没有理由。张母听说桑晓果然没回家，更加诧异。她支使女佣去要那双绣花鞋，桑晓就把鞋交给女佣。张家女儿拿到鞋很高兴。她试着一穿，鞋比脚小了一寸，大吃一惊。她拿来镜子一照，这才恍然醒悟，自己是借尸还魂。于是她就向母亲讲了根源，母亲这才信了她的话。女子对着镜大哭着说："我很自信当日容貌不差，但每次见到莲香姐姐还感形秽。现在反而成了这般模样，活人还不如原来的鬼漂亮！"她手里拿着鞋号啕痛哭起来，别人劝也劝不住。于是她蒙着被子僵卧在床上。给她吃饭也不吃，全身肿了起来，一直七天不进饮食，也不见死，而浮肿渐渐消退。这时她感到饥饿难忍，就开始进食。几天后，她觉得全身发痒，皮肤完全脱落。早晨起来，睡鞋坠落在地上，她拾起穿上，睡鞋已显得很大了。于是她试穿那双绣花鞋，肥瘦正好合适，便很高兴。她又去照镜子，只见眉毛脸颊和往日完全一样，更高兴了。女子梳洗后去拜见母亲，看见她的人都吃惊地瞪大了眼。所有看见她的人都很喜悦。

莲香听说了张家发生的奇事，就劝桑晓托人做媒向张家提亲。但桑晓因自己与张家贫富悬殊，不敢贸然前去。正好赶上张母生日，他就跟着张家的女婿一起去祝寿。张母看到桑晓的名字，有意让女儿隔着帘子去辨认。桑晓走在最后，张家女儿急忙跑出去，拽住桑晓的衣袖，要跟他一起回去。张母大声呵斥着女儿，她这才含羞退进里屋。桑晓见她长得和李小姐酷似一人，不觉潸然泪下，于是见了张母便拜伏不起。张母将他扶起来，并不以为是非礼。桑晓出来，恳求女子的舅舅做媒。张母同意选定吉日把桑晓招赘到张家。桑晓回去后告诉了莲香，和她商量该怎么办。莲香忧思了很长时间，便要离去。桑晓大惊流下眼泪。莲香说："你到张家去完婚，让我一起跟你去，还有什么脸面？"桑晓提议先和莲香一块儿回家，然后再迎娶张家女子燕儿，莲香同意了。桑晓把这件事告诉了张家。张家知他已有家室，就怒加斥责。燕儿极力为桑晓辩白，张家才同意了。到结婚的日子，桑晓亲自前往迎娶，家里的准备都很草率。但是等迎娶回来后，发现从大门到庭堂全部铺上了地毯，家里到处都红灯高悬，辉煌灿烂。莲香将新娘扶进新房，揭开面罩一看，大家都为久别重逢而欢喜。莲香陪着他们喝了合欢酒，于是问起她还魂的情形。燕儿说："那天我郁闷无聊，只因自身是鬼魂，自觉形秽。咱们分别后，我很气愤而不回墓穴去，就随风飘荡。一见到活着的人就很羡慕。白天依附在草木上，夜里就信步浮游。偶然到了张家，只见张家女儿睡在床上，就近前附着在她身上，没料到就活过来了。"莲香听后，默默地沉思着什么。

过了两个月，莲香生下一个儿子，产后得了急病，一天天加重。莲香握住燕儿的手臂说："我把这孽子托付给你，我的儿子就是你的儿子。"燕儿泪流满面，就多方安慰她。他们为她请医生，她回绝了。在她弥留之际，只剩下一丝气息，桑晓和燕儿都痛哭。莲香忽然睁开眼睛说："不要这样！你们喜欢活着，我喜欢死。如有缘分，咱们十年后可以再相见。"说完就死去了。在入殓时，其尸体化为狐狸。桑晓不忍把她当异类看待，就厚葬了她。他们为儿子取名为狐儿，燕儿把他看待得像亲生儿子一样。每年清明节，他们夫妇两个就抱着儿子去为莲香扫墓。

后来桑晓中了举人，家道渐渐富裕起来。燕儿常常为自己不能生育而苦恼，狐儿虽然聪颖过人，但毕竟身体单薄，虚弱多病。燕儿常有一种要为桑晓娶妾的想法。忽然有一天，丫鬟进来说："门外有个老太太领着女儿要出卖。"燕儿叫她们进来，一见面就吃惊地叫道："莲香姐又出世了！"桑晓闻声赶来一看，确实像莲香，也很惊讶。桑晓问女孩多大年龄，老太太说十四岁了。桑晓又问要多少聘金，老太太说："我老婆子就只有这么个女儿，只要她有个好人家安身，我也能得一碗饭吃，日后我这把老朽骨头不至于被丢弃在沟壑，就满足了。"桑晓以优厚价钱将女孩留下。燕儿将她拉进密室，捧着她的脸笑着说："你还认识我吗？"女子说不认识。燕儿问她姓什么，她说："我姓韦。父亲在徐城卖茶水，已死了三年了。"燕儿屈指一算，莲香死了正好十四年了。她又看看这女子，容貌神态没有哪点不相像。于是用手拍着她的头喊道："莲姐！莲姐！十年之后相见的许诺，该不是欺骗我吧！"女子好像忽然从梦中醒过来似的，朗然应道："咦！"她把燕儿看了又看。桑晓笑着说："这就是'似曾相识燕归来'啊！"女子泪流满面说："是了。我曾听母亲说，我刚生下来就会说话，家人认为不吉祥，就给我喝狗血，于是就忘了前世的因缘。今天才像从梦中醒来。娘子就是耻于做鬼的李妹妹吗？"三人共话前生，真是悲喜交加。

寒食节的那一天，燕儿说："每年这天都是我与郎君哭你的日子。"于是他们一起到了莲香的墓地，坟头荒草丛生，树已长到满把粗了，女子也叹息不已。燕儿对桑晓说："我和莲香姐两世相好，不忍分离，应该把我们的尸骨葬在一起。"桑晓听从她的话，于是挖开李小姐的坟墓，把她的遗骨抬回来和莲香的合埋在一起。亲戚朋友听说了这件奇异的事情，穿着吉庆衣帽到墓地参加葬礼，不约而来的有几百人。

我在康熙九年南游到了沂州，因受大雨阻隔，在一家旅馆暂住。有个书生叫刘子敬，和桑晓是中表亲，出示同一文社学友王子章写的《桑生传》，大约一万多字，我得以通读全文。这里所写的只是大概而已。

异史氏说："唉！死了的人求复活，活着的人又求死亡，天下所难得的，不就是人身吗？为什么具有这躯体的人，往往不甚珍惜它，以至于厚颜无耻而不如狐狸，冥顽不灵而死了不如鬼魂。"

第 三 卷

江　中

王圣俞南游，将船停泊在江心。夜里睡定以后，见月色明净如练，毫无睡意，就叫童仆来为他按摩。忽然听见船顶有一种像小孩行走的声音，踩着芦席吱吱作响，声音是从船尾传来，然后慢慢地到了舱口。王圣俞担心是盗贼，就忽地翻身起来问童仆。童仆也听到了。正问答时，只见一个人爬在船顶上，垂下头向船舱里窥视。王圣俞大惊，就手按剑把呼叫所有的仆人，船上的人全被惊起。王圣俞就把他看见的情形给大家说了。有人怀疑他看错了。过了一会儿，那声音又响起来，大家起来四处张望，却没有人影，只见月明星稀，江水浩荡。大家只好坐在船舱里。

一会儿，大家看见江面突然升起一团青色火光，像是灯焰。那火随着水波漂着，在快要接近船边时突然熄灭了。就有个黑人突然屹立在水面上，用手抓着船舷行走。大家齐声高喊："肯定是这鬼东西！"大家要用箭射它。正待开弓时，那黑人迅速沉在水里，不见踪影。再问船工，船工说："这里是古战场，鬼怪时常出没，没有什么可奇怪的。"

鲁　公　女

招远县有个书生叫张于旦，为人狂放不羁，在寺庙里读书。当时招远县令姓鲁，是朝鲜人。他有个女儿喜欢打猎，张生和她在荒野恰巧相遇，见她姿色秀丽，身穿锦绣貂皮大衣，骑着一匹小黑马，翩翩然是画中人一般。回到家里，他还一直回想着她的美丽容颜，心里非常艳羡。后来，他听说鲁县令的女儿暴病而死，便悲痛欲绝。

鲁公因家太远，就将女儿的灵柩停放在张生读书的寺庙里。张生将鲁公女儿的灵寝敬如神明。早晨必上香，吃饭时必祭奠。他常常洒酒在地祷告说："虽然只睹你半面，常常魂牵梦绕，谁知你这般俏丽的美人，却转眼间化为异物。而今我与你近在咫尺，却像遥隔千万里，让人抱恨不已！然而活着时有拘束的礼节，死后却不再有禁忌了。你若九泉之下有灵，就请姗姗而来，安慰我对你的一片倾慕之痴情。"张生就这样祈祷了几乎半个月。一天夜里，他正挑灯夜读，忽然一抬头，只见那女子笑吟吟地站在灯前。他惊起询问，女子说："感谢你的一片真情，我不能自我控制，所以就不避私奔之嫌而来了。"张生高兴极了，于是两人就好上了。此后，那女子每夜必来。她对张生说："我活着时酷爱骑马射箭，把射死獐鹿作为快乐，所以罪孽深重，死后没有归宿之处。你若是真心爱我，就请你代我诵《金刚经》五千零四十八遍，我将永世不忘你的恩情。"张生按照她说的，每天晚上起来在她灵前手捻佛珠念经。

偶尔逢上过节的时候，张生想和她一起回家去。女子担心自己脚力弱不能跋涉，张生请求抱着她走，女子笑着答应了。张生觉得自己像抱着个婴儿一样，并不觉得累。

国学经典文库

中国二十大名著

聊斋志异

图文珍藏版

于是就习以为常了。他考试的时候也背着她一起前往。但是，每次都得夜里行走。张生要去考举人，女子说："你没福分，考试是徒劳的。"张生听她的话，就不去应试了。

过了四五年，鲁公被罢了官，无钱把女儿的棺材运回老家去安葬，将就地安葬，但又苦于没有地方可葬。张生便主动说："我有一块地在寺院附近，愿意献出安葬女公子。"鲁公一听很高兴，张生又尽力帮鲁公办理丧事。鲁公很感激他，却并不明白其中的缘由。

鲁公离去以后，他们二人还像以前那么亲密往来。一天夜里，女子偎在张生怀里，泪滚如豆。她说："我们相好五年，现在却要分手了。蒙受你的恩情，我几生几世都报答不尽。"张生很吃惊地问她为什么说这样的话。女子说："承蒙你代我念经，已经五千零四十八遍满数了，现在要往河北卢户部家投生。如果你不忘我们今天的情分，就请你在十五年以后的八月十六日前去与我相会。"张生流泪对她说："我已三十岁的人了，再过十五年，就快进棺材了，相会又能干什么？"女子也哭着说："我愿做丫鬟来报答你。"停了停，她又说："请你送我六七里路程。这段路有很多荆棘，我的衣服太长，走起来很不方便。"于是她抱着张生的脖子。张生把她一直送到大路上。见路边有一队车马，马上有一人的，也有两人的；车上有三人的、四人的、十多人的不等。唯独有一辆雕花车子，挂着红幔，里面只有一个老太太独坐。她见鲁公女来了，就叫道："来了吗？"女子回答说："来了。"便回头对张生说："送这儿就行了，你回去吧，不要忘了我对你说的话！"张生答应着。女子向车子跟前走去，老太太伸手拽她上去，车子即刻启动，车马轰隆隆地走了。

张生孤独而惆怅地回去，把时间记在墙壁上。他想起念经的效应，于是就念得更虔诚了。有一天夜里，他梦见神人告诉他："你志向确实可嘉，但必须要到南海去。"张生问："南海有多远？"神人说："近在方寸之地。"他醒来后悟出其中的意思，渴望领悟佛理，修行更为虔敬。三年以后，他的二儿子张明、大儿子张政都先后科举高中。他虽然突然发迹，但仍然坚持做善事，夜里他梦见有个青衣人邀他去，到了一座宫殿，见中央坐着一个人，像菩萨的样子，迎着他说："你为善可喜，只可惜年寿不长，幸已请上帝优待。"张生拜伏在地上叩头。菩萨叫他起来，请他坐下，又给他喝茶，茶叶芬芳如香兰。菩萨又命令童子领他去沐浴。只见池水清澈，游鱼历历可数，进到水里感到很温和，用手掬着水一闻，有一股荷叶的香味。一会儿，他慢慢地移到水深的地方，一失脚陷进水里，水一直将他淹没了。他这时突然惊醒了，感到很诧异。从此他的身体更加睦康，眼睛更加明亮。他用手一折胡子，白胡须纷纷掉落，再过了很久，黑胡须也落完了，脸上的皱纹也舒展了。过了几个月后，下巴光净无须，面呈童颜，宛如十五、六岁的时候，总喜欢玩耍和做游戏，也像个小孩。而且非常讲究打扮，穿衣很注意。两个儿子常常劝他注意身份。不久，他妻子因老病去世，儿子想找个大户人家的女子来为他续弦。他说："等我从河北回来后再娶。"他屈指一算，已到约定日期，于是命令仆人备马跟随着他一起去河北。到了那里一打听，果然有个卢户部家。

先前，卢公生了一个女儿，一出世就会说话，长大后越发聪颖美丽，父母对女儿钟爱极了。贵族公子前来求婚，她总是不愿意。父母很奇怪，就问她，她便把自己前世订盟约的事原原本本说了。一算年龄，父母便笑着说："痴心丫头！张郎今年已年过半百，人事变迁，也许早已死去。即使活着，也已头秃齿缺。"但是女儿不听劝告。母亲见她意志坚决，就和卢公背地商定，告诫守门人有客人来不要通报，企图让女儿过期绝望。

不久，张生寻到门上，守门人拒绝通报。他没办法，只得返回旅馆，心里想不出好主意，十分惆怅。闲着没事，他便到郊外去游，顺便暗中打听女子的情况。女子却以为张生负约不来，泪流不至，也不思饮食。母亲趁机说："他不来肯定已死，即使没死，违背誓约也是他的责任，与你无干。"女子不说话，只是终日卧床不起。卢公很忧虑，也想见见张生究竟是怎样的人，于是他托词游玩散心，和张生在郊野相遇。他一看张生是个少年，就很诧异。就地而坐交谈，发现张生风流洒脱。卢公一高兴，就把他请到家里。张生正要探问，卢公却站起来，招呼张生先坐坐，他匆匆进到里屋，把这事告诉了女儿。女子很欣喜，挣扎着起来，偷偷一看觉得形貌不相符，又哭哭啼啼地回到自己的房间，责怪父亲欺骗自己。父亲竭力解释他就是张生。女儿不说话，只是哭泣不止。卢公出来，情绪很懊丧，对客人的态度也很不热情。张生问："贵家族里有人在户部任职的吗？"卢公不在意地答应着，眼睛看着别的地方，不理会客人。张生觉出他的怠慢，就告辞出来。

女子哭了多日，终于憔悴而死。张生夜里梦见女子来了，说道："到我家去的真是你吗？年龄和相貌差别这样大，所以叫我发生错觉。我已忧愤而死。烦劳赶快到土地祠去为我招魂，还能活的，若要延迟就来不及了。"张生醒来后，就急忙赶到卢家门口，一打听，果然有个女儿已死两天了。张生大为悲痛，哭着去为女子吊丧。随后，他把梦中的事对卢公说了。卢公按照他说的，到土地祠招魂后返回。揭开被子，抚摸尸体，呼叫名字祝告。一会儿就听见女儿喉咙里有一种咯咯声，又见女儿张开嘴唇，吐出一块痰就像冰一样。然后把她扶在床上，慢慢又呻吟起来。卢公欣喜极了，引导客人出来设宴款待。在酒席上仔细了解官阶门第，知道张生是名门大户，就更加喜欢了。

卢公为他们择定吉日，办了婚事。张生在卢家住了半个多月，然后带着妻子一起回家。卢公把他们送到家里，又住了半年才离去。张生夫妇在房里，俨然像一对小两口，不知真情的人，居然把儿子和媳妇误认为是公婆。卢公过了一年就死去，儿子太小，被当地豪门劣绅所陷害，家产几乎丧尽。张生将他接到抚养，以后便以这儿为家。

道　　士

韩生出身于世家，平生好客。同村一个姓徐的人常常到家里来和他饮酒。一天，正聚客饮宴，有个道人到门上来化缘。家人给他钱、粮，他都不接受，也不离去。家人很生气，便返回不再理他。韩生听到"剥剥剥"的敲击声响了很久，就问家人，家人把刚才发生的事情原原本本说了，话音未落，道人竟然自己进来了。韩生招呼他坐，他向主人和客人举了举手，就坐下了。稍稍问了问，才知道住在村东头破庙时间不长。韩生说："那天移住东观，并未听说，没有尽到东道主之谊，实在对不起。"道人说："山野之人初来乍到，没有交往，听说居士为人大度，不吝惜钱财，很想来付一杯酒喝喝。"韩生当即斟酒给他，道人很有酒量。徐氏看见道人衣服很脏也很破烂，对他很轻慢不太礼貌。韩生也对他视若一般江湖客人。道人一气喝了二十多杯，这才告辞而去。从此以后，每逢韩生设宴饮酒，道人也从不空缺。他遇上吃就吃，遇上酒就喝，韩生对他来得这么频繁也渐渐产生了厌烦情绪。

有一次，徐氏在席间嘲笑道人说："道长天天来做客，怎么也不见做一次东？"道人笑着说:"我和居士一样,也是双肩上扛着一张嘴罢了。"徐氏惭愧得无言以对。道人说:"虽然如此,我心怀诚意已很久了,自应竭力作微薄的酬答。"饮毕,他告诉说:"明天中午务请赏光。"

第二天,韩、徐二人一同前往,他们怀疑道人不能设宴。行走去了,只见道人已在中途等候着。他们边走边谈,不知不觉已到庙门前。进门后,就见庭院焕然一新,楼阁相连,绵延不断,感到很惊讶,便说道:"很久不到这里来了,什么时候修建得这么气派?"道人说:"竣工不久。"等进到殿内,又见陈设华丽,为世家所没有。两人不觉肃然起敬。他们刚刚落座,道人就命令开席,侍候的全是十五、六岁伶俐漂亮的童仆,穿着锦绣衣服红缎鞋。酒美菜香,丰盛极了。饭后,又送来别的小吃,很珍贵的水果,大多叫不上名称,盛水果的是水晶、玉石器具,闪闪发光,照亮桌子座椅。饮酒用的玻璃杯子,径围有一尺多。道人说:"叫石家姐妹来。"童仆去了一会儿,就有两个美人来了。一个身材细长,腰肢宛若细柳一样柔软;另一位个儿较矮,年纪也很小,容貌美丽,可称"双绝"。道人叫她们歌唱,以助酒兴,小的拍着板子唱着,大的吹着洞箫伴奏,歌声清丽细婉,楚楚动人。唱完之后,道人举杯劝客人饮尽,又让给客人斟上,回头问道:"美人很久不跳舞了,还能跳吗?"当即就有童仆在筵下铺了毯子,于是两女就来对舞。长长的舞袖在空中拂动,香气四散扑鼻。舞罢,两人便斜靠在画屏上。韩、徐二人心旷神驰,不觉醉意朦胧。道人也不管客人,举杯喝完酒,起身对客人说:"请你们自斟自饮,我稍稍休息一下,马上就来。"说完就走了。南面屋子的墙根下摆设着雕饰华丽的卧床,有个女子为道人铺好被褥,又把道人扶上去躺下。道人便拽着年龄大一点的女子同寝,让年龄小的为他挠痒。韩、徐二人看到这个情景,非常气愤。徐氏便大喊道:"道士不得无礼!"他正要上前阻挠,道人急忙起身逃走了。徐氏只见那少女仍然站在床下,便乘着醉意把她拉到北边的床上,公然抱着她同寝。再看床上的美人依然睡着,徐氏对韩生说:"你为什么这样迂?"韩生才径直走过去上了南边的床,想和床上的美人交欢,但美人睡得很死,摇着拨着也不动。于是,他只好抱着她一起睡了。

第二天天亮了,他们酒醒了,梦也醒了,韩生只觉得怀里冰冷冰冷,像抱着冰人一般。睁眼一看才发现抱着长石条躺在青石台阶下面。他再看徐氏,徐氏还未醒,枕着茅厕里的臭石头酣睡在粪坑里。韩生用脚踢醒他,两人感到惊骇不已。他们环视四周,只见眼前是满院荒草,两间破屋罢了。

胡　　氏

直隶省境内有个大户人家,招聘家庭教师,忽然有个秀才登门来毛遂自荐。主人把他请进屋里,见他言词开朗爽快,于是很欣喜。秀才自称是胡氏,主人当即留他执教。胡氏教学认真,学识渊博,不是一般下等士人。但是他时常出去游玩,往往夜深才回来。门虽然紧紧锁闭,没听见他敲门却已在自己房子里。于是大家怀疑他是狐狸。但是观察狐狸并没恶意,就很优待他,不因为他是异类而失礼。

胡氏知道主人有个女儿,多次向主人示意要结为婚姻,但主人却装作不知道。有一天,胡氏请假离去。第二天,就有一个客人来访,把黑驴拴在门前,主人把他迎进屋里。客人有五十多岁,衣服穿得干净整洁,谈吐很文雅。坐定后,客人自述来意,才知道是来为胡氏做媒的。主人沉默了很久,说:"我和胡先生交往已久,关系非常密切,为什么一定要结为婚姻？况且小女已许人了。烦你向胡先生代谢。"客人说："我们确知小姐待聘，为什么执意拒绝？"客人再三请求，主人不答应。客人感到惭愧，便说："胡门也是世族，难道不如先生门第高吗？"主人直言说："实在没有别的意思，只嫌弃不是同类。"客人听后愤怒，主人也发怒了，于是彼此之间争吵起来。客人站起来要抓主人。主人命令仆人用棍棒将客人往出赶，客人吓跑了。但是客人将驴子丢下，大家过去一看，见它全身黑毛，尖耳朵长尾巴，俨然一个庞然大物。牵它却不动，驱赶它，它随手跌倒在地上，原来是一只唧唧叫着的蝈蝈虫。

主人因客人言词激愤而走，想着他肯定会伺机前来报复，于是做好戒备。第二天，果然见有大队狐兵前来挑衅，有的骑马，有的步行，有的手执刀戈，有的拿着弓箭，马嘶人叫，气势汹汹，主人吓得躲在屋里不敢出来。狐兵扬言要点火烧房子，主人更加害怕。有健壮的家丁，带着家人喊杀出来，双方扔石射箭，互相攻击，彼此都有创伤。狐兵渐渐势衰，纷纷败退而去。狐兵将刀丢弃在地上，像冰雪一样闪闪发光，走过去捡起一看，原来不过是高粱叶子。大家笑话说："伎俩不过如此罢了。"但还是害怕狐兵再来为害，所以更加警惕。

第二天，大家正聚在一起说话，忽然有一个巨人从天而降，身高有一丈多，身围足有几尺，拿着的大刀像门扇那么大，追人而杀。大家用箭射、用石头打，那巨人被打倒在地上死了，大家走近一看，原来是草扎的人。于是大家觉得打败狐兵太容易了。以后三天，狐兵再也不出现。大家也就有些放松警惕。主人去上厕所，忽然看见狐兵拿着弓箭向他围过来，乱箭齐发，直射到屁股上，主人恐惧极了，急忙喊大家反击，狐兵这才退去。等拔下屁股上的箭一看，全是高粱秆。这样一直持续了一个多月，狐兵去来无常，虽然为害不严重，但天天严加防范，主人为此深感忧虑。

一天，胡先生亲自领着狐兵前来。主人亲自出来，胡先生见他，便立即躲进狐兵群里。主人呼叫他，他不得已才出来。主人说："我自己觉得没有对先生失礼，却为什么要和我大动干戈？"群狐要射主人，胡先生阻止了。主人上前握住胡先生的手，将他邀到家里，设酒款待，从容地说："先生是通情达理的人，一定能谅解的。以我们的情分，岂不乐意结为婚姻？只是先生的车马、宫室都和人类不同，若要小女嫁给你，就是先生本人也应该明白这是不可能的。况且谚语说得好：'强拧的生瓜不甜。'先生又何必强求呢？"胡先生非常愧悔。主人又说："这不要紧，我们的旧情还在，你如果不嫌弃尘世俗人，现在做你学生的小儿已经十五岁了，让他做你家的女婿。不知你家有没有年龄相当的女子？"胡先生高兴地说："我有个妹妹，比公子小一岁，相貌还不错，把她许给公子，不知怎样？"主人起来拜谢，胡先生也起来还礼。于是主客互相敬酒，欢天喜地，以前所发生的不愉快都忘了。主人又命令家人大办酒席，犒劳那些随从，上上下下都非常欢娱。主人详细问胡先生的住地，为的好送彩礼。胡先生谢绝了。从白天一直痛饮到夜里，醉醺醺地离去。从此便相安无事。

后来过了一年多，并不见胡先生来，有人怀疑胡先生的婚约是假的，但主人一直坚信地等待着。又过了半年时间，胡先生突然来了，问完寒暖便说："妹妹已长大成人，请选定良辰吉日，我就送她来事奉公婆。"主人很喜悦，当即共同定下喜日，胡先生告辞而去。到了夜里，果然有车马送新娘来。嫁妆非常丰盛，新房几乎全堆满了。新娘去拜见公婆，显得异常温柔秀丽。主人非常欣喜。胡先生和他的一个弟弟一起来送新娘，谈吐都风趣高雅，而且也很豪饮。天亮后才离去。新娘而且能够预知年岁丰收与灾荒,所以家中生计方面的事,都按她的意见办。胡先生兄弟和他们的母亲常常来看狐女,人都见过他们。

戏　术

有玩桶戏的,桶的大小可容一升东西,没底,中间是空的,也像一般戏法那样。玩桶戏的人将两张席子放置在街上,又将空升子放入桶内,然后很快取出来,就有满满一升白米,倾倒在席上,又取出一升倒在席上。反复这样,转眼间两张席上的米就堆满了。再将米一升一升量好装进桶里,完后又把桶举起来,仍然是空的,奇异的是竟能装那么多。

利津县人李见田在颜神镇闲游陶瓷厂,想买个大瓮,因价格问题和陶瓷工匠争执,没说成便离去。到了夜里,窑里没有取出的六十多个大瓮,打开窑一看全不见了。做陶器的人大为震惊,怀疑是李见田偷的,就登门来找。李见田推辞说不知道。那些人一再哀求,李见田才说:"我替你们取出窑,一个也没损坏,在魁星楼下不是吗?"那些人按他说的去看,果然都在那儿。魁星楼在颜神镇南山里,离窑场有三里多路。他们雇人整整搬运了三天才完。

丐　僧

济南有个和尚,不知他是哪里人,他赤着脚,穿着百衲衣,每天在芙蓉街、大明湖等处的茶楼酒馆念经化缘。人们给他酒食、钱粮,他都不要,问他要什么,又不回答,一整天都不见他吃饭用餐。有人劝他说:"师父既然不吃荤菜酒肉,就应该到山村偏僻的地方去化缘,为什么却天天往来于膻腥喧闹之地?"和尚只闭着眼睛念经,眼睫毛有一指那么长,似乎没听见。过了一会儿,又有人这样说。他于是张开眼睛厉声说道:"就要这样化缘!"说完就又念起来。过了很久,便自己起来离去。有人跟在他身后问他为什么一定要这样,他只走路并不理会。问的遍数多了,他就又厉声说:"这并不是你们知道的,我就要这样化缘!"

过了好几天,他忽然出了南城门,躺在路边,像僵尸一般,三天过去了也不动。居民怕他会饿死,连累附近地方的人,于是都前来劝他到别处去,说是要饭就给饭,要钱便给钱,但是和尚紧闭双眼不答应。大家边摇边说。这下把他激怒了,从衣兜里取出小刀,自己划破肚子,把手塞进去,从里边扯出肠子抛在路上整理,于是断了气。大家很惊慌,就报告到济南府衙门,用草席卷着将他埋了。

后来,野狗刨开了他的墓穴,露出草席。踩上去像是空的,打开一看,席子像当初那样卷着,如同空蚕茧,不见尸体。

伏　狐

任翰林的某人被狐狸迷惑,染上痨病。请法师用符咒驱邪都不见效,只好请假还乡,希望可以幸免。翰林起行,而狐狸也跟着。他更恐慌,却没有别的办法。

一天,他到了涿县,门外有个摇铃的江湖医生,自称可以降伏狐狸。翰林赶快请他进来。医生将药给他，一看却是春药。医生催他赶快喝下去。翰林服了药便性欲大发，进到房里与狐狸相交，阳气充沛，锐不可当，狐狸躲避，哀求停止。翰林并不听，干得更起劲。狐狸企图多方摆脱，怎么也脱不了身。过了一会就没了声息，仔细一看，狐狸已现原形死去了。

昔日我们乡里有个书生，素有大阴男子之称，他自己说从未尽情得到性满足。有一天夜里，他独自寄宿在旅馆，周围没有邻舍。忽然有个女子私奔而来，门未开而人已进来了。书生心知她是狐精，也欣然与她在一起亲热。刚脱了衣服，他直将那东西戳进去，狐精疼得吱吱乱叫，快如老鹰放飞，越窗逃走了。书生不尽意，还对着窗外说亲昵话，苦苦地叫她回来，但已没了踪影。这真是讨狐的猛将啊！应该张榜宣传，大可以驱狐为职业。

蛰　龙

长山县人曲迁乔曾任通政使。他在楼上读书，正值阴雨连绵，天色昏暗，发现一个小东西，像萤火虫那样发着光，蠕蠕行进。它所爬过的地方，留下一条黑线像蜗牛爬过的印迹。它慢慢盘蜷在书本上，书页也焦了。他想那是一条龙，就捧着书本把它送出去。到了门外，他站了很久，而书上的小东西蜷曲着一动不动。曲公便说："难道是嫌我不谦恭吗？"于是拿着书回来了，仍然放在桌子上，然后穿好礼服作揖恭恭敬敬地送它。刚到了檐下，只见这小东西抬起头突然伸直身子，嗤的一声离开书本斜飞走了，发出一道像丝一样的光。飞出几步远，便回头对着曲公，这时它的头已有瓮那么大了，身躯有几十围那么粗。再一转折，霹雳一声震响，腾空飞入云霄。回头再看它所爬行过的地方，原来是从书箱中曲曲折折地爬出来的。

苏　仙

高明图做郴州知州时，有一个民女苏氏在河边洗衣。河里有一块大石头，女子就蹲在上面。她看见一缕青苔，绿绿的，光洁可爱，在水面上漂荡，绕石三圈。女子看着看着，不觉心里有所触动。回到家里就怀孕了，肚子一天天大起来。母亲很奇怪，就暗地里盘问，女子就以实情相告。母亲不能理解。过了几个月，女子竟生下个儿子。家里本想把小孩抛弃掉，但女子不忍心，就把小孩藏在柜子里养起来。于是发誓不嫁人，以表明她贞洁不二的心迹。但是没有丈夫却怀孕，终究是不光彩的事。

儿子长到七岁，从未出来见过人。一天，儿子突然对母亲说："我慢慢长大了，关起来怎么会长大呢？还是让我走吧，不连累母亲。"母亲问他到哪里去。儿子说："我不是人种，我将腾云驾雾，飞上天去。"母亲哭着问他的归期。儿子说："等母亲寿终时再回来。我走后，母亲若有什么需要，可以打开藏我的柜子去索要，定能如愿。"说完，拜过母亲就径直离去了。母亲出门去看，儿子已不见踪影了。女子将这件事告诉母亲，母亲很惊异。女子坚守初衷，与母亲相依为命，但家境更加衰落。家里偶然有一次没米做早饭，母女俩没有办法。女子突然想起儿子说过的话，就打开柜子，果然得到了米，依赖此生火做饭。以后总是有求必应。

三年后，母亲死去，一切丧葬用品都是从柜子里得到的。埋葬了母亲，女子独居了

图文珍藏版

三十年,没有出过门。一天,有个邻居妇女前来借火,见她静静地坐在房子里。聊一会儿话邻居才走了。过了不久,忽然看见彩云环绕在女子家房子周围,高耸如车盖,其中有一个人穿着整齐华贵而站着,仔细一看,原来是苏家女子。她乘风盘旋着上升,慢慢地越升越高直到看不见。邻居都感到很惊疑,到苏家屋里去看,只见她穿戴端庄整齐,定定地坐在那里,已经断了气。大家想着她无处归葬,共同商议办理丧事。这时,忽然有个少年来到苏家,长得魁梧而英俊。他向大家一一致谢,邻居们以前知道苏家女子有个儿子,所以并不怀疑。少年出钱安葬了母亲,在坟墓上种了两棵桃树,才离别而去。他走出几步之外,脚下生云,腾空飞去。

后来桃树结了果实,味道甘甜爽口,人们把它称作"苏仙桃"。桃树年年开花结果,长得十分繁茂。凡是在当地做官的人,往往要带果实赠送亲友。

李 伯 言

书生李伯言是沂水县人,为人刚强正直,有胆识义气。李伯言忽然得了暴病,家里人给他吃药,他拒绝说:"我的病不是药物可以治疗的,阴司阎罗殿上缺着王位,要我临时去任职罢了。我死后不要埋葬,可以等我复活。"当天,李伯言果然死去。

侍从引导他入一宫殿,又送来礼服,那些吏卒、差役们十分恭敬、严肃地站在两旁。桌案上放满了文书、卷宗。其中有一宗案子,说的是江南某某一生中奸污了八十二个良家妇女。审讯结果,证据确凿无误。按阴间刑律,此人应受到炮烙的严惩。只见堂下设有铜柱,高八九尺,有一抱那么粗,中间是空的,烧着红红的炭火,里外一片通红。一群鬼卒拿着带刺的铁棍驱赶他,强迫往上登,他用手抱着柱子两脚使劲往上爬着。刚爬到顶上,就见烟雾蒸腾,只听像爆竹般一声震响,人就从顶上跌了下来,在地上卷曲着趴了好长时间,才苏醒过来。鬼卒又驱打他,他只好又往上爬,然后又是一声巨响,再次跌落下来。如此三番,他已变成一股烟雾绕地消散,此后再也成不了人形。另有一起案子,是同县的王某被丫鬟的父亲控告为强占其女。王某和李伯言家有亲戚关系。当初有人卖女儿,王某知道这桩生意来路不正,但他只贪图廉价,于是买下了。后来王某暴死。第二天,他的朋友周某在路上遇见了他,知道他已成了鬼,于是奔回书房藏起来,王某尾随而至。周某吓得赶快祈祷,问他要干什么。王某说:"烦劳到阴间为我做个见证人。"周某惊问什么事,王某说:"我的丫鬟确实是出钱买的,现在却被诬告,这事你亲眼见过。只借重你一句诚实之言为我做个公证,没有别的意思。"周某坚决拒绝,王某一边往出走一边说:"恐怕由不得你。"没多久,周某果然死了,一起到阎罗殿接受质询审理。李伯言见了王某,心里想着要袒护他。忽然看见殿上起火,火焰一直烧到大梁上。李伯言惊恐极了,侧足而立,不知所措。这时一个吏卒急忙进言:"阴间不像人世,一丝私心杂念都不容许,你赶快消除私心,火就会自己熄灭。"于是李伯言定神排除杂念,火顿时熄灭了。过后他再审理此案,王某和丫鬟的父亲争执了很长时间。他再问讯周某,周某将实情相告。王某因明知故犯而判处打板子。打完后,派人把他们一起送回阳间。周某和王某都在三天以后苏醒过来。

李伯言办完阴间的公事,乘车马返回,在途中见到缺头断腿的有好几百人,都趴在地上惨叫。他停下车子仔细询问,知道这些人都是异乡鬼魂,想念自己的故土,害怕路上关卡阻隔,因而向他乞求发给通行证。李伯言说:"我只代职三天,现在已经离任,怎能相助?"大家说:"南村的胡生就要设道场诵经,请代我们向他转告就行了。"李伯言答应了。到家后,那些随从全回去了,李伯言苏醒过来。

胡生,字水心,和李伯言关系密切。当听说李伯言复活,便前来探望,李伯言立即问他:"什么时候做道场?"胡生惊讶地说:"兵荒战乱之后,妻子儿女都安全无恙,我和妻子一直有这份心愿,从未向别人说过,你怎么知道的?"李伯言把他在阴间路上遇见的事说了。胡生叹道:"闺房中说的一句话,很快传到阴间,真是可怕啊!"于是恭敬地答应下来就走了。

第二天,李伯言到了王某家,王某还疲惫地躺在床上。他见到李伯言,肃然起敬。对他的庇护和照顾表示谢意。李伯言说:"法律是无情的,不容许袒护。现在没事吧?"王某说:"已没有别的病症,只是挨板子的地方有些溃烂化脓了。"又过了二十多天伤才好。臀部的坏肉脱落,板子打过的地方痕迹还在。

异史氏说:"阴间的刑罚比阳世更残酷,对官吏执法的要求也比阳间严格。但是不许说情走后门,所以受残酷责罚的人也没有怨言。谁说阴间暗无天日?只恨没有天火在阳世的衙门公堂上烧一把。"

黄 九 郎

何师参,字子萧,他的书斋位于苕溪东岸,门前是一片旷野。一天黄昏,他出门散步,看见一个妇女骑着一头驴子从门前经过,后面跟着一个少年。妇女年龄大约五十多岁,意态风度清雅脱俗。转眼看那少年,有十五、六岁,丰采胜过年轻美貌的女郎。何生素来就有同性恋的癖好,看见这个少年,像丢了魂似的,翘足站在那里一直痴呆呆地目送着少年,直到看不见踪影才回到书房。

第二天一大早,他就候在路边,直到太阳落山,天黑下来,那少年才过来。何生殷勤地招呼他,笑着询问他从哪里来。少年回答是从外祖父家来。何生请他到自己的书房稍稍休息一下,少年推辞说没有空闲时间,何生硬拉着他,这才进了书房。刚坐了一会儿,他就坚决告辞,何生怎么也留不住他。何生只好挽着手把他送出门,并且约定让少年以后经过门前时一定要进来坐坐。少年连声答应着去了。从此,何生如饥似渴地思念着少年,不停地出来眺望,腿脚从未歇过。

一天,太阳半落西山,少年突然到来。何生高兴极了,赶快将他邀请进来,吩咐书童设酒招待。他问少年姓名,少年说:"姓黄,在家里排行老九,因为小还没有字号。"他又问:"你为什么过往得这么频繁?"少年说:"母亲住在外祖母家,常年多病,所以常常去看望。"喝了几巡酒,他说要走。何生连忙抓住他的胳膊,用身子挡住去路,锁了门。黄九郎没办法,红着脸又坐下。于是两人便挑灯叙谈,黄九郎温柔得像处女。话语涉及调戏,黄九郎便羞得面向墙壁。没多久,何生请他一起上床。黄九郎不愿,托词说自己睡觉不老实。何生再三强求,这才脱了上下衣服,穿着内裤躺卧床上。何生吹灭蜡烛。一会儿,他就移近黄九郎同枕,弯着胳膊夹着大腿紧紧抱住黄九郎,苦求着要和他亲昵。黄九郎愤怒地斥责道:"我见你是个高雅的读书人,才和你交往,但你做出这样的举动,实在是禽兽作为!"后来,天快亮了,黄九郎径自走了。

何生只怕他从此断绝来往,又在路边等候,踱小步而注目盼望,几乎要望穿秋水。过了几天,黄九郎才到。何生一边迎接一边向他谢罪,硬拽着他到了书房,促膝谈笑,暗自庆幸黄九郎不记恨前嫌。不久,他们上床之后,何生又抚摸着黄九郎哀求着要与他亲昵。黄九郎说:"缠绵之情已深深镂刻在我内心,但亲爱何必做这样的事?"何生仍然以甜言蜜语纠缠黄九郎,要亲近一下他的玉体。黄九郎只好顺从了他。何生等他睡着之后,悄悄做起轻薄动作。黄九郎被折腾醒来,摸见自己的衣服,赶快起身连夜逃走了。

何生郁郁寡欢,若有所失,废寝忘食,一天天地消瘦下去。他每天都叫书童在门前守候。一天,黄九郎从门前经过,就要径直过去。书童拽住他的衣服将他拉进书房,他见何生清瘦得厉害,大吃一惊,慰问如何成了这样。何生便实话相告,边说边落泪,黄九郎细声细语说道:"区区意愿,说句心底话,这种爱对我无益处,对你更有害,所以我不愿做。你既觉得快乐,我还有什么吝惜的?"何生一听大为欣喜。黄九郎走后,他的病情立即减去了大半,几天后便康复了。后来黄九郎真的来了,便和黄九郎缠绵一番。黄九郎说:"我现在勉强承奉你的意愿,希望你不要长此这样。"过后又说:"我有求于你,肯为我出力吗?"何生问他什么事?他说:"母亲患了心绞痛,只有太医齐野王的先天丹可以治疗。你和他交情深,应能求得。"何生答应了。他临走再次嘱咐何生不要忘了。何生当下就进城求药,到天黑时就交给黄九郎。黄九郎十分高兴,便拱手道谢。何生又强求与黄九郎交合。黄九郎说:"不要再纠缠我。我为你谋得一个佳人,胜过我亿万倍!"何生问是什么人。黄九郎说:"我有个表妹,美艳绝伦,举世无双。你如果愿意,我可以做媒人。"何生微笑不回答。

黄九郎怀揣着药走了,三天后才来,又说要药。何生怨怪他为什么几天不来。黄九郎说:"本来不忍心祸害你,所以有意疏远。既然得不到谅解,请你不要后悔。"从此黄九郎便每夜必来与他相欢。黄九郎每隔三天问他要一次药。齐野王奇怪何生为什么要药这么频繁,说道:"服这药的人没有超过三副的,为什么长久未好?"于是一次为他抓了三付药一起交给他。又看着何生的脸说:"你神色灰暗,病了吗?"何生说:"没病"。齐大夫给他号脉,吃惊地说:"你有鬼脉,病在少阴,你再不谨慎,生命就有危险了!"何生回去将此事告诉了黄九郎。黄九郎慨叹道:"真是良医啊!我实为狐,相处久了恐怕对你没好处。"何生怀疑他诓骗,就把药藏起来,不全交给他,怕他不再来。过了不久,何生果然病倒,请齐野王来诊断,说:"以前你不说实话,现在精气已消散将尽,临近死亡,即使神医秦缓也无能为力!"黄九郎当天来探视,说:"你不听我的劝告,果真到了这一步!"何生不久死去。黄九郎痛哭着离去。

原来,本县有某翰林,少年时曾与何生为同窗好友,十六岁时任选翰林。当时陕西布政使贪婪而残暴,贿赂了朝中官员,没有人敢揭露他。何生的同学秉公上书。弹劾其恶劣作为,但是皇帝认为他超越权限,罢免了他的官职,那个布政使升任本省巡抚,整天找他的岔子,这个同学少年时曾有英雄美称,当时叛王非常赏识他。巡抚便掏重金收买到这个同学当年与叛王的来往书信,以此相威胁。这个同学很害怕,被迫自缢。夫人也上吊自杀。这个同学过了一夜忽然苏醒过来,说,"我是何子萧。"诘问他,说的全是何家的事,于是大家才明白他这是借尸还魂了。怎么也留不住,何生跑回自家旧屋。巡抚怀疑其中有诈,定要设计陷害他,于是派人向他敲诈千两白银。他假装答应,内心却忧闷得要死。忽然通报黄九郎来相见,两人欢欢喜喜地相诉心曲,真是悲欢交集。他又想和黄九郎交合,黄九郎问道:"你有三条命吗?"他说:"我觉得活着太累,不如死了安然。"于是说了他的冤苦。黄九郎忧郁地沉思着,停了一下说:"我们有幸活着相聚。你孤单一身这么久了，我以前曾说过的那个表妹，贤惠聪颖又美丽多谋，一定能替你分忧。"他想见见这女子的容貌。黄九郎说："这不难。明天我将请她来陪伴母亲，要从门口经过，你可装着是我的兄长，我假装渴了要水喝。你说声：'驴子跑了'，就表示你相中了。"计议完后，黄九郎便走了。

第二天正午时分，黄九郎果然带着一个女孩从门前经过。他便拱手和对方絮絮叨叨，又扫了一眼女子的模样，女子长得妩媚秀丽，美若仙女。黄九郎问他要茶喝，他就邀黄九郎进去。黄九郎说："三妹不要见怪，这是我的盟兄，不妨歇会儿。"黄九郎将表妹扶下来，将驴拴在门外进来。何生亲自去沏茶。他看着黄九郎："你前边的话没尽意，现在就是死了也值得！"女子从话音里听出像是说自己，便从床边站起来，娇柔地轻声道："走吧。"何生看着门外说："驴子跑了！"黄九郎急忙跑出去。何生当即抱住女子要与她交欢。女子脸色顿时变得紫青，窘迫得像被囚禁了似的，大叫"九哥"，外面却没有应声。女子说："你有自己的老婆，为什么要败坏别人的廉耻？"何生说自己没有妻子。女子说："你若能海誓山盟，不遗弃我，我便答应。"何生立即指着光明的太阳发誓。女子也不再拒绝。事情完了。黄九郎才回来。女子怒形于色斥责他。黄九郎说："这是何子萧，以前的名士，现在他的身份是翰林，和我关系密切，很可靠。就是说给舅母听，也不会怨怪的。"天黑了，何生挽留不让走，女子怕姑母责怪。黄九郎表示由他担当责任，于是骑着驴走了。

女子在此住了几天，有个妇人领着丫鬟从门前经过，年约四十上下，神情意态很像三娘，何生叫女子出去看，果然是她母亲。母亲看着女儿奇怪地问道："你怎么在这里？"女子羞愧得不知该说什么。何生请她到屋里，向她跪拜着说明了一切。女子的母亲笑道："九郎太小孩气了，为什么始终不和我商量？"女儿亲自到厨房去，为母亲做了吃的，吃完饭母亲离去。

何生得了这样美丽的女子作配偶，很称心愿。但愁绪满怀，常常愁眉不展。女子问他，他追述始末。女子听后笑着说："这事只需九哥一人就能解决，可有什么发愁的？"何生询问缘故。女子说："听说巡抚大人贪恋声色娈童，这全是九哥的长处。投其所好而献上，可以解除怨结，又可以报仇。"何生担心黄九郎不会答应。女子说："只要苦苦哀求。"过了一天，黄九郎来了，何生跪着迎接他。黄九郎吃惊地问："我们是两世至交，只要我能尽力效劳的，献身也在所不惜，怎么突然做出这样的举动？"何生把心里话说了。黄九郎脸上现出难色，女子说："我失身于他，是谁造成的？如果他半途死去，我将怎么办？"黄九郎不得已，答应了。何生立即和他商量，急忙送信给同事好友王翰林，让他送黄九郎去，王翰林明白其中的意图，于是大摆宴席，款待巡抚，叫黄九郎装扮女郎，跳天魔舞，黄九郎俨然一副美女姿态。巡抚被迷惑住了，多次请求王翰林，要用重金买下黄九郎，只怕所开价码不够。王翰林故意沉思而为难他。过了很长时间，王翰林才以何生同学的名义把黄九郎献给他。巡抚一高兴，便把前怨一笔勾销。

巡抚自从得到黄九郎，起居形影不离，他身边本来有十多个侍妾，他把她们看作尘土一般。黄九郎饮食供奉如同王侯，巡抚给他赏赐的金银，数以万计。半年后，巡抚病倒。黄九郎知道他离死期已很近了，于是将金银珠宝绸缎等装上车子，告假回到何生家。不久，巡抚终于毙命。九郎出钱，修建房屋，购置家具，广招婢仆，他们母子以及舅母都住在一起。黄九郎出门时，车马很豪华，没有人知道他是狐狸。

我曾做过《笑判》一篇，一并记录在这里：

男女同居,是夫妻生活的重要准则;燥湿互通,为阴阳相交的正常现象。张君瑞迎风待月,不免放荡之讥;汉哀帝断袖之癖,更是丑不可闻。只有大力士,鸟道才能开通;不是桃源洞,渔篙岂容误入? 如今有些人追随下流而流连忘返,放着正道却避而不走。云雨未兴,进而上下其手;阴阳反背,居然表里为好。不爱女体,胡说老僧正在坐禅;偏喜男身,真是性爱不看对象。把赤兔马系在辕门,即将弯弓射戟;从国库中盗出大弓,就要斩关夺路。黄鳝入绔,分明荒唐之梦;红李钻核,岂是接代之种? 那黑松林戎马顿来,固可相安无事;若黄龙府潮水忽至,何能抵御有方? 宜斩断那钻刺的根子,堵塞那来往的通道。

金陵女子

沂水县居民赵某,因故从城里归来,走到半路,见一身穿白衣的女郎在路旁哭泣,样子十分凄惨。赵某仔细打量,发现这女子美貌异常,不觉心生爱意,只管立在那里凝视而不走。女子流着泪说:"你这个汉子,放着好好的路不走,只盯着我看做什么?"赵某说:"我看这里荒郊野外的,没有人迹,而你却在此哭得如此伤心,实在为你难过。"女子说:"只因我丈夫亡故,撇下我一人走投无路,这才伤心落泪。"赵某听了这番话,便劝她另选佳偶。女子说:"像我这样孤单女子,还有什么可挑三拣四的,只要有人肯收留,做个偏房也是可以的。"赵某心中高兴,赶忙毛遂自荐,女子答应了。因为离家还远,赵某想去雇牲口代步。女子说:"不用了。"就先向前走了,步履轻捷快速,飘飘若仙。回到家后,打水做饭操持家务,不辞辛苦。

时光一晃就是两年多。一天,女子对赵某说:"感念夫君对我的一片深情,姑且跟了你,不觉已经三年。今天我该离去了。"赵某说:"你当初说无家可归,现在去哪里呢?"女子答:"当时不过信口这么说罢了,怎么会真的没有家呢? 我父亲在南京开了一家药房。你如果想见我,可以带些药材去,我们可以帮你些路费。"赵某便张罗着为她雇用车马。女子推辞不要,径自出了门,赵某赶忙追了出去,已无影无踪。

赵某在家日子久了,对她的思念日益加深。便买了一些药材去南京了。到了之后,他先将药材寄存在旅店,然后去街上寻访。忽然一药店内有个老头看见他,就说:"女婿来了。"迎接他进去。赵某一进去,就看见那女子正在院里洗衣服,见了自己不说不笑,连头也不抬只管洗。赵某心里气愤不过,转身就走。被老头又强拉回来,女子仍不理睬他。老头让人置办酒席招待他,并商量送给他一笔数目可观的钱物。女子劝阻说:"他生来是个薄命人,多给了将担当不起,应少给点钱,别让白辛苦这一趟就行了。另外,可以送他十几个药方,这样便可一辈子不愁吃穿了。"老头问赵某带来的药材。女子说:"已经卖掉了,货钱在这里。"老头便将钱和十几个药方交给赵某,将他送出。

回到家后,赵某发现那些药方果然有神效。沂水地方的人现在还有能知道其药方的。比如其中有一方治肉瘤的,说用捣蒜的石臼接入从茅屋檐上流下的雨水,来擦洗生肉瘤的地方,几天功夫瘤子就掉了,十分灵验。

汤 公

汤公名聘,顺治十八年考中进士。得重病弥留之际,忽然感到有一股热气从身体自下而上，缓缓涌来。这股气到大腿，双脚便死，到腹部，大腿便死，到了心脏，但心脏死得最难。凡童年往事，被岁月淹埋的琐琐碎碎小事，都随心血而来，如海水涨潮一般涌上心来。倘若现出的是一桩善事，心中就清静安宁，若是恶事，心中就一阵懊恼烦躁，如同在油锅中煎熬，那种痛苦难耐的滋味，真是无法形容。回忆起七、八岁时，曾去掏雀窝，将小雀弄死，就这一件恶事，心头便是一阵倒海翻江，热血沸腾，折腾了一顿饭的功夫才过去，就这样，等一生中的所作所为，一一像潮水般涌过，才觉得丝丝缕缕的热气从喉头穿过，进入大脑，而后自头顶散发出去，蒸腾如炊烟而上升，过了几十刻时间，神魂才离体而去，忘了躯体。神魂远驰无所归，飘飘忽忽地来到荒郊野径间。前方出现一个巨人，身高八尺，捡起这个孤魂扔进了宽大的袖笼中。袖内已有许多人，挤挤挨挨，肩撞腿压，烦恼憋闷，汤公忽然想起请佛祖来解除危难，就放声大喊"阿弥陀佛"！念了三、四遍，就飘落袖子外边。巨人捡起又投入。就这样三次扔进袖内，又三次飘落出来，巨人便不管它自己走了。

汤公站在原地左顾右盼，不知何去何从，又想起佛在西天，就向西去。走了不远，见路边有一个和尚打坐，便向前施礼、问路。和尚说："凡读书人的生死簿由文昌帝君和孔子管理。你在这两处勾销了名字，才可以到别处去。"汤公又问："这两个地方在哪里？"和尚指明道路，他便急忙奔过去。不一会儿先来到孔子庙，见孔子南面而坐。他拜祷如前，孔子说："要想勾销名字，还得去找文昌帝君。"于是指给他道路。汤公又跑着前去。来到一座像是帝王居住的宫殿，俯身进入，果然有一神人，就如世人传说中的文昌帝君。汤公赶忙伏跪在地祷告。文昌帝君查阅了名册之后说："你这个人诚实正直，还可以再回人间去。但你的躯壳已经腐烂，除非菩萨帮你才行。"又指点他快去找菩萨。汤公照他说的去了。走不多久，便来到一处风景如画的林子，只见大树枝繁叶茂，翠竹娉娉婷婷，又有华美高贵的宫殿掩映其间。进了宫殿，迎面便看见观世音菩萨庄重慈祥地坐在那里，面如满月，金光灿灿，宝瓶中插着杨柳，翠绿欲滴。汤公毕恭毕敬地磕了头，把文昌帝君所说的话重复了一遍。菩萨表示为难。汤公跪在地上苦苦请求，感动了旁边的一位尊者，他说："菩萨施大法力，撮土可以为肉，折柳可以为骨。"菩萨就照所请求的，用手折断了柳枝，倒出瓶中的水，合净土成泥，拍附在汤公的身上。派童子送他回到灵堂，推入棺材，使灵魂合于尸体。这时，汤公的家人听到棺材中有呻吟之声，开棺一看，汤公竟已复活了。家人吃惊地聚将过来，七手八脚地把他扶出来，屈指一算，汤公死去已有六天了。

阎　罗

莱芜县有个秀才叫李中之，性格刚正不阿。每隔几天，他就死去一次，僵卧在床，和一具死尸一样，三四天后才醒转过来。有人问他在那时看见了什么，他一点不泄露。

当时本县有一个姓张的书生，也是隔几天便死一回。张生对人说："李中之在阴间是阎罗王啊，而我到了阴司，是他的属官。"他讲在阴间的经历时，能把阎王府的大门正殿上的对联说得清清楚楚。有人问："李中之昨天到阴司，又有什么事？"张生回答："不能具体细述，其中一件是提审曹操，打了二十板子。"

异史氏说："曹操一案，想必经历几十个阎王了。畜道、剑山这些惩罚，种种都在，应该定什么罪，其实不难。却几千年都解决不了，为什么？难道就像那些行刑的刽子手,因为死刑犯希望一刀了断,他倒偏偏故意让那些罪大恶极之人,求死不得吗? 奇怪呀!"

<h1 align="center">连　琐</h1>

杨于畏,新近迁居到泗水河畔。书房临旷野,围墙外边是一片古墓,每至夜间听到白杨树在风中哗哗作响,如浪涛汹涌之声。

有天深夜,杨于畏独坐在昏暗摇曳的烛光下,正觉得孤凄寂寞,忽听得墙外有人吟诗:

玄夜凄风却倒吹,流萤惹草复沾帏。

反反复复吟诵着,声音十分哀怨凄苦。细听时,声音婉转轻柔像是一位女子的。心里纳闷。第二天到墙外察看,并无人迹,只在荆棘丛中发现一条紫带,于是捡回来放在窗上。这天夜里,将近二更,又听到如昨天一样的吟诗之声。杨于畏将凳子移到窗下,站上去向外看,吟诗声立即中断了。他知道这一定是鬼,但心里十分向往。

再一天晚上,他便早早伏在墙头观察,大约一更快过,便见一位女子从荒草中慢慢走了出来。她扶住一棵小树,低着头哀婉地吟诗。杨于畏轻轻咳了一声,女子一闪便没入荒草。杨于畏便等在墙下,听到她吟完那两句诗时。就隔墙而接下去吟道:

幽情苦绪何人见,翠袖单寒月上时。

过了很长时间,寂然无声。杨于畏便回到室内。刚刚坐下,忽见一美貌女子从外面进来,一边行礼一边说:"先生原来是一位风流儒雅的读书人,我竟太多地害怕逃避。"杨于畏高兴地拉她坐下。她清瘦胆怯,弱不禁风,问道:"你家在哪里? 为什么长久寄居此地?"女子说,"我是陇西人,随父漂流寄居,十七岁时突然病故,至今有二十多年了。栖身这阴间荒野,孤独寂寞得像失群的野鸭。那两句诗是我自己为抒发幽怨而做的,文思接不上,没有做完。今天承蒙你代我续上后两句,在九泉之下也欣喜。"杨于畏向她求欢。她悲伤地说:"我不过是一堆枯骨,比不上活人,如与人交欢会折人寿命的,我不忍心对你这样。"杨于畏就不再要求。又嬉戏着用手摸其双乳,依然是个处女。又撩开裙衣看她的一对小脚,女子低头笑道:"你这疯子太多事了。"杨于畏抚摸着她的一双小脚,发现一只袜子用紫带系着,另一只上面却系着一根丝绳。问她:"为什么不都系上紫带?"她说:"那天夜里为了躲避你,匆忙中不知遗落在什么地方。"杨于畏说:"让我替你系上吧。"就从窗上取来给她。她惊奇地问从什么地方得来,杨于畏便如实讲了。女子便解下丝绳,系上紫带。女子翻看案上的书,忽见到《连昌宫词》,说:"我生前最爱读它,今天见了,如同做梦一般。"杨于畏就与她谈论诗文,言谈间越发觉她聪明可爱。两人剪烛夜谈,如同好朋友一般。

从此,只要在夜里听到吟诗声,不一会她就会来。她再三叮嘱:"你不可将此事让别人知道。我生来胆子就小,害怕碰见坏人。"杨于畏答应她保守秘密。两人情同鱼水,不是夫妻,胜似夫妻。她常代杨于畏抄书,字迹端正秀丽。又自选宫词百首,抄录下来供平日吟诵。又让杨于畏购置了棋盘、琵琶等物,每夜教他下围棋,不然就拨弄琵琶。弹一曲凄凉的《蕉窗零雨》,催人泪下,使杨于畏不忍听完,弹一曲欢快的《晓苑莺声》,使杨于畏顿感心情舒畅。挑灯做游戏,过得十分愉快而忘天亮。曙光微现,她便仓皇别去。

一天，杨于畏的朋友薛生来访，杨于畏正在午睡。薛生看见房中摆着琵琶、棋具，觉得十分蹊跷，因为杨于畏向来不爱好这些。又翻出宫词，字迹像是女人笔体，心里更加怀疑。杨于畏醒来，薛生问他："这些玩意儿从哪里来的?"他回答说："想学一学音乐、下棋。"再问诗册，说是从朋友处借来的。薛生反复欣赏，翻到最后一页，见一行小字："某月某日连琐书。"便笑着说："这是女郎小名，你为何这样地骗我?"杨于畏窘困得无言以对。薛生更是苦苦追问，杨于畏不说。薛生把诗册挟在腋下，杨于畏更难堪，只好将实情和盘托出。薛生再三要求见她一面，杨于畏答应等与她商量后再说。夜里女子来后，听到此事十分生气，杨苦苦解释也无用，她说："恐怕你我的缘分尽了。"临去时又说："我暂时避一避再说。"第二天，杨于畏将这些如实告诉薛生，薛生不相信，怀疑杨于畏借口推托。当晚又邀了两个朋友同来，而且迟迟不走，故意喧哗吵闹。虽遭杨于畏白眼，仍我行我素。这样过了几晚，什么事情也没有，这群人渐渐安静下来，准备离开。就在此时，忽然听到吟诗声，音调十分凄凉。薛生仔细聆听，而同伴王生却是个鲁莽之人，拿起一块石头向吟诗处抛去，并大声吼叫："装模作样，不出来见客。这吟的是什么好诗，凄凄切切，让人不舒服。"立时，吟诗声消失了，大家都埋怨王生，杨于畏更是怒形于色。第二天，一行人便悻悻而去。

杨于畏独自呆在书房，盼望女子能再来，却始终不见踪影。过了两天，她突然进门来向杨于畏哭诉："你招来的那群粗人，真把我吓坏了!"杨于畏不停地道歉。女子匆匆而别说："我说过你我缘分已尽，从此分别了。"从此，一个多月都不见她来。

杨于畏朝思暮想，瘦得不成人形，却也无可奈何。一个夜里，正独自饮酒，忽见女子掀帘入室，杨于畏喜出望外地说："你肯原谅我了吗?"女子流着泪，什么也不说。杨于畏急忙追问，女子欲言又止，说："我生气而去，现在又因急事来求你，难免不惭愧。"杨于畏再三问有何急事?她才说："不知从哪里来了一个醃腌差役，逼我做他的小老婆。我想自己是清白人家的女儿，怎能屈身于下贱的鬼东西。可是，我如此身单力薄，又如何能抵抗强暴呢?你如能念及我们曾情同夫妇，想来不会不顾我的死活。"杨于畏勃然大怒，愤恨地要去拼命。但担心人鬼异途，帮不上忙。女子说："你明晚早睡，我会来你梦中相邀。"于是两人又倾心交谈，坐等天亮。临去时，女子又叮嘱杨于畏白天别睡觉，留到夜间去睡以便践梦中之约。杨于畏答应了她。

第二天下午，杨于畏喝了点酒，和衣上床睡觉。忽然女子来了，交给他一把佩刀，领着他进入一所大院。两人正在说话，听到有人用石头砸门，女子惊恐地说："仇人来了!"杨于畏开门冲出，只见一人戴着红帽、穿着黑衣，满脸都是络腮胡子。杨于畏义愤填膺，大声斥责他。对方横眉竖眼，嘴里骂骂咧咧。杨于畏大怒，向差役奔去。差役就用石块没头没脑地向杨于畏砸来。杨于畏被一块石头击中手腕，手中的佩刀掉到地上。正在万分紧急之际，忽然望见远处有一个人在射猎，正是王生，就大声喊他援救。王生赶来，一箭射中差役大腿，再一箭就要了他的命。杨于畏欣喜若狂，连忙向王生道谢。王生问是怎么回事，杨于畏就详细说了。王生听了也很欢喜，想着这样一来，就足以弥补自己上次无理取闹的过失了。就同杨于畏一道进了女子房中。女子仍是惊魂未定，战战兢兢地躲在一旁，一句话也不敢说，桌上有一柄一尺多长的刀。用金玉装饰，王生抽出一看，寒光闪闪，可照见人影，于是赞不绝口，爱不释手。王生与杨于畏略略说了几句话，见女子胆战心惊的样子，便告辞了。杨于畏转身回自己家，刚过了墙就倒下，于是从梦中惊醒，此时村中雄鸡开始叫明。觉得手腕痛得厉害，天亮一看，腕子已红肿了。中午，王生来访，说夜里做了个怪梦。杨于畏说："梦中射箭了吧?"王生问他如何知道，杨于畏伸出手给他看，说明其中原委。王生依稀记得梦中见到过女子，恨没能真的见到她，又暗自庆幸对女子有功，就请杨于畏在女子面前说些好话，要求见一面。

当天夜里，女子来向杨于畏致谢。杨于畏归功于王生，又转告了王生的诚意。女子说："这次多亏他仗义相助，我不会忘记的。但他长得五大三粗的样子，我心里实在害怕。"随后又说："他十分喜爱那把佩刀。这把刀是我父亲当年出使广东时用一百两银子买来的，我十分喜爱，就向父亲要来，用金丝缠着刀柄，还镶上珍珠。父亲可怜我短命，就用这把刀给我陪葬。现在我割爱愿意送给王生，见刀如同见我。"第二天，杨于畏向王生转达了女子心意，王生十分高兴。到晚上，女子把刀带来，对杨于畏说："望他好好爱护此刀，这可是来自海外的珍品。"从此，两人又如当初一样往来。

又过了几个月，她突然含笑对杨于畏似有话说，却红着脸不好意思。杨于畏将她搂在怀中问她，她说："长时间承蒙你眷恋垂爱，使我受到活人气息的滋养，又吃了人间的饭食，白骨渐渐就有了生机。现在必须得到活人的精血，才可以复活。"杨于畏嘻嘻地说："并非我舍不得奉献精血，而是你自己不肯呀!"女子说："与我交欢之后，你会大病二十多天，但吃了药就会好。"于是两人交合起来。同床后，女子又说："现在还需要你身上一点血液，能为你的爱人忍痛一回吗?"杨于畏取快刀在手臂上刺出血来，女子仰卧在床，把鲜血滴入肚脐。起身后说："从明天起我就不再来了。你要记住一百天后到墓地来找我的坟，如果看到哪一座坟前的树上有青鸟在叫，就立即挖开它。"杨于畏答应了。出门时，女子又叮嘱："千万别忘，或早或迟，都不行。"就走了。

十多天后，杨于畏果然病了，肚子胀痛，看病吃药之后，泻下不少像黄泥一样的秽物，又过十几天。才完全康复。

杨于畏计算日子，待到满百日那天，命家人扛着铁锹在坟地等待。夕阳西下之时，果然见一对青鸟在树上啼叫。杨于畏大喜说："行了。"赶忙动手掘墓，掘开坟穴，见棺木已腐朽，而女子面貌栩栩如生。用手摸摸，身体微热。就用衣服裹住抬回家，放在暖和的地方，慢慢就有了呼吸。又给她灌了几口热汤，到了半夜便苏醒过来。她常常对杨于畏说："二十多年就像一场梦一样。"

单 道 士

韩公子，是淄川县世家子弟。当地有位单道士擅长幻术，公子喜爱这种幻术，于是单道士成为座上客。

单道士正好好的与人并肩行走或与人坐着聊天时，竟能在一瞬间消失。韩公子非常想学得这一招，但单道士就是不肯教。公子再三恳求。单道士说："不是我吝惜我的法术，只怕败坏了我的道行。要传也只能传给那些正人君子，否则，有人会借用此法行窃了。当然公子是不会如此的，但是公子在路上遇见一位美女而生爱慕之意，便借此术隐身入她闺房，这不就是帮助干坏事了吗? 所以不敢从命。"

公子实在不能使他改变主意，就心生怨气，暗地里和仆人们密谋将单道士揍一顿。怕在打他时他隐身逃避便商议好事先在麦场上撒满一层细灰，料想单道士用邪门歪道可以隐开，但也脚落在哪里就必定会留下脚印，可以随着脚印急速打他。于是把单道士骗到麦场，让人用牛鞭抽打他。单道士立刻消失了，灰上面果然留有脚印，众人随着脚印一阵乱打，不一会到处都布满了脚印，怎么也分不清了。

公子回到家后，单道士跟着也就来了。他对众仆人说："我不能再住在这里了。多日来蒙你们招待，今天告辞，理应回报。"说着，便伸手在袖子中拿出一瓶酒，又取出一盘菜，一并摆在桌子上，又伸进去拿，又摆好，又去拿，眨眼间，桌上竟摆满了美味佳肴，随后就邀请大家入席。待到人人酒足饭饱喝得酩酊大醉之间，他又将东西一一放进袖中。公子听说这件怪事，请他再变化一次幻术。单道士就在墙上画一个城，用手轻轻一推，城门顿时开启。他就将自己的包袱、衣物以及杂七杂八各类用品，全都扔进了城门，于是拱拱手说："我去了。"纵身一跳便进了城，城门随之关闭，单道士顿时杳无踪迹。

后来听说他在青州街市上教小孩在手掌心画墨圈，见了人就将手向外抛，手上的圈消失不见，就会印在对方的衣服上或面孔上。又听说他善于房中术，能用下部将一盆烧酒吸干。公子曾当面试过。

白 于 玉

吴筠，字青庵，年少即有才名。葛翰林读了他的文章，常常赞赏不已。并托好友把吴生邀到家中，亲自领略他的言论风采。常说："哪有像吴秀才这样才华横溢的人，不会出人头地的？"又托邻居传话给吴生说："假使能奋发得志，我就把女儿嫁给他。"吴生听了这话欣喜若狂，当时葛翰林有个女儿特别美丽。他相信自己会取得功名的。然而，乡试落榜。他托人向葛翰林说："大福大贵本来应有，只是不知是早是迟。请等我三年，三年内我若仍不得志，他家小姐可嫁别人。"于是更加发愤苦读。

有天晚上，朗朗月光下站着一位来访的书生，皮肤白皙，留着短胡须，细细的腰瘦长的双臂。来人自称姓白，字于玉。吴生迎他进门，刚刚交谈了一会儿，便使人心胸开阔。吴生对他十分友好，当晚就留他同住，白于玉第二天起身后即告辞，吴生嘱咐他能常来。白于玉很感谢吴生的厚意，愿搬来与他同住，于是二人约好日子，就分手了。

到了那天，白于玉先让仆人送行李炊具来。稍后，自己骑着一匹骏马而来。吴生另外安排了一所房屋。白于玉叫仆人把马牵走。从此两人朝夕相处，交情更深。吴生见他读的书不是一般常见的，更没有八股文之类，不免惊讶，问他。他笑着说："读书人各有志，我不是热衷于功名的人。"每到夜间，请吴生喝酒，给吴生推荐的一本书，内容都是吐纳养生之术，大半看不懂，吴生认为不切实用而将书放在一边。有一天，白于玉对吴生说："前些天给你的书，是《黄庭经》要诀，修仙的云梯。"吴生笑着答道："我迫切需要的不是这个。况且求仙的人，必须断绝情缘，消除各种杂念，我却做不到。"白于玉问："为什么？"吴生说自己主要考虑的是传宗接代。白于玉说："为何长时间不娶妻？"吴生笑着用《孟子》上的话回答："寡人有疾，寡人好色。"白于玉也套用《孟子》上的话而笑着说："'王请无好小色。'你爱的是谁？"吴生便把葛翰林许婚的事从头至尾说了一遍。白于玉怀疑葛家小姐未必真美，吴生说："她的美貌是人所皆知，不是我的品位低。"白于玉微微一笑，没有说话。

第二天，白于玉忽然整装辞行。吴生十分难过，口里说个不停。白于玉只好让侍童先背行装走。两人正依依不舍地话别，这时有一只青蝉落到了桌上，白于玉说："接我的车驾已至,就此分手。今后如果想念我,可以睡在我睡过的床上。"吴生还想再问,一眨眼白于玉已变成指头般大,跨上蝉背吱的一声就飞入云霄。吴生才知道他不是凡人,惊诧了好长一会,怅然若失。

过了几天,忽然纷纷下起细雨,吴生对白于玉的思念之情愈发难耐。看他睡过的床,已有不少老鼠脚印。一边叹悔一边打扫,铺上席子就睡。不多时,白于玉的侍童来叫他去,他欣喜相随。就见一只比燕子还小的凤凰飞来,侍童捉住对吴生说:"黑夜路不好走,请骑上这个吧。"吴生担心太小背不起,侍童说不妨一试。吴生跨上去才觉得绰绰有余,侍童坐在凤尾,小凤展翅一飞,凌空而起。不一会,就见前面出现一道红色大门。侍童扶吴生下来,告诉他这是天门。走到门口,吴生看见门边卧着一只大老虎,十分恐惧,侍童用身体挡住老虎,让他过去了。进去之后,才发现这里景色秀丽,与尘世完全不同。侍童领他来到广寒宫,只见里面台阶全由水晶铺成,人好像走在镜子中一样。两棵参天桂树在空中交织在一起,浓郁的花香随风飘散。亭台楼阁上,都配以红色门窗,在那里进进出出的美人,个个都是风姿绰约,世间难寻。童子说:"西王母宫中美女比这里的更好。"然后就带他出来了。一会儿,就看见白于玉在门前迎候,二人携手同入。只见屋外有清泉涓涓流淌,细白的砂地,玉砌的雕栏,不知身在何处。刚就座,就有年轻貌美的女子来献茶。又过一会,白于玉命人设酒宴招待,四位美女在席间穿梭侍候。吴生刚觉得背上有些发痒,美人就轻轻用纤手骚扰,吴生顿时心神不定。半醉间与美人搭话,她们都笑着远远避开。白于玉命美女唱歌以助酒兴,有个穿蜂红色衣服的女郎举杯向客而唱,其他女郎以笙管相和,接着一个穿绿裤的美女一边酌酒一边唱歌。还有一个穿淡白色绸衣和一个穿紫衣的,在一旁嬉笑推让着,不肯上前,白于玉命这俩人一个斟酒,一个唱歌。紫衣人便举杯来到吴生面前敬酒,吴生假装接杯,轻轻碰了一下她的手腕,女郎一笑,失手打破了酒杯。白于玉怪她不小心,她一面笑着拾起破杯,一面低头小声地说:"冷得像鬼手一样,还硬要来抓人手臂。"白于玉大笑,罚她唱歌跳舞。这时,穿白衣的又来敬酒,吴生推辞不能再饮,她捧着酒,站在那里面有为难之色,吴生不忍心,便又干了。立时便醉眼朦胧,眼光也就愈发不加掩饰地在四位美人身上流连盼顾,觉得这四人,个个都是绝色。他不加思索地对白于玉说:"世上美貌的女子,我只求一个得不到,而你却拥有这么多,能不能让我今天真正风流一次?"白于玉笑着说:"你心目中不是早有佳人了,这些你能看得上吗?"吴生说:"今天才知道自己不过是井底之蛙。"白于玉便把姑娘们叫到面前,让他自己挑选。看来看去,反而挑花了眼,决定不下。因为紫衣人刚刚与吴生有过把臂之好,白于玉就命她侍候客人。于是二人云雨一番,十分缠绵。吴生要求送件东西作纪念,女郎便脱下臂上金手镯交给了他。这时侍童忽然进来说:"这里是天宫,凡人不能久留,请你快快离开。"女郎悄悄地走了。吴生问主人何在? 侍童说:"他上朝去了,临走时吩咐我送客。"吴生跟他走到门边,却不见了侍童,此时老虎大吼一声,吴生大惊,从天上跌了下来。

吴生从梦中惊醒时,已是日高三丈。起身正整理衣服,有样东西从怀中落在床上,一看,正是那只金镯子,心中对梦里所做的事情越发觉得奇异。此后,他对尘世间的万种俗念都一扫而光,一心只想求仙,但唯一顾虑的,就是自己至今还没有留下后代。过了十个多月,一天,吴生正在午睡,梦见紫衣人从外面进来,怀里抱着一个婴儿,她说:"这是你的骨肉,天上不能留,特地抱来交给你。"就把婴儿放在床上,用衣服盖好,匆匆要去。吴生将她拉住不放,要与她交欢。她说:"前次见你就是结婚,这次是与你永别的。你我百年夫妻已经到头。你倘若有志修仙，也许会再见。"吴生醒来，见婴儿在被褥中熟睡，就抱给母亲看，并说明缘由。母亲十分高兴，雇了一个乳娘哺育，取名梦仙。

吴生托人转告葛翰林，说自己将要修仙，请小姐另择佳偶。葛翰林不同意，但吴生非常坚决。葛翰林告诉了女儿，女儿说："远近无人不知我已经许配给了吴郎，如今又改变主意，这不成了再嫁？"翰林又将女儿意思告诉吴生，吴生说："我现在不但无意于功名，而且对男女之情也已淡薄。现在之所以没有披发入山，只因老母在堂。"

葛翰林又与女儿商量，女儿说："吴郎穷，我不嫌弃，甘愿与他粗茶淡饭过日子；他要出家，我会代他侍候老母，决不再嫁。"派的人来回跑了三四趟，一直没拿准个主意。葛家于是选择吉日，备上车马、嫁妆，把女儿送到吴家成亲。吴生被葛女的贤德深深感动，夫妻互敬互爱。葛女孝顺婆婆，比穷人家女儿更为诚恳体贴。一晃两年过去，吴母去世。葛女将自己的嫁妆典当了，为其像模像样地营办丧事。吴生对妻子说："有你这样贤德的人在，我还有什么可忧虑的！但想到我一旦成仙，全家就可以升天，所以我将离家远去，家中一切都托付给你了。"葛女不加阻拦，由他去了。自己在家料理家务，抚养孤儿，将生活安排得井井有条。

小梦仙渐渐地长大了，十分聪明。十四岁时，被誉为神童，中了举人，十五岁授任翰林。每当皇帝为他先人及父母行封典时，都不知道自己生母的姓氏，只封葛母一人。他常问母亲：父亲在哪里？母亲便将事情全部告诉了他，他就想弃官去寻找父亲。母亲说："你父亲出家已有十多年了，如今也许已修炼成仙，你到哪里去找？"后来，有一次吴梦仙奉旨去南岳祭祀，半路上遇见强盗。正在危急关头，忽然有一个道人持剑而来，将强盗驱散。吴梦仙再三致谢，要给道人以重金，道人不收。临别之际，将一封信给吴梦仙托他转交，并说："我有一位要好的故交，和你是同乡，请代我问候他。"问他故交的姓名，道人答，"叫王林。"吴梦仙想村中并无叫王林的，道人说："像你这样的达官贵人，当然不会认识那些身份卑微的野老村夫的。"又拿出一个金手镯说："这是女人用的东西，我们出家人留着也没有用处，就送给你吧。"一看，那镯子雕镂的十分精美。带回家后就交给了夫人。夫人请来名工巧匠，照样子做一只想与之相配，但做出来的始终比不上原来的那一只精美。吴梦仙问遍了全村之人，谁都不知有叫王林的人。就偷偷拆开信件，上面写道：

你我三年夫妻，一朝分离便天各一方。你为我葬母教子，大德大贤，我无

法报答恩情。今送上仙丹一丸，将它打开吃下，就可以成仙了。

信后写着"琳娘夫人妆次"。看完后，仍不知是写给谁的。就拿去给母亲看，母亲捧信大哭，说："这是你父亲的家信。'琳'正是我的闺名。"这时，吴梦仙恍然大悟，原来"王林"是"琳"字拆开，于是十分悔恨。又拿出金钥给母亲看，母亲说："这是你生母遗物，你父亲出家前给我看过的。"再看那丸药，只有黄豆大小。吴梦仙高兴地说："我父亲已经是仙人了，母亲吃了这药必定会长生不老的。"他母亲没有立即将药吃下，而是将它藏好。正好葛翰林来看外孙，就将那信读给老人听，又奉上药丸祝寿。葛翰林剖开，两人各吃一半。当时葛翰林已达七十高龄，老态龙钟，服了药丸之后，立刻精神焕发，体力陡然强壮，回家时不再乘轿而改步行，家人竭力追赶，才勉强能跟上。

一年之后，京城着了一次大火，烧了一整天还无法扑灭，吴家老少都站在庭院中，整夜不敢睡觉。眼看那熊熊烈火已波及附近，邻家屋顶已透出火光，全家人惊慌失措，无计可施。忽然夫人臂上金镯嗖的一声飞去，眼见它越变越大，最后覆盖在吴家宅院

上面,好像月亮的光圈。大家清清楚楚地看到金钥的缺口正对着东南角。一会儿,火势从西边漫延而来,烧到光圈边上,竟转而向东去了,火渐渐地远去了,大家都以为金镯子不会再回来,忽然见红光一收,镯子铮的一声就掉到了脚下。这次大火,把京城几万间居民住宅绵延烧成了灰烬,吴家宅院前后左右的人家,无一幸免,唯独吴宅安然无恙。只有院子东南角一栋小楼房被烧毁,就是金镯子缺口处漏遮的地方。吴母已年过半百,有人看见她,还像二十来岁的人。

夜 叉 国

交州有个姓徐的人,以航海贸易为业。一次在海上忽然遇到风暴,船只被刮走。等睁开双眼,船已停在一个地方,是深山老林。徐某希望这里有人居住,便下了船,将船系牢,背着干肉干粮上了岸。刚进山,看见两边高高耸立的山崖之上,有许多洞口,密密麻麻像蜂房似的,又从里面传出隐隐约约的人声。徐某走到洞口外面,停下来悄悄向里一看,见洞中有两个夜叉,牙齿像枪戟似的密密麻麻排列着,双目在黑暗的洞中闪闪发光像两盏明灯,正用利爪撕扯着血淋淋的鹿肉往口里送。徐某吓得魂飞魄散,转身想逃;而夜叉此时已经发现了他,停止进食,将他抓进了洞。两个夜叉像野兽一般嗥叫着,不知讲些什么,争着上前来撕扯徐某的衣服,好像要立刻吞吃他。徐某大惊失色,赶忙把带来的干粮和牛肉干从包袱中取出送上,两个夜叉便分吃起来。吃完之后,又上来翻徐某的包袱,徐某赶忙摇手表示东西已没有了。夜叉一怒之下,又要撕扯他。徐某苦苦哀求道:"放了我。我船上有锅,可以为你们做这些来吃。"夜叉不懂他的话,仍然怒气冲冲,徐某又给他们打手势,夜叉好像稍微明白了些。于是跟着他到船上,将锅等物品搬进洞内,徐某拣来干柴烧了一堆火,将夜叉吃剩下的鹿肉放进锅里煮熟,而后让他们吃。夜叉吃得很开心。到了晚上,夜叉用一块大石头将洞口死死堵住,怕徐某在半夜逃跑。徐某远远地躲在一个角落,身体紧紧绪缩着,唯恐夜叉会杀了他。

第二天早上,夜叉出去,又从外边用石头将洞口堵住。过了一会,便拖着一头鹿回来交给徐某。徐某将鹿皮剥掉,从山洞中打来泉水,煮了好几锅肉。一会儿,又来了几个夜叉,围在一起把煮好的肉吃得精光,又都指着锅议论着,好像嫌锅太小。过了三、四天,一个夜叉背着一口大锅回来了,似乎是被人用过的。于是,这一群夜叉纷纷将狼、麋鹿等猎物送来,煮熟之后,叫徐某与他们同吃。这样过了几天,夜叉们和徐某渐渐熟悉了,出去的时候也不再关住他,大家如同一家人生活在一起。徐某也慢慢能辨明夜叉的语音而知其意思,常常模仿他们的发音而说夜叉的话。夜叉愈发喜欢,有一天,就带来一个母夜叉给他做老婆。徐某开始十分恐惧,不敢碰她,但母夜叉主动地凑上去,徐某便与她交合,母夜叉十分欢喜。此后,母夜叉常常给徐某留下肉食慰劳,好像人间夫妻一样。

一天,夜叉们早早就起身了,个个忙着梳洗打扮,每人脖子上都挂着一串明珠。他们轮流走出洞门,神情不同平常,好像要迎接什么贵宾来访。还让徐某多煮上几锅肉。徐某好奇地问母夜叉,她说:"今天是天寿节。"母夜叉走出洞对其他夜叉说:"徐郎的脖子上没有戴珠串。"便各自从脖子上取五颗珠子给母夜叉,母夜叉又从自己项上解下十颗珠子,凑足了五十颗,用野麻拧成绳子,穿成一串珠链挂在徐某的脖子上。徐某低头看看胸前的珠子,一颗珠子就值百十两银子。一会儿,夜叉都从洞内出去。徐某把肉食也全部准备好了,母夜叉这时进洞来请他一同出去,说:"去迎接天王。"众夜叉来到一个最大的洞内,里边空旷、宽敞,大概有几亩地,洞子中央有一块巨石,石面光滑、平整,如同一张大大的桌子;巨石周围,又散放着一些石墩供人坐,其中最大的一只石墩上蒙着一张五彩斑斓的豹子皮,而其他石墩上都只蒙着鹿皮。有二三十个夜叉,在石墩上坐着。等了一会,忽然刮起一阵大风,刹那间飞沙走石,夜叉们便都诚惶诚恐地从洞内迎出。只见一个庞然大物随风而来,直接奔进洞内,坐在上座,四处张望着,徐某见他的长相与其他夜叉差不多。这时,其他夜叉也跟在后面拥进洞来,分别站立在两旁,都抬着头高举双臂做出十字交叉的样子向大夜叉致意。大夜叉环视两边,将大家一一点过,问:"卧眉山所有的都到齐了吗?"众夜叉齐声回答。又看着徐某说:"这是从哪里来?"母夜叉连忙上前回话,说是自己的丈夫,众夜叉也都七嘴八舌地夸赞徐某的烹调技艺。这时,已经有二三个夜叉跑去将煮熟的各种兽肉抬来,摆在桌子上。大夜叉一番大吃大嚼,赞不绝口,又命令今后要常常给他奉献这种熟肉。又看了看对徐某说:"你的珠串为什么这样短?"众夜叉回答:"他初来乍到,还没有来得及给他准备。"大夜叉就从自己项上脱下十颗珠子给徐某,个个如手指头般大小,圆如弹丸。母夜叉急忙接过,帮徐某穿挂好戴在脖子上,徐某也学着样子两臂交叉高高举起,向大夜叉表示感谢。大夜叉走的时候与来时一样,仍是乘风而起,飞一般瞬息即逝。众夜叉将剩余的东西吃完之后也纷纷散去。

徐某在这里大约有四年多,母夜叉忽然生产了,一胎生下两男一女,都长得和人一样,而不像母夜叉。夜叉们十分喜爱他们的小孩子,大家争着来逗弄玩耍。一天,夜叉们出去觅食了,只留徐某一个人在洞中。忽然从其他洞中来了一个母夜叉,要与徐某交欢。徐某不愿,那个母夜叉便发怒了,一扑将徐某推倒在地,正在这时,徐某的夜叉妻子从外面回来,猛扑上去与对方撕打起来,咬掉了那个母夜叉的耳朵。不一会,对方的雄夜叉也回来了,经过一番劝解才放了那个母夜叉。从那以后,母夜叉便时时守着徐某,寸步不离。

又是三年过去了,徐某的子女都已学会走路。徐某常常给他们教人类的语言,渐渐地他们都会说了。看他们咿咿呀呀说话的样子,一点都不像那些夜叉。三个孩子身体都很强健,虽然年龄还小,但爬起山来如走平地一般,与徐某的父子之情也越来越深。一天,母夜叉带着一儿一女出洞去,半天都没有回来,这时,刮起了北风。徐某北望故乡,陷入对家乡的思念之中。他带着儿子来到海边,看见当年留下的船依然停在那里,就和儿子商量一同回故乡去。儿子想回去告诉母亲,被徐某拦住。父子俩便上了船,船行了一昼夜就抵达交州。回到家,妻子已改嫁。徐某拿出两颗珠子,卖了一百万钱,因此家中十分富裕。给儿子取名叫徐彪。徐彪长到十四、五岁时就能举重千斤,生性鲁莽好斗。交州武官很赏识他,用他做千总。当时正值边地有人暴乱,徐彪多次立功,十八岁就升为副将。

当时有一个商人在海上航行时,也遇上了大风,被飘到了卧眉山。刚一上岸,便看见有个少年,望着自己吃惊不已。那少年一见商人就知道是中国人,便打听他的住处,商人告诉了。少年急忙把他拉到山谷里一个隐秘的小石洞中,叮嘱他不要出去,自己匆匆走了。不多时,带来许多鹿肉给商人吃,说:"我父亲也是交州人。"商人细问之下,知道就是徐某。商人在做客经商时和徐某见过面,就对少年说:"你父亲是我的朋友,他的儿子现在已经做了副将。"少年不知副将是什么意思,商人说:"这是中国的官名。"

又问:"什么是官?"商人说:"出门有车马,住着气派豪华的房子,一呼百应,凡见到他的人都规规矩矩。这就叫作官。"少年十分羡慕。商人问他:"既然你父亲在交州,你怎么还留在这里?"少年把情况讲了一遍。商人劝他回去。少年说:"我也是这样想的,可是母亲不是中国人,说话、长相都和中国人不一样,而且被这里同类发现有逃跑的企图,就会被杀掉的,所以一直犹豫不定。"他出洞时又对商人说:"等刮北风时,我会来送你走的,麻烦你带个口信给我的父亲和哥哥。"商人在洞里住了将近大半年,常常从洞中偷看外面,总是看见山中有夜叉来往,吓得不敢出声。一天,北风呼啸,少年匆匆赶来带他逃向海边,叮咛道:"别忘了我的话。"商人点头答应。又给商人留了许多肉,便分手了。

商人回交州后,即刻去了副将衙门,详细讲了经过。徐彪听后十分悲痛,恨不能马上去和母亲弟妹相会。徐某考虑海上风浪危险,不许去,他捶胸大哭,父亲劝也劝不住。徐彪禀告交州总兵,带两名士兵出海航行。他们在海上颠簸了半个月,四顾茫茫,无边无际,不辨南北。忽然猛浪接天,把船打翻,他随波漂荡了很长时间,被一个东西拖去,来到一个地方,竟有些房屋。徐彪睁开眼看,那个东西长得像夜叉。徐彪就和他说夜叉的话,对方吃惊地向他发问,徐彪告诉他自己要去卧眉山,夜叉高兴地说:"卧眉是我的家乡。刚才冒犯了你,罪该万死。你远离目的地已有八千里,这是去毒龙国的路,去卧眉不走这条路。"于是帮徐彪找到一条船送他去。夜叉在水中推着船,像箭一般飞速向前。一夜间已到了北岸,远远望见岸边有一个少年在徘徊,他知道卧眉山里没有人类,怀疑可能就是弟弟,走近一看,果然是的。两人握着手痛哭流涕。徐彪又问母亲和妹妹,弟弟回答二人都很好。徐彪想与他一同去。弟弟拦住他,自己匆忙回去。徐彪要感谢那位送他前来的夜叉,回头一看,早已不见了。

不久,母亲和妹妹匆匆赶来,见面后都哭了。徐彪说了自己的来意。母亲说:"我害怕回去后被人欺侮。"徐彪说:"我在中国很有地位,别人不敢欺侮的。"于是商定好回去,但着急没有顺风,母子正彷徨无计,忽然船上风帆被向南涨起,刮来一阵北风,徐彪万分欣喜说:"老天帮助我!"全家人上了船,船像快箭穿浪,三天后抵达岸边。人见了都吓得四散奔逃。徐彪脱下自己的衣服,分给三人穿。到家中,母夜叉一见到徐某就破口大骂,恨他当初不辞而别。徐某低头认罪。家里大小奴仆拜见主母之时,个个战战兢兢。徐彪劝母亲学说中国话,穿绫罗绸缎,吃美味佳肴,她很满意。母女俩都穿着男子装束,与满洲人相似。几个月后,都能说几句中国话,弟妹也渐渐变得皮肤白嫩了。

弟弟取名徐豹,妹妹起名徐夜儿,都强健有力。徐彪以自己不懂诗书为耻,便请来老师教弟弟读书。徐豹十分聪明,过目成诵。但却不愿做书生,当文士。徐彪便让他学习骑射,考中了武进士,娶姓阿的游击将军之女为妻。徐夜儿因为是异种女人,则没有人家来求婚。正值徐彪属下有一个袁守备的妻子亡故,徐家硬将徐夜儿嫁给了他。徐夜儿能力挽强弓,百步之外射起小鸟来箭无虚发。袁每次出征,都要带她同行。后来袁升任为同知将军,其实功劳大半应归于夫人。徐豹三十四岁时为挂印将军,母亲随他去南方作战,每次大敌当前,徐母便充当接应。敌人见了,都不战而退。皇上下诏封为男爵,徐豹代母上奏辞谢,改封为夫人。

异史氏说:"夜叉作夫人,真是闻所未闻。但仔细想想,也不奇怪,因为家家床头都有个夜叉在。"

小　髻

　　长山县有一居民，在家闲着没事时，就有矮个子的客人来家里，长时间地与他攀谈。他向来不认识这矮个客人，心中很有些疑虑。有一天，矮个客人说："我过几天就会搬来和你做邻居了。"过了四五天，他又说："我现在已经和你同住一地了，今后早早晚晚都可以向你请教。"问："迁居在哪里？"他也不说出详细地址，只用手往北一指。以后，每天都来一次。经常向人借器具，如果有人不将东西借给他，那东西就无缘无故地不见了。因此，大家怀疑他是狐狸精。

　　村子北面有座古墓，深不见底。料想矮个客人一定住在那儿。大伙便一同带着武器来到古墓。到那之后埋伏了很久，也不见有什么动静。大约一更快尽时，忽听得墓穴中有喊喊喳喳的声音，好像有百十人在说悄悄话。大家屏住呼吸不动。不一会，便见到尺把长的小人儿一个接一个从墓穴中走出，越来越多，数都数不清。大伙呐喊，一跃而上，举棒就打，每棒下去都迸出一阵火花，不一会小人儿就散去不见了踪影。地上只留下了一个小小的发髻，像胡桃壳一样，用纱装饰而用金丝线缠绕。闻一闻，味道骚臭，难以形容。

西　僧

　　有两个和尚从西域来到中原，一个去了五台山，一个去了泰山。他们的服饰、语言及相貌都与中原大不相同。自称："先经历了火焰山，那山重重叠叠，热焰灼灼蒸气腾腾如同炉灶。要想过必须等雨后，聚精会神，目力专注，轻步通过。一不留心，踏错了山石，就会迸发出火焰。而后又过流沙河。河中有水晶山，山崖陡峭，直插云霄，四面透明，好像没有阻隔似的。又有窄小的山隘，仅能容下一辆小车，两条龙头角交错着，在那里把守。凡过那里的人，向龙行礼，龙若允许，那头角就自动张开让人通过。这两条龙通体都是银白色的，鳞甲、须鳍都如水晶般透亮。"和尚说："在路上已经过了十八年。从西域出发时一共十二人，到达这里仅剩下俩人。西域人传说，中国有四大名山：一是泰山，一是华山，一是五台山，一是普陀落伽山。据说山上遍是黄金，而观音、文殊两个菩萨还在其中。谁能来到这里，便可成佛，长生不老。"听他所说的情景，其实就和世俗人对西方乐土仰慕的心情是一样的。如果有往西去的和往东去的人在途中相遇，各自陈述本土所有，必然会相对大笑，两边都会省去长途跋涉了！

老　饕

　　邢德是泽州人，绿林中的豪杰。他能拉强弩，连续发箭，被称为绝技。但是，一生不得志，做生意就赔本。但南北京城的富商大贾，都喜欢做生意时邀上他，路途上依靠他而无所畏惧。

　　恰巧有一年初冬，有二三个客商，借给邢德一点钱，邀他一起去贩货。邢德将自己的积蓄也全拿了出来，准备购进货物。邢德有一个朋友算卦很灵，上路前就找他算卦，朋友算了一卦说："占了一个'悔'卦，这次出门做买卖，必然要赔本。"邢德听后闷闷不

国学经典文库　中国二十大名著　聊斋志异　图文珍藏版

乐,有点不想去了,但那几个商人硬催他同行。到了京城后,邢德的生意果然赔本了。

腊月中旬,邢德独自骑马离开京城。想到马上要过年了,而自己却没钱,心中更加愁烦。这时,晨雾朦朦,快步走进路边一个小酒店,想喝上两杯。邢德在南边窗下找了个座坐下,看见北边窗下有一个白发老头和两个青年人在喝酒,有一个童子站在一旁侍候。这童子满头黄发,乱蓬蓬的像茅草一样。这时,童子斟酒时不小心碰翻了菜盘,菜汤溅到了老头衣服上。青年人大怒,立即去拧童子的耳朵,童子赶快用手巾替老头擦拭。邢德偶然看到童子两个大拇指上扣着厚厚的铁箭环,大约有半寸。他们吃完饭后,老头让青年从皮口袋中掏出银两,堆在桌子上,称出应付饭钱,然后又收了回去。青年人牵出一头跛着腿的黑骡,扶老头上去,童子也骑上一匹瘦马紧跟在后。两个青年将弓箭在腰间系好之后也上马走了。

邢德一直在旁边冷眼观察这几个人,看见那么多银两,不禁动了邪念,紧紧跟踪而去,酒也顾不上喝了。老头骑着跛骡,和童子在前面慢慢腾腾走着,邢德便快马加鞭从小路绕到了他们前面,猛一策马,来到大路正中,勒紧马缰,举着弓,双目圆睁瞪着老头。老头不慌不忙弯腰脱下左脚的靴子,微笑着说:"你难道不认得老饕吗?"邢德用力射出一箭,老头仰卧马上,不慌不忙伸出脚来,正好将那支箭夹在脚趾缝间。一边笑着说:"就这么点本事,用不着老子用手对付。"邢德一听就来了气,拿出连发的绝技,一箭跟着一箭射出。老头眼疾手快,一伸手抓住了前边那只,而此时后边一支也直飞过来,老头似乎没有防备到,结果让那支箭直直射进了嘴里,老头口衔着箭像死尸一般直通通栽到了地上,童子也滚下了马。邢德大为高兴,以为老头被自己射死了,走上前去,猛不妨老头从地上一跃而起,从口中吐出箭来,说:"初次见面,为什么这样恶作剧!"邢德大吃一惊,连胯下的马都被吓得失去控制,疯了一般向荒野乱跑。邢德知道了老头的厉害,再也不敢回头。

又向前走了大约三四十里,正遇着巡抚的管家带着财宝进京。邢德抢了过来,约值千把两,心里十分得意。正快马加鞭向前疾驰,忽听后面传来一阵马蹄声,回头一看,见是那个童子正骑着跛腿骡飞快追来。童子在后面大喊:"汉子慢一点走,把你弄到的东西分点给我。"邢德说:"你认识'连珠箭邢某'吗?"童子说:"刚才领教过了。"德见他容貌猥琐,又未带弓箭,就小看他,一连射出了三箭。童子不慌不忙,两手各接住一只,又用嘴衔住一枝,笑着说:"就凭你这点本事还来闯江湖,真不害臊。老子今天匆忙,没有带弓,这些箭留着也没用,还给你。"于是从拇指上脱下铁环,把箭穿上,用手一抛,只听呜呜作响飞来,邢德赶快用弓去拨,弓与铁环相撞,啪的一声弓弦竟断了,弓也裂了。邢德大惊失色,躲避不及,被飞箭射穿了耳朵,一个跟头从马上坠了下来。童子也下了马,准备上前搜寻财宝。邢德伏在地上用弓猛力打他,童子一把将弓夺了过去,折为两段,又折为四段,扔在一旁。而后一只手抓住邢德的双臂,一只脚踏上邢德双腿,立时双臂便好像被死死捆住一般,而双腿也像是被压上大石,一动都不能动。邢德的腰带叠了两层,大约有三指厚,童子轻轻一捏,腰带便成灰烬。他取出银两,翻身上骡,抬抬手说一声:"得罪了!"就头也不回地走了。

邢德回到泽州后,就变成了一个位大善人。常常向人提起这桩往事,一点也不隐讳。这件事与过去刘东山的事很相像。

连　城

　　乔生是晋宁人，少年时代就才华出众，但二十多岁仍未得志。他为人仗义，十分重情谊。当他的好朋友顾生死后，他念及与顾生生前的交情，常常去接济顾生的妻儿；当地知县不幸死在任上，家属流落，无法还乡。乔生又顾念知县生前对自己的赏识，便倾家荡产把知县的灵柩及家属送回老家，往返两千多里。当地文人学士因此非常敬重他，而他也因仗义疏财使家道衰落了。

　　当地史举人有个女儿，名叫连城，擅长刺绣，又知书达理，史举人对这个女儿百般娇宠。为了给女儿挑选佳偶，他拿出女儿所绣的《倦绣图》征集少年题诗作词。乔生看后，便题了一首绝句：

> 慵鬟高髻绿婆娑，
> 早向兰窗绣碧荷。
> 刺到鸳鸯魂欲断，
> 暗停针线蹙双蛾。

同时还写了一首诗赞美连城高超的刺绣技艺：

> 绣线挑来似写生，
> 幅中花鸟自天成。
> 当年织锦非长技，
> 幸把回文感圣明。

连城见了乔生的诗，十分喜爱，在父亲面前称赞不已，父亲却嫌乔家贫穷。连城逢人便夸奖乔生，又知道乔生仗义疏财，家境艰难，暗地里让女佣以父亲的名义送些钱给乔生。乔生感叹地说："连城可算上是我的知己了。"因此，便朝思暮想，如饥似渴。不久，连城许配给盐商的儿子王化成，乔生才断了念头，但仍是对她梦牵魂绕，从心里感激、敬佩她。

　　又过了些时候，连城染上了痨病，病情日益严重，终于卧床不起。有西域来的和尚自称能治好此病，但必须以男子胸上一钱肉来配药。史举人托人到王家告诉女婿，女婿笑着说："蠢老头，想挖我心头之肉。"去的人回来转述了这话，史举人当众扬言："有能割肉的，我就把女儿嫁给他。"乔生听说后立即前去，当场拿出刀子割下一块肉给了和尚。鲜血如泉涌，浸透了衣襟。和尚为他在伤口敷上药止住了血。而后用人肉配了三丸药，分三天服下。三天以后，病真的好了。史举人准备履行自己的诺言，让人转告王化成一声。王化成知道后十分生气，要打官司告史家。史举人心中害怕，就摆下酒席来招待乔生，席间，把一千两白银摆在桌子上对他说："我辜负了你的大恩大德，用这个表示酬谢。"并说明了不得已违背诺言的缘故。乔生气愤地说："我之所以能献出自己的胸前肉，只是为了报答知己，难道是为了卖肉吗？"说完甩手就走了。连城知道了，心中十分不忍，又拜托女佣前去安慰乔生，说："以你的才华，不会永远这样被埋没的。到时候天底下还愁没有美人来陪你？我做过一个不祥的梦，预示着我三年之后必定会死，你也不必和别人争一个死鬼了。"乔生告诉佣人说："士为知己者死，并不是为了美色。只怕连城未必真正知道我的心思，如果她真是我的知己，即使不结婚也没什么要紧。"女佣代连城发誓，说她的确是一片真心。乔生说："如果真是这样，我俩相逢时她能对我笑一笑，我就死而无憾了。"过了几天，乔生偶然在路上遇见连城，她刚刚从叔父家返回，乔生目不转睛地看着她，只见她秋波盈盈，转过头来对乔生含情脉脉地嫣然一笑。乔生大喜说："连城果然是我的知心人呀。"

后来王家去史家商量婚事之时，连城旧病复发，拖了几个月后，终于死去。乔生前去史家吊唁，因悲痛过度而昏迷过去，史家急忙将他抬回家中。乔生知道自己已经死了，心中也没有什么难过的。游游荡荡出了村子，一心只想遇见连城。远远望见从南至北，许多人密密麻麻地在赶路，也就挤了进去。不一会，来到一所官署中，竟见到了已死去的顾生。顾生惊讶地问他："你怎么来这里了？"就将他往外拉，想让他走。乔生叹了口气说："我还有心事未了。"顾生说："我在这里主管文书，长官很信任我，如果有能为你出力的地方，你尽管说。"乔生便问连城在哪里。顾生带着他找了好几个地方，终于找见了连城，她正和一个白衣女郎两人泪眼婆娑地坐在走廊角上。连城看见乔生过来，高兴地连忙站了起来，问他怎么来的。乔生说："你已经死了，我又怎么能活着！"连城哭着说："像我这样忘恩负义之人，你不但不嫌弃，反而还以身殉情，这又何苦！我今生已不能陪伴你了，但愿来生能相随。"乔生就对顾生说："你去忙自己的事吧，我以死为快乐，不想复活了，麻烦你告诉我，连城将托生在何处，我要和她一同前去。"顾生答应后便离去了。连城又指着身边的白衣女郎对乔生说："她与我同姓，名叫宾娘，是长沙史知府的女儿。因为我俩一路同来这里，因而同病相怜。"乔生见史宾娘神情凄楚可怜，刚想多问两句，这时顾生已经回来，恭贺乔生说："我已帮你将事情办妥了，就让这位娘子与你一同还魂复生，好吗？"两个人都是十分欢喜。谢过了顾生，两人正要告辞，只听得史宾娘在一旁大哭起来说："姐姐你走了，我又该到哪里去呀？求求你救我一命，我甘愿为你当侍女。"连城心里难过，没有办法，就求乔生，乔生又只好再去求顾生，顾生一口推脱说不行。但经不起乔生再三强求，就说："我再去试试吧。"过了约一顿饭的功夫，他又返回摇着手说："怎么办呢？我是无能为力了。"史宾娘听了，更是放声大哭起来，紧紧拉着连城的胳膊，唯恐她马上离去。见此情景，顾生不忍，就下狠心说："带上宾娘一同去吧，如果降下罪来，就由我一人担当！"史宾娘这才破涕为笑，和乔生他们一同出去了。乔生担心她回家路远没有人陪伴，史宾娘说："我愿和你们一同走，不愿回家。"乔生道："你这样说就太傻了。你不回去，怎么能复活呢？如果有一天我去湖南，你见了我不躲开，那就算我有幸了。"这时正好有两个老太婆带着公文要去长沙，乔生便将史宾娘托付给二人，双方洒泪而别。

回程途中，连城走得很慢，走一会就坐下休息，前后歇了十几次，才来到家门口，连城说："再生之后，真怕我们的事又有什么反复，不如你先去要回我的尸体，我在你家复活，应当不会有什么差错了。"乔生答应了。二人同回乔生家。连城这时又举步艰难，乔生在旁耐心等待。她说："我现在心中十分紧张，这次如果策划不好，来生也许仍得不到自由。"这时二人已来到厢房中。沉默片刻，连城笑着问："你不喜欢我吗？"乔生不明白这话的意思。连城羞红着脸说："我总担心你我的事情不成，再次辜负了你。让我们在做鬼的时候先结为夫妻吧。"乔生十分欢喜，二人在厢房里情意绵绵，不愿马上复生。缠绵三日，连城说："'丑媳妇早晚也要见公婆。'我们在这里偷偷摸摸，绝非长久之计。"就催乔生先进室中。乔生刚一到灵堂，就苏醒过来。全家人都十分惊讶，连忙喂他汤水。乔生让人把史举人请来，说自己能使连城复活，请求把她尸体送来。史举人十分高兴地答应了。刚刚将连城尸体抬进来，人已经复活了，她对父亲说："我已经委身于乔生了。如果有变动的话,也只有一死了。"史举人回家后,让丫头去乔家侍奉小姐。王家得知此事,告到官府,县官受贿,又将连城判给王家。乔生气得要命,也无计可施。连城到了王家,不吃不喝,但愿快快死去。无人时就上吊,第二天奄奄一息,王家怕出人命,只好抬回史家,史家又抬回乔家。王家知道后也无可奈何,从此这件事也就了结了。

连城身体恢复后,常常怀念史宾娘,想派人去湖南探问消息,又因路远而拿不定主意。一天,家人进来说:"门口停了一辆马车。"夫妇二人赶忙迎出,这时史宾娘已来到了庭院。彼此相见,悲喜交加。史知府亲自送女儿前来,乔生迎入。史知府说:"小女全靠你得以死而复活,她立誓不嫁人,如今照她意愿行事。"乔生磕头谢过。这时,史举人也来了,和史知府共叙同宗亲谊。

乔生名年,字大年。

异史氏说:"因一笑相知而致以身相许,可能有人会觉得这是痴人做的傻事;但那田横五百壮士难道是痴人吗?世上知音难寻,往往使英雄豪杰感激于心,不能自已。可怜茫茫四海之内,但教锦心绣口的才子,仅仅倾心于女子的一笑,是多么可悲啊!"

霍　生

文登县书生霍某,与书生严某自小便在一起互相轻薄调笑,长大后也常开玩笑。霍生的邻居老太婆,曾经给严某的妻子接生。有一次在与霍妻闲聊时,说严某妻子的阴部长有瘤子。霍妻又把这话告诉了丈夫。霍某就与几个朋友商量好等严生快要来时,故意在房中小声嘀咕说:"谁谁的妻子是我的相好。"众人装作不信,霍某便胡乱捏造一番事实,说得有鼻子有眼,最后还说:"你们要是不信,她的阴部长着一对瘤子。"严某在窗外将这番话听得清清楚楚。不进屋而径直离去。到家狠狠责打妻子,妻子不服,他打得更凶。严妻满腹委屈,实在不堪忍受,自缢而死。霍某才十分后悔,但也不敢向严某说明实情。

严某的妻子死后,她的鬼魂夜夜哭嚎,搅得全家不得安宁。不久,严某暴病身亡,鬼才不哭了。

霍某的妻子在梦中见到一个女鬼,披头散发地对着她大叫着:"我死得好苦,你们夫妻哪能得到欢乐啊!"醒来后就病了,几天以后死去。霍某也梦见有女鬼指着他百般咒骂,并打他嘴巴。惊醒之后,觉得嘴唇隐隐作痛,用手一摸,竟肿起老高,三天后长出一对瘤子,从此再也治不好。不能大声说话和开口笑,一旦嘴张的太快,就疼痛难忍。

异史氏说:"死后能变为厉鬼,是一腔怨气郁结的结果。阴部的毛病加到仇人的嘴上,虽然神灵,却近于儿戏了。"

村上王某与一同学常开玩笑。一次那同学的老婆回娘家,王某知道她骑的驴子容易受惊,预先伏在杂草丛中,等那女人到来,突然窜出。驴子受惊,把女人掀落在地。只有一个小僮儿跟着,无法扶起她骑上驴背。王某就讨好地过来帮忙,抱抱捏捏,占了不少便宜。女人也不认识他是谁。王某为这事很扬扬得意,说僮儿追驴子去了,自己乘机与女人在草丛中有了勾当,把女人穿什么衣裤,着什么鞋都说得清清楚楚。那同学听说,羞惭已极而去。过了一会儿,王某从窗缝中看到那同学一手握刀,一手揪着妻子走来,满脸杀气。

王某吓坏了,跳墙逃走。那同学在后紧紧追赶,追了两三里路,看看追不上,才回去。王某死命奔逃,肺叶扩张,因此而患上了哮喘病,几年不愈。

汪 士 秀

汪士秀是庐州府人。刚勇有力,能举起石碓。父子都擅长踢球。父亲四十多岁时,过钱塘江落水淹死。

大约过了八、九年,汪士秀有事来到湖南,晚上船停在洞庭湖畔。他凭栏而望,一轮皓月当空,湖水清澈、透明如一匹闪闪发光的白缎,景色十分美丽。正在此时,远远就见五个人从湖水中钻了出来,将一张大大的席子平铺在水面上,几乎有半亩多大。又在席上摆满美酒佳肴,杯觥交错铿锵作响,十分悦耳,不像是陶盆瓦罐之类。接着,其中三人就在席上坐下来吃喝,另外两人在一旁斟酒。坐着的人一个穿黄衣服,两个穿白衣服;头上都缠着黑色头巾,在头上高高耸起,一直拖到肩膀上,样子稀奇古怪,在月光下看不太清楚。两个侍者都穿着褐色衣服,好像是一老一小。只听得黄衣人说:"今晚月色真好,可以痛痛快快地喝上几盅了。"穿白衣的说:"今晚的风景,真比得上当年广利王在桃花岛宴集时的风景。"三人频频举杯,争着干杯。但话音渐小,听不清楚。汪士秀船上的水手都藏在舱中不敢动。汪士秀仔细看侍酒的老人,很像自己的父亲,而听他的声音,又不很像。二更过后,忽然有一个人说:"不如趁着今晚的好月亮玩一玩球吧。"便见小的从水中拿出个圆东西来,可抱在怀里那么大,里面好像灌满了水银,内外透明。坐着的人都起来。黄衣人招呼老人一起踢球,当即踢起有一丈多高,球儿光芒四射,照得人眼花缭乱。一会儿,球砰的一声远远飞来,直落到船上。汪士秀不觉脚痒,飞起一脚踢上去,却踢着一个十分轻软的东西,因用力过猛,球似乎要破,飞起数丈高,有一丝光线从下面漏出,如同彩虹一样,接着又如彗星当空划落,嗖的一声掉到水中。这时湖水如沸腾一般翻滚着,球如同水泡一般就破灭了。席上的人一齐大怒,骂道:"是什么生人,敢来扫我们的雅兴!"老人笑着说:"不错不错,这是我家传的'流星拐'脚法。"白衣人恼火他这时还在开玩笑,对他发怒说:"大家都扫兴,你还在快活,还不快把那疯小子抓来,不然就敲断你的腿!"汪士秀知道逃避无用,也就毫不畏惧地持刀站在船上。立即见一老一少操着兵器来到面前,汪士秀仔细一看,那老的果然是自己的父亲。大声呼喊:"阿爹,孩儿在此。"老头十分吃惊,父子相望,万分悲哀。小的转身就走。老头说:"你赶快藏起来,不然大家都会死。"话音未落,忽然有三个人就上了船,都是面孔漆黑,眼睛乌溜溜瞪得比石榴还大,不由分说,拉着老头就走。汪士秀用力与他们争夺,船在脚下摇摇晃晃,连缆绳都挣断了。穿黄衣的人被汪士秀一刀砍断了臂膀逃走了,一个白衣人又扑上来,汪士秀又剁掉了他的头,头颅"扑通"一声掉在水里不见了。正准备将船划走,只见从水底露出一张大嘴,黑洞洞深得像一口井,四面八方的湖水轰隆隆向里面灌去,不一会,化作一股狂涛喷涌而出,浪高连天。湖上所有的船只都在浪尖上颠簸,人人惊恐失色,汪士秀见船上有两枚镇船的大石鼓,都有上百斤重,便举起一枚向大嘴投去,顿时湖水响如雷鸣,波浪减小,又将另一枚投入,立时风平浪静。汪士秀怀疑父亲已变成了鬼怪,父亲说:"我并没有死,一同落水的十九个人都被妖物吃了,因为我会踢球才保住了性命。妖物因得罪了钱塘君才迁到了洞庭湖。那三个都是鱼精,所踢的东西是鱼鳔。"父子意外相逢,欣喜万分,半夜后摇舟离开。天亮时,见船里有一只直径四、五尺的鱼翅,想必就是夜间砍掉的那个臂膀。

商 三 官

旧诸葛城有个读书人叫商士禹。他因喝醉酒后说笑话冲撞了当地豪绅,被豪绅唆使家奴一顿乱棍打伤,抬回家后就死了。

商士禹有两个儿子,长子叫商臣,次子叫商礼,还有一个女儿名叫商三官。商三官当时已年满十六,许配了人家,因为父亲丧事而没有完婚。兄弟两个为父亲之死出门去打官司,很长时间也没有结果。女婿家便托人劝说商三官的母亲,请求将婚事先办了。母亲准备答应。这时商三官听到后走进来说:"天下哪有父亲尸骨未寒就办喜事的儿女,他家里难道没有父母吗?"女婿家人听了这话,十分惭愧,也就不再催促了,后来,弟兄两个打官司没有赢,含冤回到家中,全家人满腔悲愤。兄弟俩准备将父亲尸体留下不葬,以便再次告状。商三官说:"人无缘无故被杀死而官司都打不赢,这世道是什么样的世道就可知了。老天爷不会专为你们弟兄俩派一个青天大老爷来的。让父亲死了也不得安宁,做儿女的又于心何忍。"二位兄长听从了她的话,将父亲入葬了。葬礼之后,商三官连夜潜逃,不知去向。母亲心中不安,害怕女婿家知道了要人,不敢声张,又让两个儿子暗中打听。将近半年,都得不到半点消息。

后来那个豪绅过寿,招来戏班子在家里演唱。老艺人孙淳带了两个弟子前来。一个叫王成,长相平平,但吐字清晰,音色洪亮,受到众人赞赏。另一个叫李玉,长相秀气标致,简直胜过美女。但让他演唱,却推辞说记不住词,勉强哼了几个曲子,都是些民间土调,听得众人直鼓掌喝倒彩。孙淳十分难堪,对主人说:"这小子学艺还没有几天,只能为各位陪酒,请千万不要怪罪。"就命李玉在席上斟酒。李玉在席间殷勤侍候,又有眼色,豪绅十分喜爱他那股机灵劲。酒宴结束后就留他与自己过夜。李玉为豪绅宽衣解带,整理床铺,侍候得十分周到。豪绅醉醺醺地以语言挑逗,他只是面带微笑。豪绅愈发对他入迷,就打发仆役们都出去,只把李玉单独留下。李玉等佣人们一出去,就将门从里边反锁上。过了一会,那些在另一间屋中喝酒的佣人忽听房中发出格格的声音,有个佣人就跑过去看,见室内一片漆黑,什么声音也没有。刚要转身离开,忽然间从室内传出一声响,像是有什么东西重重落在地上。喊了两声,里边也没有回音。就叫来众人破门而入,才看见主人已被斩为两段,而李玉也自尽身亡。因绳索被扯断,尸体掉在地上,剩下那段绳子还牢牢系在房梁上。众佣仆大惊失色,连忙通报了豪绅家眷,里里外外都不知其中缘故。众人将李玉尸体移到庭院时,发觉他脚下鞋袜空空飘飘,好像没有脚一样,解开一看,原来是一双女子的小脚。众人更是惊恐,把孙淳叫来盘问。孙淳吓得不知说什么好,只回答:"李玉是一月前才来我门下学艺的,今天执意要给主人祝寿,我实在不清楚他的底细。"众人看到她里边还穿着孝服,便怀疑是商家的刺客。暂时派两个家丁看管尸体。这二人看她肢体仍然柔软温暖,面容栩栩如生,便想奸淫,其中一个抱着尸体正要解下衣裤,忽然头上如同挨了什么东西重重一击,顿时口吐鲜血而死。另一个吓得失魂落魄,忙告诉众人。人人都对女尸恭恭敬敬,看作神灵一样。立即上告了官府,官府传问商氏兄弟,都说不知,只是妹妹离家出走已有半年。官府让他们去认尸,果然是三官妹妹。官府认为商三官是世上少有的女子,便判两兄弟领尸回去安葬,并责令豪绅家不许寻仇。

异史氏说："商家两兄弟竟然不知自家有个女中豪杰，真是白当了一回大丈夫。而商三官的作为，也真是能惊天地泣鬼神了，所以也不能怨世人都庸庸碌碌了。希望天下女子都来买丝为商三官绣像，它和人们供奉关羽也差不了多少。"

于 江

乡民于江的父亲在田间睡觉，被狼吃掉了。于江找到父亲遗留的鞋子，悲痛欲绝，要为父亲报仇。

第二天晚上，等母亲熟睡后，于江就悄悄带着一个铁锤来到田边，睡在父亲睡过的地方。不一会就来了一只狼，先在于江身边绕着圈子用鼻子嗅，于江不动，又摇晃着尾巴扫他的头，又用舌头舔他的大腿，于江都忍住一动也不动。等狼猛扑上前，要咬他脖子时，于江猛地用铁锤向狼的头顶砸去，狼立刻倒地而死。于江起来把狼尸藏进草中。一会，又来了一只狼，于江又像刚才那样将狼打死了。这时已到了半夜，再不见有狼来。于江躺在地上睡着了，梦见父亲对他说："你杀了两只狼，已够使我解恨了。但先前吃我的那只狼，鼻头是白的，这两个都不是。"于江醒后，仍然躺在那里等待。一直到天明，也不见狼再来。想把死狼拖回家，又怕母亲害怕，就扔到了一口枯井中。到了晚了，他又去田间，仍然不见有狼来。就这样一直等三四个晚上。有一天半夜，他正躺在田间，忽然来了一只狼，咬着他的一只脚拖着向前走，地上的荆棘、石块刺得于江疼痛钻心，但他仍装得和死人一样。走了几步后，狼将他扔在地上，就要撕咬他的肚子。这时，于江猛然跳起，一锤就将狼打倒了，又上去猛砸几下。等狼断气后，于江仔细看，果然是个白鼻子狼。于江大喜，背着狼回家告诉了母亲。母亲哭着和他来到井边，在枯井中又找到另外两只。那一年，于江才十六岁。

异史氏说："普通农家之中，有这样了不起的人物啊！忠义勇烈发自内心的一片赤诚，不只是勇敢，机智也是不同寻常。"

小 二

滕县人赵旺，夫妇二人吃斋念佛，不动荤腥，乡邻称他们善人。家里称得上是富足。有一个女儿名叫小二，绝顶聪明又标致漂亮。赵旺十分宠爱她，六岁那年，就让她和兄长赵长春一起拜师读书，五年之内，熟读五经。同窗有一少年姓丁，字紫陌，比小二大三岁，风流文雅有才华，二人彼此爱慕。丁生私下将二人相爱实情告诉了母亲，丁家便向赵家提婚。赵家一心想把女儿许配给豪门大族，就没有答应。

不久，赵旺受迷惑而加入了白莲教，后来教主徐鸿儒举兵造反，赵旺一家都成为反军。当时徐鸿儒选了六名少女，传授白莲教法术，其中就有小二。因为小二知书善解，对那套纸兵豆马的法术一学就会，徐就将所有法术传给了她。而赵旺因女儿的缘故，也得到提拔。

当时丁生已年满十八，考取了秀才，但不愿结婚，心中只是惦着小二，就逃亡投奔了徐鸿儒。小二见了他十分高兴，给了他特殊优待。因为小二是徐鸿儒的得意门生，主持军务，所以不管白天黑夜出入军中，和父母都不能呆一会儿。她与丁生经常在晚上见面，打发走那些仆役，两人单独谈到深夜。丁生对她说："你知道我这次来的一片

国学经典文库

中国二十大名著

聊斋志异

图文珍藏版

苦心吗?"她说:"不知道。"丁生说:"我来这里,并没有什么野心,全都是为了你呀。这些左道妖术,成不了大事,只能自取灭亡。你是聪明人,难道想不到吗?这次你如能和我一同逃走,我这番苦心就不白费了。"小二听后十分震惊,像是从梦中清醒过来,说:"就这样背着父母走了,不义。请让我告诉他们一声。"二人便来到父母面前竭力说服,赵旺却执迷不悟,说:"师父是天降神人,难道会有错吗?"小二知道无法说服,就乔装打扮,把垂发拢起为发髻。她拿出两个纸剪的鹞子,和丁生各骑上一只,鹞子展翅扑腾,比翼而飞,天明时,已到了莱芜县境。她用手一捻纸鹞子的脖子,鹞子就忽然收起翅膀降落下来,将鹞子收起后,又换成两匹驴子,一直骑到山阴里,假说为避战乱,租了屋子住下。两人出来时匆忙,也没带什么行装,一点柴米没有。丁生十分忧愁。向左邻右舍的人去借,都不肯借给。小二却面无愁容,当掉首饰度日。二人闭门在家相对猜灯谜,并回忆书中典故比胜负,输了罚打手心。

西邻有个姓翁的,强盗出身。一天,他打猎回来。小二说:"有这样的阔邻居还怕什么?向他借一千两银子,一定会给的。"丁生表示难办。小二说:"我会让他高高兴兴拿出来的。"就用纸剪了一个判官,放在地上,又扣上鸡笼。而后二人相拥坐在床上烫酒,又翻《周礼》行酒令:任意说某册第几页第几行,然后一起翻书。翻着的人官衔名称是"食"字旁、"水"字旁、"西"字旁的就饮酒一杯;是"酒"部的则加倍。后来小二恰巧翻得"酒人",丁生就用大杯斟满酒催她干杯。小二就祷告说:"如果我们借得到钱来,你就该翻得"饮"部。丁生翻开书本,得"鳖人"。小二笑得前仰后合,说:"事成了。"把酒往杯中滴了几滴让丁生喝。丁生不服气。小二说:"按部来说,你属于水族,应该是鳖饮。"正在争吵笑闹之时,就听得笼子中发出"嘎嘎"叫声,小二起身说:"来了。"翻开笼子一看,见下面有满满一布袋银两。丁生又惊又喜。后来翁家保姆抱小孩来玩时说:"我家主人回来刚刚点上灯坐下,地面忽然裂开一个大口子,深不见底。有一个判官从里面出来,说:我是阴间管事的,泰山帝君集合地府属官,造一个恶人名单,现在需要一千盏银灯,每盏重十两。凡供奉一百盏的,可免除罪过。"主人惊恐,烧香叩头祈祷,同时拿出白银千两。判官钻入地下,地又重新合了起来。"夫妻俩听了她的话,故意装出惊奇的样子。

从此后,日子渐渐富裕起来,买了牛马,养了奴婢,还盖了房屋。附近一些无赖之徒,见他们家富足,便结成一伙,在一天半夜翻墙进来打劫。当夫妇二人被从梦中惊醒时,发现室内火把通明,满地都是强盗。有两个强盗上来扭住丁生,又有一个强盗伸手向小二怀里摸来。小二裸着上身起来,竖起一个指头说:"定,定!"十三个强盗立时都瞪眼张口动弹不得,个个呆若木鸡。小二这才穿上衣裤从床上下来,喊来家丁,将强

国学经典文库

中国二十大名著

聊斋志异

图文珍藏版

盗一个个反绑起来，逼着他们招供。这才责备他们说："我们从远方来这里避难，你们不但不帮助，反而如此来害我们！人都是有难处的，你们有什么难处可以明说，我们也不是守财奴。而像你们今天的行为与禽兽又有什么两样？本来你们罪该万死，但我不忍心这样，今天放你们走，下次如果再犯，就不客气了！"强盗们叩头谢罪后赶忙走了。

过了一段时间，徐鸿儒被官府捉拿，赵旺夫妇及儿子媳妇都被杀，丁生带些钱去将赵长春最小的儿子赎了回来。当时孩子才三岁，丁生将他当成自己的孩子抚养。给他改姓丁，取名叫承祧。村里人慢慢知道他们与白莲教有亲属关系。当时遇上蝗灾，庄稼受损。小二剪了数百个纸鹞子放在田中，蝗虫不入丁家田地，庄稼没有遭殃。村里人很嫉妒，将他们告到官府，说是白莲教余党。官府看他们富裕，就把丁生抓进监狱，想乘机敲竹杠。丁家用重金贿赂，才被放出来。小二说："我们的钱财来得不清白，应当破点财。可是这地方人心险毒，不能久住。"于是低价变卖家产，迁到益都西郊居住。

小二十分精明强干，会做生意，经营方面胜过男子。曾开办琉璃厂，雇来工人加以指点，制造棋和灯，花样奇巧美观，别家都比不上，虽然价高，但销路很好。没有几年，就成了大财主。她也精于管理，家里仆役几百口人，没有一个吃闲饭的。夫妻俩空闲时在一起品茶、下棋、看书为乐。所有钱粮账目五天清一次，夫妻俩一个报账，一个算账。对下人赏勤罚懒，轻者罚站或跪，重者鞭打。每到检查日就放假，不开夜工。夫妻二人设小宴，让婢女唱曲子娱乐。由于小二明察秋毫，谁也不敢欺瞒。而赏赐也往往超过劳动所应得的，因此，所办之事容易成功。

小二还借给村里最穷的人本钱让他们营生，所以村里二百多家没有一个失业游民。有年大旱，小二让人在野外搭起祭坛，晚上她乘车前往，踏着巫步作法，果然天降大雨，方圆五里的庄稼被救活，人们把她看作神明。小二出门时从来不遮脸，村里人都见过她的真面。也有些年轻人在背地议论她的美貌，但见到她时都规规矩矩，不敢抬头。每逢秋天，她出钱叫村里不能下地耕作的小孩子采集野菜、蒿子之类加以收藏，将近二十年，堆满了整个楼房。大家暗地里取笑她。后来年景饥荒，到了人吃人的地步，她把干野菜杂在粮食中赈济饥民。附近村人靠它保全性命，没有流亡在外的。

异史氏说："小二的所作所为，完全是靠天帮助，而不是靠人的能力。但是，如果没有人启发、开导她，她早就被杀了。由此可见，世界上有才能而误入歧途而死去的人一定还有不少。和小二一同学法术的六个人中，可能就有像小二这样的，只可惜没有遇上丁生罢了。"

庚　娘

金大用是中原地区世家子弟。妻子是尤知府的女儿，名叫庚娘，美丽贤惠。夫妇俩感情很深。后来因为战乱，家人失散。金大用便携带家属逃往南方。

逃亡路上，遇见一年轻人，也是带着家眷南逃，自称是扬州的王十八，愿意为向导。金大用很高兴，于是结伴而行。不久，便来到河边上。庚娘悄悄对丈夫说："咱们不要和他们同船。他常常盯着我看，而且表情也很奇怪，看来是居心叵测。"金大用答应了。

王十八忙前忙后地找船、运行李等，十分殷勤，金大用不忍心推却他的一番好意，又想他也带着妻子，应该没有什么问题。在船上，王妻子与庚娘同住，态度和蔼可亲。王十八在船头上和船工说话，像是老相识一般。船走了不大一会，天已是黄昏了，只见四周天水茫茫，让人辨不清南北。金大用见这里偏僻险要，觉得有些可疑。这时，一轮明月冉冉升起，船已来到一片芦苇丛中。船在这里停了下来，王十八邀金大用父子出来看看，便乘其不备，将金大用挤到水里。金父见状，刚要呼喊，又被船工一篙戳了下去。金母听到声音出来探看，也被戳下水去。这时，王十八才大声喊救人。金母出来时，庚娘就在后面，已经约略看见了些。见一家人都落水，也就没有露出惊慌，只是哭着说："公公婆婆都不在了，我到哪里去呢？"王十八进来劝解说："娘子不要悲伤，请跟我一同去金陵。我家有良田美宅，家境丰裕，保你吃穿不愁。"庚娘止住哭说："如果真能这样，我也满足了。"王十八十分欢喜，对她殷勤备至。当天夜里，就向她求欢。庚娘推托说自己正来月经，王十八便和妻子去睡了。一更刚过，就听得夫妻俩在舱中吵架，不知是为了什么。又听见女的说："你做的事是会遭天打雷劈的。"王十八就殴打妻子，只听女的大声说："死就死，真不愿当杀人犯的老婆。"王十八大吼大叫，将妻子揪出舱，只听"咕咚"一声，王十八大声喊："我老婆掉到水里了！"

不久，船到了金陵。王十八将庚娘带回家中，拜见老母。老母奇怪这不是原来的儿媳。王十八回答："掉在水里淹死了，这是新娶的。"二人回到房中，王十八又对她动手动脚。庚娘笑着说："你三十多岁的人了，还没有经过男女之事吗？一般小户人家成亲，也须一杯薄酒，你家如此富裕，应该不成什么问题。两个人清清醒醒地度过洞房花烛夜，真有些说不过去。"王十八听了很高兴，就摆上酒菜对饮。庚娘不住地劝酒。王十八已经有了醉意，便开始推辞。庚娘强装媚态相劝，王十八不忍心拒绝，于是又喝了满满一大杯。这一下彻底醉倒，脱光衣服催促庚娘上床。庚娘收拾了杯盘，吹灭了灯，托说要小便，出去拿了一把刀进来，在黑暗中摸到王十八的脖子。王十八这时还拉着她的胳膊纠缠，庚娘用力砍他的脖子，没有杀死，他喊着跳起来，庚娘又砍了一下，才杀死了他。王母闻声赶来，庚娘将她也杀了。事情被王十八的弟弟王十九察觉，庚娘知道逃不掉了，急忙自刎，但刀口钝，砍不进去，就开门快跑出去。等王十九追上来时，庚娘已跳进水池中。连忙喊人打捞，救上来时人已死了，但依然容貌秀丽，栩栩如生。众人来王家验尸，见窗上有一封信，打开一看，原来庚娘将自己的冤屈全部写在上面。众人为庚娘的刚烈所感动，商量集资安葬她。到天亮时，来观看的人达数千，个个面对遗容朝拜。一天之内。便集得安葬费一百两，将她葬在南郊。还有人为她穿戴了珠冠锦袍的寿衣，墓中随葬品满满的。

当初，金大用被挤下水后，因为抓住一块木板而幸免于难。第二天早上飘到淮河边，被一条小船救起。这船是富翁尹老头专门用来拯救落水者的。金大用苏醒后，去向尹老头谢救命之恩，尹老头很优待他，留他教自己儿子读书。金大用因为不知父母下落，要去寻找，所以犹豫不决。这时，听说捞起一个老头和老太婆尸体，金大用怀疑是父母，一看果然是。尹老头帮着置办了棺木。金大用正痛哭着，又报说救起一个女的，自己说是金大用的妻子。金大用去看时，不是庚娘，而是王十八的妻子。她向金大用大哭，求他不要抛弃她。金大用说："我现在心乱如麻，怎么顾得上你。"女人更悲伤了。尹老头了解了事情经过，认为这是苍天报应，劝金大用收她为妻。金大用说："父母刚刚去世，我正在居丧。而且必须报仇，如有妻室拖累，实在太不方便。"女的说："照您说的，如果现在是庚娘，也以此为理由不要她吗？"尹老头认为她言之有理，愿意暂时代金大用收养她。金大用答应了安葬父母时，女人披麻戴孝，尽了礼数。

丧事过后，金大用藏刀在身，手捧要饭碗，打算去扬州。女的说："我姓唐，祖居金陵，和那个狼心狗肺的是同乡，他过去说家在扬州是骗你。而且，他和江湖上的强盗都是一伙，你如果不小心，报仇不成，反会遭殃。"金大用听了不知如何是好。这时忽然到处有传播女子报仇的事情，人名、地点说得有凭有据。金大用得知此事悲喜交，对唐氏说："幸好我对你没有什么，不然，我家有这样的烈妇，而我再娶，不就成了负义的男人了？"但唐氏已经说定了，不肯中途分手，愿留下做妾。

这时，尹老头的旧交袁某来访，与金大用一见如故，请金大用做他的秘书。金大用便随他去剿灭流寇，袁某后来立了大功，金大用因他的保荐，也授任游击。回到淮上后，金大用便与唐氏成婚。婚后二人同去南京，准备修筑庚娘的墓地。船过镇江时，想登金山，正行至江中，忽然有只小艇擦船边而过。这时金大用看见艇中有一位老太太和一位少妇，那少妇的长相与庚娘一模一样。船过后，少妇从窗口往外看，金大用一怔，连她的神情都那么像庚娘。金大用满腹疑虑又不敢贸然追问，情急之下喊了一句："看一群鸭子飞上天了。"少妇听了，也喊着说："馋嘴儿想偷吃猫食吗？"这两句话是当年两人在闺房中调笑的戏语。金大用大吃一惊，掉转船头靠近一看，真是庚娘。丫头将庚娘扶过船，两人抱头痛哭，船上旅客也为之感动。唐氏过来，用拜见正妻的大礼叩拜庚娘。庚娘惊问原委，金大用便将前后经过叙述一遍。庚娘拉着她的手说："当时与你在船上交谈过，心里常常还记起你，想不到现在成为一家人了。你代我安葬了公婆，理应我先谢你，怎么能以妾礼相见呢。"于是两人以姊妹相称，庚娘大一岁，叫唐氏为妹妹。

原来，庚娘埋葬之后，自己也不知过了多久，忽听得有人对她说："庚娘，你丈夫还在，你们还会团聚。"而后就好像从梦中惊醒。一摸，四面是板壁，才知道自己已死了，被埋进坟墓。她只觉得胸中憋闷，倒也不太难受。刚巧村里一些无赖之徒，见庚娘殉葬品很多而且很好，来掘墓破棺，正要取东西时，发现庚娘还活着，惊慌极了。而庚娘也害怕这些人伤害自己，就哀求说："幸亏你们前来，使我重见天日。头上的珠宝，你们都拿去，希望把我卖去当尼姑，还多少得点钱。我决不会告发你们的。"盗贼叩头说："娘子是个烈妇，鬼神都敬重你。我们不过是穷急了没办法，才干这种伤天害理的事情。你如果不泄漏，已属万幸，又怎么敢将你卖去做尼姑呢？"庚娘说："这是我自愿的。"又有个盗贼说："镇江有个耿老夫人，无儿无女，她要是见了你，一定会十分欢喜。"庚娘表示感谢，取下头上珠宝首饰全送给他们，他们不敢接受，庚娘一定要送给，才一同拜谢收下。于是将庚娘送到耿夫人家，假说是船遇风迷路而来投奔。耿夫人出身世家大族，年老寡居度日，见到庚娘，十分高兴，看作自己亲生女儿。刚才是母女两人从金山准备回家。庚娘一五一十地讲完之后，金大用就到船上拜见耿夫人，夫人像对待女婿一样待他，接到家里留住几天才让回去。此后，大家经常来往。

异史氏说："面临危难之时，坏人得生，好人丧命。生者让人愤恨，死者使人落泪。至于像庚娘这样处危不乱，谈笑自若，亲手杀死仇人，千古以来刚烈的男儿中，能有几个可以和她并列？谁说女子中没有英雄豪杰呢？"

宫 梦 弼

保定府有个大财主，叫柳芳华。他为人慷慨大方，好结交朋友，家里常常有上百位宾客。为了帮助别人渡过难关，千金在所不惜，而借他钱的人很少偿还。柳家有个客人叫宫梦弼，是陕西人，却从来没有向柳芳华借过什么。他来柳家，一住就是一年半载。此人谈吐不俗，柳芳华和他相处的时候最多。柳芳华的儿子叫柳和，当时还是儿童，把宫梦弼称作叔父。宫梦弼也喜欢与柳和在一起玩。每到柳和从学堂回来，二人就玩"埋银子"的游戏，将屋内地板挖开，将石块当作银子埋进去，五间屋子都被他们埋遍了。大家都觉得很可笑，而柳和却十分喜欢他，比对别人更亲近。

十多年过去了，柳家家境日益破落，也养不起众多食客了，于是客人越来越少。但十几位客人在家吃喝谈笑，还是常有的。到柳芳华晚年时，更捉襟见肘，还变卖田产来供养客人。柳和也是大手大脚，学他父亲样子结交了一帮小朋友，柳芳华也不制止。不久，柳芳华病故，家里竟然没钱治丧。宫梦弼便自己出钱，为柳芳华办了丧事。柳和至此更加敬重宫梦弼，家中大小事务，一概委托宫叔办理。宫梦弼从外面回来，总带着一些瓦砾扔到屋子角落，也不知他的用意。柳和经常向宫梦弼埋怨日子越来越难，宫梦弼说："你没有尝过受苦的滋味。现在就是给你千两银子，也会立即挥霍掉。男人怕的不是穷，而怕的是不自立。"有一天，宫梦弼告辞回家，柳和哭着求他很快回来，宫梦弼答应后就走了。柳和没有能力养活自己，家当日益被卖光，只盼着宫叔回来帮他理家。然而宫梦弼一去不返，一点消息都没有。

原先，柳芳华在世时，给儿子订了一门亲事，是无极县黄家的闺女。黄家也很富有。后来见柳家穷了，就有悔婚的意思。柳芳华去世时，派人送去讣告，黄家没有人来吊丧。柳家以为是路途遥远而原谅了，服丧期满后，柳母打发儿子去黄家商定结婚的日子，还希望黄家念及交情而能有所照顾，柳和到了后，黄某听说他衣冠不整，挡在门外不让进。又让人带话说："回去拿够百两白银再来，否则，就死了这条心。"柳和听了，失声痛哭。对门刘老太太见他可怜，就给他一碗饭吃，又拿出三百铜钱作路费，劝他回家去。

柳母十分生气伤心，但也无计可施。又想到过去那些客人大多数都欠钱不还，就想找几个富裕点的寻求资助。柳和说："过去和我们交往的是看中了我们的钱财。假如我现在仍是高车驷马，借一千两银子也不难。如今这样子，谁又会念及旧恩，顾及过去的情分呢？况且父亲当年借钱给人，并没有订下什么契约，也没有担保人。欠我们的债也没有凭证。"柳母一再坚持，柳和只得照办了，前前后后跑了二十多天，竟没有人肯给一文钱，唯有唱戏的李四，曾受过柳家的好处，听到这件事，送来一两银子。母子俩抱头痛哭。从此，就对这门亲事也绝望了。

黄家女儿已长到十五六岁，知道父亲回绝了柳和的亲事，心中十分反感。父亲又给她另寻人家，黄女哭着说："柳郎不是生下来就穷。如果他家比先前更富，就是有人同我家作对，还能夺走他吗？嫌贫爱富，是不仁不义。"黄某听了很不高兴，又用各种方式劝她，她始终都不动心。父母对她的行为十分恼怒，一天到晚地责骂，她十分坦然。不久，黄家遭到盗贼抢劫，夫妇俩被强盗拷打几乎死去，而家中钱财被洗劫一空。又过了三年，家里更穷了。

有一个从西边来的商人，听说黄女长得漂亮，愿出五十两白银作聘礼。黄某贪图钱财就答应了，准备强迫女儿嫁给商人。黄女知道后，将自己打扮成乞丐的样子，连夜逃走，沿途乞讨，走了两个月，才来到保定府境，打听到柳家住址，直接找到他家。柳母以为她是个女乞丐，就赶她走。黄女哭哭啼啼讲了自己的来历。柳母拉着她的手说："你怎么成了这个样子？"黄女又悲伤他讲述了缘故。柳和母子都哭起来。等她梳洗更衣之后，容光焕发，眉清目秀，美貌无比。柳家母子都十分欢喜。然而一家三口，每天只能吃上一顿饭。柳母哭着说："我们母子俩本当如此，只是可怜了我这好儿媳了。"黄女笑着宽慰道："如今的日子，和我当乞丐时的日子相比，真是到了天堂一般。"一番话将母亲又说笑了。

一天，黄女无意间走进一间空房，见里面长满荒草。慢慢走进内室，灰尘积了老厚一层。角落中满满堆了些东西，用脚尖一碰，还挺硬的，顺手拣起一看，却是一锭锭银子。黄女大惊，赶快把这事告诉了柳和。柳和忙和她一同去察看，原来是宫叔过去扔在屋角的瓦砾，现在都变成了白银。又想起小时候和宫叔玩"埋银子"的游戏，会不会都是白银？然而旧房屋已抵押给了别人，于是赶快把房屋赎回。进去一看，那些已经残破的砖头下露出的仍然是石头，不觉失望，等到挖开完好的地砖，下面都是光灿灿白银。顷刻之间，挖出好多万两银子。从此赎回田产，买了奴婢，家中豪华，超过了往日未衰落时。柳和时时勉励自己："如果不能自立，就辜负了宫叔一番苦心。"从此刻苦读书，三年后考中举人。这时，柳和亲自带着银两去酬谢刘老太太。他服饰华美，灿烂醒目，十几个奴仆都骑着高头大马跟随后面，十分威风。那刘太太仅有一间房子，柳和便坐在床上与她交谈。一时小巷中人欢马叫，十分热闹。

黄家自从女儿逃掉之后，被商人逼着退还彩礼，而银两已用去不少，只好将房子变卖，才还齐了钱。这时穷困潦倒，同柳和当年没有什么两样。看到过去的女婿如今气势如此显赫，只能紧闭房门独自伤感。

柳和在刘老太太家拉家常，老太太为他做了酒菜，老太太谈到黄家女子的贤惠，对她的逃跑十分惋惜。又问柳和娶妻没有，柳和说："娶了。"酒饭吃完，柳和坚持要刘老太太去看新娘子，一同坐车回去了。到家后，黄女装扮一新，貌似天仙，由一群丫鬟扶出见客。刘老太太见了，十分惊讶。坐下慢慢叙旧，黄女急着打问父母生活情况。刘老太太住了几天，受到最好的招待，又给她上下一新做了一身衣服，才送她回家。她回去后，把见到黄女的事告诉了黄家，并转达了女儿对父母的问候。黄家老两口十分惊讶。刘老太太劝他们去投奔女儿，黄某又实在不好意思。

后来，黄家老两口因为贫病交加，实在无奈，不得已黄某去了保定。到了柳家门口，只见门楼高耸，华丽气派。看门人高声大气对着黄某怒视，一整天也不进去通报。后来，看见一个妇人从里面出来，黄某低三下四地求她将自己到来的事情告诉女儿。不一会，妇人又出来，领着他来到偏房说："我家娘子很想见您一面，但又怕郎君知道，还要等找到机会才行。您什么时候来的？肚子饿吗？"黄某于是讲了自己的苦处。妇人将一壶酒、两盘菜摆在他面前，又给他五两银子，说："柳少爷在房内摆酒，娘子恐怕来不了。明天一大早你快离开，别让少爷知道。"黄某答应了。第二天一早，黄某就来到门外，大门还未开，就坐在包袱上等着。忽听得一阵喧哗，说是主人出门。黄某刚要回避，柳和已经发现，向左右打听这是何人，奴仆们没有知道的。柳和生气地说："一定是歹人，把他捉拿到官府去。"众人应声而出，用绳子将黄某绑在树上。黄某又羞又怕，说不出话来。一会，昨天遇见的妇人出来，跪着说："是我舅舅，因为昨天到得晚，所以未向主人说。"柳和便叫人放了他。妇人送黄某出门时说："都怪我昨天忘了叮咛看门人，才出了这种差错。我们娘子说：如果想她了，可以让老夫人装扮成卖花的人，与刘老太太一同前来。"

黄某回去后，将这些告诉了夫人。黄母十分思念女儿，马上就告诉了刘老太太，俩人就一同来到柳家。过了十几道门，才来到女儿住的地方。女儿满身珠光宝气，香气扑鼻，口中娇滴滴吩咐一声，老少仆妇，赶忙上来团团侍奉，搬来金交椅，放上消暑的竹夫人，伶俐的丫鬟泡上茶。母女俩相视泪光莹莹，以暗语互相问候。到了晚上，两个老太太被安置到另一间房中，被褥舒服、讲究，即使当年黄家富裕时也没有的。住了三、五天女儿对母亲很殷勤尽心。黄母常常在无人处向女儿认错。女儿说："我们母子间没什么可记仇的，只是女婿的气至今没消，不能让他知道。"所以每当柳和一来，黄母就赶快躲避。一天，俩人刚刚坐在一起，不妨柳和猛然推门进来撞见，十分生气地说："哪来的乡下婆子，竟敢和娘子平肩并坐在一起，该把头发揪下来。"刘老太太忙上前解围，说："这是我的亲戚，卖花的王嫂，请莫责怪。"柳和忙向刘老太太道歉，坐下说："你来了几天，我太忙，顾不上和你叙谈。黄家老畜生还活着吗？"刘老太太笑着说："都好。只是日子过得太艰难了。官人如此富贵，何不稍念一下翁婿之情？"柳和拍着桌子说："那年若不是您可怜我，给我一碗粥喝，我连家都回不了。现在恨不得剥了他们的皮，顾念什么翁婿之情。"说到气处，不禁跺脚大骂。黄女生气地说："他们再不好，也是我的父母。我当时路远迢迢来你家，冻坏了手，磨破了脚，脚趾露在外面，自问没有对不起你的地方。你为何还要当着女儿的面骂父亲，让人难堪呢？"柳和这才息怒退去了。黄母羞愧得无地自容，马上要回去，女儿悄悄给了她二十两银子，自从那次分别后，很长时间都没有了音讯，黄女对父母的思念越来越深。柳和便派人把他们接到家中。老两口到后，羞愧不安。柳和道歉说："去年你们来时，不明白告诉我，多有得罪。"黄某只是连声称是。柳和命人给两位老人从头到脚置换一新，又留下住了一个多月。黄某因内心不安，几次要回去。柳和送给白银一百两说："那商人给你五十两白银，我今天加倍付你。"黄某红着脸接受下来。柳和派车送二老回去。以后，黄家日子稍稍宽裕。

异史氏说："富贵之家失势，再没有人登门，真令人气愤，想闭门不再交友。然而像宫梦弼那样的好友，买棺营葬，化石成金，不能说不是慷慨好客的回报。至于闺中女子，坐享荣华，如果不是像黄氏女这样贞洁自爱，谁能当之无愧？可见老天有眼，是不会随便降福于人的。"

本乡有一个富翁，做生意精打细算，发了财。他在地窖里藏了数百两银子，唯恐别人知道。因而穿得破破烂烂，整日吃糠咽菜来证明自己贫穷。偶然有亲戚朋友拜访，也从不请人吃饭。如有谁说他家不穷，他便瞪眼看着对方，好像有不共戴天之仇。到了晚年，每天只吃一升榆树皮屑，瘦得手臂上垂下一寸多长的皮。而他藏着的白银始终不取出来。后来饿得快死了，两个儿子守着问他，还是不说。等他自己觉得不行了想要说时，却舌头发硬说不出话，只是乱抓胸口，咳几声就归天了。而子孙连买棺材的钱都没有，只好用草席裹着埋了。唉！像这种藏钱在窖中就算是富有，那么国库中几千万两金银，何不能说归我所有呢？真是愚蠢啊！

鸜 鹆

王汾滨说：他老家有个人养了一只八哥，教八哥说话，十分亲近，出门到哪都带着，相处有好几年了。

一日，将过绛州，旅费已经用完，那人苦思冥想，一筹莫展。八哥说："为什么不卖了我？送我到王府,可以得到好价,不愁回家没路费。"那人说:"我怎么忍心。"八哥说:"不要紧。你拿了钱后赶快走,到城西二十里大树下等我。"那人就带着八哥进城了。八哥与他一问一答,引得许多人围着观看。有个王府太监看见,报告了王爷。王爷召见,要买这只八哥。那人说:"我与它相依为命,不愿意卖。"王爷便问八哥:"你愿意住在这吗?"八哥答:"愿意。"王爷很欢喜。八哥又说:"给他十两银子,不要多给。"王爷更欢喜,立即给了十两银子。那人装作十分懊恼的样子走了。王爷和八哥说话,八哥应对敏捷。就让人给它喂肉。吃完之后,八哥说:"我要洗澡。"王爷命人用金盆盛水,打开笼子让它洗。洗完之后,飞到屋檐上梳理羽毛,还和王爷喋喋不休地说话。不一会,羽毛已干,轻巧地展翅飞起,用晋地口音说:"我走了呀!"环顾张望时已无影无踪。王爷和内侍们无不仰头叹息。急忙寻找卖鸟人,已不知去向。后来,有人去秦地,见到那人携鸟在长安市集上。

这事是毕载积先生记的。

刘 海 石

刘海石是蒲台县人。避乱迁至滨州,当时十四岁。他与滨州刘沧客是同学,因在一起十分投缘,就结拜为兄弟。不久,刘海石父母去世,护送灵柩回乡。从此便断了音讯。

刘沧客家境十分富裕。到四十岁,生有两个儿子。长子刘吉,十七岁,是本地名士,二儿子也很聪慧。刘沧客又娶了同县倪家女儿为妾,十分宠爱。过后半年,长子突然患了头痛病亡故,夫妻俩悲痛欲绝。没有多久,妻子也病死了;又过了几个月,大儿媳又死;而家中奴仆也是接连死去。刘沧客哀伤悲悼,精神几乎崩溃。

一天,他正独自坐在家中发愁,忽然看门人进来通报说刘海石前来。刘沧客十分高兴,急忙出门相迎,刚要寒暄,刘海石却吃惊地说:"老兄有灭门之祸,不知道吗?"刘沧客非常惊讶,不知他是什么意思。刘海石说:"好长时间没有你的音信,我感到你近来事情不妙。"刘沧客泪如泉涌,说了这些年来的悲惨处境。刘海石听了先是低声叹息,忽然又笑着说:"你的厄运目前还未停止,所以使我担忧。但幸亏我来了,因而要为你祝贺。"刘沧客说:"这么长时间没有见你,难道你现在学会了起死回生之术?"海石说:"这倒不是。但我对住宅风水之事,倒有些研究。"刘沧客十分高兴,便请他相一相自己的住宅。刘海石先在各处转了转,又要求见一见家中上下家眷。刘沧客便召集全家大大小小全部来到堂上,并一一介绍给刘海石。轮到倪氏时,刘海石忽然仰天大笑起来。正当众人疑惑不解之时,那倪氏却花容失色,浑身发抖,身体立时缩短到只有二尺多。刘海石用界尺敲敲她的头,那声音像是敲在石瓮上。刘海石又揪着头发检查她的脑后,发现了几根白毛,刚要拔掉,她却缩着脖子跪下哭泣说自己会马上离去,只求别拔。刘海石怒斥道:"你难道还想害人吗?"就拔去了,而那女子随即变成一只黑色的像狐狸的东西。众人十分惊恐。刘海石将它放进袖子中,对刘沧客的二媳:"你已受了很深的毒,背上肯定有东西,请让我检查。"媳妇害羞,不肯脱衣。刘沧客的二儿子强迫她脱下,发现背上有白毛,已长约四指。刘海石用针挑出,说:"这毛已经长老了,再长七天就没救了。"又看他儿子背上,也有二指长的白毛。刘海石说:"像这样只能活一个多月罢了。"他又检查了刘沧客及每一个奴婢仆人,为他们一一挑去背上的毛。说:

"如果我不及时赶来,你们全家一个也活不了。"大家问:"这是什么妖物?"刘海石答道:"也属于狐狸一类。专门靠吸人精气修炼,最能害人。"刘沧客说:"久不见你,没想到你有了这样的神功,是不是成了仙?"刘海石笑着说:"只不过跟师父学了点小小的技艺,谈不上成仙。"问他师父是谁? 他说:"是山石道人。刚才这妖物,我还无法处死,准备回去呈献师父。"说完,告辞要走。忽然发现袖子里空空的,吃惊地说:"逃跑了。刚才没拔去尾巴上的大毛,现在它已逃走了。"众人十分恐惧。刘海石说:"它脖子上的毛已拔净,再不会变成人形,只能变成兽类,可能还没跑远。"于是进屋看看猫,又出门唤唤狗,都不是。打开猪圈,笑着说:"在这呢。"刘沧客一看,圈中果然多了一头猪。那头猪听见刘海石的笑声,乖乖地卧在地上,一动也不敢动。捉着耳朵提出来,看到尾巴上一根白毛像针一样硬。刚要拔下,那猪扭动身子哀叫着不让拔。刘海石说:"你害了那么多人,拔一根毛还不肯吗?"就压住它拔掉了,又立时变为黑狸。刘海石又放进袖子准备走了,刘沧客苦苦留他不放,请他吃了一顿饭。问何时再见? 他说:"很难预定。我师父当年立下宏愿,让我们在世间遨游,拯救众生。也许后会有期。"分手后,刘沧客仔细捉摸"山石道人"这名字,才恍然大悟,说:"大概刘海石已经成仙了。'山石'合起来为'岩',是吕洞宾的名讳呀。"

谕　鬼

任兵部尚书的青州人石茂华在做秀才时,青州城门外有个大水潭,不下雨也不会干。地方上曾抓获数十名大盗,在水潭边处死。那些鬼魂集结一起祸害人,人从这里经过常常会被拖进水里。

一天,有个人正在这被鬼围困,忽然听见群鬼惶恐逃窜说:"石尚书来了!"不一会,石公到这里,那人将情况告诉了他。石公用石灰粉在墙上题写:

我石某人颁布禁约如下:据查你们这些不良之徒,招致上天之怒,图谋不轨,才被就地正法。只应去掉害人之心,争相忏悔,希望洗雪被杀的罪恶求得早日解脱。但是,却在此聚众闹事,继续作恶。你们披头散发,成群结队,抓人打人,白日行凶。甚至把道路都阻塞了。坟墓之外,都归人类管辖,岂能由你们逞凶?告诉你们,应该立即收敛,改恶从善,等待早日托生,如果仍要作恶,必然后悔莫及!

从此,这里再也没有鬼魂出没,而潭里的水不久也干了。

泥　鬼

我的同乡人唐济武翰林,几岁时,一位表亲带他到一座寺庙中去玩。唐翰林在童年时洒脱不拘,胆气最豪壮。他看见庙内两旁有泥捏的鬼,睁着的琉璃眼珠又大又亮,很喜爱它,就偷偷地用手挖出来,放在口袋里带回了家。刚一回去表亲就忽然得了急病,不能说话,过了一会,忽然站起,非常厉害地说:"为什么要挖我的眼珠?"一直嚷个不停。众人都不知是怎么回事,唐翰林这才把自己做的事情说了出来。家里人赶忙祷告说:"小孩子家不懂事,闹着玩,伤了你的眼睛,我们马上奉还。"表亲大声说:"这样,我就该走了。"说完,就倒在地上昏迷过去,很长时间才苏醒过来。问他刚才说的话,一点都不记得。家人赶快把眼珠送去塞进泥鬼眼眶中。

异史氏说："到家里来讨还眼珠，泥塑木雕真是灵验。但唐翰林挖眼珠，为什么迁怒于同游的表亲？大概是因为日后尊贵，而且为人刚直的缘故。看他上书朝廷，一不如意，就拂袖而去，连神都怕他几分，何况是鬼。"

梦　别

李王春先生的祖父，与我的已故叔祖玉田公交情最深。一天，梦见玉田公来到他家，神情忧伤，就问："有什么事吗？"玉田公说："我要长别不回，所以来向你道别罢了。"又问："你去哪里？"答："很远的地方。"于是出门。李先生祖父送他到了一个山谷中，玉田公见石壁上有一道裂缝，就拱手作别，背对着壁缝，慢慢倒着身进去了，喊他也不答应。惊醒后就禀告老太爷李敬一，让准备吊丧用品，说："玉田公已谢世了。"老太爷建议先派人打听一下，事情属实，再去吊唁。但他却不听，直接穿着丧服去了。等到了门前，见门口已挂上了白幡。

唉！古人珍视友情，是如此生死不变。相传汉朝张元伯的灵柩，一直等到好友范巨卿来后才能移动，难道是虚妄的啊！

犬　灯

光禄寺丞韩大千的仆人，夜里在大宅睡觉，见楼上有点点灯光像星星一样。过了一会，荧光冉冉落地，变成了犬。斜眼看去，它拐弯向屋后跑。仆人赶忙起身，悄悄跟在后边，见它到园里变化成一个女子。心里明白这是狐狸，就返回仍睡在原处。

一会，女子从后边过来，仆人装着睡熟等着它变化。女子走近弯下身摇他，仆人装作刚刚睡醒的样子问她是谁。女子不答话。仆人说："楼上的灯光，就是你吧？"女子说："你既然已经知道，还问什么？"于是两人便睡在一起。从此，朝去暮来，常常相会。

主人知道此事后，便命另外两个仆人晚上睡在他的两旁，但二人醒来后，发现自己已掉在床下，也不知什么时候掉下来的。主人很生气，对仆人说："等她来后，你一定要捉住她，要不然我会鞭打你。"仆人不敢说话，点着头退下。心想：捉她太困难，不捉又不行。想来想去没有好办法。忽然记起女子贴身穿着一件小红衣服，从来不肯脱下，一定是她的要命的东西，拿到了可以胁迫她。夜里，女子来后问他："主人命令你捉我吗？"他答："就是。但我们二人已有了感情，我怎么肯呢？"等到睡觉时，暗中就脱她的小红衣。女子急得大喊，用力挣脱而逃，从此再也没有来过。

后来仆人从别处回来，远远望见女子坐在路边，走近她身边，她用袖子遮住脸面。仆人从马上下来，说道："何必这样呢？"女子起来拉着手说："我以为你已把我忘了。现在看来，你还是记着旧情的。原来的事情是你迫于主人的命令，我不怪你。但你我缘分已尽，今天准备了一点酒菜，请你喝一杯酒算是告别。"当时正是初秋，地里高粱长得正茂盛。女子拉他进了高粱地，见里面有所大庄院。拴了马进去，见堂上已摆好酒席。刚刚就坐，一群丫鬟便来回上菜。天黑时，仆人有事必须回去禀告主人，于是告辞。出来后一看，外面依然是田野罢了。

番　僧

体空和尚说:在青州境内见过两个外国和尚,长相稀奇古怪,两个耳朵上都缀着大大的耳环,身上披着黄布,头发和胡须都曲卷着。他们自己说是从西域来,听说知府崇尚佛教,前来拜访。知府派了两名行役把他们送到本地寺中。寺中的灵謩方丈对他们爱理不理。寺中的职事和尚见他们的长相奇特,就暗中留他们住下。有人很好奇地问他们:"听说西域那地方能人很多,大师父有没有高超法术?"其中一个就笑着从袖中伸出手,掌中托着一只玲珑小塔,一尺多高,十分可爱。墙壁上最高处有一个小佛龛,就把手上小塔向上一抛,那小塔端端正正地立在了小佛龛中,没有一丝偏差。看见那塔上有舍利子放射光芒,把室内照得通亮。过了一会儿,和尚一招手,那小塔又飞落在他掌中。另一个和尚裸露出手臂,一伸左边胳膊就长达六、七尺,而右臂完全缩了进去。再一伸右胳膊,左边又缩进去不见了。

狐　妾

莱芜县人刘洞九在汾州做官。一天,正当他一个人在官署中独坐时,就听到亭子外面有人说说笑笑地走近了。不一会,就进了屋。原来是四位女子。一个四十多,一个约有三十,还有一个二十四、五的样子,最后那个也就十来岁。她们并排立在桌前,你看我,我看你地笑着。刘洞九早已知道官署中常闹狐狸,因而对她们不理不睬。过了一会,那个最小的拿出一条红手巾扔在刘洞九的脸上,刘洞九拣起扔在窗前,还是不理睬。四个女子笑笑就走了。

不久,那个年龄最大的来了,对刘洞九说:"我妹妹和你有缘分,希望你不嫌弃她。"刘洞九漫不经心地答应,她就走了。一会儿,她又和一个丫鬟扶着那个最小的女子进来,让刘洞九和她并肩坐好,说:"你们俩人真般配,今夜就是洞房花烛夜,你要好好侍奉刘郎,我走了。"这时,刘洞九才低头仔细看了看少女,见她长得美艳无比,就与她结为夫妇。刘洞九问她的来历,她说:"我本不是人,但实在又是人。我是这里前任官员的女儿,被狐狸祸害死了,埋在花园里。而狐狸又用法术使我复活,所以也就和狐狸一样了"。刘洞九就用手摸她的尾巴骨,她笑着说:"你以为狐狸有尾巴吗?"又转过身子说:"你仔细摸吧。"从此,就住下不走了。她不论到哪里,都和小丫鬟们在一起。刘洞九家人都把她看作小夫人。丫鬟奴婢拜见她时,都能得到很多赏赐。

有一次刘洞九过生日,来了很多客人,共摆三十多席,需要很多厨师。刘洞九预先下令把城里厨师找来,可是只来了几个,刘洞九很生气。狐女知道后就说:"别发愁,厨师既然不够用,不如把来的也打发走,我虽然没有什么本事,但办三十桌酒席还是可以的。"刘洞九十分高兴,命人将酒席上要用的鱼肉菜蔬调料等全部搬到内衙。家人只听里边刀和砧板的声响不停。门里的案子上放了许多菜盘菜碗,转眼间都变得满满当当。十几个侍者来回穿梭着端盘上桌,竟然取不完。过一会侍者来要汤饼,只听里边说:"主人事先没有吩咐,一下子就要怎么办?"过了片刻,又说:"没办法,只好借了。"一会儿,就听得喊人让来取汤饼,侍者过去一看,见三十多碗汤饼正热腾腾冒着气摆在那里。客人走后,狐女对刘洞九说可以去某某家交汤饼钱。派人送钱去,那家人正为失去汤饼而感到惊奇，这下才知道是怎么回事。

有天晚上，刘洞九正饮酒，偶然想到山东那种略带苦味的佳酿。狐女说她可取来，就出了门。过了一会回来说："门口现在有一坛酒，可供你喝好几天。"刘洞九去看，果然是老家的"瓮头春"酒。

过了几天，夫人打发两个仆人来汾州。路上有一个仆人说："听说那个狐夫人给的赏钱很多，这次去得了赏钱，我要买一件裘皮大衣。"狐女在官署中已知道了，对刘洞九说："家中派的人要来了。可恨那奴才对我无理，我要教训他。"第二天，那个仆人刚一进城，头就剧痛起来，到了衙门之后，就抱着头嚎叫起来。家人忙着找医生来看，刘洞九笑着说。"不用治，时候到了自然会好！"众人这才怀疑他得罪了小夫人。那仆人心想，自己刚刚到，连衣服都未来得及换，怎么就得罪了她呢？实在想不起来，只好跪在地上哀求。这时门帘里才传出狐女的声音说："你叫夫人就行了，为什么要带个'狐'字？"仆人这才想起来，连连叩头求饶，里面又说："既然想得到毛皮衣，怎么又能无礼？"停一停又说："你的病好了。"刚一说完，仆人头就不痛了。仆人谢罪刚要出去，忽然帘中抛出一个小包，说："这是一件羊羔皮衣，拿去吧。"仆人解开包一看，里面有五两白银。刘洞九这时向仆人们问起家中情况，仆人说一切都好，只是有天晚上丢了一坛子酒。问明日子，正是狐女取酒的那个晚上。大家都惊讶她的神奇，称她为"圣仙"。刘洞九还请人为她画了一幅肖像。

当时张道一在山西做提学使，听说了狐女的事后，以同乡名义来拜访刘洞九，想见她一面，被狐女拒绝。刘洞九拿出画像让他看，被他强行夺去。把像挂在自己卧室，早晚祷告说："以你这样美丽的质姿，找什么人不可以？偏要找像刘洞九那样的老头子！我比刘洞九强多了，你为什么就不来看看我呢？"狐女早已知道了这些话。她在衙门里对刘洞九说："张公十分无理，我要小小地教训他一顿。"一天，张道一对着画像正要祷告，忽然像是有谁用界尺在头上猛击一下，当时头痛欲裂。他吓得赶快把画像还了回去。刘洞九问怎么回事，送画人还不肯说实话，编造了理由。刘洞九笑着说："你主人的头是不是还痛呢？"送画的人知道瞒不过去，就实说了。

不久，刘洞九的女婿亓生前来，要求拜见狐女，她坚决不见，但亓生执意要见，刘洞九说："女婿不是外人，见见也无妨。"狐女说："见了就要送他见面礼，而他抱的希望太大，我无法满足，所以不见。"但女婿一再坚持，狐女答应十天后再见，到了那天，亓生进来隔着帘子作揖，问候了几句。隐约看见了一点面容，不敢细看。退出去，走了几步，就回头注视。这时就听狐女说："女婿回头看了。"说完一阵大笑，声音像猫头鹰叫一样。亓生听了，腿脚发软，摇摇晃晃如失魂落魄。出来后坐了很长时间，才缓过气来。说："刚才听那笑声，如似一阵霹雳，身子都不听使唤了。"一会儿，丫鬟奉命送来银子二十两。亓生接后对丫鬟说："圣仙天天和岳父在一起，难道不知道我生性惯于挥霍，没有花小钱的习惯吗？"狐女听了说："我本来知道他会这样。刚好手头不宽裕。早几天和同伴去开封，遇到那里涨大水，钱库被淹，从水里捞上一点钱，哪够填补无底洞似的欲望？而且即使送他一大笔钱，他也没有福气享受。"

因为狐女什么事都能未卜先知，刘洞九遇见疑难之事都找她，她也无所不能。一天，她正与刘洞九并肩而坐，忽然仰天大惊说："大难临头了，怎么办呢？"刘洞九赶忙问家属会怎么样？她说："除了二公子有危险外，其他人都好。这里不久就会成为战场，你必须想办法去到远处公干，可能会免去灾难。"刘洞九便请求上级，被批准去云南贵州解运粮饷。路途遥远，人人都替他担忧，唯有狐女向他祝贺。不久，姜襄谋反，汾州大乱。刘洞九次子从山东来，不幸遇难。城破时官员们大多遭难。唯有刘洞九平安无事。动乱平息后，刘洞九返回汾州。不久因一件大案的牵连被撤职，倾家荡产，连吃穿都成了问题。而当权者仍对他敲诈勒索，刘洞九忧愁无奈至极。狐女说："别发愁，床底下有三千银两，足够你用了。"刘洞九高兴地问："从哪里偷来的？"狐女说："天下无主的钱财取之不尽，还用偷吗？"刘洞九在狐女帮助之下，脱身回到莱芜县，狐女跟着他去。几年后，忽然离去了。走时留下了几件东西，其中有丧事用的小白幡，长约二寸。大家认为不吉利，不久，刘洞九便去世了。

雷 曹

乐云鹤、夏平子两人，是同乡又是同学，为莫逆之交。夏平子从小就很聪明，十岁便小有名气了。乐云鹤虚心向夏平子求教，夏平子也时常帮助他，乐云鹤进步很大，因此也有了名气。但乐云鹤仕途不顺，每到考试就落选。不久，夏平子染病身亡，家里贫困无力置办丧事，乐云鹤挺身而出，为他一手操办。乐云鹤还经常接济夏平子留下的婴儿及妻子，每逢有点收入，就两家分用。夏平子的妻儿全靠他养活。于是，士大夫都敬重他的为人。但乐云鹤家中田产本来就不多，又要维持夏平子家生计，家境每况愈下，乐云鹤叹息："像平子那样有才华的人士，都一生碌碌无为而死，又何况我呢！人生应当及时行乐，不然凄苦一世，狗马不如，等于白活了。还是早早改变主意吧。"于是不再念书而去经商。经营半年之后，居然家境富足。

一天，他在南京一个旅舍里住宿，见到旁边有一个瘦高的男人，满面忧愁，饿得皮包骨。乐云鹤问："你想吃东西吗？"那人不说话。乐云鹤便将饭碗推到他面前让吃，那人立即用手抓着送进嘴里，一下子就吃完了。乐云鹤又要了够两个人吃的东西，那人也吃完了。然后又让店主切上猪肘子，和满满的一盘蒸饼，那人又吃完了，这下才吃饱。他向乐云鹤道谢说："我已经有三年没有像这样饱餐过了。"乐云鹤说："像你这样一位壮汉，为什么落魄到这步田地？"那人说："我犯下弥天大罪，不能说。"问他住在哪里？他说："地上无屋，水上无船，早晨在乡村，晚上在城里。"乐云鹤整好行李要走，那人跟在后面恋恋不舍。乐云鹤与他告别，他说："你将有大难，我愿为你效力而报你的恩赐。"乐云鹤听了很惊讶，只好带他一同走。路上招呼他吃饭，他推辞说："我一年只吃几顿就够了。"乐云鹤愈发觉得奇怪。第二天，船渡长江时，忽然起了风暴，满载着货物的船翻了，乐云鹤和那人也掉进江中。不久，风平浪静，那人背着乐云鹤上了别的船，自己又跳进水中，拖来一条小船，扶乐云鹤上去，吩咐他静卧休息，守着小船。然后入水把乐云鹤的货捞出，扔在船上，这样几上几下，把乐云鹤的货全部捞了上来。乐云鹤感谢说："你救我这条命就足够了，还把货物都帮我捞了上来。"他数点货物，一样不少，更加欢喜，把那人看成神明。正要开船，那人告辞要走，乐云鹤苦苦挽留，就一同乘船过江。乐云鹤笑着说："这次大难，只丢失一枚金簪。"那人要寻找，乐云鹤正想阻拦，他已跳进江中。一会儿笑着从水里出来，把金簪交给乐云鹤说："侥幸完成任务。"江上的人无不惊奇。

乐云鹤和那人一同回家，两人同吃同住。他十几天才吃一顿饭，但一顿吃得特别多。一天，又说要走，乐云鹤执意挽留。这时正逢天阴将要下雨，只听雷声阵阵。乐云鹤说："云间是什么样子？雷声又是怎么回事？如果能上天看看，可能就会知道了。"那人说："你想到云端游玩吗？"不一会儿，乐云鹤就感到十分困倦，伏在床上好像睡着了。又觉得身体轻飘飘的，好像不在床上。睁眼一看，自己已腾飞在一片白茫茫的云雾之间，大朵大朵白云如棉絮一般在身边飘动。又像在船上一般眩晕，脚下也没有了大地。抬头看看，星星就在眼前。他怀疑自己是做梦。细细看那些星星，镶嵌在天上，好像嵌在莲蓬中的一粒粒莲子。大的像盆，小的像坛，最小的像杯子。用手摇晃，大的一动不动，而最小的似乎可以摘下来。就摘了一个，藏在袖中。又拨开云雾向下一看，银河渺茫无边无际，地上的城市小得像豆粒一样。心中一惊，就想到如果脚下一失，肯定会粉身碎骨。这时，突然见有两条蛟龙驾着一辆挂着帷幔的车子过来，龙尾一甩，响声似抽牛鞭，车上放着一个几丈大的器具，里边贮满了水。有几十个人用器具舀了水往下洒。他们见到乐云鹤，都很奇怪。乐云鹤一看，那人也在其中。他对同伴说："这是我的朋友。"同时，顺手取了一样器具给乐云鹤，叫他去舀水洒。这时，天正大旱，乐云鹤拨开云雾，向着故乡的方向，尽情泼洒。不久，那人对乐云鹤说："我本是雷神，因误了下雨，被罚往尘世三年。今天限期已到，就此分手吧。"于是把驾车的牵绳往一下抛，让乐云鹤抓着往下吊，乐云鹤害怕。他笑着说："不要紧。"乐云鹤抓住绳子向下堕去，眨眼间已落到地面。一看，正站在自家村外。而绳子慢慢收入云中，再也看不见了。

当时方圆几百里大旱，十里外降雨不过一指深，而唯独乐云鹤的家乡，河溪里涨满了水。乐云鹤一摸袖子，星星还在，放在桌上，颜色黑黑的像一块石头。到了晚上，就发出灿灿明光，照得四壁通亮。乐云鹤把它看作至宝，珍藏起来，每逢贵客来到，大家饮酒时才拿出来照明。从正面看去。光束一条条放射。有天晚上，乐云鹤的妻子正在家里梳头，忽然星光越变越小，如一点萤火在屋里飞来飞去，乐妻张口惊呼，星星已飞进口中，吐也吐不出来，一下子就咽了下去。告诉乐云鹤后，乐云鹤也十分惊奇。晚上睡着后梦见夏平子来说："我是少微星，因父亲做过一件坏事，所以短命。你对我的恩惠，我一直记在心中，如今又承蒙你从天上将我摘回，可算得上你我有缘。今天我愿做你的后嗣，来报答你的大德。"乐云鹤三十岁无子，做了此梦后非常欢喜。妻子后来果然怀孕，临产时室内光芒四射，和星星放在桌上时一样。就给孩子起名星儿。乐星儿聪明机灵，十六岁就考中进士。

异史氏说："乐云鹤文章名闻一时，忽然意识到在求取功名的文人学士中没有自己的位置，就改变了志向，这与班超投笔无异。至于雷神和少微星感恩戴德的行为，仅仅出于私情吗？那其实是上帝对贤德之士应有的公平酬答啊！"

赌　符

　　韩道士,住在城中天齐庙,会变各种戏法,人们称他为"仙人"。先父与他交情最深,每次进城,都要去拜访他。一天,父亲和先叔父到县城,正好在路上遇见韩道士。韩道士将门上的钥匙交给父亲说:"请先开了房门坐一会,我马上就回去。"果然如此,他们进庙打开门,韩道士已在房内了。

　　先前我们家族中有个人嗜赌,因为父亲的关系,也认识韩道士。碰巧当时大佛寺来了一名和尚,专门掷骰子赌博,而且下的赌注很大。那个族人带了不少钱去赌,结果输得精光。但赌在兴头上,把田地也抵押了。一夜过去,家里所有的产业都输掉了。他垂头丧气,顺路来到天齐庙。韩道士见他精神颓丧,言语混乱,便问是什么原因,他实情相告。韩道士笑着说:"赌得时间长了,没有不输的。如果你能戒赌,我可帮你扳回本来。"族人说:"若能把输掉的钱再赢回来,我一定把骰子用槌砸碎。"韩道士就用纸画了一道符,让他佩在衣带里,叮咛说:"只要扳回本就行了,千万不要贪心不足!"又借给一千钱,说好赢了就还。族人高高兴兴又来到大佛寺,和尚嫌他带的钱少,不屑于和他赌。他再三请求,并且说只掷一次骰子。和尚笑着答应了。下注一千钱,和尚扔骰子,不胜不负。族人接过一扔,竟然赢了。和尚接着下注两千,又输了。慢慢增加到了十几贯钱。明明掷的上采,一叫,都变成了中下采。以前输去的,转眼间又赢了回来。族人心里暗想,多赢几次再说。谁知再赌时,手气就差了。感到奇怪,看看衣带,符已经不在了。

　　回到庙中,除了归还韩道士的一千外,总计连最后一局输去的,刚好与原来的数目相等。他向韩道士致谢,并因丢失了符表示歉意。韩道士笑着说:"符已在这里了。我的本意是让你不贪别人钱财,你不听,所以把符收回了。"

　　异史氏说:"天下令人倾家荡产的,最快莫过于赌博。天下最容易使人变坏的;也是赌博。人上旦有了赌瘾,就好比陷进了无底深渊。天下人务农经商,各有自己的本业,读书人更要爱惜光阴。务农读书,固然是成家的正路,与友人无事聊聊天,喝点酒,消遣一下,也是生活中的常事。而丢开正路不走,却与淫朋赌友混在一起,夜不归宿,把口袋里的钱全部取出,呼三喝四,一心用在骰子上。望望别人,又看看自己,使尽种种欺诈手段。客人来了顾不得管,房屋起火也不急,直至废寝忘食,精疲力竭,口干舌燥,彼此打望都不像个样。等到钱输得精光,心里却还发痒。三更半夜溜回家去,幸亏老婆入睡,饥肠辘辘,不敢吭声。有的为了翻本则卖儿卖女。结果本未捞回,倒使自己成为下贱之流。请问:赌场上谁是最了不起的?大家都说那没有裤子穿的最了不起。总之,败德丧行,倾财亡身,都是赌博带来的恶果。"

阿　霞

　　文登县人景星,少年时很有才名。与陈生是邻居,两人的书房仅隔着一堵矮墙。

　　一天傍晚,陈生经过荒野时,忽听得有女子在松柏林里啼哭,走近一看,树上挂着一根带子,有个女子正要上吊。陈生问她,女子流着泪说:"母亲出远门了,把我托付给表兄,可他心狠手毒,对我不好,我孤孤单单,无处可去,这样还不如死了好。"说完,又开始哭了。陈生解下带子，劝她嫁人。女子担心没有可靠的人。陈生要她暂时住在自己家，女子便和他一同回去了。在灯下细细一看，这女子长得美貌绝伦。十分欢喜，就想对她无礼。女子挣扎呼喊，声音传到了隔壁。景星跳墙过来看，陈生才放了她。女子见了景星，停住哭啼注视了好长时间，才向外跑去。二人赶忙去追，但已不知去向。景星回房后，关上门准备睡觉，却见女子笑盈盈地从房里出来。景星吃惊地询问，她说："陈生无德无福，我不能将终身托付于他。"景星听了很高兴，问她姓名，说："我家祖居在齐地，姓齐，小名阿霞。"景星以言语调戏她，她也不拒绝，于是两人就同床共眠了。景星书房每日人来人往，女子一直躲在房子里边。过了几天说："我暂且先去。你这里嘈杂，太困扰了，从今往后，我晚上来好了。"问她家住何方，说："正好离这不远。"就一大早离去了。晚上果然来了，两人恩爱如鱼水之情。又过了几天，她对景星说："我俩虽然恩爱，但这样终究不是长久之计。我父亲在西边做官，明天我要陪母亲去探亲。有机会我想禀告父亲，和你结为终身。"问她去多久，约定为十天。

女子走后，景星心想两人在书房同居，不是长远之计，但回家去，又怕妻子嫉妒。算计不如把妻子休了。于是暗下决心。妻子一来时就对她大骂，妻子委屈万分，痛不欲生。景生说："你死了还连累我，不如回娘家去。"妻子哭诉着："结婚十年来，自问没有什么过错，你为什么这样无情？"景星不听，恶狠狠地把她驱逐出门。妻子走后，景星一心盼着女子来，不料过了很长时间还是音信全无。妻子回娘家后，多次托人说情，景星一概置之不理。妻子不得已改嫁给姓夏侯的。夏侯家的田地与景星家相连，平日时常发生争执，积久成仇。听说妻子嫁到夏侯家，又气又恨；但是，想到阿霞会来，稍稍觉得好受些。然而一年多过去了，仍是无影无踪。

海神生日那天，海神庙里外人山人海，景星也去看热闹。远远望见一个女子很像阿霞，走过去，她已躲进人群中。跟踪着走到庙外，已经赶不上了，只得怀恨而归。

又过了半年，在路上见到一个穿红衣的女子，后边跟着一个老仆人，骑着黑驴过来。景星望去，是阿霞，就问仆人："娘子是谁？"仆人回答："是南村郑公子的继妻。"又问："娶了多久？"回答说："半个月罢了。"景星寻思，莫非认错了人吧？女子听到说话声，回头看了一眼，景星仔细一瞧，就是阿霞。景星见她已嫁了人，满怀怨恨，大声说："霞娘，为什么忘了诺言？"仆人听他喊主妇，想动手教训他，被阿霞拦住。她取下面纱对景星说："你这负心汉，还有脸见我吗？"景星说："是你负我。不是我负你。"阿霞："负了你的夫人，比负我更厉害。结发夫妻尚且如此，何况他人？过去我因为你祖宗积德，你已名登科榜，所以委身于你。现在因为你抛弃妻子，阴司已把你的禄秩削掉了，今年科举第二名的王昌，就是替代你的。我已嫁给郑公子，不劳你牵挂。"景星低着头一言不发，女子抽打驴子快地走了。这一年乡试，景星落榜，第二名果然是王昌，郑公子也考中了。景星从此被人看成薄幸之流，四十岁尚无配偶。家境一日不如一日，常在亲友家混饭吃。偶然来到郑家，郑公子留他住宿，被阿霞发现，未免同情。问郑公子："堂上客人是不是景星？"郑公子问她怎么认识？阿霞说："没有嫁给你时，曾在他家避过难，得到他很好的照料。他虽然薄情卑鄙，但祖宗之德未尽，又是你的故交，应该适当照顾。"郑公子觉她说得有理，为景星做了新衣服，又留他住了几天。一天夜里准备睡觉，有个丫鬟拿着二十多两银子送给他，阿霞站在窗外说："这是我的私房钱，聊以报答你过去的恩情，可拿去找个老婆。你祖宗余荫还在，可以延及子孙。今后要检点，免得短寿。"景星表示感谢。

回家后，用十几两银子买来一个士绅家的丫头，又丑又凶。生下一个男孩子。后来中了进士。郑公子后来做了吏部郎中。他死后，阿霞送着葬，回来时家人撩开车帘一看，车里已经空了，才知道她不是人类。唉！人没有了良心，喜新厌旧，最后弄得鸡飞蛋打，这是老天的报应啊！

李司鉴

李司鉴，是永年县举人。康熙四年九月二十八日，打死妻子李氏。地方官上报广平府，广平府命永年县审理此案，李司鉴忽然在衙门口卖肉架上取下屠刀，跑到城隍庙戏台上，面对城隍神像跪下，自言自语道："神责怪我不该听信坏人之言，到处颠倒是非，罚我割去耳朵。"就将左耳割下，扔在台下；又说："神责怪我不该骗人钱财，罚我砍下手指。"又剁去左手手指；接着又说："神责怪我不该奸淫妇女，罚我割掉外肾。"又将自己的生殖器割掉了，直至昏迷僵直。当时总督朱云门奏请朝廷革除李司鉴的举人功名，追究罪行，已经奉接圣旨批准，而李司鉴已被阴司诛灭了。此事见于当时的邸报。

五羖大夫

河津畅体元，字汝玉，做秀才时，梦见被人称作"五羖大夫"，高兴得以为这是吉兆。后来在流寇之乱中，畅体元被抓，身上衣服全被扒掉，关在一间空房子中。当时正值寒冬腊月，夜里更是冷得难耐。幸亏他在黑暗中摸到几张羊皮，忙裹在身上，才没有被冻死。天亮时一看，刚刚是五张羊皮。不觉暗中自笑，原来是神明和自己开玩笑。后来，他以贡生的资格授任雒南知县。

这是毕载积先生所记。

毛 狐

农民马天荣，二十多岁时妻子去世，家贫，无力再娶。一天，在田里干活，看见一个穿着华丽的年轻女子，踩着田埂，横走过来，绯红脸色，长得很风流。马天荣怀疑她迷了路，又见周围无人，便调戏她，她也不拒绝。马天荣进而就拉着要和她睡觉，她笑着说："现在大白天的，不兴这样，你晚上回去后把门虚掩上，我会来的。"马天荣不相信，女子对他发誓，于是便把住址详细告诉了她。夜里，她果然前来。两人肌肤相亲，马天荣觉得她皮肤十分细嫩，在灯光下显得又红又薄，像是婴儿，而且全身布满细毛。他觉得奇怪，又想到她来历不明，就怀疑是狐仙。于是半真半假地询问，她坦率地承认了。马天荣说："既然你是狐仙，应当有求必应。蒙你相爱，为什么不送我几两银子？"女子回答说可以。次夜来时，马天荣向她要钱，她故意吃惊地说："啊呀，忘了带了。"她走时，马天荣又叮嘱一遍。夜里再来时，马天荣问："我向你要钱的事没忘吧？"她笑着请马天荣再等几天。几天后，马天荣又提起。她笑着从袖子中取出两锭银子，大约有五、六两，银锭边上还带着花纹，十分精致可爱。马天荣很喜欢，收藏在柜中。过了半年，因为要用钱，马天荣拿出来给别人看。别人说："这是锡。"用牙试着一咬就咬下来一块。马天荣吓得连忙收起来。晚上女子来时，马大荣生气地责怪她，她笑着说："你的命薄,真的白银你无福享受。"事情就这样过去了。马天荣说:"听说狐仙都是天姿国色,哪知道并不见得如此。"女子说:"我们是随对象的情况而变化的。你命里连一两银子都无福享受,哪够得上享有绝代佳人。我因容貌一般,固然不能侍奉上等人物,但比那些大脚、驼背的女人来,也算天姿国色了。"过了几个月,她忽然送给马天荣三两银子,说:"你多次向我要钱,我因为你命里不该收藏银两,所以不同意。现在你很快就要定亲,特送你一笔结婚用的钱,也算作赠别。"马天荣申明自己没有说亲这回事。她说:"一两天内自有媒人来。"马天荣问对象长得如何?她说:"你想要天姿国色,自然是天姿国色。"马天荣说:"那倒不敢奢望。不过三两银子怎么够讨一个老婆?"女子说:"这是月下老人注定的,由不得人。"马天荣又说:"你为什么要离开我?"女子说:"每日总是夜深来去,披星戴月,到底不是结局。何况你将有妻子,我不能代替。"临走时又给了马天荣一包药粉说:"分手后恐怕你会得病,服了这药就会好的。"

第二天,果然有媒人上门提亲。马天荣先问对方长相?媒人说,"说好不好,说差不差。"问要多少钱的彩礼?答:"约需四五两银子。"马天荣认为钱的问题不大,要求必须先看看人。媒人先是担心良家女子不肯轻易露面。后来又约了马天荣一同前去,见机行事。来到村口,媒人让马天荣稍等,自己先去,过了好长时间才回来说:"行了。我的表亲和她住同一个院子,刚才我去见她,正坐在房中。你假装去拜访我的表亲,可就近看看她。马天荣跟她去了。果然见女子呆在房中,正伏在床上,叫人搔背。马天荣走近一看,长相确实如媒人所说。立刻就商量聘礼,对方并不争多争少,有一二两银子稍为装扮一下女子就行了。马天荣更觉得便宜,就交了聘金,加上酬谢媒人和书写婚约的开销,三两银子刚刚用尽,也没有多花一文钱。等选择吉日迎接女子过了门,才知道是鸡胸驼背,头颈像乌龟似的缩着,再看裙子底下,一双大脚有一尺长。这才意识到狐仙的话事出有因。

异史氏说:"随人变化现形,也许是狐女的自我解嘲。但她谈到福泽,却是可信的。我常说:不是祖宗修了数代,是不可能做大官的;不是自身修行数世,也不可能娶到佳人。凡相信因果报应的人,必然不会说我信口胡诌。"

翩 翩

罗子浮是邠州人。父母相继早逝,八、九岁时,依靠叔父罗大业生活。罗大业任国子祭酒,家境富有,却没有儿子,把罗子浮看作亲生骨肉。罗子浮十四岁时,因受坏人教唆,开始嫖妓。一个南京来的妓女寄住在邠州,将他迷得神魂颠倒。那妓女回南京时,罗子浮偷偷跟着她去了。在南京的妓院中一住半年,花光了钱,就被冷落在一旁。不久,又得了杨梅疮,浑身溃烂发臭,被赶出了妓院,流落在街头乞讨。路人见到他,无不远远避开,他自己也生怕客死他乡,就一路要着饭向西走,每天三、四十里,渐渐就到了邠州境内。心想自己一身脓疮,实在无脸见人,便在外乡徘徊。见天黑了,就想去山中的庙里安身。正走着。遇见一位十分美丽的女子。她走上前问:"要去哪里?"罗子浮就如实说了。女子说:"我是出家人,住在山洞里。洞里有地方可以让你住下,也不必害怕野兽。"罗子浮高兴地随她去了。到了深山,见到一个山洞。洞前有一条溪水,溪上架着石桥。离桥几步远的地方,还有两间石屋。进屋一看,里面光线很好,不需点灯。女子叫他脱去破衣烂衫,去溪水里洗澡,说:"洗了澡,疮就好了。"又掀开幛子,打扫床铺,催他就寝,说:"睡吧,我给你缝一件衣裳。"于是,用芭蕉叶那样大的树叶,剪制衣服,罗子浮躺在床上看着,不多时,衣服做好了,叠在床头,吩咐他早晨起来穿上,就在他对面床上睡下了。

罗子浮洗过澡后,疮果然不痛了。醒来一摸,已结痂了。早晨起身,怀疑树叶不能穿。但取来一看,却是碧绿色锦缎,平整光滑,闪闪发亮。不久,吃早饭了,见女子将树叶剪成饼的样子,吃到嘴里果然是饼。又剪了鸡、鱼等,煮熟之后和真的一样美味可口。屋角上还放着一瓮好酒,随时可取来喝,少了就舀溪水灌进去。罗子浮在这住了没几天,病就全好了。他向女子求欢,女子说:"你这个浪子,才安下身来,又生妄想。"罗子浮说:"这是为了报答你的恩德。"于是两人同床共眠。

一天,忽然有个少妇笑着进来,对女子说:"翩翩,看把你这小鬼头快活的,什么时候做成的这桩好事?"翩翩忙起身迎接,也笑着说:"原来是花城娘子,这么长时间都不见你,今天是什么风把你吹来的? 生了儿子没有?"少妇答:"又是一个小丫头。"翩翩笑着又说:"看来花城娘子是只会生女儿了,为什么不带她来?"答:"刚才把她哄睡着了。"于是大家坐下一同饮酒。花城娘子对罗子浮说:"你这小郎君可是烧了高香了。"罗子浮打量她,见有二十三四岁的样子,风流妖媚,不觉心生爱意。就趁弯腰在地上拣水果时,悄悄捏了一下她的脚尖。花城娘子只是望着他笑,装作不知道。罗子浮正暗自欣喜,忽觉全身冰凉,衣裤全变成了树叶,心里一惊,赶快收起杂念,端坐几上,慢慢衣服内又有了温暖。心中侥幸没被两位女子看到。一会儿,又趁劝酒之际,抓了抓花城娘子的手,花城娘子正在说笑,毫不理会。就在罗子浮心旷神怡的瞬间,衣服又变成了树叶,很久才恢复原状。从此,他再不敢胡思乱想。花城娘子笑着说:"你家郎君,太不规矩。如果不是你喜欢吃醋,他恐怕会跳到天上去。"翩翩也嘲讽说:"这薄情之人,应该让他冻死。"两人一起鼓掌而笑。花城娘子站起身说:"小丫头该醒了,恐怕已哭断了肠子。"翩翩也起身笑着说:"只顾勾引别人的汉子,还能记得小江城要哭坏了。"花城娘子走后,罗子浮担心挨骂,但翩翩不动声色,和往日一样。

不久,秋风飒飒,落叶翻飞。翩翩忙着收拾落叶,准备过冬。看罗子浮冷得缩身耸肩,就用包袱把洞口的白云拣来,给他做成棉袄。穿到身上又暖又轻。

一年之后,翩翩生下个男孩,十分聪明。罗子浮天天在洞里逗孩子玩,也很快乐。但又时时怀念家乡,让翩翩与他一同回去。翩翩说:"我不能去。要去,你自己己去。"罗子浮没办法,也只得留下。这样又是两三年过去了,儿子渐渐长大,就与花城娘子结为亲家。罗子浮挂念叔父年老,翩翩说:"叔父虽老,身体还健康,你不必记挂。等保儿结婚后,去留听你的。"翩翩在洞中常用树叶写字教儿读书,儿子过目成诵。翩翩说:"这孩子有福相,到了尘世间不怕做不成大官。"又过几年,保儿到了十四岁,花城娘子亲自送女儿来成亲。那女儿容光焕发,衣衫艳丽,十分动人。罗子浮夫妻俩很是高兴,全家举行宴会。翩翩拔下金钗,打着拍子唱道:

> 我有佳儿,不羡贵官;
>
> 我有佳妇,不羡绮纨。
>
> 今夕聚首,皆当喜欢。
>
> 为君行酒,劝君加餐。

随后,花城娘子便回去了。儿子、媳妇住在对面石屋中。儿媳孝顺双亲,和亲生女儿一样。

罗子浮又想回家乡。翩翩说:"你骨子里便带俗气,终究不能成仙。儿子也是富贵命,可以把他一同带去,我不耽误他的前途。"媳妇请求和母亲告别,正说着,花城娘子就来了。小两口都对母亲依依不舍,热泪盈眶。两个母亲都说:"暂时先去,以后还可以回来。"翩翩用树叶剪成三匹驴子,叫他们三人骑着回家。

这时,叔父罗大业年纪已老,辞官在家。他以为侄儿早就死了,忽然见他回家来,还带着孙子和孙媳,高兴得如获至宝。进门后,他们各自都看到自己穿着一片片树叶,就扯开它,里面棉絮变成白云飘上天去。于是换了衣服。后来罗子浮思念翩翩,同儿子、媳妇一道进山寻访,只见遍地黄叶,洞口已迷失不见,只好含泪还家。

异史氏说:"翩翩、花城娘子,大概是仙人吧? 她们以树叶为食,以白云为衣,多么神奇啊! 但在闺房中调笑亲热,生儿育女,又与人世间有什么不同? 山中十五年,回家后虽然没有丁令威化鹤归来'城郭如故人民非'的变化,但再入深山,白云迷漫,洞口湮没,没有踪迹可找,看这景观,真像汉代刘晨、阮肇入山逢仙女后回船时的光景了。"

黑　兽

听李敬一太公说:某公在沈阳时,在山顶上举行宴会。偶然俯视山下,见一只老虎衔着东西来到一个地方,用爪子扒开一个洞,把东西埋上后就走了。某公就派人下山探看埋的什么东西,原来是一只死鹿。就把死鹿取出,又重新把洞填好。不一会,老虎领着一只长着几寸长毛的黑兽到来。老虎在前边带路,好像邀请最尊贵的客人。到了洞边,黑兽瞪着眼睛蹲在旁边看着。老虎把爪子伸进土洞,死鹿不翼而飞,吓得战战兢兢,趴在地上一动也不敢动。黑兽勃然大怒,责怪老虎欺骗了它,用爪子猛击老虎头,老虎立即死去。黑兽也径自走了。

异史氏说:"黑兽不知是什么动物,但问起它的形状,并不比老虎大,为什么能使老虎如此害怕,甘愿受死? 大凡一物克一物,这实在让人难于理解。比如猕猴最怕狨这种动物,只要猴群远远见到一只狨,就成百几十地围在哪里跪着不敢逃,瞪着眼睛,大气都不敢出。而狨在猕猴堆里,用脚测测哪个肥、哪个瘦,把石头放在肥的头上做标记。猕猴头顶石块愣愣地像木鸡似的,生怕石块掉下来。等狨做完标记,按先后一个一个吃掉,其余的才一哄而散。我曾经说:贪官像狨,探测老百姓的肥瘦,一一标记、吞食。而老百姓却听凭他挑选、吞吃,不敢喘一口气,这情形是多么相似。可悲啊!"

第四卷

余　　德

武昌人尹图南有别墅一幢,曾租给一位秀才居住。半年了,他从未问过此事。有一天,他在别墅门口遇到了这位秀才,秀才年纪很轻,但仪表、衣着、车马都很华丽。尹图南走上前去与他交谈,即发现他待人宽厚有涵养,招人喜爱。尹图南心下诧异。回家后便把这事告诉了妻子。妻子差遣婢女携带礼物,以问候为借口,窥探秀才家中的情况。婢女发现他家中有一位美女,其艳丽程度超过了仙女。而点缀于室内的奇花、异石、古玩,都是觅所未见,闻所未闻。尹图甫猜测不透秀才究竟是什么人,便亲自登门拜访。很不巧,秀才刚好外出不在家。第二天,秀才即来回拜。从他递上的帖子看,尹图甫才知道他姓余名德。交谈中,尹图南仔细询问余德的门第家庭情况。余德不正面回答,一味含糊其词。尹图南再三询问,余德只得说:"要彼此往来,我不敢主动中断。应该相信我不是因偷窃、抢劫逃到这里的罪犯,何必非要知道我的来历。"尹图南马上表示歉意,并吩咐家人摆宴款待,交谈得十分投机。天将要黑的时候,便有两个仆人牵马挑灯,接余德回家去了。

第二天,余德差人送来请柬,要答谢尹图南,尹图南到了余德家,见四周墙壁都裱糊了一层明光纸,洁净得就像明镜一样。屋内,一只贴金的狮形香炉点燃着珍贵的奇香,一只碧绿的花瓶中插了两只凤尾和两片孔雀羽毛,凤尾和孔雀羽毛都有两尺多长。还有一只水晶瓶浸着一大枝粉红色的鲜花,不知什么名称,也有两尺多高,下垂的枝叶覆盖到茶几以外,稀疏的枝叶上布满了待放的花苞。花的形状就如同被露水打湿了的蝴蝶正收拢翅膀,而花蒂则宛如那蝴蝶的触须。席间,摆在桌上的菜肴虽不过八盘,但丰美异常。入席之后,余德叫僮仆击鼓催花,作为酒令。鼓声一响,瓶中的花苞便颤悠悠地要绽开似的。不一会儿,像蝴蝶翅膀渐渐张开了。随着鼓声一歇,花蒂顿时脱落,就变成一只蝴蝶,落在尹图南的衣服上。余德微笑着站起身,为他斟一大酒杯。酒刚斟满杯子,蝴蝶也就飞扬而去了。过了一会儿,鼓声又起,两只蝴蝶飞落在余德的帽子上。余德笑着说:"我这就叫'自作自受'。"说完,连饮两大杯。等到三通鼓响罢,空中飞花乱坠,翩然飘舞,或落在袖上,或飘落襟中。鼓

僮边笑边数,结果是尹图南该喝九杯,余德该喝四杯。此时,尹图南已略有醉意,不能全部领罚,勉勉强强喝了三杯,便离席逃去。从此,他愈发觉得余德是一个不同寻常的人了。

然而,余德很少与人交往,总是闭门独居,不参与别人的红白喜事。而尹图南逢人便宣传余德,大凡听说了余德家那些奇异之事的人,无不争着抢着去拜访余德,门前总是达官贵人的车马不断。余德不堪骚扰,便突然间辞别尹图南离去了。走后,尹图南来到他的居处,空无一人的院落打扫得纤尘不染,残剩的蜡烛油堆放在青石阶下,窗根间的残帛断线上,指纹隐约可见。遗留下来的,只有后院的一只小白石缸,可容纳一担多水。尹图南将缸带回家,贮满水,养上了金鱼。一年过去了,缸中的水依然像刚放进去时一样清澈。后来,仆人在移动山石时,不小心将缸打破了,可缸里的水没有倾泻出来。看上去,缸好像还在,用手一摸,感觉虚软。将手伸入水中,水便随着手溢流出来,手从水中拿出,水又重新凝滞不动了。到了冬天,水也不结冰。一天夜里,缸中的水忽然结成了晶体,而金鱼依然在里面游动如往常。尹图南害怕他人知道,常常放在密室之内,除了儿子、女婿之外,谁也不让参观。久而久之,这事还是渐渐传播开了,于是,要求观赏的人纷至沓来,络绎不绝。腊月的夜晚,晶体忽然溶化,变成一汪清水,将整个地面都浸湿了,鱼也了无踪影。那旧缸的断石残片仍在。

一天,有个道士忽然登门,要看那缸体残片。尹图南拿出让他看。道士说:"这是龙宫里的蓄水器。"尹图南又将此缸虽破而水不泻的妙处告知于他。道士说:"这是缸的灵魂。"道士恳求尹图南送给他几块残片。问他干什么用,道士回答说:"拿它配药,可以长寿。"尹图南给了他一片,道士便高高兴兴地道谢而去。

杨 千 总

户部尚书毕自严从家乡起身领兵洮州、泯州时,有武官千总杨化麟前来迎候。仪仗队行进在路上,偶然发现有一人在路旁拉起屎来。杨千总张弓搭箭,准备射他,毕公急忙喝住了他。杨千总说:"这个奴才太无礼了,应该吓他一跳。"说完,便远远地呼喊道:"大便的家伙,赠送你一支会稽地方的藤条,别你的发髻去吧!"话声刚落,箭已离弦,正好射在那人的发髻上。那人吓得急忙逃跑,屎尿撒了一地。

瓜 异

康熙二十六年六月,淄川县城西一户村民的菜园里,有一条黄瓜藤上又长出瓜蔓,瓜蔓上结了一个西瓜,大小就如一只饭碗。

青 梅

南京有一位程姓的书生,性情磊落豪爽,从不因小事与人计较。有一天,他从外面回到家,正在解衣带,忽然觉得带子的一头沉甸甸的,好像有什么东西掉下来。低头看看,什么也没有。然而,就在他转身之际,一个女子从他的衣服后面钻了出来,用手掠着头发朝他微笑,美丽极了。程生怀疑她是鬼,女子说:"我不是鬼,是狐狸。"程生说:

"如能得到绝世佳人，就是鬼也不怕，何况狐狸。"于是便和她亲密地生活在了一起。

过了两年，狐女生下一个女孩，他们为这女孩起小名叫青梅。狐女常对程生说："你不要再娶妻子了，我会为你生个男孩子的。"程生听信了她的话，就没有娶妻子。为此，亲戚朋友一同取笑他，讽刺他，程生终于意志动摇，聘娶湖东一个姓王的女子为妻。狐女听到这消息后，十分生气。她给青梅喂完了奶，然后将她扔给程生说："这是你家的赔钱货，养着她杀了她全由你，我凭什么替人家做奶妈啊！"说完就出门走了。

青梅长大后十分聪明，美好秀丽，相貌酷似她的母亲。后来，程生得病死了，其妻王氏也重新嫁了人。青梅则寄养在堂叔父家里。她这个堂叔父行为放荡没有德行，要把青梅卖了为自己挣一笔钱。恰巧有一个姓王的进士候缺在家，听说青梅十分聪明美丽，便花大价钱把她买了回去，让她做女儿阿喜的使唤丫头。阿喜年方十四，生得天姿国色，美丽绝伦。见到青梅，阿喜十分高兴，与青梅同吃同住，形影不离。青梅也善于伺候，能用眼睛说话，用眉目传言，善解人意，因此王进士一家人都很疼爱她。

同城有个姓张的书生，字介受，家境贫寒，没有什么产业，租住在王家的院子里。张生孝敬父母，品行端正，为人处事十分讲究礼法，又勤奋好学。一天，青梅偶然走进他家，发现他正坐在石头上喝糠粥；青梅走进屋里同他母亲拉家常，发现桌上摆着猪蹄。当时，张生的父亲正卧病在床，张生走进屋来，抱起父亲，帮他小便。结果，张生的衣服被尿液弄脏了。老父察觉到了，很是过意不去。张生掩盖住身上的尿渍，赶紧跑出去用水洗了，生怕让老父知道。青梅因此对他产生了敬意。回到家中，她又将所见所闻告诉了阿喜，并对她说："寓居在咱家的这位房客，不是个等闲之辈。小姐不想找个如意郎君也就罢了，如果要找，张生便是最好的人选。"阿喜担心父亲嫌他家穷。青梅说："不对，这事主要在于小姐自己。如果你认为可以，我就暗地里告诉他，让他找媒人来提亲。如此，夫人一定会找你去商量，到时，你只管答应'是'，事情就成了。"阿喜又担心嫁给他会一辈受穷被人耻笑。青梅说："我自信有眼力能看准天下的读书人，决不会错的。"

第二天，青梅就将此事告诉了张生的母亲。张母大吃一惊，说她的话有悖常理，不是个好兆头。青梅说："我家小姐听说公子是个贤德之人，对他十分敬佩。我是看出她有这个意思才来替他们说合的。你请媒人去说，我和小姐在一旁帮腔，料想此事会成功的。即使他家不答应，对公子又有什么丢人的呢？"张母说："就这样吧！"于是，便请了一个姓侯的卖花女人前去说媒。王夫人听了觉得很好笑，又将此事说给王进士听。王进士也大笑起来。两人把女儿叫出来，告诉了她侯氏的来意。没等阿喜回答，青梅就极力称赞起张生的人品来，并肯定他说他将来一定会大富大贵的。王夫人又问女儿："这是你的终身大事，如果你能吃糠咽菜，就为你答应这桩亲事。"阿喜低着头沉思了许久，然后对着墙壁说："贫富是命中注定的事。如果命好，即使穷也不会长久，不穷的日子倒是无穷尽的。如果命薄，像那些穿锦着缎的王孙贵族，后来穷得没有立锥之地，其人数还少吗？这事全由父母做主。"当初，王进士将女儿叫来商量，无非是想博得一笑，听了女儿这一番有违他初衷的话，很不高兴地说："你真想嫁给张生吗？"阿喜低头不语；再问，还是不回答。王进士恨恨地骂道："你这不长进的贱骨头！想要提着篮子做乞丐妇，难道不羞死！"听了这话，阿喜羞红了脸，气得一句话也说不出来，流着泪回到自己房里。媒人也没趣地走了。

青梅一看这事不成，便想把自己嫁给张生。几天后的一个夜晚，她来到张生屋里。

张生正在读书,惊问她有何事到此。青梅面带羞色,吞吞吐吐地表明了来意。张生十分严肃地拒绝了她。青梅哭着对他说:"我是一个良家女子,并非轻浮私奔的人。只因你是一个贤良的人,才愿将终身托付于你。"张生说:"你爱我,是认为我品行好。可是,黑夜的私情行为,知道自爱的人都不会做的,更何况一个有品德的人呢?试图从淫乱开始,以达到终成夫妻的目的,君子尚以为不可。何况这事还成不了,你我以后又该如何处人呢?"青梅说:"万一能够成功,你肯接纳我吗?"张生回答说:"能够得到像你这样的美人做妻子,我还有什么可求的呢?但还有三件无可奈何的事,所以不敢轻易答应。"青梅问:"哪三件事啊?"张生答道:"你不能自己做主,就无可奈何;即使你能自己做主,而我父母不同意,就无可奈何;即使我的父母同意了,但赎你的身价必定很高,我一贫如洗无处筹措这笔钱,就更无可奈何,你还是赶快走吧,瓜田李下,人言可畏啊!"青梅临走,又叮嘱张生说:"假若你对我有意,希望你和我共同想个办法。"张生答应了。

青梅回去后,阿喜责问她上哪里去了,她便跪下如实说了。阿喜十分生气,认为她这是偷情,准备痛打一顿。青梅哭着表白说没有做什么见不得人的事,并将事情的详细经过告诉了阿喜。阿喜感叹道:"他不干苟且偷合之事,这是知礼;做事情一定要告诉父母,这是有孝心;不轻易答应别人,这是讲信用!有了这三样美德,老天必会保佑他的,他不用担心受穷一辈子了。"接着又问青梅:"你打算怎么办?"青梅回答说:"嫁给他。"阿嬉笑着说:"傻丫头,你能自己做主吗?"青梅回答:"要是不行,就一死了之。"阿喜说:"我一定要使你如愿以偿。"青梅连忙跪下叩头感谢。

又过了几天,青梅询问阿喜道:"前些天你讲的话是逗着玩呢,还是果真大发慈悲?如果是真的,我还有一些小小的事情,请求你可怜。"阿喜问她是什么事情,青梅回答道:"张生拿不出聘礼,我也没有力量自己赎身,如果一定要拿足赎金,那么,嫁我和不嫁我一样。"阿喜沉吟了半晌说:"这事我也无能为力。我说让你嫁给了张生,还恐怕不行;如果说一定不要赎金,父亲一定不会同意,我也不敢说什么了。"听了这话,青梅急得直流眼泪,只是一个劲地哀求小姐可怜、帮助她,阿喜思考了很长时间才说:"没有别的办法,我自己还攒了一点私房钱,全部拿出来帮助你。"青梅连忙拜谢,于是悄悄告诉了张生。听说此事后,张生的母亲大喜,又多方借贷,凑足了赎金,然后藏起等待好消息。

适逢王进士被派往山西曲沃县做县令,阿喜乘机对母亲说:"青梅年龄已经大了,父亲现在又要到山西赴任,不如打发她走吧。"王夫人本来就认为青梅太聪明,担心她把女儿带坏了,常要把她嫁出去,但又怕女儿不高兴。听了女儿这番话,她很是高兴。过了两天,有个佣人的媳妇过来表明了张家想向青梅求婚的意思。王进士笑着说:"张生这个人也只配娶个婢女,上次他也太不知好歹了。然而,卖给高门大户做侍妾,身价应是我买进她时的两倍。"阿喜赶忙对父亲说:"青梅侍候我这么长时间了,将她卖给别人做小妾,我实在于心不忍。"王进士便让人捎话给张家,仍以原来的价格立赎身契,把青梅下嫁给张生。

过门以后,青梅对公婆曲意体贴,周到细心,超过了张生。而且,操持家务更勤快,不以吃糠咽菜为苦。为此,张家的人没有不敬重她的。青梅还做起刺绣活来,卖得很快,商人们守候在张家门口,唯恐收购不到手。这样挣来的钱就勉强可以维持穷日子了。青梅还时常劝导丈夫,不要因操心家务事而耽误了读书,家中有关生计方面的事都由她一人担当了。

王进士要去山西上任,青梅就去与阿喜告别。阿喜见到她后,流着眼泪说:"你已经如愿了,我将来肯定不如你。"青梅说:"我怎敢忘记这一切是谁恩赐的呢? 但小姐说你的命运不如我,恐怕是要折我的阳寿。"说完话,二人流着泪依依惜别。

王进士到山西半年后,王夫人就死了,灵柩停放在寺院中。又过了两年,王进士因为行贿罪被免职,赎罪罚款就花了万把两银子。从此,王家逐渐破败下去,连生计都难以维持,仆人也都各奔东西。正当此时,又流行瘟疫,王进士染病身亡,只剩下一个老妈子跟随着阿喜。没有多久,老妈子也死了。阿喜一人孤苦伶仃,生活更加艰苦。邻居有一位老太太劝阿喜嫁人,阿喜回答说:"谁能为我安葬双亲,我就嫁给谁。"老太太可怜她,送给她一斗米后就走了。半月后,老太太又来了,对阿喜说,"我已经为你尽心尽力了,但事情仍很难办。贫穷的人无力替你安葬双亲,而富贵人家又嫌你是个破落户的后代。有什么办法! 不过,还有一条路可走,就怕你不肯答应。"阿喜问:"还有什么路?"老太太说:"这里有个姓李的男子,想找一个小妾,倘若见了你的姿容,再让他出钱厚葬你的双亲,他一定不会吝惜的。"阿喜听了后大哭道:"我是个官宦人家的女儿,竟要去给人家做妾吗?"老太太无言以对,只得走了。

从此,阿喜每天只能吃一顿饭,勉强维持生命,以图能得到一个好的身价,如此又过了半年,阿喜的生活更难维持了。有一天,老太太又来了。阿喜哭着对她说:"生活困顿到如此程度,常常想要结束自己的生命。之所以还恋恋不舍地苟活在世上,只是因为二老的灵柩还没有安葬。我将要死了,谁替我收拾双亲的尸骨呢? 我想来想去,不如就依你所说的办吧。"于是,老太太就领来了姓李的男子。那男子只是稍稍看了一眼阿喜,便喜不自禁。很快地,他就出钱办理安葬之事,等两具灵柩都掩埋好了,就接阿喜回去,拜见他的大老婆。那大老婆是个十分凶悍且又嫉妒心很强的女人,姓李的男子起初不敢说是娶阿喜为妾,而是托词说买了一个婢女。谁知一见到阿喜,那大老婆便勃然大怒,并用棍子将阿喜打出屋去,不准她进门。

阿喜披头散发,泪流满面,进退无路。恰巧有一个老尼经过,见阿喜可怜,便邀她与自己同住到尼姑庵里。阿喜便跟着她走了。到了庵里,阿喜请求削发为尼。老尼没有答应,说:"我看姑娘不像一个要长期流落风尘的人。庵中粗茶淡饭还可以维持。你先暂且住在这里等待着。时来运转,你就自管走你的。"

阿喜在庵里住了一段时间后,街上的一些无赖看她长得漂亮,便时常来敲打庵门,用一些淫荡不堪的话语调戏她,老尼也无法制止。阿喜为此气得直哭,想要自尽。老尼去请求吏部的一个官员在庵门口贴出一张告示,严禁到此骚扰,恶少无赖才稍稍有所收敛。后来,又有人于夜间在尼庵的墙壁上打窟窿,老尼发现后大声呼叫,打洞者才逃走。老尼为此又上告到吏部,吏部差人抓住首恶分子送到州府打了一顿棍子,才逐渐安定下来。

又是一年过去了。一天,一位贵公子从这里路过,见到阿喜,为她的绝代容貌感到惊异,硬逼着老尼为他撮合,并拿出重金贿赂老尼。老尼婉言相告:"人家是官宦人家的小姐,不甘心做妾的。公子暂先回去,容我慢慢给你回复。"公子走后,阿喜又想服毒自杀。夜里,梦见父亲来到了她身边,痛心疾首地说:"当初我没有顺从你的意愿,使你落到这种地步,后悔已经晚了,但不要寻短见,缓些日子,你从前的愿望还会实现。"阿喜很是惊异。天亮了,她梳洗完毕,老尼望着她惊奇地说:"从脸色看,你的晦气已全部消失,强暴无理的事不用担心了。你的幸福就要降临,可不要忘了我啊!"老尼的话还没有说完,便又有一阵敲门声传了进来。阿喜大惊失色,猜想一定是贵公子家派来的人。老尼打开门,果然是贵公子家的仆人。仆人一见老尼的面就忙着追问那事谋划得怎样了。老尼笑脸相迎,好言应对,只求再给她三天时间。仆人向老尼转达主人的话说,如果事情办不成,就让老尼亲自向公子交代。老尼恭恭敬敬地答应着,并敬请仆人先回去。阿喜在一旁悲伤得直流眼泪,又想自尽。老尼阻止她。阿喜担心三天后贵公子再来时,她们将无言以对,老尼说:"有我这条老命在,是杀是砍,全由我一人承当。"

第二天,天将要黑的时候,外面下起了倾盆大雨,忽然听到有人吵吵嚷嚷地使劲敲门。阿喜以为事情发作,吓得不知如何是好。老尼冒着雨打开庵门,只见一乘轿子停在门口,几个丫鬟从轿中搀扶出一位相貌绝佳的夫人。仆从们气势不凡,车马装饰很华贵。老尼惊奇地询问他们是什么人,对方回答:"是推官老爷的家眷,到庵里暂避风雨。"老尼将他们引入殿中,搬出矮榻请这位贵夫人坐。贵夫人的丫鬟仆妇也都走进禅房,各自寻找休息的地方。有人在内室看到了阿喜,见她美丽动人,便跑去告诉了夫人。不久,雨停了,夫人站起身来,要求到禅房里看看。老尼将她领进禅房。夫人看见一女子艳丽绝顶,眼睛便一动不动地盯着。阿喜也对着夫人打量了老半天。这贵夫人不是别人,正是青梅。各人不禁失声而抱头痛哭,于是分别叙述了离别后的行踪。

原来,张生的父亲病故,张生服丧期满后,参加科考,连连告捷,被朝廷任用为主管狱讼的推官。张生先侍奉母亲上任,然后派人搬迁家眷。阿喜感叹地说:"今日相见,你我又何止是天壤之别!"青梅笑着说:"幸亏小姐屡遭挫折,尚未婚配,正是老天要让我们团聚啊!假如不被大雨阻挡,又怎能在这里巧遇呢?这里一定有鬼神相助,仅凭人力是无法做到的。"于是取来镶有珠宝的帽子和锦绣织就的衣裳,催促阿喜换上。阿喜低头徘徊,犹豫不决。老尼则在一旁极力相劝。阿喜担心就这么去与青梅同居一处,名分不正。青梅说:"过去咱们俩的名分就定了,我这做丫头的怎敢忘记你的大恩大德呢?你再想想张生,难道是负义的人吗?"说完,硬逼着阿喜换上了衣服,然后一同别过老尼走了。

到了任所,张生母子非常高兴。阿喜拜见张母说:"我今天实在没有脸面拜见母亲。"张母笑着安慰了她,并计划选择黄道吉日,为她和张生完婚。阿喜说:"倘若尼庵中有一点生路,我也就不和夫人来这里了。如果还念着过去的旧情。给我一间房子,可以容得下一只蒲团就满足了。"听了她的话,青梅只是笑而不答。到了结婚的那一天,青梅抱来了艳丽的结婚礼服。阿喜左右为难,不知该怎么办才好。不一会儿,听到鼓乐声大作,阿喜也无法自己做主。青梅带着丫鬟老妈子硬是给她穿上了礼服,搀扶着走出房门。她见张生穿着朝服向她作揖,就不知不觉地款款向他回拜起来,完毕,青梅将她拽进洞房,说"空着这个位子,等你好久了。"并回头对张生说:"今夜你总算得到报恩的机会了,可要好好侍候她呀!"说完话,转身就想走。阿喜却拉住她的衣角不放。青梅笑着说:"不要留我,这事可不能代劳呀!"掰开她的手指脱身而去。

在以后的日子里,青梅侍奉阿喜毕恭毕敬,小心谨慎,从不敢以张生的正妻自居。而阿喜也始终惭愧不安。张母让她们互相以夫人称呼,而青梅始终以婢妾自居,不敢有丝毫的松懈。三年后,张生奉调入京,路过尼庵,拿出五百两银子为老尼祝寿。老尼坚辞不收。张生一再坚持,老尼才收下二百两,用这钱修建了一座观音菩萨庙,立了一块王夫人碑。后来,张生官做到侍郎,程青梅夫人生了两个儿子一个女儿,王阿喜夫人生了四个儿子一个女儿。张生上书皇帝,陈述上述情况,两人都被封为夫人。

异史氏说:"上天降生美丽的女子,本来就是用来匹配天下贤士的。而世俗的王公大人,却要留给纨绔子弟。这样,老天爷必然不同意而要力争的。但事情离奇曲折,致使从中撮合的人费尽无限心机,老天爷也真是用心良苦啊!只有程青梅夫人能够慧眼识别英雄于穷困未达之时,发誓要嫁给他,且以死来保证。而那些衣冠楚楚,一副体面人模样的官宦大人,反而抛却有德行之人去追求纨绔之徒,见识是何等的低于一个丫头啊!"

罗刹海市

马骥,字龙媒,是个商人的儿子。他风姿秀美,从小洒脱豪爽,喜欢歌舞。经常混迹于戏曲艺人之中,用锦帕缠着头,俨然是漂亮的少女,得到一个"俊人"的绰号。十四岁,马骥考入府学,就小有名气。后来,他的父亲年岁大了,歇了生意,闲居在家,对马骥说:"你读的那几本书,饿了不能当饭吃,冷了不能当衣穿。我儿可以接替为父的事业做买卖。"马骥就逐渐做起生意来了。

一次,马骥随人出海经商,被飓风刮走,几天几夜之后,漂到了一个都城。这里的人都长得异乎寻常的丑陋,见到马骥,竟以为见到了妖怪,都高声喊叫着逃走了。马骥初次见到这种情景,大惊失色,等到他明白这里的人是害怕自己时,便反过来以此欺压这里的人。遇到吃饭喝酒的,他便跑过去,人都吓得逃走了,他就坐下来把剩下的食物大嚼一顿。如此呆了很久,马骥又来到山村。山村里的人倒有些普通人的样子,但衣衫褴褛,如同乞丐一样。马骥歇息在树下,村里人不敢过来,只是从远处望着他。时间长了,他们觉得马骥不像是吃人的恶魔,才敢稍稍接近他。马骥笑着与他们交谈。这里的语言虽然不同,但大致还能听懂。马骥便告诉他们自己是从哪里来的,又是如何到这里来的。村里人听了很高兴,纷纷转告邻里,说这个客人并不是吃人的怪物。然而,那些样子特别丑陋的人,只是看看他就走了,始终不敢和他接近。而那些敢于接近他的人,大都嘴巴、鼻子的位置长得基本上与中国人一样。他们纷纷拿出酒来请马骥喝。马骥问起他们害怕的缘故,回答说:"曾听我们祖父辈的人说过,从这里往西两万六千里的地方,有一个中国,那里人的相貌都长得很奇特。以前是耳闻,今天才知道是真的。"马骥问他们为什么这样贫穷,他们说:"我们这个国家所看重的,不是文章,而是长相。那美到极点的可以官拜上卿;次一点的可以做地方官;再次一点的,也能博得达官贵人的宠爱,获取丰厚的食物供养妻子儿女。像我们这样的,一生下来就被父母视为不祥之物,往往弃置不顾。其中不忍心马上丢弃的,都是为了传宗接代罢了。"马骥又问:"这个国家叫什么名字?"那些人回答:"叫大罗刹国。都城在北边,离这儿有三十里路。"马骥请他们领自己去看看。于是他们鸡叫时分起床,领着他一块前去。

天亮之后,他才到达都城。都城的墙用黑石头砌就,颜色如墨,城中楼阁高近十丈,然而楼顶很少用瓦,是用红色的石头覆盖在上面。捡起一片这样的石头在指甲上磨一磨,和丹砂没有什么两样。正值罢朝的时候,朝中有乘着华丽车马出来的,村里人指着说:"这是宰相。"马骥一看,只见那人两个耳朵反长着,鼻子有三个孔,睫毛长得像帘子一样盖住了双眼。紧接其后,又有几个骑马的出来,村里人指着说:"这几个是大夫。"并依次指出他们的官职,都面目狰狞,奇丑无比。但官位越低,其丑陋之状也略减弱。一会儿,马骥转身往回走,被街市上的人看见了,这些人大呼小叫,狂奔不止,就如同碰到了怪物一样。村里人百般解释，街市上的人才敢站在远处张望马骥。

等他们回到村里，全国的人，都知道山村里来了个怪人。于是，士绅大夫争着要长见识，就令村里人邀请马骥。然而，马骥每到一家，看门人都要将大门关起来，男人妇女都从门缝偷偷看着马骥，窃窃私语。整整一天过去了，没有人敢请马骥进门。村里人说："这地方有一位警卫过宫门的郎中，曾为先王出使他国，见的人多，或许不会见到你就害怕。"马骥便去拜访这位郎中。郎中果然很高兴，并将马骥奉为上宾。马骥观察郎中的相貌，如八九十岁的人，而且，眼球突出，满脸络腮胡子，活像刺猬。郎中说："我年轻的时候，奉王命出使过许多国家，唯独没有到过中国。如今我已一百二十多岁了，得以见到上国的人物，不能不将此上奏天子。然而，我赋闲在家，已十多年没有踏过宫廷的台阶了。明天一早，我将为你亲自跑一趟。"于是，吩咐家人摆上酒菜，行主客之礼。酒过数巡，郎中唤出歌女十几个，轮番歌舞、歌女一个个貌似夜叉，且都用白色的锦缎缠着头，身上的红裙拖到了地上。演唱的不知是什么歌词，腔调节拍也很怪异。主人看得听得很开心。主人问："中国也有这种歌舞吗？"马骥回答："有。"主人请马骥学唱几句，马骥便敲着桌面，打着拍子，为他唱了一曲。主人听后高兴地说："太妙了！这声调就如同龙啸凤鸣，我从来没有听到过。"第二天，郎中上朝，将马骥推荐给国王。国王欣然下令召见。但有几位大夫说马骥长得太怪异，恐怕会惊吓了国王。国王便作罢。郎中出来后告诉马骥，深深为此遗憾。

马骥住在郎中家里已经很久了。一天，他在与主人饮酒时喝醉了，拔剑起舞，用煤灰将脸涂抹成戏剧中张飞的样子。主人认为很美，说："请你就以张飞的这副模样去见宰相，宰相肯定乐于用你，高官厚禄不难到手。"马骥说："咳！闹着玩玩还可以。怎么能改变自己的本来面目来谋取荣华富贵呢？"主人坚持要他这样做，马骥只得答应，于是，主人大摆宴席，邀请达官贵人做客，让马骥画好脸谱后等待。时间不久，客人们到了，主人便叫马骥出来见客。客人们惊讶地说："奇怪啊！为什么上次那样丑陋而现在这样美！"于是便与马骥一同饮酒，十分高兴。席间，马骥婆娑起舞，唱了一曲弋阳腔，满座的宾客无不为之倾倒。第二天，纷纷上奏，向国王保荐马骥。国王十分高兴，派人持旌节去召见他。见面时，国王向他询问中国的治国之策，马骥十分详尽地介绍了一番，大受国王的称赞与嘉奖，并在离宫设宴招待他。酒喝到酣畅时，国王问马骥："听说你会演唱高雅的乐曲，能不能唱给我听听？"马骥当即起舞，也效法此地歌女的做法用白锦帕缠了头，演唱靡靡之音。国王十分高兴，当即封他为下大夫。从此以后，时不时地就让马骥陪着他一块喝酒吃饭，给予特殊的恩宠。然而，时间一久，文武百官慢慢觉察出马骥的面孔是假的。他每到一处，都会看到人们窃窃私语，不大乐意与他交往。马骥到这时很孤立，心里惴惴不安。于是，他上疏请求辞官退休，国王不准。他又请求休息，国王才给了他三个月的假。

马骥乘驿站车马，载着国王赐给的金银财宝，又回到了原来的村庄。村民们跪在路旁迎接他。马骥将金银财宝分给过去与他交往过的好朋友，村民们欢声雷动。他们说："我们这些贫贱的村民受到大夫的赏赐！我们明天就到海市上去，采购些奇珍异宝报答你。"马骥问："海市在什么地方？"村里人回答："海市即海中的集市。四海的鲛人集中在那里做珠宝生意，四方十二国的人，也都来此做买卖，其中还有许多神仙游玩于其中。不过，那个地方云霞遮天，波涛汹涌，贵人看重自己的生命，不敢冒险到那里去。他们将金银布匹交给我们，替他代购奇珍异宝。现在离海中集市的日期已经不远了。"马骥问他们怎样知道逢集的日期,村里人回答:"每当看到海上有红色的鸟儿来往飞翔,七天后,就会有集市。"马骥问何时启程,希望和他们一同前去游玩观赏。村民劝他珍惜自己的生命,不要去冒险。马骥说:"我本来就是漂洋过海的客商,还会怕波涛?"

一会儿,果然不断有人送钱送物来托村民们买东西,马骥便与村民们一道将东西装到船上。船可容纳几十人,底是平的,四周有高高的栏杆。十个人摇橹,拍水行进如箭。航行了三天,远远地看见云水缥缈之间,有层层叠叠的亭台楼阁,来这里贸易的船只,纷纷聚集如同蚂蚁。一会儿,他们来到城下。看那墙上的砖,大小足有一人长。城上的岗楼高耸入云。一行人系了船进城,看到市上所陈列的都是各式各样的奇珍异宝,光彩夺目,大都是人世间没有的。

忽然,一个少年骑着骏马过来,市上的人纷纷让路,说是"东洋三太子"来了。路过这里时,太子看到了马骥,便说:"这不是外地人吗?"当即有随从人员过来询问马骥的籍贯。马骥站在路旁行礼,把自己的国籍家世详细告诉了。太子高兴地说:"既然承蒙光临,肯定缘分不浅。"于是给了他一匹马,邀他并骑而行。二人出了西城,刚到岛岸,坐下马便长嘶一声跃入水中。马骥大惊失色。海水都向两边分开,像墙一样高高立起。很快地,马骥就看到一座宫殿。宫殿以玳瑁作梁,鱼鳞作瓦,周围墙壁晶莹透亮,像镜子一样可以照见影子,使人眼花缭乱。太子下得马来,作揖将马骥让进宫。抬头仰视,见龙王坐在殿上,太子上前启奏道:"我到海市游览,碰到中国贤士,特地引来参见大王。"马骥上前跪拜。龙王说:"先生是一位饱学之士:想必能压倒屈原、宋玉。我想烦劳大手笔写一篇《海市赋》希望不要吝惜先生珠玉一般的文字。"马骥叩头领命。龙王立即授给他水晶制成的砚台龙须制成的笔,其纸洁白如雪,其墨芳香似兰。马骥一挥而就,很快就写成一篇千字赋文,呈献殿上。龙王击节赞赏道:"先生如此大才,给水国增添了光彩呀!"于是召集各部龙族,在采霞宫大摆宴席。酒过数巡,龙王举杯对马骥说:"我有爱女一个,还未寻觅到理想的伴侣,我想将她的终身托付于先生。不知先生意下如何?"马骥离席而立,既惭愧又感激,口里只有答应的份儿。龙王对侍从于左右的人说了几句话。不一会儿,便有几个宫人搀扶出一位姑娘。只听得环珮叮当,鼓乐齐鸣。两人交拜之后,马骥张眼偷看新娘,确实是仙女。新娘行完礼后离去。过了一会儿,酒宴散了,有两个丫鬟挑着灯笼,将马骥引入一座偏殿。新娘浓妆坐在那里等候他。再看殿内,珊瑚床装饰着各种各样的珍宝;帐外的流苏上,缀挂着斗大的明珠;被褥异常轻软,散发着浓郁的香味。第二天天刚亮,便有许多年轻漂亮的宫女丫鬟进来,在两边侍候。马骥起身后,匆匆上朝拜谢龙王。龙王即刻封他为驸马都尉,并把他写的那篇赋迅速发往各海。各海的龙王,都派专使前来祝贺,并纷纷送来请柬,邀请驸马前去赴宴。马骥身着锦绣衣衫,驾驭青龙拉的车子,在一片叱喝声中走出宫殿。几十名骑着马的武士,身背雕弓,手持白玉棍,明晃晃一片挤满大街,马上有歌女弹筝,车中有乐妓吹笛。三天功夫,马骥就游遍了各海。一时间,"龙媒"的大名便传遍了四海。

龙宫中有一株合抱粗的玉树,树干晶莹透明,如同白色的琉璃;树干中有树心,为淡黄色;树顷比胳膊细,树叶绿如碧玉,有铜钱那样厚,密密匝匝地洒下满地绿荫。绿荫下,马骥常与公主吟诗唱歌。树上结满了栀子花似的花朵,每飘落一片,便会发出清脆悦耳的声音。拾起来一看,则如雕镂精细的红色玛瑙,光明可爱。枝头上,常有一种奇异的小鸟飞落鸣叫,毛色黄绿,尾巴比身子还长,叫声如玉笛奏出的哀婉曲。马骥听了,不由得思念起故乡来。他对公主说:"我漂泊在外整整三年,与父母远隔两地,每当想到这些,就禁不住要涕泪沾胸,你能随同我一道回去吗?"公主说:"仙境与人间路途不通,我无法跟你去呀!我也不忍心以夫妻之爱,夺取你们父子间的欢乐。让我再想想办法。"马骥听了,眼泪不由自主地流了下来。公主也叹息着说:"看样子是不能两全其美了。"第二天,马骥外出归来。龙王对他说:"听说驸马非常思念故乡,明天天一亮就替你准备行装,行不行?"马骥拜谢龙王说:"我本是一个漂泊在外的人,承蒙龙王过分宠爱,报恩的真诚想法,铭刻在肺腑。让我暂时回乡探望一下父母,过后再想法团聚。"到了晚上,公主摆设宴席,与马骥话别。马骥想与她约定再会的日期。公主说:"你我的缘分已经完了。"马骥听了,十分悲痛。公主安慰他说:"你回去奉养双亲,足见你有孝心。人世间的聚散离合,一百年就像一朝一夕罢了,何必像儿女般伤心落泪?从此以后,我为你守贞,你为我守义,身在两地,心想在一处,就是恩爱夫妻,何必一定要朝朝暮暮厮守在一起,才能算是白头偕老?如果谁违背了今日的盟约,图谋再婚,将是不吉利的。如果发愁无人主持家务,可以收一个婢女做妾。还有一件事我要嘱咐你:自和你结婚后,我似乎已有了身孕,劳烦你给这未出生的孩子起个名字。"马骥说:"如果是个女孩,就叫龙宫;是男孩,就叫福海。"公主要求马骥留下一件东西作为将来的凭证,马骥便将他在罗刹国得到的一对赤玉莲花交给公主。公主说:"三年后的四月八日,你应当乘船到南岛,届时,我把你的亲生骨肉交给你。"说完话,公主取过一个鱼皮做的袋子,装满珠宝,交给马骥说:"好好藏着,几生几世吃、穿不完的!"第二天天刚亮,龙王便设宴为他饯行,并送给他许多珍贵的礼物。马骥拜别龙王,离开龙宫,公主乘白羊车,一直将他送到海边。马骥上岸下马,公主道一声千万珍重,回转车子便走,一会儿便走出很远。此时,海水也重新合拢,再也看不到公主了。马骥这才回去。

自从马骥漂海外出,人们都以为他已经死了。等他回到家里,家里人无不感到诧异。所幸父母都还健在,只有妻子已经改嫁他人。马骥这才醒悟到公主要他"守义"的意思,原来她早已知道了。父亲要他再娶,他不答应,只收了一个婢女做妾。他牢牢记着三年后的约会,到了那天,驾船来到南岛。见两个小孩浮坐在水面上,拍水玩耍,不动也不沉。马骥前去引领他们,其中的一个很机灵,拉着他的胳膊一下就跃入怀中,另一个则哇哇大哭,似乎是怪他不抱自己。马骥便伸手把另一个也拉了上来。仔细一瞧,两个孩子原来是一男一女,相貌都很清秀。孩子的头上戴着花冠,花冠的正中各镶一块玉器,这玉器正是他留给公主的那对赤玉莲花。孩子的背上有一个锦囊,拆开一看,有一封信,信上写道:

　　公婆想来都好。别后已有三年,仙境与凡世永隔;盈盈一水相望,使者与信息难通。对你每时每刻的思念,已变成梦中的相会;长时间地翘首眺望,只落得后脖颈酸痛。茫茫大海无边无际,别愁离绪难以排遣。想到奔月的嫦娥,尚且空守月宫,投梭的织女,还要怅望银河,我有何德何能,竟要与心爱的人永远厮守在一起?每每想到这里,也就破涕为笑。别后两月,竟生下一对孪生儿女。如今,他们已呀呀学语,懂得一些大人的言笑,而且,自己会伸手拿枣抓梨,离开母亲也可以生活了。我把他们送还给你,你所赠送的一对赤玉莲花,就缀在他们的花帽上作为凭证。每当你将孩子抱在膝头上时,就如同我在你的身边一样。听说你忠实地履行了过去的盟约,我心里感到了莫大的安慰。我这一生绝无二心，到死也不会再有其他念头。你就好比一个远戍的征人，我就像一个望夫归来的妇人，即使不能生活在一起，难道不也像琴瑟一样是一对恩爱夫妻吗？我唯一感到遗憾的，是公婆虽然已经抱了孙儿，却还未见过我这个儿媳。从情理上讲，这不能不说是一大缺憾。等到一年之后，婆母去世，我将到她老人家的墓前，尽一点儿媳的孝心。从今往后，只要龙宫能健康地成长，或许还有母女相聚的机会，福海长命百岁，也有互相来往的时候。真诚地希望你珍重自己，我心中想说给你的话实在是说不完道不尽啊！

马骥反复诵读着这封信，不停地用手擦着眼泪。两个孩子抱着他的脖子说："咱们回家去吧！"马骥听了，越发感到悲伤，抚摸着两个孩子的头说："你们知道家在哪里吗？"孩子哭着，只是咿咿呀呀地嚷着要回家去。马骥眼看着海水茫茫，无边无际，苍天辽阔，难见尽头；大雾迷漫中不见公主身影，烟波浩渺中难觅入海路途，无可奈何中，只得抱着两个孩子掉转船头，怅然若失地返回家。

马骥知道母亲寿命不会太长，便预先为老人家准备好了寿衣寿木，并在墓地周围种了上百棵松树和柏树。过了一年，老母亲果然去世了。灵柩抬到墓穴时，见一个披麻戴孝的女子站在那里。正当人们吃惊地注视着她时，忽然狂风大作，雷鸣电闪，继而又是一阵暴雨，眨眼之间，女子已踪影全无。墓地四周新栽的松柏，本来大多已枯萎，这时都复活了。

福海一天天长大，时常思念母亲。忽然跳到海中，好几天才回来。龙宫因是女孩，去不了，就常常关着门独自哭泣。一天，白昼漆黑得如同夜晚一般，公主忽然进了屋，劝龙宫说："孩子，将来你自己也要成家的，为什么要哭哭啼啼的？"于是赠给八尺长的珊瑚树一棵，龙脑香一帖，明珠一百颗，八宝镶金盒一对，作为她的嫁妆。马骥听到说话声，突然闯进屋，拉着公主的手伤心地哭起来。不一会儿，只听得一声炸雷穿屋，公主已不见了。

异史氏说："装出一副假面孔，迎合世俗所好，人情世态与鬼一样。类似将疮痂当美食一样的怪僻嗜好，到处都有。你自己稍觉惭愧的事情，别人说是不错；你自己觉得十分惭愧的事情，别人说是十分地好。如果你耻于媚俗而保持着男子汉的本来面目公然走过市面，人们见了不害怕逃走的恐怕很少了。如此，那个陵阳的痴人卞和，将抱着价值连城的美玉向什么地方哭诉呢？唉！向往中的荣华富贵，只能在虚幻的海市蜃楼中去寻找罢了！"

田 七 郎

武承休是辽阳州人，喜欢交游，结识的都是声望很高的读书人。一天夜里，他梦见一个人对他说："你结交的朋友遍布天下，可大都是未经考验的朋友。只有一个人可以共患难，为什么反倒不去结识呢？"武承休问："这人是谁？"梦中人回答："田七郎不是吗？"醒来后觉得很是奇怪。第二天一大早，他一见到与他交游的人，就打听田七郎。有人认识田七郎，说他是东村一个打猎的。武承休满怀诚意地前去田家拜访，用马鞭敲了敲门。不一会儿，便有一个人走了出来。这人二十来岁，长得虎目蜂腰，戴着一顶油腻的软帽，系着一块黑色的围裙，围裙上面补缀着许多白布补丁。此时，他将两手一拱,举过前额,问武承休从什么地方来。武承休做了自我介绍,并假托旅途劳顿,有些不舒服,想借房舍休息一下。然后又打听田七郎。那人回答:"我就是。"于是把客人请进屋来。只见几间破屋,用树杈支着墙壁,走进一间小屋,虎皮,狼皮挂满梁柱之间,连一个坐的凳子也没有。七郎就地铺了一张虎皮,请武承休坐下。武承休与他聊天,听他言语质朴,十分高兴,马上就送给他银两维持生计。七郎不要。武承休坚持送给,他收了去禀告母亲。过了一会,七郎又拿了回来还给武承休,坚决不接受。武承休再三要他收下。这时,七郎的母亲老态龙钟地走了出来,正颜厉色地说:"我老太婆只有这么一个儿子,不想让他去侍奉贵人!"武承休惭愧地走了。在回去的路上,武承休翻来覆去地思考,不能理解田母那一番话的意思。恰巧,武承休的仆人在房后听到了田母的话,便原原本本地告诉了武承休。原来,七郎拿着银子去禀告母亲时,母亲说:"我刚才看见那公子,脸上有预示晦气的纹理,一定遭受大祸。我听人说:得到别人的赏识,就要替别人分忧,受过别人的恩赐,就要与别人共患难。富人报答别人凭钱财,穷人报答别人靠义气。你无缘无故地接受人家的重礼,是不吉利的,恐怕要以生命来报答人家啊!"听了这话,武承休对田母的贤明赞叹不已,也更加倾慕七郎。

第二天,他摆设酒宴邀请七郎,七郎推辞不来。武承休亲自到七郎家里,坐在堂上讨酒喝。七郎亲自为他斟酒,还烧了腊鹿肉请他吃,热情周到地招待他。过了一天,武承休设宴答谢七郎,七郎这才来了。席间,两人谈得十分投机。武承休又要送给七郎银子,七郎还是不接受。武承休假托要买他的虎皮,他这才收下。回到家后,看了一下所藏的虎皮,还不足以抵偿武承休给他的银两,七郎便想再猎取几只,一并送给武承休。进山三天,却是一无所获。碰巧这时妻子病了,他要熬汤送药,没有时间再去打猎。十天后,妻子去世了。在料理丧事过程中,渐渐用去了武承休赠给的银两。武承休也亲自登门吊唁,送了很丰厚的礼品。办完了丧事,七郎便背着弓箭进了山林,想多猎获一些东西报答武承休,可是一直没有打到什么野物。武承休了解到这一情况后,多次劝他不要着急,并希望到他那里去散散心。可七郎总觉得欠了人家的债而心里不踏实,不肯去。武承休以要他家里现成的虎皮为借口,想促使七郎早一点来。七郎翻检了一下家藏虎皮,发现已被虫蛀过,毛也脱落了,心里懊丧不已。武承休知道后,立刻赶到七郎家,极力劝解安慰他。武承休看了看那已坏了的虎皮,说:"这也不错吗!我要的是虎皮,本来就不在乎有毛无毛。"于是卷起皮子往外就走,并邀请七郎同往,七郎没有答应,他才自己走了。

七郎一直觉得那几张没毛的皮子不足以报答武承休的恩情,于是便背上干粮又一次到了深山老林。守候了好几个夜晚,终于猎得一只老虎。他将这只虎送给了武承休。武承休非常高兴,治备了酒席,请七郎留住三天。七郎执意不肯,武承休便锁了房

门,使他无法出去。武承休的其他客人们见七郎朴陋,私下说武承休滥交朋友。可武承休款待七郎的殷勤程度,却要高出其他客人许多。武承休想为七郎换件新衣服,七郎不肯,他就乘七郎睡熟的时候偷偷给他换了,七郎不得已只得穿上。可他回去后,他的儿子又奉了他母亲之命,将新衣服送了回来,要换回他爸爸的破衣服。武承休笑着对孩子说:"回去告诉你奶奶,就说旧衣服已拆碎做鞋衬了。"从那以后,七郎每天都要送一些兔子和鹿肉给武家,可武承休邀请他,却再也不肯来了。有一天,武承休去看望他,碰巧外出打猎还没有回来。田母出来,靠着门框对武承休说:"你不要再招引我儿子,太不怀好意啊!"武承休恭恭敬敬地回了礼,面红耳赤地走了。

大约半年后的一天,武承休的家人忽然报告他说:"七郎因为和人家争执一头打死的豹子,伤了人命,被捉到官府里去了。"武承休大惊,急忙跑去探望,见七郎已上了刑具,关进牢里。看到武承休,七郎别的什么都没提,只是说:"今后就烦请照顾我的老母亲。"武承休凄惨地走了出来,急忙用重金贿赂县官,又送了一百两银子给死者家属。过了一个多月,七郎被放回来了。田母叹着气说:"你的生命是从武公子那里得到的,不再是我一个人的而加以爱惜了。但愿公子百年长寿,无灾无难,就是儿子你的福气了。"七郎想去感谢武承休,田母说:"想去就去吧,见了公子不要说感谢的话。小恩小惠是可以用语言致谢的,而大恩大德则是无法用语言报答的。"七郎见过武承休,武承休用温和的语言安慰他,而七郎只是连连地答应着。武家的人都怪七郎太淡漠,而武承休则喜欢他的真诚坦率,更加厚待他。从这以后,七郎便常常是一连几天地留宿在公子家中,给他东西就接收,不再推辞,也不说报答的话。

有一天,赶上武承休过生日,前来祝寿的人很多,夜里房间睡满了人。武承休便领着七郎睡在一间小房子里,三个仆人则铺了稻草睡在床下。二更快过去,仆人都已睡着,武承休和七郎还在说个不停。忽然,七郎那把挂在墙上的佩刀从刀鞘中跳出好几寸,发出了铮铮的响声,刀锋闪烁如电。武承休惊得跳了起来。七郎也一跃而起,问:"这床下睡的都是什么人?"武承休答道:"都是仆人。"七郎说:"这些人中肯定有坏人!"武承休询问缘故,七郎说:"我这把刀是从外国买来的,杀起人来见血就死。到现在,佩戴三代人了,用这刀砍下的人头已有上千个,还像新磨的一样。一见到坏人,就会叫着自动跳出,该是离杀人不远了。公子应接近君子,疏远小人,或许可以免除意外的灾祸。"武承休点头称是。然而,七郎却一直闷闷不乐,躺在床上翻来覆去地睡不着。武承休说:"祸福是天定的,何至于忧虑到这样?"七郎说:"我别的什么都不害怕,只是家中有老母啊!"武承休说:"何至于一下子到这种地步!"七郎说:"没有事就好。"

原来,睡在床下的三个仆人中,有一个叫林儿,平时很讨主人的欢心;一个为小僮仆,才十二三岁,是主人经常使唤的;一个叫李应,性子执拗倔强,常为一些小事跟武承休瞪眼睛,武承休常常生他的气。当天夜里,武承休暗自思忖,怀疑他就是七郎所说的那个坏人。第二天早晨,武承休就将李应叫来,好言好语地把他打发走了。

武承休的大儿子叫武绅,娶了王氏做妻子。一天,武承休外出,留下林儿看家。当时,书斋前的菊花开得正好,黄灿灿的。新媳妇猜想公公出门后,书斋庭院里一定很清静,便亲自去摘几朵花。林儿突然出来勾引调戏她。新媳妇想要逃走,林儿强行将她抱进屋里。新媳妇啼哭着、抗拒着,脸色变了,声音也哑了。武绅听到动静后跑了进来,林儿这才松开手逃走了。武承休回到家,听说了这件事,便怒气冲冲地寻找林儿,林儿竟然逃之夭夭,不知去向。过了两三天,才知道他已投身某御史家。这个御史在京城里做官,家中的事全部委托他的弟弟照管。武承休因为有同事的情谊,便写信向他索取林儿。御史的弟弟竟然置之不理。武承休愈发愤怒,便写下状子告到县官那里。县府的拘票虽然签发了,但衙役并不去捕人,县官也不过问。正当武承休愤愤不平时,恰巧七郎来了。武承休说:"你的话果然应验了。"便把林儿的事告诉了他。七郎听了,脸色变得煞白,始终没有说一句话,就径直走了。

武承休嘱咐手下精干的仆人,查访林儿的行踪。有一天晚上,林儿外出返回御史家,被武家查访的仆人抓到,绑起来去见武承休。武承休痛打了他一顿。林儿则以恶毒的语言辱骂武承休。武承休的叔父武恒,是一位忠厚的长者,恐怕侄儿在暴怒之中惹出祸来,劝侄儿不如将林儿送交官府治罪。武承休听从了叔父的意见,将林儿绑送到衙门。但御史家说情的书信也送到了,县官随即就放了林儿,交给御史家的管家带走了。从此,林儿更加肆无忌惮,公然在大庭广众之中恶语伤人,诬蔑主人家的儿媳妇与自己私通。武承休对此毫无办法,气得要死要活,跑到御史家的门前高声叫骂。邻居们安慰劝解使他回去。

过了一夜,忽然有家人告诉说:"林儿被人剁碎了,扔在野地里。"武承休又惊又喜,心情也就舒畅了一些。不一会儿,又听说御史家状告他叔侄二人,就和叔父一块儿到衙门去分辩。县官不由分说,要下令责打武恒。武承休大声分辩道:"说我们杀人,纯粹是莫须有的罪名!至于辱骂官绅,那是我的事,与叔父无关!"县官竟好像没听见一样。武承休气得双目圆睁,想要冲上去,两边的衙役又拉又打,挡住了他。那些持杖行刑的衙役都是官绅的走狗,而武恒又上了年纪,板子还没打到一半,便突然断了气。县官看到武承休的叔父被打死,对此案也就不再追究了。武承休一边哭,一边骂,县官也好像没有听到一样。武承休将叔父尸体抬回,悲恨交加而无计可施。他想找七郎来商议一下,而七郎却始终也没来吊唁。他心里暗自思量,自己待七郎不薄,为什么对我突然像陌生人一样?他怀疑杀死林儿的就是七郎。但转念一想,如果真是这样,为什么事先不与自己商量?于是派人到七郎家去探访。到了那里,才发现大门紧锁,一点动静也没有,邻居也不知这家人的下落。

有一天,御史的弟弟正在县衙内厅向县官通关节。此时,正值清晨给衙门送水送柴的时候,忽然,有一个送柴的走上前来,放下担子,从柴禾里抽出一把快刀,直奔御史的弟弟,御史的弟弟慌忙之间用手挡刀,刀落下砍断手腕,又是一刀,砍下脑袋。县官大惊,狼狈逃窜,那送柴人仍在四处张望。衙役们急忙关上官署大门,手持棍棒刀枪,大呼小叫地围拢过来。送柴人便举刀自杀了。衙役纷纷围拢过来看,有人认出他就是田七郎。县官惊魂稍定,才出来验尸,只见七郎僵卧于血泊之中,手里还握着刀。县官正在仔细审视,尸体突然一跃而起,竟然一刀砍掉了县官的脑袋,然后才又倒了下去。县衙的官吏急忙派人去捕捉七郎的老母和儿子,可他们已逃走好几天了。

武承休听说七郎死了,立即跑去大哭一场。人们都说七郎行刺御史的弟弟和县官是武承休指使的,武承休倾家荡产,上下打点当权贵,才得以免祸。七郎的尸体抛在野外一个多月,有一群飞禽和野狗守护着。武承休将尸体搬回,隆重地安葬了。七郎的儿子流落到山东登州府,改姓佟。后来当兵打仗,因军功升到同知将军。他回到辽阳时,武承休已八十多岁,这时才指给了他父亲坟墓的所在地。

异史氏说:"一文钱的赏赐也不轻易接受,正是一顿饭的恩情不敢忘记的人。贤明啊,田母!田七郎这个人,生前未能全部雪恨,死后还要伸张正义,这事是多么地神奇悲壮啊！假如当年的荆轲能够这样，也就不会有千古遗恨尚存世间了。假如真有田七郎这样的人，就可以补救国法的疏漏。世事浑浑噩噩，只恨田七郎这样的义士太少了，可悲啊！"

产　　龙

康熙二十一年，淄川县邢村有一个姓李的妇女死了丈夫，给她留下一个遗腹子。她怀孕的肚子一会儿胀得像大瓮粗，一会儿又收缩得像拳头那么小。临盆时，一天一夜没有生下来。一看，显出一个龙头，一出现就缩回去。家里人十分害怕，不敢近前。有位姓王的老太婆，烧着香，迈着巫婆的步子，一边按摩孕妇的肚子，一边念着咒语，不一会儿，胞衣坠落下来，里面已没了龙，只有几片龙鳞，每片都有酒杯那么大。接着生下一个女孩，肌体肉色像水晶一样洁白透明，五脏六腑，清晰可见。

保　　住

藩王吴三桂还没有反叛时，曾经当面对将士说：如果谁能独自抓住一只猛虎，就给他优厚的俸禄，并赐给"打虎将"的称号。"打虎将"中有一人叫保住，身手矫健，如同猿猴。吴三桂的官邸中修建一座高楼，梁木刚刚架好。保住沿着楼角往上爬，顷刻间便到了楼顶。保住在楼脊的桁条上快步行走了三四个来回，然后就腾身一跃，跳了下来，笔直地站在地上。

吴三桂有个爱姬，善于弹琵琶。她所弹的那张琵琶，弦柱是暖玉做的，抱着琵琶使整个房子都会感到暖烘烘的。她把琵琶像宝贝一样地珍藏起来，没有吴三桂的手谕，谁也不让看。一天夜间，吴三桂宴请宾客，客人想欣赏那琵琶的绝妙之处，碰巧吴三桂已经疲倦，就答应让他们第二天再看。当时保住在旁边，说："没有大王的手谕，我也能将琵琶取来。"吴三桂立刻打发人通知府中，让内外戒备，然后才打发保住去取。

保住翻越了十几道高墙，才到达那爱姬的院子里。见屋内灯火通明，而门紧紧锁闭，不能进去。保住看到走廊下有只鹦鹉正在睡觉，便学起了猫叫，然后又模仿鹦鹉的鸣叫声音，大声叫着"猫来了"，扑打之声显得十分急促。就听那爱姬说："绿奴快去看看，鹦鹉要被猫儿咬死了！"保住隐身在暗处。一会儿，一个丫鬟提着灯笼出来，她的身子刚一离开门，保住已挤了进去。见那爱姬正守着桌上的琵琶，保住直接过去抢了就走。那爱姬惊呼"强盗来了！"防守的人都跑了出来。这些人见保住抱着琵琶飞跑，追赶不上，便一齐放箭，密集的箭矢像雨点般朝保住飞去。保住腾身一跃，就到了树上，墙下原有三十多棵大槐树，保住穿行于树梢之上，就像鸟儿在树枝间蹦跳一般。树完了就登上屋，屋到尽头又登上楼顶，在楼台殿阁之间飞奔，简直就像长了翅膀一样，眨眼间就不见了踪影。

此时，客人们正在饮酒，保住抱着琵琶突然飞落到宴席前，而大门依然关着，鸡犬没有惊动。

公孙九娘

在于七造反一案中，因受牵连而被杀害的人，以栖霞、莱阳两县为最多。那时节，清兵每天都要捉拿好几百人,全处死在演武场上。血流满地,白骨成山。上面的官员大发慈悲,捐给棺材,济南城棺材铺里的棺材很快被征用一空。因此,栖霞、莱阳两县中被处死在济南府城的冤鬼,大都埋在南郊。

康熙十三年,有个莱阳县的书生来到济南,因有几个亲友也在被害之列,便买了些纸钱和酒菜,在草木丛生的荒丘野坟中祭奠了一番。晚上,他就租住在一个大寺院的分院中。第二天,他进城去办事,天黑了还没有回来。他不在的时候,有个少年忽然来访,见他不在,便脱帽上床,穿着鞋子仰卧在那里。仆人问他是谁,他却闭着眼睛不答话。过了一会儿,书生回来了,因为天色已晚,屋内朦朦胧胧,不大能看得清东西,书生亲自到床边去问候那位少年客人。少年瞪着眼睛回答说:"我在这里等候你的主人,你这样唠唠叨叨地追问我,难道我是强盗吗?"书生笑着说:"主人就在这里。"少年慌忙下床,戴上帽子,和书生互相行礼,然后对坐在一起,热情地寒暄了一番。书生听少年的口音很熟,好像是一位认识的人,就急忙拿灯过来仔细照看,原来是同县一位姓朱的书生,也是在于七一案中被杀害的。书生大吃一惊,急忙往后退却。姓朱的书生一把拉住书生的胳膊说:"我与你是同窗好友,你为什么这样不讲情谊? 我虽然是鬼,但对老朋友的思念却不绝于怀。今天有一事相求,希望不要因为我是鬼而怀疑、嫌弃。"书生才坐了下来,问朱生有什么吩咐。朱生说:"您的外甥女现在孤身一人还没有婚配,我想娶她为妻。我多次请媒人去提亲,她都以没有尊长之命给推辞了。希望你能替我去美言几句。"原来书生有个外甥女,从小就死了母亲,由书生抚养,到十五岁时才回到自己家,后因于七一案被抓到济南,听说父亲被处死,她也惊吓悲痛而死,书生说:"我那外甥女自有父亲为她做主,你来求我做什么?"朱生说:"她父亲的遗骸已被他侄儿迁走了,现在不在这里。"书生问:"那么,我的外甥女这一向又依靠谁呢?"朱生说:"跟邻居的一位老太太住在一起。"书生担心活人无法为鬼做媒,朱生便说:"如蒙应允,还得委屈你走一趟。"说完,站起身握着书生的手。书生坚决推辞,说:"往哪儿去?"朱生回答道:"只管跟着我走就是了。"书生勉强跟着他去了。

出了门,往北走了有一里多路,就见到一个大村庄。村里住有百十来户人家,来到一座宅院前,朱生便去敲门,就有老太太出来,打开门问朱生:"什么事?"朱生说。"麻烦您转告小姐一声,她舅舅来了。"老太太很快就进去了,随即又出来,邀请书生进去。她对朱生说:"我这两间茅草屋太窄了,劳驾公子在门外坐等一会儿。"书生跟着老太太进去,见半亩地大小的荒凉庭院里,并排立着两间小屋。书生的外甥女站在屋门口迎接书生,眼睛含着泪。见到她,书生也伤心地哭了。

室内的光线不很明亮。书生仔细观察,发现外甥女的相貌仍和她生前一样清秀白皙。她眼含热泪,注视着书生,逐个询问舅妈、姑母的情况。书生回答道:"她们都很好,只是你舅妈已经死了。"外甥女又呜呜咽咽地哭了起来,说:"孩儿我从小受舅舅、舅妈的抚养,还没来得及报答,没料到先已埋尸荒野,确实使我遗憾不已。去年,伯父家的大哥迁走了父亲的遗骸,而置我于不顾,使得我离家数百里,孤苦伶仃,像一只离群的燕子。舅舅没有抛弃我这个流离失所的孤魂,又赐给我金银,这礼物孩儿已经收到了。"书生把朱生求婚的意思告诉她,她低着头一语不发。老太太接过话头说:"朱公子先前托杨家老太太三番五次地来提亲,我认为是件大好事,但小姐不愿就这样马马虎虎地把婚事办了。今天能有舅舅来做主,她一定会满意的。"谈话间,忽见一位十七、八岁的姑娘带着一个丫鬟闯了进来,猛然看到房间里的书生,转身要跑。书生的外甥女拉着她的袖子说:"你不用回避,他是我舅舅,不是外人。"书生向姑娘行了礼。姑娘也整饬衣襟还了礼。外甥女向书生介绍道:"这是栖霞县的公孙九娘。她父亲以前也曾是官宦人家的贵公子,现在家道破落了,日子也过得不顺心。她早晚只和我往来。"书生偷偷看了九娘一眼,发现她微笑时,一对眉毛弯曲得就如同秋天夜里的月亮,害羞时,脸上的红晕又像是清晨的彩霞,简直就是一个仙女。便说:"能看出是个大家闺秀,小户人家的姑娘哪能有这样美丽!"外甥女笑着道:"而且还是一位女秀才,作诗填词都很高妙。我以前常得到她的指点。"九娘假装生气地说:"这小丫头无缘无故地糟蹋人,倒要让舅舅听笑话了!"外甥女又笑着说:"舅舅断了弦还未续,像这样的小娘子,舅舅应该能中意吧?"九娘笑着跑了出去,说:"这丫头疯病发作了!"就走了。话虽然近于玩笑,但书生却真喜欢上了九娘。外甥女觉察到舅舅的心思,说道:"九娘才貌无双,舅舅如果不因为她已身在黄泉而有所猜疑,我就去替您向她母亲求婚。"书生十分高兴,但担心人和鬼终难成为眷属。外甥女说:"没关系,她和您有缘分。"书生这才告别出来。外甥将他送到外面,说:"五天以后,当月明人静的时候,我会派人去迎接。"

书生出了门,却不见了朱生。抬头西望,只见半圆的月亮高挂在天空之上。在昏黄的月光下,依稀还能认出来时的路途。看见南边有一所宅院,朱生坐在院外的石头上。见了书生,他站起来迎接道:"我等您好久了,就请到我的寒舍里坐坐吧!"于是拉着的书生手进了屋子,并一再向书生表示谢意。拿出金杯一只,和山西产的明珠一百颗,说:"没有别的好东西,这点东西就作为聘礼吧!"随后又说:"家里还有一些薄酒,但那是阴间的东西,不能用来款待贵客,怎么办!"书生谦逊地表示感谢,然后退出。朱生把他送到半路上,才告别回去。

书生回到住处,寺院里的和尚和仆人都来询问。书生隐瞒了真情,说:"说遇上鬼,那是骗骗你们。刚才我是到一个朋友家里喝酒去了。"

五天过后,朱生果然又来了。他穿着新鞋,摇着扇子,看样子很是高兴。刚一进院子,就向书生下拜。两人寒暄了一会儿后,他笑着对书生说:"您的婚事也说妥了,婚礼就在今晚举行,就请您跟我走。"书生说:"因没有得到回音,所以聘礼还没有送,怎么能突然就举行婚礼?"朱生说:"我已代您送过聘礼了。"书生深表谢意,跟着他一道去了。

两人直接到了朱生的住处。书生的外甥女穿着华丽的服装,站在门口笑着迎候舅舅。书生问:"你是什么时候过门的?"外甥女回答:"已经三天了。"书生便拿出朱生赠送的明珠,送给她做嫁妆。外甥女再三推辞后才接受了。她对书生说:"我把舅舅的意思告诉了公孙老夫人,老夫人很乐意。不过又说她的身边没有别的亲骨肉,不愿让九娘远嫁,希望舅舅今晚到她家入赘。她家没有男子,就让朱郎伴你一道去。"朱生领命,领了书生就走。走到村子的尽头,一家住宅的大门敞开着,二人进去到厅堂上。不一会,就听得有人说:"老夫人来了。"话音刚落,已有两个丫鬟搀扶着老夫人登上了台阶。书生刚要行礼,老夫人说:"我已经老态龙钟,不便回礼,就不要拘泥礼节了。"便指令仆人丫鬟摆上酒席,举行盛大的宴会。朱生叫家人另外摆了一桌酒席,放在书生的面前;也另外预备一壶酒,替客人斟酒。宴席上的菜,和人世间的没有什么两样,但主人只管自己,绝不向客人敬酒。

不久,宴席散了,朱生也回去了。丫鬟领着书生来到九娘的住处。九娘点着花烛,正凝神等待。因是意外相逢,情浓意深,两人十分恩爱亲昵。原来,九娘母女同样受到于七一案的牵连,本来要押解到京城。走到济南府,母亲因忍受不了折磨而死去,九娘也自杀了。如今，躺在枕上追忆着这不幸的往事，九娘呜呜咽咽地睡不着觉。于是顺口吟成了两首诗：

> 往日的罗裳早已化作灰尘，
> 前生的罪孽枉自为它悲伤怨恨。
> 在寒露秃秃的枫林里度过了十年岁月，
> 直到今夜才初次享受闺阁中的人间春风！

> 飒飒白杨环绕着凄风苦雨中的孤坟，
> 谁料想这里竟还能夫妻恩爱暮雨朝云，
> 忽然打开缕金镶玉的衣箱，
> 不忍再看那染满碧血的旧罗裙。

天快要亮了，九娘催促书生说："你应该暂时离开了，不要惊动了仆人。"从此以后，书生就白天回去晚上来，对九娘十分眷恋。

一天晚上，书生问九娘，"这村子叫什么名字？"九娘回答道："叫莱霞里。因为这里埋葬的大都是莱阳、栖霞两县的新鬼，所以叫这个名字。"书生听了，唏嘘不已。九娘悲伤地说："我这远离家乡千里的孤魂，像蓬草一样飘游在外，到如今还没有一个归宿。我们母女二人如此孤苦伶仃，说起来让人悲伤。如果你能念我们一夕的夫妻情义，把我的尸骨带回去，安葬在祖先的墓旁，让我永远有个依靠，那我就死而无憾了。"书生答应了。九娘又说道："人和鬼毕竟分属两个世界，你不宜在此久留。"于是取出罗袜一双赠给书生，抹着眼泪催他赶快离开。书生悲伤地走了出来，心中惆怅万分，不忍回去。于是敲响了朱生的门。朱生光着脚出来迎接他；外甥女也起来了，头发不整地惊问出了什么事。书生惆怅了好长时间，才把九娘的话告诉他们。外甥女说："就是舅母不说，孩儿我也在考虑这件事了。这里不是人间，长期居住确实不合适。"说完便陪着书生流起泪来。书生也就流着泪告别走了。

书生叩开了寓所的门，就躺下睡觉，可是翻来覆去地直到天亮。他想去寻找九娘的坟墓，可是忘记了询问坟上的标志，到了晚上，他又去寻觅九娘，只见千座荒坟，密密麻麻，竟迷失了通往村子的道路，他只得遗憾而悔恨地返回。拿出九娘赠送的罗袜展看，罗袜随风化作断锦残丝，朽烂得如同灰烬一般。于是，书生收拾行装，向东回老家去了。

半年时间过去了，书生还是忘不了九娘。他又一次来到济南，期望能再见九娘一面。等到了南郊，天色已晚。书生把马拴在庭院的树上，走到墓葬丛中。只见乱坟一个接着一个，荆棘荒草扑面遮目，还不时地看到荧荧的鬼火，听到时断时续的狐鸣。此情此景，使人心惊目眩。书生又惊恐又悲伤地回到了住处。这一次旧地重游，很令他失望，只得掉转马头，向东踏上返家的路程。走了一里多路，远远看见一位女郎独自徘徊于坟岗之中，神情姿态，很像是九娘。等书生赶紧打马快跑，到跟前一看，果然是九娘。书生跳下马来，想和九娘说话，九娘掉头就走，好像从来就不认识他一样。再逼近她，她的脸上竟有了怒色，并用袖子遮住了面孔。等书生突然叫了声"九娘"，她就像烟消一样地不见了。

异史氏说："屈原自沉汨罗江，一腔热血充塞胸膛；申生与知交决裂，两行热泪浸透泥沙：自古以来就有忠臣孝子，直至死了也得不到君王和父亲的谅解。难道公孙九娘因为书生辜负了她迁葬遗骨的重托,而心中的怨恨不能消解?人心隔着肚皮,无法掏出来给人看,实在是冤枉啊!"

促　　织

　　明朝宣德年间,因皇宫里盛行斗蟋蟀的游戏,官府每年都要向民间征收蟋蟀。这东西本来不是西部地区的特产,但华阴县县令想巴结上司,献了一只上去,试着让它斗了一回,发现很厉害,因此就责令华阴县经常进供蟋蟀。县令把这差事摊派给乡里的里正。于是街面上一些游手好闲、不务正业的少年每捉到一头好的,就用竹笼养起来,提高价钱当作奇货。乡里那些奸诈狡猾的差役们也借此敲诈勒索,按人口摊派,往往是为了一只蟋蟀,就逼得好几户人家倾家荡产。

　　本县有个叫成名的书生,多次赶考都没能中个秀才。成名为人迂腐,不善言谈,便被狡诈的差役报请到县上充任里正的差事,他想尽办法也没能摆脱掉。不到一年,就把自己一点微薄的家产赔光了。碰巧,上面征收蟋蟀的任务又下来了,成名既不敢按人口向百姓摊派,自己又没有什么东西可用来抵偿,直愁得要死。妻子对他说:"死了又有什么用? 还不如自己去寻找,说不定还能侥幸捉到一头。"成名认为妻子说得不错,于是便早出晚归,提着竹筒和铜丝笼,到墙脚下、草丛中,搬石块、挖洞子,没有一样办法没用到,但仍是无济于事。就是捉到了三两头,也都是低劣瘦小的,不合乎要求。县官制定了严格的期限,十多天的时间里,他就挨了一百多下板子,两条大腿被打得脓血淋漓,连蟋蟀都不能去捉了。成名躺在床上翻来覆去,只想着要自杀。

　　正在这时,村里来了一个驼背巫婆,说她能借助鬼神的指示预测吉凶祸福。成名的妻子便带了钱前去问卜。只见红颜少女和白发老婆婆挤满了巫婆的门口。进了屋,有一间密室,密室的门口挂着帘子,帘子的外面摆着香案,占卜问卦的人在香炉里点上香,然后连连磕头。巫婆站在一旁,眼望空中,代人祈祷,两片嘴唇一张一合,也不知念些什么词,屋里的每个人都恭恭敬敬地站在一边听候消息。不大一会儿,帘内就会扔出一张纸片来,上面写着的便是人们想要知道的事情,没有丝毫的差错。成名的妻子把钱放在案上,也像其他人一样点香磕头。约有一顿饭的工夫,帘子一动,一张纸片飘落在地上。捡起来一看,上面没字而是画。画中似乎是一座殿阁,像寺院;殿阁的后面有一座小山,山下怪石纵横,荆棘丛生。一只"青麻头"蟋蟀卧伏在荆棘丛中;旁边一只蛤蟆,摆出一副要跳起来的样子。成名的妻子将纸片看了好一阵,也没弄懂是什么意思。但看到画中有一只蟋蟀,隐隐约约地"画"中了自己的心事。于是把纸片折好装起来,带回家交给成名看。成名反复思量着,莫非是在教我猎取蟋蟀吗? 他仔细端详着那张画,发现其中的景致与村东的大佛阁十分相似。于是挣扎着爬起来,拄着拐杖,拿着画,按照画上指示的方向,来到了寺院后面。寺院的后面有一座古墓,在茂密的草丛中高高隆起;沿着古墓往前走,就见一排排的石头像鱼鳞一样排列着,跟画中的一模一样。成名在杂草丛中侧身细听,并缓缓地向前移动脚步,就像是在寻找一枚针或一粒芥菜籽似的。弄到眼睛看花了,耳朵听不清了,可还是没有发现蟋蟀的踪迹,听到蟋蟀的叫声。就在到处搜寻时,一只癞蛤蟆突然跳了出来,逃走了。成名愈发惊奇了,急忙跑过去追赶。癞蛤蟆跳进了草丛中。循着癞蛤蟆的踪迹,成名拨开草丛,发现有一只蟋蟀趴在荆棘的根部,急忙捕捉,那蟋蟀竟又跳进了一个石洞里。他用一根草伸进洞里轻轻拨动,蟋蟀没有出来;又用竹洞里的水去灌洞,蟋蟀才出来。这只蟋蟀的模样十分健壮,成名追着赶着捉住了它。仔细一看,发现它身架大、尾巴长,金色的翅膀青色的头。成名高兴极了,将蟋蟀装进笼子带回家,全家人也兴高采烈地庆贺成名抓到了这个宝贝,好像即使价值连城的璧玉也比不上。将它蓄养在装有泥土的盆子里,用螃蟹肉和栗子果实喂养,精心照料,万般爱护,只等着期限一到,就送到官府应付公差。

成名有个九岁的儿子,趁父亲不在家的时候,偷偷打开瓦盆想看看蟋蟀。瓦盆刚开个缝,蟋蟀就跳蹦走了,速度很快,捉不住。等抓到手时,蟋蟀的腿已断了,肚子也破了,很快就死了。孩子害怕了,哭着告诉了母亲。他母亲听了,气得面色灰白,大声骂道:"祸根,你的死期到了! 等你父亲回来,自会跟你算账的!"孩子哭着跑出去了。一会儿,成名回来,听了妻子的话,全身就像被冰雪浸透了一般。他怒气冲冲地寻找儿子,可儿子已无影无踪,不知跑到哪里去了。最后,在一口井里找到了儿子的尸体。一时间,成名满腔愤怒化为巨大的悲痛,呼天撞地,哭得死去活来。夫妻俩悲伤痴呆地相对而坐,茅舍里没有点火做饭的炊烟,也没了生活乐趣。

天快黑了,成名才拿了一块草席,把儿子裹了准备埋葬。走近抚摸儿子,似乎还有一丝微弱的气息。高兴地把孩子放到床上,半夜里苏醒过来。夫妻俩的心里才稍稍有点安慰。但蟋蟀笼子空空的,看着就让人感到气虚,连话也说不连贯了,但也不敢再追究儿子的过失。从天黑到天明,成名没有合一下眼皮。

太阳已经出来了,可成名依然躺在床上长吁短叹。忽然,门外传来一阵蟋蟀的叫声。成名惊奇地爬起来察看,那只蟋蟀好像还活着。成名很高兴,急忙捕捉。蟋蟀叫一声就跳走,而且跳得很快。成名又用手掌去捂盖,掌心里空空的,似乎什么也没有。成名的手刚拿起来,它又突然蹦着跳着地逃走了。成名急忙去追,见它绕过墙角,不知跑到什么地方去了。他转来转去四处张望,发现蟋蟀趴在墙上。仔细一看,这只蟋蟀又短又小,黑里带红,完全不像先前的那只。成名嫌它太小,没有理它,仍然四处张望,寻找刚才他追逐的那只。忽然,墙上的小蟋蟀跳了下来,落在了他的袖子上。成名低头一看,发现它的形状像个土狗子,梅花形的翅膀配上长腿方头,样子似乎还很精神。成名高兴地把它收进了笼子里。想要把它献到官府里,心里又有些惶恐不安,害怕它不合县官的心意。于是思量着让它先跟别的蟋蟀斗一斗,看行不行。

村里有个好事的年轻人,养着一只蟋蟀,自己给这蟋蟀起名叫"蟹壳青",每天都与别人家的蟋蟀角斗,没有不赢的。他将它养起来牟取大利,但价格太高,也就没人买。听说成名想斗蟋蟀,他就径直来到成名的家。一看成名养的蟋蟀,就捂着嘴暗暗发笑。于是取出自己的蟋蟀,放进笼中和成名的相比较。成名一看,人家的蟋蟀又大又壮,便自添了几分羞愧,不敢与人家的较量。那年轻人坚持要和他的较量。成名想,养着这样一个低劣的东西终归也没有什么用,不如就让斗一斗,也让人开开心。于是,就把自己的蟋蟀和年轻人的放在一个盆子里让斗。小蟋蟀伏在瓦盆里不动,呆头呆脑地像个木鸡。年轻人又放声大笑。试着用猪鬃撩拨它的须,仍然不动,年轻人又笑起来。但在屡次撩拨之后,小蟋蟀终于被激怒,它直奔"蟹壳青",就角斗起来。两个蟋蟀腾身跳跃,互相攻击,振动翅膀,发出搏斗声。一会儿,就见小蟋蟀跳了起来,张开尾巴,伸直胡须,直扑过去咬住了大蟋蟀的脖子。年轻人大吃一惊,急忙把它们分开。小蟋蟀振动双翅洋洋得意地鸣叫着,似乎是在向主人报捷。成名十分高兴。就在人们共同观赏的时候,一只公鸡突然奔窜过来,径直把嘴伸进盆里去啄蟋蟀。成名大惊失色,高声叫喊。幸好公鸡没有啄到,那小蟋蟀跳出一尺多远。公鸡又大踏步地追逼过去,小蟋蟀已被压在爪下了。仓促间,成名不知该怎样去救小蟋蟀,急得直跺脚,脸上也失去了颜色。可是,只一会儿的功夫,公鸡便伸长脖子,晃动脑袋,不停地拍动着翅膀。成名走近一看,原来小蟋蟀已跳在了鸡冠上,使劲咬住鸡冠不放。成名惊喜异常,急忙捉住小蟋蟀放进笼中。

第二天,成名把蟋蟀献给了县官。县官看它太小,就怒斥成名。成名向县官叙述了这小蟋蟀的奇异之处,县官不信,让小蟋蟀试着与其他的蟋蟀角斗。结果,那些蟋蟀都被斗败了。又试着让它和鸡斗,果然和成名所说的一样。县官奖赏了成名。县官把蟋蟀献给了巡抚大人。巡抚大人把蟋蟀用金笼子装好,献给了皇上,并在奏折中详细陈述了它的本领。小蟋蟀到了宫里,皇上让它和全国进贡的诸如"蝴蝶""螳螂""油利达""青丝额"等等稀奇古怪的蟋蟀一一角斗,结果没有一只能斗过它的。而且,这小蟋蟀每当听到演奏琴瑟之音,便会随着节拍翩翩起舞。这使皇宫里的人更加感到惊奇。皇上高兴极了,颁发圣旨,给抚巡奖赏了马匹和锦缎。抚巡大人也没有忘记自己的荣耀是谁带来的,不久,那个送上蟋蟀的华阴县令便以"政绩卓异"的考绩上报。县官一高兴,便免了成名的徭役。又嘱咐学政,让成名进了县学,成了秀才。

过去了一年多,成名儿子的精神恢复了。据他说,自己曾经变成一只敏捷善斗的蟋蟀,直到今天才苏醒过来。

巡抚大人也重重奖赏了成名。不到几年,成名家便有良田百顷,楼阁万间,牛羊各二百头。每次出门都是身着轻裘,座跨骏马,派头超过了世家大族。

异史氏说:"皇上偶然使用一件东西,未必不是事过就忘了,而下面经办的人却把它看作定例。再加上做官的贪婪,当差役的残暴,老百姓天天典弃妻子、卖掉儿女,永远得不到安宁。所以皇上的一举一动都关系着老百姓的命运,千万忽视不得啊!只有成家父子因为当里正而贫穷,又因为献上蟋蟀而富裕,穿轻裘,骑骏马,意气洋洋。然而,当他担任里正,遭受毒打的时候,又哪里会想到这一步呢?老天爷想要奖赏这个忠厚老实的人,才使得巡抚、县官一同享受蟋蟀带来的恩惠。我曾听人说过这样的话:一人飞升,鸡犬成仙。真是不假啊!"

柳　秀　才

明朝末年,青州府、兖州地区发生蝗灾,并逐渐蔓延到沂水县。沂水县令非常忧虑。他办完公事,睡在衙门里,梦见一个秀才前来拜访。此人戴着高高的帽子,穿着绿色的衣服,身材魁梧,相貌堂堂。他自我推荐说有防治蝗虫的办法。县令问他是什么办法,回答说:"明天,在县城西南方的大路上,有一个骑着大肚子母驴的妇人走过。她就是蝗神。你苦苦哀求她,就可以免去灾祸。"

县令觉得很奇怪,准备下酒食,出到城南。等候了很久,果然见一个妇人挽着高高的发髻,披着褐色的斗篷,独自骑着一头老驴,缓缓地向北走来。县令点了香,捧着酒,在路旁迎候行礼,并拉住驴子不让走。老妇人问:"长官想干什么?"县令便苦苦哀求道:"我管辖下的这个县又小又穷,求您大发慈悲,让我们免掉蝗虫的祸害。"妇人说:"可恨这柳秀才多嘴,泄露了我的机密。应让他用自己的身体承受蝗虫的袭击,可以不损害庄稼。"妇人便连喝了三杯酒,尔后一眨眼就不见了。

后来,蝗虫遮天蔽日般地飞来,但不落在庄稼地里,只是全都集中到了柳树上。所过之处,柳叶全部被吃光了。县令这才恍然大悟,原来柳秀才就是柳神。有人说:"这是县令爱惜百姓而感动神灵所致。"这话很对啊!

水　灾

康熙二十一年,山东大旱。从春到夏,光秃秃的千里大地上没有生长一根青草。六月十三日,下了一场小雨,才有播种谷子的。十八日,一场大雨过后,才种豆子。有一天,石门庄的一个老头在黄昏时分看到两头牛在山上斗架,便对村里人说:"大水就要来了!"于是,带领全家逃难到别的地方去了。村里人都嘲笑他。没过多久,暴雨倾盆,白天晚上下个不停,平地水深好几尺,房屋全都被水淹没了。一个农民丢下两子不管,和妻子一道扶着老母亲逃到了高土坡上。低头看看自己的村子,已是一片汪洋,成了湖泽,也就不能再顾及两个小孩子了。水落了,回到家,只见整个村子已经成为一片废墟。那个农民来到家门口,发现只有他的一间屋子还在,两个孩子并排坐在床头上,嬉笑玩耍,没有一点事儿。人们都说这是他夫妻二人的孝心所得到的回报。

康熙三十四年,平阳府发生地震,老百姓十有七、八被压死了。城里城外,一片废墟,而仅存的一间房子,则是孝子某某的家。在无边无际的灾难中,只有孝子家里没事,谁能说老天爷不辨是非、善恶呢?

诸城某甲

任教官的孙景夏曾讲过这样一件事:他家乡诸城县有位某甲,遇上明末流寇之乱,被杀,脑袋掉在胸脯前。流寇退走后,他的家人找到了他的尸首,准备抬回去埋葬。抬他时,发现还有一丝微弱的呼吸,仔细一看,原来他的喉咙处还有一指多宽的皮肉没有被砍断。于是,家里人扶着他的头,背了回去。一天一夜后,某甲开始呻吟,家人用汤匙慢慢地喂给一些饭吃,半年之后,居然好了。又过了十来年,某甲与两三个人聚在一起谈笑,有人讲了一个笑话,引得众人哄堂大笑,某甲也拍手大笑。然而,就在他一俯一仰之间,脖子上的刀口突然断裂,脑袋也随之掉了下来,血流如注。众人一看,已气绝身亡。某甲的父亲要状告那个讲笑话的人,众人凑了一些钱送给他,又出钱安葬了某甲,这事才算得到解决。

异史氏说:"一笑掉了头,这是千古第一大笑话。脖子仅有一线相连却能不死,一直等到十年后酿成了一个笑话官司,岂不是那两三个邻居在前辈子欠了他的债吗?"

库　官

邹平县人张华东公,奉了皇上的圣旨去祭祀南岳衡山,途经江淮一带,准备在驿站住宿。在前面开路的吏卒向他报告说:"这个驿站有妖怪,住在里面一定会惹出麻烦的。"张公不听。到了半夜,他身穿官服,佩带宝剑坐在那里。一会儿,他就听到一阵脚步声由远而近,到了屋里。一看,是一个白发老头,戴着黑色纱帽,披挂着黑色衣带。张公很奇怪地问他是什么人。老头叩头行礼,说:"我是守库房的官吏。替大人您管理库存财物已很长时间了。幸好钦差大人远道而来,下官我也就可以卸去这个沉重的负担了。"张公问:"库存有多少?"老头回答:"两万三千五百两银子。"张公担心带这么多钱是个累赘,便和老头约定,等回来时再查点验收。老头连连应声而退去。

张公到了南方一带,接受当地人赠送的银子和礼物很多。回来时。又住到来时住过的那个驿站。老头又来拜见他。张公问起库藏财物,老头回答说:"已作为兵饷拨给辽东了。"张公奇怪他前后的话有矛盾。老头说:"人生一世的进项和收入都是有定数的,一分一毫也不能增减。大人跑了这一趟,应该得到的都得到了,还要求什么呢?"说完话,径自走了。张公于是计算了一下此次出行所得的钱物,其数目恰好与所报的库存数相等。这才感叹一生中的一餐一饭都是命中注定,不能任意强求。

鄠都御史

鄠都县的郊外有个洞穴,深不可测,相传是阎罗王的衙门。洞中所有的刑具,都是人工做的。脚镣枷锁,一旦朽坏,就会被扔到洞外,县官马上用新的去换,过了一夜,新的就不见了。县里对洞中的一切供应都有专项开支,列在县财政的经费簿上。

明朝时,有个行台御史华公,巡视郡县,到了鄠都,听说了这件事,很不相信,打算亲自到洞里去看看,以确定真假。众人都劝说不行,华公只是不听。于是,华公带着两个公差,点着蜡烛,径直到洞里去了。在洞中走了约有一里多路,蜡烛骤然灭了。几人一看,发现眼前的街道十分阔明朗,街道中央坐落着十几间大殿,殿上并排坐着几位大官,全都身穿官袍,手持牙笏,样子十分威严。只有东边的一个位子空着。大官们见华公来了,一齐走下台阶迎接,并笑着问道:"你来了? 别来无恙吧!"华公问:"这是什么地方?"大官们说:"这就是阴曹地府。"华公非常吃惊,就要告退。大官们指着那个空着的座位说:"这是你的位子,哪能再回去。"华公更加害怕了,一再请求宽恕原谅。大官们说:"这是定数,怎么能够逃避呢?"便拿出一个宗卷给他看,上面写着:"某年某月某日,某某人连灵魂带肉体一块到阴间。"华公看了,浑身就如同被泼了一盆凉水一样发起抖来。想到母亲已经年迈,孩子尚且年幼,华公不禁涕泪横流。

不大一会,一个身披金甲的神人捧着黄帛诏书来了。大家舞袖而拜,打开诏书读完后,就向华公贺喜道:"你有转回阳世的机会了。"华公高兴地询问其中的缘由,大官们回答说:"刚才接到玉帝的圣旨,大赦阴间,可以设法减免你的罪,援引前例罢了。"大官们还给华公指明了回去的路。

龙 无 目

有一年,沂水县降大雨,忽然掉下一条龙来,两只眼睛都没有了,微弱得只剩下一丝呼吸。沂水县令派人用八十条草席覆盖它,也不能盖住全身。县令又在野外设坛祭祀它。它还反复地用尾巴击打土地,发出"啪啪"的响声。

狐 谐

万福,字子祥,博兴县人,从小攻读诗书。家里虽有一点产业而命运不好,已经是二十多岁的人了,还没有取得秀才资格。乡里有个陋刁,即常常选报富裕人家的人充任里正,忠厚善良的人家往往因此被弄得倾家荡产。碰巧,万福也被推荐充任里正这个差事。万福非常害怕,便逃跑出走,到了济南,租了客房住下来。

一天夜里,有个私奔的女子到来,长得很漂亮,万福十分高兴,就和她住到了一块儿。万福问女子叫什么名字,女子自称:"我实际是狐狸,但不会伤害你的。"万福非常喜欢她,也就不怀疑。女子嘱咐万福不要和别的客人住在一起。从此,她每天都来,与万福同床共枕,相处在一起。万福所需的日常生活用品,没有一件不是狐女带来的。

过了不久,有几个老相识不断地来拜访万福,常常要住上一两天才走。万福很讨厌他们,但又不好意思将其拒之门外,不得已,把实情告诉了他们。客人都希望一睹狐女的仙姿玉貌,万福便把客人的要求告诉狐女。狐女对客人说:"看我干什么?我是跟人一样的。"听她的声音,清脆婉转似在眼前,四下张望,又不见她的身影。客人中有个叫孙得言的,善于开玩笑,一定要叫狐女出来,说:"听到你娇滴滴的声音,我已魂飞魄散了。你又何必吝惜芳容,叫人只闻其声,不见其人,空自相思呢?"狐女笑着说:"好孝顺的孙子!你想给你的祖奶奶画画像吗?"客人听后都笑了。狐女又说:"我是狐狸,让我给客人讲讲狐狸的故事,不知愿不愿听?"众人都表示愿听。

狐女说:"从前有个村子,村里有个旅店,旅店里有一群狐狸,常常出来作弄旅客。来往的旅客都知道此事,因而互相告诫不要住这家旅店。半年了,店里冷冷清清。店主人愁得要命,因而非常忌讳别人说狐。有一天,忽然来了一个远方客人,自称是外国人,看到这个旅店就投宿。店主人很高兴。他刚把客人让进门,便有一个过路人悄悄地告诉客人说:'这家旅店有狐狸。'客人害怕了,告诉店主人要搬到别的地方去住。店主人极力辩解,说那是胡说八道。客人这才住了下来。客人进了卧房,刚要躺下休息,就有一群老鼠从床下钻了出来。客人大惊,急忙跑出屋子,高声叫道:'有狐狸!'店主人惊讶地问出了什么事。客人埋怨道:'狐狸窝就在你的店里,你为什么还骗我说没有?'店主人又问:'你见到的狐狸是什么样子?'客人说:'我刚才看见的是细细的,小小的,不是狐儿子,也一定是狐孙子!'"

狐女的故事讲完了,满座的客人也被逗乐了。孙得言说:"既然不肯让我们见一面,我们也就不走了,留在这儿过夜,让你们做不成云雨巫山的美梦。"狐女笑着说:"你们在这里留宿也没关系,但如果有冒犯,请不要放在心上。"客人害怕她恶作剧,就都走

了。然而,每隔几天,他们总还要来一趟,以讨得狐女一阵笑骂。狐女非常诙谐,每说一句话,都能让客人们笑得前仰后合,就连最善于开玩笑的人也逗不过她。因此,客人们都戏称她为"狐娘子"。

一天,万福置办酒席宴请宾客。万福坐了主人的位子,孙得言和另两位客人分坐在左右,上席放了一个坐榻,请狐女屈就于此。狐女推辞说她不会喝酒。大家请她坐下一块聊天,她答应了。酒过数巡,大家投掷骰子玩起一种叫"瓜蔓"的酒令。有个客人正好碰到瓜色,应当喝酒,他开玩笑似的把酒杯移到上座前说:"狐娘子的脑子太清醒了,就请你暂且代我喝了这一杯吧!"狐女笑着说:"我从来就不喝酒,但我愿意讲个故事,给各位助助酒兴。"孙得言捂着耳朵说他不愿听。客人们都说:"你如果骂人,就要罚酒。"狐女笑道:"那我骂狐狸怎么样?"大家说:"可以。"于是竖起耳朵听。狐女说:"从前,有一位大臣出使红毛国,戴着一项用狐狸腋下皮毛做的帽子去见国王。国王见了这帽子很是奇怪,便问:'这是什么皮毛?如此暖和厚实?'大臣告诉是狐狸皮。国王说:'这种动物我从来没听说过,狐狸的狐字怎么写?'大臣一边在空中比画着写,一边解释:'右边是一个大瓜,左边是一个小犬。'"客人们又哄堂大笑起来。

坐在左右的是姓陈的两兄弟,一个叫陈所见,一个叫陈所闻。两兄弟见孙得言被狐女的笑话整得狼狈不堪,便说:"公狐狸到哪里去了,竟由着母狐狸在此撒野放毒,恶语伤人?"狐女说:"刚才的那个故事我还没有讲完,就被一群狗给咬乱了。请让我把故事讲完。那个红毛国的国王看到使臣骑的骡子,很是奇怪。使臣告诉他:'这骡子是马生的。'国王更加奇怪了。使臣说:'在中国是马生骡子,骡子生小马驹'。国王又详细询问缘由。使臣说:'马生骡子,是臣(陈)所见,骡子生小马驹,是臣(陈)所闻。'"满座的人又大笑起来。众人知道说不过狐女,便相互约定:以后谁要带头开玩笑,就罚谁做东道主请客。

过了一会儿,大家的酒都喝到了酣畅淋漓处,孙得言又开起玩笑,对万福说:"我有一个上联,请你对出下联。"万福问:"上联是什么?"孙得言说:"妓者出门访情人,来时'万福',去时'万福'。"满座的人思来想去,没有人能对出下联。狐女笑着说:"下联我已有了。"大家支起耳朵听,狐女说:"龙王下诏求直谏,鳖也'得言',龟也'得言'。"听了这下联,四座的人笑得前仰后合,直不起腰来。孙得言恼恨地说:"刚才和你定下规矩,为什么又违戒?"狐女笑着说:"这回确实是我错了,但不这样,就不能对出确切工整的对子。明天我设宴,以赎我的过错。"大家相视而笑,也就不说什么了。

狐女的诙谐故事很多,一下实在难以说完。

过了几个月,狐女与万福一同回家。就要进入博兴县的地界了,狐女对万福说:"这里有我的一个远房亲戚,好久没有来往了,不能不去问候一下。天已经黑了,我带你到那里住一晚上,等到明天再走。"万福问在什么地方,她用手指了指前方说:"不远。"万福疑疑惑惑,因为这地方原来没有村落,姑且跟着她走。走了两里多路,果然看见一个村庄,万福从来没有见过,狐女上前敲门,一个老年仆人为他们开了门。进了门,又见千户万门,楼阁重叠,似大户人家。一会儿,见到了主人,是一个老头同一个老太太,向万福施过礼就坐下了。接着,主人摆出丰盛的宴席,以女婿之礼招待万福。万福就在这里住了一夜。第二天早晨,狐女对万福说:"我突然同你回去,恐怕你家里的人感到意外和害怕。不如你先回去,事先跟家里人说一声,我随后就到。"万福依了她的话,先回到家,把情况告诉了家人。没有多长时间,狐女也到了。她和万福说说笑笑,别人虽然能听见她的声音,却看不到她的身影。

过了一年,万福有事要到济南去,狐女也跟随他一向前往。路上,突然过来几个人,狐女跟上去和他们交谈,十分亲热。随后,狐女对万福说:"我本来是陕西人,因前世与你有一段缘分,所以和你生活了这么一段时间。现在,我的兄弟来了,必须和他们一起回去,不能侍候你到底了。"万福极力挽留,她不答应,终于走了。

雨 钱

滨州有一秀才,正在书房里读书,忽然听到敲门声,他打开门一看,原来是一个白发苍苍的老翁,衣着装束十分古朴。秀才将老翁让进屋,并请教他的姓名。老翁自称:"我叫养真,姓胡,实际是狐仙。因仰慕你的高尚儒雅,愿意同你朝夕相处。"秀才本来很旷达,也就不以此为怪。从此,两人常在一起谈古论今。老翁知识十分渊博,谈吐风雅,语言精妙。交谈中,他阐发儒家经书的义理,辨名究理极为深奥,更是出乎常人的意料之外。秀才十分佩服老翁,因此留他住了很久。

有一天,秀才私下里请求老翁道:"你是非常照顾我的。可是,你看我贫穷到如此地步,只要你稍稍费点神,金钱马上就可以弄来,为何不给我一点小小的周济呢?"老翁没有说话,似乎对此事很不以为然,过了一会儿,笑着说:"此事很容易。但我需要十几个钱作本钱。"秀才照他说的办了。接着,老翁和他一同走进一间密室,仿效巫师的样子,走起禹步,念起咒语,不一会儿,几百万钱便从梁上铿铿地掉落下来,就像下暴雨,转眼之间,钱已没过了人的膝盖骨。秀才拔脚出来站在钱上,纷纷降落的钱很快又淹没了脚背。一丈见方的房子,堆积了三、四尺深的钱。老翁便对秀才说:"看看这些钱能够满足你的愿望了吗?"秀才回答:"足够了"。老翁一挥手,钱立刻止住不落了。于是,二人锁了门,一同走了出来。秀才暗自高兴,以为真的发了横财。

过了一会儿,秀才回屋取钱用。进屋一看,满屋的钱都化为乌有,只有用作本钱的十几枚钱还在。秀才大失所望,气势汹汹地指责老翁,说他欺骗了自己。老翁也怒气冲冲地回答说:"我本来只和你交个文字上的朋友,并没打算和你一道做贼!如果想合你的意,只应寻找梁上君子交朋友得了,老夫不能遵命!"便甩袖而去。

妾 击 贼

在益都县西边有一富贵人家某人,家藏万金,娶一小妾很温柔美丽。某人的大老婆很是厉害,经常虐待折磨这小妾,鞭打杖击,随意施行。这小妾服侍她却是十分地小心谨慎。某人对小妾很是同情,常常私下里用好言好语安慰她,小妾也从未有什么怨言。

一天夜里,有几十个坏人翻墙而入,不停地撞击房门,几乎把门要撞破了,某人与大老婆吓得丧魂落魄,浑身哆嗦,不知怎么办好。小妾起来,不声不响地在暗处摸到一根挑水用的大扁担,拨开门闩突然闯了出去。群贼正乱得像一团烂麻。小妾舞动扁担快如旋风,扁担上的铁钩呼呼作响,很快就有四五个贼人被打翻在地。其他贼人惊吓得魂飞魄散,向墙边逃,仓促间,爬不上墙头,跌的跌,叫的叫,就如同没了命似的。小妾把扁担往地上一撑,看着这帮贼人大笑着说:"这样一群废物,都不值得我亲自下手去打,竟也学着做起强盗来了!我不杀你们。杀了反嫌弄脏了我的手。"把贼人全部放走了。

某人大为惊讶,问小妾:"你怎么会这么厉害?"原来,小妾的父亲是一个教习枪棒的武师,小妾得到了她父亲传授的全部本领,抵挡一百来号人绰绰有余。

某人的大老婆尤其害怕,后悔从前只看外表,错估了她。从此以后,她对小妾便换上了另一副脸色,而小妾却如先前一样,对大老婆没有丝毫失礼的地方。邻居妇女有人问她:"嫂子你击打贼人就像击打猪狗一样,可为什么要低着头,受大老婆的鞭打呢?"小妾回答说:"这是我的名分所决定的,不敢有什么怨言。"听了她的话,大家更加敬佩她的贤良。

异史氏说:"身怀绝技,经过几年却没有人知道,而终于用这一绝技赶走了强盗,抵御了外来的灾祸,最终使鹰隼一般凶恶的大老婆变成了斑鸠一样的仁慈。唉!古人有射雉之长,就能博得妻子一笑;蠢夫赌博获胜,便可与公主同坐一车。技能的不可不拥有就是这样啊!"

驱　　怪

长山县人徐远公,原本是明末的生员。清朝取代明朝后,他便弃儒从道,渐渐学画符驱鬼的法术,远远近近的人都知道他的大名。某县的一个大人物,备办了一些礼品,写了一封很诚恳的信派仆人牵着坐骑去请他。徐远公问来人:"请我去做什么?"仆人推说不知道,并说:"主人只是嘱咐我,请您务必辛苦一趟。"徐远公于是跟着来人去了。

徐远公刚到那大人物的家,主人便设宴款待他,礼节十分周到,却始终不说他之所以要请徐远公来的目的。徐远公忍耐不住,便问道:"您要我来干什么?希望解除我心中的疑惑。"主人总是说:"没有别的事。"主人不停地劝徐远公喝酒,而且说话吞吞吐吐,让人费解。说话间,不觉天色已晚,主人又邀请徐远公到花园中畅饮。花园的构造颇为精致,但被过多的竹丛树木遮蔽着,显得阴森森的,杂花纷乱,大多淹没在草丛之中。二人来到一个楼阁,只见蛛网交错,到处都是,数也数不清。酒喝过几巡,天也就黑了下来,主人叫仆人点上蜡烛,继续畅饮。徐远公推辞不能再饮了,主人便让仆人撤席摆茶。仆人慌慌张张地将酒食器具撤下,全部摆在楼阁左边一间屋子的桌子上。茶还没喝到一半,主人借故走了。仆人便拿着蜡烛,把徐远公领到楼阁左边的屋子休息。进屋后,仆人放下蜡烛转身就走,显得慌里慌张。徐远公猜想着他们也许是去拿被褥来跟自己做伴。谁知过了好久,竟连一点人声也没有。徐远公就自己起身关上门,然后上床睡觉。

月亮爬上了中天,皎洁的月光穿堂入室,照到了徐远公的床上。栖息于树上的鸟儿,伏卧在草丛中的虫子,一时间都鸣叫起来。徐远公心中害怕,躺在床上翻来覆去睡不着。这时,楼板上传来了一阵"橐橐"的响声,像是在踢球,声音很大。一会儿就到了楼梯,很快地又到了寝室的门口。徐远公惊恐万分,毛发像刺猬的刺一样竖起,急忙用被子将头蒙了起来,但是门已经豁然打开了。徐远公掀开被角偷偷地看,发现一个兽面人身的怪物。怪物浑身是毛,长如马鬃,呈深黑色;牙齿龇露在外,如同峭立的山峰;目光炯炯,像火炬一般。怪物来到桌前,伏下身舔食盘中的残羹剩菜,舌头一扫,几个盘子一起被舔得一干二净,就像被洗过一般。舔完盘子,怪物又走近床前,闻了闻徐远公盖的被子。徐远公突然跳了起来，翻开被子捂住怪物的脑袋，按着它便狂呼大叫。怪物没有料到，大惊，挣脱身子，打开门就逃走了。徐远公穿上衣服，准备逃离此地，可大门已被从外面锁上，出不去。只得沿着墙根奔逃，找到一段矮墙翻了过去。墙外是主人的马厩，马夫见到徐远公，大吃一惊。徐远公将刚才发生的事告诉给了马夫，并请求在马厩里过一夜。

天快亮时，主人派人来察看徐远公。来人见没了徐远公，大惊。最后，在马厩中找到了徐远公。徐远公一走出马厩，便对主人大发雷霆："我根本就不会降妖驱怪。你叫我来，却又不事先跟我说一声。我的袋子里藏有一柄如意钩，也不送到我睡的房子里。这不是存心让我死吗？"主人赶忙道歉说："我本来想告诉你的，但又害怕你为难。开始也不知道你的袋子里藏有如意钩，万望原谅我犯下的大过失。"徐远公到底郁郁不乐，向主人要了一匹马就回去了。从此以后，那怪物再也没有在主人的家里出现过。主人在花园中宴请宾客，也总是要笑着对客人说："我忘不了徐先生的功劳啊！"

异史氏说："'不管是黄狸猫还是黑狸猫，能捉到老鼠的就是好狸猫。'这不是一句空话。假如徐远公在翻开被子大呼小叫之后，隐瞒自己当时的恐惧心理，而公然宣称怪物的逃离是自己的功劳，那么，天下的人一定会说徐远公是神人也比不上的。"

姊妹易嫁

掖县的毛相国，原本家里很穷，父亲常给人家放牛。当时，本县有个姓张的大户人家，在东山的南面新开了块墓地，有人从那墓地旁边经过，听到坟墓中有呵斥声传出："你们赶快搬走，不要长期混占贵人的宅子！"姓张的大户听到人们传说此事，起初也不大相信。事后，他又接二连三地梦见有人警告说："你家的墓地，本是毛公的风水宝地，怎么能长期借住在这里？"从那以后，张家不吉利的事时有发生。有人劝他把坟地迁走，说这样可以逢凶化吉。张家听从劝告，把坟地迁到别处去了。

一天，毛相国的父亲又去放牛。在路过张家的旧墓地时，突然遇上了大雨，便躲进废弃的墓穴中避雨。随后，雨越下越大，奔腾咆哮的洪水灌进了墓穴，竟把毛相国的父亲淹死了。那时，毛相国还是个孩子，他母亲亲自跑到张家，想讨一小块地方，埋葬孩子的父亲。姓张的问了他们的姓名后，大为惊异。接着，他又跑到毛相国父亲淹死的地方看了一下，发现老头死去的地方恰好是正当放棺材的位置，更惊奇了。于是，就让毛母在原先的墓穴里安葬了自己的丈夫，并要她把儿子带来。安葬完，毛母领着儿子到张家拜谢。姓张的看到孩子，十分高兴，就把孩子留在家里，教他读书，对待他就像对待自己的孩子一样。又请求把大女儿许配给他做妻子。毛母不敢答应这门亲事。姓张的妻子说："既然我们已亲口将女儿许配给你儿子，又怎能中途变卦呢？"听了这话，毛母才答应了。然而，张家的女儿却非常地瞧不起毛家，对这门亲事的不满和怨恨情绪时常流露出来。有人提到这件事，她总要捂上耳朵，还经常对人说："我死也不嫁给放牛人的儿子！"

到了迎亲的那一天，新郎已经入了席，花轿车也停在张家的门口，而张家大女儿却还在用衣袖捂着脸，对着墙角哭哭啼啼。催她梳妆，她不动弹，怎么劝，也不听。一会儿，新郎告别要走，喧天的鼓乐立刻吹打起来，张家大女儿还是眼泪不断而头发蓬乱。姓张的要女婿再等一会儿，他亲自进屋去劝，女儿流着眼泪，就像没有听见一样。父亲大怒,硬逼着她去上轿车,她哭得越发厉害了。父亲见状一时也没了办法。就在这时,又有家人来报告说:"新郎要走了。"父亲急忙跑出去说:"梳妆打扮还没有完毕,请再稍等一下。"说完后,又跑进屋里劝女儿。父亲进进出出,不停地往来于女儿和女婿之间,脚步一刻也没有停下过。又过了一会儿,事情变得更加紧迫了,而大女儿到底也没有回心转意的样子。父亲没有办法,急得几乎要去寻死。

这时候,张家二女儿在旁边,对姐姐的做法很看不惯,她也帮助父亲苦苦地哀求姐姐,劝她梳妆打扮。她姐姐生气地说:"小妮子!你也学着别人的样子跟我啰唆!你为什么不跟着他去呢?"妹妹说:"父亲当初并没有把我许配给毛郎。如果真的把我许配给了他,又何劳姐姐来劝架呢?"父亲听她的话说得爽快,便私下里和她的母亲商量,要以妹妹代替姐姐。母亲随即就来征询二女儿的意见:"那个忤逆不孝的丫头不听父母的话,我和你父亲想让你代替姐姐出嫁,你肯去吗?"二女儿爽快地回答道:"只要是父母叫女儿出嫁,即便是嫁给乞丐,女儿也不敢推辞,再说怎么见得嫁给毛家儿郎就一定会饿死呢?"父母听了她的话,非常高兴,就用她姐姐的嫁妆把她打扮起来,匆匆地登上花轿车,打发走了。

张家二女儿过门以后,和毛郎非常和睦融洽。让毛郎略感不足的是,张家二女儿过去害过秃疮病,头发有些稀疏。时间长了,毛相国慢慢地知道她是替姐姐嫁过来的,更加以知己而感激她。

过了不久,毛相国考上了秀才。又到省城参加乡试,要经过王舍人店。店主人先前曾梦见一个神仙对他说:"早晚有毛举人要来,此人以后将会解救你脱离苦难。"因此,店主人一早起来后,专门仔细察访从东边来的客人,等接到了毛相国,十分高兴。他供给毛相国十分丰厚的吃穿住等一应生活用品,而且一文钱不收,只是把睡梦征兆作为重大寄托。毛相国也更加自负,心想:妻子的头发稀稀拉拉的,将来肯定会被达官贵人所耻笑,等到富贵之后,应当休了她重娶一个。不久,考试结束,张榜揭晓,毛相国竟名落孙山。他垂头丧气地踏上了返家的路程,烦恼得对自己的前途悲观失望。因为心中有愧,怕见店主人,没有再走来时的道路,而是绕道回到了家中。

三年以后,毛相国又去应考,店主人仍像先前一样迎候、款待他。毛相国说:"你当初说的话没有应验,我很惭愧,白让你侍奉一回。"店主人说:"只因你暗中想换个妻子,所以被阴曹地府除去了举人的功名,又怎么能说是我的梦不灵呢?"毛相国吃惊地询问缘故。原来店主人与他分别后,又梦见了那个神仙,毛相国的心思就是那位神仙告诉他的。毛相国听了,又后悔又害怕,呆呆地站在那里,像个木头人。店主人劝他说:"秀才应该自尊自爱,最终能够考上举人的。"没过多久,毛相国果然考中了第一名举人。而且,他夫人的头发也随即长了起来,乌黑发亮似浓云一般,更增添了妩媚。

张家大女儿嫁给同乡一个有钱人家的儿子,很是得意,而且自视甚高。没想到丈夫是个行为放荡、好吃懒做的花花公子,殷实的家业渐渐被他坐吃山空,家境逐渐衰微,房里空空,连锅也揭不开了。姐姐听说妹妹成了举人夫人,心里更加惭愧后悔。姐妹俩在路上相遇,总要想法避开。过了不久,姐姐的丈夫死了,家里更加破落。紧接着,毛相国又考中了进士。姐姐听说了,更加悔恨,一气之下,竟出家当了尼姑。等到毛相国以宰相身份回到故乡时,她又强迫一个小尼姑前去问候,希望能得到一些馈赠。小尼姑到了府上,相国夫人赠送给她若干匹绫罗绸缎,把银子夹在里面,而小尼姑并不知道。小尼姑将东西带回去交给师父。师父大失所望,气愤地说:"给我一些金钱,我还可以用来买柴买米;像这种礼物,我要它有什么用!"于是又叫小尼姑将东西送了回去。毛相国和夫人感到很奇怪,打开绢帛一看,银子还在里面,才明白她退回东西的意思。于是拿出银子笑着说:"你师父连一百两银子都消受不起,哪能有福分跟我这个老尚书。"随即拿出五十两银子交给小尼姑说:"拿回去作为你师父的生活费用,给多了恐怕她这命薄福浅的人难以承受啊!"小尼姑回到庵里,将所见所闻一一告诉了师父。师父默默无言,只是不停地叹息着。回想自己一生的所作所为,总是颠倒黑白,避美就恶,又难道是由于别人?

后来,店主人因为一桩人命官司被投入大牢,毛相国极力为他解脱而免罪释放。

异史氏说:"张家的旧墓,成了毛家的风水宝地,这事也够奇怪了。我听当今的人说起'大姨夫作了小姨夫,前解元作了后解元'的玩笑话,这事难道是聪明狡猾的人能算计得到的吗?唉!那主宰人生的苍天,早已没什么可问了,为什么到了毛公这里,却又这么灵验地有了回声呢?"

续 黄 粱

福建有位曾举人,参加礼部会试高中进士以后,邀了几个新中进士到城郊去游玩。偶尔听说昆卢禅院住着一个算命先生,他们便骑着马一同去问卜。进了禅院,互相施礼后坐了下来,算命先生见曾某一副得意扬扬的神态,便略略奉承一番,曾某摇着扇子微笑着对算命先生说:"你看我有没有穿蟒袍、系玉带的福分?"算命先生郑重地说他将来要做二十年的太平宰相。曾某大为高兴,气势更加不可一世了。

这时,正碰上天下小雨。曾某便和朋友一块儿到僧房躲雨。僧房里有个老和尚,深眼窝,高鼻梁,坐在蒲团上,见了他们,傲慢无礼貌。几人随便招了招手,然后爬上床谈笑起来,大家都祝贺曾某将来要做宰相。曾某此时心高气盛,指着同游的几个人说:"等我做了宰相,就举荐张老做应天巡抚,我家表兄弟当参将、游击,我家的老仆人也可以捞个千总把总当当,我就心满意足了。"听了这话,满座的人都大笑起来。

过了一会儿,门外的雨下得更大了。曾某有些困倦,便伏在座榻上睡着了;忽然,他看见两位宦官,拿着天子的手诏,喊着"曾太师",召他进宫去商量国事。曾某得意非凡,急忙进宫朝见皇帝。皇帝见了他,向前挪动了一下座席,亲热地交谈了很长时间。皇帝授权三品以下官员,或升或降,或任或免,均由他做主,赐给他蟒袍、玉带和名马。曾某穿戴好了,叩头谢恩,然后走出宫门。

回到家中,曾某发现家已不是原来的样子,雕梁画栋,极其壮观,自己也不明白怎么会一下子就显贵到如此地步。他手拈胡须轻轻呼唤了一下,仆从们的应答便像雷声滚动。一会儿,文武大臣纷纷前来敬献海外贡物,那些躬身弯腰,奉迎讨好的人一个接着一个地出入于他的门户。六部尚书来了,他匆匆忙忙地起身相迎;侍郎一级的来了,他也与之作揖寒暄;地位再低一些的,他只是点点头而已。山西巡抚给他送来十个歌女,都是如花似玉的美女。其中有两个最美丽的,一个叫袅袅,一个叫仙仙,受到他的特别宠爱。每当节假日,曾某便沉浸在声色犬马之中。

一天,曾某忽然想起他贫贱时曾得到同乡绅士王子良的周济,如今自己平步青云,身居高位,而他却宦途失意,郁郁不得志,何不就此拉他一把?于是,第二天早晨,曾某就上了一道奏折,推荐王子良为谏议大夫,即刻就奉到皇帝应允的圣旨,提升重用。曾某又想起郭太仆曾经与他有过小小的过结，便立即传话给谏官吕某和侍御史陈昌，让他们按他的旨意同时弹劾郭太仆。第二天，弹劾郭太仆的奏章接连呈上，皇帝就下旨罢免了郭太仆。有恩于自己的人升了官，有怨于自己的被免职，如此恩怨分明，曾某感到十分痛快。他偶然出行郊外，一个醉汉冲撞了他的仪仗队，他便叫人绑了醉汉，送到管理京城的最高行政长官京兆尹那里，醉汉立即死于棍下。那些跟他房屋相连、土地相接的大户人家，都畏惧他的权势，纷纷将良田美宅献给他。从此，他的财富简直都可以和皇帝相比了。可惜不久，袅袅、仙仙相继死去，他朝思暮想，夜不能寐。他忽然想起，过去东边邻居家的女儿长得很美，多次想买来做妾，都因为没有钱而未能如愿以偿，如今总算可以实现自己的愿望了。于是，打发了几个能干的仆人，硬把银子送到她家。没有多长时间，那姑娘便被一乘藤轿抬来了。姑娘比过去所见到时，更加娇艳动人。回想起自己的生平经历，能够如此也满足了。

又过了一年，朝中官员暗中议论，似乎对他心存不满的大有人在。然而，这些人都贪恋厚禄，不敢直言。曾某心高气盛，根本没把他们放在眼里。有一位龙图阁大学士包大人向皇帝奏了一本，奏疏大意是：

    微臣以为，曾某原是一个酒徒赌棍，市井小人，只因一句话迎合了圣意，便受到皇上的恩宠。于是，父亲穿紫服，儿子着红袍，一家人享尽荣华富贵，恩宠也达到了极点。曾某不想着捐躯报国，以报答皇上的恩德于万一，反而恣意妄为，滥用职权，作威作福，所犯死罪，像头发那样难以数清！朝廷的官职，被他作为牟取个人私利的奇货，根据职位的大小、肥瘦，定出高低不等的价格，因而，公卿将士都奔走于他的门下，迎合他的心意，寻找机会以谋取肥缺，其做法就如同做买卖的商贩。至于仰承他的鼻息望尘而拜的人，就更是数不胜数了。即或朝中有几个不肯阿谀奉承、卖身投靠的杰士贤臣，轻的被安置在闲散无权的部门，重的则被罢黜官职，降为平民。更有甚者，凡是不偏袒他的，就要得罪这个指鹿为马的奸相；哪怕片言只语触犯了他，也要被发配到豺狼出没的荒凉之地。朝廷官员为此而感到寒心，皇上也因此而陷于孤立。还有，平民百姓的良田，被他任意侵吞蚕食；良家女子，被他强行买来做妾。邪气冤氛，充塞四方，使得天地失色。只要他家的奴仆一到，太守、县令也得看脸色行事；他的书信一去，按察司、都察院都得徇情枉法。甚至连他奴才的儿子、稍稍有点瓜葛的亲戚，出门也要乘坐官府的马车，横冲直撞，像风行雷动一般。地方上的供给稍微慢一点，从马上立即抽下鞭子来。荼毒百姓，奴役官吏，他的扈从所到之地，都被搜刮得一干二净。而曾某气焰煊赫、炙手可热，依仗皇上的宠信，毫无悔过之意。每当蒙皇上宣召来到宫殿，都要把陷害好人的谗言灌进皇上的耳朵里；刚从参政议政的朝廷回到家中，而那寻欢作乐的靡靡之音已经泛起于后花园中，声色犬马，昼夜宣淫，国计民生，从不过问。世上哪有这样的宰相啊！朝野惊恐，人人自危；人情汹汹，民愤日增。若不及早将他正法处死，势必酿成曹操、王莽那样的篡位之祸。微臣日夜忧虑，不敢安居，甘冒杀身之祸，列举曾某的罪状，上报皇帝知道。乞请砍掉奸佞的头颅，抄没他贪赃在法得来的家产，上可以平息皇天的震怒，下可以大快人心，顺应民情。如果微臣所说的有半点谬误，请将最残酷的刑法——刀锯鼎镬，施加在臣的身上。

等等。奏章递上，曾某听到后吓得魂飞魄散，如同饮了冰水，浑身颤抖。幸好皇上对他特别宽容，把奏章扣在宫中。不料，科、道、九卿等朝臣，纷纷上书，弹劾曾某，即使是过去拜在他的门下、称他为干爹的，也都变了脸孔。皇上下令抄没了他的家产，将他充军云南，他儿子任阳平太守，皇帝也派人前去捉拿提问。

曾某听到圣旨，正惊恐万状，接着就有几十名武士，佩剑持戈，闯进内室，摘掉他的官帽，扒掉他的官服，将他与妻子都捆绑起来。一会儿，看见许多当差的役夫，将他的财物搬到院子里，金银钱钞达数百万，珍珠、翡翠、玛瑙、玉石等名贵宝石达数千斗，帷幔、窗幕、桌几、床榻之类，也多至几千件，以至小孩的襁褓、女人的鞋袜，撒落在庭中阶前，满地都是。曾某一一看在眼里，心酸眼疼。又过了一会儿，有人从屋内揪出他的美妾，披头散发，娇声哀啼，玉容花貌，无人怜爱。曾某悲痛得如烈火烧心，却敢怒而不敢言。不久，楼阁仓库，全部查封完毕，贴了封条，曾某立即被呵斥出府。监守人推推搡搡地拉出去一长串人。夫妻二人忍气吞声地踏上充军之路，要求一辆破马车代步，也没得到允许。走了十多里路，曾某的妻子因为脚小无力，摇摇晃晃地要跌倒，曾某不时地用一只手拉着她走。这样，又走了十多里路，疲倦不堪。突然，一座高山出现在眼前，直插云霄，曾某担心无法爬上去，时时挽着妻子的手相对哭泣。而押解的人对他们横眉怒目，不许稍稍停留一下。看看太阳已经落山，没有投宿的地方，不得已，一前一后深一脚浅一脚地往前走。走到半山腰，曾某的妻子精疲力尽，坐在路旁哀声哭泣。曾某也停下来休息，任凭押解的人大声斥骂。正在这时，忽然听得有许多人齐声呐喊，只见一大群强盗手持锋利的刀剑，跳跃着朝这里冲来。押解的人大惊，各自逃命去了。曾某直挺挺地跪在地上说："我是个孤身发配远方的人，口袋里没有值钱的东西。"苦苦哀求饶了他。众强盗瞪着眼睛大声宣称："我们都是被你陷害的冤民，只要奸贼的脑袋，别的什么也不要！"曾某也怒气冲冲地斥骂道："我虽然有罪，但还是朝廷命官，你们这些强盗怎敢如此！"强盗勃然大怒，挥动大斧对准曾某的脖颈就是一下。曾某感觉到了脑袋落地发出的响声，就在惊魂未定的时候，又冒出两个小鬼，反绑了他的双手，赶着往前走。

大约走了几个时辰，来到一个大都市。不多时，看到一座宫殿，殿上坐着一位相貌丑陋的大王，正伏在案前决断死鬼的祸福。曾某紧赶走前几步，跪伏在地上请求宽恕。大王翻阅案卷，才看了几行，便勃然大怒，说道："这是欺君误国之罪，应该投到油锅里去炸！"大王声音刚落，万鬼齐声附和，如同响雷。随即就有一个巨鬼将他揪到阶下。阶下有一只七尺多高的大鼎，四周燃着熊熊的炭火，鼎被烧得通红发亮。曾某吓得浑身发抖，流泪哀求，欲避不能，欲逃无路。那巨鬼左手抓着他的头发，右手握着他的脚踝，将他扔进鼎中。曾某只觉得孤零零一个人随着油波上下翻滚，皮肉被炸焦了，剧烈的疼痛透骨钻心；沸腾的油灌进肚里，煎熬着五脏六腑。他只求快一点死，但又怎么也死不了。约莫一顿饭的工夫，那巨鬼才用一把巨大的叉子把他叉了出来，又使跪伏在殿堂下。大王又一次查阅案卷，发着脾气说："依仗权势，欺压百姓，应受刀山之刑！"于是巨鬼又将他揪了出去。只见一座山，虽不太大，却十分陡峭险峻，山上纵横交错地排列着锋利的刀刃，层层叠叠，如同竹笋。此时，刀山上已有几个人穿肠破肚地挂在上面，呼号之声惨绝，使人耳不忍闻，目不忍睹。鬼催促曾某赶快上山，曾某大哭着直往后退缩。巨鬼用带毒的锥子猛刺他的脑袋，曾某忍着疼痛，乞求怜悯。巨鬼大为生气，一下子将他提起来，用力抛向空中。曾某只觉得身躯漂浮于云雾之上，又晕晕乎乎地往下一落,刹那间,交错的刀锋,刺入胸膛,痛苦得无法形容。又过了一会儿,沉重的身躯直往下坠,使得刀孔渐渐变阔。忽然身子从刀山上脱落下来,四肢抽搐。巨鬼又撺他去见大王。大王命鬼吏计算一下他生前卖官鬻爵、贪赃枉法、霸人财产一共得了多少金银。当即就有一个胡子卷曲的鬼拿着账簿,打着算盘说:"三百二十一万两。"大王说:"他既然要聚敛起来,就让他全部喝下去!"一会儿,鬼吏便搬来许多金钱堆在台阶上,如一座小丘陵。紧接着,鬼吏又将金银投入大锅,用烈火将其溶化成液体,另有几个鬼吏用勺子往他嘴里灌,流到脸上,脸上的皮肤立刻臭裂,进到喉咙,五脏六腑马上沸腾起来。生前总嫌这东西太少,而此时却又恨这东西太多。用了半天时间才喝完。接下来,大王命令将他押解到甘州府去托生为女人。

才走了几步,他就看到一个大铁架,架上竖着一个铁梁。铁梁有好几尺粗,上面系着一个火轮,周长不知有几千里,轮上的火焰五彩缤纷,光亮直照云霄。鬼用鞭子抽打着让他登上轮子。他刚闭上眼睛登跳轮子,轮子就随着他的脚转动起来。他觉得身体直往下坠,一直落到地上,浑身冰凉透骨。睁开眼睛看看,发现自己已经变成了一个婴儿,而且还是女的。再看看自己的父母亲,都是衣衫褴褛,补丁摞着补丁。一间破土屋里,放着破瓢和棍子。曾某心里明白,自己成了乞丐的女儿。自此,她每天都要跟随手捧讨饭碗的乞丐父母去沿街乞讨,饥肠辘辘,总难一饱。她穿着破烂单薄的衣服,寒风吹来,透心刺骨。十四岁那年,她被父母卖给一个姓顾的秀才做妾。粗茶淡饭,葛衣布衫虽然有了,但大老婆却十分凶悍,时不时地就要用鞭子和板子抽打她,动不动还要用烧红的铁条烙她的胸脯和乳房。幸好丈夫还同情怜爱她,心中还能得到稍许的安慰。东边邻居家有一个坏小子,忽然翻墙过来逼迫她和他私通。她想,自己前身作恶多端,已经受到阴曹地府的惩罚,今天哪敢再做坏事。于是大声疾呼,把丈夫和大老婆都叫了起来,坏小子才仓惶逃走。没有多长时间,秀才在她的屋里过夜,她正在枕边絮絮叨叨地向秀才诉说冤苦,忽然震天撼的一声巨响,房门大开,有两个强盗持刀闯入,砍下秀才的脑袋,用袋子装走了室内的衣服和财物。她吓得缩成一团,躺在被子底下,一声也不敢吭。等到强盗走了,她才哭叫着跑向大老婆的房里,大老婆大惊,哭着和她一同验看秀才的尸首。大老婆怀疑是她串通奸夫杀死了自己的男人,因此写状子呈上州官。州官对她严厉审问,终于因受不了酷刑而屈招。依照刑津,她被判了凌迟处死的重刑。绑赴刑场,她一股冤气郁塞胸膛,跳着蹦着,大声喊冤,觉得阴曹地府的十八层地狱,也没有这么黑暗。

正悲痛号哭间,忽然听到同游的人喊道:"曾兄是做噩梦了吧?"曾某猛然间醒了过来,见老和尚依然盘腿坐在蒲团上。同游的人都争着对他说:"天也黑了,肚子也饿了,你为何睡了这么长时间?"曾某神色惨淡地站了起来。老和尚微笑着问:"二十年太平宰相的占卜还算灵验吧?"曾某越发感到惊异,连忙下拜,向和尚请教。老和尚说:"只要积德行善,即使身陷火坑,也能得到神佛的解救。我一个山野和尚知道什么!"

曾某兴致勃勃而来,却不料垂头丧气而归。他做宰相的念头,也由此淡泊了。后来,他遁入山林,不知下落。

异史氏说:"赐福给行善的人,降祸给淫恶的人,这是上天亘古不变的规律。一听说做宰相就喜不自胜的人,肯定不是因为喜欢做宰相要鞠躬尽瘁,这是可想而知的。这时在曾某的心目中,做宰相是要住殿堂楼阁,娶娇妻美妾,天下的财物无所不有,然而,梦境毕竟是假的,幻想也不会成真。他有了不切实际的妄想,神就用虚幻的梦境来回答他。黄粱米饭快要煮熟的时候,做这种梦的人肯定会有,那么,就把它附在《邯郸梦》的后面吧。"

龙 取 水

俗世传说龙酌取江河之水以行云播雨,这不过是似是而非的说法罢了。徐东痴南游,将船停泊在岸边,看到一条青色的龙从云中垂下身子,用尾巴搅动江水,涌起一层又一层的波浪,顺着龙的身子向上涌。从远处看去,水光闪烁,比三尺白练还宽。大约一个时辰,龙尾收回,水也顿时平息了。过了一会儿,倾盆大雨从天而降,水渠和道路都灌满了水。

小 猎 犬

曾任内阁大学士的山西人卫周祚,当他还在做秀才时,因厌恶人多嘈杂,在寺院里借了一间房子住。可是,苦于寺院里蚊子、跳蚤、臭虫太多,他彻夜都睡不着觉。

卫公吃完了饭,正躺在床上休息,忽然看见一个小武士,头插野鸡毛,身高两寸多,骑着一匹蚂蚱般大小的马,猎装的射鞲上站着一只像苍蝇那么大的猎鹰,从外面走了进来。小武士在屋里来回转着圈子,一会儿慢行,一会儿急驶。卫公正看得出神,忽然又有一个小人进来,装束打扮和先前的那个一模一样,腰间佩带一副小弓箭,手里牵了只像大蚂蚁一般大小的猎犬。又过了一会儿,步行的、骑马的,乱纷纷地进来好几百小人,同时,猎鹰、猎犬也有好几百。室内如有蚊蝇飞起,小人便放出猎鹰腾空迎击,全部将其扑杀。猎犬则登床爬壁,搜捕吞吃跳蚤、虮子、臭虫,凡是躲藏在缝隙里的,没有不被搜出来的。顷刻之间,屋里的苍蝇、蚊子、跳蚤、臭虫、虮子全部被捕杀干净。卫公假装睡着而斜着一只眼睛偷看。此时,猎鹰和猎犬全部爬到了他的身上。一个身着黄衣,头戴天平冠,好像是个国王的小人,登上一张床,把马系在床席上。随从他来的骑士也都下了马,向他敬献猎获的飞禽走兽——蚊蝇虮蚤,纷纷聚集在他的身旁,也不知他们说些什么。一会儿,小国王坐上小车,卫士们也匆匆忙忙地各自备好鞍马,一时间万马奔腾,纷纷扬扬如撒豆子似的,尘灰飘荡,如烟似雾,转眼间消失得无影无踪。

眼前发生的一切,卫公看得一清二楚,十分惊奇他们不知从何处来的。他轻轻地穿上鞋,往外窥视,可是外面静悄悄的,一点动静也没有。转身四顾屋内,也没发现什么,只有墙壁的砖头上遗留下一条小猎犬。卫公急忙将它捉住,还很驯服。把它放在砚盒里,反复观察把玩,发现它的毛细细的,十分柔软,脖子上还挂了一个小小的圆环。卫公拿饭粒喂它,它嗅一嗅就走了。它跳到床榻上,在衣缝里寻找虮虱,见一个咬死一个。一会儿,再回到原来的地方伏卧下来。过了一个夜晚,卫公怀疑它已经走了,一看,它依然像原来那样伏卧着。卫公躺下,它便爬到床席上,遇到跳蚤、臭虫之类的虫子就咬死,苍蝇、蚊子也不敢落下来。卫公十分珍爱它,超过大璧玉。

有一天,卫公睡午觉,小猎犬偷偷地伏卧在他的身边。卫公醒来翻身,把它压在了身底下。卫公感觉到身下有物,怀疑是小猎犬,急忙起身一看,已经被压扁而死了,那样子就像用纸剪成的。从此以后,各种虫子也灭绝了。

棋　鬼

扬州副总兵梁公，罢官居乡间，每天携带棋盘酒壶，到山林间游玩。有一天，正赶上重阳佳节，梁公约了友人登高下棋。忽然来了一个人，在棋盘旁转来转去，看着梁公他们下棋，久久不肯离去。看他的样子，很是贫寒俭朴，破烂的衣袖上还挂着丝丝缕缕的线头。但他的意态温和文雅，有文人学士的风度。梁公客气地请他坐，他就坐下了，态度很是谦逊。梁公指着棋盘对他说："先生一定是很善于下棋的，何不同我这位朋友下一盘？"那人谦让了好一会儿，才坐下来和梁公的朋友对局。一盘下完，那人输了。他神情沮丧，但又似乎不愿轻易罢手。又下，又输，他更加愤恨羞愧。斟上酒请他喝，他也不喝，只是拉着客人要求再下。从早晨一直到日头偏西，连小便都顾不上。

正当两人为一个棋子的走法争执不休之时，书生忽然离开棋盘，站在一旁发抖，神色变得凄惨沮丧。过了一会儿，他又跪倒在梁公的座前，磕着头请求梁公救他。梁公大吃一惊，疑惑不解，连忙扶起他说："这不过是一种游戏，先生何必这样？"书生说："请您嘱咐马夫，不要系我的脖子。"梁公又感奇怪，问道："马夫是谁？"书生答道："马成。"原来，梁公有个马夫叫马成，常常被摄入阴曹地府当差，每隔十几天就要去一回，携带阴曹地府的文书去勾魂。梁公认为书生的话太古怪，便打发人去探看马成，而马成僵卧在床上，已经有两天了。梁公于是大声呵斥马成，叫他不要对书生无礼。话音刚落，书生眨眼间便从他刚才站立的地方消失了。梁公惊叹了许久，才明白书生是鬼。

过了一天，马成苏醒过来，梁公把他叫到跟前询问事情的原委。马成说："这个书生是湖襄一带人，喜爱下棋成了癖，家产因此被他折腾得一干二净。他父亲很担忧，把他关进书房里。他总是跳墙出来，偷偷地找个空闲地方，和人下棋玩乐。他父亲骂他训他，但始终不能制止，以致最后抱恨而死。阎王因为书生没有德性，便缩短了他的寿命，罚他进了饿鬼狱，到现在已经七年了。正碰上东岳泰山帝君的风楼落成，发下文书向阴曹地府的文人学士征求碑文。阎王把他从狱中提出来，让他去应征作文，用来赎罪。不料想他在半道上拖延，大大耽误了期限。东岳帝君打发值班的功曹来责问阎王。阎王大怒，命小人们到处搜捕他。昨天，我遵照主人您的吩咐，所以没有用绳子捆绑他。"梁公问道："现在他怎么样了？"马成回答："依旧交给狱吏，恐怕永远也没有转生的希望了。"梁公叹了口气说："嗜好的误人，竟到了如此地步！"

异史氏说："看到下棋，就忘记了自己是个死人；等到自己死了，看到下棋，又忘记了自己可以立功托生。这难道不是嗜好超过了对生的渴望吗？然而，嗜好下棋到了这种地步，却仍未学到几着高明的棋法，以致九泉之下，白白地增加了一个长死不生的棋鬼，真是可悲啊！"

第五卷

阳 武 侯

阳武侯薛禄是胶州薛家岛人。他的父亲薛公十分贫穷,给同乡一个退休官宦人家放牛。那先生家有一块长满了荒草的田地,薛公常常把牛赶到那里去放养,且总能看到蛇和兔子在荒草丛中争斗,他因觉得这事太奇异,便请求主人将这块地给他作建造房舍用。主人同意后,他便搭个茅屋住在里面。

几年以后,他的妻子正在茅屋里生孩子,突然下起了暴雨。碰巧,有两个指挥使奉命去稽查海防,路过这里,因遇上了雨而到茅屋躲避。两个指挥使看到乌鸦、喜鹊群聚屋下,争着用翅膀遮盖屋顶漏雨的地方,很是惊奇。过了一会儿,薛公出来了,指挥使问他:"刚才你家里在做什么?"薛公说在生孩子。指挥使又问生的是男孩还是女孩,薛公回答说是男孩。指挥使更加惊奇了,说道:"这孩子将来一定会大富大贵的。如果不是这样,又怎么会是我们两个指挥使给他守卫门户呢?"感叹着走了。

这个后来成了阳武侯名叫薛禄的孩子一天天长大,整天满脸污垢,流着鼻涕,一点也不聪明伶俐。岛上姓薛的人家,原隶属军户,这一年,又该轮到薛公家出一个男丁去戍守辽阳,薛公的大儿子很为这件事发愁。当时,薛禄已经十八岁,人们都觉得他太憨太傻,没有人愿意把女儿嫁给他。有一天,他忽然对兄长说:"大哥成天唧唧咕咕的,莫非是无人戍守辽阳吗?"兄长说:"是的"。薛禄笑着说:"你如果肯把丫鬟嫁给我,我愿意去服此役。"兄长大喜,立即把丫鬟许配给他。

薛禄于是便带着妻子到戍守地去。刚走了几十里,忽然遇到暴雨。夫妻俩看到路旁有一堵悬崖,就跑到崖下去避雨。不一会儿,雨停了,二人继续赶路。才走出几步,崖石便崩落下来。住在附近的人远远地看见有两只虎跳了出来,逼近依附在他们的身上不见了。薛禄自此以后便非常地勇猛矫健,风度与精神和过去大不相同。后来,因屡建军功封为阳武侯,世代继承爵位。

到了天启、崇祯年间,继承爵位的某公死了,没有儿子,只有遗腹子,所以就从他的旁系亲属中找了一个人暂时代替。当时凡世袭的王侯之家的妻妾有了身孕,必须上报皇帝知道,官府派遣年老的妇女前去陪伴守候,直到孩子生下来为止。一年多后,夫人生下个女孩。女儿出生后,夫人的肚子中似乎还有胎儿在颤动,前后共过十五年,守候陪伴的老妇人换了好几个,夫人又生了个男孩,应以嫡亲儿子的身份继承爵位。然而,旁系亲属吵吵嚷嚷地表示反对,认为这孩子不是薛家的后代。官府于是抓来陪伴守护夫人的所有老妇人,严刑拷打,百般追问,没有不同的说法。爵位的继承权才定了下来。

赵 城 虎

赵城县有个老妇人,七十多岁了,只有一个儿子。有一天,老妇人的儿子上山打柴，被老虎吃掉了。老妇人很是悲痛，以至于都不想活了。她哭哭啼啼地来到县衙前，状告老虎吃了他的儿子。县官笑着说："老虎怎么可以用国法制裁呢?"老妇人哭得愈发厉害了，谁也劝阻不住。县官大声地呵斥她，她也不害怕。县官可怜她年纪老迈，不忍对她太严厉，于是答应为她去捉老虎。老妇人仍然趴伏在地上不肯离去，一定要等着看见县官签发了拘捕老虎的公文才肯回去。县官实在拿她没有办法，就问手下的差役，谁能将这只老虎捉拿归案。一个名叫李能的差役喝醉了酒，稀里糊涂地就走到县官的座前，自称："我能。"李能领取公文退下去后，老妇人这才走了。

不久，李能的酒醒了，很是后悔，再一想，觉得这不过是县官设下的一个骗局，为的是暂且将这个纠缠不休的老妇人打发走了事，因而不太在意。将公文交回给县官时，县官大怒，说："原来说能捉到老虎的，怎么能又随便反悔?"李能十分难堪，只得请再下一道公文，拘禁猎户，让他们跟他一道捕捉老虎。县官答应了。

李能召集众猎户，日夜埋伏在山谷里，希望能捕获一只老虎，或可交差。然而，一个多月过去了，李能挨了几百板子，满肚子的冤屈无处倾诉。他便跑到县城东郊的岳庙里，跪着祷告，痛哭失声。不多一会儿，一只老虎从外面走了进来。李能大惊，生怕老虎吃了他。然而，老虎进来后，也不看别的地方，只是呆呆地蹲在大门当中。李能祈求说："如果吃掉老妇人儿子的就是你，你就低头任凭我把你捆起来。"于是，拿出绳索捆住了老虎的脖子，老虎也服服帖帖地听任受绑。

李能牵着老虎走进县衙，县官问那老虎道："老妇人的儿子是你吃掉的吗?"老虎点了点头。县官说："杀人的要处死，这是自古以来就有的法律。况且，老妇人只有一个儿子，还被你吃了。如今，她已是风烛残年，让她靠什么生活? 假如你能做她的儿子，我就放了你。"老虎又点了点头。县官叫人解开绳子，放了它。

老妇人因为县官不杀死老虎为她的儿子偿命而埋怨的时候，早晨打开房门，看到一只死鹿放在门前。老妇人卖了鹿肉鹿皮，用得来的钱维持生计。从此以后，此类的事情便经常发生，有时，老虎还叼来一些银钱和布匹扔在院中，老妇人也由此丰衣足食，奉养超过了她的儿子。她从内心里感激老虎。老虎来了，常常卧在房檐底下，一整天都不离去。人和老虎相处无事，都没有猜疑和顾忌。

几年后，老妇人死了，老虎来到灵堂里大声哀吼。老妇人平日里积攒的钱财，拿来经办丧事绰绰有余，同族的人就用这些钱将她安葬了。坟墓刚刚垒好，老虎突然跑了来，送葬的宾客全吓跑了。老虎一直跑到坟前，悲鸣哀叫，声如雷动，过了一个时辰才离去。

当地人在县城的东郊修建了一座"义虎祠"，直到现在还在。

螳螂捕蛇

有一个姓张的人，偶然从山谷间的溪水边走过，听到悬崖上传来阵很厉害的嘶叫声，他寻找到一条小路爬上去窥看，见一条碗口粗的大蛇正在树丛中来来回回地扭动着扑腾着，用尾巴抽打柳树，柳树上的枝条都被折断了。看它那翻转倾跌的样子，像是被什么东西钳住了。但仔细看，什么也没有。姓张的十分疑惑。他慢慢地走近大蛇，发现一只螳螂盘踞在蛇的头顶上，用锋利如刀的前肢叼咬它的头部，大蛇怎么甩也甩不掉。经过了很长时间，蛇竟然死了。看看它头上的皮肉，已被撕破了。

聊斋志异

图文珍藏版

武　技

李超,字魁吾,是淄川县境西边边远地区的人。他性情豪爽,喜欢向人施舍。偶尔有一个和尚来化缘乞食,李超便请他饱餐了一顿。和尚很感激他,说:"我是从少林寺出来的,懂得一点武艺,愿意传授给你。"李超很高兴,将他安置在客房里,供给丰盛的食物,每天跟着学习武艺。

三个月后,李超的武艺已很精湛了。他很是为此而得意。和尚问他:"你觉得有长进吗?"李超说:"有长进了。凡师傅会的,我也都会了。"和尚笑着让李超表演一下他学到的武艺,李超脱下衣服,往手里唾了口唾沫,像猿猴一样地腾身跃起,又像鸟儿一样翩然落下,翻腾跳跃了一会儿之后,便双手叉腰,洋洋自得地站在那里。和尚又笑了笑,说:"可以了。你既然已学到了我所有的本事,请和我比试一下高低。"李超很痛快地答应了。于是,二人各自交叉双臂,摆好了架势,你一拳我一脚地格斗起来。李超时时寻找和尚的破绽,没想到却被和尚飞起一脚,踢出一丈多远,仰面跌倒在地上。和尚拍拍手说道:"你还没有把我的本事全部学到手。"李超双手撑地,又惭愧又沮丧地向和尚请教。又过了几天,和尚告辞走了。

从此以后,李超便以武艺高强而闻名,走南闯北,没有对手。

有一次,他来到济南城,看到一个年轻尼姑在广场上习武卖艺,围观的人挤得水泄不通。尼姑对围观的众人说:"颠来倒去地还是我一个人,实在太冷清了。有会武术的,不妨下场来比试比试,给大伙儿添个乐。"尼姑一连说了三遍,众人面面相觑,始终没有应战的。李超站在一旁,手脚痒痒得难受,于是,信心十足地跳进了场内。尼姑笑着向他合掌施礼。两人刚一交手,尼姑便呵斥让他停手,说道:"你这是少林派的功夫。"接着又问:"您的师傅是哪一位?"李超起初不肯说。尼姑一再追问,才把和尚的名字告诉她。尼姑拱手说:"憨和尚真是你的师傅? 如果是,就不必较量了,我甘拜下风。"李超再三请求比试,尼姑就是不答应。围观的众人也怂恿他们比比,尼姑这才说:"既然是憨师傅的弟子,同是少林武术中人,不妨玩一玩。但不必动真格的,双方只要心领神会就行了"。李超答应了。然而,他见尼姑文静瘦弱,便轻视她。再加上他年少气盛,喜欢获胜,想打败她,以赢得一个艺冠一时的名声。两人一来一往、上下翻腾的时候,尼姑却跳出圈外,停下手来。李超问她什么原因,她只笑不答。李超以为她胆怯了,一再请求她再次交手,尼姑才又动起拳脚来。一会儿,李超飞起一脚踢去,尼姑并起五指在他的小腿上一削,顿时,李超感觉膝下像被刀斧砍中了一般,跌倒在地不能起来。尼姑笑着道歉说:"小尼鲁莽,冒犯了客人,请不要怪罪!"

李超被人抬回家中,一个月后,腿伤才好。

过了一年多,和尚又来了,李超向他讲述了自己和尼姑交手的事。和尚吃惊地说:"你太鲁莽了! 惹她干什么? 幸亏你事先把我的名字告诉了她,不然的话,你的腿早已断了!"

小　人

康熙年间,有一个变戏法的人,提着一个水桶,桶中藏有一个小人,小人身高一尺左右。每当有人扔钱给他，便打开桶盖叫小人出来，唱一支曲子回桶里。变戏法的人到了掖县，掖县的县官将水桶要了来，带回衙门，仔细地审问小人的来历。小人开始不敢说，县官一再追问，他才说出自己是何乡何族的人。原来，他是一个正在读书的童子，某一天从私塾中回来时，被这个变戏法的人迷惑住了，又给他吃了药，使得他的四肢猛然间收缩变小。从此以后，变戏法的人便带着他到处游荡，将他作为戏法中的道具。县官听后大怒，下令杀了变戏法的人，留下了童子。想给他医治，但还没有找到医治的办法。

秦　生

莱州府有个姓秦的书生，在制造药酒时，误将有毒的药物投进了酒中，因舍不得将酒泼掉，便封好了放在家中。一年多后的一天晚上，他忽然想喝两杯，可一时找不到酒。猛然间，他想起了存在家中的那瓶有毒的酒，打开封口一闻，浓烈的酒香味喷溢而出，肚中发痒，口流涎水，无法控制自己了。他取出一只酒杯，打算斟上一杯尝尝，妻子苦苦劝阻。秦生笑着说："痛痛快快地喝上一杯而死，比起想喝又喝不上而死强多了。"一杯酒下肚后，提起瓶子又要斟。妻子抢过瓶子摔倒，倾泻而出的酒顿时流了一地。秦生赶忙趴在地上像牛一样饮酒。不一会儿，他便肚子疼痛，话也说不出来，到半夜就死了。妻子号啕大哭，为他买来了棺材，准备将尸体放进去。第二天晚上，家中忽然来了一个身高不足三尺的美人。美人直接走到灵床前，把一杯水灌进秦生的口中，秦生立即苏醒过来。他们一边叩头致谢，一边询问美人是什么人。美人儿回答道："我是狐仙。刚才，我的丈夫到陈家偷酒喝，醉死了，我去救他回来，偶然经过你家，我丈夫可怜你与他害的是同一个毛病，所以让我用剩下的药将你救活。"话一说完，就不见了踪影。

我有个朋友人叫丘行素，是个贡生，酷爱喝酒。一天晚上，他忽然想喝酒，但没有地方可买，翻来覆去地实在忍不住了，便想着用醋来代酒。他去找妻子商量，妻子嗤笑他。他一再要喝，妻子便煨热给他送来。一壶醋喝完了，他才脱下衣服安睡。第二天，妻子拿出仅够打一壶醋的银子，打发仆人去买醋。路上，仆人遇到丘行素的堂弟丘襄宸，丘襄素问明情况，就怀疑嫂子不肯给哥哥买酒。仆人回答道："夫人说：家中贮存的醋已经不多了，昨夜又被喝去一半，如果再喝一壶，那么连醋根就都完了。'"

听说了这件事的人都感到可笑。岂不知酒兴上来的时候，即便是毒药，也会觉得甘甜可口，何况是醋呢？这样的事，也可以记载流传了。

鸦　头

秀才王文是东昌府人，从小就很忠厚老实。一次，他到南方地区游历，路过六河镇，在一家旅店住宿。然后，他步出门外闲转，碰到了同乡的大商人赵东楼。赵东楼常年在外不回家，见到王文后，拉住他的手特别高兴，邀请王文到他的住处去坐坐，王文便跟着他去了。到了住处，王文看到有一个美貌的女子坐在屋中，感到惊奇，赶忙后退。赵东楼一把拉住了他，并隔着窗子叫那女子出去，王文这才进了屋。赵东楼准备了酒菜，两人边喝酒，边聊天，互致问候。王文问："这里是什么地方？"赵东楼回答说：

"这是小妓院。我因长期在外,暂时在这里住宿。"两人说话间,那女子不停地进进出出,王文感到局促不安,站起身来要告辞。赵东楼强拉硬拽要他坐下。

不一会儿,一个年轻的姑娘从门外经过,看到王文后,便向他频送秋波,眉目间满含爱慕之情。姑娘仪态文雅,容貌美丽,和仙女一样。王文向来以为人正派著称,此时见了这姑娘,也不免心荡神摇,像掉了魂似的。于是,他便向赵东楼问道:"这个漂亮的姑娘是什么人?"赵东楼说:"这是妓院鸨母的二女儿,小名叫鸦头,今年十四岁了。到这里来的许多嫖客屡屡出高价要买鸦头,她执意不从,遭到鸨母的鞭打。她以年纪幼小为由,苦苦哀求,才免于接客。至今还等着中意的人来聘娶她呢!"王文听了,低着头不言不语,痴痴呆呆地坐着,连酬酢应答都出了差错。赵东楼开着玩笑说:"你要是对她有意,我愿意做这媒人。"王文茫然地说道:"这个念头我可不敢有。"然而,太阳都快要落山了,他还是绝口不提要走的话。赵东楼又开着玩笑说要给他做媒。王文说:"你的好意我十分感激,无奈袋中无钱!"赵东楼知道鸦头性情刚烈,一定不肯答应的,所以,就故作大方地答应帮他十两银子。

王文谢过了赵东楼,急忙回到住所,把自己所有的银子都倒腾出来,凑够了五两,交给赵东楼,硬让他给鸨母送去。鸨母果然嫌少。鸦头对鸨母说:"母亲天天责备我没有给你作摇钱树,今天就让我满足你的心愿吧!我第一次学着接客,以后报答母亲的日子还长着呢!不要因为这回给的钱少而放走了财神。"鸨母深知鸦头性情执拗,只要她自己同意接客了,就非常高兴。于是答应了鸦头的请求,并打发婢女将王文请了来。赵东楼不好中途反悔,只得加了十两银子给鸨母。

王文与鸦头一见钟情,欢爱异常。事完之后,鸦头对王文说:"我是一个烟花女子,地位下贱,不配与你结成恩爱夫妻。然而,你既能如此喜爱我这样一个沦落风尘的人,这情义已经很重了。你把所有的银子都拿了来,只换取了一夜的欢乐,明天又怎么办?"王文不禁泪流满面,抽抽搭搭地哭了起来。鸦头说:"你不要难过。我沦落风尘,并非情愿,只是没有遇到像你这样忠诚老实而可以终身相托的人。咱俩今夜逃走吧!"王文高兴极了,立即起了床,鸦头也跟着起来了。听到城楼上的更鼓已敲了三下,鸦头急忙换上男装,一道急匆匆地跑了出去,敲开了王文所住旅店的门。王文原来带有两头毛驴,他谎称有急事要办,叫仆人马上出发。鸦头将神符系在仆人的腿部和驴子的耳朵上,然后松开缰绳,奋力奔跑起来,因速度太快,他们眼睛都睁不开了,只能听到耳边呼呼的风声。

天刚一亮,他们就到了汉口,租了一所房子住了下来。王文对鸦头的奇异本事感到不理解,鸦头解释道:"我要是说了,你不会害怕吧?我不是人,是狐狸。母亲贪财淫荡,我每天都要遭到她的虐待,心中积满了怨恨,如今总算脱离了苦海。离开百里之外,她就不知道我的去向,可望平安无事了。"王文听了,一点也不猜疑,并从容地说道:"面对着你这样的美人,家中却一无所有,我实在过意不去,恐怕还要被你遗弃的。"鸦头说:"怎么会有这样的担忧。如今,什么样的生意都可以做,一个两三口人的家庭,粗茶淡饭的生活还是可以维持的。可以卖了驴子作本钱。"王文按照她的意思,在门前开了一个小店,和仆人一同操作,在店里卖酒送菜,鸦头则做些披肩,绣点荷包,一天下来,总可以赚些钱,日子过得还不错。过了一年多,他们已可以用逐渐积攒下来的钱雇佣婢女和老妈子了,王文也不用穿着围裙亲自干活,只要管理管理就行了。

有一天,鸦头忽然暗自悲伤起来,并说:"今天晚上将会有大难降临,怎么办?"王文问怎么回事,她说:"我母亲已经知道了我的下落,她肯定要逼我回去的。如果派姐姐来,我倒不担心,就怕母亲亲自来。"到了半夜,鸦头庆幸地说:"不要紧了,来的是我的姐姐。"过了一会儿,一个女子推门走了过来。鸦头笑着迎了上去。女子骂道:"小贱人真不害羞,跟着别人逃到这里藏起来!老母亲叫我把你绑回去。"说着便拿出绳子套在了鸦头的脖子上。鸦头生气地说:"嫁人从良何罪之有?"女子更加恼怒了,不停地拉扯着鸦头,将衣襟都撕破了。家中的婢女和老妈子都围了上来。女子害怕了,赶忙跑了出去。鸦头说:"姐姐回去了,母亲肯定会亲自来的。大祸就要降临了,赶快想个办法吧!"于是,慌忙收拾行装,准备搬到别的地方去。鸦母忽然闯了进来,怒形于色,大声说道:"我就知道小贱人不讲理,非得我亲自来!"鸦头迎头跪下,伤心地哭泣着。鸦母一句话不说,揪着鸦头的头发就把她提走了。

王文在屋里走过来走过去,难过得饭也吃不下,觉也睡不着。他匆匆赶到六河镇,希望能用钱赎回鸦头。到那里一看,门庭还是原来的老样子,可人已不是原来的了。问问邻近的人,都不知鸦母一家搬到哪里去了。王文懊丧地返回汉口,遣散了婢女仆人,带着钱财回老家去了。

几年后,王文偶然到了京都。路过育婴堂时,看到一个七、八岁的小孩,仆人觉得那孩子很像他的主人,便反反复复地端详起来。王文问仆人:"你老是盯着那孩子干什么?"仆人笑着将自己的看法告诉了王文。王文也笑了。细细看那孩子,长相俊美,风度不凡。想到自己没有儿子,而且孩子很像自己,心里也喜欢便花钱将他赎了出来。王文问孩子叫什么名字,孩子自称姓王名孜。王文说:"你还在襁褓里的时候就被扔掉了,怎么会知道自己的姓名?"孩子回答说:"我的老师曾说过,收容我的时候,胸前有一行字,写的是'山东王文之子'。"王文听了,十分惊奇,说道:"我就是王文,可我哪里有什么儿子?"心想,这一定是跟我同名同姓人的儿子,心中暗自高兴,对这孩子不免也多了些疼爱。等回到家中,凡见过孩子的人,连问都不问就知道他是王文的儿子。

王孜渐渐地长大了,很勇敢,也很有力气,喜欢打猎,不爱干农活,好打架,爱杀生。王文也管不了他。他还自称能看见鬼怪和狐狸精,可没有人相信。碰巧,同乡有一个人被狐狸精迷住了,请王孜去看。王孜一到那里,就指出了狐狸藏身的地方,叫众人朝他指点的地方去打。棍棒落下,果然就有狐狸哀鸣的声音,且毛落血流。从此,这家人就平安无事了。而众人从这件事中看出了王孜不是一个普通的人。

有一天,王文游逛集市,忽然碰到了赵东楼。看他衣帽不整,面容憔悴,王文很是吃惊,便问他从哪里来。赵东楼很凄惨地请他找个地方说话。王文就把他领回到家中,并让人摆上了酒菜。赵东楼说:"鸦母抓回鸦头后,将她痛打了一顿,然后就搬到了北方。鸦母要鸦头改嫁,鸦头宁死也不肯嫁给第二个人,因此被囚禁了起来。不久,鸦头生下一个儿子,被扔到一个偏僻的小胡同里。听说这孩子被育婴堂收容了,想来也已长大成人了。这是你的亲骨肉啊!"王文流着眼泪说:"老天爷保佑,这个孩子已经回到我身边了。"接着,就把找到孩子的经过从头到尾地说了一遍。又问赵东楼:"你怎么落到这种地步?"赵东楼叹了口气说:"我今天才知道,和妓女相好,不能过于认真。还有什么好说的!"

原来,鸦母全家北迁时,赵东楼也以行商跟着去了。那些比较重而又难于搬运的货物都被他贱价卖掉了,而途中的运输费用和生活费又花去了一大笔钱,因此亏损巨大。加上跟他相好的那女子不断地索取财物,只几年功夫,他的万贯家财便被花得一干二净。鸨母见赵东楼再也无钱财，早晚拿白眼看他。他那相好也开始到有钱的人家去过夜，常常几个晚上都不回来。赵东楼气愤得不得了，但也无法可想。一天，鸨母外出，鸦头从窗户里叫住赵东楼，对他说："妓院本来就没有什么感情可言，此处的姑娘之所以能和你亲亲热热，完全是为了钱。你这样依依不舍，不愿离去，肯定要遭到大祸的。"赵东楼害怕了，如梦初醒。临走时，他又偷偷去看望了鸦头。鸦头交给他一封信，让他转交给王文。赵东楼于是回到了故乡。

赵东楼把自己的遭遇向王文述说了一遍后，便拿出了鸦头的信。信上写道：

知道孜儿已回到了你的身边了。我所受的苦难，赵东楼先生自然会当面告诉你的。这是前世造下的孽债，又有什么可说的！我被囚禁在幽暗的房子里，见不到天日，鞭子抽裂了皮肤，饥饿如火烧心，每熬过一天，便像经历了一个年头。你如果没有忘记汉口的雪夜中，我们夫妻二人身盖薄被，相互偎抱着取暖的情形，就应当和儿子商量办法，一定能将我从苦海中解救出来。母亲和姐姐虽然很残忍，但毕竟还是我的亲骨肉。你一定嘱咐孩儿，让他不要伤害她们，这可是我的心愿啊！

王文读完信，痛哭不止。他拿出一些银子和布料送给赵东楼，赵东楼便走了。

这时，王孜已经十八岁了。王文把这件事的前前后后都告诉了他，并把他母亲的信拿给他看。王孜怒目圆睁，当天就赶往京城。经过四处打听，他找到了鸨母的住处。只见门前车水马龙，很是热闹。王孜二话没说，直接闯了进去。鸨母的大女儿与湖南的一帮嫖客饮酒作乐，看见王孜，惊愕地站了起来，脸都吓白了。王孜猛扑上去，一刀结果了她的性命。宾客们大吃一惊，以为是强盗来了。再看看那女子的尸体，已经变成了狐狸。王孜又持刀闯进里屋，发现鸨母正在督促婢女们作汤。王孜刚进房门，鸨母忽然不见了。王孜四下一看，急忙抽出箭向屋梁射去，一只狐狸被射穿心脏掉了下来，王孜又上前割下了它的脑袋。他找到囚禁母亲的房子，用石头砸开了门，母子相见，抱头痛哭。母亲问起鸨母，王孜说："已经杀了。"母亲埋怨道："孩儿怎么不听我的话！"于是，让王孜将尸首抬到郊外埋了。王孜假装着答应了，却把死狐狸的皮剥下，收藏起来。然后，又检查鸨母的箱子、柜子，取了所有的金银财宝，侍奉着母亲返回。

王文夫妇重新团聚，又悲又喜。王文问起鸨母，王孜说："在我的袋子里。"王文吃惊地问怎么回事，王孜从袋子里拿出了两张狐狸皮献上。鸦头大怒，骂道："你这个不肖的子孙！怎么能这样做啊！"号啕大哭，捶打着自己的胸脯，翻来滚去，痛不欲生。王文极力劝慰，喝令儿子将狐狸皮埋了。王孜很不高兴地说："如今刚刚得到安乐的环境，马上就忘掉挨打的滋味啦？"鸦头更加愤怒，哭得更加伤心了。王孜埋葬了狐狸皮，回来报与她知道，她的怒气才渐渐消释。

自从鸦头回来，王文的家业更加兴盛了。他从内心里感激赵东楼，给了他很多金银作为报答。赵东楼才知道鸨母母女原来都是狐狸。

王孜侍奉父母非常孝顺，然而，如果谁触犯了他，就会恶言出口，暴跳如雷。鸦头对王文说："这孩子身上有条拗筋，如果不割掉，最终会杀人，使我们倾家荡产的。"一天晚上，鸦头趁王孜睡着，悄悄地捆了他的手脚。王孜醒来后说："我没有罪过。"鸦头说："我打算治治你暴虐的性情，不要怕疼。"王孜大喊大闹，但滚过来滚过去地也未能挣脱绳索。鸦头用一枚大针刺进他踝骨旁，扎进有三四分深，挑出一根筋来，用刀切断，发出"嘣"的响声。又在肘间，脑后照样挑了一回。然后，才解开绳索，拍着他安安稳稳地睡了。天亮以后,王孜跑来问候父母,哭着说:"昨天晚上,我回忆了一下我过去的行为,觉得那都不是人应该干的!"王文、鸦头听了很是高兴。从此以后,王孜温顺得像个少女,乡亲邻居都夸奖他品行好。

异史氏说:"所有的妓女都像狐狸精。没料到狐狸精做起妓女来了。至于是狐狸精而做鸨母,那又是兽性和禽性兼而有之了,这样的东西,做出灭绝天理、伤害人伦的事,又有什么可奇怪的呢?但像鸦头那种虽历经千般磨难、万般痛苦,而到死不变心,就是人类中也难得有,而在狐狸中得到了!唐太宗李世民评价魏征说别人认为他的举止疏慢,我却更认为他的举止妩媚可爱。现在我对鸦头也是这种评价。"

酒　　虫

长山县有个姓刘的,身体肥胖,喜欢喝酒。每每独斟独饮,总要喝完一瓮酒。他家有靠近城边的良田三百亩,总是有一半种上酿酒用的黍子。他的家境十分富裕,不把喝酒当成是一种负担。一个西域来的和尚见到他后,说他患有一种奇异的病。刘某回答说:"没有"。和尚说:"你喝酒是不是从来没有醉过?"刘某回答:"是这么回事"。和尚说:"这是酒虫在作怪。"刘某害怕了,就请和尚给他医治。和尚说:"这很容易。"刘某问:"需要什么药?"和尚说不需要。他只是叫刘某在大中午时分面朝下爬着,把手脚捆绑住。然后在离头半尺远的地方,放上一只盛了好酒的容器。过了一会儿,刘某口干舌燥,十分想喝酒。这时,酒的香味一阵阵在作怪扑入鼻中,馋火直往上冒,但又苦于喝不着。忽然,他觉得喉咙中奇痒难忍,便"哇"地吐了起来,吐出的秽物中似乎有个什么东西,直接掉进了酒器中。和尚解开他手脚上的绳索,他一看,是一个三寸左右的红色肉虫,蠕动着就像游鱼一样,嘴巴眼睛都很齐全。刘某很是吃惊,谢过和尚后,便赠送金银,作为对他的酬报。和尚不接受,只是请求刘某将那虫子给他。没料到刘某问和尚:"要它有何用?"和尚说:"这是酒中的精华,如果给瓮中盛上水,再将这虫子放进去搅拌两下,就成了好酒。"刘某叫和尚试了一下,果然像他所说的那样。从此,刘某见了酒就像见了仇人一样,十分厌恶。然而,他的身体也逐渐消瘦下来,家境更是一日贫于一日,以至于最后到了连饭也吃不上的地步。

异史氏说:"一天喝一石酒,并没影响他的富贵;一斗酒不喝,反使他日益贫困起来,难道一饮一啄本来有定数吗?有人说:'酒虫是刘某的福,不是他的害,和尚愚弄他,而成全自己法术。'对呢不对呢?"

木雕美人

商人白有功说:"在济南北郊的泺口河上,看到一个人扛着大竹篓,牵了两条大狗。从竹篓中拿出一个木头雕成的美人,一尺多高,手和双眼能自如转动,浓妆艳抹,就像活人一样。又拿出一个锦制的鞍垫披放在狗的背上,让木雕美人跨坐在上面。布置停当了,主人便吆喝狗狂奔起来。木雕美人自己从鞍上站了起来,像马戏团的演员一样表演各种动作:时而脚踩镫子将身体藏于犬腹之下,时而从犬腰滑向犬尾,然后再抓住犬尾飞身跨上犬身,或跪或拜,或坐或立,灵活变化,没有一个动作出现过误差。又演昭君出塞一戏:主人另外取出一个木雕男孩,给他插上野鸡尾毛,披上羊皮袄,跨在狗身上,跟在木雕美人的后面。木雕美人扮装的昭君频频回首,而身着羊皮袄的木雕男孩则扬鞭追赶,就像真人一样。"

封　三　娘

　　范十一娘是鹿城范祭酒的女儿。她年少娇美,尤其擅长吟诗作词。父母对她十分宠爱,如果有人前来求婚,就让她自己选择,而她却很少有能看得上的。适值正月十五元宵佳节,水月寺里的尼姑举办"盂兰盆会",这一天,到这里游玩的女子像云彩一样密集,范十一娘也夹杂其中。就在她四处观赏的当儿,有一个少女紧紧地跟上了她,不住地打量着她,像是有什么话要说似的。十一娘仔细一看,是个十五六岁的绝代美人。十一娘对这姑娘很有好感,并很快喜欢上了她,反而目不转睛地注视她。那姑娘微笑着对她说:"姐姐莫不是范十一娘吧?"十一娘回答说,"是的。"姑娘说:"很早就听说过你的芳名,人们传言的果真不假。"十一娘也问起了她的姓名和住址。姑娘说:"我姓封,排行第三,就住在邻近的村子。"两人手拉着手很高兴,言语情态,温柔委婉。由此,两人都对对方产生了爱慕之情,恋恋不舍。十一娘问:"你怎么也没有个同伴?"封三娘回答说:"我父母去世得早,家中只剩下了一个老妈子,看守家门,所以不能跟来。"十一娘就要回去了,封三娘目不转睛地看着她,眼中积满了泪水,十一娘也茫然若失,便邀请封三娘到家中去玩,封三娘说:"娘子你是朱门绣户的有钱人家,我和你连个远亲都不是,去了怕招致讥笑和嫌弃。"十一娘一定要她去,封三娘回答说:"改日再说吧。"十一娘便拔下头上的金钗送给三娘,三娘也摘下发髻上的绿簪作为回报。

　　十一娘回去以后,特别地想念封三娘。她拿出三娘赠的绿簪来看,不是金的也不是银的,家里人也都不认识是什么东西做的,觉得很奇怪。她天天盼着三娘能来,以至都想出病来了。父母问明了原因,派人到邻近的村子去打听,但没有人知道有个封三娘。

　　到了九月九日重阳佳节,十一娘因身体羸弱,心情无聊,便让丫鬟强扶着到花园赏菊。丫鬟在东边的篱笆边放了一个坐褥,让她坐下。忽然,有一个女子攀着墙头往园里张望,十一娘扫了一眼,原来是封三娘。封三娘喊着对她说:"快来拉我一把!"丫鬟答应着,很快地就将她接了下来。十一娘大喜过望,立即站了起来,拉她坐在了坐褥上,责怪她负约,又问她是从哪里来的。三娘回答说:"我家离这儿很远,常常来舅舅家玩。上次我说住在邻近的村子里,指的就是舅舅家。与你分别后,想

你想得好苦,然而,贫贱的人与富贵人家交往,脚还没有踏进门,心中先感到惭愧了,怕被丫鬟仆人们下眼相看,所以才没有来。刚才从你家墙外走过,听到有女子说话的声音,便扳着墙头看看,希望是小姐,现在果然如愿了。"十一娘也讲述了因思念三娘而得病的事。封三娘听了泪如雨下,并说道:"我来了应该保守秘密,如果让那些多事的人知道了,说长道短的,我可受不了啊!"十一娘答应了。

两人一块儿回到闺房,睡在同一张床上,尽情地说着心里话,十一娘的病也很快地就好了。两人结为姐妹,连衣服鞋子都换着穿。看见有人来了,三娘便躲进账幔中间。

过了五、六个月时间,范公和夫人渐渐地知道这件事情了。一天,两人正在下棋,夫人突然进来。仔细观察,惊奇地说道:"真不愧是我女儿的朋友啊!"又对十一娘说:"你在闺中有个很知心的朋友,我和你父亲很高兴,为什么不早一点告诉我们呢?"十一娘便把封三娘的意思转告给母亲。夫人看着三娘说道:"你给我们的女儿做伴,我们很是欣慰,为什么要瞒着呢?"封三娘羞得满脸通红,不言不语,只是用手搓捻着裙带。夫人走了,三娘也要告别离去。十一娘苦苦挽留,她才又留了下来。

一天晚上,三娘忽然从门外慌慌张张地跑了进来,哭着说:"我一再说不能留,今天果然遭到了如此大辱!"十一娘惊讶地问她是怎么回事。三娘说:"刚才我去上厕所,一个少年男子跑了出来横加干扰,幸好我逃脱了。这么一来,我还有什么脸面见人!"十一娘详细地询问了那男子的相貌,抱歉地说道:"不要见怪,那是我的傻哥哥。等一会儿我告诉母亲,打他一顿板子就是了。"封三娘坚持要走,十一娘请求她天亮以后再动身。三娘说:"舅舅家离这儿很近,你只要用一张梯子将我送过墙就行了。"十一娘知道再也留不住她了,便让两个丫鬟翻过墙去送她。走了大约半里路的样子,封三娘辞谢了丫鬟,自己走了。丫鬟返回家中,十一娘正扶着床伤心地哭着,那样子就好像失去了如意郎君一样。

几个月后,丫鬟有事到东村,傍晚回来,迎头碰到了封三娘和她的老妈子。丫鬟很高兴,赶忙行礼问候。三娘也很伤感地问起了十一娘的日常生活情况。丫鬟拉着三娘的袖子说:"三娘到我家去吧,我家小姐盼你盼得要死!"三娘说:"我也很想她,但不想让她家里人知道我去。你回去后把花园的门打开,我自己会去的。"

丫鬟回去后,将这消息告诉了十一娘。十一娘很高兴,即刻按她所说的去办,而封三娘已来到花园了。两人相见,各自倾诉了别后的思念之情,絮絮叨叨地说个没完没了,以至连觉都不睡了。三娘看丫鬟已经睡熟,便起来,与十一娘躺在一个枕头上。她悄悄对十一娘说:"我已知道你还未许配给人,凭你的才貌和门第,何愁找不到一个如意、尊贵的郎君?然而,纨绔子弟傲慢无礼,不值得称道,如果想找个好丈夫,就不要计较贫富。"十一娘表示赞同。三娘又说:"在我们去年相遇的地方,如今又要做道场了。明天,再请你去一趟,我会让你看到一个如意郎君的。我小时候读过为人相面的书,我替你看上的人是不会有差错的。"

天刚亮,三娘就走了,并约定在庙里相会。十一娘果然去了,三娘也如约在那里等着她。两人在园子里游览了一圈后,十一娘便邀请封三娘与她一起坐车回去。两人拉着手出了门,见到一个十六、八岁的秀才。秀才穿着布袍,虽然衣饰不大讲究,但仪表却很俊美伟岸。三娘偷偷指着秀才对十一娘说:"这人可是未来翰林院中的人才啊!"十一娘斜着眼睛稍稍地看了秀才一眼。封三娘告别说:"你先回去,我随后就到。"

傍晚时分,三娘果然来了,她对十一娘说:"刚才我去详细了解了一下,那秀才就是与你同乡的孟安仁。"十一娘知道这人家中很穷，认为不大合适。三娘说："你怎么也落到世俗偏见中去了？这个人如果是长期贫贱的人，我就抠掉自己的眼珠子，再也不为天下的人看相了。"十一娘说："那你说该怎么办？"三娘说："希望得到你的一件东西，拿给他作为信物。"十一娘说："姐姐你怎么这样草率！我的父母都健在，要是他们不同意怎么办？"三娘说："我之所以这样做，正是害怕他们不同意啊！如果你的意志很坚决，是生是死都无法改变它！"十一娘说什么也不同意这么办。三娘说："你的姻缘已动，但劫难还没有消除。我之所以这样做，是为了要报答你从前待我的一片好心。我这就告辞了。拿你送给我的金凤钗，假托你的名义送给他。"十一娘正想再商量商量，她已经出门走了。

当时孟安仁很穷，但很有才华。他想自己选择找个好妻子，所以到了十八岁还没有定亲。这一天，他忽然看到了两个十分艳丽的女子，便胡思乱想起来，直到回到家里了，还没有放下这念头。一更天快要完了的时候，封三娘敲门进来了。点上蜡烛一看，原来是白天见到的那个姑娘。孟生十分高兴地问她是从哪里来的，三娘说："我姓封，是范十一娘的女伴。"孟生大喜过望，等不及细问，便走上前来拥抱三娘。封三娘推开了他，说："我不是来毛遂自荐的，而是像汉代的曹丘生举荐季布那样来为我的女伴做媒的。十一娘愿意与你缔结百年之好，请你找媒人去提亲吧。"孟生十分惊异，不相信竟有这等好事。三娘便拿出了金凤钗给他看。孟生看后喜不自禁，发誓说："承蒙十一娘如此眷爱，我如果得不到她，就宁肯终身不娶！"封三娘便走了。

第二天一早，孟生便托了邻居一个老妇人去向范夫人提亲。范夫人嫌他家贫穷，没有和女儿商量，就立即推辞了。十一娘知道后，感到很失望，深深埋怨封三娘误了自己的大事。但金钗已无法要回，十一娘只得以到死都不嫁人来表示对他的忠贞不渝了。

又过了几天，有一个官绅想为自己的儿子向范家求婚，害怕范家不同意，便请了县官去做媒人。当时，那个官绅的权势正盛，范公心里很怕。他拿这事去征求十一娘的意见，十一娘表示不愿意。母亲追问她是什么原因，她默默不语，只是流泪。后来，她让人暗地里告诉范夫人，除了孟生，她谁也不嫁！范公听了，更加生气，竟将十一娘许配给了官绅家。而且，他怀疑十一娘与孟生有私情，便找了个吉利的日子，想尽快让十一娘和官绅的儿子成亲。

十一娘气愤不过，绝了食，整天躺在床上不起来。到了迎亲的前一天晚上，她忽然起来了，并且对着镜子打扮起来，范夫人暗自高兴，以为十一娘已经回心转意。不一会儿，丫鬟匆匆忙忙地跑来说："小姐上吊了！"全家人大吃一惊，痛哭流涕，后悔也来不及了。停尸三天后，就把她埋葬了。

孟生自从老妇人回来说范家不肯许婚，便气得要死。即使这样，他仍在四处探访，希望能挽回。等到听说十一娘已经有了主儿，他更是怒火中烧，所有的念头都灰飞烟灭了。没有几天，又听说十一娘已寻了短见，他悲痛万分，恨不能跟着美人一同死去。傍晚，他从家里出来，想趁着黑夜到十一娘的墓前痛哭一场。忽然，有一个人走了过来，近前一看，原来是封三娘。三娘对孟生说："恭喜，你的婚姻喜事可以办成了。"孟生流着眼泪说："你不知道十一娘已经死了吗？"三娘说："我所说的可以办成，正是因为她死了。你赶快叫家人掘坟开棺，我有奇药，能使她苏醒过来。"孟生依照她的意思刨开了坟墓，打开了棺材，然后又把墓坑填好。孟生自己背着十一娘的尸体，与三娘一道回到家里，把尸体放在床上。三娘给十一娘灌了药，一个时辰后，十一娘苏醒过来了。一回头，她看到了三娘，便问："这是什么地方？"三娘指着孟生说："这就是孟安仁。"接着便把怎样救活她的经过说了一遍。十一娘这才如梦初醒。封三娘怕事情泄露了出去，便带着他们前往五十里外的一个山村躲了起来。

三娘想告辞离去，十一娘哭着劝她留下来做伴，让她住在另一个院子。他们卖掉了为十一娘殉葬的首饰，作为日常生活开支，日子倒也过得不错。可是，每次遇到孟生，三娘总要躲避起来。十一娘慢慢地开导她说："我们姐妹，亲密得跟亲骨肉没有什么两样，可我们终究不能这样长期地呆在一起。依我的意思，咱俩不如效法娥皇、女英，一同嫁给孟生。"三娘说："我从小就得到了一种养生的秘诀，这种叫作'吐纳之术'的秘诀可以使我长生不老，所以不愿嫁人。"十一娘笑着说："流传于世上的养生术可谓汗牛充栋，可是，哪个又能行之有效呢？"三娘说："我所得到的养生之术并不是世人已知道的那些。世上流传的大都不是真正的秘诀，只有华佗的'五禽图'不是胡说八道。大凡修炼之人。无非讲究个血气流通，如果得了气逆打嗝的病症，只要做一下虎形站立的姿势，打嗝立即就好了，说明不是很灵验吗？"

十一娘见说服不了她，便和孟生暗中商量好了一个计谋，让他假装出远门去了。到了晚上，十一娘硬劝三娘喝酒，等三娘醉了以后，孟生便偷偷地溜了进来，跟她睡到了一块儿。三娘酒醒了，说道："妹子你可把我给害了！假如色戒不破，我修炼成功后，就能升入第一天。如今中了你们的奸计，是命中注定罢了！"说完就起身告辞。十一娘向她表白了自己的诚意，苦苦哀求她原谅。三娘说："实话告诉你吧，我是狐，因为看你容貌美丽，突然萌生了爱慕之情，如同作茧自缚，以至有了今天。这是情魔的劫数，与人力无关。继续留在这里，情魔便会更加滋生，就没尽头了。妹子福分还大着呢，前途无量，请自珍自爱。"说完就无影无踪了。十一娘夫妻俩惊叹了好长时间。

过了一年，孟生参加乡试、会试，果然连连报捷，中了举人、进士，任翰林之职。他投递帖子，要谒见范公，范公又惭愧又后悔，不愿见他。孟生一再请求，范公才答应见他。孟生进到屋里，向范公行女婿的礼仪，伏地叩拜，非常恭敬。范公恼羞成怒，怀疑孟生是嘲弄、羞辱自己。孟生将范公请到另外一个屋子里，原原本本地告诉了事情的经过。范公不大相信，派人到孟家去一打听，这才惊喜异常。他暗中告诫孟生不要张扬，害怕传出去会招来灾祸。

又过了两年，那个官绅因行贿说情被人告发，父子二人充军到辽海。十一娘这才回到娘家探亲。

狐　梦

我的朋友毕怡庵风流倜傥，卓尔不群，豪爽痛快，不拘小节。他长得高大肥胖，胡须满脸，在读书人中很有名气。曾经有过这样一件事：他因为有事到曾任知州的叔父家的别墅，并在楼上休息，传说楼中原有许多狐仙。他每次读《青凤传》，便从心眼里向往那美丽的狐仙，恨不能和狐仙见上一面。因而这次在楼上，就凝思苦想。随后又回到书斋。天快要黑了。正值三伏天气，气温高得让人难以忍受，毕怡庵便对着门口躺下了。睡梦中有人在摇晃他。醒来一看，是一位妇人，已四十多岁，但风韵犹存。毕怡庵惊奇地站了起来，问她是谁。妇人笑着说："我是狐仙。承蒙你时时关注眷念，我打心眼里感激，并已领会了你的情谊。"毕怡庵听了很高兴，便亲热地与她开起玩笑来。妇人接着说："我的年龄已经很大了，就是别人不嫌弃，自己先会感到惭愧的。我有个小女儿，已经十五岁了，可以侍奉你洗脸梳头充当侍妾。明天晚上，请不要让别人在此借宿，我们自己会来的。"说完就走了。

到了第二天晚上，毕怡庵点好香，早早地就在那里等候着。过了一会儿，那妇人果然领着女儿来了。姑娘举止文雅柔和，真可称得上举世无双，妇人对姑娘说："毕郎与你前世有缘，你今天应留宿在这里。明天早晨早点回去，不要贪睡呀！"

毕怡庵与姑娘拉着手进入罗帏之中，亲热极尽温柔。事毕之后，姑娘笑着对毕怡庵说："胖郎君又痴又重，使人受不了！"天还未亮她就走了。

这一天晚上，姑娘自己来了，说道："姐妹们要庆贺我有了新郎，明天请劳驾跟我走一趟。"毕怡庵问："在哪里？"姑娘回答："大姐作东道主，离这儿不远。"毕怡庵真的就在房子里等着她。然而，她却久久不来，毕怡庵渐渐地困倦了。他刚迷迷糊糊地趴在桌上，姑娘忽然来了，对他说："劳您久等了。"于是拉着毕怡庵的手就走。不久，他们到了一个地方，这地方有一个大院子。二人直接走进中间的大厅，只见烛光闪烁，灿若星辰。不一会儿，女主人出来了，将近二十岁，装束淡雅，美貌绝伦。她恭恭敬敬地向毕怡庵施过礼，道过贺，就请他们一道入席。这时，一个丫鬟走进来通报说："二姐来了。"话音刚落，就见一个十八、九岁的女子走了进来，笑着对姑娘说："妹子已成婚了。不知新郎是否让你称心如意？"姑娘拿扇子打她的后背，用白眼斜着看她。二姐又说："记得小时候与妹妹打闹，妹妹最害怕别人用手搔她的腋下，只要远远地用手指比画着叫她一声，她就笑得东倒西歪，撑持不住，为此常生我的气，说我应当嫁给矮人国的小王子。我就说她将来肯定要嫁给一个胡子很多的郎君，刺破她的小嘴唇，今天来看果然如此。"大姐笑着说："怪不得三妹要诅咒你呢！新郎站在一边，你竟然也这么胡闹。"不一会儿，几个人便举起酒杯，相互挨着坐下，一边喝酒一边说笑，气氛非常欢快。

忽然，一个少女抱着一只猫进来了，大约十一二岁，稚气未消，但娇艳妩媚渗彻到骨。大姐说："四妹你也要见见姐夫吗？这里已经没有你坐的地方了"。说完便把她抱上膝头，取了些点心、果子给她吃。过了一会，她又把四妹转移到二姐的怀里，并说："压得我腰酸腿痛！"二姐说："丫头这么大了，身子有三千斤重，我身单力薄，吃不住压。既然想见姐夫，就让她坐到姐夫的怀里吧。姐夫本来就很健壮魁伟，他那双肥腿耐坐。"于是将四妹抱起来放到毕怡庵的怀里。毕怡庵觉得她香气逼人，肌肤细腻柔软，坐在怀里轻飘飘的就像没坐一样。毕怡庵抱着她，与她用一个杯子饮酒。大姐说："小丫头不要喝得太多，小心喝醉了失礼，惹姐夫笑话。"四妹甜滋滋地笑着。不停地用手拨弄着猫，猫儿突然"喵"地叫了一声。大姐说："还不快把它扔了，想把它身上的跳蚤、虱子也抱到你的身上吗？"二姐说："就用猫来做个酒令吧！我们拿着筷子互相传递，猫一叫，筷子在谁的手里谁就饮酒。"众人都赞成她的意见。谁知，筷子一传到毕怡庵的手里，猫就要叫唤。毕怡庵确实很有酒量，一连喝了几大杯。到后来，他才知道是小女子在故意捉弄他，而使得猫叫唤起来的，引得哄堂大笑。二姐说："小妹回去歇息吧！要是把新郎压坏了，三姐恐怕要埋怨你的。"四妹于是抱着猫走了。

大姐见毕怡庵能喝善饮，便摘下头上的假发髻，装满了酒让他喝。毕怡庵看那髻子顶多只能盛一升来酒，然而，等他喝下去，却又发现有好几斗之多。喝干了酒再看那髻子，原来有荷叶那么大。这时，二姐也来劝酒，毕怡庵以不能再喝了相推辞。二姐拿出一个装口红的小盒子,比一粒弹丸稍大点,斟上酒说:"既然不能再喝了,就用这个表示一下意思。"毕怡庵看看盒中的酒,像是一口就能喝尽似的,可喝了上百口后,还没有喝完。三姐在一旁用小莲花杯换下口红盒子,并说:"不要被奸人耍弄了!"然后将盒子往桌上一放,这盒子原来是一只巨钵。二姐说:"关你什么事,才作了你的三天郎君,就这样喜爱他呀!"毕怡庵端起莲花小杯,将杯中的酒一饮而尽。他觉得手中的杯子柔软细腻,细细一看,原来不是什么杯子,而是一只做工非常精细的女人小鞋。二姐一把夺过鞋,骂道:"狡猾的丫头!什么时候把人家的鞋子偷了去,难怪我的脚冰冷呢!"接着便站了起来,到屋中换鞋去了。三姐也约毕怡庵离开座位告别,把他送出了村子,让他自个回去了。

毕怡庵猛然醒来,发现自己的艳遇竟是一场梦。然而,自己口鼻中喷出来的气味,却依然是酒香浓郁。他感到很奇怪,到了傍晚时分,三姐来了问他:"昨天晚上没有把你醉死?"毕怡庵回答说:"刚才我还在怀疑这是不是一场梦呢。"三姐说:"姐妹们怕你狂呼乱叫,所以假托梦,其实不是梦。"

三姐常与毕怡庵下棋,但毕怡庵总是输。三姐笑话他,说:"你一天到晚总喜欢下棋,我以为一定是个高手。今日看来,只能算一般水平。"毕怡庵请她指教。三姐说:"下棋作为一种技艺,在于自己揣摩、领悟,我又怎么能帮助你呢?我早晚与你下几盘,如此耳濡目染,也许对你能有点好处。"几个月后,毕怡庵觉得自己的棋艺已有所长进。三姐试了试,笑着说:"还不行,还不行。"

毕怡庵出去与曾经和他下过棋的人比试了一番,那些人都认为他大有长进,感到奇怪。毕怡庵为人坦荡直爽,心里装不下一点事儿,便泄露了一点儿他和三姐之间的秘密。三姐知道后,责怪他说:"难怪与我一样的人不愿意和疏狂的人打交道。我屡次嘱咐要保守秘密,为什么还要这样?"说完,愤愤地要离去。毕怡庵不停地谢罪道歉,三姐的气才渐渐地消除了。然而,从此以后,她到这里来的次数也慢慢地少了起来。

一年多后的一天晚上,她来了,只是默默无语地面对毕怡庵坐着。要与她下棋,她不下;想跟她睡觉,她不睡。闷闷不乐地坐了许久,说道:"你看我能否赶上《青凤传》里的青凤?"毕怡庵说:"恐怕要比她强。"三姐说:"我自愧赶不上她。但聊斋主人与你是文字之交,请你麻烦他为我做小传,千百年后,也未必没有像你一样想我、爱我的人。"毕怡庵说:"我很早就有这种想法了,只是以前要遵从你的嘱咐,所以对他也保守了秘密。"三姐说:"过去我确实这样嘱咐过你,但如今就要分别了,还有什么可隐讳?"毕怡庵问:"你要到哪里去?"三姐说:"我和四妹被西王母征召为侍奉宴会的花鸟使者,不能再到你这里来了。从前,我有个姐姐,与你的叔伯兄弟相好,临别前已生有两个女儿,到今天还没有再嫁人。幸好,我和你没有这方面的拖累。"毕怡庵请求她作临别赠言,三姐说:"心平气和,过错自然会减少。"于是,站起身来,拉着毕怡庵的手说:"送我一程吧!"两人一起走了一里多路,流着眼泪分手,三姐说:"你我有志,以后未必没有再相会的时候。"说完便走了。

康熙二十一年十二月十九日,毕君与我在绰然堂同榻而眠,细细讲述了这段奇异经历。我说:"有这样的狐仙,那么聊斋的笔墨就有光彩了。"于是我写下了这篇传文。

布 客

长清县有个以贩布为业的人,客居于泰安县,他听说有个精通看星象算命之学的术士，便前去请术士为自己预卜吉凶。术士推算了他的生辰八字后说："命运气数很不好，应该赶快回去。"贩布人十分恐惧，带着钱财就往家赶。

路途中，他遇到一个身穿短衣的人，像是衙门中的差役。他慢慢地跟这衙役搭上了话，于是相互熟悉亲近起来。贩布人每次买来吃的喝的，都要招呼衙役同吃同喝。衙役十分感激。贩布人问他办什么事，他回答说："将要到长清县去抓人。"问他抓什么人，衙役便拿出一张公文，请他看。公文上第一个就是贩布人的名字。他吃惊地问道："为了什么事要缉拿我？"衙役说："我不是活人，而是蒿里山东四司的阴间差役，想必是你的阳寿完了。"贩布人流着眼泪请他搭救自己。鬼说："我无法救你。不过，公文上有那么多的名字，要缉拿完还需要一段时间，你赶紧回去，把后事料理一下，我最后一个召唤你，这就是我对你的好心的报答！"

一会儿，贩布人和鬼走到了一条河的岸边，见河上的桥梁断了，来往行人艰难地蹚水过河。鬼说："你就要死了，一个钱也带不走。还不如出钱造一座桥梁，方便行人。虽花费许多钱，但对你也不是没有一点好处。"贩布人认为鬼说得对，便答应了。

回到家里，贩布人告诉妻子马上给他准备寿衣棺椁等死后所需的东西，并按时聚集工匠，修建桥梁。过了很长时间，鬼还没有来，贩布人暗自怀疑。

有一天，鬼忽然来了，说："我已将你修建桥梁的事上报给城隍，转达给阴司了，这件事可以延长寿命。现已将你的名字从公文上除去，特意来告知你。"贩布人高兴地向他表示感谢。

后来，贩布人又到了泰安县境内的泰山，因难忘鬼的恩德，便恭恭敬敬地带上纸钱和酒，呼唤着鬼的名字焚化了纸钱，洒酒祭奠。他走出，就看见鬼急匆匆地迎上来说："你差点害了我！刚才东四司长官正在办公，幸亏没被他听到。要不，该怎么办！"说完，送了贩布人几步，说："以后不要再来了。假若有事要到北方去，我自会绕着道儿去拜访你。"便告别走了。

农　人

有个农夫在山脚下田地除草，他的妻子用陶罐盛了饭来送给他吃。吃过之后，农夫把陶罐放在田边。到了傍晚，农夫一看，罐里剩下的粥全没了。这样的现象屡屡出现，农夫心里疑惑起来，斜眼看着那罐子。来了一只狐狸，将脑袋伸进罐里。农夫手持锄头偷偷地跑了过去，用力打了一下。狐狸惊吓逃窜。可是饭罐套在它头上，它苦苦挣扎，不能逃掉。狐狸跌了一跤，碰碎了陶罐，脑袋才露了出来，猛地看到农夫，狐狸逃窜得更快了，翻了山不见了。

几年之后，山南一个富贵人家的女儿苦于被狐狸精缠上，画符念咒，驱邪的办法都用上了，但总不见效果。狐狸精对那女子说："纸上画的符咒，对我根本不起作用！"女子哄骗它说："你的道行很高，我愿意永远与你相好。但不知你生平中是否也有怕过的人？"狐狸说："我什么人也不怕。但十年前我在北山的田边曾经偷吃饭食，差点儿被一个头戴大斗笠，手持弯脖子兵器的人打死，直到现在，还心有余悸。"女子把这话告诉了父亲。父亲想请狐狸害怕的那个人来制服它，但又不知那人的姓名和住址，没有办法找到他。

碰巧他家的仆人有事到山村去，偶然向人谈起了这件事，旁边有个人惊讶地说道：

"这件事和我当年遇到的情况完全相符,莫非我从前打过的那只狐狸,现在能兴妖作怪了?"仆人听了很惊异,回去后告知主人。主人非常高兴,立刻打发仆人用马将农夫接了来,恭恭敬敬向他说出了所求之事。农夫笑说:"我从前确实遇到过一只狐狸,但未必就是你家中的这只。况且它既然变得能够兴妖作怪了,难道还害怕一个农夫?"在主人的再三请求下,他便穿戴的与从前一模一样,走进房里,将锄头往地上一顿,大声呵斥道:"我天天找你没有找到,原来你躲藏到这里来了!今天碰上了,一定要杀死你,决不宽恕!"农夫话刚说完,就听到屋中传来狐狸的哀叫声。农夫装出更加威严愤怒的样子,狐狸立即哀求饶命。农夫厉声呵斥道:"赶快离开,就放了你。"于是,那女子看到狐狸抱着头似老鼠一般逃走了。从此以后,这富贵人家也就平安无事了。

章　阿　端

卫辉府有个姓戚的书生,年少风流,有胆量,敢作敢为。当时,有大户人家的大宅院里经常白天闹鬼,接二连三地死人,主人愿意以低价将它售出。戚生贪图便宜而买了下来,住了进去。但宅院大人口少,东院的楼台亭阁,长满了密密麻麻的野艾蒿草,只好任它空闲在那里。半夜里,家人常常惊醒,便吵吵嚷嚷地喊叫着说有鬼。两个月下来,戚生家就死了一个婢女。不久,戚生的妻子由于傍晚时分到东院的荒亭中走了一遭,回来后便得了病,没有几天也死去了。家里的人愈发害怕,都劝戚生赶快搬到别的地方去。戚生不听。然而,独身一人,寂寞凄凉。婢女仆人还不停地拿闹鬼的话在他耳边聒噪。他很愤怒,一气之下便抱着被褥,独自到荒亭中去睡,并点上蜡烛,想看看究竟有什么怪异现象发生。过去了许久无什么动静,也就睡着了。

忽然,有人将手伸进了他的被窝,在身上抚摸个不停。戚生醒来一看,原来是一个很老的婢女,耳朵蜷曲,头发散乱,身体臃肿得不成样子。戚生知道她是鬼,便抓着她的胳膊把她往外推,并笑着说:"你这副尊容,我实在不敢领教!"婢女十分羞惭,缩回手迈着小步走了。不大功夫,一个女郎从西北角出来,神情和风度都很美妙。女郎忽然闯到灯下,怒声骂道:"哪里来的狂妄书生,居然敢在此高枕而卧!"戚生站了起来,笑着说:"小生我就是这所宅院的主人,等着向你讨要房租罢了。"说完便跳了起来,光着身子去抓她。女郎急忙逃跑,戚生抢先一步跑到西北角,拦住了她的去路。女郎没有办法了,就坐在戚生的床上。戚生走上前去,在烛光的照耀下,发现女郎美丽得就像仙女一般,便慢慢地将她搂到怀里。女郎笑着说:"狂妄的书生,难道不怕鬼吗?我会祸害死你的!"戚生强行脱下她的裙子和上衣,她也不怎么反抗。事完之后,她自己说:"我姓章,小名阿端,误嫁给一个浪荡公子。其人暴戾专横,没有一点相爱之心,对我横加打骂,任意污辱,致使我郁愤成疾,早早地就死了。我被埋在此地有二十多年了。这个宅院下面全是坟墓。"戚生问:"那个老婢女是什么人?"女郎回答说:"也是一个老鬼了,跟我在一起侍候我。如果上面有活人居住,下面坟墓里的鬼就不得安宁,刚才是我叫她来撑你的。"戚生又问:"她在我身上乱摸干什么?"女郎笑着说:"这个老婢女三十多年没和男人同过房,情形也怪可怜的,但她也太不自量力了。总而言之,对那些胆小的人,鬼更加厉害地欺侮、耍弄他;对那些胆大刚强的人,鬼就不敢冒犯了。"听到邻近的晨钟响过了,女郎便穿上衣服下了床,并说:"如果你不疑忌,我晚上还会再来的。"

到了晚上,阿端果然来了。这一夜,两人更加缠绵,更加情深意厚。戚生说:"我的妻子不幸去世了,对她的思念之情常常萦绕于我的胸中。你能不能把她招来?"阿端听了,愈发悲伤起来,说道:"我死了二十年,又有谁想念过我一回呢?你真是个多情的人,我一定尽力帮助你。不过,我听说她已经有了投生的地方,不知道还在不在阴间。"第二天晚上,她告诉戚生说:"你的妻子将要投生到贵人家去了。只因她生前丢了耳环,打过一个丫鬟,致使丫鬟上吊身亡,这个案子还没有了结,所以,她暂时还留在阴间里。现在,她寄居在药王府的廊下,有专人看守。我已打发婢女前去行贿,说不定她就要来了。"戚生问:"你怎么能够这样悠闲自在?"阿端说:"大凡屈死的鬼,自己如果不去投案,阎王是不会知道的。"二更将近的时候,老婢女果然把戚生的妻子引来了。戚生拉着妻子的手很是悲痛,妻子也流着眼泪,呜咽着说不出话来。阿端告别,临走时对二人说道,"你俩好好叙叙离别之情,我们改夜再相见。"戚生用十分熨帖的语气问起丫鬟自杀的事,妻子说:"不要紧,就快要结案了。"说完,两人上了床,互相搂抱在一起,从从容容地行着夫妻之乐,就像活着时一样。从此,夫妻二人便常常在一起欢聚。

五天之后,妻子忽然哭着说:"明天我就要投生到山东去了,这次离别是永久的,该怎么办?"戚生听了,不禁涕泗横流,悲不自胜。阿端劝他说:"我有一个办法,可以使你们暂时相聚在一起。"戚生夫妇一同抹去眼泪,问她有什么计策。阿端让戚生拿上十吊纸钱,到南院的杏树下烧了,她要拿着这钱去贿赂押解戚生妻子去投生的差役,让他宽限几天。戚生照办了。到了晚上,妻子来了,说:"多亏了端娘,我又得到了十天与你相聚的时间。"戚生很高兴,阻拦着不让阿端离去,留下她在紧挨着自己的另一张床上歇息。戚生夫妻俩从傍晚到天明一直粘在一起,唯恐期限到了再也无法欢娱。过了七、八天,夫妻俩因期限快要满了,整夜整夜地哭个不停。他们问阿端还有什么办法,阿端说:"看这情形,恐怕再也不能找到什么办法了。我愿意再去试试,不过,这回没有阴间的钱一百万大概办不成什么事。"戚生如数焚化了纸钱。不久,阿端回来了。她高兴地说:"我打发人向押解投生的差役说情,他起初还感到很为难,但一看到有这么多的钱,便动心了。现在,他已让别的鬼代替你妻子投生去了。"从这以后,戚生的妻子和阿端白天也不走了,她们让戚生堵上门窗,白天黑夜都点着蜡烛。

这样过了一年多,阿端忽然病了,神志昏迷、心绪不宁,恍恍惚惚地就好像见了鬼一样。戚生的妻子抚摸着她说:"她这是得了鬼病。"戚生说:"端娘已经是鬼了,又还有什么鬼能使她生病呢?"妻子说:"不能这样说。人死变鬼,鬼死变聻。鬼害怕聻,就像人害怕鬼一样。"戚生想请个巫医来给阿端看看。妻子说:"阴间的鬼又怎么能让阳世间的活人给治病呢?咱们邻居那个姓王的老婆子,如今在阴间当巫医,我可以去把她请来。可是,那地方离这里有十多里路,我的脚太小太弱,走不了路,麻烦你扎只草马烧了。"戚生依照她的话办。纸马刚刚烧完,就见婢女牵过一匹枣红马来,在院子里将缰绳交给妻子,转眼之间,便不见了踪影。不一会儿,妻子与一个老太婆一同骑着这马回来了,把马拴在廊柱上。老太婆进了屋,摸住阿端的十个指头。随后端端正正地坐着,摇晃着脑袋作起巫术来。突然,她扑倒在地,过了一会儿又跳了起来,嘴中还念念有词:"我是黑山大王。娘子的病很重,幸好遇到了小神,福分真不浅呀!这是个凶鬼在作祟,不要紧,不要紧!但是,想让病痊愈,必须给我丰厚的供品和报酬,金一百锭、钱一百贯,丰盛的宴席一桌,少一样也不行。"戚生的妻子一一地高声答应下来。老婆子又扑倒在地,醒来后对着病人呵斥了一声后,便算完了。随后她要走。戚生的妻子把她送到院外,将那马送给了她,她便高高兴兴地走了。

戚生和妻子进到屋里去看阿端，见她似乎稍稍清醒了，夫妻二人十分高兴，安抚慰问她。她忽然说："我恐怕再也不能到人世间上来了。一闭上眼睛就看见冤鬼，是命啊！"说着便流下了眼泪。过了一晚上，她的病更加严重了。弯曲着身体颤颤抖抖地，就好像是看到了什么。她伸出手来，拉着戚生同她躺卧在一起，将脑袋埋在戚生的怀中，似乎是怕被什么人捉了去。戚生一起来，她就惊叫个不停。就这样过了六、七天，夫妻二人毫无办法。碰巧戚生外出，过了半天回来，就听到妻子的哭声。他吃惊地问是怎么回事，原来端娘已经死在了床上，就像蝉蜕壳一样，她的衣服还留在床上。掀起衣服一看，却是一堆白骨。戚生痛哭不止，用安葬活人的礼仪将她埋在了祖坟旁边。

一天晚上，妻子忽然在梦中哭泣起来。戚生将她摇醒问为何哭泣，妻子回答说："刚才，我梦见端娘来了。说她的丈夫成了罴鬼。恼怒她死后不守贞节，怀恨而把她的命勾了去，请求我为她做道场。"戚生一早起来，就要按着阿端所说的去办。妻子拦住了他说："超度鬼的亡灵可不是你的力量能够办到的啊。"便起床出去了。过了一会儿，她又回来了，并说："我已经派人去请和尚了。应当先烧纸钱，作为开支。"戚生照办了。太阳刚刚落山，和尚们就来齐了，敲打着金铙法鼓，做法和人世间一模一样。妻子不停地说那铙鼓声震得她耳朵难受，可是戚生一点也听不见。道场做完后，妻子又梦见端娘前来感谢，说道："我的冤仇已经解除，就要投生为城隍家的女儿。麻烦你将这消息转达给戚生。"

戚生和已变成死鬼的妻子在一起生活了三年，家里人听说后，起初还有些害怕，时间一长，也习以为常了。戚生不在的时候，家里人还隔着窗子向她请示有关事宜。一天晚上，她向戚生哭着说："过去贿赂押解差役的事，现在已经败露，阴司追查得很紧，恐怕我们不能长久相聚在一起了。"过了几天，她果然病了，说："你我互相钟爱。本来希望就这样永远做个死人，不乐意去投生。现在要永别了，莫非命中注定吧！"戚生十分恐慌，急忙问她有什么对策。妻子说："这回确实无法可想了。"戚生问她："受到责罚吗？"妻子说："会受小小的惩罚。然而，偷生的罪大，偷死的罪小。"话刚说完，就再也不动了。戚生细细再一看，妻子的面容、形体竟慢慢地消失了。

打那以后，戚生常常一个人睡在亭中，希望能再遇到什么，但亭中一直很寂静，什么也没有出现。于是，人心也就安定下来了。

馎饦媪

一个姓韩的书生在别墅中住了半年时间，年底才返回。一天晚上，他的妻子刚刚睡下，便听到了人的脚步声。睁眼一看，炉中的炭火正旺，呼呼直往上蹿的火苗将四周照得亮堂堂的。一个大约有八九十岁的老太婆站在炉边，满脸是像鸡皮一样的皱纹。驼着背，稀稀拉拉的头发能数得过来。这老太婆向韩生的妻子说："你要不要吃汤饼？"韩妻十分恐惧，不敢答话。老太婆用火钳拨了拨火，拿了锅放在火上，又给锅里加上了水。不一会儿，听到了水沸腾的声音，老太婆撩起衣襟，打开系在腰间的口袋，掏出几十个汤饼，投进锅中，发出了清晰可闻的声音。接着，老太婆自言自语地说："待我找双筷子来。"说着便走出门去。韩妻趁着老太婆不在的当儿，急忙起床，端起锅子将汤和饼全倒在了床席的后面，又蒙起被子躺下了。短短一会时间，老太婆回来了，逼问韩妻锅里的汤和饼哪里去了。韩妻非常害怕，大声地哭喊起来。家里的人都被惊醒，老太婆才离去。揭开席子,用蜡烛照看,却是几十个土鳖虫,堆积在那里。

金 永 年

利津县的金永年,八十二岁了还没有儿子。妻子也已七十八岁了。自料绝对没有儿子的希望了。有一天晚上,金永年忽然梦见神人告诉他说:"本来应该让你绝后的,但考虑到你做买卖还算公平,就赐给你一个儿子。"金永年醒来后,将这个梦告诉给妻子。妻子说:"这真是痴心妄想。你我都是快要进棺材的人了,还怎么能生儿子呢?"没有多久,妻子的肚中震动。十个月后,竟真的生下了一个男孩。

花 姑 子

安幼舆是陕西选拔的贡生,为人轻财好义,喜欢放生。每当看到猎人捕获到鸟类,他都会不惜大价钱买下来后放掉。有一天,碰上舅父家办丧事,他去送丧。晚上回来,路过华山,迷路进入在山谷中,他心中害怕起来。忽见一箭之外,有灯火闪耀,安生便急忙奔了过去。走了没几步,猛地看见一个老头弯着腰、拄着棍,快步从一条弯弯曲曲的小道上走了过来。安生停下脚步,刚想向他打听路该怎么走,老头却已先问起他是什么人来了。安生告诉说自己迷了路,并说前面灯火闪耀的地方肯定是个村庄,想到那里去投宿。老头说:"那里不是安乐乡。幸亏老夫我来了。可以跟我走,我那间茅棚还可以容得下你歇息。"安生大喜过望。跟着老头走了一里多路后,看到一个小村庄。老头敲了敲柴门,一老妇人出来,开了门说:"是郎君来了吧?"老头回答说:"是的。"

安生进到屋中一看,屋子又潮又小。老头挑亮灯,催促安生坐下,就叫人随便准备些饭菜。然后,对老妇人说:"他不是别人,是我的救命恩人。老婆子你行走不大方便,就叫花姑子来斟酒。"

不大一会儿,一个女郎端着饭菜进来了。她站在老头身边,不停地用秋水一样清澈明亮的眼睛打量着安生。安生仔细端详了一下女郎,发现她既年轻,又漂亮,简直就跟天仙一样。老头回过头去叫女郎烫酒,女郎便走到屋子西墙角炉子旁,拨开了火门。安生问道,"这姑娘是老先生的什么人?"老头回答说:"老夫姓章,七十岁了,只有这么一个女儿。农家人没有丫鬟仆人,你又不是别人,所以我才敢叫妻子儿女出来见你,请不要见笑啊!"安生又问:"贤婿家住何方?"老头回答:"女儿尚未许人。"安生夸奖她既贤惠又美丽,赞不绝口。就在老头一再谦逊的时候,女郎忽然叫了起来。老头跑进厨房,原来是炉上的酒溢了出来,致使火苗蹿出有一尺多高。老头端下酒壶,扑灭了火苗,呵斥女郎说:"这么大的丫头了,酒烧热溢得很猛不知道吗?"回头一看,见炉子旁边有一个尚未扎制完成的用高粱芯子做的厕所神紫姑,便又呵斥道:"头发都长得那么长了,还像个小孩子一样淘气!"老头拿着那没有做完的紫姑对安生说:"只顾了做这个劳什子,以致让酒都溢了出来。这样的丫头还劳你夸奖,难道还不羞死!"安生仔细看了看那紫姑,眉目衣服都制造得非常精细,便赞扬说:"虽然是孩子们的小玩意,但从中却也可以看出她的心灵手巧来。"

酒喝了不大一会儿,花姑子便不断地前来斟酒劝酒。她面含笑容,落落大方,一点儿也不羞涩、忸怩。安生目不转睛地看着她,不禁有些动情。这时,忽然听得老妇人在叫,老头便进屋去了。

安生看看无人,便对花姑子说:"看到你天仙一般的面容,我的魂都快丢了。想找个媒人来提亲,怕事情成不了,怎么办?"花姑子抱着酒壶,面对着火炉,一声不吭,就像没有听到一样,问了几次,她都不回答。安生慢慢地走进房子,花姑子站了起来,厉声说道:"狂妄的家伙跑进屋来,想干什么!"安生跪在地上,苦苦地向她哀求,花姑子准备夺门而出,安生猛地站了起来拦住她,嬉笑着亲起她的嘴来。花姑子颤抖着声音大声呼叫,听到叫声,老头急忙跑了进来问发生了什么事情。安生松开手,走了出来,心中又是惭愧又是惧怕。而花姑子却从从容容地对父亲说:"酒又溢了出来,如果不是安郎来,酒壶恐怕也要被烧化了。"安生听到花姑子的话,心才安了下来,更加感激花姑子了。经历这么一惊一吓,安生已是丧魂落魄,想跟花姑子亲热一番的念头也消失了。他假装喝醉了酒,离开了酒席。花姑子见状便也出去了。老头为他铺好了被褥,关好了门,也出去了。安生难以入睡,还没等天亮,就向主人打招呼告别走了。

回到家中,安生立即请他的好友前往那座茅棚替他求婚。整整一天,朋友才回来,竟然没有找到老头的住处。安生便带着仆人骑着马,顺着回来时走过的路自己去寻找。到了那地方一看,只是悬崖绝壁,竟然没有一个村庄。访问了一下附近的村子,也没有什么姓章的人家。安生失望地回到家中,饭吃着不香,觉睡着不甜,从此便得了个神志不清、头昏眼花的毛病,勉强喝点稀粥,就恶心地想要吐出来。每次昏迷过去,嘴里都呼唤着花姑子的名字。家里人不了解其中的缘故,只是日夜围在他身边侍奉,病情一天天加重。

一天晚上,守候人因太疲倦都睡着了。朦朦胧胧中,安生觉得有人在摇他、推他,略微睁开眼睛一看,见是花姑子立在床前,立刻觉得神清气爽。注目细看面前的花姑子,安生不禁潸然泪下。花姑子低下头笑着说:"痴郎何至于到这种地步?"便爬上床,坐在安生的大腿上,用两手按摩他的太阳穴。安生立刻感觉到有一股奇特的麝香味,穿过鼻孔,沁入骨髓。按摩了好一会儿,安生忽然觉得满头汗水,渐渐地全身也沁出了汗珠。女郎小声地对他说:"你屋子里的人太多,我不便住在这里。三天后我再来看你。"又从绣着花的袖筒里掏出几块蒸饼放在床头上,悄悄地走了。到了半夜,安生满身的汗消了下去,想吃点东西了,摸过蒸饼吃了起来。不知这饼里包的什么佐料,特别的香甜,一连吃了三个。吃完之后,他用衣服将剩下的饼子盖了起来,又朦朦胧胧地睡了过去。直到日上三竿,他才醒了过来,身上像卸掉了重负一样轻松。三天后,蒸饼吃完了,他的精神也更加爽快了。于是,他打发走了家人。他又担心花姑子来了进不了门,便偷偷地走出了屋子,拔掉了所有的门闩。

功夫不大,花姑子果然来了。她笑着说:"痴情郎!难道不想谢谢我这神巫吗?"安生高兴极了,抱过花姑子就亲热起来,缠绵悱恻,恩爱备至。事完之后。花姑子说:"我冒着风险,蒙受耻辱来和你偷情,我之所以要这样做,是为了报答你的大恩大德啊!然而,我实在不能与你永结同好,请你还是早做别的打算吧。"安生沉默了许久,才问道:"你我从不相识,什么时候与你家有过交往,我实在记不起来了。"花姑子并不回答,只是说:"你自己好好想想。"安生坚持要与她永结同好,花姑子说:"一夜一夜地往这跑,固然不行;永做一对夫妻,也不可能。"安生听了这话,不觉悲上眉头。花姑子说:"你一定要跟我相好,明晚就请到我家去吧。"安生这才由悲转喜,并问:"路途如此遥远,你那纤纤小脚,怎么能说来就来了?"花姑子说:"我本来就没有回去。东头的聋老太太是我姨妈,为了你的缘故,一直停留到现在,家中恐怕要怀疑怪罪了。"安生与她同枕共衾,觉得她的气息肌肤,到处都香喷喷的。便问:"你薰了什么香,都浸入到骨髓和肌肤里去了?"花姑子说:"我生来就是这样,并非拿香薰的。"安生愈发惊奇。

第二天,花姑子早早地就起了床,向安生告别。安生担心自己会迷路,花姑子便和他约定在半路上等他。到了傍晚,安生急急忙忙地就上路了,花姑子果然在路旁等他,并相伴着他一同来到她的住处。老头和老妇人高高兴兴地出来迎接。待客的酒菜没有什么好东西,只是摆满了一些蔬菜。吃完饭,老头便请安生歇息。这期间,一直没见花姑子来照看一下,安生心里很有些疑惑,夜深了,花姑子才来,说:"父母絮絮叨叨地总也不睡,以致劳你久等。"两人卿卿我我地温存一整夜,花姑子对安生说:"今晚的欢会,乃是永久的离别啊!"安生吃惊地问她为什么,花姑子回答说:"父亲认为这小村太荒凉,要将家搬到很远的地方去。与你相会缠绵,也就是这一夜了。"安生舍不得放她走,一会儿仰天抹泪,一会儿低头哽咽,十分悲伤。就在恋恋不舍地时候,天渐渐地亮了。老头突然闯了进来,骂道:"这丫头玷污了我清白的家风,真叫人羞愧得要死!"花姑子大惊失色,匆匆忙忙地跑了出去。老头也跟着出去了,边走边骂。安生心惊胆战,感到无地自容,偷偷地跑了回去。

安生徘徊了好几天,心情始终不能平静下来。于是思谋着晚上再去一趟,翻过墙看能不能找到机会。他想,老头一再说我有恩于他,即使事情败露了,他也不会严厉谴责我的。于是,趁着夜色跑到了山中,在山里来回地转,迷迷糊糊地不知该往哪里去。安生非常恐惧。就在他四处寻找归路的时候,看见山谷中隐隐约约地有一座宅院。安生高兴地奔了过去,发现那宅院的门楼高大雄伟,像是官宦人家的宅第。见大门还没有关闭,安生便向守门人打听章家的住址。这时,有一个丫鬟走了出来,问道:"是什么人在半夜里打听章家的住处?"安生说:"章老头是我的亲戚,我偶然间迷了路,找不到他家了。"丫鬟说:"小伙子不用打听章家了。这是花姑子的舅母家,她如今就在这里,让我去向她禀告一声。"丫鬟进去不大功夫,就出来邀请安生。两人刚刚踏上屋檐下的过道,花姑子便跑出来迎接。她对丫鬟说:"安生跑了半夜,想必已经很困倦了,可以收拾床铺。"说完,两人手拉着手进入床帏之中。安生问:"你舅母家怎么再没有其他的人?"花姑子说:"舅母到别的地方去了,留我给她看守屋子。有幸能与郎君在这里相会,难道不是前世的缘分吗?"依偎在花姑子的身旁,安生觉得有一股十分刺鼻的膻腥味,心中有些疑惑,感到不大对劲。花姑子抱住他的脑袋,突然用舌头舔起他的鼻孔来,安生感觉像被一枚毒针刺中了大脑。安生害怕得要死,急着想挣脱逃走。可身体像被大绳捆上了一般。不大一会儿,他便昏昏沉沉地没有知觉了。

安生彻夜未归,家中人找遍了所有的地方,始终没有见到他的踪影。有人说傍晚时分曾在山路上见过他。家里人便进山去寻找,结果发现他赤身裸体地死在悬崖下面,感到奇怪而闹不清原因,将尸体抬了回来。就在众人围着安生的尸体痛哭不止的时候,有一个女郎前来吊唁,从门外号啕大哭着跑了进来。她抚摸着安生的尸体,按捺着他的鼻子,眼泪像断了线的珠子似的流进他的鼻孔里,呼喊着说:“天啊,天啊!你怎么糊涂到这种地步!”痛哭得嗓子都嘶哑了,过了一阵才停止。她告诉家人说:“停尸七天,不要装敛。”众人不知她是什么人,正要张口询问,她高傲不行礼,含着眼泪径直出去,挽留她,连理也不理。有人跟在她的身后,她一转眼不见了。众人怀疑她是神仙,就小心谨慎地依照她的话办。晚上,女郎又来了,仍像昨天一样大哭了一场。到了第七天晚上,安生忽然苏醒过来,翻身呻吟。家人都很害怕。这时,女郎进来了,相对啼哭。安生挥了挥手,让家人都出去了。女郎拿出一束青草,熬了一碗汤,就着床头让安生喝了下去。只一会儿,安生便能说话了。他叹了口气说道:“害死我的是你,使我复活也是你!”接着便向她叙述了自己的遭遇。女郎说:“这是蛇精在冒充我!你第一次在山谷里迷路时看到的那灯光,就是这家伙搞出来的。”安生说:“你怎就能将死人救活,使白骨生肉呢?该不会是神仙吧!”花姑子说:“我早就想告诉你了,但又怕引起你恐慌。五年前,你是不是在上华山的路上买了一只猎人捕获的獐子,而又把它放了?”安生说:“不错,有那么回事。”花姑子说:“那就是我的父亲啊!以前常说你对我家有大恩大德,就是这个缘故。本来,你前两天已投生到西村王主事的家,我和父亲告到了阎王的殿前,可是,阎王不肯发慈悲。我父亲愿意用毁掉自己多年修炼的道行作为代价,代替你去死,苦苦哀求了七天,才把事情办成。今天还能相见,实在是幸运罢了!不过,你虽然已经复生了,肢体肯定要瘫痪,能得到那蛇精的血,将血兑到酒里喝了,病才能痊愈。”安生恨得咬牙切齿,但担心没有办法将那蛇精抓住。花姑子说:“这事不难办。只是要伤害许多生灵,连累我百年后不能成仙。它的巢穴就在山谷中的悬崖上,到了太阳快要落山的时候,可以让人在崖下堆些茅草放火烧,再在外面准备些弓箭手警戒,就可以捕获蛇精了。”讲完,她便向安生告别说:“我不能终身侍奉你,心里实在很难过。然而,仅仅是为了你的缘故,我的道行已经损折了七成,请你怜悯、宽恕。近一个月来,我觉得腹中微微震动,恐怕是怀上孩子了。不管生男生女,一年之后我一定送交给你。”说完,流着眼泪走了。

过了一晚,安生觉得自腰以下的肢体都坏死了,抓也好,搔也好,都不知道痛痒。他便将花姑子的话告诉了家人。家人到了悬崖边,按照花姑子所教的办法,在洞口点起一把大火。一条大白蛇冲过火焰逃了出来。弓箭手数箭齐发,将它射死了。等火焰熄灭以后,进到洞中一看,大大小小的几百条蛇全烧焦发臭了。众人回到家中,将蛇血交给安生。安生连服三天后,两条腿便能慢慢挪动了,半年过去,才能下床走路。

后来的某一天,安生独自行走在山谷中,碰到了一个老妇人,将一个被褓裹着的婴儿交给他,并说:“我女儿向你问好。”安生正要询问花姑子的情况,一眨眼间,老妇人已不见了。打开包被一看,是个男孩。他将孩子抱了回去,以后再没有娶妻。

异史氏说:“人不同于禽兽的地方很少,这不是定论。蒙受他人的恩惠,结草衔环相报以至于终身,与禽兽相比,会让人感到惭愧地。至于花姑子开始寄聪慧于娇憨之中,最后托深情于淡漠之间,由此可知娇憨是聪慧的极端,淡漠是感情的顶点。这就是仙人吧!"

武 孝 廉

有个姓石的武举人,带了钱前往京城,想谋取个官职。到了德州,他突然得了急病,吐血起不来,成天躺在船中。仆人偷了他的银子逃去了。石举人愤怒异常,病情更加严重。因断了钱粮,船家算计着要扔下他。恰好有一个妇人驾船来,晚上在此停泊,听说了这件事,自愿让石举人乘坐他的船。船家很高兴,扶着石举人登妇人的船。石举人一看,妇人四十多岁,穿着华丽,神采依然相当不错。于是,哼哼叽叽地向她道了谢。妇人走到他身边仔细观察了一会儿,说道:"你以前就有疾病,如今,魂魄已游离到坟墓里去了。"石举人听了,号啕大哭。妇人说:"我有一种丸药,能起死回生。如果你的病好了,请不要忘记我。"石举人流着泪起了誓。妇人便拿出药来给他吃,仅仅半天的功夫,他已觉得病情好转了一些。妇人坐在他的床边,供喂好吃的好喝的,殷勤程度超过夫妇。石举人对她越发感激了。一个多月后,石举人的病完全痊愈了。他跪着爬到妇人面前,尊敬她就像尊敬自己的母亲一样。妇人说:"我孤独一人无依无靠,你如果不因我年老色衰而嫌弃我,我愿意与你结成夫妻。"这一年石举人三十多岁,妻子死了已有一年多了,听了妇人这话,不由喜出望外。二人于是便做了夫妻。妇人拿出自己所藏的金钱,交给石举人,让他到京城去谋差事,约定他返回时,两人再一同奔赴老家。

石举人到了京城后,攀附权贵,谋得了一个本省省城门卫武官的职位。然后,他又拿剩下钱买了鞍马、冠服,将自己装扮得十分显赫。考虑到那妇人年岁已大,终究不是一个好的伴侣,他又花了一百两银子聘娶了一个王姓人家的女儿做妻子。因为心中有鬼,害怕那妇人知道了,他便避开德州,绕着道回到省城赴任,都一年多了,也没有和那妇人通个音信。

石举人有个表兄弟,因事偶然到了德州,恰好就住在那妇人家的附近。妇人知道后,便去向他打听石举人的情况。石举人的表兄弟把实际情况告诉了她。妇人大骂不休,便将当年实情叙述了一遍。这表兄弟也替她愤愤不平,安慰她说:"也许是他公事繁多,还没有功夫顾及你。请你写一封信,我替嫂子送给他。"妇人依他的意思写了信。石举人的表兄弟将信交给了石举人,但石举人根本就不把这事放在心上。

又过了一年多,那妇人自己去投靠石举人。她住在客店里,拜托官署负责接待的差役替她向石举人通报自己的姓名。石举人让差人不要理她。一天。他正在家中喝酒,忽然听到了一阵喧闹和谩骂的声音。他放下杯子,凝神细听,那妇人已经掀开帘子走了进来。石举人十分惊恐、面如土色。妇人指着他大声骂道:"你这忘恩负义的薄情郎! 安乐了是不是? 你好好想一想,你的富贵是从哪里来的? 我对你情分不薄,你就是想讨小老婆,同我商量商量又有什么关系?"石举人双脚叠放,站立在一边,气不敢出一口,话不敢说一句,过了半天,才跪倒在妇人面前,编了一套谎话,请求她的原谅,妇人的怒气才稍稍平和了些。石举人又去和妻子王氏商量,让她以妹妹的身份去见妇人。王氏很不愿意,石举人再三哀求,才去了,王氏拜见过妇人,妇人也还了礼。妇人说:"妹妹你不要害怕,我不是那种凶悍嫉妒的女人。过去的事,实在为情理所难容,就是妹妹也不愿有这样的丈夫。"便将过去的事给王氏原原本本地讲了一遍。王氏听了也很气愤,便与妇人你一言我一语地责骂石举人。石举人被数落得无地自容,只求能给他赎罪的机会,至此,几人之间才平安无事。

原来,妇人还没有进到他的住所以前,石举人曾告诫看门人不要让她进来。事情发展到了这种地步,石举人便对看门人大发脾气。暗地里责问是不是他将妇人放进来的。看门人一再辩解说钥匙都没有动,根本就无人进来,对石举人的责备很不服气。石举人对妇人很是怀疑却又不敢去问她,两人虽有说有笑,但石举人打心眼里不喜欢她。幸好妇人性情温和娴雅,从不与王氏争风吃醋。三餐饭后,便关了门早早睡觉,根本就不问丈夫晚上睡在哪边。王氏起初对妇人还有所提防,见她如此通达,便越发地敬重她了,每天一早,她都要过去问候一下,对妇人就如对待婆婆一样。妇人待下人宽厚得体,而且对人对事都明察秋毫如神仙一样。

有一天,石举人丢失了官印,整个官署里都沸腾了起来。上上下下的人进进出出,找遍了所有地方,终无所获,无办法可想。妇人在一旁笑着说:"不要发愁,你掏干了井水就能找到官印。"石举人按她说的办法做了,果然找到了官印。他去问妇人是怎么知道的,妇人只笑不答。石举人隐隐约约地感觉到,妇人可能知道盗印人是谁,但她始终不肯透露半点消息。

在一块生活了一年多,石举人观察到妇人的行为有许多异常之处。怀疑她不是人类,于是常常在她睡了之后派人去窥视偷听,只听到她床上整夜都有衣服抖动的声音,也不知到底在干什么。

妇人与王氏的关系极为亲密,互相关怀。一天晚上,石举人到按察使衙门去未回来,妇人便和王氏饮起酒来。不知不觉间,她喝醉了酒,趴伏在桌上睡着了,变成了一只狐狸。王氏怜爱她,拿了一条锦褥给她盖上。

不久,石举人回来了。王氏把这件怪事告诉了他。石举人想把她杀了。王氏说:"即使是狐狸,她又有什么对不住你的地方?"石举人不听劝告,急忙去找佩刀。这时,妇人已经醒了,大骂道:"你这人是蛇蝎的行为豺狼的心,决不能再与你长期生活下去了!把你过去吃下去的药丸还给我吧!"便向石举人的脸上唾了一口。石举人立刻觉得冷森森的,像被人当头浇了一桶冰水,喉中发痒,哇的一声吐出了药丸,药丸和当初一模一样。妇人拾起药丸,气愤地径直走了,追她,已不见了踪影。到了半夜,石举人的旧病复发,咯血不止,半年就死了。

异史氏说:"石举人,风度翩翩像个书生。有人说他能降尊屈就。礼贤下士,说话时生怕伤害了他人。正当盛年死去了,文人武士都悼念他,惋惜不已。然而,他负情于狐妇一事,与那负情于霍小玉的李十郎又有什么差别?"

西 湖 主

书生陈弼教,字明允,是燕地人。家里贫困,跟随副将军贾绾做掌管文书的小官吏,一次,他们在洞庭湖停船,碰巧有一条鼍龙浮出水面,贾绾张弓搭箭,只一下,便射中了它的脊背。有一条鱼衔着鼍龙的尾巴不肯离去,众人便将它们一块儿捕捞上来。那鼍龙被锁放在桅杆下面,仅剩下了一口气。它的嘴巴一张一合的,像是在向人求救。陈生动了恻隐之心,请求贾将军放了它们。他的身边带有金创药,便戏谑般地将药涂在鼍龙的伤口上,然后把它放入水中。那鼍龙在水中时而沉下,时而浮起,过了好一会儿,才潜入水底游走了。

　　一年多后,陈生要返回北方,再次经过洞庭湖时,大风刮翻了舟船。幸亏他抓住了一个竹箱子,在水面漂泊了一整夜,被树枝挂住而停止。他攀缘着树木,刚刚爬到岸上,便有一具尸体漂浮了过来,他一看,正是他的书僮。他用力将书僮拖上岸来,发现已死了。陈生凄惨不堪,面对着尸体坐下休息。往四周一看,只见小山上树木葱茏,细细的柳枝摇出了一片绿意。他想打探一下路途,但周围连一个人也没有。从天刚蒙蒙亮直到日上三竿,他怅然若失,始终没有想好自己该到哪里去。突然,他看到书僮的肢体微微地动了一下,便高兴走上前去为他按摩。不大功夫,书僮吐出几斗水来,苏醒过来。两人将湿衣服晒在石头上,等到中午了才晾干穿上。可是,空空如也的肚子又咕噜咕噜地叫了起来,饥饿难耐。便快步翻上山去,希望能找到个村落。

　　两人刚走到半山腰,就听到有射箭声音。正疑惑箭声从何而来,已有两个女郎骑着骏马跑了过来,那"得得"的马蹄声就像豆子撒在地上一样清脆、急促。两位女郎均是一色的打扮:额缠红巾、鬓插雉翎,身着紧袖紫衣,腰束绿色锦带,一只手臂拿着弹弓,一只手臂戴着青色的皮套袖。陈生与书僮翻过山梁,看见几十个骑手正在杂树林中围猎。骑手都是清一色的漂亮姑娘,姑娘又都是清一色的打扮。陈生不敢往前走。这时,有一个像是马夫的男子徒步跑了过来,陈生就上前询问。男子回答说,"这是西湖主在首山上打猎。"陈生向他叙述了自己的来历,并告诉他自己很饿,那男子打开包袱,拿出干粮交给陈生,并嘱咐他说:"你最好是马上离开这里,走得越远越好,要知道,冲撞了西湖主的大驾,是会被处死的!"陈生害怕了,赶忙跑下山去。

　　山下茂密的树林中隐隐约约地有座宫殿,陈生以为那是一座庙宇。走近前去一看,只见宫殿为粉墙所环绕,旁边有溪水流过;两扇朱红色的大门半开半掩,外面有座石桥直通门户。扒着门往里窥视,又见云雾环绕着亭台楼阁,那规模直逼皇家的园林,又像似豪贵家的庭院。陈生迟疑地走了进去,里面藤葛遮路,花香扑人。走过几道弯弯曲曲的回栏,又到了另一所院落,有垂杨几十棵,高高地轻拂着红色的房檐。山雀一鸣,则落花片片飞舞;微风吹过,则榆钱纷纷飘落。赏心悦目,绝非人间景物所能比拟。穿过一座小亭,便能见到一架秋千高耸入云,秋千的绳索静静地垂挂着,没有一个人的踪影。陈生怀疑这地方离姑娘家的闺阁不远,心中恐惧胆怯,不敢深入。

　　不久,门外传来了一阵马蹄声,中间还夹杂着女子的欢声笑语。陈生与书僮躲藏在花丛之中。不一会儿,笑声渐近,只听一个女子说道:"今日围猎的兴趣不佳,猎获的飞禽太少。"又听得另一个女子说:"要不是公主射下一只雁来,大家就等于白忙活了一场。"又过了一会儿,几个红衣女子簇拥着一个女郎来到亭中坐下。女郎身着窄袖猎装,大约十四、五岁,黑发浓密如雾,细腰柔软似杨柳,就是用最香的花,最美的玉也不足以形容她的美丽。众丫鬟送茶的送茶,薰香的薰香,聚集一起,就像一堆光彩照人的锦绣。坐了一会后,女郎站起身来,一步一步地走下台阶。一个丫鬟说:"公主骑马奔波,已经很劳累,还能荡秋千吗?"公主笑着答应了。于是,丫鬟们有的架着她的肩膀,有的握着她的手臂,有的提着她的裙子,有的托着她的鞋子,搀扶着她上了秋千。公主轻舒雪白的手腕,足登小小尖尖的鞋子,似燕子一般轻捷地荡入云霄。荡完秋千,众丫鬟又将公主扶了下来,并众口一声他说:"公主真是一个仙人啊!"然后,嘻嘻哈哈地笑着走了。

陈生偷看了许久，神魂飘荡。等到人声寂静下来，他便来到秋千下，踱来踱去，凝思遐想。忽然，他看到秋千旁的篱笆下有一条红绸巾，知道是众美人失落的，便高兴地捡起来，放在袖子里。登上亭子，看见桌上摆有文房四宝，于是提起笔来在绸巾上题了一首诗：

> 雅戏何人似半仙？分明琼女散金莲。
> 广寒队里应有妒，莫信凌波上九天。

写完了诗，陈生朗诵着走出了亭子。他想寻找来时的路径出去，但每一道门都已上了锁。踌躇了半天，也没想出个办法来，只得又返回去，且走遍了其中的亭台楼阁。一个丫鬟突然走了进来，吃惊地问他："你怎么到这里来了？"陈生作了个揖说："我是个迷了路的人，请你相救。"丫鬟问道："你拾到一条红绸巾没有？"陈生说："捡到了。但已被我涂抹脏了，怎么办？"于是便拿出了红绸巾，丫鬟大吃一惊，说道："你将死无葬身之地了！这红绸巾是公主经常用的，被你涂抹成这个样子，还怎么使用？"陈生吓得脸都变了颜色，苦苦哀求丫鬟能替他求情，免罪。丫鬟说："你偷看宫廷中的情形，已经罪在不赦了，念你是个文雅敦厚的书生，本来还想周全你，如今你自己作了孽，还能有什么办法！"说完，便拿着红绸巾匆匆忙忙地走了。陈生心惊肉跳，只恨自己没能长双翅膀，只有伸长脖子等着受死了。

过了很长时间，那丫鬟又来了，悄悄地向陈生祝贺说："你有生存的希望了！公主拿着那红绸巾看了三、四遍，微笑着没有一点发怒的意思，或许她能放你走，你应当在这里暂时耐心等待一下，不要攀树跳墙，发现了不会饶恕的。"

此时，太阳已经落山，命运是吉是凶难以预料，而肚子的饥火却不断地往上冒，使得他忧心忡忡，直想去死。

不大功夫，那丫鬟挑着灯笼来了，她身后跟着另一个丫鬟，提着酒壶食盒，拿出酒饭让他食用。陈生急忙打问消息，先前的那个丫鬟说："刚才找了个机会对公主说：'花园里的那个秀才，如果可以饶恕，就把他放了算了；不然，会饿死的！'公主沉思了片刻说：'深更半夜的，教他往哪里去呢？'便叫我们来给你送点吃的。这不是坏消息。"

陈生徘徊了整整一夜，心中始终惶恐不安。太阳已经升起老高了，那丫鬟又来给他送饭。陈生哀求丫鬟为他在公主面前说情，丫鬟说："公主既不说杀，也不说放，我们这些丫鬟仆人们，又怎能敢唠唠叨叨地去触犯主人？"

很快地，太阳又要落山了，陈生正在翘首眺望，那丫鬟忽然喘着气急匆匆地跑了过来，说道："不好了！不知哪个多嘴多舌的人将这事泄露给了王妃，王妃打开红绸巾，只看了一遍便扔在地上，大骂不休，说你是狂妄粗俗的卑贱之人。大祸临头了！"陈生大吃一惊，吓得脸都变了颜色，直挺挺地跪在地上请求丫鬟想个办法。就在这时，一阵嘈杂的人语声传了过来，那丫鬟摇了摇手躲开了。几个人拿着绳子，气势汹汹地闯进屋来。其中的一个丫鬟仔细看了看陈生说："我以为是什么人，原来是陈郎啊！"于是拦住了手持绳索的人，说："且不要动手，且不要动手，等我禀报了王妃再说。"说完，就急忙转身走了。

不大一会儿，丫鬟返回来了，对陈生说道："王妃请陈郎到里面去。"陈生战战兢兢地跟在丫鬟后面，穿过了几十道门户，来到一座宫殿外。宫殿的门上挂着绿色的门帘，垂着银制的帘钩。见陈生来了，立刻便有漂亮的女子掀开帘子，大声地禀报说："陈郎到。"殿中央端坐着一位美丽的妇人，衣着十分地绚丽耀眼。陈生趴伏在地上，磕着头说："我是一个远方的孤臣，从万里以外的地方来到这里，万望王妃饶我一命！"王妃急忙起身亲自扶起陈生，说："要不是您，我哪会有今天。丫鬟头们不懂事，冒犯了贵客，罪过实在不可饶恕！"立刻摆设了豪华的宴席，用雕花的杯子为他斟酒。陈生如坠云里雾中，茫然不知其中的缘故。王妃说，"再生之恩，常恨无以报答。小女承蒙你爱慕，题诗红巾之上，这应当说是天生的良缘，今天晚上就让她侍奉恩人。"陈生很感意外，精神恍惚，内心不定。

天刚刚黑了下来，一个丫鬟便跑来禀报说："公主已经装扮完毕。"领着陈生走进新房。一时间，笙管齐鸣，高奏喜乐。通往新房的台阶上全都铺上了地毯，从厅堂到厕所，到处都是彩灯蜡烛。几十名美丽的侍女搀扶着公主和他相互交拜，宫殿里充满了兰麝的香味。接着，两人手拉着手进入帐帏，你欢我爱，十分地倾心尽情。陈生说："我是一个流落他乡的人，长这么大了，还不知道如何拜侍。涂脏了你的红绸巾，没有被杀死也就很万幸了，不承想，反而恩赐婚姻结好，实在是不敢奢望的。"公主说："我的母亲是洞庭湖君王的妃子，又是杨子江君王的女儿。去年母亲回家探亲，偶尔在湖上游览，被流箭射中，承蒙你搭救，又为她敷了金创药，为此，全家人对你感恩戴德，想报答你的念头常萦绕在心头。请郎君不要因为我与你不是同类而猜疑。我从龙王那里得到了一种长生不老的秘诀，愿意和郎君一同享有。"陈生才明白公主一家原来都是神仙。又问："那丫鬟怎么会认得我？"公主说："那天，在洞庭湖的船上，曾有一条小鱼衔着鼍龙的尾巴，就是这个丫鬟。"陈生又问："你既然不杀我，但又迟迟不肯放我，这是为了什么？"公主笑着说："实在是因为喜爱你的才华，但婚姻大事又不能自作主张。为此，我颠来倒去地想了一夜，只是别人不知道罢了。"陈生感叹说："你真是我的知己。送饭给我的丫鬟是谁？"公主说："她叫阿念，也是我的心腹。"陈生说："我该怎么报答她呢？"公主笑着说："她侍候你的日子长着呢，以后慢慢报答也不晚。"陈生问："你父王到哪里去了？"公主说："跟随关圣帝去征打蚩尤还没有回来。"

过了几天，陈生害怕家中得不到他的消息，会过分挂念，便写了一封平安信，交给书僮先带了回去。家人听说陈生在洞庭湖翻了船，以为他已死了，所以，妻子已经为他戴孝一年多了。书僮回去后，他们才知道陈生并没有死；但音讯阻隔，他们还是担心他漂泊他乡，难以回来了。

又过了半年，陈生忽然回来了。他骑骏马，穿裘衣，装扮得十分华贵，口袋里装满了各式珠宝。从此，陈家成了拥有万贯家财的大富户，声色之豪华，就是世代为官的人家也不能与之相比。七、八年间，他已有了五个儿子。他每天都要招待宾客，吃穿住行，都极其地奢华讲究。有人问起他的经历，他也毫不隐瞒地告诉人家。

陈生有个幼时的朋友叫梁子俊，在南方做了十多年的官。有一天，他返回家乡时经过洞庭湖，看到一只画舫。画舫雕栏画弦，窗漆朱色，空调幽雅，歌声婉转，缓缓地漂荡在烟波浩渺的湖面之上。舫中不时地有美丽的女郎推开窗户，凭栏远眺。梁子俊投目舫中，见一个少年男子光着脑袋，双腿交叉叠坐在舫中，旁边有一个十五、六岁的漂亮女子，正用两只手来来回回地为他按摩，梁子俊想，这一定是两湖一带的贵官，随从很少。他瞪大眼睛仔细一看，原来是陈明允，他不由得靠着船栏大声呼叫起来。陈生听到喊声，立刻让人停下船，并走到雕刻有益鸟的船头上，邀请梁子俊到自己的船上来。

梁子俊踏上画舫，看到残剩的酒菜堆满了桌子，宴后的船舱，酒香依然十分浓郁。

陈生命令立刻将残席撤去。不一会儿,几个漂亮的丫鬟重新端上了酒,烹好了菜,摆上了山珍海味。梁子俊从未见过这些东西,惊奇地说道:"十年不见,怎么就富贵到如此程度?"陈生笑着说:"你小看我这穷书生不能发迹吗?"梁子俊问:"刚才与你对饮的是什么人?"陈生说:"是我的妻子。"梁子俊更觉得奇怪了,因而又问:"你带了家眷准备到哪里去?"陈生回答:"准备到湖西去。"梁子俊还想追问下去,可陈生已吩咐歌女立即唱曲,以助酒兴。陈生的话刚说完,船上便响起了嘈杂的歌声和乐器声,这声音如同旱雷贯耳,使得梁子俊再也听不到说笑声了。看着满船如云的美女,梁子俊乘着醉意大声向陈生说道:"明允兄,能让我痛痛快快地销一回魂吗?"陈生笑着说:"老兄你喝醉了!然而,我这里有一笔足够买个美妾的钱,可以赠给老朋友。"于是,让侍女拿出一颗明珠呈送给梁子俊,说:"像绿珠那样身价极高的美女,用这颗明珠不难买到,表明我并不吝啬。"然后急着告别说:"我有点小事急着要办,不能和老朋友久聚了。"就将梁子俊送回到自己的船上,解开缆绳径自去了。

梁子俊回到家乡后,立刻到陈生家探望。看到陈生正在与客人饮酒,越发疑惑了,问道:"昨天还见你在洞庭湖上,怎么回来得这么快?"陈生回答道:"没有的事。"梁子俊便追述了他在洞庭湖上所看到的情形,满座的客人都十分惊异。陈生笑着说:"你弄错了,难道我会分身术吗?"众人感到蹊跷,却始终弄不明白是怎么回事。陈生后来活到八十一岁时死去了。出殡那天,众人因棺材太轻而感到惊讶,便打开棺盖来看,原来棺材是空的。

异史氏说:"竹箱不沉,红巾题诗,这里面有鬼神帮忙。但总之是与他的恻隐之心有关。至于宫室豪华,妻妾娇美,一个人同时在两个地方享受,就让人感到不可思议了。过去,有人希望自己既拥有娇妻美妾、贵子贤孙,又能长生不老,也只得到陈生的一半而已。难道神仙中也有像郭子仪那样长寿、像石崇那样富贵的吗?"

孝 子

青州府东面香山前面,有一个叫周顺亭的人,侍奉母亲十分孝顺。母亲的大腿上生了个大毒疮,疼得无法忍受,白天黑夜皱着眉头呻吟。周顺亭就给她按摩肌肉,送汤喂药,忙得连吃饭睡觉都忘了。几个月之后,母亲的病仍不见好,周顺亭虽然忧心如焚,但却没有办法可想。有一天夜里,他梦见父亲告诉他说:"你母亲的病能维持到现在,全靠你的孝顺。然而,这种毒疮如不用人肉熬出来的油膏去涂抹好不了,焦急和忧虑是没有用的。"周顺亭醒来后很觉奇怪。于是起了床,用快刀从自己的肋骨边割下一块肉来。肉割下来后,也不觉得怎么疼痛。他急忙用布裹在腰间,血也流得很少。他将肉熬成了油膏,涂抹在母亲的伤口处,疼痛马上就止住了。母亲很高兴地问他:"是什么药这样灵验?"周顺亭编了一些假话,应付母亲的提问。母亲的毒疮不久就好了。

周顺亭常常将割了肉的部位遮盖起来,即使妻子也不知道。那伤处长好了以后,留下一块手掌般大小的疤痕。妻子见到疤痕追问,才知道详情。

异史氏说:"割大腿上的肉是危及生命的事,君子并不推崇。然而,愚夫愚妇怎能知道伤害父母给的身体是不孝的呢?他们也不过是做心中想做而不能自我克制的事罢了。有了这样的人,而后知道对父母真心纯孝在天地间还是存在的。主管风俗教化的人,因事务繁多,没有时间表彰此事,那么阐明深刻之理,便借助这篇浅陋之文。"

狮 子

暹逻国给皇上进贡狮子，每到一处，观赏的人围得都像墙壁似的严实。它的形状跟世上流传的绣狮、画狮完全不同，毛是黑黄色的，有好几寸长，有人扔给它一只鸡，它先用爪子捏成一团，然后再用嘴吹，一吹，鸡毛全部脱落，就像扫过的一样。这也是一个怪事情！

阎 王

李久常是临朐县人。有一天，他携带了酒壶在野外喝酒，忽然见一阵旋风呼呼地刮了过来，便恭恭敬敬地洒酒祭奠。

后来，李久常有事到别处去，看到路旁有一所殿阁楼堂都很壮丽的大宅院。正注目间，一个婢女从里面走了出来，邀请他进去，李久常一再推辞，婢女拦住他。更加殷勤地邀请他。李久常说："素不相识，莫不是认错人了吧？"婢女说："没有错。"随即便说出他的名和姓。李久常问："这是谁家的院落？"婢女回答说："你进去后就知道了。"

进入院中，走过一道门，李久常看到一个女子被人钉了手脚，挂在一块门板上。走到跟前一看，原来是他的嫂子。李久常非常惊恐。他有一个嫂子两臂生了恶疮，有一年多不能起床了。李久常暗自思量，她怎么会到这里来呢？转念一想，婢女招他进来也不会是什么好意，因而畏惧、懊丧，不肯再往前走。婢女催他快走，他才走了进去。到了殿下，见上面坐有一人，穿戴像个君王，气势威猛。李久常跪在地上，不敢抬头仰视。那君王模样的人立即叫人将他扶了起来，并宽慰他说："不要害怕。我过去曾叨扰过你的一杯美酒，所以想见你一面，以示谢意。除此之外，没有其他的事情。"听了这话，李久常的心绪才稍稍安定了一些，然而，始终不明白是怎么回事。那君王又说："你不记得在田野里洒酒祭奠的事了吗？"李久常顿时醒悟过来，知道他是个神，因而叩头说："刚才看见嫂子受到严刑折磨，作为一个与她有着骨肉情谊的人，我很是感到悲伤。我请求大王能怜悯她、宽恕她！"君王说："这个女人特别蛮横、嫉妒，应该得到这样的惩罚。三年前，你哥哥的小妾生孩子时脱了肛，她暗地里将针刺在小妾的肠子上，使她如今还常常肚子发疼。这哪里是人做的事情！"李久常一再哀求，那君王才说："因为你的缘故，我饶恕她。不过，你回去后应当劝劝那悍妇，让她改邪归正。"李久常谢过君王，告别出来，那门板上已经没有人了。

李久常回到家后，去看嫂子。嫂子躺在床上，伤口中流出来的血将席子都染红了。此时，她正因为小妾没有如她的意，而大加谩骂。李久常随即劝她说："嫂子请不要再这样了！你今天所遭受的疾苦，都是平日的嫉妒招致的。"嫂子恼怒地说："叔叔是这样一个好男儿，家里又有一个像孟光一样贤惠的妻子，任凭你东家眠、西家宿，不敢吭一声。就算是叔叔你对夫权十分厚爱，替你哥哥教训我老婆子的也轮不到你啊！"李久常微微一笑，说道："嫂子不要发火。如果我说出了内情，你想哭恐怕都来不及了。"嫂子说："我不曾在王母娘娘的笸箩中偷得一根线、又没对玉皇大帝的案前吏挤过一次眼，心怀坦荡，哪里就用得着哭呢？"李久常压低了声音对她说："拿针刺进人家的肠子，该当何罪？"嫂子一听这话，突然变了脸色，追问这话是从哪里听来的。李久常便将在阎王殿上看到的、听到的情况全部告诉她。嫂子吓得浑身发抖,泪流满面,哀告说:"我再也不敢了!"眼泪还没擦干,伤口立即感到不再疼痛。十天后,全好了,从此以后,她痛改前非,于是被人誉为贤淑的女人。

后来,李久常哥哥的小妾又生孩子,肠子又一次掉了下来,针依然还在上面。针被拔掉以后,肚子疼的毛病便好了。

异史氏说:"有人说,天下蛮横嫉妒像李久常嫂子那样的女人并不少见,只可恨阴世间的法网漏洞太多。我说不然,阴间的惩罚,未必没有比将手脚钉在门上更重的,只是没给阳世一个回信罢了。"

土　偶

沂水县有个姓马的人,娶了一个姓王的女子为妻,夫妻间的感情十分深厚。马某早早地去世了,王氏的父母要她改嫁,王氏誓死不再嫁人。婆婆可怜她年纪轻,也劝她改嫁,王氏不听。王氏的母亲对她说:"你保守节操的愿望确实很好,但年龄还小,又没生个一儿半女的。常常看到有的人当初守节的志向很坚决,到后来又留下了让人说东道西的羞耻事。既然这样。不如早点嫁人,这是人之常情啊!"王氏面容严肃,说宁死不愿改变自己的志向,母亲只好由她去了。王氏让雕塑匠塑了一尊丈夫的泥像,每次吃饭都要将酒献到泥像前,就像活着时一样。

一天晚上,她正准备睡觉,忽然看见那泥偶人伸了一下懒腰,打着呵欠从桌子上走了下来。王氏惊恐地看着它,转眼之间,已长得和人一样高大,真是她的丈夫。王氏害怕了,急忙呼喊婆母。鬼劝阻地说:"不要这样。我为你的一片真情感动,在九泉之下心中酸楚。我一家中有你这样一个忠贞女子,连我几代祖宗的脸上都有了光彩。我父亲做过一些缺德事,理应绝后,以致我正当年华时便过早地死去了。阴司念你矢志不移,苦苦守节,所以让我回来跟你生一个孩子,以继承祖宗的香火。"王氏也泪湿了衣襟。便和他同床共眠,亲昵得就像活着时一样,鸡叫时分,他便下床走了。如此过了一个多月,王氏感觉到自己的肚腹里开始微微颤动,鬼便哭泣着说:"期限已经满了,从此后我们就要永别了!"于是没有再来。

王氏起初并没有声张,等到肚子渐渐大了起来,再也无法隐瞒了,才偷偷地告诉了婆母。婆母怀疑她是胡说八道以隐瞒自己的私情,但仔细观察了一下她的行踪,没有发现什么问题,十分疑惑不能理解。十个月后,王氏果然生下一个男孩。向人说起这件事,听者没有一个不暗自窃笑的,王氏自己也没有办法申辩。同乡的一个里正过去与马某有矛盾,便将这事告到县官那里。县官传讯了王氏的邻居,也没问出个所以然来。县官说:"听说鬼的儿子没有影子,有影子的就是假的。"于是把孩子抱到太阳底下,结果,影子淡得就像轻烟一样。接着,又刺破孩子的手指,将血涂抹在那泥偶上,血立即渗透进去,没有一点痕迹。取来别的泥偶,再涂上这孩子的血,一揩便掉了。县官因此相信了王氏。

长到几岁后,孩子的嘴巴鼻子以及一举一动,没有一样不像马某。至此,众人的疑惑才消释了。

长治女子

陈欢乐是潞安府长治县人。他有个女儿又聪慧又俊美。有个道士到他家讨饭吃,斜眼看了一下他女儿便走了。从此,那道士天天都托着饭钵到陈家的住宅一带转悠。碰巧,有一个瞎子从陈家出来,道士便追了上去与他同行,问他从什么地方来。瞎子说:"刚才到陈家算命去了。"道士说:"听说他家有个女儿,我的一个表兄弟想向她求婚,但不知她的生辰八字。"瞎子告诉了他,道士便告别走了。

过了几天,女子正在房里刺绣,忽然觉得双脚麻木。渐渐,延伸到大腿,又渐渐延伸到腰部,不一会儿,便昏倒在地。定了一会儿神,才恍恍惚惚地能站起来,想找到母亲把这事告诉她。等得出了门,却发现一望无际的黑色波浪中,只有一条像线一样的小路通向远方。她惊恐不已,急忙往回退去,但屋门和整个住宅已经被黑水淹没,回头再看那条小路没有行人,只有道士在前面缓慢地走着。于是,她远远地跟在道士的后面,希望能碰到一个同乡,说出她所经历的一切。走了几里路后,她忽然看到一幢房子,仔细一看,原来是自己的家院。女子大吃一惊地说:"奔波了这么长时间,原来还在自己的村子里。怎么刚才就糊涂到这种地步!"她高高兴兴地进了门,父母还没有回来。她又走到自己的屋子里,发现绣了一半的鞋子,还在床上。她觉得经过这一会儿的奔波,很累了,便走到床边,坐下来休息。

忽然,道士闯了进来。女子大惊,想要逃走。道士抓住她按在床上。女子想大声喊叫,可嗓子哑了喊不出声来。道士急忙用一把快刀剖出女子的心脏。女子立即觉得魂魄悠悠离开躯壳而立,四下里一看,家已经不是家了,只有一堵陡峭的悬崖覆盖在头顶的上方。她又看到道士拿了自己心脏中流出来的血,涂抹到一个木头人身上,叠起指头念咒语。女子便觉得那木偶人与自己合为一体了。道士吩咐她说:"从今以后,你得听从我差遣,不得违抗!"说完,就给女子穿戴起来。

陈家丢失了女儿,一家人都惊恐不安。找到牛头岭,才听村里人传说,岭下有一个女子被剖心而死。陈欢乐跑去察看,果然是他的女儿。他哭着把状告到了县官那里。县官派人抓来了居住在牛头岭一带的百姓,把他们几乎都拷问遍了,还是没有一点头绪,于是将那些嫌疑犯暂时收押起来,等待复审。

此时,道士已走出数里之外,坐在路旁的柳树下休息,忽然他对女子说:"现在派你去办第一件事情,去县城里察看此案的审讯情况,到那里后,你当隐藏在县衙大堂的暖阁上,如果看到县官动用大印,就赶快避开,切切记住,不能忘了!限你辰时去,巳时回。迟一刻,就在你的心上刺一针,使你立即疼痛;迟两刻,刺两针;刺到第三针时,你的魂魄就不复存在了。"女子听了这话,浑身打颤,接着飘然而去。转眼之间来到县衙,按照道士吩咐的藏身在暖阁之上。这时,牛头岭下的百姓正环列着跪在堂下,还没审讯。县官碰巧要在公文上加盖官印。女子没来得及躲避,而官印已从印匣里拿了出来。女子觉得自己的身体沉甸甸、软绵绵的,撑托着她的纸糊窗格似乎不能承受,"扑"地一下发出了声响。听到响声,满堂的人都惊愕地四下张望。县官再举官印,相同的声音又响了一下。举到第三下时,女子便坠落在地下。这一回的声音很响,众人都听清楚了。县官站起身来祝祷说:"如果是含冤而死的鬼魂,就请直接陈述,为你申冤昭雪。"女子哭哭啼啼地向前,将道士杀害自己并驱遣自己到此的经过一一向县官陈述了一遍。县官打发差役立即去抓道士。到了柳树下,道士果然在那里。差役抓回了道士,一审讯,他便招了。于是,在押的牛头岭百姓也释放了。

县官问女子说:"你的冤已伸了,现在准备到哪里去?"女子说:"准备跟着大人。"县官说:"我的衙门里没有地方容纳你,不如暂时回你家去。"女子过好半天说:"你的衙门就是我的家,我就要进家去了。"县官又问了几句,一点声音也没有了。县官退堂进入家中。而夫人刚生了一个女孩。

义 犬

潞安人某甲,父亲陷入监狱快要被处死了。某甲搜寻以前积蓄的所有的钱,得到百两银子,准备拿着到郡府去为父亲送礼说情,疏通关节。他骑了骡子刚走出门,家中豢养的黑狗便跟了上来。他大声呵斥,将狗撵了回去。等他一走,黑狗又跟了上来,用鞭子赶都赶不回去,跟着他走出几十里。某甲跳下骡子,走到路边解小便。完了,便捡起一块石头打狗,狗这才跑走了。某甲一走,狗突然又来了,并追着赶着去咬骡子的尾巴和双腿。他大发脾气,挥起鞭子猛抽它。黑狗吠叫不止。忽然,它跳到骡子的前面,愤怒地咬骡子脑袋,似乎是要阻止它的去路。某甲以为这是不祥的兆头,愈发气愤了,勒转了骡子头就去驱赶那黑狗。看到狗已跑远了,才掉转骡子返回快跑。

等到了郡府,天已经黑了。他摸了摸钱袋,银子已丢了一半。猛然间受到惊吓,额头上的汗像雨点一样直往下落,魂魄也早已飞至天外。他辗转反侧,折腾了一夜,忽然想到自己的黑狗吠叫是有原因的。守候着城门一开,他便走出城去,细细地察看来时的道路。他又自我思忖:这路属于南北交通要道,来往的行人像蚂蚁一样多,丢失的银子哪里还有继续留存的道理? 他迟疑不决地来到曾经下骡子小便的地方,发现黑狗已经死在草丛之中,浑身的皮毛都叫汗给浸湿透了。提着耳朵把狗拽起来一看,那包银子就在它的身下。他感激狗的义行,买了一口棺材葬了它,人们都称呼它的坟墓为"义犬冢"。

鄱 阳 神

翟湛持任饶州府主管狱讼的司理,路经鄱阳湖。湖边有座神庙,便停下车子前去游览。庙里塑有一尊丁普郎死节臣像,还有姓翟的神像被置放在最后一个位置上。翟湛持说:"我翟姓一族的人,怎么能在最后!"便把姓翟的神像移到前面的一个位置上。

办完了此事,他便登船离去,忽然,湖面上刮起大风折断船上的布帆,桅杆倾斜,一家人吓得哭哭啼啼。不一会儿,一只小船乘风破浪,来到官船跟前。船上人急忙搀扶着翟湛持登上小船,紧接着,家人也都登上了船。细看小船上的那人,跟神庙姓翟的神像没有一点差别。不久,风平浪息,翟湛持再寻找那人时,已不见了。

伍 秋 月

高邮州人王鼎,字仙湖,为人慷慨大方有勇力,喜欢广交朋友。十八岁上,他还未来得及结婚,未婚妻就死了。他常常外出远游,一年半载地不回家。他的哥哥王鼐,是江北的名士,兄弟间的感情非常深厚。王鼐劝弟弟不要再远游他乡了,并打算为他娶个妻子。王鼎不听,又搭了船到镇江去探访朋友。朋友外出不在家,他便在旅店租了一间楼阁住下来。凭楼远眺,江水澄澈,金山可见,心中非常愉快。第二天,朋友来了,请他搬到自家去住,他辞谢不去。

半个月后的一天晚上,他梦见了一个女郎,年龄大约有十四、五岁,容貌端庄美妙,上了床与他交合。醒来后,他发现自己竟然遗了精。他很奇怪,以为这不过是个偶然现象。到了夜晚,他梦见女郎又来了。如此折腾了三、四夜,才感到不对劲了。于是,晚上睡觉,他再也不敢吹灭蜡烛,身子虽然躺在床上,心里却有所警备。他刚合上眼睛;就梦见那女子又来了,就在女子与她交合的时候,他忽然惊醒过来。急忙睁开眼睛一看,一个像仙女一样的少女,真真切切地被自己拥抱在怀里。少女见王鼎醒了,很是羞怯。王鼎虽然知道她不是人,但也十分得意。顾不得问什么,又抱起少女热烈地交合起来;少女好像受不了似的,说道:"这样狂暴,难怪人家不敢明着告诉你呢。"王鼎这才询问起她的来历。少女回答说:"我姓伍,名秋月。父亲生前是个很有名的学者,精通占卜之术。他非常疼爱我,但说我不能长寿,所以不将我许配人。活到十五岁上,我果然夭折了。父亲把我埋葬在这个阁楼的东边,使坟与地面一样平,没有碑志,只是栽了一片石头在棺材旁,上面写着:'女秋月,葬无家,三十年,嫁王鼎。'现在已到了三十年,你正好来了。我心里高兴,急着想把自己推荐给你,但心里感到羞怯,所以才托梦和你相会。"王鼎也很高兴,再一次请求秋月和他交合。秋月说:"我需要一些阳气,借此求得复生,因此,实在难以经受得住你那种狂风暴雨般的欢爱。今后欢合的日子还长着呢,何必一定要在今天晚上?"说完便起身走了。第二天晚上,她又来了,两人相对而坐,欢笑嬉谑,就像好友重逢一样。一会儿,两人熄灯上床,王鼎觉得她和活人没有什么差别,只是在她起来后,遗泄淋漓,沾粘得满褥子上都是。

一天晚上,明月高挂,映照得满世界都亮晶晶的。两人漫步庭中。王鼎问秋月:"阴间里也有城市吗?"秋月回答道:"和人世间一样。只是阴间的城市不在这里,离这里还有三、四里路。但将黑夜当作白天。"王鼎问:"活着的人能看到它吗?"秋月回答,"也可以。"王鼎要求去看一看,秋月答应了。乘着月色,两人动身了。秋月飘飘忽忽像风一样,王鼎极力追随。转眼间来到一个地方,秋月说:"不远了。"王鼎抬头远望,什么也没有。秋月在他的眼角上涂抹了一些唾沫,他睁眼一看,觉得自己的视力比平常高出了几倍,看夜晚的景物就如同白天。很快地,他便看到了笼罩在雾霭中的城墙垛口和来来往往、像赶集一样走在路上的行人。不一会儿,又见两个差役用绳子捆绑着三四个人从他们的面前走过,最后的一个很像是他的哥哥。凑到近处一看,果然是他哥哥。王鼎惊异地问道："哥哥怎么来了？"哥哥见到王鼎，不禁涕泪交流，说道："不知道为了什么事，被他们强行抓来了。"王鼎愤怒地对差役说："我哥哥是个遵守礼义的君子，你们凭什么把他捆绑成这个样子！"他请求两个差役给哥哥松松绑。差役不肯，而且对他也很傲慢。王鼎大怒，想和差役争执。他哥哥阻止他说："这是官府的命令，应该遵纪守法。只是我手头缺钱，他们向我索取贿赂很紧。你回去后，赶快给置办一些钱来。"王鼎拉着哥哥的臂膀，痛哭失声。差役大怒，猛地拉了一下他哥哥脖上的绳索，哥哥立刻摔倒在地。王鼎见状，怒火填胸，无法控制自己，很快解下佩刀，一刀砍下了一个差役的脑袋。另一个差役嘶哑着嗓子大喊大叫，王鼎又砍下了他的脑袋。秋月大吃一惊，说道："杀官府的公差，是不可饶恕的罪过！快逃走吧，迟了就要大祸临头了！你赶快雇船立即北上，回到家中不要摘掉门上的丧幡，关了门不要出去，七天之后，就没有事了。"

王鼎于是拉了哥哥，连夜雇了一条小船，火速赶往北方。回到家中，看到门口有吊唁的宾客，知道哥哥果然死了。王鼎关了大门，落了锁，这才进到院中。回头去看哥哥，已经没了踪影，走进屋里，死去的哥哥已经苏醒过来，并且高声喊着："饿死我了！快给我弄点汤饼来。"到这时，王鼎的哥哥死了已有两天，猛不丁地听到他说了话，家人都十分害怕。王鼎便向他们详细叙说了事情的经过。七天之后，王家打开了大门，撤掉了丧幡，人们才知道王鼐已经复活了。亲友们都来探问其中的缘故，家人只是编造谎话应付他们。

王鼎转而又思念起秋月来，而且直想得心烦意乱。于是，他再次乘船南下。到了旧时居住的那个旅店的楼阁，点上灯久久等待，秋月一直没有来。他朦朦胧胧地想要睡过去，看见来了一个妇人。妇人对他说："秋月小娘子让我转告你：因为前几天公差被杀，凶犯在逃，官府便将她捉了去，现如今还押在牢狱里。因看守她的狱卒常常虐待她，她便天天盼着你来，希望你能替她想个办法。"王鼎听后，悲愤异常，急忙跟随着妇人去了。两人来到一个都城，进了西门，妇人指了指一个大门说："小娘子暂时还被关在这里。"王鼎进了大门，发现里面的房屋很多，关押的犯人也不少，但犯人中并没有秋月。他又进了一个小门，见一间小屋有灯火。王鼎走近窗户窥探，见秋月坐在床上，用衣袖掩着脸面哭泣。两个狱卒又是摸脸又是捏脚，正在调戏她。秋月哭得更厉害了。一个狱卒搂着她的脖子说："已成了罪犯，还守贞操吗？"王鼎怒从心头起，顾不得说话，提刀闯进屋去，一个狱卒一刀，像快刀斩麻一样，拉了秋月就走。幸好，没被人发觉。

刚回到旅店，王鼎就猛然间醒了。正在为自己做了一个如此凶恶的梦感到惊异，一抬头，却看到秋月泪水盈盈地站在面前。王鼎惊奇地起来拉着秋月坐在床上，把自己做的噩梦告诉了她。秋月说："这是真的，不是梦。"王鼎吃惊地说："这该怎么办呢？"秋月叹了口气说："这也是无意呀！到了月底，才是我复活的日期，如今事情已经到了这种地步，哪还能再等待呢？你赶快到我的墓地去，挖出我的尸体，载回家去。你每天都要不停地呼唤我的名字，三天后，我就可以复活了。但因日期没满，我可能要骨头软弱，脚下无力，不能替你操持家务。"说完，急匆匆地就要走。突然又转回身来说道："我差点忘了，阴间派人追赶怎么办？活着的时候，父亲曾传给我两道符咒，说三十年后我们夫妇可以佩戴。"便向王鼎要了笔，飞快地画了两道符咒，说："一道你自己戴，另一道贴在我的背上。"

王鼎把秋月送了出去，记下她消失的地方，就在那地方刨挖了一尺多深，就看见棺材,已经腐烂了。棺材旁边有一块小碑,果然像秋月所说的那样。打开棺材一看,秋月的容颜仍和活着时一样。把她的尸体抱回房中,尸体上的衣服随风化尽了。他给她的背上贴上了符咒,用被褥严严实实地裹了起来,背着到了江边。他喊来一只渡船,谎称妹妹得了急病,要送她回到家中去。幸好当时南风大作,天刚亮,就回到了家里。

王鼎抱着秋月的尸体,等把她安置好了,才将有关情况告诉了哥嫂。一家人都惊奇地观望着,又不敢直接说出心中的疑惑。王鼎解开裹在秋月身上的被褥,连声呼喊着她的名字,到了夜晚,就抱着她的尸体睡眠。三天后,她果然苏醒过来,七天后,便能走动了。她换了衣服,去拜见嫂子,体态轻盈得和仙女没有什么两样。不过,走到十步以上,必须有人扶着才行,否则就会随风摇摆,仿佛要跌倒似的。看到她的人认为有这种病,反而更增加了她的妩媚。

秋月常常劝说王鼎:"你的罪孽太深太重,应该广积阴德,常诵佛经,以示忏悔。不然的话,你的寿命便不会太长。"王鼎向来不信佛,到这时信仰佛教很虔诚。后来也平安无事。

异史氏说:"我想向上边提个建议,使其定出一条法令:'凡是杀了差役的,应该比杀了普通人罪减三等。'因为这些差役没有一个不该杀的。所以,能够诛杀作恶的差役,就是奉公守法。即便稍稍苛刻了一些,也不能认为是残暴。何况阴间本来就没有固定的律令,如有恶人,就是刀锯锅煮也不算残酷。如果是大快人心的事,也就是阎王所称赞的事了。哪有犯了罪过,招致阴司的追究,而又可以侥幸逃脱的呢?"

莲花公主

窦旭,字晓晖,是胶州人。有一天,他正在睡午觉,忽然看到一个身穿黑色衣服,似公差打扮的人站在他的床边,惶恐不安地望着他,好像有话要说。窦旭问他有什么事,回答说:"我家相公请您屈驾走一趟。"窦旭问:"你家相公是谁?"那人说:"就在附近。"窦旭跟随他走了出去。转过墙角,领到一个地方,便有楼阁重叠,万椽相接,弯弯曲曲地走在其中,只觉得万户千门,和人世大不相同。又见宫人女官众多,来来往往地都在向去请窦旭的那公差打招呼,问他:"窦郎来了吗?"公差回答说来了。不一会儿,一位贵官走了出来,恭恭敬敬地迎候窦旭。等到登上大厅,窦旭开口问道:"平时没有交往,所以没有过来拜见。今蒙特别优待,使我疑虑不安。"贵官说:"国王认为先生出身清门,累世有德,仰慕您的人格和家风,很想见一面。"窦旭越发惊奇了,问道:"国王是什么人?"贵官回答说:"等一会儿自然就知道了。"

不大一会儿,来了两个女官,用两面彩旗引导窦旭前行。进入第二道门,窦旭看到殿上坐着一个国王模样的人,见窦旭来了,便走下台阶,亲自迎接,两人以宾主的身份,相互施了礼。礼毕,就在筵席间入了座。席面上的酒肴很是丰富。窦旭抬头看见殿上挂着一块牌匾,写着"桂府"二字。窦旭局促不安,不知该说什么。国王说:"有幸和您做邻居,缘分就算是很深了。应当开怀畅饮,不要有疑虑和担心。"窦旭连声答应着。酒过数巡,音乐开始从下面响起,因没有使用锣鼓,音乐十分地幽雅细腻。过了一会,国王看了看左右说:"我有一句话,麻烦你们对出下联:'才人登桂府'。"四座的贵官正在思考,窦旭已应声对出了下联:"君子爱莲花。"国王非常高兴地说:"太神奇了!莲花是公主的小名。您怎么能对得如此巧妙?这不是前世的缘分吗?传我的话给公主,不能不出来见一见这位君子。"

一会儿,只听得环佩叮当,由远而近,兰麝香味越来越浓郁,是公主走了进来。公主年方十六七岁,长得美妙姣好,举世无双。国王让她向窦旭施礼,并说:"这就是小女莲花。"莲花施过礼就走了。窦旭看到她后,心旌摇动,像木头人一样坐在那里凝思默想。国王举起酒杯劝他喝酒,他竟然没有看见。国王好像看出了他的心思,便说:"小女和您倒也能相匹配,但惭愧不是同类,怎么办?"窦旭如痴如呆,只顾想着那莲花公主,因而国王说了些什么,他根本就没有听到。靠近坐在他身边的一个人用脚碰了碰他说:"国王给您敬酒,您没有看见,国王对您说话,您也没有听到吗?"窦旭茫然若失,自己也觉得很惭愧,于是离开座位,对国王说道:"承蒙国王优待,不觉间已喝过了量,失礼之处,万望谅解。如今天色已晚,国王的公务又很繁忙,我就此告别吧。"国王站起身来说:"能够见到您,我心里很高兴,为什么要匆匆忙忙地告辞呢?您既然不愿久留,我也就不敢再勉强,如果您能惦记着这里,当派人再会邀请。"于是让内官领他出去。走在路上,内官对他说:"刚才国王说您可以和公主匹配,似乎是想让您和她结为婚姻,您为什么不说一句话呢?"窦旭后悔得直踩脚,一边走一边埋怨自己,不觉间已到了家。忽然醒来,已是残阳西下。窦旭默默地坐了起来,睁大了眼睛回味着,梦中的情景历历在目。吃完了晚饭,他就熄灭了蜡烛,希望能够旧梦重温。然而,黄粱美梦难寻,剩下的只是悔恨和感叹而已。

一天晚上,窦旭和朋友共睡在一张床上,忽然,看到先前的那个内官来了,传达国王的旨意,邀请他再次做客。窦旭大喜,赶忙跟着内官去了。见到国王便伏地参拜。国王将他扶了起来,招呼他到自己的身旁坐下,说:"上次分别以后,有劳您眷恋思念。我打算将小女许配给您,想必不会嫌弃吧。"窦旭听了,赶忙拜谢,国王随即让学士大臣陪他一同喝酒。酒宴将要结束时,宫女前来禀报:"公主已经装扮完了。"说话间,只见几十个宫女簇拥着公主走了出来。公主头罩着红色的锦绸,迈着轻盈的步子,被宫女搀到地毯上,与窦旭交拜成了亲。礼仪结束后,二人被送到了洞房。洞房里温暖清洁,芬芳细腻到了极点。窦旭看着公主,说道:"有你在眼前,能使人快活得忘了生死。只怕今天的艳遇,又是一场梦幻。"公主掩着口微笑说:"明明是我和你在一起,哪里是梦?"第二天天亮了,两人才起床。窦旭愉快地给公主描眉搽粉,完了又用带子量她的腰围,用指头测她的脚长。公主笑着问:"你发疯了吗?"窦旭说:"我屡次被梦境作弄,所以要仔细留下些标记。如果这次还是梦,也足够使我回想的了。"

两人正在开着玩笑,一个宫女忽然跑了进来说:"妖怪闯进了宫门,国王已经躲进了偏殿,大祸不远了!"窦旭大吃一惊,立即去见国王。国王拉着他的手哭着说:"蒙您不见弃,正想永结相好,岂料灾祸从天而降,国运就要终了,又有什么办法!"窦旭惊问到底出了什么事。国王拿起桌上的一份奏章,让他自己去看。奏章上写道:"含香殿大学士臣黑翼,因有不同寻常的妖怪作孽,请求及早迁都,以保存国家命脉一事:据太监报告,从五月六日起,本城来了一条千丈巨蟒,盘踞在宫外,吞食城内外臣民一万三千八百多口,巨蟒所到之处,宫殿楼阁都成了废墟,等等,不一而足。臣鼓起勇气,前往窥视,果然见到了妖蟒:头如山岳,目似江海;每一次抬头,宫殿就要被它吞掉一座,每回伸腰,楼墙则要被掀翻几堵。真是千古没有看到过的元凶,万代未曾遭遇到的大祸!国家命运,危在旦夕!乞求国王赶快带领内宫眷属,搬到安全的地方"等等。窦旭看过后,吓得面如灰土。紧接着,又有宫女跑来报告说:"妖怪来了!"整个宫殿内大呼小叫,一片哀声,天昏地暗,十分悲惨。国王不知所措,只是哭泣着对窦旭说:"小女可已托付给先生了!"

窦旭上气不接下气地跑回洞房。此时,公主正和宫女们抱头痛哭,见他来了,便拉着他的衣襟说:"郎君打算怎么安置我呀?"窦旭悲痛欲绝,握着公主的手说道:"我这人贫穷卑贱,没有漂亮的金屋安置你。但我还有三间茅屋,你暂且同我到那里去躲一躲可以吧?"公主含着眼泪说:"情况如此危急,还能有什么选择,请赶快带我走吧!"窦旭便搀扶着她走了出去。不大一会儿,他们来到家中。公主说:"这么大一所安全的宅院,比我原来的家园强多了。然而,我跟了您来,我的父母依靠谁呢?求你再盖一栋房屋,让我们国家的人都到你这里来安居吧!"窦旭感到很为难。公主便号啕大哭,说道:"不能急人之所急,要您这个丈夫干什么?"窦旭稍稍安慰了她几下,便与她一同走进了屋里。公主伏在床头上痛哭不止,怎么也劝不住。窦旭焦急万分,苦思冥想,也想不出办法。忽然醒了过来,才知道是一场梦。但耳畔的哭泣声,依然余音袅袅,萦绕不绝。仔细一听,又不是人的声音,而是两三只蜜蜂在他的枕畔飞鸣。窦旭大叫"怪事",同睡一床的友人听到后,问他是怎么回事,他将自己的梦境告诉了他。友人也觉得这事奇怪。两人一齐起来观看蜂,它们依依不舍地飞落在衣襟间,怎么也轰不走。友人就劝他为蜜蜂筑巢。

窦旭依照朋友的建议,请了工匠来筑蜂房。刚刚竖好了两堵墙,群蜂便从墙外飞来,嗡嗡嘤嘤,络绎不绝。顶还没有合拢,飞来的蜜蜂聚集得已像斗般大小。循着它们飞来的踪迹,去寻找蜜蜂的来处,却原来是邻居老头的旧花园。旧花园中有一座蜂房,三十多年了,蜜蜂繁殖得很多。

有人将蜜蜂迁移的事告诉了老头。老头到花园中一看,蜂房寂静没有声音。拆开蜂房,发现有一条蛇盘踞其中,有一丈多长。老头捉出蛇将它杀了。这才明白梦中的巨蟒,就是这个东西。

蜜蜂迁入窦旭家后,繁殖得更加旺盛,也没有其他异常现象。

绿 衣 女

书生于璟,字小宋,是益都人,在醴泉寺读书。一天夜里,他正打开书诵读,忽然听得一个女子在窗外赞叹道:"于相公读书真用功啊!"于璟暗自思忖:深山里哪来的女子?正在疑惑不解间,女子已推门走了进来,并笑着对他说:"真用功啊!"于璟惊异地站了起来,看看那女子,绿衣长裙,温婉美妙,没人能比。于璟知道她不是人,一再盘问她的家住在哪里。女子说:"你看我这样子,该不是吃人咬人的吧,何必追问不休?"于璟打心眼里喜欢这女子,便与她睡在了一块儿。女子脱下丝织短衣,腰细得几乎不满一握。夜尽天明,女郎便飘然而去。从此以后,她没有一个晚上不来的。

一天晚上,于璟与女子一同饮酒。谈吐间,于璟发现女子很精通音乐,便说:"你的声音娇柔细腻,如果能唱上一曲,一定会使人销了魂的。"女子笑着说:"既然这样就不敢唱了。恐怕销了你的魂。"于璟坚持要让她唱,女子说:"不是我吝惜不唱,是害怕被别人听到了。你一定要我唱,也只好献丑了,但只能用小声唱唱,表示一下意思就行了。"说完,便用三寸小脚轻轻拍打着床腿,唱道:

树上乌白鸟,赚奴中夜散。不怨绣鞋湿,只恐郎无伴。

声音细得如蚊蝇叫,刚刚能够辨清字音。但静静地听,宛转悠扬,激越奔放,十分地悦耳动听。唱完了歌,女子打开了门,向外窥探道:"提防窗外有人。"又绕着房子转了一圈,才回来,于璟问:"你为什么如此疑心畏惧?"女子笑着说:"俗话说,'偷生鬼子常畏人。'这话就是针对我这样的人说的。"

接着,二人便上床睡觉。女子提心吊胆地,像是很不高兴,说道:"我们一生的缘分,大概到此了吧?"于璟急忙问她发生了什么事。女子说:"我的心跳得很厉害,我的福分到了尽头了。"于璟安慰她说:"心悸眼跳,原是很普通的事情,为什么突然这么说?"听了此话,女子的心情才稍稍安定下来。于是,两人又云雨了一番。天快亮了。女子穿上衣服下了床。刚要开门,又迟疑不决地返了回来,说道:"不知道什么原因,我心里总是发怵,不能安定下来。求你把我送出门。"于璟果真爬了起来,将女子送到门外。女子说:"你就站在这里看着我,等我翻过墙去,你再回去。"于璟景说:"好的。"

于璟就这样一直看着女子转过了房子和走廊,静悄悄地再看不到了,正准备回屋睡觉,听到女子急切的呼救声。于璟急忙跑了过去,四下一看,并无踪迹,仔细听听,声音在房檐中间。他抬起头来仔细看,原来是一只弹丸大小的蜘蛛捕捉到了一只小东西,那小东西正在声嘶力竭地哀鸣着,于璟撕破蛛网,挑下了那小东西,剥去了缠在它身子的蛛丝,原来是一只绿蜂,绿蜂气息奄奄,快要死了。于璟将它拿回屋中,放在桌子上。绿蜂休息了一会儿,才活过来,并能走动。它慢慢地爬上砚台,自己滚进墨汁中,蘸了一身墨后又爬出来,伏在桌上,爬行写成一个"谢"字。然后频频扇动翅膀,穿过窗户飞走了。从此,那绿衣女郎再也没有来过。

黎　氏

龙门地方有个叫谢中条的,为人轻薄,没有德行。三十多岁死了妻子,留下两个男孩和一个女孩。孩子整天从早哭到晚,纠缠牵累得他叫苦不迭。他想重新娶个妻子,高不成低不就,始终没有办成。他只好雇了个老婆子,暂时替他照顾子女。

有一天,他正缓步走在山路上,忽然见一个妇人出现在他的身后。他停住脚步,等那妇人走近了,偷偷一看,才发现那是一个美妙的女子,有二十多岁。他从心中喜欢这女子,因而便跟她开玩笑说:"娘子一人走在山中,难道不害怕吗?"妇人只顾走路不答话。谢中条又说:"娘子步履柔弱,走山路确实很困难。"妇人仍然没有搭理他。谢中条向四下里张望了一下,发现没有人,便走近女子身旁,突然抚摸起她的手腕来。接着,又将她拖进山谷里,准备强奸她。女子愤怒地叫喊道:"哪里来的暴徒,蛮横地来侵扰!"谢中条拉扯她只顾往前走个不停。妇人跌跌撞撞地挪动着脚步,窘迫得毫无办法,于是说:"想和别人相好,有这样做的吗? 放开我,就顺从你。"谢中条答应了她。两人一同走进僻静的山沟里,野合完了,便互相爱慕起来。妇人问起谢中条的住址和姓名,谢中条如实告诉了她。谢中条也以同样的问题询问那妇人,妇人说:"我姓黎,不幸早早死了丈夫,婆母也离开了人世,剩下我独自一人,无依无靠,所以,常常回娘家去。"谢中条说:"我也是光棍一条,你能嫁给我吗?"妇人间:"你有没有子女?"谢中条说:"实不相瞒,若说男女间苟合的事,与我相好的女子也不少。只是儿啼女哭的,叫人受不了。"女子犹犹豫豫地说:"这可是一件很麻烦的事! 看你的衣服鞋袜样式,也很平常,我自认为还能做得了。但继母难做,恐怕经受不起冷言冷语。"谢中条说:"请不要有顾虑。只要我不说，又能干别人什么事？"妇人勉强同意了他的请求。但转念一想，又不无顾虑地说："我的身子已经被你占有了，有什么不相从的呢，但我有个凶悍的伯父，常常拿我当赚钱货，恐怕他不会答应我跟着你的，又该怎么办呢？"谢中条听了，也很忧虑不安，他想请妇人跟他一起逃回家去。妇人说："这办法我也考虑了很长时间。我所担心的是，万一你的家人将消息泄露出去，对咱俩都不方便。"谢中条说："这是小事一桩。我家中只有一个孤老婆子，可以把她立即打发走。"妇人很高兴，就与谢中条一道回家。

谢中条先将那妇人藏在外面屋子里，然后进去打发走老婆子，又是打扫房子，又是整理床铺，把那妇人迎接过来，两人间的关系十分欢洽。妇人也很快地操持起家务来，洗衣做饭，还常为谢中条的儿女缝补衣服，十分的勤劳周到。

谢中条得了这妇人，对她宠爱异常，每天关起门来，只是与她相对而坐，再也不与客人往来。一个多月后的一天，碰巧赶上有公事外出，他反锁了大门后才走了。等他回来，中门闭得紧紧的，敲门没人答应。他用力推开中门，屋里连个人影也没有。刚刚进到卧室门口，便有一头大狼冲着门跳了出来，谢中条几乎被吓死。他稍稍定了定神，走进屋里察看，两儿一女都不见了，满地是鲜血，只有三个人头在地上。谢中条急忙转过身去追赶大狼，可那狼已不知跑到哪里去了。

异史氏说："读书人没有德行，得到的报应也太惨了。讨娶后妻，都不过是引狼入室罢了，何况想要在野合私奔中寻求一个好妻子呢！"

荷花三娘子

湖州府的宗湘若是个读书人。秋日里的一天，他到农田里巡视，看到庄稼茂密的地方，摇荡得很厉害。他心里疑惑，便越过田间的小路去看，原来是一对男女正在野合。宗湘若笑了一下，准备转身离开。就见那男子十分羞愧地结好了腰带，匆匆忙忙地逃走了。那女子也随之站了起来。宗湘若细细一打量，竟长得很文雅娟秀。宗湘若从内心里喜欢上了她，想上去和她缠绵一番，又觉得这么干太粗鄙。于是略微靠前用衣袖拂拭她说："在田野里幽会很快乐吗？"女子笑而不答。宗湘若靠近女子身边解开她的衣服，发现皮肤细腻得如同油脂一样，于是上上下下地探摸了好几遍。女子笑着说："酸腐的秀才！想干什么，就干什么好了，到处乱摸什么？"宗湘若追问她的姓名，女子说："缠绵一番，便各奔东西，问得这么详细做什么？难道准备留下名字立贞节牌坊吗？"宗湘若说："在野田草露中交合，是山村放猪人的做法，我不习惯。以你这样的美丽，就是和人私下约会也应当自重自爱，选个好地方，何止于如此草率？"女子听了，十分赞许。宗湘若又说："我那简陋的屋子离这里不远，请你过去玩玩吧！"女子说："我出来已经很久了，恐怕要被人怀疑，晚上可以去的。"又详细地询问了宗湘若住处的标志，然后匆忙上了小路，飞快地离去了。一更的鼓声刚刚敲过，女子果然来到了宗湘若的屋中。两人行云播雨，十分地欢爱。就这样过了一个多月，这事无人知道。碰巧，有一位西域和尚住在本村的寺庙里，见到宗湘若后，他吃惊地说道："你的身上有股邪气，是否遇到过什么人？"宗湘若回答说："没有。"过了几天，宗湘若忽然毫无来头地病了。女子每夜都要带来新鲜的果品给他吃，殷勤地安慰调护他，就如夫妻一样交好。然而，她一睡下来，就强求宗湘若和她交合。宗湘若因为有病，很有些吃不住。他怀疑这女子不是人,但又没有办法暂时让她离去,于是说:"前两天有个和尚说我被妖精迷惑,现在我真的就病了,他的话果然灵验。明天,我就请他来一趟,让他给我画一道符咒。"女子听了,脸色立刻变得惨白,宗湘若更加怀疑她不是人了。第二天,他便打发人将实情告诉了和尚。和尚说:"这是一只狐狸精。它的道行还很浅,制服很容易。"于是画了两道符咒,嘱咐来人说:"回去之后,拿一个干净的坛子放在床边,将其中的一道符咒贴在坛子口上,等到狐狸精窜了进去,就赶忙用一只盆子盖上。然后再把另一道符咒贴在盆上,连坛带盆一块儿投进汤锅中去用烈火煎煮,不多久就死了。"家人回去后,按照和尚教的办法做好了准备。

夜已经很深了,女子才到来。她从袖中拿出金橘,刚要到宗湘若床前去问好。忽然,坛子口发出飓的一声,女子已被吸入坛中。家人猛地跳了起来,盖上坛口贴上符,准备马上就煮。宗湘若看到撒落满地的金橘,回想起女子对他的一往情深,心中一酸,感动不已,立即让家人把她放了。家人揭去符咒,掀开盖子,女子从坛中走了出来,神情极为狼狈。她向宗湘若叩着头说:"我的大道即将修成,但却差一点儿毁于片刻之间。你是仁人君子,我发誓一定要报答你的不杀之恩。"说完便走了。

几天之后,宗湘若的病情更加严重,看那样子活不了几天了。家人准备到集市上去为他买副棺材。途中,遇到一个女子,问他说:"你是宗湘若的仆人吗?"家人回答说:"是的。"女子说:"宗郎是我的表兄。我听说他病得很厉害,很想去看望他,但碰巧有事不能去。这里有灵药一包,麻烦你转交给他。"家人接过药便回去了。

宗湘若思来想去,表亲中并没有什么表姐妹,于是知道这是狐女在报答他。吃了她的药,病果然好多了,十天后,便恢复了健康。宗湘若从内心里感激狐女,向上天祈祷,希望能再见她一面。

一天晚上,他关了家门正在屋中自斟自饮,忽然听到有人在用指头敲打窗户。他打开门出去一看,正是狐女。宗湘若大喜过望,握着她的手连连称谢,并请她进屋一同饮酒。女子说:"离别以后,我的心里很不安,总觉得无法报答你的大恩大德。现在,我已为你找到了一个很好的配偶,不知是否能稍稍赎回我的罪过?"宗湘若问:"是什么人?"狐女说:"这你不知道。明天早晨,你早点儿赶到南湖,如果看到有采菱女子,身着白绫纱披肩的,就赶快划船去追她。如果你迷失了她逃离的方向,就看堤边有一枝

国学经典文库

中国二十大名著

聊斋志异

图文珍藏版

矮干的莲花隐藏在荷叶下面。你将那莲花采回来，用蜡烛烧它的花蒂，自然得到美女，而且能享受高寿。"宗湘若牢牢记住了她的话。说完话，狐女便要告辞离去。宗湘若坚持要她留下来。狐女说："自从遭受了那次劫难，我立即悟得了大道。怎么还能以男女间的欢爱，招致他人的怨恨呢？"说完，很严肃地走了。

宗湘若依照狐女的指示，来到南湖，看见荷花丛中的美女真不少。中间有一位少女，披着白绢纱的披肩，真是一个绝代佳人。宗湘若催船逼近少女，忽然迷失了她的去路。便拨开一丛丛的荷叶，中间果然有一枝红色的莲花，枝干不到一尺。宗湘若折了它回到家中。进门将花放在桌上，然后削剪好烛芯放在旁边，准备点燃起来。一回头，发现那莲花已化作一个美女。宗湘若惊喜异常，连忙向她施礼。女子说："痴呆书生！我是妖狐，就要祸害你了！"宗湘若不听。女子说："是谁教给你的？"宗湘若回答道："小生我自己就能认识你，还用人教？"说完，便抓住她的胳膊去拉她，女子顺着他手滑落下去，化作一座怪石。怪石一尺来高，面面玲珑透亮。宗湘若把石头置放在香案上，点起香，对它顶礼膜拜。到了夜晚，他又关好门窗，塞好洞穴，唯恐它逃走。天亮起来看它，却又不是石头了，而是一件绢纱衣饰，而且很远地就能闻到它散发出来的芬芳气味；翻开衣领一看，还残存着残脂剩粉。宗湘若拉开被子，搂着那白绢纱衣又睡下了。傍晚时分，他起来点灯，等到返回床边，却发现枕上躺着个美女。宗湘若高兴极了，又害怕她再次变化，苦苦向她哀求了一番后便躺在了她的身边。少女笑着说："孽障啊！不知是什么人多嘴多舌，使得你这疯狂儿纠缠个没完没了！"于是不再拒绝。然而在交合中，少女好像承受不了，屡次请求宗湘若停止。宗湘若不听。少女说："如果你不听，我就要变回去了！"宗湘若害怕她再变，便作罢了。

从此以后，两人的感情十分和谐。金银绸缎装满了箱柜，宗湘若也不知道是从哪里来的。女子见了其他人，只是轻声道个喏，好像有口不能说话似的，宗湘若也从不对他人说起女子的奇异来历。女子怀孕十个多月，计算着分娩的时间到了，便进了屋，叮嘱宗湘若关上门，不要让外人叩门，然后自己用刀剖开腹部，把儿子取了出来。她让宗湘若撕了一块布，将腹部的伤口包扎起来，过了一夜就好了。

又过了六、七年，女子对宗湘若说："我们的缘分已经满了，请就此告别吧。"宗湘若听了，不觉流下了眼泪，说道："你嫁给我时，我的家境还贫困得不能自立，全靠你才富裕起来，你怎么忍心马上就远离？而且，你又没有家族，以后孩子长大了，不知道母亲是谁，也是一件恨事啊！"女子也郁郁不乐地说："有聚必有散，这是一个常理。孩儿有福相，你也可以活到一百岁，还有什么要求呢？我本来姓何，如果你想念我时，就抱着我的旧物呼叫'荷花三娘子'，会看到我的。"话刚说完，她便挣脱了宗湘若的牵扯，说道："我去了。"宗湘若吃惊不小，抬头一看，女子已飞过他的头顶。宗湘若跳了起来，急忙去拉扯，只抓到了女子的一只鞋子。鞋子脱落到地上，变成了一只石燕，颜色比丹漆还红，里外晶莹透亮，好像水晶一样。宗湘若捡起石燕，收藏了起来。然后翻检箱子，发现女子刚来时所穿的那件白绢纱披肩还在。每当想念时，就抱着披肩呼叫"三娘子"，便有女郎隐约可见，带笑的面容，含情的眉黛，和先前一样，只是不说话罢了。

第六卷

潞　令

宋国英是东平州人,由教习提拔为潞城县知县。他贪赃枉法,残暴不仁,催征赋税,尤为残酷。死在他刑杖之下的人,被横七竖八地堆放在院子里。我的同乡徐白山正巧去拜访,见他如此横暴,就讥讽说:"做老百姓的父母官,就一定要威严到这种程度吗?"宋国英洋洋得意,拿腔拿调地说道:"噢!不敢!不敢!我的官虽然不大,可到任百天,已经杀了五十八人了。"

半年后的一天,宋国英正坐在桌案前处理公事,忽然瞪着眼睛站了起来,手抓脚踢,好像和人打架抵抗,嘴里还自言自语地说着:"我罪该死!我罪该死!"衙役将他扶进内衙,没有多久就死了。

唉!幸亏还有阴曹地府兼管着人间的政事,不然的话,杀人掠财越多,做官为政"卓异"的名声就越高,给老百姓带来灾难还有完吗?

异史氏说:"潞城县是潞子的故国,那里的人精神刚毅,所以死后是鬼中雄杰。如今,只要有个官员在上头掌了大权,就一定会有几个趋炎附势的小人,对他卑躬屈节、阿谀奉承。当他官运亨通的时候,就借其威势竭力搜刮尚未榨干的民脂民膏,为他置备锦绣屏风;当他要倒霉的时候,就逼迫尚未杀绝的百姓,向上司乞求留任而力图保住他。不管是贪官还是清官,每一次到任,都有这两件事情。权势显赫者一天不离去,敦厚纯朴的平民百姓就不敢不听他的。养成习惯,代代相传,沿袭成为规矩,这不是取笑于潞城县的鬼雄吗?"

马　介　甫

杨万石是大名府的一个秀才,一生最怕老婆。他的妻子尹氏,异常凶悍。杨万石稍稍有点不顺从她的地方,她便要用鞭子抽打。杨万石的父亲六十多岁时死了老伴,尹氏便将他视为奴隶一般。杨万石与弟弟杨万钟常常偷些食物给老父亲吃,还不敢让老婆知道了。然而,老父亲衣着褴褛,兄弟俩怕人讥笑,始终不让他出来见客。杨万石四十多岁了,还没有儿子,因而娶了一个姓王的女子做妾,但两人从早到晚也不敢说一句话。

兄弟二人到郡城等候考试,遇见一个少年,穿着华丽,长相文雅,与他交谈,很有共同语言,叩问他的姓名,自称:"名介甫,姓马"。从此,双方交往一天比一天密切,并点起香火结拜为弟兄。分别以后,大约过了半年,马介甫忽然带着僮仆来拜访杨家弟兄。碰巧杨家老父就在门外,一边晒太阳,一边捉虱子。马介甫以为他是杨家的仆人,便说了姓名,让他向主人通报一声。杨家老父并未说话,披上破棉絮就走了。有人告诉马介甫说:"他就是杨家兄弟的父亲。"马介甫正惊讶间,杨家兄弟衣帽不整地出来迎接。

进了屋,行过礼,马介甫就要去拜见杨家老父。杨万石以父亲偶然得了小病为由阻拦了。宾主三人促膝谈笑,不知不觉到了黄昏。杨万石多次说要备办酒食,但始终没见拿出来。兄弟二人轮流进进出出,才见有个干瘦的仆人拿了一壶酒出来。一会儿,酒就喝光了。坐着等了许久,杨万石又不停地起来催促、呼喊,头上和脸上急得汗水淋漓。瘦仆人才又拿了碗筷出来。饭是糙米做的,半生不熟,很不好吃。刚吃完了饭,杨万石就匆匆忙忙地走了。杨万钟抱着被子来陪客人睡觉。马介甫责备他说:"我过去以为你们弟兄俩很重义气,所以才与你们结拜为弟兄。今天看到你家老父根本吃不饱,穿不暖,过路人都要替你们感到害羞啊!"杨万钟伤心地说:"心中的隐情,仓促之间,实在难以说得清楚。家门不幸,碰到一个十分凶悍的嫂子,家中人无论大小,都遭到了她的野蛮摧残。要不是至诚之交,我也不敢把这些丑事说给你听啊!"马介甫听了这话,感叹了半天才说道:"我本来打算明天一早就走,如今听到这样的怪事,不能不亲眼看一看。请你借给我一间空房子,以便我能自己做饭吃。"杨万钟依从他的意思,马上打扫了一间房子,将马介甫安顿下来。半夜里,他又偷偷地给马介甫送来一些米菜,生怕嫂子知道。马介甫领会了他的意思,极力推辞,不肯接受,而且还要请杨家老父来与他同吃同住。他亲自跑到集市上,买来棉布、丝绸,为杨家老父换了衣服。父子、兄弟见状,都感动得流下了眼泪。

杨万钟有个儿子,名叫喜儿,刚刚七岁,夜里跟着杨家老父一起睡。马介甫抚摸着他的头说道:"这个孩子将来肯定会大福大寿。能超过他的父亲,只是小时候太孤苦无依。"

尹氏听到杨家老父过上了安适温饱的生活,十分生气,就破口大骂,说马介甫强行干涉别人家的事情。起初,她还只是在房子里骂,渐渐地就骂到马介甫居住的地方来了,有意让马介甫听到。杨家弟兄急得满身大汗,来来回回地奔走着,也不能制止尹氏的辱骂。而马介甫却像没有听见一样,毫不在意。

杨万石娶的妾王氏都怀孕五个月了,尹氏才知道。于是,她剥光王氏的衣服,狠狠地抽打。打完以后,又叫来杨万石,让他跪在地下,给他戴上女人的头巾和发饰,然后拿着鞭子将他赶了出去,碰巧,马介甫就站在外边,杨万石很羞愧,不好意思往前再走。尹氏又来追逼,杨万石才走出了家门。尹氏也跟着走了出来,又着腰。跺着脚,大骂不休。围上来看热闹的人把街道都堵满了。马介甫实在看不过眼,便用手指着尹氏大声呵斥道:"去!去!"尹氏转身就往回跑,那样子就像是被鬼追逐着一般。跑动中,裤子和鞋子都掉了,裹脚的带子也弯弯曲曲地撒落在路上。悍妇赤着脚逃回家,脸色吓得惨白。等她稍稍安定下来,丫鬟送来鞋袜,穿好后,她便号啕大哭,家里人没有一个敢去问怎么回事。

马介甫拉过杨万石,要为他解下头上那些女人的头巾和饰物。杨万石挺直身子,大气不敢出一口,唯恐头巾脱落下来。马介甫强行给他解了下来。杨万石坐立不安,害怕未经允许私自取下头巾,会受到加倍的处罚。打探到尹氏不再哭了,他才敢进屋,提心吊胆地走到尹氏面前。尹氏一句话没说就站了起来,走进房里,自己睡了。杨万石才松了一口气,跟弟弟一道暗地里惊诧不已。

家人也都感到奇怪,聚到一块儿议论一番。尹氏略有所闻,更加羞怒,便把丫头仆人们都痛打了一遍。然后,又传唤杨万石的小妾王氏,王氏伤势严重不能起床。尹氏以为她在假装,就走到床前把她毒打了一顿,王氏被打得血流如注,胎儿也堕了下来。

杨万石找了个没有人的地方，对着马介甫痛哭流涕，马介甫安慰劝解，并叫书僮准备了丰盛的酒菜，陪着他对饮，一直到了二更天了，还不放他回去。

尹氏坐在屋子里，恨丈夫不回来，正要大发脾气的时候，忽然听到撬门的声音。尹氏急忙呼唤丫鬟，就在她大惊小叫间，房门已被打开。转眼间，走进一个巨人，巨人的影子遮蔽了整个房间，凶恶得像鬼一样。不大功夫，又进来几个人，手里各拿着锋利的刀子。尹氏吓得半死，张开喉咙准备呼叫。巨人一刀刺向她的脖颈威胁说："你敢号叫，就把你杀掉！"尹氏急忙拿出金钱丝帛赎命，巨人说："我是阴曹地府派来的使者。不要钱，只要你这尹氏的心肝！"尹氏越发害怕了，伏在地上连连叩头，把额头都磕破了。巨人便用尖刀去割尹氏的心窝，一边割一边还数落着她的罪状："譬如某事，你说该不该杀？"问完，便划一刀。凡是尹氏做的所有凶狠蛮横之事，都被抖落了出来，因而尹氏皮肤上被划的口子也就不止几十下了。最后，巨人说："小妾王氏如果生下儿子，也将是你的后代，你怎么能忍心将她打得堕了胎？这件事情无论如何也不能饶恕！"于是叫人反绑了她的双手，把她的心肠剖出来看。尹氏叩头请求饶命，一个劲地说自己后悔了，不久，听得中门有启动的声音，巨人说："杨万石回来了。既然她已悔过，就暂且留下她这条命吧。"说完，便纷纷散去了。

一会儿，杨万石进来了。见妻子赤身裸体被紧紧绑着，胸口上刀痕累累，纵横交错，难以数清。便急忙为她解开绳子，问她发生了什么事情。尹氏告诉了事情的经过，杨万石大惊，暗自怀疑是马介甫干的。第二天，他向马介甫叙述前一个晚上发生的事情，马介甫也很惊异。从此，尹氏的淫威逐渐有所收敛，接连好几个月都不敢恶声恶语地骂人了。马介甫十分高兴，告诉杨万石说："我将实话告诉你，千万不要泄露出去。前些日子是我略施小技，吓唬了她一下。既然你们已经和好了，我也就该离开了。"于是走了。

尹氏每天晚上都要留杨万石和她做伴，而且又说又笑，极力奉承。杨万石从来没有享受过此种乐趣，现在突然享受到了，反而觉得坐也不是，站也不是。一天夜里，尹氏突然想起巨人凶恶的样子，不由得缩成一团，浑身直打哆嗦。杨万石想讨好妻子，稍稍地透露出那是假的。尹氏一听，猛地站了起来，追根问底。杨万石自觉失言，但后悔来不及了，只得将实情告诉了她。尹氏勃然大怒，一张嘴便骂个不休。杨万石害怕了，跪在床下不敢起来。尹氏竟不理他。杨万石一直哀求到三更天，尹氏才发了话："想要得到我的宽恕，必须在你的胸口上也划上那么些刀痕，才能解除心头之恨！"说完，就站起来去抓了把菜刀。杨万石吓得往外就跑，尹氏在后面紧紧地追赶着，以至闹得鸡飞狗跳，家里的人都被惊动起来了。杨万钟闹不清又发生了什么事情。只得用身子一左一右地护着哥哥。尹氏正在叫骂，忽然杨家老父亲走了出来，看到他那身整端的衣服，她满腔的怒火更加猛烈，于是，不由分说就跑到老头面前，用刀将老头的衣服割成一条一条的，又用巴掌抽打老头的脸颊，揪扯老头的胡子。杨万钟见状大怒，随手捡起一块石头就向尹氏砸去。尹氏被石头击中了头部，猛地一下栽倒在地，昏死过去。杨万钟说："只要父亲和哥哥能够顺顺当当地活下去，我就是死了，也没有什么可遗憾的！"说完，一纵身跳进井里，等到救上来，已经死了。过一会儿，尹氏苏醒过来，听说杨万钟已经死了，她的怒气也就消了。

杨万钟被安葬以后，他的妻子因舍不得离开儿子，发誓不再嫁人。尹氏唾她、骂她，不给她饭吃，硬逼着她改嫁走了。留下一个孤儿，整天挨打受骂。等全家人都吃完

国学经典文库

中国二十大名著

聊斋志异

图文珍藏版

了，才给他一点冷的吃。如此过了半年，孩子已是骨瘦如柴，只剩下一口气了。

一天，马介甫忽然来了。杨万石叮嘱家人，不要将这消息告诉尹氏。马介甫见到杨家老父仍像以前一样穿着破烂，大为惊异，又听说杨万钟死了，不由得顿足捶胸，悲哀不已。孩子听说马介甫来了，便走过来依偎在他的身边，前前后后地叫着"马叔叔"。马介甫已认不出他，端详了半天才认出他就是喜儿，于是吃惊地说："你怎么瘦成了这样子！"杨家老父便吞吞吐吐地将发生的事情告诉了他。马介甫气愤地对杨万石说："我过去说你不像个男人，今天看来果然不错。你兄弟二人只剩下这一个骨肉，要是折磨死了，看你怎么办？"杨万石一声不吭，只管低着脑袋流泪。两人坐着谈了一会儿，尹氏已经知道马介甫来了，不敢自己出来逐客，只是喊杨万石进去，抽他的嘴巴，要他和马介甫断绝关系。杨万石含着眼泪走了出来，脸上被抽打的痕迹清晰可见。马介甫想激他发怒，便说："你不能显示男人的威风，难道还不能决定把她'休'了吗？这悍妇殴打你的老父，害死了你的兄弟，你都心安理得地忍受下来，你以后还怎么做人呢？"杨万石站起身，伸了伸腰腿，脸上似乎有了要行动的迹象。马介甫又激他说："如果她不肯走，依理就该用武力逼迫她。就是把她杀掉了，也不要害怕。我有几个知心朋友都在权要之位上，一定会尽力，保证不会让你吃亏。"杨万石答应了，赌气跑了进去。一进门，正好碰到尹氏，尹氏大声地喝问他道："你要干什么？"杨万石立刻变了脸色，双手趴在地上说："马生叫我把你休了。"悍妇一听，愈加愤怒，四下里寻找刀棍，杨万石吓得赶忙退了出来。

马介甫吐了他一口说："你真是不可救药了！"于是打开箱子，取出一小匙药来，兑了水给杨万石喝了，说："这是'大丈夫再造散'。之所以不轻易给人服用，是因为怕喝了它会伤害人。如今万不得已，暂且试用一下吧。"喝下这药不大功夫，杨万石觉得义愤填膺，心头就像被烈火炙烤着一般，一刻也不能忍耐。他直奔内室，嘴里发出雷鸣般的吼声。尹氏还没顾上盘问，他已飞起一脚，将她踢出几尺之外。随后，他又抓起一块石头，捶打了尹氏无数下。尹氏身上被打得几乎没有一块完好的地方了，可仍是叽叽喳喳地骂不绝口。杨万石从腰中抽出佩刀，尹氏见状，大骂道："别看你拿出了刀子，你还敢杀我不成？"杨万石并不答话，上去就从她的大腿上割下巴掌大一块肉来，丢在地下。正要再割时，尹氏已软了下来，哭喊着求他饶恕。杨万石不听，又割下一块。家里人见他如此凶狂，便围了过来，下死力气把他挟了出去。此时，马介甫也迎上前来，捉着胳膊安慰他。杨万石余怒未消，几次要跑出去找尹氏算账，马介甫劝阻了他。不大功夫，药力渐渐消失，杨万石又灰心丧气，像丢失了魂魄似的。马介甫叮咛他说："你不能胆怯气馁。能不能振作夫权，就在此一举了。大凡一个人之所以有所畏惧，并不是一朝一夕形成的，而是一步一步逐渐造成的。就像那昨天的死去了，今日的又诞生了。你必须从现在开始涤除旧习，重新做人。如再气馁，就再也没有办法了。"说完，就打发杨万石回屋探看。尹氏见到杨万石，吓得两腿打颤，表示她已心服口服，并让丫鬟扶她起来，就要下跪。杨万石拦住，她这才罢了。出来对马介甫一讲，大家都很高兴。马介甫准备告辞离开，杨家父子一再挽留。马介甫说："我碰巧要到东海去，这次是顺道来拜访，等返回的时候，我们还可以再见面的。"

一个月后，尹氏养好了伤，能够起来了，侍奉丈夫就像侍奉宾客一样。然而，日子久了，她觉察到大夫根本就没有什么大的本事，便逐渐与他开起了玩笑，接着又渐渐地开始嘲弄他甚至辱骂他，没有多久，便完全恢复了老样子。杨家老父不堪忍受，在一个

　　漆黑的夜晚逃到河南,出家当了道士。杨万石也不敢去寻找。

　　又过了一年多,马介甫来了。了解到这些情况后,勃然大怒,疾言厉色地将杨万石数落了一顿,并马上叫来喜儿,将他放在驴背上,赶着驴子径直走了。

　　从此以后,同乡的人都很鄙视杨万石。提督学政大人来考察,以品行不好为由,取消了他的生员资格。又过了四五年,杨万石家遭了火灾,房屋并一应财物,全部化为灰烬,而且,火把邻居家的房子也给烧了。村里人把他告到郡府,又罚了很大一笔钱。从此,他的家产逐渐花尽,以至连居住的地方也没有了。附近各个村庄都互相约定,不要将房子借给杨万石住。尹氏的兄弟对她的行为非常气愤,也把他们拒之门外。杨万石实在穷得没办法了,就把小妾王氏抵押到富贵人家,然后带着妻子渡过了黄河往南行进。到了河南地界上,盘缠全部用光,尹氏不肯再跟从他了,吵闹着要重新嫁人。碰巧有个屠夫正打着光棍,就花了三百文钱把她买去了。

　　杨万石孤零零一人在远村近郊要饭。有一天,他讨饭到了富贵人家门前,守门人大声呵斥着不让他靠近。不一会儿,一位官人走了出来,杨万石便伏在地上抽抽搭搭地哭了起来。官人注视了他很长时间,又略略询问了一下他的姓名,吃惊地说:"原来是伯父啊!怎么穷到这种地步?"杨万石端详官人,知道是喜儿,不由得大声悲哭起来。

　　杨万石跟随喜儿走进屋里,见大厅金碧辉煌,十分豪华。不大功夫,老父亲扶着童子的肩膀走了出来,父子相见,泣不成声。杨万石这才叙述了自己的遭遇。

　　原来,马介甫把喜儿带到这里,没有几天,又出去找来了杨家老父,叫他们祖孙二人住在一起。然后,他又聘请老师教喜儿读书。喜儿十五岁时考中了秀才,第二年中了举人,马介甫又为他举办了婚礼。看喜儿已成家立业,马介甫就要告辞离去。祖孙二人哭着挽留,马介甫说:"我其实并不是人类,而是狐仙。我的那些得道的朋友已经等我很久了。"说完便走了。喜儿讲到这里,不觉伤感起来。想到庶伯母王氏与自己从前一样受虐待,更加悲痛了。于是派了车马,带了银子,把王氏赎了回来。一年多,王氏生下一个儿子,便将她扶为正房。

　　尹氏与屠夫生活了半年,蛮横无理仍同过去一样。屠夫大发脾气,用屠刀在她的大腿上剜了个洞,穿上粗糙的绳子,将她悬吊在梁上,然后背着肉竟出去了。尹氏哭叫不已,直到哭哑了嗓子,邻居们才知道。他们从梁上解下她,又去抽穿在大腿上的绳子,一动,她就高声喊痛,哭声传遍了整个村庄。从此以后,她每次见到屠夫回来,就会吓得汗毛倒竖。后来,她腿上的伤虽然好了,但折断的绳芒仍然留在肉里,走起路来,总是不方便。尽管这样,仍要早晚服侍屠夫,不敢有丝毫懈怠。直到这时,她才明白从前自己施加于别人的暴虐,也正是这样。

　　一天,喜儿的夫人和伯母王氏一同到普陀寺烧香,附近村子里的农妇都来参见。尹氏立在农妇们中间,不敢上前。王氏故意问道:"这个女人是谁?"家人禀报说:"是张屠夫的老婆。"还厉声喊她到前面来,给大夫人叩头。王氏笑着说:"这个女人既然嫁给了屠夫,应该是不缺肉吃的,怎么瘦成这种样子?"尹氏又愧又恨,回到家后就上吊,因绳子不结实没有死成。屠夫更加厌恶她。

　　一年之后,屠夫死了。尹氏在路上遇到杨万石,远远望见,就双腿跪地爬到他的面前,眼泪像断线的珠子一样落下来。杨万石碍于仆人在旁边,没有跟她说话。回来后,他把这事告诉侄子喜儿,想让她回到杨家来。喜儿说什么也不答应。尹氏遭到村里人的唾弃,长时间没有找到归宿,只得跟着一群乞丐讨饭吃,杨万石还不时地到荒废的寺庙中跟她幽会。侄儿认为这样太丢人，暗地里唆使乞丐将杨万石羞辱一番，两人的关系才得以断绝。

有关这件事情的最后结局，我不太清楚，最后几行，是由毕公权写的。

异史氏说："怕老婆，是天下男人的通病，但想不到天地之间，竟有像杨万石这种人！这难道不是一种怪异现象吗？我曾经为《妙音经》写过续篇，现把它恭恭敬敬地抄录在后面，以博各位一笑。"

我以为上天化生万物，主要依靠大地完成；男儿志在四方，更需要女性的帮助。男女同乐而妻子独苦，有劳十月怀胎，哺育婴儿，就湿移干，须经三年辛苦。因为动了传宗接代的念头，君子才有了找配偶的要求，瞻顾汲水舂米而生情，古人所以有鱼水之欢夫妻之爱。然而，只因为女子威风的旗帜一天比一天举得高，才使得正统的夫权观念一天比一天衰落。女子开始只是言辞不逊，丈夫也还能稍稍反驳几句，时间长了，则成了丈夫对妻子恭敬如同宾客，而妻子竟然有来无往，对丈夫并不以礼相待。只因依恋于男女情爱，便教英雄丧失了大丈夫的气概。只要母夜叉往床上一坐，任你是护法的金刚也得低声下气；悍妇气焰嚣张，就是铁打的汉子也要俯首称臣。砧上的木杵很多，没有用于捣衣不说，竟然被拿去捶打丈夫；麻姑手上的指甲很长，从来不去给丈夫搔背，而是被用来抓脸。可怜那些大丈夫，小打则忍，大打则跑，被悍妇殴责就如同孟母教子；妻子发号施令，丈夫须得唯命是从，真想重新起用周婆制订的礼法。撒泼跳掷，引来满街道的行人围观，叽喳唠叨，如同扑落了一树娇鸟。

多么可怕啊！呼天抢地，忽然就披头散发要跳井；何等丑陋啊！瞪眼摇头，寻死觅活得就要去上吊。每当这个时候，别说丈夫，就是地下的鬼也会被吓破了胆，天外的神也会被吓掉了魂。每当这个时候，便是"不阻挠、不自逃"的北宫黝也未必不逃，即使"敌始进、胜始会"的孟施舍也不能无畏。

大将军虽然气势如同雷电，可一到内室，锐气顿时便消失得无影无踪；官老爷虽然脸色冷若冰霜，但一挨近卧房，威严就不知到哪里去了。难道女人的脂粉气真有那么厉害，以至于不用权势，就能使人慑服？不然，你怎么解释十分刚强的汉子，一见到女人就不寒而栗；其实这也可以理解，月宫仙女下凡，何妨虔诚皈依？最冤枉的则是：阴间丑女来了，也得香花供奉，听到悍妇的怒吼，便两眼朝天不知所措，看到主政的妻子支使，便五体投地唯命是从。登徒子好色而忘却了妻子的丑陋，唐中宗惧内而受到后人的嘲笑。假如做了汾阳王郭子仪的女婿，立即就会荣华富贵，故而，向妻子讨好便情有可原；可苦入赘到平庸的富贵人家，难免为人役使，辛劳困顿又能图得什么呢？那些贫穷的男子因为没有脸面，只得听任妻子百般摧残，为的是求得悍妇的包容；可那些有钱有势的男人，如果触犯妒妇的利益，就是金钱也帮不了他们的忙。难道维系游子之心的，只有情爱这条狭窄的小道；抑或消除霸王豪气的，只有这条难以填平的鸿沟？

然而，生要同床、死要同穴的夫妻，又有谁教他们唱过"白头到老"的誓词？而那些朝行云、暮播雨的妒妇，却总要丈夫厮守在自己的身边，独占巫山。携妓宴饮的丈夫，只能枉自拍着玉板高声吟唱；自叹命薄的女子，只得独守寒衾，长夜难熬。金蝉脱壳，鹭走无声，要出外寻欢作乐，只有趁悍妇熟睡之机；牛车奔逃，拂尘催赶，想解救姬妾。只恨劣马跑得太慢。疑心丈夫与其他女人同床共眠，揭去被子，才知是她自己的哥哥；为防丈夫与人幽会，暗地里给其脚上拴上绳子，牵来一看，原来是一只山羊，能从她身上得到的温存只是片时片刻，而在她面前遭受的却是永久的虐待。花钱从青楼中买笑寻欢，遭到妻子怨恨，那是自作自受，理应受到惩罚；对妻子俯首帖耳，唯命是从，却又遭受没有来头的摧残，岂能说是应该？酸风凛冽，破坏了夫妻间相依相恋的真挚情感；醋海汪洋，淹没了情人中美艳的幽会。

有时忽逢盛会，良朋已经入座，而酒却被悍妇藏起，还在房中发出了逐客令，因而，交往已久的那些人自然不愿再来，这无疑是由自己宣布与朋友绝交。更有甚者，兄弟为此分离，眼泪沾湿了门前的那株紫荆树；断弦再续，子女们的寒衣被继母换上了河滩上的白芦花。所以，喜欢饮酒的阳城只能终身不娶，一家之中唯有男子；喜好吹竽的子胥到了七十还不成家，是因为他心中有难以向人诉说的隐痛啊！

唉！本应是百年偕老的贤妻，竟然成了附在骨头上的恶疮；千金聘礼，买来的或许是伤及心灵的痛苦。胡须硬似戟矛的尚且如此，脸大如斗的又有何人？许多人固然不敢在马房中斩杀悍妇，断绝祸胎，但又有谁能在狱室中自施宫刑，以斩除孽根呢？

"娘子军"横施暴虐，但苦于没有疗妒的药方："胭脂虎"啖尽生灵，幸亏还有引渡迷津的舟船。夜里焚烧祭神的天香，死后才可免受汤镬之刑；清晨天降花雨纷飞，方能免受地狱中刀山剑树之苦，在极乐的世界里，彩翼可以双栖双飞；妒妇如能多诵佛经，青莲就会并蒂（意指妻和妾）开放。要想消除烦恼，就得在家信奉佛事；想从情欲中解脱，则应经常讲经说法。唉！但愿这篇劝勉悍妇行善的文章，能够成为一滴使其新生的杨枝水！

魁　　星

郓城县有个叫张济宇的人，有一夜刚刚躺下还没有睡着，忽然见满室生辉，大放光明。张济宇大吃一惊，抬头望去，见一个鬼手持巨笔站在那里，样子很像文魁星之神。张济宇急忙爬起来跪拜，光亮也随之消失了。由此，他很自负，认为是高中状元的预兆。可后来，他却潦倒落魄，一事无成，家业也逐渐衰落，亲人相继去世，只有他一个人活了下来。那文魁星之神，怎么不为他造福而尽给他带来祸事呢？

厍　将　军

厍大有，字君实，是汉中府洋县人。以武举人的身份在祖述舜麾下效力。祖述舜很器重他，屡次提拔，将他升迁为叛将吴三桂政权的总兵官。后来，他觉得伪政权大势已去，就偷偷带兵去袭击祖述舜。祖述舜猝不及防，在格斗中伤了手，被厍大有捆绑起来献给了蔡总督。

厍大有到了京城后，有一夜梦见自己到了阴曹地府。阎王对他不讲义气、卖主求荣的行为非常气愤,命令小鬼用烧沸的油浇烫他的双脚。厍大有醒来后,觉得双脚疼痛,难以忍受。后来,他的脚慢慢地红肿、溃烂起来,指甲也全部脱落了。他又患了疟疾,动不动就大喊大叫:"我的确是忘恩负义呀!"不久便死掉了。

异史氏说:"为伪朝做事卖命,固然不能算是尽忠。但无论是国家的栋梁之材,还是普通老百姓,都要知恩图报,圣贤豪杰也应该这样要求自己。厍将军的下场足以让世上那些虽然身为臣子却对主人怀有二心的人引以为戒了。"

绛　妃

康熙二十二年,我在毕际南知州家中的绰然堂设馆教书。毕公家里花木很是繁盛,闲暇时,我常常随从毕公漫步花园,尽情地游赏玩乐。

有一天,游览归来,我非常疲倦,很想好好睡一觉。刚刚脱下鞋子,爬到床上,就梦见两位衣着艳丽的女郎来到床前,请求我说:"主人有事奉托,能不能请您屈驾走一趟?"我吃惊地坐了起来,问道:"不知是哪位相召?"女郎说:"是绛妃。"我恍恍惚惚不知道所说的是谁,匆匆忙忙地跟她们走了。

一会儿,我便看到一座宫殿直插云霄,宫殿下有一排石阶,顺着石阶一层层走上去,约莫有一百多级,才到达顶头。朱门洞开,见我们来了,有两三个女郎进去通报。不大功夫,女郎将我领到一座宫殿外面。殿门垂挂着金钩绿帘,光亮耀眼。一个女子从殿内款款走出,下阶来迎,身上的佩玉叮当作响,模样绝对像个贵妃。我刚要上前行礼,贵妃已抢先说道:"委屈先生到此,按理应该先向您致谢。"便招呼侍从在地上铺上红毯,就要向我行礼。我非常惶惑,不知道如何是好,便启奏说:"我是草野低贱之人,能得到您的召唤,已感到荣幸之至,怎么还敢与您分庭抗礼,增加我的罪过,折损我的福分呢?"贵妃这才叫人撤去地毯,摆上酒宴,与我相对而坐。

酒过数巡,我推辞说:"我酒量不大,稍喝一点就会大醉,很害怕酒后失态。您叫我来,究竟有何见教,请解除我的疑虑。"贵妃并不答话,只是一味地用大杯向我劝酒。我一再请命,她才说:"我是花神,一家都弱小,置身这里,风神那丫头屡次欺凌我们,对我们横加摧残。现如今,想与她背城一战,麻烦先生为我们起草声讨的檄文。"我诚惶诚恐地启奏说:"我学识浅薄,不善文辞,恐怕有负您的重托。但是,既蒙您这样信任,我怎敢不竭思尽虑,奉献上我的一片至诚之心?"贵妃大喜,就在殿上赐给我纸笔。紧接着,美丽的侍女们便擦桌抹座,磨墨润笔。还有一个少女将纸折成格子,放在我的手腕下面。我刚刚写下一两句,她们便三三两两,比肩搭背地来窥看。我一向很迟钝,但此时却觉得文思像喷突的泉水一样涌出。不大功夫,便脱了稿。侍女们争着拿去给绛妃过目。绛妃打开看了一遍,认为不错,于是又派侍女将我送了回来。

睡醒了,回忆这件事,其情景仍然历历在目,但檄文中的词句,却已忘了大半。于是补足成完整的一篇:

> 细细考察风神,骄横成性,嫉妒为心。凭借自己的才能,促成自己的恶行,忌妒之性已经浸入骨髓;趁着他人的疏忽,攻击他人于暗中,奸诈之术,果真类似含沙射影的鬼蜮。昔日,虞舜受她的蒙蔽,才认为女英、娥皇不足以解忧,反想借她解除民众的烦恼;楚王受她的蛊惑,更觉得贤人才士不足以称心,硬说只有她可以称雄;出生沛地的英雄刘邦,看到风吹动天上的云彩,便

想起了守边的猛士；葬在茂陵的天子汉武，每遇秋高气爽之际，便思念起逝去的美人。从此，她依仗君王的宠爱，更加肆无忌惮。万物齐吼，吹响了王宫中占风的玉片；通宵呼啸，摇撼着秋天的丛林发出阵阵寒声。忽然扑向山林草丛，借虎啸发泄淫威；偶遇三峡礁石，便在江中掀起滔天巨浪。

更有甚者，帘钩频频被她摇动，高阁上便响起悲凉的乐声；檐铁为她敲响，枕畔边更惊起离人的幽梦。钻帷幕，登床榻，她反而成了参与政事的幕僚；推房门，上厅堂，她居然变作乱翻诗书的狂客。生平从未见面，便欲开门启户而来；掌中若非牵住罗裙，更想掠夺妃子远去。吐月晕于天空之中，竟敢借此显示自己的征兆；翻柳浪于青郊野外，却谎称是为花寄信。辞官归隐的高士，刚刚踏上归途，她便吹动其薜荔编织的衣裳，加以戏弄；登高远望的游客，刚刚有了游兴，她则拂落他那茱萸插就的帽子，使其扫兴。飞蓬翻卷，本欲自行堕落，却不料被一阵旋风卷入高空；筝声悦耳，刚想升入云霄，更被她强行吹断百尺绳线。尚未接到太后旨意，就于隆冬催动鲜花盛开；还没等座客拔掉帽缨，便在宴席上吹灭千枝烛火。扬尘播土，她竟想荡平李贺之山；呼风唤雨，她胆敢卷破杜甫之屋。

河伯起于幽宫，掀起浪涛如击鼓；风神来自西方，发出声响若吹笙。轻漾而来，草木倒伏，呼啸而至，瓦片翻飞。未施搏击波浪的威风，江豚还不时浮出水面向人遥拜：突然摆出遮天蔽日的阵势，空雁便难以上下翻飞排列成行。如果说帮助轻舟前行的清风，尚有可取之处，那么，卷起闺房翠帐的贼风，则是存心不良，至于海鸟有灵，先避风于鲁国的城门，但愿行人无恙，当阻郎于江边的船上。古有贤良豪放之人，能乘长风破万里之浪，今无才华出众之士，可御风而行者能有几人？驾着暴风行走的狂云，因而便夜郎自大；借恶风而兴浪的河伯，更是滥施淫威。

百花姐妹都遭到她的摧残，草木家族全受到她的蹂躏。红花纷然，绿叶扰扰，被她吹伏在地的无从计算；细柳摇摆，柔枝发响，被她摧折的更是难以数清。而后的金谷园落英缤纷，连缀起来可当游人的坐垫；露降华林苑柳容戚戚，都成了沾泥的飞絮。残花已枯萎凋零；仍不免受风吹之苦；玉片已脱落朱树雕栏，还要经飘零三难。朝夕之际，减却春花无限，万点花飞方惹恨；东西之间，觅取残红数片，五更寒风止愁人，江汉游女，轻盈飘逸欲成仙，脚穿绣花弓鞋漫步春园；玉楼住佳人，寂寞孤独正惆怅，手牵镶珠马勒踟蹰草地。

此时此刻，伤春者一定会有满腹的怨气，寻访胜境者只有高唱那无可奈何之歌。而你却趾高气扬，没有来由地振奋起来：催种子萌生，摇花瓣凋落，吹动起无休无止的秋风。

太可悲了！绿树犹在，但红花青叶，却簌簌落满了垣墙；太久远了，朱幡不竖，那香草美兰，点点洒落泪珠。堕落于厕中，粘附于篱笆上的，一朝一夕，就被断送了芳魂；早晨还是容光焕发，晚间便已憔悴满面，何年何月，百花姐妹们才能免遭荼毒？怨罗裳遇风便开，唱《子夜歌》亦不过空骂一场。控诉风伯肆虐的虽然很多，无奈天庭根本不予理睬。为此，我等公告众芳邻，共同摆下娘子战阵；凡我花木同宗，都来组织草木三兵。不要说你蒲柳弱质无能，重要的是要有结篱御敌之心；且看我莺俦燕侣，去报夺我所爱之仇恨；联合蝶友蜂朋，齐发同仇敌忾的决心。兰为桨桂为舟，可练兵于昆明湖上；桑为伞柳为旋，以阅兵于上林苑中。东篱下面的菊花，走出茅庐献策；古林中间的大树，怀着义愤挥戈。挫败风神气焰，昭雪粉黛千年的冤仇；消除风神的霸道，消解姐妹万古的愤恨。

河 间 生

河间府某书生，自家场院积存的麦秸像小山一样。家里人每天取一些当柴烧，久而久之就掏出一个洞来。有狐仙居住其中，常常跟主人打照面，是个老翁。

有一天，老翁请主人到他那里去喝酒，拱着手请进洞。书生感到为难，经不住一再邀请便去了。进去一看，发现走廊房舍都很华丽。就座以后，茶香酒醇，菜肴精美，只是光线黯淡，辨不出是正午还是黄昏。吃喝完走出洞口，景物都无影无踪了。

老翁每天夜间出去，早上回来，没人能知道他到哪里去了。问他，说是朋友请去喝酒了。书生请求与他一道去，老翁不答应。书生再三请求，老翁才同意了，他拉着书生的胳膊走，快得如同乘风似的。大约过了做熟一顿饭的功夫，他们来到一座城市。走进一家酒馆，见客人很多，相聚在一起喝酒，很是热闹，老翁便领书生到了楼上。从上往下看，喝酒的人和杯盘桌椅，历历可见，老翁走到楼下，任意从桌子上拿取酒肴鲜果，用双手捧了来给书生食用，没有一个人阻拦。

过了一会儿，书生看到一个红衣人的面前摆放着金橘，就要让老翁去为他拿来。老翁说："这是一个很正派的人，我不能接近他。"书生暗想：这狐仙与我厮混，我一定是个不正派的人了。从今往后，我一定要做个正派人。刚想到这里，便忽然觉得身不由己，一阵眩晕而堕落到楼下。楼下喝酒的人被吓了一大跳，吵吵嚷嚷，认为他是妖怪。书生抬头一看，自己刚才坐的地方，原来并不是楼上，是房间的一根梁木罢了。

书生把实际情况告诉了大家。大家审度他所说的情况不像是编造的，便送了一些路费叫他回去。他问这是什么地方，大家告诉是鱼台县，离河间府一千多里路。

云 翠 仙

梁有才原是晋地人，后来流落到济南府境，靠做小买卖为生，没有家室也没有田产。有一天，他跟随村里人去游览泰山，正值四月上旬，山上香客络绎不绝。中间还夹杂着信佛的善男信女，领着大概百十来个男人，混杂着跪在菩萨的宝座下面，跪的时间，以烧完一炷香为限度，人们称之为"跪香"。梁有才看到跪香的人中有一个女郎，约十六七岁，长得很漂亮，心中便萌发了爱慕之情。便假装香客，跪在女郎的身边。然后，又装出双膝困乏无力的样子，故意将双手拄在她的脚上。女郎回过头来喷怒地瞪了他一眼，跪行几步躲开了他。梁有才也跪行几步，又挨近了她，过了一会儿，又将双手拄在她的脚上。女郎察觉到了，立刻站起来，不跪了，出了门就走。梁有才跟着也站了起来，想去跟踪她。出门一看，已不知她到哪里去了。他感到非常失望。只得闷闷不乐地往回走。

正行进间，忽然看到那女郎跟着一个老太太在前面走着。老太太看样子是女郎的母亲。梁有才紧赶几步，跟在了她们的后边。老太太与女郎边走边谈。老太太说："你能去参拜娘娘,这是件大好事! 你没有兄弟姐妹,只要能得到娘娘的暗中保佑,保佑你得到一个如意郎君,能够相互孝顺长辈。也就不必选贵公子、富王孙了。"梁有才听了,暗自高兴,便慢慢地去和老太太套近乎。老太太自称姓云。姑娘叫翠仙,是她的亲生女儿,家住西山。离这里有四十里地。梁有才说:"山路崎岖不平,老母步履细碎。小妹妹又如此柔弱,到何时才能到家呢?"老太太说:"天色已晚,打算先到她舅舅家住上一宿再说。"梁有才说,"刚才您说到选择女婿,不计较贫贱富贵,我还没有结婚,不晓得老母亲对我是否中意?"老太太征求女儿的意见,女儿不说话。一连问了几遍,她才说道:"他这人没有福相,加之生性放荡没有德性,那一颗轻薄的心还容易反复。女儿我不能给这种举止猥琐的人做妻子!"梁有才听了,赶忙表白说自己又真诚又朴实,并且指着太阳连连发誓。老太太很高兴,竟答应了这门亲事。翠仙虽不乐意,也只能生生气而已。老太太又抚慰了她一番。

　　梁有才为了献殷勤,从口袋掏出钱来,雇了两乘轿子,让老太太和翠仙坐上,自己则徒步跟在后面,就像个仆人一样。每当到了险要难走的地方,他都要大声呵斥轿夫不得颠簸摇摆,显得十分殷勤周到。不久,他们来到一个村庄,老太太便邀请梁有才一同到女儿的舅舅家去。舅舅出来相见,是个老头;舅母出来相迎,是一个老太婆,老太太分别叫他们哥哥和嫂子,并说:"有才是我的女婿,今天恰好是黄道吉日,不必另择日子了,今晚就给他们成亲。"翠仙的舅舅也很高兴,拿出酒菜招待梁有才。吃喝完了,将翠仙精心装扮一番,然后扫了床铺,催促他们歇息。翠仙对梁有才说:"我很清楚你不是一个仁义之人,迫于母亲的成命,就胡乱地跟你过吧。你如果还算个人,就不必操心我们的共同生活。"梁有才唯唯诺诺地答应了。第二天早晨,老太太对梁有才说:"你最好先走一步,我带着女儿随后就到。"

　　梁有才回到家里,打扫了屋子,老太太果然伴送女儿来了。走进屋内一看,见空荡荡的什么也没有,便说:"像这个样子,怎么能生活下去? 我得赶快回去一趟,略微帮助你们解决一下困难。"说完便走了。第二天,就有几个男仆女婢送来了衣服、食物和各式各样的器具,将屋子摆得满满当当的。这些仆人婢女没有吃饭就走了,只留下了一个婢女。

　　梁有才从此便过上了吃得饱、穿得暖的生活,无所事事,只是每天带着村里的无赖酗酒赌博,渐渐地连翠仙的簪子和耳环也偷去赌了。翠仙劝他,他也不听,翠仙实在忍受不了了,只好严密地守护着自己的箱笼,防他就像防贼一样。

　　有一天,梁有才的一个赌友叩门拜访,看到翠仙,非常吃惊,便开着玩笑对梁有才说:"你如此富贵,何必为贫穷而感到忧愁呢?"梁有才问这话从何讲起。赌友回答说:"刚才我看到你的夫人,真是像天仙一样啊! 这样美丽的女人跟你的家道太不相称了,如果将她卖给有钱人家做妾,你可以得到白银百两;如果卖到青楼里当妓女,则可以得到千两。你有千金放在家里,还愁饮酒、赌博没有钱吗?"有才虽然没有说什么,但心里默许了。

　　从此以后,梁有才每次回到家中,就要在翠仙面前唉声叹气,总是说日子已穷得过不下去了。见翠仙没有理他的茬。梁有才便拍桌子,扔汤匙扔筷子,骂婢女,做出种种丑态给翠仙看。一天晚上,翠仙打来了酒,与他对饮。她忽然说道:"因为家中贫穷,你天天焦心发愁。我没有办法改变这贫穷的境况,替你分忧,心里哪能不感到羞愧? 但我身边实在没有值钱的东西,只有这个婢女,卖了她,还可以稍稍贴补一下家用。"梁有才摇了摇头说:"她能值几个钱!"又喝了一阵,翠仙说:"对于你,我还有什么事不能答应呢?但我实在没有力量帮你了。想你如今贫穷到这种程度,就是到死那天都跟着你,也不过是共同分担百年的苦难,又能有什么发迹之日呢?不如将我卖给富贵人家,如此,对你我都有好处,得到的价钱或许会比婢女要多些。"梁有才故意装出很惊讶的样子,说道:"何至于到这种地步!"翠仙一再坚持自己的意见,并摆出一副很严肃的神态。梁有才高兴地说:"让我们再商量一下吧。"

于是即通过一个太监,将翠仙卖给教坊做歌妓。太监亲自到梁家来相人,看到翠仙,很是高兴。害怕买不到手,太监便先写了一张八百贯钱的契约。事情眼看就要办成了。这时翠仙说道:"母亲因你家中贫困,心中日日牵挂。今天,我们母女的情分要断了,准备回家去看看;何况,你与我断绝关系,怎么能不告诉老母一声?"梁有才担心老太太会阻拦,翠仙说:"这事是我自己愿意的,保证不会出差错。"梁有才同意跟她走一趟。

快半夜了,他们才抵达翠仙的娘家。叩开门进去,见楼阁华丽,仆人婢女们来来往往。梁有才每天和翠仙生活在一起,曾多次提出要来探望岳母,都被翠仙劝阻了,所以,他虽作了云家一年多的女婿,却从未到过岳母家。到了这个时候,他才大吃一惊。看到她家中如此富有,他唯恐不让翠仙去做小老婆或歌妓。翠仙带着他上了楼,老太太吃惊地问:"夫妻双双来做什么?"翠仙怨恨地说:"我一再说他不是一个仁义之人,现在看来,果然如此!"说完便从衣服里面拿出两锭黄金放在桌上,说:"幸亏黄金没被这小人骗去,现在还是退还给母亲吧。"老太太惊异地问这是怎么回事,翠仙说:"他就要把我卖了,我收藏这些金子也没有什么用处。"然后指着梁有才大声骂道:"狼心狗肺的东西!过去你肩担手提,沿街叫卖,脸上沾满了尘土,脏得像鬼一样。刚刚接近我的时候,一身的汗臭味能熏死人,皮肤上结满了污垢,一块块地直往下掉,手脚上的老茧,足有一寸多厚,使人成夜成夜地感到恶心。自从我到了你家,你便过上了安逸舒适的生活,这层鬼皮也才脱掉。老母亲就在面前,难道我是在污蔑你吗?"梁有才耷拉着脑袋,大气都不敢出一口。翠仙又接着骂道:"我自知没有倾国倾城的容貌,不配去侍奉贵人;但像你这样的男人,我自认为还能配得上。我有什么地方亏待了你,你连一点儿夫妻之情都不顾?我不是没有能力盖楼房,置良田,但一想到你这轻薄的骨头,要饭的长相,我就什么都不想干了。你这东西,终归不是能与人白头偕老的!"

就在翠仙痛骂不休的时候,那些老妈子、小婢女们纷纷赶了来,臂挽着臂,襟连着襟,将梁有才团团围在中间。听了翠仙对他的数落,便都唾骂他,齐声说道:"不如把他杀了,何必跟他废话!"梁有才十分害怕,趴在地上连连叩头,不停地说自己后悔了。翠仙又气冲冲地说道:"卖妻子已经是很可恶的了,但这还不是最可恶的,你怎么能忍心把与自己同床共衾的妻子卖去做妓女呢?"翠仙的话还没有说完,众婢仆已瞪裂了眼睛,纷纷操起尖利的簪子、剪刀,去刺扎梁有才的两肋和胯部。梁有才大喊大叫,请求饶命。翠仙拦住了她们,说道:"还是先放了他吧。他虽然无仁无义,但我还不忍心看他这副战战兢兢的可怜相。"说完,便带着众婢仆下楼去了。

梁有才坐在楼上听了好大一会儿,等到所有的声音都沉寂下去,便想偷偷逃走。猛抬头看见了天上的星斗,东方已经发白,四野苍茫,灯火也很快就熄灭了。再一看,根本就没有什么屋宇,自己原来是坐在悬崖峭壁上。俯瞰身下涧谷,深不见底。梁有才吓得要死,生怕掉了下去。他稍稍挪动一下身子,只听得轰隆一声,山石崩塌,他也随着崩塌的山石滚落下去,幸好岩壁间横斜出一棵枯树,挂住了他,才不至于堕落谷底。因树枝顶着腹部,他的双手双脚均悬在空中,无所着落。往下一看,只见白茫茫一片,不知有多少丈深。他身不敢翻,手脚不敢动,只有扯着嗓子大声嚎叫,全身都肿了,眼睛、耳朵、鼻子、舌头以及身上的力气也都用尽了。

太阳渐渐升高,一个砍柴的樵夫发现了他。樵夫找来绳子,垂落到岩崖间,将他拉到崖上,他气息奄奄已快要死了,人们将他抬回到他的家,只见门窗洞开,家中荒凉得如同一座破庙一样。那些豪华的家具什物都没有了,只有绳子缠绑着的床和破烂不堪的桌子,这两样原属于他自己的家具,零零落落地摆放在屋里。梁有才灰心丧气地躺了下来。饿了,就向邻居讨点饭吃。不久,身上肿胀的地方便溃烂了,长了一身的癞子。村里的人瞧不起他的为人,都不理睬他。梁有才没有办法,只得卖了房子,住到山洞里,每天揣着一把刀子。沿路乞讨。有人劝他卖了刀子换些吃的,梁有才不肯。说:"我住在山洞里要防备虎狼,这刀是用来自卫的。"后来,梁有才在半道遇到了劝他卖妻的那个赌友,就装出十分哀伤的样子走上前去同他说话,突然抽出刀来把他杀了,于是他被收捕了。县官了解到他杀人的缘由后,也就没有忍心用酷刑虐待他,只是将他关进狱中。不久,梁有才便病死在牢房里。

异史氏说:"如能得到一个眉若远山抹黛、脸如芙蓉盛开的美貌女子,就是生活困苦。给个南面称王的机会,也不换啊!自己本来就没有人样,却要怨恨交了个恶友,所以,做人朋友的人不能不引以为戒。大凡浪荡子弟引诱他人去嫖娼竟赌,做种种不仁不义的事。如果事情没有一败涂地,即使不埋怨,但也绝对不会感激。等到被引诱者身上没了衣服,妻子身上没了裤子,众人指指点点,即使没病也得羞死。这个时候,穷困破败的忧虑,无时无刻不在他心里转悠;穷困破败的怨恨,无时无刻不在他嘴里恨恨地发泄着。宁静而又冷清的夜晚里,裹在为牛御寒的草袱中,辗转难眠。然后,历历在目地想到没有败落时的美好生活,想到将要败落时的狼狈处境,又历历在目地想到致使他家境败落的原因,并因此想到致使他家境败落的那个人。到了这个时候,怯懦者便会坐了起来,抱着破棉絮垂头丧气,不停地咒骂,强悍者则会忍着寒冷,裸露身子,点燃灯火,磨刀霍霍,要报仇的念头使得他等不及天明了。所以,劝人做好事,就好比赠送橄榄;引诱人干坏事,则如同馈赠腐败变质的腊肉。听别人说话的人固然应当反省,而说话的人就能不小心谨慎吗!"

跳　　神

济南地区有个风俗,凡民间有人生病,那一家的女眷都要在家中求神问卜,老巫婆来敲打铁环单面鼓,舞动腰腿,做出各种姿态来,叫作"跳神"。这种风俗在都市里尤为盛行。

良家少妇,时常会自己跳神。方法是在大厅中央放上盛了肉的盘子,再给盆里倒上酒,满满当当地放在几案上。然后点上一支巨大的蜡烛,使室内的光线比白昼还要明亮。少妇系一条短裙,弯一只脚,跳一种名为"商羊"的单足舞。同时有两个妇人捉着她的臂膀,一左一右地扶持着。少妇絮絮叨叨,口中念念不休,像是唱歌,又像是祝祷,字的多少,句的长短,参差不齐,不合音律,却拖着长腔。室内有几面鼓没有节奏地乱敲着,声音像打雷,"嘭嘭嘭嘭"地吵得人耳朵发疼。少妇的口一张一合,夹杂在鼓声中,听不大清楚。一会儿,少妇垂下脑袋,眼睛斜视,站立全靠别人搀扶,不扶就会摔倒;一会儿,又伸长脖子,向上跳跃,离开地面能有一尺多高。每到此时,室内的每一个女子都会摆出一副严肃的面孔,惊愕地互相看上一眼,然后说道:"老祖宗来吃食了。"于是嘘的一声,将灯吹灭,室内室外都变得漆黑一团。室内的人站在黑暗中,屏气敛声,没有人敢与其他人交谈一句。其实,就是讲话别人也听不到,因为说话声会被鼓声扰乱。大约过了有一顿饭功夫,便听得那少妇大声呼唤起公公、婆婆以及丈夫、嫂子的名字来,这时,众人才又重新点起蜡烛,躬下腰背向神仙打探吉凶祸福。再看杯中、盘中、桌上,均已空空如也。然后再看少妇的脸色,观察她是嗔怒还是欣喜,并恭恭敬敬地向她问话,少妇则有问必答。如果众人中有心底里不以为然的。神灵自然会知道,还指名道姓地说某某讥笑我,对我老大不恭敬,要剥掉她的裤子。心底里不以为然的人再看自己,已是光秃秃地裸身站在那里,并且总会在门外的树上找到她的裤子。

满族的妇女,对跳神信奉得尤其虔诚。哪怕是一点小小的疑难,都要用跳神来决断。每于跳神时,便打扮得整整齐齐,骑着假虎假马,拿着长柄的兵器,在床榻上舞动,叫作"跳虎神"。假虎假马的气势必须威武雄壮,跳神人的声调则要粗重浑厚。有的还自称是关羽、张飞、赵公明,旗号各不相同。那种威严阴冷的气氛,尤其令人敬畏。如果有男人戳破窗纸偷偷观看,往往会被破窗而出的长柄兵器刺穿帽子,挑了进去。一家老小,从婆婆到儿媳以至姐妹,一个挨一个地紧靠在一起,像大雁一样排成一行站着,心里无杂念,挺直身体不松懈。

铁布衫法

有个姓沙的回回,学到一种名为铁布衫的大力功法。发功时,将五个指头并拢起来,用力一斫,可以砍断牛的脖子;横起一戳,可以刺穿牛的肚子。他曾在仇彭三公子的家里做过现场表演:将一根大木头悬挂在空中,派两个健壮的仆人将大木向远处撑去,木头猛地返回来时,他便光着肚皮去承受木头的撞击,只听"砰"的一声,大木又被撑出去好远。又掏出自己的生殖器放在石头上,拿木椎用力击打,生殖器一点也没受到损伤。只是怕用刀砍。

大力将军

查伊璜是浙江人,清明那天在野外的寺院里饮酒,看到殿前有一座古钟,比两个石瓮还大,上下印满了带有泥痕的手印子,清清楚楚地就像刚印上去的一样。查伊璜很疑惑,便俯下身子探看,发现古钟底下还有一只约莫能容八升东西的竹筐,不知道里面盛什么东西。他叫了几个人,抠着古钟的双耳,用力掀举,纹丝不动。查伊璜越发惊奇了,便坐下来喝着酒等候能掀动古钟的人回来。

没有多久,有个乞丐走了进来,拿出讨要来的干粮堆放在钟下,然后一只手提起古钟,一只手捧着干粮放进筐内,如此掀放了四次,才将干粮放完。放完后,又把古钟重新放好,这才走了。过了一会儿,乞丐又回来,并掀开古钟从筐里拿取食物吃。吃完了再拿,轻便得就像打开木匣子一样。满座的人都非常惊奇。查伊璜问他说:"像你这样一条好汉,为什么还要讨饭?"乞丐回答说:"因我的饭量特别大,没有人雇用我。"查伊璜看他很健壮,就劝他去从军。乞丐神情黯淡,担心没有人推荐。查伊璜便将他带回家中给他饭吃,估摸他的饭量,大约在五六个人之间。又给他换了衣服鞋子,送了五十两银子,叫他从军去了。

过了十多年,查伊璜的侄子在福建做县令。忽然有一位吴六一将军前来拜见。谈话间,吴六一问:"伊璜是您什么人?"查伊璜的侄子回答说:"是我的叔父。他跟将军是在何处相识的?"吴将军说:"他是我的老师。分别十年了,我十分想念他。麻烦您转告一下,请先生到我这里来一趟。"查伊璜的侄子随口答应下来,但心里却在想,叔父是个有名的读书人,怎么能有个习武的弟子呢?碰巧,查伊璜到这里来了,侄子便将吴将军相请的事告诉了他。查伊璜怎么也记不起有这么个人。但因吴将军邀请的态度十分诚恳。他便叫仆人备了马,拿着帖子去拜访。

听说查伊璜来了。吴将军赶忙走出大门外迎候。查伊璜打量一下,觉得很陌生,暗地里怀疑吴将军是不是记错了人。然而,吴将军却弯腰屈背,显得越发恭敬了。查伊璜被恭恭敬敬地请进府内,一连通过了三四道大门。忽然看见有女子来往。知道这是内宅,便停住了脚步。吴将军又行了礼,请他继续往前走。不大一会儿,进到大厅上,只见卷门帘的,移座位的,都是一些年轻的女子。查伊璜入座,刚想询问,吴将军已微动下巴,向女子们示意,立即便有一个女子捧了礼服送上,吴将军于是起身更衣。查伊璜不知道他要干什么。众女子给吴将军整理好襟袖,将军又叫几个人把查伊璜按在座位上不让动,然后像朝见君主和父母那样向他叩拜。查伊璜大惊,不知道他为什么要这样做。叩拜完毕,吴将军又换了便服来陪他座谈。笑着说:"先生不记得举钟的乞丐了吗?"查伊璜这才恍然大悟。接着,便有丰盛的筵席陈列于高堂之上,家里的歌妓奏乐于高堂之下。喝完了酒,众女子便分列两旁侍候。将军进入房里,亲自安排好住宿,才离去。

查伊璜因为喝醉了酒,起得很迟,等他起来时,吴将军已到他的卧室外面问候三次了。查伊璜深感不安,就想告辞回去。吴将军卸了车轴、锁了门,不让他走。看到将军每天什么事也不干,只是清点侍姬、婢仆、役卒、骏马、服饰以及器皿,督促管家登记造册,并告诫不许遗漏。查伊璜认为是将军的家政,所以就没有过问。一天,将军拿来那份财产登记册对查伊璜说:"我能有今日,完全是您的大恩大德所赐予的。一个婢女,一样物品,我都不敢据为己有,愿意分出一半来奉送给先生。"查伊璜陡然一惊,拒不接受。吴将军不听。拿出所藏的白银几万两,也分成两半。然后按着登记册一件件清点,以至古玩、桌床,将堂内堂外摆得满满当当。查伊璜一再制止,吴将军不理不顾。点完了婢仆的姓名,便命令男仆整理行装,婢女收检一应器具,并且叮嘱他们一定要恭恭敬敬地侍奉查先生。百十个婢仆诚惶诚恐地答应着。直到亲眼看着侍姬婢女们上了车,仆役牵了骏马,前呼后拥地动了身,吴将军才转过身来与查伊璜告别。

后来,查伊璜因修史一案,受株连被捕入狱。他最终得到赦免,全是吴将军出的力。

异史氏说:"给人以丰厚的施舍却不问被施舍者的姓名,查伊璜真不愧为侠胆义肠的大丈夫!而吴将军知恩图报,所表现出来的慷慨豪爽,尤其是千古罕见。有这种阔大的胸怀的人,自然不应老死于山林沟壑而不显达。由此可知两贤相遇,并非偶然。"

白　莲　教

白莲教首领徐鸿儒，得到了一部讲旁门邪道的书，能够役使鬼神。他略略试了一下，观看的人无不感到惊异，于是奔走于他门下要求做徒弟的人像鸭子似的结群而来。徐鸿儒就暗地里开始了反抗朝廷的活动。

徐鸿儒取出一面铜镜，声称此镜能照出人的一生结局。他将这镜子悬挂在大厅中央，叫人自己去照，有的是头戴幞头的官吏，有的是头顶纱帽的贵人，有的是穿绣衣的大官，有的是着貂蝉的使者，显现出来的形象各不相同。人们更加惊愕了。从此，消息越传越远，登门要求照镜的人，络绎不绝。徐鸿儒于是宣称："凡被镜中照出是文武贵官的，都是如来佛祖指定要参加龙华大会的人，应各自努力，不要退缩。"说完，他对着镜子，自我映照了一番，镜中的他头戴冕旒，身着龙袍，俨然是位帝王，众人面面相觑，很是惊讶，便一齐跪倒在地。徐鸿儒乘机竖起反旗，拉起队伍，人们莫不踊跃相从，希望能像镜中映现的那样得个一官半职。没有几个月，他便聚集了数万人马，山东滕县、峄县一带的人，望风顺服。

后来，朝廷派了大兵来围剿。有个都司武官姓彭，是长山县人，勇敢过人，武艺超群。徐某派两名少年女将出阵迎战。二女均持双刀，刀利如霜；骑高头大马、嘶叫尖利。双方战马往来盘旋，飘忽不定，从早晨一直打到傍晚，二女将无法伤害彭都司，彭都司也无力打败二女将。如此打斗了三天，彭都司精疲力竭，气喘吁吁，终于累死了。

待到徐鸿儒兵败被杀，官府拷问被捉住的白莲教党徒，才知道二女将所拿的刀是木刀，所骑的马是木板凳。假刀假马战死真将军，也是奇事了！

颜　氏

顺天府某位书生，家里很穷。有一年碰上饥荒，他便跟父亲来到了洛阳，他生性愚钝，十七岁时，才勉强做成文章。然而，他的仪表和风度很俊美潇洒，会讲笑话，善于写书信。凡是见了他的人，都说他风度翩翩，却不知道他肚里没有多少真才实学。不久，某生的父母相继去世，剩下他孤零零一个人，靠在洛阳一带教村童为生。

当时，村中有一个孤女，姓颜，是一个很有名的读书人的后代。颜氏从小就很聪明。父亲在世时，曾教她读书习文，她只要看一遍，就再不会忘记了。十多岁时，她又学着父亲的样子，做起诗填起词来。她父亲常常说："我家有个女学士，只可惜她不是个男儿啊！"因对她十分钟爱，所以希望能给她找个显贵的夫婿。父亲去世后，母亲坚守这个遗愿，三年过去了，也还是没有如愿以偿，而母亲又去世了。有人劝她嫁一个品学兼优的读书人，她答应了，但没有找到合适的。

碰巧，邻居妇人过墙来与她聊天，手中拿着用字纸包着的绣线。颜氏打开字纸来看，原来是某生写给邻家男子的一封信。她反反复复地看了好几遍，对写信人产生了爱慕之情，邻居妇人看出她的心思，悄悄对她说："写信人是一个风度翩翩的俊美少年，和你一样孤苦伶仃，年龄也和你差不多，倘若你有意于他，我就吩咐丈夫替你们说合。"颜氏眼含深情低头不语。

邻妇回到家中，把为颜氏提亲的意思告诉了丈夫。她丈夫与某生的关系本来就很好,当即将此事转告给某生。某生十分高兴。他有一只母亲遗留下来的金戒指,于是委托邻妇的丈夫送给颜氏,作为聘礼。两人选择黄道吉日成了亲。夫妻如鱼得水,非常快乐。

等到看了某生做的文章,颜氏笑着说:"你这文章和你本人相比,简直就像两个人。像这样下去,你何时才能功成名就呢?"于是早晚规劝丈夫刻苦攻读,俨然是一副严师益友的模样。一到黄昏,她就先点亮灯,趴在桌上读书,给丈夫做表率,直到三更天气,才上床歇息。如此过了一年,某生应制八股文的技巧已相当不错了。然而,他两次参加考试都名落孙山,身心和名誉都受到了损害。某生不思饮食,每每想起这些事情,便感到孤独冷漠,并失声痛哭。颜氏大声斥责说:"你简直不像个大丈夫,白白辜负了头上那顶书生的帽子!假如我摘去发髻换上帽子,获取功名就会像在地上拣根草一样容易!"某生正懊丧不迭,听了颜氏的话,狠狠瞪了她一眼,生气地说道:"妇道人家,没有上过考场,把功名富贵看得像你在厨房里煮粥一样容易,如果真把帽子戴到你的头上,恐怕也和别人一样!"颜氏笑着说:"你不要生气。等到了考期,我愿意换了男装代你去考,假若还像你一样落场不得志,我自然就不敢藐视天下的读书人了。"某生也笑着说:"你自然不知黄柏有多苦,真应该让你去尝一尝。只是怕这样会露出破绽,为乡邻们耻笑。"颜氏说:"我不是在开玩笑。你曾经说过在顺天府还有所老房子,我可以装扮成男子跟你回去,谎称是你的弟弟。你从小就离开家乡了,有谁能分辨出真假呢?"某生答应了她的请求。颜氏便走进房中,戴了头巾,换了男装,走了出来说:"你看我能否做个男子呢?"某生一看,她简直就是个美少年。书生很高兴,便去向村里人一一告别,一些相好的朋友送给他一些盘缠,他用这钱买了一头瘦驴,驮着妻子回去了。

此时,某生的堂兄还健在,看到两个弟弟长得俊美,很高兴,早晚都要来照应他们。又见他俩起早贪黑地用功读书,便愈发地喜爱和敬重他们,并雇了一个小书僮给他们使唤。然而,一到晚上,两人便要将小书僮打发出去。乡里有了红白喜事,"哥哥"自会出去应酬,"弟弟"则呆在家里用心读书。半年过去了,很少有人能见到"弟弟"一面。有的客人请求见见"他","哥哥"总是代"他"推辞了。凡是读过"他"的文章的人,都非常惊奇。因而,有的人便突然闯进家门,逼"他"见一面,"他"也只是作个揖就逃走了。客人见到"他"俊美的风貌,就更加倾慕不已。由此,"他"的名声大噪,大户人家都争着要招"他"去做女婿。堂兄去跟"他"商量,"他"总是笑而不答,再逼"他","他"就说:"我立志要平步青云,不考中进士,决不结婚。"

这一年,恰逢学政大人亲临主考,两人便一起去应试。结果,"哥哥"再一次名落孙山,而"弟弟"以科试第一名的身份去参加乡试,中了顺天府乡试第四名举人,第二年又考取了进士,官授桐城县令,由于政绩卓著,不久又被提拔为河南道掌印御史,财富可以和王侯相比。于是,"他"便上奏朝廷,借口身体不好,请求辞官回乡。皇上恩准了"他"的请求。到家以后,前来拜访的宾客很多,"他"一概谢绝不见。

自从做了秀才直到后来发迹显贵,"他"一直不谈娶妻之事,人们没有不感到奇怪的。归家后,"他"陆续添置了一些婢女。有人怀疑"他"跟婢女有私情,堂嫂仔细观察,发现她们之间并无什么苟且之事。

不久,明朝灭亡,天下大乱。小"弟弟"才告诉堂嫂说:"实话告诉你:其实我是你小叔子的媳妇。因为丈夫平庸无能,不能自立,我便赌气去应试做官。害怕传播出去,招致皇上召见询问,以至被天下人笑话。"堂嫂不信,她便脱下鞋来给她看自己的脚,堂嫂才吃惊不小,再看看靴子里面,塞满了棉絮。从此,她便让丈夫承袭了自己的官衔,自己则关起门来,一心一意地主持家政。因为一直没有怀过孕,她又拿出钱来为丈夫买了妾,并与丈夫开玩笑说:"大凡人做了显赫的高官,都要买姬置妾,供自己享受。我当了十年的官,还是独自一身。你有什么福分,竟能坐享美人?"某生说:"美貌男子三十个,请你自己挑选罢了。"两人逗着趣儿取乐。这时,某生已过世的父母,也因儿媳的显要,多次受到皇帝的封赠。当地的士绅与某生迎来拜往,也都以对掌印御史的礼节对待他。某生羞于承袭妻子的官衔,只是以秀才的身份自居,终身也未曾使用过御史所乘的带有华盖的车子。

异史氏说:"公、婆因为新媳妇而受封赠,可以说是一大奇事。然而,做御史而像妇人一样怯懦的,何时没有?但身为妇人而做御史的,却太少见了。在颜氏面前,天下戴着儒生帽子,自称大丈夫的人,都该羞愧死了!"

杜　翁

杜翁是沂水县人。有一天,他从集市中出来,坐在一堵墙下等候同伴时,觉得有些疲倦,忽然便像做梦似的,见一人拿着公文将他拘捕去。那人将他带到一个官府,这官府是他从来没有见过的。一个头戴瓦楞帽的人从里面走了出来,原来是青州府张某,是他的老朋友。见到杜翁,张某便惊讶地问道:"杜大哥怎么到这里来了?"杜翁说:"不知道为了什么。不过有一张拘捕我的公文。"张某怀疑这事搞错了,准备为他去查验一下,于是叮嘱他说:"你就站在这里,不要到别的地方去。如果迷失了道路,那就难以挽救了。"说完便走了。过了好久,还不见他回来,只有那个拿着公文拘捕他的人走了过来,承认自己搞错了,并放了他叫他回去。

杜翁就往回走去。路上,他遇到六七个女郎,容貌都很妩媚漂亮。杜翁一下动了情,便跟在她们后面,离开大道,往小路上走去。刚刚走了十几步,就听到张某在后面大声地喊道:"杜大哥,你要到哪里去呀?"杜翁因为迷恋女郎,没有停下脚步。一会儿,就见几位女郎走进一个角门里,杜翁心里很明白,那是一个姓王的卖酒人的家。他不由得探身门内,刚看一眼,便发现自己已呆在猪圈里了,与许多猪崽子卧在一起。这时,他才豁然醒悟,自己已经变成了猪。而张某的喊声仍然在耳边回响。杜翁吃惊不小,急忙用头去撞墙。就听得有人说:"这小猪害了癫痫病。"回头一看,自己又变成了人。他赶快跑出门,发现张某还在路上等着。张某责怪说:"我一再叮咛你不要到别的地方去,为什么不听?差点儿坏了大事!"便拉着他的手把他送到集市门口,才离去。

杜翁忽然间醒了过来,发现自己仍然靠墙坐着。他到卖酒的王家去打听,果然有一只小猪崽自己撞在墙上死了。

小　谢

渭南县姜部郎的宅院里有很多鬼怪,常常出来迷惑人。姜部郎因此便搬到别的地方去住了。他留下一个仆人看门,仆人很快就死了。换了几个,也都死了。于是,这所宅院便废弃了。

同乡有个书生叫陶望三,一向风流倜傥,喜欢与妓女嬉笑玩耍,但一喝完酒便会让妓女离开。朋友故意打发一个妓女去和他亲近,他也不拒绝,笑着把妓女留下来。然而,他实际上整夜也没沾那妓女的边。他曾经在姜部郎家住过,有个婢女晚上来勾搭他,陶生坚决拒绝,不肯淫乱,姜部郎由此很是器重他。他家里很清苦,又死了妻子,虽有茅屋数间,但一到夏天就闷热得让人受不了。因而,他请求姜部郎,将那废弃不用的宅院借给他住。姜部郎因那宅院不吉利,拒绝了。陶生便写了一篇《续无鬼论》,呈送给姜部郎,并说:"鬼能把我怎样!"姜部郎看他的态度很坚决,就答应了。陶生便去打扫厅堂。

傍晚,陶生将书放在桌上,转身去拿别的东西,等他返身回来,书已经没了。他很奇怪,便躺在床上,屏住呼吸等着看看会有什么怪事发生。大约过了一顿饭的功夫,他听得有一阵脚步声传来。斜着眼睛一看,发现两个女子从房中走了出来,将他所丢失的书放还在桌子上。俩女子一个约二十岁左右,另一个则有十六七岁,都长得很漂亮。两人犹犹豫豫地来到床前,微笑着相互看了一眼。陶生静静地躺在那里,一动不动。年龄大一点儿的跷起一只脚去踹他的肚皮,年龄小一点的捂着嘴偷偷地笑。陶生觉得心旌摇动,几乎要控制不住,就急忙收敛邪念,变得严肃起来,对女子的挑逗不理不顾。见他没有动静,大的又走得近一些,用左手去扯他的胡须,右手轻轻拍打他的脸颊,搞出一些轻微的响声。小的笑得越发厉害了。陶生猛不丁地坐了起来,大声呵斥道:"鬼东西,竟敢如此放肆!"两个女子吓得赶紧跑开了。

陶生害怕夜间她们再来折腾,想搬回去住,但又羞于收回已说出的大话,于是点起灯来读书。黑暗中,鬼影晃来晃去,他连看也不看。快要到半夜时,就这样点着灯睡着了。刚刚合上眼睛,觉得有人用一个很细小的东西捅他的鼻孔,鼻孔里奇痒难忍,便打了一个大大的喷嚏。只听得黑暗中又传来一阵隐隐约约的笑声。陶生没有吭声,假装睡着了等着她们再来。不一会儿,就见那小的女子用纸条捻了个很细的捻子,迈着鹤步,猫着腰轻轻地走了过来,陶生突然跳了起来,呵斥不休,女子便飘飘忽忽地逃窜而去。等他躺下了,女子又来捅他的耳朵。如此反复不止,陶生被整得一夜都没能睡成觉。直到鸡叫头遍,屋里才寂静无声,陶生也才安安稳稳地睡着了,整个白天没有什么动静。

太阳刚刚下山,鬼影又晃晃忽忽地出现了。陶生于是决定夜间烧火做饭,准备熬个通宵。他坐在桌前,才拿起书本,那年龄大的女子便凑了过来,弯起胳膊,趴在桌上,看陶生读书。看了一会儿,又伸手把书合上了。陶生生气地去抓她,她很快飘走了。一会儿,她再次伸手去摸书。陶生无奈,只得用手将书按住读。年龄小的那个悄悄走到他的身后,交叉双手捂住他的眼睛,转眼之间,她又跑开了,远远地站在一边冲着他笑。陶生指着她们骂道:"小鬼头!倘若抓住你们全杀掉!"见她们并不害怕,陶生便同她们开玩笑说:"床上的事情,我一概不懂,缠我也没有用处。"两个女子微微一笑,转身走向灶房,劈柴淘米,为陶生做起饭来。陶生看见后夸奖她们说:"两位姑娘这样做,不是比傻闹强多了吗?"不大功夫,粥熬熟了,两人争着将汤匙、筷子、饭碗放在桌上。陶生说:"感谢你们为我做事,让我用什么来报答你们的恩德呢?"女子笑着说:"粥里掺了砒霜和毒药。"陶生说:"我与你们一向没有仇怨,何至于用毒药来害我。"他刚吃完,她们又给他盛上,争着为他效劳。陶生很高兴她们这样做,并渐渐地习以为常了。

日子久了,几个人便混熟了,常坐在一起倾心交谈。陶生询问她们的姓名,那年龄大的女子说:"我叫秋容,姓乔;她是阮家的小谢。"陶生又问她们是从哪里来的。小谢笑着说:"傻郎君! 连亲近一下我们都不敢,谁还要你询问出身门第? 难道要娶我们不成?"陶生听后严肃地说:"面对如此美貌的女子,我怎么会不动情呢? 只是你们身上有太浓重的鬼气,人沾染上了必定会死。假如你们不愿与我住在一起,就请走好了,假如愿意住在一起,留下来就是了;倘若你们不爱我,我又何必玷污两位美人呢? 如果爱我,又何必害死我这狂生?"两位女子互相看了一眼,深受感动。从此以后,她们便不太捉弄他了,只是有时还会把手伸进他的怀里,或是把他的裤子捋到地下,陶生听之任之,也不见怪。

一天,陶生抄书没有抄完就出去了,回来时,小谢正趴在桌子上,拿着笔替他抄写。见到陶生,她便扔了笔瞅着他笑。陶生走上前去一看,字虽写得不好,但行列间隔却很整齐。陶生称赞她说:"你还是个风雅人呢! 如果你喜欢写字,我就教给你。"说完便将她搂在怀里,手把手地教她笔画。秋容从外面走了进来,看到这情景,脸色突然变了,神态中流露出嫉妒。小谢笑着说:"小时候曾经跟父亲学过写字,长时间不写,也就跟做梦一样稀里糊涂的了。"秋容没有吭声。陶生明白她的心思,假装不知道,于是把她也抱了过来,交给她一支笔说:"让我看看你会不会写字?"把着她的手腕让她写了几个字,然后说:"秋娘的笔力真不错!"秋容才高兴了。陶生于是裁了两张纸写成字帖,供她们临摹,而自己在另一盏灯下读书。他心里暗自高兴各自有事,不相打扰。

两人临摹完毕,恭恭敬敬地站在桌前,听陶生评判。秋容从来就没有读过书、写过字,因而只是乱涂一气,字迹很不好认。陶生用红笔圈点完了,她自己看看,觉得不如小谢,便流露出惭愧的神色,陶生夸奖安慰了她一番,她的脸色才由阴转晴。两个女子从此便把陶生当老师看待,他坐着的时候给他搔背,躺着时为他按摩大腿,不但不敢慢待他,反而还争着讨他的欢心。一个月后,小谢的字居然写得很是端正娟好,陶生偶然赞扬了她几句,秋容就羞惭万分,汗水浸透了粉黛,泪水流成了线痕,陶生百般安慰劝解,她才不哭了。陶生于是教她读书,她很聪明,悟性好,指点一次,就不再来问第二次了。还与陶生比赛着读书,常常通宵不眠。小谢又领来了弟弟三郎,拜陶生为师,三郎十五六岁,仪态和长相都很俊美。他送给陶生一个金如意,作为拜师的礼物。陶生让他和秋容共读一本经书,自此,满屋都是咿咿呀呀的读书声,陶生竟在这里办起了鬼学堂。姜部郎听到这许事后,非常高兴,每月都按时给他送来薪水。

过了几个月,秋容与三郎都学会了作诗,常常相互唱和。小谢私下里嘱咐陶生不要教秋容,陶生答应了;秋容暗地里叮咛陶生不要教小谢,陶生也答应了。

一天,陶生准备去参加考试,秋容和小谢哭着为他送行。三郎说:"这次考试,你最好托病不去,不然的话,恐怕会遇到不幸的事情。"陶生认为装病太可耻,不听劝告便走了。以前,陶生爱用诗词讥讽时事,得罪了本县的权势人物,因而使这些人天天想着怎样陷害他。这回,他们买通了学政,诬陷他行为不检点,将他关进了牢狱。陶生花光了路费,只得向同牢的犯人讨些东西吃,自己料想已经没有活下去的希望了。忽然,有个人飘飘忽忽地走了进来,原来是秋容给他送吃的来了。两人相对悲伤痛哭,秋容说:"三郎担心你会出事,现在看来,果然不错。三郎是和我一道来的,他到巡抚衙门替你申诉去了。"说了几句就走了,别人看不见她。

过了一天,巡抚外出,三郎拦路喊冤,巡抚命人将他带了回去。秋容来到牢中,将这消息告诉给陶生后,就又返回去打探情况。可是,三天过去了,她还没有回来。陶生又愁又饿,度日如年。忽然,小谢来了,见了陶生,悲痛欲绝。她说:"秋容回去时,路过城隍庙,被西廊上黑面判官强行抓去,逼她做小老婆。秋容不肯屈服,现在也被囚禁起来了。我跑了一百多里路,一路奔波,本来就很劳累了,到了北城外,又被干枯的荆棘刺穿了脚心,痛达骨髓,恐怕不能再来了。"说完,便把脚伸到陶生面前,陶生一看,流出的鲜血把鞋袜都浸透了。她拿出三两银子交给陶生,然后一瘸一拐地走了。

巡抚回到衙门后,提审三郎,认为他和陶生素无瓜葛,却无缘无故地代他审诉,就要用棍子打他。三郎扑倒在地,转眼间就不见了。巡抚很惊奇。仔细看他的状子,情理和言词都很悲切。于是命人提出陶生,当面审讯,问他:"三郎是什么人?"陶生假装不知道。巡抚意识到他是冤枉的,就把他放了。

陶生回到家里,直到晚上都没见到一个人,三更将要尽了,小谢才来。她凄惨地对陶生说道:"三郎被护衙神押到了阴曹地府,阎王认为三郎很有义气,就让他托生到富贵人家。秋容被关押了很久,我写状子向城隍告状,又被黑面判官压了下来,送不上去,该怎么办呢?"陶生气愤地说:"这黑老鬼竟敢如此无理!等明日我去推倒他的塑像,将他踩成泥土,好好数落城隍一顿,手下的官吏已横暴到如此地步,他还在醉梦中吗?"两人悲愤地相对而坐,不觉四更就要过去。忽

然,秋容飘飘忽忽地回来了。陶生和小谢又惊又喜,急忙问她是怎么回来的。秋容流着泪说道:"我为郎君受了大苦啦!黑面判官每天用刀杖相逼,今天晚上突然要放我回来,说道:'我没有别的意思,就是因为喜爱你。既然你不愿意,我本来也没有玷污你。麻烦你转告陶大官人,不要谴责我。'"陶生听后稍稍有些笑容,便要和她俩同床,说:"今天,我甘愿为你们而死。"二女悲戚地说:"我们受你的开导这么长时间了,已懂得不少道理,怎么忍心因爱你而害了你呢?"坚决不同意。然而,他们亲热地拥抱在一起,情如夫妻。两个女子因共同经受了一次磨难,互相嫉妒的心全都消失了。

碰巧,有个道士在路上遇到陶生,看了看他说:"你身上有鬼气。"陶生认为道士的话不同寻常,就把实情全部告诉了他。道士说:"这两个鬼太好了,你不应当辜负她们。"说完,便画了两道符交给陶生,说:"回去以后交给两个鬼,然后就听凭她们的福分:如果听到门外有哭女儿的,就让她们吞了符赶快跑出去,先到的可以复活。"陶生拜谢过道士,拿了符回去,将道士的话告诉给秋容和小谢。

一个多月后,果然听到门外有人哭女儿,两个女子争着跑出去。慌忙中,小谢忘了吞符。看见有送丧的车子从门前经过,秋容端直跑了过去,钻进棺材不见了。小谢钻不进去,痛哭着跑了回来。陶生出来一看,原来是一姓郝的富户为女儿出殡。众人看见一个女子钻进了棺材,正惊疑问,就听到棺材内传出一阵响动。众人放下棺材,打开一看,死去的姑娘复活了。他们将棺材暂时寄放在陶生的屋子外面,围成一圈看守着她。姑娘忽然睁开了眼睛,问陶生在哪里。郝氏追问是怎么回事,姑娘回答说:"我

不是你的女儿。"于是把真实情况告诉了他。郝氏不大相信,想把她抬回家去,姑娘不肯,径直跑到陶生的屋子里,躺在床上不起来。郝氏只得认陶生做女婿,然后走了。

陶生走近一看,发现这姑娘面庞虽然和秋容不一样,但光彩艳丽却丝毫不亚于秋容。他大喜过望,便情深意切地交谈起往事。忽然,听到呜呜咽咽的鬼哭声,原来是小谢在黑暗的角落中啼哭。陶生心里很可怜她,便提着灯走到她跟前宽解,但她仍是泪沾襟袖,无法消除悲痛,直到天快明时才离去。

天亮之后,郝家打发婢女和老妈子送来嫁妆,郝氏和陶氏居然成了翁婿。晚上,陶生和秋容刚刚走入卧房,小谢便又哭了起来。如此过了六七夜,夫妻二人都被她哭得心中凄惨,始终不能成就夫妻间的好事。陶生苦思冥想,终究没能想出个好办法来。秋容说:"那道士是个仙人!你再去求求他,说不定能得到他的同情和帮助。"陶生认为她说得有理,便找到道士的住处,跪在地上说出了求他帮忙的事情。道士极力说自己没有办法。陶生哀求不已。道士笑着说:"你这个书呆子,真能缠人!合该我与你有缘分,愿意使出我的全部法术。"于是跟着陶生回到家里,要了一间清静的房子,关门打坐,并告诫陶生不要和他说话。一连十多天,他不吃也不喝。陶生偷偷去观察了一下,见他闭着眼睛就像睡着了似的。

一天早晨,陶生刚刚起来,便有一个少女撩起门帘走了进来。少女长得明眸皓齿,光彩照人。她微笑着对陶生说:"跑了整整一夜,都快把人给累死了。被你纠缠个没完没了,跑出百里之外,才找到一个漂亮的躯壳,本道士载着一起来了。等一会儿见到小谢,就把这躯壳交给她。"黄昏时分,小谢来了,那少女突然迎上去抱住她,二人很快合为一体,倒在地上不动了。这时,道士从房中走了出来,向陶生拱拱手,径直去了。陶生施礼拜谢,将他送到门外。等他返回来,少女已经苏醒。把她扶到床上躺下,精神渐渐复原过来,只是还捏着脚不停地呻吟着,说是腿脚酸痛,几天后才能起来行走。

后来,陶生参加考试,中了进士。有个叫蔡子经的,跟他是同榜进士,有事前来拜访,留住了几天。有一天,小谢从邻居家回来,蔡子经看见她,急忙追上去跟在她的后面。小谢侧身躲开,心里很恼怒他的轻薄。蔡子经告诉陶生说:"有一件事情实在吓人,可以说给你听吗?"陶生问是什么事,蔡子经说:"三年前,我的小妹妹夭亡了,过了两夜,尸体又丢失了,至今还不知道是怎么回事。刚才我看见你夫人,怎么就和我妹妹长得那么像呢?"陶生笑着说:"我妻子长得丑陋,怎么能和你妹妹相比呢?然而,既然我们是同榜进士,情义又很深厚,让她出来见见你又何妨呢?"于是走进内室,让小谢换上安葬她时的衣服出来。蔡子经大为吃惊他说道:"真是我妹妹啊!"便流下泪来。陶生于是向他讲述了事情的经过。蔡子经高兴地说:"妹妹没有死,我得赶快回去,以此来安慰父母。"说完就走了。过了几天,蔡家的人全来了。后来,两家来往走动,就像与郝家一样。

异史氏说:"绝代佳人,能得到一个已很不容易,何况一下就得到了两个呢!这样的事,千秋百世才碰到一次,只有拒不接纳私奔妇女的人才能遇到。那道士真是仙人吗?为什么他的法术如此神奇?如果有这样的法术,即使是丑鬼也可以结交的。"

缢　　鬼

有一个姓范的书生,投宿在一家客店。晚饭吃过以后,他便亮着灯躺在床上打盹。

忽然，一个丫鬟走了进来，把一个装着衣服的包袱放在椅子上，然后又把镜匣、首饰盒一一摆放在桌子上，干完这些事，就走了。不一会儿，一个少妇从房里出来，打开镜匣、首饰盒，对着镜子梳头，接着盘好发髻，插上簪子，对着镜中自己的影子打量了许久。这时，先前那个丫鬟又送来了脸盆，打来了热水。少妇洗罢脸，丫鬟又递上毛巾，然后端着脸盆走了。少妇解开包袱，取出罗裙披肩，就地穿在身上。那罗裙披肩光彩夺目，如同新做的一样。少妇提提衣领，扯扯襟袖，装扮得非常仔细，范生一声不吭，心中认为肯定是个淫荡女人，准备打扮整齐后勾引客人。少妇装扮完毕，拿出一根很长的带子，挂在房梁上，并打好了结子。范生很惊讶。少妇从容不迫地踮起脚尖，将脖子套进绳套里。刚一接触带子，眼睛就闭上了，眉毛也竖了起来，舌头从嘴中伸出有两寸长，脸色惨白，变得像鬼一样。范生吓得急忙跑了出去，喊叫着将看到的情景告诉店主，等跑过去一看，上吊的少妇已消失得无影无踪了。店主说："我的儿媳过去吊死在这里，莫不是她的阴魂吧？"唉，真是奇怪了！人都已经死了，还要演示吊死时的情景，这该怎么解释呢？

异史氏说："冤枉到了极点，而至于上吊自尽，也太苦了！然而，生前做人的时候，并不知道它的痛苦，死后做了鬼也不会再觉得它有什么不好受，最难让人忍受的，是梳妆打扮和往房梁上结带子的那个时候。所以，死了以后，会很快忘记其他所有事情，唯独此时此地的情景，仍然历历在目而重作一次，因为这是最难忘的事情啊！"

吴门画工

苏州府有一个画工，我忘记了他的姓名。某画工喜欢画吕洞宾的像，常常从想象中表现吕洞宾的精神情态，希望真正与吕洞宾见上一面。这个虔诚的念头萦绕于他的心头，无时无刻不牵肠挂肚的。

有一天，正赶上一群乞丐在郊外饮酒，其中有一人虽然穿得破破烂烂，露出双肘，但气度却很轩昂，神情也很开朗。画工心中一动，怀疑他就是吕洞宾。仔细一看，越发觉得自己怀疑是正确的。于是拉住乞丐的胳膊说："你就是吕祖啊！"乞丐听了大笑起来。画工坚持说他就是吕洞宾，跪在地上不肯起来。乞丐说："如果我是吕祖，你打算怎么样？"画工连连叩头，并请求他指教。乞丐说："你能认出我来，可算是有缘分了。然而，此处不是说话的地方，到晚上我自会前去与你相会的。"画工还拦着再问，一转眼间已没了人影。他惊叹而归。

到了夜间，画工果然梦见吕洞宾来了。吕洞宾说："念你志专意诚，特来与你相见。但你的骨相和气质都透着贪吝，无法成仙。不过，我可以让你见一个人。"随即便向空中一招手，立即就有一位美人降落下来，衣着打扮如同贵妃一样，容光焕发，光彩四射。吕洞宾说："这是董娘娘，你仔细观察一下，把她的形象记下来。"过了一会儿，他又问道："你记住了吗？"画工回答："记住了。"吕洞宾又说："不要忘记了。"不久，娘娘离去，吕洞宾也走了。画工醒来觉得很奇怪，就依据梦中所见的娘娘形象，画了一张肖像收藏起来，可终究也没能弄明白是怎么回事。

几年之后，他偶然游历到了京城，正赶上董妃死了，皇上念她生前贤惠，准备给她画幅肖像。众多的画工被召集到皇宫，听他人描述，凭自己想象，可始终不能画得很像。那苏州画工忽然想到梦中见到的美人，心中疑惑，这董妃莫非就是她吧？于是拿出所藏的肖像呈送上去。官中人一传看，都说画得酷似娘娘，十分传神。由此委任他做内阁中书之职，他婉辞不受，便赏赐给一万两银子。

从此，画工声名大噪，皇亲贵戚们争相送来重金，求他为他们的先人画像。画工只是凭空摹写，却没有一个不像的。仅仅十多天时间，就得了几万两银子。

莱芜县朱拱奎先生曾经见过这个画工。

林　氏

济南府有个戚安期，一向轻薄无行，喜欢玩妓女。妻子常常婉言规劝，只是不听。妻子姓林，长得很美，品性贤惠。正值北兵侵入境内，她被掳了去。晚间在路上宿营，有个北兵要蹂躏她。林氏假意答应，碰巧那个北兵的佩刀挂在床头，她急忙抽出刀来向自己的脖子上抹了一刀，自刎而死。北兵见她死了，便把尸体扔到了野外。

第二天，北兵开拔走了。有消息传出，说林氏已经死了。戚安期悲痛万分，急忙跑到野外看视，见妻子还有一点微弱的气息。便将她背了回来。慢慢地，妻子的眼睛能转动了，并皱着眉头发出了轻轻的呻吟声。戚安期扶着她的脖子，用一根竹管为她滴食灌水，她也能吞咽下去了。戚安期抚摸着她的身子安慰说："万一你能活过来，我自会好好待你的。如果我负了心，就让我不得好死！"半年之后，林氏恢复了健康，一切都像过去一样，只是头被脖子上的伤痕所牵拉，老是向左歪着，戚安期不以为丑，对林氏的爱恋更超过了往常。到妓院去狎游之类的事情，从此也绝迹了。

林氏自觉形貌丑陋，便张罗着要为丈夫娶一房小妾。戚安期执意不肯。又过了几年，林氏一直没有生育，就劝丈夫将家中的婢女收了做妾。戚安期说："我已经发过誓，要对你忠贞不贰，这赌咒之事，鬼神难道不知道吗？如果我家真断了香火，那也是命中注定的。若是我命中不该绝后，难道你已老得不能生育了？"林氏就假称有病，让戚安期独睡，并打发婢女海棠拿了被子睡在他的床下边。过了一些日子，林氏在私下里向婢女打听他们夜里睡觉的情形。婢女说他们之间并没有发生什么事情。林氏不信。到了晚上，她嘱咐婢女不要再到戚安期的屋里去睡，她自己代替婢女睡到了床下。一会儿，就听得床上发出了鼾声。林氏悄悄起来，爬到床上，去抚摸戚安期。戚安期醒后，问她是哪一个。林氏凑近耳边悄悄地说："我是海棠呀！"戚安期拒绝她说："我有盟誓，不敢更改。如果放在往年，还用你来找我吗？"林氏便下床走了。

从此，戚安期仍然独自一人睡在房子里。林氏又打发婢女冒充自己去陪她睡觉。戚安期想到妻子自结婚以来没有过不请自来的先例，心中疑惑。他摸了摸她的脖颈，发觉没有伤痕，知道是婢女假冒的，就叱责了她一顿。婢女羞惭地退了出去。等到天亮以后，戚安期把夜里发生的事情告诉了林氏，要她赶快把这个婢女嫁出去。林氏笑着说："你也不必太固执了，假若能得到一个男孩，不也是一件大好事吗？"戚安期说："如果我背弃了盟约，鬼神就会降罪于我，还能指望传宗接代吗？"

第二天，林氏开玩笑似的对戚安期说："凡种庄稼的人，对庄稼长得好坏是无法预测的，可播种的常规却难以改变。今晚，你的播种日期到了。"戚安期会心地一笑，明白她的意思。到了晚上，林氏吹灭了蜡烛，叫来婢女，让她睡在自己的被子里。戚安期走了进来，凑近床头，开着玩笑说："种田人来了。只是为耕田的农具不利而感到惭愧，辜负了良田。"婢女没有吭声。随后行房交合时，她小声地说道："我下身有些红肿，难以承受太猛烈的颠荡。"戚安期体谅而很温存。事完以后,婢女假装起来小便,把林氏换了回来。从此,每当婢女月经来潮后,同样的冒充把戏便要上演一次,而戚安期一点不知道。

不久,婢女怀了孕,林氏就让她静坐休息,不让她再像以前那样去干家务活。有一天,她有意对戚安期说:"我劝你将婢女收作小妾,而你却总是不肯。假设她哪天冒充我时,而你误信了,因此与她交合而怀了孩子,又怎么办呢?"戚安期说:"留下孩子,卖了母亲。"林氏听了这话,便不再言语。没有多久,婢女生下一个男孩,林氏私下里买了一个奶妈,将该子抱到她娘家抚养。过了四、五年,婢女又生下一男一女两个孩子。长子名叫长生,已经七岁,就在他外祖父家里读书。林氏每过半个月就借故回娘家一趟,看望孩子。

婢女的年龄更大了,戚安期常常催促林氏把她打发出去,林氏也总是答应。婢女思念儿女,林氏便依从她的心愿,偷偷为她梳了环形的发髻,将她送到自己娘家。然后,对戚安期说:"你天天说我不肯将海棠嫁出去,我娘家那边有个义子,已将她许配给他了。"

又过了几年,那二子一女都长大了。恰逢戚安期的生日,林氏预先准备好筵席,准备接待亲朋好友。戚安期叹了一口气,说道:"岁月如此匆匆,不觉已过了半生。幸好你我都还身强体健,家中也不至于有冻饿之忧。所缺的只是膝下的儿子啊!"林氏说:"你太执拗,不听我的话,又能怨谁呢?然而,你想要儿子,就是两个也不难,何况一个呢?"戚安期听了这话,大笑着说:"既说不难,我明天便向你要两个男孩。"林氏回答说:"好办,好办!"

第二天一大早,林氏便吩咐家人套了马车来到娘家,将儿女打扮得整整齐齐,坐上马车一同回到家里。进了家门,她让二男一女三个孩子面向戚安期站成一行,喊着爸爸,叩头祝他健康长寿。行过了礼,拜过了寿,三个孩子便站了起来,你瞧瞧我,我瞧瞧你,嘻嘻哈哈笑成一堆。戚安期大为惊异,不晓得是怎么回事。林氏说:"你问我要两个男孩,我还给你添了一个女孩呢。"这才把详细的情况告诉了他。戚安期高兴地说:"你怎么不早一点儿告诉我呢?"林氏说:"早告诉你,恐怕你和他们的母亲决绝。如今,她的子女已长大成人,你还能把他们的母亲卖了吗?"戚安期感慨万千,不知不觉间流下泪来。于是把婢女迎接回来,与她一同生活到老。

古代有贤惠的女子,如林氏这样的,可以称作"女圣人"了。

胡 大 姑

益都县人岳于九的家中常常有狐狸作祟,布帛器皿,动不动就被抛到了邻家的墙那边。岳于九存放了一匹很精细的丝绸,准备用它做衣服。等取出来一看,包扎完好,再打开细看,发现两头是实的,中间已经空了,丝绸已全被狐狸剪走了。诸如此类的事情经常发生,搞得岳于九一家难以忍受。家里有人气得高声辱骂,岳于九急忙制止说:"不要骂了,小心叫狐狸听见。"狐狸在房梁上答话说:"我已经听见了。"从此闹得更加厉害了。

有一天,岳于九夫妇躺在床上尚未起来,狐狸把他俩的衣服、被子摄取走了。两人光着身子蹲在床上,眼望空中苦苦哀求,希望狐狸能把衣服还回来。忽然,两人看到一个美貌的女子从窗口飘了进来，把他俩的衣服扔到床头上。两人一看，这女子个头不太高，穿着绛红色的衣服，外面套一件雪花马甲。岳于九穿上衣服，向她拱了拱手说："上仙如有意照顾我们，就请不要骚扰。请你给我做个女儿，怎么样？"狐女说："我的年龄比你还大，你怎么妄自称大？"岳于九又请求她与妻子结拜为姐妹，狐女这才答应了。于是让家里人都称呼她为胡大姑。

此时，颜神镇张八公子家中的楼上，也住着一只狐狸，时常与张家人聊天。岳于九问胡大姑："你认识它吗？"胡大姑回答说："那是我家喜姨，怎么能不认识呢？"岳于九说："那个喜姨从来不给人家找麻烦，你怎么就不跟她学学呢？"狐狸不听，还是照样骚扰。还不大骚扰其他人，而专门找岳于九儿媳妇的麻烦：常常拿了她的鞋袜、簪子、耳环，丢到路边，常常在她的饭碗中埋上死老鼠或者粪便一类的脏东西。儿媳妇总是将碗一扔，大骂"骚狐"，并不向狐狸乞求告饶。岳于九向狐狸祷告说："孩子们都喊你叫姑姑，你怎么就这样不讲长辈的体面呢？"狐狸说："叫你的儿子休了老婆，让我来做你的儿媳妇，就会相安无事的。"岳于九的儿媳妇听了，大声骂道："你这骚狐狸真不知羞耻，要和别人争汉子呀？"说话时，儿媳妇正坐在衣箱上面，忽然，家人看见她的屁股底下冒出一股浓烟，热得如同坐在蒸笼上一样。打开衣箱一看，里面收藏的衣服差不多都成了灰烬，剩下的一两件，则都是她婆婆的。狐狸又叫岳于九的儿子休了老婆，儿子不答应，又催促他，还是不答应。狐狸大怒，飞起石头就向岳于九的儿子打去，直打得头破血流，差点儿丧了命。岳于九更加忧虑了。

西山有个叫李成爻的，善于画符咒，点神水，岳于九便拿了钱请他来家驱狐捉妖。李成爻先用金粉在红绸上画符，三天后才将符画完。接着，他又将一面镜子绑在一根棍子上，以棍做柄，把整个院子里里外外照了一遍。他让一个小孩跟在他的身后，小孩如看到了什么，就要急忙告诉他。二人来到一个地方，小孩说墙上好像有只狗卧伏着。李成爻立即用食指和中指画了一道符贴在那里。然后，他便作"禹步"走法，在院子中转，口里还念着咒语。只过了一会儿，就见家中所养的猪和狗都来了，一个个耷拉着耳朵，收卷起尾巴，好像是来听取训诫似的。李成爻挥了一下手说道："去！"猪、狗一个跟着一个地走了。李成爻又念起咒语，这回是一群鸭子来了，李成爻一挥手，也叫它们走了。随后，鸡来了。李成爻指着其中的一只，大声喝骂。其他的鸡都走了，只有这只鸡独自伏在地上，扑腾着翅膀，拖长声音鸣叫了一声，说："我不敢了。"李成爻对岳于九说："这家伙就是你家所做的'紫姑神'变的，"岳于九一家人都说未曾做过"紫姑神"。李成爻说："'紫姑神'如今还在。"家里人仔细回忆了一番，这才记起三年前曾经做过这么个玩意儿，而家中的怪异现象也就是从那个时候开始出现的。于是，家里人四处搜寻，最后发现那用草扎成的'紫姑神'偶像还在猪圈的梁上。李成爻取下偶像投入火中，然后拿出一个盛酒的瓶子，念了三次咒，又大喝三声，伏在地上的鸡站起来径直去了。听到瓶口有人说："岳四好狠心啊！几年以后，我还会再来的。"岳于九乞求李成爻将瓶子放到火中烧了，李成爻没有同意，把瓶子带走了。

有人看到李成爻家的墙壁上挂着几十个瓶子，凡是塞住了瓶口的，里面装的是狐狸精。听说李成爻总是一个个地将狐狸精放出来，让它们到别人家去兴妖作怪，由此来获取筹钱，把它们居为奇货。

细 侯

昌化县有个姓满的书生,在杭州府设馆教学。一次,他偶然到集市上去散步,在经过一所靠近街面的阁楼时,忽有一只荔枝壳掉落在他的肩头上。他抬头一看,见一个年轻女子靠着栏杆站在楼上,姿色十分妩媚动人。满生凝神注视她,不由得心荡神摇。女子俯下身冲他微微一笑,就进去了。满生一打听,才知她是妓院里贾氏的养女,名叫细侯。细侯的身价很高,满生估计了一下自己的经济能力,觉得很难满足与她相好的心愿。可是回到书房后,他又冥思苦想,一夜都未能睡着觉。第二天,他到妓院里投上帖子,与细侯相见。两人说说笑笑,谈得十分开心。满生更加迷恋她了。于是,他便借故到朋友处借了一笔钱,带到细侯那里,受到极其殷勤的款待。满生在枕上随口做了一首绝句赠给细侯:

> 膏腻铜盘夜未央,床头小语麝兰香。
> 新鬟明白重妆凤,无复行云梦楚王。

细侯听后皱着眉头说:"我虽然出身卑贱,但也时常想找一位能够与自己同心的人嫁给他。你既然没有妻子,你看我去给你当家可以不可以?"满生大喜,再三叮咛她要坚守盟约。细侯也很高兴地说:"吟诗填词之类的事,我自认为没有多难,每每在没有人的时候,也想效仿着作一两首,只是怕做得不太好,被听到或看到的人笑话。如果能够嫁给你,还望你能多多指点啊!"接着又问满生家有多少田产,满生回答说:"薄田五十亩,破屋几间罢了。"细侯说:"跟了你后,希望能常常与我生活在一起,不要再出去教书了。种四十亩地也就勉强可以维持生计,再种十亩黍,织五匹绢,缴纳平常的赋税还可有所剩余。你我闭户在家,天天厮守在一起,你读书,我织布,闲暇时喝几杯酒,吟几句诗,作为消遣,一个千户侯又算得了什么?"满生问:"你的身价大约是多少银子?"细侯回答说:"要是依着鸨母的贪心,又怎能填得满呢?给她二百两银子也就足够了。可恨我年纪太小,不晓得积蓄钱财,得到一点就都交给鸨母了,积攒下来的私房钱只有一点点。你如果能置办一百两就好了,超过这个数目以外的,你就不用考虑了。"满生说:"我在这里落寞无亲,你是知道的。一百两银子怎能就置办起来。我有个结拜兄弟,在湖南做县令,曾多次邀我到他那里去,我因路途遥远,害怕前去。如今为了你,我也应当去找他想办法了。算起来,大约有三四个月时间就可以回来。希望你能耐心地等着。"细侯答应了。

满生立即辞了学馆的教职,往湖南去了。等他到了湖南,那个朋友已经罢了官,因受到处分而住在民房里,宦囊空虚,没能力资助他。满生流落在外,难以返回,只好在当地教书糊口。三年过去了,他还是无法回去。有一次,他偶然打了一个学生的板子,那学生便投水死了。家长心疼儿子,把他给告了,他因此进了牢房。幸而别的学生可怜老师,认为他没有什么过错,常常给送些吃的,他才得以免受许多苦楚。

细侯自从和满生分别以后,闭了门不再接纳一个客人。鸨母问明了她不肯接客的原因,知道难以改变她的志向,只好姑且由着她。有个大商人仰慕细侯的名气,就要求鸨母为他做媒,并说只要能把她弄到手,花多少钱都不在乎。细侯说什么也不答应。那大商人因买卖上的事情到了湖南,很仔细地打探满生的消息。这时,满生的案子已快要了结了,大商人便用重金买通主办此案的官吏,叫他将满生长期囚禁起来。大商人回来后,告诉鸨母说:"满生已病死在狱中了。"细侯怀疑这消息不可靠。鸨母说:"别说满生已经死了,即使就是没死,嫁给一个穷书生,梳棒槌头、穿布衣裙一辈子,怎比得上嫁给一个可以让你穿锦衣绣裙、吃山珍海味的大商人呢?"细侯说:"满生虽穷,但他骨子里是清白的。嫁给一个肮脏的商人,实在不是我的愿望。何况,他病死狱中的消息又来自道听途说,怎么能让人相信呢!"那大商人又转托别的商人,让其伪造了满生的一封绝命书信寄给细侯,以断绝她的希望。细侯收到绝命书后,只是早晚哭哭啼啼。鸨母对她说:"我把你从小抚育成人,也够不容易的。你成人两三年了,用于报答我的,每天也没有多少。如今,你既不肯当妓女接客,又不愿意嫁人,那么,你打算用什么来生活呢?"细侯没有办法,只得嫁给了那个大商人。大商人又是做衣服,又是买首饰,给她的供应十分丰厚。一年之后,细侯生下一个儿子。

没有多久,满生在学生们的帮助下,得以昭雪释放出狱,才知道是一个大商人买通官吏将他长期囚禁起来的。他觉得自己与那大商人一向无冤无仇,弄不明白他为什么要坑害自己。学生们出于义气,又帮助了他些路费,这才得以回到杭州。听到细侯已经嫁人,他心中很是痛苦、激愤。便托付一个卖酒的老太婆将自己的遭遇和悲哀转达给细侯。细侯十分悲痛,才明白以前的种种变故,都是大商人搞的鬼。她乘着大商人外出的机会,杀死了怀抱中的孩子,携带着自己的所有东西,逃到了满生的家。凡是大商人给她置办的衣服首饰,一件也没有动。大商人回来后,非常愤怒,将此事告到了官府。官府细察出其中的情由,认为细侯这样做情有可原,便压下状子,没有追究。

唉!此事和寿亭侯关羽回归蜀汉,又有什么不同?但杀死孩子而出走,也是世间残忍的人啊!

狼 三 则

有个屠户卖了肉回来,天已经晚了。忽然,来了一只狼,盯着屠户担子上的肉,涎水都流出来了。于是,屠户走它也走,一直跟着屠户走了好几里路。屠户害怕了,拿出刀来威吓它,狼便稍稍后退几步。等到屠户抬脚一走,它又跟了上来。屠户没有办法,心想这只狼贪图的是担子上的肉,不如暂时将肉悬挂在树上,明天早晨再来取。他便用铁钩钩住肉,踮起脚尖挂在树上,然后将已经空了的担子给狼看。狼才停住了脚步不再跟他。屠户就径自回到家里。

第二天早晨天刚亮,屠户便去取肉。远远地看见树上悬挂着一个很大的东西,像是有人吊死在那里。屠户大惊,犹犹豫豫地走上前去一看,吊死的原来是一只狼。抬头仔细一瞧,只见死狼的嘴中含着肉,肉钩子刺穿了它的上腭,如同鱼吞食了鱼饵一样。当时,狼皮的价格很昂贵,值十多两银子,屠户因此发了一笔小财。人爬到树上摸鱼是做蠢事,而狼贪嘴却遭了殃,也是令人可笑的。

一个屠户晚上回家时,担子里的肉已经卖光了,只剩下一些骨头。路上,他遇到两只狼,跟在后面走了很远。屠户害怕,就扔给它们一块骨头。一只狼得到骨头停下不走了,另一只狼仍然跟着他。他又扔出一块骨头,后面的狼虽停了下来,可前面的那只狼又跟来了。就这样,他扔尽了骨头,而两只狼照样还是肩并肩地跟着他。屠户非常窘迫,害怕遭到二狼的前后夹击。他见野地里有个打麦场,场子中央堆着麦草,苫盖得像座小山一样。屠户赶忙跑过去靠着草垛,放下担子,拿起屠刀。狼不敢到跟前来,只是瞪起眼睛盯着他。不大功夫,一只狼径直离去,另一只则像狗一样坐在屠户的对面,时间长了,还假意把眼睛闭上,那神态似乎很是悠闲。屠户猛地跳了起来,用刀去砍狼的脑袋。一连砍了几刀,把狼砍死了。他正准备回家,转身看到草垛后面,另一只狼正在往草垛里面打洞,想要从洞子里钻过来给他来个背后袭击。此时,狼的身子已经钻进去半截,屁股和尾巴还露在外面。屠户从后面砍断它的腿,杀死了它。于是才明白,前面那只狼假装睡觉,是用来诱惑他的。狼也够狡猾的了。然而,顷刻之间,两只狼都被杀死,禽兽的诈骗伎俩能有多少呢?只不过给人们增添一点笑料而已。

一个屠户夜间赶路,被一只狼紧紧追逼。见路边有个耕田人所留下的草棚,屠户便赶忙跑过去趴在里边。狼见他进了屋,就从草苫外面把前爪探了进来。屠户急忙抓住,让它退不回去。想想也没有办法杀死它。身上只带了一把不满一寸的小刀,于是用这把小刀将狼前爪的皮割破,采用杀猪时吹猪的方法往里吹气。用力吹了一会儿,发觉狼不挣扎了,才用绳子捆住它的爪子。出去一看,狼已胀得像牛一般大,腿伸直不能弯曲,嘴巴张开合不拢。屠户便背上它回到家里。如果不是屠户,又怎能想出这样的办法呢?

这三件事情都发生在屠户身上,那么屠户的残忍,同样也可以用来对付狼!

美 人 首

京城的一家客店里,居住着一人商人。客店与邻家的房屋紧紧相连,中间只隔了一层板壁,而且板壁上还有一块松树疙瘩已经脱落,露出一个酒杯大小的洞来。一天,有一个女子忽然将头探了进来,头上挽着凤形的发髻,美丽极了,紧接着又有一只洁白如玉的胳膊伸了过来。众商人吓了一跳,以为是个妖怪,便打算捉住她。还没等动手,女子已缩回了脑袋和胳膊。一会儿,女子又来了,只是隔着板壁看不见她的身子。众商人跑过去抓,她就又缩回去了。有个商人拿着刀子,埋伏在板壁的下边。不久,女子的脑袋又伸了来,那商人大惊,立即将此事告知店主。店主害怕了,提着美人的头到官府自首。官府将众商人关押了半年,一直没有得到新的情况和供词,也没有一个人来打人命官司,于是放了众商人,埋了那颗美人头。

刘 亮 采

曾听济南府的怀利仁讲:刘亮采先生是狐狸托生。

当初,刘亮采的父亲刘老太爷在南山居住,曾有一个老翁到他的住处拜访。老翁自称姓胡。问他住在哪里,他说:"就在这座山里。这地方太荒凉,人也少,只有你我二人,可以朝夕相处在一起。所以我便来结识你。"刘老太爷于是和他攀谈起来。见他言辞敏捷机宜,刘老太爷很高兴。便摆上酒菜,与胡老翁边喝边谈,十分尽兴,最后老翁喝得醉醺醺地走了。

第二天,老翁又来了,刘老太爷更加周到殷勤地款待他。刘老太爷问他:"自你不耻下交,与我结为朋友,我俩情分便已很深厚了。只是不知你府上在哪里,我以后到哪里去向你请安呢?"胡老翁说:"不敢相瞒,我其实是山中的一只老狐狸。因为与你有一段缘分，所以才敢到你门下结交。即使就是我不能造福于你，但也绝不至于给你带来祸害。希望你能相信我，不要害怕。"刘老太爷也不怀疑，反而对他更加器重和尊敬了。论起年龄，胡老翁年长为兄，彼此来往如同亲兄弟一样。如果刘老太爷有点小吉凶，他也要事先通告。

当时，刘老太爷还没有儿子。一天，胡老翁忽然对他说："你不要为此事担忧，我就要去做你的后代了。"刘老太爷觉得这话太奇怪，很惊讶。胡老翁说："我的寿命就要完了，投生的日期也快到了。与其投胎到别人家里去，还不如投生到老朋友家里。"刘老太爷说："仙人可以活一万年，怎么就会到这一步呢？"胡老翁摇了摇头说："这不是你能知道的。"说完便走了。当天夜里，刘老太爷果然梦见胡老翁来了，对他说："我现在就来了。"等到他醒来以后，夫人生了一个男孩，就是后来的刘亮采先生。

刘亮采长大成人后，个子很矮，说话很敏捷，很风趣，跟胡老翁十分相像。他从小就以才气出名，明神宗万历二十年考中进士。他为人处事很有侠义心肠，能急人之所急，所以，陕西、湖南、湖北、河南、河北一带的宾客，纷纷前来拜访。卖饼、卖酒的商贩，竟在他家门前汇集成了集市。

蕙　芳

马二混住在青州府城东门里，以卖面为生。家中太穷，不能娶妻，每天与老母亲一道辛勤劳作。

有一天，老母亲一人在家，忽然来了一个美女，有十六七岁，荆钗布裙，衣着朴素，但光彩照人。老母亲惊讶地看着她，问来干什么。女子笑着回答说："我看您的儿子为人忠厚老实，愿意嫁到您家中来。"老母亲更加惊奇了，说道："娘子就像天仙一般，仅这么一句话，也要拆掉我母子好几年阳寿啦。"女子一再请求。老母亲猜想她是那个官宦人家逃出来的婢女或姬妾，因而拒绝得更加坚决了。女子只得走了。

过了三天，女子又来了，舍不得离去。老母亲问她姓什么，她说："如果肯收留，我就说；如不肯收留，也就不用问了。"老母亲说："我儿子是个穷光蛋，娶你这样漂亮的媳妇，既不相称，也不吉利。"女子笑着坐在床头上，显出恋恋不舍地样子。老母亲拒绝她说："娘子应该快走，不要祸害我家。"女子这才出了门。老母亲看到她往西边去了。

又过了几天，西边巷子里的吕大妈来了，刚一见面，她就对马二混的母亲说："我邻居的女儿董蕙芳，孤苦无依，自愿嫁给你儿子做媳妇，你为什么就是不收留她呢？"老母亲便把自己的疑惑和忧虑告诉了她。吕大妈说："哪里来这样的事情？如果有什么差错，责任全在我身上。"老母亲十分高兴地答应了这门亲事。

吕大妈走了以后，老母亲便打扫房子，铺好床席，等待着儿子回来迎亲。傍晚时分，女子步履轻快地自个来了。进了屋子，她先参拜了老母亲，礼节十分周到。告诉老母亲说："我有两个丫鬟，因为没得到母亲的许可，没敢叫她们进来。"老母亲说："我母子俩守着这么一个穷窝，从来就不会使唤奴婢。每天得一点蝇头小利，只够两人糊口。如今增添一个新媳妇，娇娇嫩嫩地只能坐等吃饭，还怕吃不饱，再添上两个丫鬟，叫她们喝西北风过活呀？"女子笑着说："丫鬟来后，并不要母亲为她们开销生活费用，她们都能自己养活自己。"老母亲问："丫鬟在哪里？"女子见老母亲同意了，便呼唤道："秋月、秋松！"话音未落，忽然像飞鸟落地似的，两个丫鬟已站立在面前。女子当下就叫她们跪在地上拜见了老母亲。

　　不久，马二混回来了，老母亲迎上去将已经为他娶了媳妇的事告诉了他。马二混很高兴。他进入屋内，见屋中雕梁画栋，跟宫殿差不多，桌椅、屏风、门帘、窗帷，光彩夺目。十分惊奇，不敢往里走。女子下了床笑着迎接。马二混见女子美若天仙，更加惊奇，回身就要往外走，女子挽住他的臂膀，拉他坐到床上，亲切地与他交谈起来。马二混喜出望外，简直都有点儿魂不守舍了。紧接着站了起来，要出去打酒。女子阻止他，说道："不用去了。"于是让两个丫鬟置办酒饭。秋月取出一个皮袋子，拿着到了门后，"咣咣"地摇晃了一阵，又探进手去。等她将手拿出来，壶里已装满了酒，盘中已堆满了肉，都还热气腾腾的。喝完酒，吃罢饭，马二混与女子一同上床，而床上是花毡锦褥，温暖滑腻，非同寻常。

　　天亮后，出房门一看，住的地方依然是茅屋草舍。母子俩都感到很奇怪。老母亲便到吕大妈家中，打算查问一下女子的来历。一进门，她先感谢吕大妈做媒的恩德，吕大妈听后很吃惊。说道："我好久没有去拜访你了，哪里来的邻家女子托我做媒的事呢？"老母亲更加疑惑了，便向吕大妈说了事情的前后经过。吕大妈大吃一惊，立即跟着老母亲去见新媳妇。女子笑着迎了出来，不停地感谢吕大妈为她做媒的好意。吕大妈见她既贤惠又美丽，惊愕了一阵子，也就不再辩白，只是随话应声而已。女子送给她一件白木做的挠痒耙，说："没有什么可以报答您老恩情的，暂且献上这件东西给姥姥抓背用吧。"吕大妈接了东西，拿回去仔细一看，痒痒挠已变成白银的了。

　　马二混自从得了这个媳妇，也就不再去卖面了，门户也为之一新。家中的箱子里有的是皮袄锦衣，任由他拿了去穿。然而，一出家门，就变成布衣素服，只是又柔软又温暖罢了。那女子穿衣打扮也是这个样子。过了四五年，女子忽然对马二混说："我被降谪到人间已有十多年了，因为与你有缘，所以暂时留在这里。如今就要分别了。"马二混苦苦挽留，女子说，"希望你另外选个好配偶，以接续你家的香火。我过几年就会来看你。"说着话，就忽然不见了。马二混便娶了一个姓秦的女子为妻。三年后的七月七日，马二混夫妻俩正在闲谈，那女子忽然进来了，笑着说道："新夫妇真是亲热呀，难道就不想念故人了吗？"马二混惊讶地站了起来，拉她坐下，悲伤地诉说对她的思念之情。女子说："我刚才去送织女渡银河，瞅个空子来看你。"两人情意缠绵，谈起来就没个完。忽然听得空中有人喊"蕙芳"，女子便急忙起身告别。马二混问喊她的是谁，女子说："我刚才是同双成姐姐一道来的，她已经等得不耐烦了。"马二混送她。女子说："你将能活到八十岁，到那时，我来收你的尸骨。"说罢，便消失了。

　　如今，马二混已六十多岁了。他这个人只是诚实厚道，没有别的长处。

　　异史氏说："马生的名字叫'混'，职业也很卑贱，蕙芳取他哪一样呢？由此可见，仙人看重的是诚实厚道的人。我曾经对友人说：像我和你，鬼狐是弃而不顾的。所幸不愧于仙人的，只是一个'混'字而已。"

山　　神

　　益都县人李会斗偶然走到山里，碰上几个坐在地上喝酒的人。这伙人看到李会斗过来，吵吵嚷嚷地一同站了起来，拉他入座争着向他敬酒。李会斗看看盘里的菜肴，珍馐美味错杂陈列，很是丰富。随着时间一点点地流逝过去，众人喝得也越来越欢畅，只是酒味很淡，还带一点苦涩。

忽然，从远处来了一个面部狭长的人，大约有二三尺高，头上戴的帽子又高又细，和他的狭长面相称。众人吃惊地说道："山神来了。"便纷纷向四周逃去。李会斗也找了一个深坑，伏卧在里面。过了一会站起来再看，酒菜全都不见了，只有破烂的陶罐中盛着尿液，瓦片上放着几只蜥蜴而已。

萧　　七

徐继长是临淄县人，家住城东的磨房庄。因读书没有什么成就，便去当了一名小官吏。

一天，他偶然到一个亲戚家去，途中路过姓于人家的坟墓。傍晚时分，他喝醉了酒回来，再次经过于氏家坟墓时，见到一片华丽楼阁，有一位老人坐在门前。徐继长因酒喝得太多，感到口渴，便向老人施礼，请求能给点水喝。老人站了起来，邀请客人到里面去，进到屋里，老人献上清茶。见他喝完了茶，老头又说："天已黑了，路上不大好走，你暂且在这里歇一晚，明早再走怎么样？"徐继长确实也感到疲倦了，很乐意听从老头的安排。老头让家人摆上酒席，招待客人。饮酒间，老头对徐继长说："老夫有一句话想说，请你千万不要嫌我唐突：你门第清白，让人景仰，我很愿意高攀，与你结成姻亲。我的小女儿尚未许人，打算充作侍妾，请你务必接纳。"徐继长局促不安，不知说什么才好。老头随即派遣使者，遍告亲友，并传话让女儿装束打扮。一会儿，四五位戴着高帽子、束着宽腰带的绅士前前后后地来了，女郎也打扮得光彩夺目地走了出来，姿态、容貌美丽极了，世间没有能比拟的。于是，众人交替坐下，一起喝酒庆贺。徐继长神魂颠倒，只想早一点去睡。酒过数巡，徐继长坚持不再喝了。老头便打发小丫鬟领着新夫妇进入帏帐。两人双双躺下后，徐继长问起女郎的家族姓氏，女郎说："我姓萧，排行第七。"又详细询问她的门第，萧七姐说："我虽然出身卑贱，但配一个小官吏，还不至于辱没你吧，何苦追问个没完没了呢？"徐继长沉溺于她的姿色，温存亲热备至，不再有什么疑虑。萧七姐说："此处不能为家。我知道你家夫人性情温和善良，也许不会阻挠你我之间的事情。你先回去，打扫一间房屋，我会自己去的。"徐继长答应了。他把手臂搭在萧七姐的身上，转眼间就睡着了。等到他醒过来，怀中已空空如也。这时，天色大明，他抬头看看天，上有松枝为他遮蔽朝阳；低头看看地，身下铺的稻草有一尺多厚。

徐继长感叹了一番，回到家里，把这事告诉了妻子，妻子开着玩笑，真的就替他打扫了一间屋子，铺了一张床，然后关了门出来说："新娘子今晚要来了。"说完，又与徐继长嘻嘻哈哈地相互取笑了一阵。天快要黑了，妻子逗趣似的拉了徐继长去开门，嘴里还说着："新娘子说不定已经在屋里啦。"等到他们进了屋，果然见一美人打扮得漂漂亮亮地坐在床上。萧七姐见他们夫妻二人来了，急忙站了起来迎接。徐继长夫妇大吃一惊，萧七姐却捂着嘴吃吃地笑了起来，恭恭敬敬地参拜了他们。徐妻便置办酒菜，为他们成亲。第二天，萧七姐早早地就爬了起来，操持家务，并不等着人吩咐和督促。

一天，萧七姐对徐继长说道："姐姐姨姨们都想到咱们家来看一下。"徐继长担心仓促之间没有什么东西招待客人。萧七姐说："都知道咱们家里不富裕，她们准备先送了酒菜来，只是要麻烦我家姐姐烹调一下。"徐继长将这事告诉妻子，妻子答应了。早上吃过饭后，果然有人背了酒肉来，放下东西就走了。妻子便操起厨师的活路。黄昏后，六七个女郎来了，最大的不过四十来岁。几个人围坐在桌边互相敬酒，说说笑笑，室内充满了欢乐的气氛。徐妻扒到窗口向里偷看，只看到丈夫和萧七姐面对面地坐着，其他客人一概看不到。直到北斗星高高地挂到屋角上，客人们才高高兴兴地走了。萧七姐送客还没有回来。徐妻进到房中，看到桌上的杯盘全都是空的，便笑着说："这些丫头们想必都已饿极了，看这杯盘，就像狗舔过的砧板一样。"不大功夫，萧七姐回来了，殷勤慰问徐妻，抢到碗筷自己去洗，并催促徐妻快去休息。徐妻说："客人到我们家来，还要让她们自备酒菜，说起来也是个大笑话。明天理应把她们再请了来，好好招待一番。"

过了几天，徐继长依照妻子的意思，让萧七姐再去邀请客人。客人来后，随意吃喝，唯独留下四盘菜，谁也不动一筷子。徐继长问她们这是为什么，大家笑着说："夫人说我们吃得太凶了，所以留给做菜的人。"

酒席上有位女子，年约十八九岁，穿白鞋，着白衣，说是刚刚死了丈夫，萧七姐叫她六姐。六姐神态妖冶，擅长说笑。她与徐继长渐渐混熟之后，便不时地用诙谐的话语嘲弄他。徐继长执掌酒令，规定在饮酒行令时，禁止开玩笑。结果，六姐屡屡犯规，连着被罚了十多杯酒，喝得脸色泛红，娇嫩的身子再也支撑不下去了。不大功夫，她便离席而去。徐继长点上灯去找她，发现她酣睡在黑暗的账帏中。徐走过去亲吻她的嘴唇，她也没有醒觉。接着，他又将手伸进她的两腿间探摸，发现她下身阴部高高隆起。徐继长正心荡神摇，忽听得席面上纷纷呼唤徐郎，他赶紧理顺她的衣服。看到她袖子里有一条绫巾，便偷偷拿出来藏在身上，然后才走了出来。直到天快亮了，六姐还没起来。萧七姐进入帏帐，摇了摇她，她才打着哈欠爬起来，系好裙子，掠好鬓发，跟着众人一起离去了。

徐继长一心想着六姐，总也放不下这念头，便想在没人的地方好好把玩一下那条绫巾。可等他在自己身上寻找时，绫巾已经没有了。他怀疑是送客的时候遗落在路上，就拿上灯在台阶上仔细地照了一番，找了许多地方都没有发现，心里很不自在。萧七姐问他在找什么，他随便地支吾两句。萧七姐笑着说："你不要再说谎了，绫巾已被人家拿了回去，这样寻找是枉费心机。"徐继长大吃一惊，于是将实情告诉了她，说自己实在是想念六姐。萧七姐说："她与你没有同宿的缘分，也就只能这样了。"徐继长询问缘故，萧七姐回答说："她的前身是个妓女，你的前身是个书生。你见了她后很喜欢，但因你的父母从中阻拦，未能如愿以偿，为此得了重病。你打发人告诉她说：'我已经不行了。只要她能来，让我摸一摸她的肌肤，我就死而无憾了。'她为你的诚意所感动，答应了你的请求。恰巧她被琐事缠身，没能立刻就来。等过了一夜再来时，你的前身已经死了。这就是她前世与你有一摸之缘的来由，超过限度，就不是你所能达到的了。"以后，每次设宴招待众位姐妹时，其他人都来了，只有六姐不到。徐继长怀疑是萧七姐嫉妒，所以对她颇有些怨恨。

一天，萧七姐对徐继长说："你因为六姐的缘故，无端怪罪于我。是她自己不肯来的，与我有什么关系？我与你已有八年的恩爱之情，如今，就要与你分别了。让我尽力给你想个方法，以解除你对我的猜疑。她虽然不肯来，难道禁止我们去找她？登门接近她，说不定能搞出人力战胜天意的事情来呢。"徐继长很高兴，同意按照她的意思去办。萧七姐便拉了他的手，飘飘然踏空而去，不一会儿就到了她的娘家。但见这家有着黄色的砖瓦，宽大的厅堂，曲折的门户，与他初次见到时的模样丝毫不差。岳父岳母一齐走了出来,说道:"拙女蒙你长时间地体贴照料,我们非常感激。老身因为年老体弱,没能去看望,你或许不会见怪吧?"随即便张罗筵席,举行酒会。萧七姐问起了各位姐妹的情况,母亲说:"各人都回自己的家里去了,只有六姐在这里。"便叫丫鬟去把六姐请来。很长时间了,六姐还没有出来。萧七姐便自己进屋,将她拉到席面上。六姐耷拉着脑袋,一声不吭,不再像过去那样的诙谐幽默。一会儿,老头和老太太都告辞离开。萧七姐对六姐说:"姐姐你如此自尊自重,以至别人都怨恨我了!"六姐微微一笑说:"这样轻薄的人,谁敢和他接近呢!"萧七姐拿起两人喝剩下的酒,强行让他们交换着喝了下去,然后说:"吻都已经接过了,还装模作样地干什么?"过了一会,萧七姐也走了,房中只剩徐继长与六姐两个人。徐继长突然站起来逼迫六姐,六姐则宛转抗拒。徐继长拉着她的衣服长跪在地上,向她苦苦哀求,六姐的脸色才慢慢地变得温和了,拉着他的手走进内室。两人刚刚解开衣扣,忽听得人喊马嘶之声惊天动地,火光已照进房里。六姐大惊,急忙将徐继长推开,说道:"灾祸忽然降临,有什么办法!"徐继长慌慌张张地不知该怎么办,而六姐已消失得无影无踪了。

徐继长惆怅懊丧地坐了一会儿,房舍也突然间不见了。有十多个猎人带着猎鹰,拿着刀杖过来。猎人见了他,吃惊地问道:"是什么人夜间躲藏在这里?"徐继长假托说自己迷了路,并告诉了自己的姓名。其中一个猎人问道:"刚才我们追逐一只狐狸,看到它了吗?"徐继长回答说:"没有看见。"他又仔细看了看他坐着的地方,原来是于氏家的坟墓。

徐继长快快不乐地回到家里,希望萧七姐能够再来,早上听喜鹊是否在叫,晚间看灯花是否在爆,然而,最终没有一点消息。

这个故事是董玉玹讲的。

乱离二则

我的老师刘芳辉是北京人。他有个妹妹许配给一个姓戴的书生。出嫁的日子快到时,正值北兵侵入境内,刘家害怕柔弱的女孩子成为累赘,便打算把她装扮好了送到戴家去。装束还没有停当,乱兵已纷纷闯了进来。刘芳辉父子分头逃了出去,妹妹被一个北兵军官掳了去。姑娘跟着军官走了几天,军官对她没有一点轻慢猥亵的意思。每当到了夜晚,军官便将姑娘安置在另一张床上睡觉,吃穿等一应生活用品也供奉得十分周到。不久,军官又掳来一个少年,年龄与姑娘差不多,仪表风度均很俊雅。军官对他说:"我没有儿子,打算让你继承我的家业,你肯不肯?"少年连连答应。军官又指了指姑娘对他说:"你如果同意,我就让这个姑娘做你的妻子。"少年很高兴,愿意听从军官的安排。军官便让姑娘与少年同榻共眠,两人你恩我爱,十分欢洽。事毕,两人在枕上各自道出了自己的姓名,而少年就是那个姓戴的书生。

陕西人某公做盐务官,嫌拖累没有带家眷。恰碰上姜壤作乱,家乡沦为乱兵的巢穴,他与家中的音信便完全断绝了。后来叛乱平复,他派人回去探访消息,但纵横百余里,一点儿人烟都没有了,无处打听家人的消息。

碰巧某公要向朝廷述职到了京城,有一个跟随他的老衙役死了老婆,家贫不能再娶,某公便给了他几两银子,让他去买个老婆。当时大兵刚刚得胜回朝,俘获的妇女很多,都被插上草标,拉到集市上任人选购,就像卖牛卖马一样。老衙役便带上银子,到集市上去选择。他估量自己的银子不多,不敢问津年轻貌美的。看到众妇女中有一个老婆婆穿戴得十分整齐洁净,便将她买下,带回到住处。老婆婆坐在床上,仔细辨认了他一番说:"你不就是某某衙役吗?"老衙役问她是怎么知道自己的名字的,老婆婆说:"你跟着我儿子当差,怎么能不认识!"老衙役大吃一惊,急忙去告知某公。某公跑来一看,果然是自己的母亲。母子俩痛哭一场,加倍偿还了老衙役银子。

老衙役手头的银子多了,便不屑于再去找老婆婆。他看到一个妇人有三十多岁,风度仪表超凡脱俗,就把她买了下来。老衙役带着她往回走时,那妇人一边走一边看着他说:"你不就是某某衙役吗?"老衙役又是一惊,问她是怎么认识他的。妇人说:"你跟随我的丈夫当差,怎么会不认识!"老衙役更加惊异了,领她去见某公。某公一看,确确实实是他的夫人。某公与妻子双双痛哭,泣不成声。一天之内,母亲、妻子都重新团聚,某公高兴得不得了。便拿出一百两银子为老衙役娶了个很漂亮的媳妇。

我想,一定是某公有很大的德行,因此鬼神被他感动而回报。可惜的是讲故事的人忘了某公的姓名,陕西一带或许有人能说出他的名字来。

异史氏说:"火烧昆岗,玉石俱焚,这话说得很对。像某公这样的人以及他的一家,是因为散而复聚而流传于世间的。董思白的后代中,只剩下一个孙子,而这个孙子也不能供奉祭祀他了,也应当由朝中的官员来承担责任。可悲啊!"

豢　蛇

泗水县的山中,过去有过一座寺院,四邻没有村落,寺院里很少有人来往,只有一个和尚住在那里,有人说寺院里有很多大蛇,因此游人更不敢到那里去了。

有一天,一个少年进山捕捉老鹰,走到大山深处,天黑找不到住宿的地方。远远看到一座寺院,就赶忙跑过去投宿。和尚见到他吃惊地说道:"居士这是从哪里来的?幸亏没有被孩儿们看见!"随即请他坐下,并端上稠粥给他吃。少年还没吃完,就有一条大蛇爬进屋来,约有十多围粗,昂起头,面对客人,愤怒的目光就像闪电一样。少年非常恐惧。和尚用手敲着大蛇的额头,大声呵斥道:"去!"大蛇便低下脑袋爬进了东边的屋子。蜿蜒曲折,爬了好大一会,蛇的身子才全部进到屋里。进了屋,它盘旋在地上,将一间屋子都盘满了。少年吓得战栗不止。和尚道:"这蛇是我平时豢养的。有我在这里,就不要紧。怕的是你独自遇到了它。"少年刚刚坐下,又有一条蛇来了,比前面的那条略小一点,约有五、六围粗。看到少年,它立即停了下来,眼光闪烁,舌信外吐,就像前面的那条蛇一样。和尚也呵斥了一句,它也爬到东边那间屋子里去了。室内已没了盘卧的地方,它便将一半身子盘绕在房梁上面,墙壁上的泥土被摇落下来,发出沙沙的响声。少年更加害怕,整整一夜都没能睡着。第二天一大早,他要回去,和尚送他。出了屋门,就见墙上阶下,碗口粗的,杯口大的,爬着的,盘着的,卧着的,各式各样的蛇形态不一。看到生人,都露出要将他吞下去的样子。少年害怕极了,紧紧依附在和尚的肘腋下走了出去,一直让和尚将他送出谷口,才回去了。

我有一个同乡旅游到河南,寄居在蛇佛寺里。寺里的和尚为客人置备了晚餐,晚餐中的肉汤特别鲜美,肉是圆形的,且都是一段一段的,就像鸡的脖子一样。客人感到疑惑,就问和尚:"杀了多少鸡,怎么有这么多的鸡脖子啊?"和尚说:"是蛇段。"客人大惊,有的竟跑到外面哇哇地吐了一通。

客人睡下之后,觉得胸脯上有什么东西在蠕动,用手一摸,原来是蛇。客人跳了起来,吓得大声喊叫。和尚起来说:"这是常事,有什么可害怕的!"便点上灯往墙上照去,只见大大小小的蛇爬得满墙都是,就连床上床下也爬满了蛇。

第二天,和尚将客人带到佛殿。佛座下面有一口大井,井里面有一条蛇,足有大瓮那么粗。蛇将头探到井边,却没有出来。点上灯往井下照看,蛇子蛇孙数以百万计,拥挤着住在里面。和尚说:"过去,蛇常常出来祸害人,自从菩萨坐镇在上面以后,蛇患才平息了。"

雷　公

亳州百姓王从简的母亲坐在房中,正碰上空中小雨纷霏,天色晦暗,看到雷公手持锤子,振动双翅飞了进来。王母又惊又怕,急忙拿起便桶将屎尿往雷公身上泼去。雷公身上沾染上污秽之物,就好像被刀斧砍伤了似的,转身赶快逃跑。他用尽了发出牛一样的吼声。这时,天上的云层逐渐压落下来,不一会儿竟与房檐一般齐了。云中有萧萧的马嘶声传来,与雷公的吼声相应和。功夫不大,暴雨如注,把雷公身上的污秽物冲刷一净。雷公才打着响雷飞走了。

菱　角

胡大成是楚地人。他的母亲一直信佛。胡大成跟着私塾里的老师读书,来回要路过一个观音庙,母亲嘱咐他经过那里时一定要进去给观音叩头。

一天,胡大成又进到观音庙。碰巧,有个少女领着一群小孩正在里面玩耍。少女的头发刚刚能遮住脖子,风度举止都非常美好。当时,胡大成十四岁,打心眼里喜欢她。他问少女姓什么,少女笑着说:"我是庙西焦画工的女儿菱角。你问这个干什么?"胡大成又问:"有婆家没有?"菱角满脸羞涩,回答道:"还没有。"胡大成说:"我给你做女婿,好不好?"菱角羞答答地说:"这事我做不了主。"说话间,睁大一双清澈明亮的眼睛,上下打量胡大成,显出一副很乐意的样子。胡大成便走出庙。菱角紧追几步,远远地告诉他说:"崔尔诚是我父亲的好朋友,请他来做媒,没有不成的。"胡大成说:"好的。"想着菱角那聪慧而又多情的神态,胡大成越发地喜欢她了。

回到家中,胡大成如实向母亲表白了自己的心愿。母亲只有这么一个儿子,生怕违拗了他的心愿,便请崔尔诚去做媒。焦家要的财礼很多,这事眼看就要不成了。崔尔诚极力称道胡大成家门清白,才华出众,焦家才答应了这门亲事。

胡大成有一个伯父,老而无子,在湖北做教官。他妻子死在任所上,胡大成的母亲便打发他前去奔丧。胡大成在湖北呆了几个月,准备回去,不料伯父又病了,随后也死去。在湖北逗留的时间长了,正赶上一支叛乱的队伍占据湖南,他与家中的联系便中断了。胡大成流落到乡间,孤苦伶仃地,日子过得很凄凉。

有一天,一个四十八九岁的老妇人在村中转来转去,太阳都快下山了还不走。她对人说道:"因遇到战乱,已无家可归,准备把自己卖了。"有人问她要多少身价,老妇人说:"不屑于给人家做奴仆,也不愿做人家的老婆。只要有人愿意拿我当母亲,我就跟他去,不计较价钱。"听了这话的人都笑了。胡大成跑去一看,觉得这老妇人脸上有几处很像自己的母亲,触景生情,不由得悲痛伤感。想想自己只身一人,连个缝缝补补的人也没有,便将老妇人请回去,像儿子一样地侍奉她。老妇人很高兴,给他做饭织鞋,像母亲一样辛劳。当胡大成违背了她的心愿时,她便责骂,可当胡大成有点小小的疾病,她就细心照顾,对他的关怀甚至超过对亲生儿子的关怀。

一天,老妇人忽然对胡大成说:"这个地方很平安,没有什么令人担心的事,只是你长大成人,该娶媳妇了,虽说我们流落异乡,但人生的大事,也不能因此而耽误了。两三天之内,就给你娶媳妇。"胡大成流着眼泪说:"儿子本来已有了媳妇,只是南北阻隔,不能完婚罢了。"老妇人说:"大乱之时,人间的事情变化很大,你怎么可以守株待兔,一个劲地傻等呢?"胡大成仍然哭泣不止,说道:"且不说结发的盟约不应背弃,退一步讲,谁又肯把自己的娇女嫁给像浮萍一样漂泊不定的流浪汉呢?"老妇人并不答话,只是为他置办帏帐被褥,准备得十分周全,也不知她从哪里弄来的这些东西。有一天,天已经黑了,老妇人告诫胡大成说:"你坐在这里,不要睡觉,我去看看新媳妇来了没有?"说完,便出门走了。三更就要过去,老妇人还没有回来。胡大成心中很疑惑。功夫不大,忽听得门外有人在大声喧哗,胡大成出来一看,原来是一个女子坐在院中,蓬头散发的正在哭泣。胡大成吃惊地问道:"你是什么人?"女子没有作声。过了好久,她才说道:"娶了我来,也不是你的福分。我只有一死!"胡大成十分惊讶,也不知她这是为了什么。女子说:"我从小就许配给了胡大成,不料他去了湖北,从此音信断绝。我父母强行将我嫁到你家,我的身子可以弄来,但我的志向是永远也改变不了的。"胡大成听了这话,便哭了起来,说道:"我就是胡大成啊!你是菱角?"女子停止哭泣,很诧异,不相信。胡大成将她搀扶到屋里,她就着灯光仔细看看,说道:"这不是做梦吧?"于是转悲为喜,互相诉说了乱离中的悲惨遭遇。原来,战乱之后,湖南方圆百里之内,被洗劫一空,没了人烟。焦画工携家带口流落到长沙以东,焦画工又将菱角许配给一个姓周的书生。因兵荒马乱中无法举行婚礼,焦家便约定这天晚上将菱角送到周家。菱角哭着不肯梳洗打扮,家里人便强行把她扶到车上。走到半路,菱角从车中颠落下来,紧接着就有四个人抬着轿来,说是周家来迎亲的,将她扶上轿子,抬了就走,行进如飞,一直到这里才停下。有位老妈妈将她拽进院内,说道:"这是你丈夫家,只管进去,不要再哭了。你婆婆早晚之间也会来的。"说完便走了。胡大成问清事情的经过,终于领悟那老妇人原来是个神仙! 于是,夫妻二人焚香祷告,希望母子能重新团聚。

胡大成母亲自从战乱发生以后,便同一道逃难的妇女跑到山谷中藏起来。一天晚上,有人大喊贼兵来了,众妇女四散逃开,寻找可以藏身的地方。这时,忽然过来一个童子,将一匹马交给胡大成的母亲。胡大成的母亲慌慌张张地顾不上询问,扶着童子的肩膀便上了马,那马行走得十分轻捷迅速,瞬息之间就到了洞庭湖上。马踏水奔腾,四蹄又像是没有沾到水似的。一会儿功夫,童子将她扶下马,手指一户人家说道:"你可以在此居住。"胡大成的母亲正要开口向童子道谢,回头一看,那马已变成一丈多高的金毛犼,童子跳到金毛犼的背上走了。胡大成母亲用手敲了敲门,门一下就开了。有人出来询问,胡大成母亲觉得声音很熟,一看,原来是儿子胡大成。母子俩抱头痛哭。新媳妇菱角被惊起,一家人欢欣宽慰。他们怀疑老妇人是观音大士的化身。由此更加虔诚地念起了观音经咒。

此后,胡大成一家就在湖北寄居下来,慢慢地购置起了田产和房屋。

饿　　鬼

马永是齐地人,为人贪婪,是个无赖,家里因此常常贫困无粮,乡里人开玩笑称他为"饿鬼。"三十多岁时,家境更加贫困,整天穿着补丁摞补丁的破烂衣服,双手交叉着放在肩上,到街上抢东西吃。人都看不起他,不同他往来。

同县有个朱老头,年轻时带着妻子居住在大都市里,做着不太高雅的买卖。年龄大了以后回到本乡,又成为读书人嘲弄的对象。但朱老头洁身行善,人们才慢慢地对他尊重起来。有一天,正赶上马永抢吃人家的东西不给钱,被商贩抓住痛打,朱老头很可怜他,便代他付了钱,还把他领到家中,送给他几百钱,让他作为谋生的资本。马永得了钱,却不肯谋个出路,仍是坐在家里吃现成的。不久,钱花光了,又重蹈覆辙。

马永害怕见到朱老头,便跑到邻近的县。夜里,他住在文庙里。正值隆冬季节,庙外寒风刺骨,马永便摘下孔子塑像头上的玉串准备换取钱财,并烧了塑像胸前的玉板取暖。学官知道后非常生气,就要治他的罪。马永苦苦哀求,说只要能免罪,他愿给学官搞一大笔钱。学官非常高兴,便放了他。马永探听到某生家中非常富有,就跑上门去,硬索取钱财,有意识地挑逗某生发脾气,然后,他用刀割伤自己,诬陷是某生所为,把他告到学官那里。学官勒索了一笔巨款,某生才得以免受斥责和罢免秀才资格的处罚。这件事引起县里秀才们的公愤,联合向县令告状。县令查明事情的真相后,打了马永四十大板,并给他带上枷锁,三天后,马永就死了。

这天夜里,朱老头梦见马永戴着秀才的帽子,束着秀才的腰带来到他家,对他说:"过去我辜负了你的大恩大德,今天特来相报。"朱老头醒来时,小妾正好生个儿子。朱老头知道这儿子是马永投的胎,便给他取名叫马儿。

马儿年少时并不聪明,但让人高兴的是还愿意读书。到了二十多岁,经过竭力筹划,他中了秀才进入县学。后来,他去参加乡试,住在一家客店里。白天,他躺在床上,看到满墙壁贴的都是八股文旧作,再仔细一看,见其中有一道"犬之性"的四句试题,觉得很难做,于是读了几遍,记了下来。等进到考场一看,试卷上出的恰好就是这个题目。他将背过的文章抄录在卷纸上,得了个优等,因此成了吃皇粮的廪生。

都六十多岁了,马儿才补任为临近县里的训导。为官数年,他没有交到一个真正的朋友。不管是谁找他办事,只要是能掏出钱的,他就笑脸相迎;否则,他便眯起双眼,摆出一副威严方正的架势,就像根本不认识一样。县令偶然有一次将犯有小过失、需要轻微惩戒的秀才交给他处理,而他竟像对待盗贼一样给予严酷的惩办。只要有人状告读书人,那便是给他送来了生财的门路。诸如此类的事情很多,秀才们都无法再忍耐了。

接近七十岁的时候,马儿身体臃肿,耳聋眼花,常常向人讨要能使胡须变黑的药物。有个秀才向来狂妄,他拿碾碎了的茜草欺骗马儿。天明后,众秀才跑去一看,马儿的胡子已红得像庙里泥塑的灵官一样了。马儿大怒,准备拘捕那个秀才,可秀才已在夜里逃之夭夭了。马儿为此怒气郁结在心,几个月便死了。

考 弊 司

闻人生是河南人。他生病已有一天,看见进来一个秀才,跪在床下,向他行叩见礼,神情很谦恭。行完了礼,秀才又请闻人生到外面散步,并挽着闻人生的胳膊,边走边谈,话多得就像抽不完的茧丝。已经走出好几里路了,还不见他有告别的意思。闻人生自己停下脚步,拱手与他告别。秀才说:"麻烦你再多走几步,我有一事相求。"闻人生问他是什么事,秀才回答说:"我们这些人都属考弊司管辖。考弊司的头头叫'虚肚鬼王',按照惯例头一次拜见他的人,都要被割下一块腿肉,我们想求你去给说个情。"闻人生惊奇地问道:"你们到底犯了什么罪,以至于要受到如此严厉的处罚?"秀才说:"不必有什么罪,这是惯例。如果多贿赂些钱,还可以免受此割。可我太穷没有钱。"闻人生说:"我与鬼王素不相识,如何为你效力呢?"秀才说:"你前世是他的祖父,他应当能听从你的。"

说话之间,两人走进一座城市,来到了一座衙门的前面。衙门的房屋并不怎么高大宽敞,只有一个厅堂又高又大,堂下两侧各有石碑一块,石碑上刻写着几个比笆斗还要大的字,一边是"孝悌忠信",一边是"礼义廉耻"。迈步顺台阶上去,见厅堂的中央挂着一块匾额,大书"考弊司"三字。厅堂左右的柱子上雕刻一副翠绿色字迹的楹联,上联为"曰校、曰序、曰庠,两字德行阴教化",下联为"上士、中士、下士,一堂礼乐鬼门生"。

两人还未游览完毕,已有官员走了出来,官员卷发驼背,好像有好几百岁了,而且鼻孔朝天,嘴唇外翻,连牙齿都包不住。他身后跟着的书记官则是虎头人身。另外还有十几个侍从,也大都面貌狰狞,丑陋如同山怪。秀才说:"这就是鬼王。"闻人生害怕得不得了,急忙要退回去。此时,鬼王已经看见他并从台阶上走下来,拱手将他让到大堂上。鬼王问候他的起居,闻人生只管唯唯诺诺地答应着。鬼王又说:"您到这里来有何见教?"闻人生便将秀才托他办的事情告诉了鬼王。鬼王板着面孔说:"这件事已有成例,即使是亲生父亲的命令,也不敢照办!"神色阴森严肃,似乎是一句话也听不进去。闻人生不敢再说什么,站起身来立即告辞,鬼王倾侧着身子送他,一直送到了门外才转身回去。

闻人生没有马上回去而是偷偷溜回院子里,想看看鬼王究竟干什么。他刚刚走到堂下,便见那秀才与几个同辈人已被反绑着双臂、夹勒着十指,像是捆绑起来的罪犯。一个面貌狰狞的人走了出来,扒下秀才们的裤子,露出大腿,从上面割下一片肉来,足足有三指宽。秀才大声暴叫着,声音都快哑了。闻人生年轻重义,按捺不住,愤怒地大声喊道："这样凶残狠毒，成个什么世界！"鬼王吃惊地站了起来，命令暂时停止割肉，并踮起脚跟走下台阶，迎接闻人生。闻人生气愤地走出衙门，遍告市民，说他要到上帝那里去控告鬼王。有人笑话他说："你也太迂腐了！蔚蓝的天空苍茫无际，到哪里去寻找上帝而向他告状呢？只有阎王跟这些家伙接近，你向他申诉或许还能有些效应。"就指给他到阎王那里去的路径。

闻人生顺着那条路跑去，果然看到一座气势威赫的宫殿，阎王刚刚坐下，准备升堂审案。闻人生伏在阶下，高声喊冤。阎王将他招上台阶，询问完毕，立即命令众鬼带上绳子、提上锤子去抓人。一会儿，鬼王和秀才们都被带来了。审问的结果都是实情。阎王大怒，说道："我怜悯你前世读书刻苦，才暂且委派你去主管考弊司，等待机会叫你投生到富贵人家去。如今，你竟敢如此无法无天！既然这样，就应该抽掉你的善筋，增加你的恶骨，罚你生生世世不得发迹！"众鬼得令，先用鞭子抽打鬼王一顿，鬼王跌倒在地，摔掉一颗牙齿；接着，又用刀子割破他的手指，抽出他的筋来，那根筋白晃晃亮晶晶的，如同茧丝一样。鬼王大声喊痛，跟杀猪似的。手脚上的善筋都被抽完以后，有两个鬼卒把他押了出去。

闻人生给阎王叩了头，道了谢，走出来，秀才跟在他的身后，由衷地对他表示感谢，并挽着他的胳膊送他走过街市。路上，闻人生看到一户人家挂着红色门帘，帘内有一个女子露出半边脸，十分漂亮。闻人生问道："这是谁家？"秀才说："这是妓院。"都已经走过去了，闻人生还徘徊不前，舍不得离开，于是坚持不让秀才再送。秀才说："你是为我而来的，如果让你独自一人回去，我怎么过意得去呢？"闻人生坚持要他回去，秀才才走了。闻人生看到秀才走远了，急忙跑进挂着红色门帘的人家。女子出来见他，满心的喜悦都流露在脸上。她领他走进内室，催促他坐下，两人互相道了姓名。女子自称："姓柳，名叫秋华。"一个老太婆走出来，置办酒菜。喝完酒，两人进入帏帐，男欢女爱，十分浓烈，信誓旦旦，愿意结为姻好。天亮后，老太婆进来说："家里的柴米均已告竭，要让郎君破费一些，怎么办呢？"闻人生顿时想起自己的口袋里是空的，又惭愧，又惶恐，默默地不出一声。过了好久，说道："我确实不曾带得一文钱来，我写个欠债的字据，等回去后，马上给您送来。"老太婆一听这话，立即变了脸色，说道："你在哪里听说妓女亲自讨要过夜的钱？"秋华在一旁皱着眉头，一句话也不说。闻人生脱下衣服作为抵押。老太婆拿了衣服嘲笑道："这东西还不够偿还我的酒钱呢！"嘟嘟囔囔得很不满意，并和秋华一道进去了。闻人生感到很惭愧，过了好长时间，仍希望秋华能出来与他告别，重申一下晚间订下的婚约。可等了老半天也没见什么动静，便偷偷地溜进去看，见老太婆和秋华从肩膀以上都变成牛头鬼面，眼睛闪闪发光，正面对面地站着。闻人生吓得半死，急忙跑了出去。他想回去，可街上的道道岔岔很多，也不知该走哪一条路。问街上的行人，又没有一个知道他所说的村庄。

闻人生在街上徘徊了两个昼夜，意冷心酸，饥肠辘辘，进也不是，退也不是，真不知该怎么办。忽然，那秀才从街面上走过，看到他，吃惊地说："你怎么还没有回去？而且狼狈成这个样子？"闻人生满脸愧色，不能回答。秀才说："我明白了！被花夜叉迷住了？"便气势汹汹地去找她们，并说："秋华母子为什么连一点面子都不给人家留呢？"去了不大功夫，便把衣服拿回来交给闻人生，说："淫婢太无礼，我已经责骂过她们了。"秀才将闻人生送到家中，才告别走了。

原来，闻人生三天前突然死了过去，到现在又突然醒了过来。所经历的情景，他能说得清清楚楚。

阎　罗

沂州人徐公星，自称在夜间做阎罗王。同州有个姓马的书生，也说自己在夜间做阎罗王。徐公星听说后，就到他家去拜访，问马生："昨天晚上在阴曹地府处理了些什么事情？"马生说："没有别的事情，只是将左萝石送上天。天上坠下莲花，花朵有屋子那么大。"

大　人

长山县举人李质君到青州去，在路上碰到六七个人。听他们的口音，像是河北一带的人。仔细一看，这些人两边面颊上都有疤痕，大小如铜钱。李质君很奇怪，就问他们这病怎么得的如此相同。客人说：

去年，我们几人一块儿到了云南，当夜暮降临时，迷失了道路，走进一座大山中，这座山又高又险，到处都是悬崖绝壁，怎么也走不出去。山谷中有一株大树，数尺长的树枝延伸下垂，遮蔽有一亩多大。几个人实在没有办法了，就一同拴了马，卸了装，靠着树干休息。夜深了，树林中此起彼落地传出虎豹鸮鹦或吼叫、或悲鸣、或走动的声音，吓得我们抱膝而坐，谁也不敢睡觉。忽然，看见一个身高有一丈多的巨人走过来，便都缩成一团趴在地上，气都不敢出。巨人走到跟前，用手抓了马就吃，不大一会，六七匹马全都被他吞进肚里。接着，巨人又从树上折下一根长长的枝条，抓住我们的脑袋，将枝条从我们的腮帮子穿过去，就像穿鱼一样。穿完了，提着我们就走。尚未走出几步，脆弱的枝条发出要折断的声音，巨人似乎怕我们掉落下来，便把枝条的两头弯在一起，压上一块巨大的石头，然后走了。等巨人走远了，我们才取出佩刀，把枝条割断，忍着疼痛赶忙逃走。见那巨人又领了一个巨人一块来了，我们害怕，立即趴在荆棘丛中。后来的巨人更高大，来到树下，来来回回地察看着，一副要找什么而又没有找到的样子。寻找了一会，嘴里发出啁啾的叫声，像是巨鸟在叫，大发脾气，原来是恼怒先来的那个巨人欺骗了他。为此，他伸出巨掌，在先来的那个巨人的脸上抽了几巴掌，那先来的巨人俯下身子十分恭顺地接受惩罚，一点也不敢争辩，不久，两个巨人一起走了。

我们才慌慌张张地爬起来，在荒山野岭中逃窜了好长时间，看到远远的山头上有灯火，便一同跑过去。到跟前一看，原来是一位男子居住在一间石屋子中。我们围在一起向男子参拜，把遭遇告诉给他。男子拉着我们坐下，说道："这两个东西太可恨了，但我也无法制服他们，等到我妹妹回来，再和她商量吧。"不大功夫，一个女子扛着两只老虎从外面走进来，问客人是从哪里来的，我们跪着叩见，并将刚才说过的话又说了一遍。女子说："早就知道这两个东西在作孽了，但没想到如此凶顽！应当把他们立即除掉。"说罢便从石屋中取出一只重约三四百斤的石锤，出了门就消失了。

男子便煮虎肉给我们吃。肉还没有煮熟，女子就回来了，说："那两个东西看到我就逃，追了几十里后，砍断其中一个的手指后返回。"说着，便把一截指头扔在地上，那指头比人的小腿骨还粗。我们非常惊异，连忙请教她的姓名，她也不说。不久，肉煮熟了，我们因脸上的创伤痛得厉害，无法吞吃。女子将一种药粉涂抹在我们的脸上，疼痛立刻就止住了。天亮以后，女子将我们送到大树底下，我们的行李还在那里。我们几个各自背上自己的行李，走了十几里路，经过昨夜女子与巨人恶斗的地方，女子指点给我们看，见石洼中还残留有大约一盆鲜血。女子一直把我们送出山口，才告别回去。

向　杲

向杲，字初旦，是太原府人，跟他的异母哥哥向晟感情最为深厚。向晟恋着一个名叫波斯的妓女，并与她订下婚约。因为鸨母要的身价太高，所以婚约没能实现。后来，鸨母也想从良，愿意先把波斯打发出去。有一位姓庄的公子，一直对波斯有好感，想将波斯赎回做妾。波斯对鸨母说："既然想一同脱离苦海，就是要出地狱升天堂啊！如果让我给人去做小老婆，和做妓女又有什么差别呢？若是能顺从我的志向，就让我嫁给向晟。"鸨母同意了，并将波斯的心意转达给向晟。当时，向晟已死了妻子，还没有续娶，很高兴，便拿出自己所有的银子，把波斯赎娶回来。

庄公子听说以后，认为向晟夺走了他心中所爱的人，偶然在途中相遇，庄公子便大骂向晟。见向晟不服，庄公子唆使奴仆用短棒打向晟，打得快死了才扬长而去。向杲听到消息，赶忙跑去看望，哥哥已经死了，向杲悲愤异常，便写状纸告到郡府。庄公子到处行贿，使得向杲的冤屈不能伸张。

向杲满腔的愤怒郁结胸中，又没地方可以申诉，一心想着在险要的路上刺杀庄公子。于是他带上快刀，天天埋伏在路边的荒草丛中。久而久之，机密泄露出去。庄公子听说他要行刺自己的消息后，每次外出，都要严加戒备，听说汾州有个叫焦桐的武士，既勇猛，又善于射箭，庄公子便花大价钱把他聘来做保镖。向杲无计可施，但还是照样天天守候在路边，等待机会。

一天，向杲正埋伏着，忽然下起暴雨，打湿了他的衣服，冻得他浑身打颤。紧接着，又刮起狂风，下起冰雹，向杲全身都失去知觉，连痛痒都不知道了，山上过去有座山神庙，他便强打精神跑去躲避风雨。进了庙，他发现所认识的一个道士也在里边。原来，这道士常常到村中乞讨，每次去，向杲都要给他一顿饭吃，道士因为这个缘故认识向杲。看见向杲满身的衣服都湿透了，道士便拿出一件布袍给他，说道："先换上这个吧！"向杲换了衣服，忍着寒冷像狗一样蹲在地上，看看自己，身上突然间长出一层皮毛，变成了一只老虎。道士已不见了踪影。向杲又是惊讶，又是恼恨，转念一想，能够得到仇人吃了他的肉，变成老虎也不失为一个好办法。便下了山，埋伏在原来的地方。看到自己的尸体倒卧在草丛之中，才明白前身已死。还害怕尸体被乌鸦老鹰吃掉，时时巡逻守护在周围。

过了一天，庄公子才从这里经过，老虎猛地跳出来，把他从马上扑落下来，咬下脑袋，吞进肚里。走在前边的焦桐打马返回，一箭射中老虎的肚子，老虎轰然一声倒在地上，也死了。

向杲躺在荆棘丛中，恍恍惚惚地就像是从睡梦中醒过来。又过一夜，方能勉强行走。他萎靡不振地回到家里，家里正在为他的连夜不归担惊受怕，见到他，都高兴地前来慰问。向杲只是躺在床上，迟钝得连话都说不出来。不大功夫，家里人听说庄公子被老虎吃掉的消息，都争着到床边来讲给他听。向杲才说道："老虎就是我。"于是讲述了自己如何变成老虎报仇的前后经过。从此，这件事便被传播了出去。庄公子的儿子为父亲的惨死感到悲痛,听到后便恨上了向杲,写状纸告到官府。官府认为他的申诉既荒诞又没有根据,便放下不予理会。

异史氏说:"壮士一旦实现自己的宏愿,必定不能再活着回来,这已成了千百年来的憾事。借焦桐的箭射死老虎而使向杲复活,这仙人的法术也太妙了!然而,天下足以令人发指的事太多了。假使身负怨仇的人老是做人,我便恨不能让他们暂时变成老虎!"

董 公 子

青州府人董可畏尚书,家教很严,家宅内外的男男女女,不敢互相通一句话。一天,家中的一个丫鬟和仆人在门外调笑,被董公子撞见,董公子大发脾气,厉声训斥了一顿,两个人赶快跑开了。

到了晚上,公子带个书僮睡在书房里。正值酷暑季节,门窗都大开着。夜很深了,书僮忽然听到床上发出巨大的响声,惊醒一看,只见在朦胧的月光中,白天曾与丫鬟调笑的那个仆人提着一样东西出去了。因为他是家中的仆人,书僮也就没有多加猜疑,又重新躺下睡着了。忽然,又听到皮靴踏在地上的声音,一个身材魁伟的汉子,红脸膛,长胡须,样子很像寿亭候关羽,提着一颗人头进来。书僮很害怕,赶忙像蛇一样地爬到床底下,就听得床上吱吱咯咯地响起来,像抖动衣服,又像是按摩腹部,过了好一会儿才停止。靴子踏地的声音又响起来时,那魁伟的汉子走了。书僮慢慢地探出头来,见窗棂发白,天就要亮了。用手摸了摸床上,手上似乎沾了些又湿又粘的东西,放在鼻子底下一闻,觉得有一股血腥味。高声呼喊公子,公子才醒过来。书僮将他的所见所闻告诉公子,点起灯来一照,枕上、席上满是鲜血。两人大惊,不知道是怎么回事。

忽然,有一个公差前来敲门求见。公子出来接见,公差见到公子,很诧异,连说"怪事!怪事!"问他这话是什么意思。公差回答说:"刚才衙门前来了一个人,神色有些失常,大声嚷嚷着:'我把主人杀了!我把主人杀了!'众人看到他身上沾有血迹,便抓住送到官府。一审问,知道是公子家的仆人。他说已经杀了公子,把头埋在关公庙的旁边。跑到他所说的地方验看,洞穴里的土还是新的,而人头却没了。"公子又惊又怕,赶忙跑到衙门里,发现仆人正是先前因调戏丫鬟而被他训斥了一顿的那个。便将书僮夜间看到的怪异事情向县官复述了一遍。县官也很疑惧,重重地责罚了那仆人一顿后放了。

公子不愿和小人结怨仇,把那个丫鬟也许配给仆人,把他们打发走了。

过了几天,隔壁邻人在夜间听到仆人的房子里发出一声天崩地裂般的响声,邻人急忙起来呼喊,无人答应。推开门进去一看,仆人夫妇和所睡的床,都已被劈成两半。木头和人身都有刀削的痕迹,好像是一刀劈断的。

关公显灵的事迹最多,但还没有比这更奇特的。

周 三

泰安州的张太华是个很富有的小官吏。他的家中遭受狐狸骚扰,请人来制服,也不见奏效。无奈,张太华只得把这事写成状子,告到知州那里,知州也无能为力。

当时,泰安州东边也有一只狐狸精住在村民的家里,人们看到它是一个白发苍苍的老头。老头与村民互相往来,上门贺喜或者吊唁,所行的礼节和世人一样。他说自己排行第二,人们便称他为胡二爷。这时,碰巧有个秀才来拜见知州,言谈间偶然说起这件怪异之事。知州便为张太华出了个主意,让他去请胡二爷。当时,东村有个人在衙门里当差,张太华去访问他,此事果然是真的。于是,张太华便与这差人一同赶到东村。

他们在差人的家里办一桌酒席,请胡二爷光临。胡二爷来后,行礼应酬,和普通人没有什么两样。张太华告诉了他所求之事,胡二爷说:"我早就知道这件事了,但我不能为你效力。我有个朋友周三,寄居在岳庙里,应当可以降服它,我一定替你去邀他。"张太华听了很高兴,一再向胡二爷表示谢意。胡二爷临别时与张太华约定,第二天在岳庙之东办个筵席。张太华接受了他的嘱托。

第二天,胡二爷果然领着周三来了。周三长着一张黑黔黔的脸膛,脸膛上布满了卷曲的胡须,穿一身骑士服。几杯酒下肚后,他对张泰华说:"刚才胡二弟向我转达了你的意思,事情我已全部知道了。只是这一帮东西的党羽很多,不能用好话去开导,行动时难免要使用武力。请让我立即住到你家去,这点小小的事情我是不敢推辞的。"张太华转念一想,除去一只狐狸,却又引来一只,这是用凶暴代替凶暴。心中犹豫不定,不敢立即答应。周三已看透他的心思,说道:"你不要怕,我和它们不能相比,而且,我与你有一段好的缘分,请你不要猜疑了。"张泰华答应了。周三又叮嘱:"明天必须和家人关上门坐在屋子里,希望不要高声说话。"

张太华回到家里,按照周三的要求一一做了安排。不大功夫,就听得院子中传来争斗刺杀的声音,过了一个时辰才安静下来。张太华打开屋门出去一看,台阶上洒满了点点滴滴的鲜血。台阶上有几只小狐狸脑袋,每个脑袋都有碗口那么大。再去看专门为周三打扫出来的屋子,而周三已端坐在里面,拱手笑着说:"承蒙重托,妖类已全部消灭。"

从此以后,周三便在张家住了下来,见面时就像主人和宾客一般。

鸽　异

鸽子的种类很多,山西有"坤星",山东有"鹤秀",贵州有"腋蝶",陕西有"翻跳",浙江有"诸尖",都是优良品种。还有"靴头""点子""大白""黑石""夫妇雀""花狗眼"之类,名目繁多,难以计数,只有喜欢养鸽的人才能分辨得清楚。

邹平县有个公子叫张幼量,就特别喜好养鸽。按照《鸽经》到处搜罗,力求将各种品种的鸽子都搞到。他驯养鸽子,就像母亲哺育婴儿一样,冷了就喂它们粉甘草治疗,热了就喂它们盐粒降温,鸽子喜欢睡觉,但睡得时间太长就会得麻痹症,甚或死掉。张公子在扬州花十两银子买了一只鸽子,个头特小,善于行走,放在地上,转来转去就没有个停歇,不到死的时候,是不会终止活动的。所以,这鸽子平常就得有人控制它,夜里将它放在鸽群中,让它去惊吵别的鸽子,可以避免别的鸽子因贪睡而得麻痹症,这种鸽子名叫"夜游"。山东一带养鸽子的人很多,但没有一个能赶得上张公子的,张公子也常常以善于养鸽自我夸耀。

一天夜里,张公子正在书房里静坐,忽然一位穿白衣的少年敲门进来,张公子并不认识。便问他的姓名,少年回答说:"漂泊流浪之人,姓名不值一提。老远就听说你养鸽最多、最好,恰巧,这也是我平生的一大爱好,希望能让我一饱眼福。"张公子立即将自己所有的品种都展示出来。其鸽五色俱备,如同云锦一样光彩耀眼。少年微笑着说:"人说的果然不假,公子真可称得上是擅长养鸽的人了。我也携带了一两只来,不知公子是否愿意看一下?"张公子很高兴,就随着白衣少年去了。天上月色幽暗不明,地上茫茫苍苍,一片荒凉,张公子心中很是惶惑。白衣少年指了指前边说:"请打起精神再走几步,我的寓所离这里已经不很远了。"张公子又走了几步,见前面有一道观,仅宽两根楹柱之距。白衣少年拉着张公子的手走了进去,光线昏暗,没有灯火。白衣少年站在院子里,学着鸽子叫了几声,立刻有两只鸽子飞了出来。这两只鸽子的形状和普通鸽子相似,但羽毛是纯白的。飞到屋檐那么高时,一边鸣叫一边扑斗,每扑斗一次,就要翻个筋斗。白衣少年把胳膊一挥,两只鸽子翅膀挨着翅膀飞走了。接着,白衣少年又撮起嘴唇,发出一种奇异的响声,声音刚落,又有两只鸽子飞了出来。大的有鸭子那么大,小的只有拳头般大小。两鸽站在台阶上,学着仙鹤的样子跳起舞来。那大的伸长了脖子,张开两只翅膀,做出孔雀开屏的样子,婉转鸣跳,像是在引导那个小的;那小的则上下飞鸣,不时地落在大的头顶上,活像翩翩起舞的燕子落在蒲叶上,声音细碎,又类似敲打小鼓。大的因头上顶着小的,便伸长了脖子一动也不敢动。这时,小的鸣叫变得急促起来,像击打磬子一样清脆悦耳。大的应和着小的也鸣叫起来,长短间歇,很和节奏。很快地,小的又飞上了天空,大的则颠过来倒过去地叫着,呼唤小的下来。

张公子赞叹不已,觉得自己的鸽子比白衣少年的差远了。于是向白衣少年作了个揖,请求他分给自己一两只。白衣少年不肯答应。张公子再三请求,白衣少年便将这两只鸽子喝走,又发出先前那样的叫声,招来了那两只白鸽。他用手拿了鸽子,对张公子说:"如不嫌弃,就把这两只送给你吧。"张公子接了鸽子,细细地把玩了一番:在月光的辉映下,两只鸽子的眼睛呈琥珀色,双眼晶莹透亮,好像中间没有间隔似的,中间的黑眼珠比胡椒粒儿还要圆;掀开翅膀,肋下的肉白嫩无比,肉里的五脏六腑清晰可见。张公子十分珍视这两只鸽子,但心里很不满足,找出各种各样的借口想问白衣少年再要两只。白衣少年说:"我还有两个品种没拿出来,现在再也不敢叫你观赏了。"

就在两人争论不休的时候,张公子的家人打着麻秆做的火把来找他来了。回头一看,那白衣少年已化作一只如鸡一般大小的白色鸽子,冲天而去。再看看眼前,原来的道观消失了,留下来的只是一座小坟丘,坟丘的旁边长着两棵柏树。

张公子抱着两只白鸽,与家人感叹了一番便回去了。试着叫两鸽飞翔,发现它们仍像起初那样驯服奇异。这虽不是白衣少年所驯养的最好的品种,但在人世间也很稀有。因而,张公子对这两只鸽子倍加珍爱。过了两年,两只白鸽孵化出三只雄鸽,三只雌鸽。即使是至亲好友索求,也没能从他这里得到一只。

张公子的父亲有个好朋友是大官。有一天,这大官见了张公子,问他:"你养了多少鸽子呀?"张公子应付了两句就退出来。他猜想那大官可能也是个鸽子迷,想送他几只又舍不得割爱。又一想:既然长辈想要,就不能太拂他的意。而且,不能拿普通的鸽子去应付,便选了两只白鸽,拿笼子装着送了去。他觉得即使是送去一千两银子的礼品,也比不上这两只鸽子贵重。过了几天,张公子又见到了那位大官,神色中颇有一种施恩于人的意思,可再看那大官,竟连半句感谢的话也没有。张公子心里实在忍不住了,就问道:"前两天送给您的两只白鸽还不错吧?"大官回答说:"还不错,挺肥美的。"张公子吃惊地问道:"您把它们煮着吃了?"大官说:"是的。"张公子大惊,说:"这不是一般的鸽子,而是世人所说的'靼鞑'啊!"大官细细地回味了一下说:"味道也没有什么太特别的。"

张公子很懊悔,叹着气回去了。到了晚上,他梦见白衣少年来了,责怪他说:"我以为你能爱惜它们,所以才把子孙托付给你,你怎么能明珠暗投,将那么宝贵的东西送给一个不识货的人,以至让它们遭受锅煮油炸之祸!如今,我要领着孩子们走啦。"说完,又化成白鸽,带着张公子所养的白鸽,鸣叫着一起飞走了。天明以后,张公子到鸽笼一看,白鸽果然都不在了。

张公子心中十分懊恼,就把自己所养的全部鸽子分送给了知心朋友,不几天,就送完了。

异史氏说:"世上的东西往往聚集在喜欢它的人手中,所以,叶公好龙,而真龙果真就到了他的家里,何况是良好的朋友对于饱学之士,忠良的大臣对于贤明的君主呢!唯独钱财这个东西,喜欢它的人最多,但能敛聚到它的人却很少。也由此可见,鬼神厌恶贪鄙的家伙,而不厌恶很痴心的人。"

从前,有一位朋友想送几条红鲫鱼给孙禹年公子,因家中没有聪明伶俐的仆人,便打发一个老仆人去送。老仆刚一出门,便倒了鱼缸里的水,取出鱼,要了个盘子托着鱼给孙公子送了去。等到了公子家里,鱼已经干死了。公子笑了笑,没有说什么,备了些酒犒劳那老仆人,并命人炸了他带来的鱼叫他吃。老仆回去以后,主人问他:"公子得到鱼后是不是很高兴?"老仆人回答说:"很高兴。"主人又问:"你怎么知道他很高兴?"老仆说:"公子见到那些鱼后,脸上便露出了笑容,立即叫人赏我喝酒,而且还炸了几条鱼犒劳我。"主人很惊奇,想想自己所送的红鲫鱼并不粗劣,何至于炸了赠给仆人吃。便大声地责骂仆人说:"肯定是你笨手笨脚没有礼貌,才惹得公子把怒气迁移到了鱼儿身上。"老仆扬起手极力辩解道:"我固然笨拙,可也不能不把我当人看啊!我到了公子家里后,小心谨慎到了极点。还害怕小水缸盛鱼不雅观,特意要了个盘子,将鱼一条一条地排列好放在上面,然后才送给了公子,还有什么不周到的呢?"主人骂了他一顿,就把他打发走了。

灵隐寺有个和尚,以善于烹茶而出名。他所用的茶铛茶白,都十分精致,收藏的茶叶也多种多样,分出好几个等次,烹献哪一等级的茶叶,常常依据来客的贵贱而决定。最上等的茶叶,如果不是贵客或善于品茶的人,他是绝对不会拿出来的,有一天,寺里来了一位大官,这和尚恭恭敬敬地迎上去,行了礼,然后拿出好茶,亲自烹了献上去,希望能得到大官的赞誉。可那大官一句话也没有说。和尚很疑惑,又拿了最上等的茶叶泡了送上去。茶快要喝完了,那大官还是没有一句称赞的话。和尚急得再也等待不下去了,鞠躬问道:"您觉得这茶怎么样?"大官拿起茶杯拱了拱手说:"很烫。"

这两件事情,与张公子赠鸽给大官人,可说是同一性质的笑话。

聂　　政

怀庆府的潞王,荒淫无德。他时常到民间去,看到有漂亮的女子,就强行掠夺到自己府中。有个姓王的书生，他的妻子被潞王看中，潞王便派了车马径直到王家去抢人。王妻哭泣着不肯屈服，来人便强行将她抬进车中拉走了。王生逃了出去，躲藏在聂政的墓边，希望妻子从这里经过时，能够与她远远地诀别。不多时，妻子被车子拉着来了，望见丈夫，她大哭着跳到地上。王生悲痛不已，不由得也哭出声来。潞王的侍从知道他是王生，便抓住了他，准备狠狠抽打一顿。忽然，一个大汉从旁边的墓中跳了出来，手执锋利的钢刀，气势威严勇猛，厉声喝道："我是聂政！良家女子岂容你们强占！念你们受人豢养，身不由己，暂且饶了你们。回去告诉荒淫无道的昏王，如果再不改掉恶行，过不了几天，我就去砍掉他的脑袋！"侍从们吓得半死，慌忙弃了车子逃走。那大汉也钻进坟墓中不见了。王生夫妇叩拜了聂政墓后便回去了，但仍害怕潞王派人再来。过了十多天，始终没有动静，夫妻二人的心才安定下来。从此以后，潞王的淫威也稍稍收敛了一些。

异史氏说："我读《刺客列传》，只佩服韩国的聂政，他挺身而出报答知己，有豫让一样的义气；光天化日刺杀宰相，有专诸一般的勇敢；事成之后，自毁容貌，不连累自己的骨肉至亲，有曹沫一样的智谋。至于荆轲，力量不足以刺杀残暴无道的秦王，最终竟让秦王割断衣襟逃走了。他自取灭亡不说，还白白地借了樊将军的头，这笔'债务'他何时才能偿还呢？千古以来，这件事就为人们所遗憾，也成了聂政嗤笑他的原因。我从野史上看到：荆轲的坟墓是被羊角哀、左伯桃的鬼魂掘掉的。如果真是这样，那么他生的时候没能成名，死了以后又丧失了义气。比起聂政胸怀义愤惩治荒淫的贤良行为来，荆轲的不贤该显得多么地明显啊！唉！聂政的贤德，从这件事上已得到了充分的证明。"

冷　　生

平城县有个姓冷的书生，年少时脑子很笨，二十多岁了，还没能读懂一部经书。他家忽然来了一只狐狸，与他同吃同住，关系很友好。从此，人们常常听到两位彻夜窃窃私语，但说了些什么，就是亲兄弟来问，他也不肯泄露。如此经过许多时日，冷生忽然得了精神失常症：每当得到题目写文章，便关了门寂坐，过一会儿，则哈哈大笑。家人偷偷地去看，只见他手不停笔地写着，顷刻之间，一篇八股文就成了。那脱了稿后的文章，真是文思精妙。这一年，他考中了秀才，第二年又成为廪生，吃官家的饭食。每当遇到考试，他便要在场内大笑，笑声振透墙壁，波及全场，由此，"笑生"的名声便传播开了。幸好学政大人当时下去休息了，没有听到他的笑声。后来，碰到另外一个学政大人，他的学规很是严格，整天端端正正地坐在学堂上。考试那天，他忽然听到冷生的狂笑声，便生气地抓住他，准备严加责罚。办事的官员代为说明冷生有精神失常的毛病，学政大人的怒气这才稍稍平息了，放了冷生，但革除了他的功名。冷生从此后便装疯卖傻，喝酒吟诗，并著有《颠草》四卷，内容超脱拔俗，很值得一读。

异史氏说："闭门一笑，与佛家所谓的顿悟又有什么区别啊！大笑之后，便能挥就一篇好文章，也是一大快事，何止于因此而革除功名？这样的学政官员，不是太荒谬了吗？"

我老师孙景夏去拜访一位朋友，走到朋友的窗户外面时，不曾听到里面有说话的声音，只听到有嗤嗤的笑声，顷刻之间，便笑了几次。孙景夏以为朋友是在和他人开玩笑。等进去一看,却只有朋友一个人。他很奇怪,就问朋友是怎么回事。朋友哈哈大笑,说道:"刚才闲着没事,便默默回味一些笑话。"

同县一个姓宫的书生,家里养了一头毛驴,性情很是顽劣。宫生常常骑了这驴出门,如果路上遇到徒步行走的客人,宫生便要拱拱手道歉说:"我正忙着呢,没有时间下来给你施礼了,请不要怪罪啊!"话没说完,那驴已停下来趴倒在路上,试了多次都是如此。宫生又羞又恼,就和妻子商量,叫她装扮成客人,他自己则骑着驴子在院子里转圈圈,向妻子拱手行礼,说些遇到客人时所说的话,驴果然又趴了下来。宫生很生气,就用锥子狠狠扎它的屁股。碰巧,有个友人前来拜访,正想敲门,便听得宫生在里面说:"没有功夫下驴和你见礼了,请不要怪罪!"过了一会儿,又说了一遍。这朋友很奇怪,敲开了门问他是怎么回事,宫生便把实情告诉了他,两人不由得相对捧腹大笑。

这两件事,可以附在冷生狂笑之事的后面,一同传播下去。

狐 惩 淫

某生购置了一所新住宅,常闹狐狸,家中所有的吃穿用品,大都被它毁坏了,它还常常把尘土放在汤饼中。

一天,有位朋友来访,碰巧某生出去了,到了晚上还没回来。某生的妻子准备了饭菜招待客人,客人吃完后,某生的妻子便和丫鬟吃他剩下的饭菜。某生平时很放荡,喜欢买一些春药收藏在家里,不晓得什么时候被狐狸拿了来放在饭食里。某生的妻子吃粥时,发觉粥里有一股冰脑和麝香的气味,便问丫鬟是怎么回事,丫鬟说她也不知道。这妇人刚吃完饭,就觉得欲火上升,连一会儿都不能忍耐,而且,越是强行压抑,欲火越是强烈。想想家中再也没有男人可以与之私奔,只有一个客人留宿,于是就去敲那客人的屋门。客人问她是谁,她如实说了。问她来干什么,她没有回答。客人拒绝她说:"我和你丈夫是道义上的朋友,决不敢做出禽兽不如的丑事来!"这妇人还是恋恋不舍,不肯离去。客人大声责骂她说:"某兄的学问品行,都被你糟蹋光了!"并隔着窗户,吐了她一脸唾沫。妇人十分羞愧,便走了。

妇人心想,自己怎么会这样?忽然想起了碗中那奇异的香味,莫不是吃了春药?检视包里的春药,果然纷纷扬扬地洒落一桌,碗里杯里都是的。她知道冷水可解药性,就拿了冷水喝。顷刻之间,她的头脑清醒了,回想刚才的所作所为,羞愧得无地自容。她躺在床上,辗转反侧,看看即将拂晓,越想越觉得天亮以后无法见人,便解下带子上吊了。丫鬟发觉后把她救了下来,她的呼吸已经快断绝了。到了早上,她的鼻孔中才有了些气息。

客人在夜间就逃走了。

某生直到黄昏时分才回到家中,见妻子躺在床上,便问怎么回事。妻子一声不吭,只是流泪。丫鬟将主母上吊自杀的情景告诉给他,某生大吃一惊,一再追问她为何要寻短见。妇人打发走了丫鬟,才向他说出了真情。某生叹了口气说道:"这是我荒淫放荡的报应啊!与你又有什么干系呢?幸亏我有这样一位好朋友,不然的话,我还怎么做人呢?"从此后便痛改前非,宅中的狐狸也因此绝了迹。

异史氏说："居家过日子的人常常告诫人们不要在家中收藏砒霜和毒酒,但从来没有人告诫不要收藏春药,这一点与人们害怕兵器却又喜欢男女交合很相似,哪里知道,那春药对人的毒害要远远超过毒药呢? 大凡收藏春药者不过是想讨得妻妾的欢心罢了! 竟至于引起了鬼神的憎恨,何况人纵欲淫乱的害处,要超过收藏春药呢!"

某生参加考试,从郡城回来时,天已黑了,他带了一些莲子、菱角和藕,进了屋,就都放在了桌子上。另外,他还带回一件藤津淫具,用水浸泡在盆中。邻居们因为他刚刚回来,便提了酒来为他接风。某生慌慌张张地将水盆放在床底下,让妻子准备饭菜,要与客人喝几杯。喝完了酒,某生急忙走进内室,点了灯去照床下,盆里已经空了。问妻子,妻子说:"我刚才拿了它与菱藕一道招待客人了,你怎么还要找呢?"某生回想起刚才吃过的菜中混杂有黑色的条状物,在座的客人都不知它是什么东西。便失声大笑,说道:"傻婆娘! 这是什么东西,也可以拿来招待客人?"他妻子也疑疑惑惑地说:"我还埋怨你不告诉我怎么个煮法呢! 那东西又丑陋,又不知道叫什么名字,我只好糊里糊涂地把它切成了条块。"某生便把那东西的用处告诉了她,两人相对大笑。

如今,某生已经做了官,可与他关系要好的朋友们还常常拿这件事来开他的玩笑。

山　　市

奂山上的山市,是淄川县的八景之一。常常是好几年也看不到一次。

孙禹年公子与几个志同道合的朋友在一座楼上饮酒,忽然看见奂山的山顶上孤零零地耸立起一座高塔,直插云天。几个人你看看我,我看看你,觉得很奇怪。在他们的记忆里,附近一带没有寺院。不多时,山上又升起几十座宫殿,宫殿屋瓦碧绿,房檐高翘,十分壮丽,他们才醒悟是山市出现了。功夫不大,宫殿的四周又升起了城墙,城墙上还有垛口,绵延六七里,居然形成了一座城市。其中有像楼阁的,有像厅堂的,有像街坊的,清清楚楚地呈现在眼前,数量要以亿万计算。忽然间,大风刮起,尘土弥漫,那城市也变得模模糊糊了。不久,风过天晴,奂山上的一切都化为乌有,只剩下高楼一座,直插云霄。每一层楼上的五个门窗都敞开着,每一排上都闪耀着五点灯火,这就是楼外天。一层层地指着数,楼层越高,光亮就越暗淡;数到第八层上,亮点就只有星星那么一点点大了;再往上,就更加阴暗缥缈,分不出它的层次来了。楼上的人来来往往,有的凭栏,有的站立,千姿百态,不一而足。过了大约有一个时辰,那楼渐渐地低落下来,能看到它的顶了;又渐渐地像一座普通的楼房了,又渐渐地像一间高大的房屋了,转眼之间,变得如拳头般大小了,再往后,就只有黄豆那么一点点了,最后终于消失了。

又听人说,早晨赶路的人,曾看到奂山上有炊烟缭绕,集市罗列,跟人世间没有什么不同,所以,又叫作"鬼市"。

江　　城

临江府高蕃,从小便很聪明,仪态也极其俊美。十四岁时,就考中了秀才。有钱有势的人家都争着要把女儿许配给他。但高蕃择偶的条件很苛刻,多次违背了父亲的意愿,高蕃的父亲名叫仲鸿,六十岁,身边只有这一个儿子。对他很宠爱,从来不忍心不按他的心愿办事。

当初,东村有一个教书的樊老头,在集市设馆教小孩读书,带着家眷租高家的房屋居住。樊老头有个女儿,名叫江城,与高蕃同岁。那时,两人都只有八九岁,两小无猜,成天在一起玩耍。后来,樊老头搬走了,隔了四五年,两家都没有互通音信。有一天,高蕃在一条狭小的巷子里碰到一位女郎,长得非常美丽,后面还跟着一位六七岁的小丫头。高蕃不敢仔细盯着看,只是斜着眼瞟了她一下。那女郎目不转睛地凝视着他,似乎有什么话要说。细细一看,原来是江城。两人顿时惊喜异常。但他们谁也没有说话,只是呆呆地立在那里,脉脉含情地注视着对方。过了好长时间,两人才相互告别,但还是恋恋不舍的。走时,高蕃故意把一条红手帕丢落在地上。小丫头赶紧拾了起来,高兴地交给了江城。江城将手帕塞进袖中,换了自己的香巾,假装对小丫头说:"高秀才并不外是人,不能把他丢失的东西隐藏起来,你应当追上去还给他。"小丫头果然追了过去,把手帕还给了高蕃。高蕃得了手帕,十分高兴。

高蕃回去就请见母亲,请求她派人到樊家去提亲。母亲说:"她家房无半间,到处流浪,怎么和咱家匹配呢?"高蕃说:"我自己愿意,不会后悔的。"母亲拿不定主意,便去和他父亲商量,他父亲说什么也不同意。高蕃知道后闷闷不乐,一粒饭也咽不下去。他母亲十分担忧,就对他父亲说:"樊家虽然贫穷,但也不是市侩流氓所能比拟的。我想到她家里去看看,如果他家的女儿确实与咱家儿子相匹配,定了这门亲事也不会有什么害处。"高蕃的父亲说:"好吧。"

高蕃的母亲以到真武大帝的祠堂中烧香为借口,来到樊家。看到姑娘明眸皓齿,长得很漂亮,高蕃的母亲很喜爱。她取出银子、绸缎等丰厚的礼物送给樊家,如实说明了自己的来意。江城的母亲谦让了一番后,接受了高家的婚约。高蕃的母亲回家后,讲述了定亲的经过,高蕃才满脸笑容。

过了一年,高家选了个黄道吉日,把江城娶了过来。小两口你欢我爱,感情很好。可是,江城爱发脾气,翻脸就不认人,而且言语尖刻,唠唠叨叨地闹得高蕃的耳根子终日不得清静。高蕃因为疼爱她,都包容了下来。公婆听说了,心里很不高兴,私下里把儿子责怪了一顿。这事不知怎么地被江城知道了,她大发脾气,辱骂得更凶了。高蕃只是稍稍回敬了几句,她就越发地不愿意了,连打带骂地将高蕃赶出屋子,拴上门闩。高蕃冻得瑟瑟发抖,也没敢敲门,抱着膝头在房檐下过了一夜。从此,江城便将高蕃当作仇人看待。开始,高蕃直挺挺跪在地下,尚可以消解一下,渐渐地就是屈膝下跪也不灵验了,高蕃的日子更加难过了。公婆稍稍责备了江城几句,她顶撞得厉害的样子,简直无法形容。公婆愤怒到了极点,逼着儿子把她休了。樊家老头又羞愧,又惧怕,忙托了朋友到高家去说情,高蕃的父亲坚决不同意。

一年多后的一天,高蕃外出遇到了岳父,岳父将他邀到家里,一再地向他赔不是,并让女儿打扮了一番出来与他见面。夫妻俩你看看我,我看看你,都有些悲哀。樊老头于是买了酒来,款待女婿,并连连劝酒,十分殷勤。天黑以后,又执意要高蕃在他那里过夜,还另外安排床铺,让他们夫妻二人睡在一起。天亮了,高蕃辞别樊家老头和江城,回到家中,不敢将实情告诉父母,随便掩饰了一下就过去了。自此,每隔三五天,他便要到岳父家去住一宿,他的父母也没察觉。一天,樊老头亲自来到高家。开始,高蕃的父亲不想见他，后来迫于樊老头的一再请求，才与他见了面。樊老头两膝着地，爬行到高父面前，替女儿向他求情，高父仍不答应，并推说是儿子不同意。樊老头说："女婿昨夜就住在我家，没听到他说不同意的话啊！"高父惊讶地问道："他是从什么时候开始在你那里过夜的？"樊老头详细叙述了事情的经过。高父红着脸表示歉意说："我确实不知道此事。他既然爱她，我为什么独独要和她结仇呢？"樊老头走后，高父便将高蕃叫出来大骂了一顿。高蕃只是耷拉着脑袋听着，连大气也不敢出一口。就在高父大骂不止的时候，樊老头已将女儿送了来，高父说："我不能老是为儿女们受过，不如咱们各立门户。分开住，就麻烦亲家为我们主持一下分家的盟约吧。"樊老头劝他，他也不听，于是便分了一所院子让儿子、儿媳去住，还拨了一个丫鬟去侍候他们。

夫妻俩独自生活了一个多月，尚能相安无事。公婆私下里感到很是欣慰。不久，江城又渐渐地放肆起来，高蕃的脸上常常有被指甲抓破的痕迹，他父母明明知道这是怎么回事，但还是狠了狠心不去过问。一天，高蕃实在忍受不了江城的殴打，便逃到了父母那里躲藏，精疲力竭的样子就像小鸟被老鹰追赶一样。父母很惊疑，正要问个究竟，江城已拿着棒子追赶了过来，竟然在高父的身边捉住高蕃用力捶打。公婆流着眼泪大声喝止，江城只是不听，又连连地打了几十下，才咬牙切齿地离去了。高父气得直往外撵儿子，说道："我就是为了避开喧嚣，才与你们分开单过的。你本来乐意承受，还逃跑干什么？"

高蕃被父亲赶出后，徘徊于大街小巷，没个落脚的地方。母亲担心他经受不住磨难和挫折去寻死，就让他单独一人住一间房子，并给他送去饭菜。她还请来了樊老头，让他去教训女儿。樊老头来到女儿的房里，想尽了一切办法开导她，江城始终不听，反而恶言恶语惹老父亲生气。樊老头甩袖而去，发誓说他再也不认这个女儿了。不久，樊老头便因生气得了病，和老伴相继离开了人世。江城恼恨父母，也不回去吊丧，只是从早到晚地隔着墙高声咒骂，故意让公婆听。对此，高父一概置之不理。

高蕃自从独自一人住一间房子以后，真像脱离了苦海，但也时常感到凄凉寂寞。他暗中买通了一个姓李的媒婆，让她叫了一个妓女陪他，妓女每天都是夜来晨走。时间长了，江城略有所闻，就到高蕃住的房里去谩骂；高蕃极力辩白，指天发誓，江城才走了。从这以后，她便天天监察着高蕃的动静，想找出漏洞来。有一天，姓李的媒婆从高蕃的房中出来，恰巧被江城碰到了，江城急忙喊住她。看到江城，媒婆吓得脸色大变。江城更加怀疑了，就说："你把他的所作所为明明白白地告诉我，我或许还可以饶恕你，如敢隐瞒一点，我就把你头上的老毛全部拔光！"媒婆战战兢兢地告诉她说："半月来，只有妓院的李云娘来住过两宿。刚才公子说，他曾在玉笥山看到陶家的媳妇，特别爱她那一双尖尖的小脚，让我把她招了来。那女子虽不守贞洁，但也未必就像妓女那样随便就陪人睡觉，能不能办成不知道。"江城因媒婆还算老实，便姑且宽恕了她。媒婆想走，江城又强行留下了她。到了晚上，她喝令媒婆道："你先到高蕃的房里去，吹灭蜡烛，就说陶家的媳妇来了。"媒婆依照她的吩咐一一照办了，江城立即钻进高蕃的房中。高蕃高兴极了，拉着她的胳膊，催促她赶紧坐下，向她诉说了自己的思念之情。江城只是一言不发。高蕃在黑暗中捏住了她的脚，说："自从那天在山上一睹芳容，使我一直不能忘怀的就是你这双脚罢了。"江城仍然不说话，高蕃又说道："平素的心愿，直到今天才得以实现，怎么能见了面又不好好看一下呢？"便亲自点了灯来照，却原来是江城。高蕃大吃一惊，脸吓得变了色，手中的灯也掉在了地上。他直挺挺跪在地上，瑟瑟发抖，就像有人把刀架在了他的脖子上一样。江城揪着他的耳朵，将他拖了回去，用针在他的大腿上扎了个遍，并让他睡在床下，一醒来就骂他一顿。高蕃自此便像畏惧虎狼一样畏惧江城。即便江城偶而给他一个好脸，让他跟她同睡一床，他也会因为恐惧而无法使她和自己得到满足。江城便抽打他的嘴巴，喝令他滚下床去，越发地讨厌他，不把他当人看了。高蕃虽然每天都生活在温柔乡里，但像被囚禁于牢狱之中，必须看着狱吏的脸色行事，受尽了折磨。

江城有两个姐姐，嫁的都是秀才。大姐性情温和善良，拙于辞令，与江城很难说到一块儿。二姐嫁给一个姓葛的书生，为人狡黠善辩，喜欢搔首弄姿、顾影自怜，相貌虽赶不上江城，但凶悍嫉妒，与江城不相上下。两姐妹碰到一块儿，不谈别的，只讲述自己如何大发雌威，把丈夫整得服服帖帖，而自鸣得意。所以，这两人的关系最为要好。高蕃到亲友家去，江城都要生气，唯独到葛家去，她不禁止。有一天，高蕃在葛家喝醉了酒，葛生嘲笑他说："你怎么就那样怕她呢？"高蕃笑了笑，回答道："世界上的事情，有许多都无法解释。我害怕她，是因为她长得漂亮。但还有那么一种人，他的老婆赶不上我老婆漂亮，而怕老婆却远远超过了我。这不是越发让人难以理解了吗？"葛生听了这话很惭愧，一句话也答不上来。葛家丫鬟也听到了这话，就又学给了二姐听。二姐大怒，拿起一根棍子就往外走。高蕃见她样子凶恶，趿了鞋子想逃，二姐的棍子已落了下来，打中了他腰间的脊椎骨。打了三棍，高蕃跌了三跤，连爬都爬不起来了。又一失手，打中了高蕃的脑袋，顿时血流如注。直到二姐走了，他才拖着被打伤的身子，蹒蹒跚跚地回到家中。

江城惊讶地问他是怎么回事。高蕃因自己冒犯了二姐，开始还不敢马上就把真情告诉她。江城再三盘问，他才一一道出了事情的经过。江城用布包扎了他的伤处，气愤地说道："人家的男人，何劳她捶打！"便换了一套短袖衣衫，怀揣一只木杵，带了丫鬟直奔二姐家去了。到了葛家，二姐说说笑笑地前来迎接。江城一声不吭，掏出木杵就将二姐打翻在地，又撕破她的裤子痛加殴打。二姐被打落了牙齿，打裂了嘴唇，打出了屎尿。江城这才回了家。二姐又羞愧，又恼怒，便打发葛生去找高蕃告状。高蕃赶忙迎了出来，极力加以劝慰。葛生私下里对高蕃说："我这回来，实在是迫不得已。那悍妇不仁不义,正好借妹妹的手惩治她一下,我们俩又有什么过不去的?"不料想,这些话被江城听到了,立即跳了出来,指着葛生大骂道:"你这肮脏的东西!自己的老婆吃了亏,受了苦,反而偷偷地去和别人拉关系!这样的男人,不应该往死里打吗?"便高呼快找棒子来。葛生窘迫不堪,抢着跑出大门逃走了。从此,高蕃再也没有地方可去了。

有一天,同窗的学友王子雅来拜访,高蕃一再挽留,要陪他喝两杯。饮酒时,王子雅不停地拿女人开玩笑,说了许多轻薄淫秽的话。碰巧江城此时正趴在窗前偷看客人,听了个一清二楚。她暗中在汤里投了巴豆,端出来招待客人。不大功夫,王子雅便上吐下泻很厉害,仅剩下一口气了。江城打发丫鬟去问他:"还敢不敢无礼了?"王子雅才明白自己的病是怎么得来的。他一边呻吟,一边哀求江城宽恕。江城便把早已准备好的绿豆汤端来让他喝。王子雅喝下这汤,才止住了泻吐。从此,朋友们都互相告诫,再不要到高家去饮酒了。

王子雅自己开有一个酒店,店里有许多红梅,设宴邀请同窗好友们前来赏梅。高蕃假托说有一个文会,向江城禀报后也去了。天已黑了,众人都有些醉意,王子雅说道:"近日,南昌来了一个名妓,寄居在我们这里,可以把她叫来陪陪酒。"众人听后,十分高兴,只有高蕃一人离开了席面,准备向众人告辞。众人拉住他说:"你夫人的耳目虽长,但也听不到、看不到这里。"相互发着誓说要保密,高蕃这才坐了下来。不大一会儿,妓女果然来了。众人一看,她约莫十六七岁,玉佩叮当,发髻高耸,很是漂亮。问她的姓名,她说:"姓谢,名叫芳兰。"见她谈吐十分风流雅致,满座的客人不由得欣喜若狂。而芳兰却独独对高蕃有意,屡次对他投来深情的目光。众人觉察到了,就故意拉着他俩并肩坐到一起。芳兰拉着高蕃的手,用自己的手指在他的手心上写了个"宿"字。此时此刻,高蕃真是想走不忍心,想留又不敢,心乱如麻,无法言说。但还是与芳兰头挨头说着悄悄话,杯碰杯,神态也越发地狂妄了,那家中的胭脂虎,早已被他忘到了九霄云外。不知不觉间,就听得更鼓已响,店中喝酒的客人也越来越少,只有远处的座位上还坐着一个俊美的少年,对着烛光,独斟独饮,旁边还站有一个小书僮侍候。众人窃窃私语,都认为那少年很清高风雅。不久,少年吃完了酒,走出了门,小书僮出去后又转身返了回来,对高蕃说:"我家主人在外边相候,有一句话要跟你说。"众人一脸的茫然,只有高蕃脸色大变,来不及与众人告别,便匆匆忙忙地走了。原来,那少年就是江城,那小书僮则是她的丫鬟。

高蕃跟着江城回到家中,趴在地上挨了她一顿鞭子。从此,江城对他的管制更加严厉了,就连婚丧庆吊等必要的应酬都不允许他去参加。学政按临府县考察,高蕃因为讲错了试题的内容而被革去秀才的功名。

有一天,高蕃和一个丫鬟讲了几句话,江城怀疑他们有私情,便用坛子扣住那丫鬟的脑袋将她毒打了一顿。打完了,又把高蕃和丫鬟绑起来,用绣花剪子在他们的肚皮上各剪一块皮肉下来,交换着贴在对方的伤口上,然后为他们松了绑,要他们自己把伤口包扎好。一个多月后,补上的皮肉竟与四周的皮肉长合到了一起。江城还常常光着脚将烧饼踩进尘土中,喝令高蕃将它吃掉。凡此种种,不一而足。

高蕃的母亲因挂念儿子,偶然到他们的家,看到儿子被折磨得骨瘦如柴,回去后便痛哭流涕,痛不欲生。夜里,她梦见一个老翁告诉她说:"不要忧愁烦恼,这是前世的报应。江城原是静业和尚养的一只长生鼠,公子的前身则是一个书生,这书生有一天到寺中游玩,无意中把长生鼠踩死了。今天的这种恶报,靠人力是不能够挽回的。你每天早晨起来后,诚心诚意地诵念一百遍观音咒,必定会有效果的。"高母醒来后,把梦中的情景告诉了高蕃的父亲,都感惊异。夫妻二人遵照去做,虔诚地念了两个多月的经,江城仍像从前一样蛮横,而且还更加放肆了。一听到外间有锣鼓的响动声,她就要握着头发跑出去,痴呆呆地向远处眺望,成千上万的人指着她议论纷纷,她竟也泰然自若,不以为怪。公婆虽为她感到万分羞耻,但却也无法制止她。

有一天,门外忽然来了个老和尚宣扬佛法,围观的人很多,像一堵墙一样把老和尚围了起来。老和尚吹动蒙在鼓上的牛皮,发出了牛一般的叫声。江城跑了出来,看到围观的人太多,没有一点儿空隙,就要丫鬟搬出丫张凳子来,让她踩上去踮着脚尖看。众人把目光都集中到了她的身上,而她竟像没有发觉似的。过了一会儿,老和尚即将演讲完毕时,要了一杯清水,拿着走向江城念咒语说:"不要恼,不要恼!前世也不假,今世也不真。咄!鼠子缩头去,莫叫猫儿寻。"念完后,便吸了一口清水,喷射到江城的脸上。江城的脸上顿时脂粉淋漓,并流到了衣襟上。众人大吃一惊,以为江城肯定会大发雷霆,可江城却连一句话也没说,自己擦了面孔,又自己回去了。老和尚也走了。

江城回到家中,只是呆呆地坐着,就像丢失了什么似的,一天没有吃饭,整理了一下床铺就立即睡了。到了半夜,她忽然叫醒了高蕃。高蕃以为她要小便,就赶紧捧了尿盆送上。江城推开了尿盆,暗地里拉了高蕃的手臂,将他拽入被窝。高蕃得到如此优待,竟吓得四肢发抖,就像得到了皇上的圣旨一样。江城长长地叹了一口气,说道:"把你整成这个样子,我以后还怎么做人呢!"说话间,便用手抚摸着高蕃的身子,每摸到一处被刀棍搞伤的疤痕,她都要低声哭泣,并用手指甲掐自己一顿,恨不能立即去死。江生见她如此痛苦,心里实在过意不去,便极力地安慰劝解她。江城说:"我想那和尚一定是菩萨变的,他只用清水喷了一下我的脸,我就像是被换了一副心肠。现在再回忆我的所作所为,就如同隔了一世似的。过去的我和现在的我,难道就不是一个人吗?有丈夫而不知道与之同乐,有公婆而不知道恭身事奉,我这是安的什么心啊!明天,我们应当搬回去,仍旧与父母住在一起,以便早晚给他们请安。"两人絮絮叨叨地说了一夜的话,就如同把分别了十年的话语都攒到了这一夜似的。

第二天天刚亮,江城就爬了起来,折叠衣服,收拾器具,让丫鬟拿了箱子,她自己则背了被褥,催促高蕃赶快去敲公婆的门。高母开了门出来,惊奇地向他们这是干什么。高蕃便将妻子的想法告诉了母亲。母亲还在迟疑,江城已带着丫鬟进去了。母亲也跟着走了进去,江城跪在地上,悲哀地哭泣着,只求婆母能免她一死。母亲察觉到她确有悔改的诚意,便也哭了起来,并说:"我儿怎么一下子就变得这样懂事了呢?"高蕃便细细地向她讲述了事情的经过,母亲这才醒悟,她过去所做的那个梦已经应验了。老人家很是高兴,立即叫仆人为他们打扫先前曾住过的那间屋子。从此以后,江城凡说话做事总要察看老人的脸色,顺承老人的心意,比一个孝子还要孝顺。见了外人,便害羞得像个新娘子。有人开玩笑似的谈起了她的那些陈年旧事,她就羞得面红耳赤。而且,她还很勤俭,又善于理财,三年中,公婆虽未过问家中开支,但依然成了巨万富户。

这一年,高蕃在乡试中考中了举人。江城时常对他说:"当年,我见了芳兰姑娘一面,到今天还常常想起她。"高蕃因自己不再遭受虐待,已是心满意足,所以也就不敢萌生非分之念,只是含含糊糊地支应。碰巧,他因为要去参加考试,去了京城,几个月后才回来。进屋看见芳兰正在与江城下棋。高蕃吃了一惊,忙问是怎么回事。原来是江城花了几百两银子,把兰芳从妓院里赎了出来。

有关江城与高蕃的事,浙江的王子雅说得最为详细。

异史氏说:"人生的因果,一饮一啄都要受报应。只有报应在妻子身上的,就像恶疮生长在骨头上,毒害最残酷。往往看见天下间贤良的妇人不过十分之一,而悍妒的妇人却有十分之九,这也足以说明世上能够修身行善的人太少了。观音菩萨如此法力无边,为什么不将她盂中清水遍洒整个大千世界呢?"

第七卷

罗　祖

　　罗祖,是即墨县人。少年时家中非常贫穷。这一年,全族应派出一人当兵,到北方戍边,就让罗祖前去,罗祖在边疆几年,娶妻生有一个儿子。驻扎边防的一位守备武官对他非常好。正好守备调任陕西参将,要让罗祖和他同去。罗祖就托付他的朋友李某照顾妻子和儿子,然后就去了陕西。一去三年没有回来。恰巧参将想往北部边塞送一封信,罗祖就自告奋勇说想去送信,顺便看望一下妻子和儿子。参将同意了。

　　罗祖回到家,看到妻子和儿子都很好,心中很宽慰。忽然,罗祖发现床下男人的鞋,心里产生了怀疑。然后罗祖又到他的朋友李某家表示感谢。李某设酒席殷勤款待他。回家后,妻子又说李某对她的许多好处,罗祖听后感激不尽。

　　第二天,罗祖对妻子说:“我要完成主人的任务去送信,晚上不能回来,不要等我。”说完出门上马离去。他藏在附近,等到一更之后回到家中。在窗外听见妻子和李某躺在床上说话,心中大怒,破门而入。妻与李某害怕,跪着爬行到罗祖的脚下请求杀死他们。罗祖拔出刀,停一下又重新插入刀鞘,对李某说:“我原来以为你是正人君子,现在做出此等事,杀死你都污了我的刀! 现在和你约定:我的妻子和儿子都给你了,户主也由你来担当,马匹器械都在这儿,我走了。”然后转身离去。

　　乡里人一齐将此事报于官府。县官鞭挞李某,李某将实情招出。然而他说的事情无人看见,无法作证据。命人远近搜索,然而搜遍了附近的山野,也找不到罗祖的踪影。县官怀疑李某因奸而杀死了罗祖,更加对李某及罗妻用刑。过了一年,李某和罗妻一齐囚死狱中。官府派驿使将罗祖之子送回即墨。

　　后来,石匣营有个樵夫进山打柴,看见一个道人坐在山洞里,一直不曾吃饭。大家都感到惊奇,一起给他送去食物。有的人认识他,说他就是罗祖。送给他的东西放了满洞,而罗祖始终不进食,显出厌烦喧闹的样子,所以来的人逐渐少了。过了几年,洞外的蓬蒿长得很高,像一片小树林似的。有的人偷偷向洞内观看,罗祖坐在原处不曾有一丝移动。又过了许久,有人看见他出洞到山上游玩。可是靠近一看,人已杳无踪迹。再到洞中一看,罗祖身上落满尘土,还像原来的样子。人们更感到惊奇。再过几天去看,而罗祖已经坐化好久了。

　　当地人为罗祖建了庙,每年三月间,路上挤满了来庙进香的人。罗祖的儿子到庙里去,人们一齐喊他为小罗祖,香火钱一齐送给他。现在他的后代,还每年去一次收取香火钱。

　　沂水人刘宗玉曾把此事向我详细地讲述了一遍。我开玩笑地说:“现在世上诸信徒,不求为圣贤,但望成佛祖。请一一告知:若要立地成佛,必须放下屠刀”。

刘　姓

淄川县有个姓刘的人,以蛮横霸道而闻名乡里。后来,他离开淄川县搬到沂水县居住,恶习仍然不改,乡里人都怕他而又厌恶他。刘某有几亩田地,和苗某的土地相邻。苗某非常勤劳,在田畔上都种上桃树。桃树第一次结果,苗某的儿子爬到树上去摘桃子,刘某见了大怒,说是自己的桃树,把苗某的儿子赶跑了。苗某的儿子哭着回家告诉他的父亲。苗某听后非常惊骇。正在这时,刘某已大骂着来到苗家门口,边骂边说要到县里去告状。苗某笑着向他赔不是。刘某仍盛怒不息,愤愤地离去。

刘某有个淄川的同乡叫李翠石,这时正在沂县城里开当铺。刘某拿着状子进城在街上恰巧遇见李翠石。李因与刘是同乡,与刘很熟悉,就随口问道:"干什么去?"刘把与苗的争执及去衙门告苗的事说了一遍。李笑着说:"你的名声大家都知道。我认识苗很久了,他为人平和善良。怎么敢来骗占你的桃树,这不是把事情说反了吗?"于是从刘手中拿过状纸撕碎,拉刘进入店内派人去找苗某准备给他们调解一下。刘某心中恨恨不已,看见店中有纸笔,拿来又写了一份状子,藏在怀中,想着一定要去告状。

不一会儿,苗某来到,向李翠石详细说明了事情的原委,哀求李翠石为他们调解,并说:"我是个庄稼人,半辈子都没见过一次官长,只要能不打官司,几棵桃树,没有什么大不了的,就让给刘算了。"

李翠石把刘某叫出来,把苗的退让之意告诉了他。刘又指天画地,大声责骂不止。苗某只是赔着笑脸说好话,一句也不敢分辩。

事情过后四五天,听见村里人传说刘某已经死了,李翠石很吃惊并为之叹息。过了几天,李翠石到别的地方去,见一人拄拐杖慢慢走,正是刘某。等走到近前,刘某殷勤地打招呼,并请李去家中。李翠石吞吞吐吐地问:"前几天听说你死了,怎么传得这么没谱?"刘某不答话,只是拉着李进村,来到他家,摆上酒菜,才说道:"前几天的传说并不是假的。那一天刚出门,见二个人走来,抓我去见官。我问什么事,只说不知道。我自想出入衙门几十年,并不怕见官长,也不感到害怕。就跟着这两个人去了。到了官衙,见一个面南而坐的人,面带怒容,说:'你就是刘某吗?你恶贯满盈,还不自思悔改,又把别人的东西占为己有。这样横行霸道,应该下油锅。'一个人查验簿册后说:'这个人做了一件善事,不应该死。'面南而坐的人接过簿册一看,脸色稍有缓和。就说:'暂且送他回去。'几十个人齐声呵斥赶我走。我说:'为什么事抓我来?又为什么事打发我走?还请说明。'一个书吏拿着簿册来到我面前,指着一条给我看,上面记着:崇祯十三年,用三百钱救了一个人。让他们夫妇团聚。书吏说:'如果不是这件事,今日你就该死了,应该转生为畜牲。'我听后害怕极了,于是随着两个人走出来。这两个人向我索贿。我大怒说:'不知道我刘某出入官府二十余年,专门勒索别人的钱财,你们怎么能向老虎讨肉吃呢?'这两个人不再说话。送到村中,拱手告别说:'这趟差事连一口水都没喝着。'两个人离去后,我进门后就苏醒了。这时我死去已两天了。"

李翠石听后非常惊异,因而追问那件善行的始末。

当时是崇祯十三年,年成不好,颗粒不收,以至达到人吃人的地步。刘某那时住在淄川,做县衙捕役的班头。刚好碰见一对男女正在痛哭。问他们,回答说:"我们夫妇结婚才一年多,现在碰上灾荒年,不是饿死就得分离,所以在这儿痛哭。"说完,他们就走了。过了一会儿，我在一家油店前又见到他们俩，好像在和人争吵。走近一问，店主马某便说："他们夫妇快饿死了，每日向我讨麻酱吃来过活。现在又想将他的媳妇卖给我。我家已经买进十余口人了，再买进一个又有什么关系？价贱我就买，不然就算了。像他这样死缠着人，真是可笑！"那个男子接口说道："现在米比珍珠还贵，我计算非得三百钱，否则不够逃荒的路费。本想这样能使两个人都活下去，如果卖掉妻子我还不免一死，这样做又有何用？我岂敢在这里讲价钱，只求你把这当作积阴德吧。"刘某听后很可怜他，便问马店主出多少钱。马说："现在妇女，只值百钱左右。"刘请马不要少于三百钱，并且愿意资助价钱的一半。可马坚决不干。刘有些生气，便对那个男子说："他那样吝啬，不值得和他论理。我愿意如数相赠，如果既能逃荒，又能成全你们夫妇，岂不更好吗？"于是把所带的钱全给了那个男子。那夫妻俩哭着拜谢而去。

刘某讲完这件事，李翠石大为赞赏。

从此，刘某把以前的恶劣行径都改掉了，现在活到七十多岁，身体还很健康。去年，李翠石到周村去，碰到刘和人争执，许多人都劝解不开。李笑着喊道："你又想打桃树官司吗？"刘某面色显得茫茫然，吭吭哧哧地垂着手走了。

异史氏说："李翠石兄弟，都称得上是富豪，然而李翠石又谨慎忠厚，喜欢做善事，不曾倚富自豪，确实是个忠厚君子。看他排解纠纷，劝人向善的事，他的生平可想而知。古人说：'为富不仁。'我不知李翠石是先仁而后富的呢，还是先富而后仁的呢？"

邵　　女

柴廷宾是太平府人。他的妻子金氏，不生育，又特别妒忌。柴廷宾用百两银子买了一个妾，金氏凶残地虐待她，过了一年就被折磨死了。柴廷宾生气地出去，几个月都单独住宿，不进金氏的房子。一天，逢柴廷宾的生日，金氏很庄重地施礼，柔声细语地向丈夫祝寿。柴廷宾不忍心拒绝，才和金氏说话。金氏在她的寝室设酒宴，招待柴廷宾。柴廷宾推说醉了，辞别金氏回到自己的房间。金氏艳妆浓抹，亲自来到柴廷宾的房间，说："我是一心一意地为你祝寿，既然醉了，请喝一杯再回去。"柴无奈才进入金氏房中，喝酒说话。金氏从容地说："前些时候不慎将婢子折磨致死，现在想来非常后悔。何必就为此记仇，而忘了结发夫妻的情义呢？今后请纳十二个小妾，我也不挑任何毛病。"听金氏如此说，柴心中很高兴，夜深了，蜡烛已尽，柴廷宾遂宿金氏房中。从此，两人敬爱如初。

金氏便找来媒婆，嘱咐她们为丈夫物色好的女子；而背后又让她们拖延不报，自己则经常假装催促。就这样过了一年左右，柴廷宾心急不能等待，遍托亲朋好友为他购置小妾。一日，购得林家的养女。金氏一见，喜形于色。每天和林一起吃饭，胭脂首饰，任随林氏取用。然而林氏原本是燕地人，不曾学过针线活，除过绣鞋以外，别的都不会做。金氏说："我家一向勤劳俭朴，不像王侯富豪家，买她作画儿看的。"于是拿出锦缎，教林氏裁剪缝制衣服，就像一个严格的师傅教徒弟那样。林氏初学缝纫，难免错误百出。金氏开始是责骂她，接着就用鞭子抽打。柴廷宾见了非常心疼，但也无可奈何。而金氏又装出比以前还爱惜林的样子，往往亲自为林涂脂抹粉，梳妆打扮。但林的鞋跟有折痕，就用铁棍打林的两条腿弯，头发稍有散乱，就打她耳光。林氏忍受不了金氏的虐待，就上吊死了。柴廷宾非常伤心，对金氏产生了怨恨。金氏反而怒气冲冲地说："我替你教训娘子,有什么罪过?"柴廷宾这才明白金氏的恶毒心肠,因此决心与金氏反目,永不和好。

柴廷宾背地里在别墅修了一所房子,准备买美人在这里居住。转眼过了半年,未遇见合适的人。

有次偶尔参加朋友的葬礼,看见一个十六七的岁姑娘,长得非常美丽。柴廷宾不自禁地看得呆了。那女子怪他不停地看自己,把脸转开了。柴廷宾问了好几个人,才知道是邵氏。邵父是个贫寒的读书人,只生有这个女儿。邵氏从小就很聪慧,教她读书,过目成诵。她特别喜欢读内经和冰鉴书。邵父特别疼爱她,有给提媒的,就让她自己选择,而无论贫富都没有让邵氏满意的,因此直到十六岁还未订婚。柴廷宾得知这些情况后,知道她不肯嫁给自己作小妾,可是心中一直忘不掉邵氏。有时又想,邵家较贫寒,或许可以用钱财来打动。可是请了几个媒人,谁都不敢前去说媒。因此也灰心了,不敢再想。

一天,忽然有个贾婆卖珠宝路过柴廷宾家,柴廷宾把想娶邵氏为妾的想法告诉了她,并给她很多钱,说道:"只求把我的一片诚心告诉邵家,成与不成都不怪你。万一能成功,则千金在所不惜。"贾婆因见此事有大利可图,便答应了。

贾婆来到邵家,故意不说正题,只与邵妻闲聊天。当看见邵氏时,惊喜地赞叹道:"真是个美貌的姑娘,假如到了昭阳院,赵飞燕姐妹哪里数得上呢?"接着又问:"女婿是谁家的?"邵妻回答道:"还没订婚。"贾婆说:"这么个漂亮的姑娘,一定能嫁到王侯家。何愁没有王侯家的公子做女婿呢?"邵妻叹道:"王侯家不敢奢望,只要是个读书人,就是万幸了。我家这个小冤孽,反复挑选,十个没有一个中意,也不知心里是怎么想的。"贾婆说:"夫人不必烦恼,这么聪明漂亮的姑娘,不知前生修得什么样的功德的人,才有福娶得!昨天碰到一件非常可笑的事:柴家郎君说:在某家坟边,望见姑娘美丽,愿意用千金为聘礼。这不是饿急的猫头鹰想吃天鹅肉吗?让我怒斥一番,无趣地走了。"邵妻微笑不答。贾婆又说:"就因为他是秀才,不好与他计较,若是别人,这失尺而得丈的事,应该可以做了。"邵妻仍然笑而不答。贾婆拍掌说:"如果真是这样,为我老婆子考虑,这计议就错了。今天受夫人厚爱,进屋就促膝交谈并给我喝酒,如果你得了千两银子,出门坐的是马车,进住的是高楼大厦,那时我再到你门前,你的看门人就要把我赶走了。"邵妻沉思了好一会儿,起身离去,和丈夫商议,过了一会儿,又把女儿叫去。又过了一会儿,三人一齐出来,邵妻笑着说:"丫头真是奇怪,多少好姻缘都不同意,听说为贱妾反而同意了。只怕要让读书人笑话了。"贾婆说:"假如过门后,生得上个小公子,大夫人又能怎么样呢!"说完,又把柴准备让新人在别处居住的计划介绍一番,邵妻更是高兴,对女儿说:"你同贾姥姥说,这是你自己的主意,以后不要后悔,反来埋怨父母。"邵女红着脸说:"父母因此得很多钱财而安享晚年,也算养女儿一场而得济了。况且我自认为命薄,如果得到佳偶,一定会减寿的,少少受些折磨,未必不是福。前日看见柴相公也是一脸福相,一定能子孙兴旺。"

贾婆听后大喜,急忙跑回柴家报告。柴廷宾喜出望外,立即拿出千两银子,备好车马,把邵女娶到别墅。家里其他人都不敢声张。

邵女对柴廷宾说:"您的计划,就好像燕子把巢筑在帷幕上一样,朝不保夕。不让人说话而防止走漏消息,这怎么可能呢?还不如早回去,时间短而不致引起大祸。"柴廷宾怕邵女受到金氏的摧残。邵女说:"天下没有不能感化的人。我既然没有什么过错,她又怒从何起呢?"柴廷宾说:"不行。这个金氏特别蛮横,不是用情理能感动的。"邵女说:"我身为二房,受些折磨也是应该的。如不这样,提心吊胆地过日子怎么能长久呢?"柴廷宾认为说的对,但仍犹豫不决。

一天,柴廷宾到别处去了。邵女穿上婢妾的衣服,出得门来。命令仆人牵一匹老母马,一个老妇人带着一个包袱跟在后面,一直走到柴家。见到金氏,跪伏在地上述说了经过。

金氏开始非常生气,继而一想她前来自首,也情有可原。又见邵氏打扮很朴素,脸上显出谦卑的样子,气也渐渐消了。于是命令丫鬟拿出锦缎衣服给邵氏穿。并对邵氏说:"他这个轻薄寡情的人在众人中说我的坏话,使我横遭非议。其实都是他不仁不义,丫鬟们没有德行而致激化成的。你试想他竟背着妻子另立家室,这难道还是人吗?"

邵女说:"我仔细观察,柴郎已有后悔之意,只是不好意思认错。谚语说:'大者不伏小。'按理而论:妻子和丈夫的关系,就像儿子和父亲,小妾和夫人的关系那样。夫人您如果能以好言相劝,那么过去的积怨就可以消除了。"金氏说:"他自己不来,我怎么和他说?"随即又让丫鬟老妈子为邵女打扫房间。金氏虽然心中不高兴,也暂且忍着。

柴廷宾听说邵女回家,非常担心,心里猜想羊入虎群,已咬得不堪设想了。急忙跑回家。见家中很安静,才放下点心,邵女迎到门口劝柴廷宾,让他去金氏房中,柴廷宾面有难色。邵女哭劝,柴廷宾听进一些劝了。邵女又去见金氏说:"柴郎刚回来,自感惭愧不好意思见夫人,求夫人前去一起嘲笑他一番。"金氏不肯去。邵女说:"我已说过,丈夫和妻之间的关系,就像夫人和小妾的关系一样。古时孟光举案齐眉,而人们没有说她是讨好丈夫,为什么?名分在那儿,就应该这样。"金氏无话可说,才随邵女过去。见到柴廷宾说:"你狡兔三窟,还回来干什么?"柴廷宾低头不语。邵女用臂肘碰了柴廷宾一下,柴廷宾才勉强笑了一下。金氏脸色缓和了一点,转身要走。邵女推柴廷宾随金氏去,又让厨师准备饭菜。从此夫妻又和好了。

邵女早早起床,穿上青色衣裙到金氏房中请安。金氏洗完脸,邵女马上将毛巾递过去,完全按小妾的身份行事,礼节非常周到。柴来到她的房中,她苦苦推辞,十来天才肯留柴一夕。金氏心里也佩服邵女的贤惠,自愧不如邵氏。可是慢慢地由惭愧又转变成妒忌。只是邵女伺候很谨慎,挑不出什么毛病,有时稍说一下,邵女都是很顺从地接受。

一天夜里,柴廷宾与金氏有一点小争执,在早晨梳妆时金氏还怒气未消。邵女在旁为金氏棒着镜子,镜子掉在地下摔破了,金氏更加生气,手握头发瞪着眼睛。邵女害怕了,跪在地上哀求免于责罚。金氏怒气不消,拿鞭子抽打邵女几十下。柴廷宾实在忍不住,气冲冲地进来,把邵女拉出去。金氏还唠叨着追着打。柴廷宾大怒,夺过鞭子打金,把她的脸都打破了,她才退回房去。从此夫妻反目成仇。

柴廷宾禁止邵女到金氏房去,邵女不听。早晨起来,跪着爬到金氏的床帏外。金氏拍着床板大声怒骂,不听邵女的解释,把邵女赶走,金氏日夜咬牙切齿,想等着柴廷宾外出再找邵女解恨。柴廷宾知道了,谢绝一切活动,闭门不出。金氏无可奈何,每天鞭打仆人,以泄心头之恨。仆人们被折磨得苦不堪言。

自从柴廷宾与金氏反目以来,邵女也不敢让柴廷宾过来往,柴廷宾于是独宿一室。金氏知道了,心里稍安。有一个年纪大一点的丫鬟,平常很狡猾,偶然一次和柴廷宾说话,金氏怀疑他们之间有私情,就把这个丫鬟狠狠地打了一顿。这个丫鬟总是在没人的地方狠狠地咒骂金氏。一天晚上,轮到这个丫鬟值夜,邵女嘱咐柴,不要让这个丫鬟去金氏房里。邵女说:"这个丫鬟面带杀气,恐怕要出事。"柴廷宾依她所说,把这个丫鬟叫来,诈问她:"你要干什么?"丫鬟以惊慌得一句话也答不上。柴廷宾更怀疑,搜查她的衣服,找出一把刀子。"丫鬟无言,只跪在地上请求处死自己。柴廷宾正想打她,邵女阻止说:"这事让夫人知道了,丫鬟就必死无疑了。她的罪过固然很大,然而不如把她卖了,既能使她保全性命,我们又能得到些银子。"柴廷宾认为有理,刚好碰上有人买妾,急忙将这个丫鬟卖了。

金氏因为这事没和她商量,怪罪柴廷宾,进而迁怒邵女,辱骂更加厉害。柴廷宾生气地对邵女说:"都是你自找的,前日若杀掉了她,怎么会有今天?"说完就走了。金氏对柴廷宾说的话感到很奇怪,问遍了身边的人,没有一个人知道。问邵女,邵女也不说。金氏更加烦闷和恼怒,扯着邵女的衣服叫骂不休。柴廷宾于是返回,以实相告。金氏大惊,向邵女赔礼,但心里又恨他们不早说。柴廷宾以为金氏对邵女的嫌隙都消失了,不再有所防备。恰巧柴廷宾出远门,金氏于是把邵女叫到跟前,数落说:"要杀主人的人罪在不赦,你把她放走是什么用心?"邵女仓惶间找不出适当的话来为自己辩解,金氏烧红烙铁烙邵女的脸,想要把她毁容。仆人侍女们都为邵女感到不平。每听得邵女痛彻心扉的号叫声,家中的人都哭出声来,纷纷求情,愿意代替邵女受死。金氏这才不烙,拿出针刺邵女肋下二十余下,才让邵女离开。

柴廷宾外出归来,见邵女脸上的烙伤,大怒,要去找金氏。邵女拉住柴廷宾的衣服说:"我明知是火坑而故意跳进来。当时我嫁给你的时候,难道把你家当成天堂了吗?也是自觉命薄,用这来泄命运之神的怨恨罢了。安心忍受,还有期满的时候。若要再去触犯,就像把土坎填平而又掘出个土坎一样。"接着用药敷患处,几天后就痊愈了。忽然照镜子后惊喜地对柴廷宾说道:"你今天应该为我贺喜,她把我脸上的晦纹烙断了。"依然早晚侍奉金氏,和往日一样。

金氏见前几天大家都为邵女哭,知道自己如同独夫,略有愧悔之念。便经常喊邵女一起做事,言词和脸色都很平和。

过了一个多月,金氏忽然得了反胃的病,不思饮食。柴廷宾恨她不早点死,丝毫不过问。几天,金氏腹胀如鼓,日夜疼痛困扰。邵女伺候她有时都顾不上吃饭和睡觉。金氏更加感激她。邵女说自己懂一些医道,想给她治疗。金氏感觉过去对邵女折磨太惨,怕邵女以此来报怨,所以拒绝了。

金氏平时管家严厉,仆人都听她约束。自她病后,都懒散地没人干活。柴廷宾亲自管理,操劳非常辛苦,可是家中的米盐,还没吃就没了。感慨中想起了妻子平日操持家务的功劳,就聘请医生为金氏看病。金氏对人总是自称为"气蛊",所以医生疹脉后,都说是气郁。这样换了几个医生,都没有效果,金氏已濒临病危了。一次又要烹药,邵女说:"这种药,没有丝毫作用,只会使病情加重。"金氏不信。邵女暗中另开了药方,抓了一剂药换下原来的药。吃下后,不一会儿连解三次大便,病好像没了。金氏就更加笑话邵女的话荒诞。呻吟着对邵女说:"女华佗,现在怎么样!"邵女和其他侍女都笑了。金氏问缘由,才实话告诉她。金氏哭着说:"我今日受你再生之恩却不知道!从今以后,一切家政,由你决定。"

不几天,金氏病愈。柴廷宾摆设酒席为她庆贺。邵女捧酒壶站在一边。金氏站起夺过酒壶,拉邵女与自己并肩坐下,亲热无比。夜深了,邵女托故离席而去,金氏派两个丫鬟把她拉回来,硬让她和自己睡在一个床上。从此,有事一定要和邵女商量,吃饭一定要在一起,比亲姊妹还和睦。

不久,邵女生一男孩。产后身体多病,金氏亲自照料,就像侍奉自己的母亲一样。

后来,金氏得了心病,一痛起来,则面目发青,只想寻死。邵女急忙到街上买来几枚银针。等赶回来,金氏已气息奄奄。邵女按穴位刺入,马上就不痛了。过十余天后复发,再用针刺。过六七天又发作。虽然每次邵女都手到病除,不致有太大痛苦,然而心里非常恐惧,老怕病情复发。

一天夜里,她梦见来到一个地方,好像是个庙宇,大殿上鬼神都活动起来。一神问道:"你就是金氏吗?你罪行太多,寿数应该尽了,念你已经改悔,所以只降灾给你,以示小小的惩戒。以前你杀了两个女人,是她们前生的报应。而邵氏有什么罪过遭你这样的毒手?鞭打她的惩罚,已有柴生代报,可以相抵。所欠一烙加二十三针,现在只三次,只偿还个零数,就指望病根除了?明天又该发作了。"醒后非常害怕,还希望是噩梦而不是真的。第二天吃过饭后果然又病了,疼痛更加难忍。邵女来了,又用针扎,手到病除。

邵女犹豫不决地说:"我的医术全用上了,病根怎么不除呢?请让我再用艾灸烧灼。这病非得用艾烧灼皮肤使烂才能治好,只是怕夫人不能忍受。"金氏回忆起梦中神说的话,所以面无难色。在呻吟忍受之际,心想欠此十九针,不知以后变成什么症状。不如一次受尽,希望以后不要再受苦了。当艾灸完了,请求邵女再为她扎针。邵女笑着说:"针怎么能随便滥扎呢?"金氏说:"不用按穴位,只求你刺十九针。"邵女笑而不动。金氏一定要请邵女扎,在床上向邵女下跪。邵女始终不忍下手。金氏只好把梦中情况以实相告,邵女才大概沿着经络,如数刺了十九针。从此康复,果然不再犯病了。更加自我忏悔,对下人也能和颜悦色。

儿子取名叫俊,聪明无比。邵女经常说:"这孩子有翰林相。"八岁有神童之称,十五岁考中进士,授任翰林。这年柴廷宾夫妇四十岁,邵女也有三十二三了。回家探视父母,乡邻们都为她感到荣耀。邵翁自从卖掉女儿后,家中很快就富裕起来了,然而读书人都羞与他为伍。到这时,才有人和他家往来。

异史氏说:"女子妒忌,本是天性。而作为小妾的,又炫耀自己的美貌,耍弄小聪明,更增加了夫人的怒火。唉!这就是祸事的根苗。如果自安命运,自守本分,无论受到多少挫折都不改变自己的志向,这怎么能引来刀杖加身之苦呢?竟至于被别人从死亡边缘拯救过来,才有悔悟之念,唉!这难道能叫作人吗?如数偿还,不增加利息,也是老天爷的宽恕。只是以医术对病人的罪恶进行报应,不是太颠倒了吗!经常看见有愚蠢的夫妻,抱病终日,任凭医生针刺艾灼而不敢呻吟,我心里常感到奇怪,现在才醒悟了。"

福建有一个人刚娶了小妾,晚上来到妻子房中,不敢马上离去,装作脱鞋上床的样子。妻子说:"去吧,不要装样子!"丈夫还在犹豫,妻子严肃地说:"我不像别人家好妒忌的人,何必如此。"丈夫才离去。妻子一人躺在床上,翻来覆去不能入睡,于是,起来到小妾屋门外偷偷地听着。仅能隐约听得小妾的说话声,不大清楚,只有"朗罢"两个字,稍听得明白。郎罢,是福建人对父亲的称呼。妻子听了一会儿,痰涌上来昏倒过去,头碰门上发出响声。丈夫吃惊地起床开门，尸体倒入屋中。喊小妾点灯一看，原来是妻子，急忙扶起灌水入口。妻子眼睛刚刚睁开一点，就呻吟着说："谁家郎罢让你喊！"妒忌之情真可笑。

巩　　仙

巩道人，没有名字，也不知是什么地方人。有一次求见鲁王，守门人不给他通报。恰好有一个宦官出来，道人向他作揖施礼，求他放行。宦官见他鄙陋，把他赶走了。过了一会，道人又回来了。宦官大怒，命人边赶边打他。来到没人的地方，道人笑着拿出黄金二百两，麻烦赶他的人回复宦官："就说我也不要见鲁王。只是听说后园中花木楼台，是人间最好的佳境，如果能领着我游览一次，一生就满足了。"又用银子贿赂赶他的人。这个人很高兴，回去向中贵人禀报，宦官也很高兴，领着道人从后门进入，院中各处景色都看了一遍。道人又跟着来到楼上。宦官依着窗口，道人一推，宦官觉着身坠楼外，有细藤束着腰，悬在空中。往下看，深得使人目眩头晕，葛藤隐隐作响，就像马上要断了似的。宦官害怕极了，大声叫喊。不一会儿，另几个宦官来到，大吃一惊。只见宦官离地极远，来到楼上一起看，则葛藤一头系在窗框上。想解下葛藤把他拉上来，然而藤太细不敢用力。到处找道人，已没了踪影。大家束手无策，只好奏报鲁王。鲁王来到一看，感到非常奇怪，命人在楼下铺上茅草和棉絮，然后再去砍断葛藤。刚铺完，葛藤嘣的一声断了，离地才不过一尺左右。众人相顾失笑。

鲁王命令查访道士住在哪里。听说寓居尚秀才家，派人前去询问，则出去游玩尚未回来。不久，在半路上遇见道人，于是引他去见鲁王。鲁王赐宴，请道人表演幻术。道士说："臣是草野之人，没有什么能耐。既然承大王这么优待看重，冒昧地献上女乐给大王祝寿。"于是从袖中取出美人，放在地上，向大王叩拜已毕，道士命她演"瑶池宴"戏，祝大王长寿。女子到场中说了几句话，道士又取出一人，自称为"王母"。一会儿，董双成、许飞琼……一切仙女，依次都出来了。最后有织女来拜见，献上天衣一件，金彩灿烂，照得满堂生辉。鲁王认为是假的，要拿来看。道士急忙说："不可！"鲁王不听，终于拿来看，果然是一件无缝的衣服，不是人工能制造出来的。道士不高兴地说："我全心全意地侍奉大王，而暂借织女前来。现在她被浊气污染，怎么还给主人呢？"鲁王又猜想歌舞的一定是仙女，想要留下一两个，仔细一看，都是宫中的乐妓罢了。转而怀疑所唱之曲，不是她们所熟悉的。问她们，果然茫然不知。道士把衣服放到火上烧，然后把女乐装到袖中，再搜索，则已没有了。

鲁王由此非常敬重道士，留他住在府里。道士说："野人的性情，视宫殿为牢笼，不如秀才家自由自在。"每天到半夜，一定回到住所。有时鲁王坚持留他，也就住下。有时在筵席间作颠倒四季花木的游戏。

鲁王问道："听说仙人也不能忘情，是真的吗？"道士答道："有的仙人是这样。臣不是仙人，所以心如枯木。"一夜，道士住在王府中，鲁王派一年轻的妓女前去试探他。进到他的卧室，喊几声都不答应，点灯一看，则闭眼坐在床上。摇他，眼睛一闪又闭上。再摇动他，鼾声响起来。推他，则随手而倒，鼾声如雷。弹他前额，碰到手指上发出铁锅的声音。妓女返回告诉鲁王。鲁王用针刺他，刺不进去。推他，重得摇不动，叫十余人把他抬起来扔到床下，就像千斤石头落地那样。早晨跑来偷看他，仍然睡在地上。

道士醒后笑着说:"一场恶睡,掉到床下还不知道啊!"后来女子辈每当他坐着或躺着时,按摸他为游戏。刚按摸还柔软,再按摸就像铁石一样坚硬了。

道士住在尚秀才家,常常半夜不回来。尚秀才锁上道士卧室的房门,等到早晨开门,道士已在室中睡着了。

过去,尚秀才和歌妓惠哥相好,两人发誓非她不娶,非他不嫁。惠哥平素歌唱得很好,弹琴也名震一时。鲁王听到她的名声,召她入宫侍奉,与尚秀才断绝了往来。尚经常想念她,可是苦于无法通信。一天傍晚,尚秀才问道士:"见到惠哥没有?"道士答道:"所有的女子都见过,只是不知道哪个是惠哥。"尚秀才述说惠哥长得什么样,有多大年龄,道士这才记住。尚秀才求道士给惠哥传个话。道士笑着说:"我是尘世外的人,不能替你传情书。"尚秀才苦苦哀求,道士展开他的衣袖说:"一定要见,请进这里。"尚秀才向里看,袖中大小像一间屋子。伏身进去,则光明敞亮,像一间厅堂,桌椅床铺,无所不有。住在里边,并不感到气闷。道士进入王府,和鲁王下棋。看见惠哥来到,装作用袍袖拂灰尘,即把惠哥装到袖中了,而别人都没看见。尚秀才正独坐凝想时,忽然一个美人从房檐间落下来,一看,原来是惠哥。两人都感到万分惊喜,拥抱在一起亲热备至。尚秀才说:"今天奇遇,不可不记。请与你联诗一首。"于是在墙壁上题写:

侯门似海久无踪。

惠哥续道:

谁识尚郎今又逢。

尚秀才又写道:

袖里乾坤真个大。

惠哥又续道:

离人思妇尽包容。

诗刚写完,忽然进来五个人,戴八角冠,穿淡红色的衣服。一看,都不认识。来人也不说话,抓了惠哥就走。尚秀才大吃一惊,不知是什么原因。

道士回到尚秀才家,把尚唤出,问他情况,尚秀才隐讳不全实说。道士微笑,脱下衣服,翻过袖子给他看。尚秀才仔细一看,袖子上隐约有字迹,细细地就像虮子,是他和惠哥所题的诗句。过了十几天,尚秀才又求道士带他入王府,前后共三次。

惠哥对尚秀才说:"我腹中震动,已怀有身孕。我非常忧虑,平常只好用布带束紧腰。可是府中人多口杂,假如一旦分娩,怎么能让人不听到婴儿啼哭呢?请你和巩仙人商量,见我腰腹隆起,就要前来拯救。"尚秀答应了。

尚秀才回到家中见道士,跪在地上不起来。道士拉他起来,并说:"你们所说的我已经知道了。请不必担心,你的宗庙香火全靠这一线相承,怎么能不尽绵薄之力。只是你从此不必再入王府了。我之所以报答你,原本也不是为了你们的私情。"

过了几个月的一天,道士从外面回来,笑着对尚秀才说:"把你的公子带回来了,快点拿婴儿小被褥来!"尚秀才的妻子非常贤惠,快三十岁了,生了数胎只存活一个儿子。最近刚生下一个女儿,满月就死了。听尚秀才说了经过,喜出望外。道士伸手从袖中取出婴儿,像睡熟了一样,脐带还未剪断。尚妻接过来抱在怀里,才开始呱呱啼哭。

道士脱下道袍说:"产血溅到我的衣服上了,这是道家最忌讳的,今天为了你,这二十年的旧物不得不扔掉了。"尚秀才为道士换上新道袍。道士嘱咐说:旧道袍不要扔掉,把大约一钱重的一块旧衣烧了冲服,可治疗难产,能打下死胎。尚秀才记住了他的话。

又过了好久，道士忽然对尚秀才说："你所藏的那件旧道袍，应当留一些自己用。我死以后，也不要忘记我。"尚秀才认为他说的话不吉利，道士没有说什么就走了。进了王府，对鲁王说："臣要死了。"鲁王惊问缘由，道士说："这是定数，没什么可说的。"鲁王不信，硬留下他。下了一盘围棋，他便急忙起身要走，鲁王又拦住他。道士请求到外面休息一下，鲁王同意了。道士来到外面躺下，一看已经死了。鲁王命人用上好棺木，厚礼安葬道士。尚秀才到灵前哭拜，悲痛欲绝。这才醒悟，道士以前所说的都是预言，先告诉了他。

把道士留下的旧道袍用来催生，非常灵验。来索要的人不断登门。开始只把有血污的袖子给他们，后来袖子没了，就把衣领、衣襟剪来给人，都一样有效。后来想起道士的嘱咐，怀疑是妻子要有难产，剪下巴掌大一块血布，珍藏起来。正好鲁王有一个心爱的妃子，临产三日生不下来，许多医生都没有办法。有人把尚秀才催生的事告诉了鲁王，鲁王立即派人召尚秀才入府，烧道袍服下，马上就生出来了。鲁王大喜，赠给尚秀才许多银子、彩缎。尚秀才一概推辞不要。鲁王问他想要什么，尚秀才说："臣不敢说。"鲁王再三请他说，尚秀才才叩头说："如蒙施予恩惠，只求把歌妓惠哥赐给我就心满意足了。"鲁王把惠哥招来，问她年龄，惠哥说："我十八岁进府，到现在十四年了。"鲁王认为她年龄太大了，命令把所有的歌舞妓都叫来，让尚秀才自己随便挑选，尚秀才哪个也不要。鲁王笑着说："傻书生，难道你们十年前就订了婚约了？"尚把实情告诉了鲁王。鲁王就命人准备车马，仍然把尚推辞掉的彩缎作为惠哥的嫁妆，送惠哥出府。

惠哥所生的儿子，取名叫秀生。"秀"就是"袖"的谐音。这一年已经十一岁了。平日总感念巩仙人的恩德，每年清明都去道士墓上祭扫。

有一个人在四川客居多年，在路上遇见道士，道士拿出一卷书说："这是鲁王府里的东西，来的时候匆忙，没来得及归还，麻烦你给带回去。"这人回来后，听说道士已死，不敢去见鲁王。尚秀才代他向鲁王奏明此事。鲁王打开书一看，果然是道士所借去的书。鲁王心中怀疑，挖开道士的坟墓，只有一口空棺材。后来尚秀才妻子生的儿子在年轻时死去，全靠秀生继承家业，尚秀才更佩服巩仙人的先见之明。

异史氏说："袖里乾坤，本是古人的寓言，哪里是真的？多么地神奇啊！里面有天地，有日月，可以娶妻生子，而且又没有催缴税赋的苦恼，人事的烦扰，袖子里的虮虱，真与桃源里的鸡犬一样，假设能容许人常住，老死在里面也值得。"

二　　商

莒县有一人家姓商，兄富有而弟贫穷，两人的家只隔一堵墙。康熙年间，遇上一个灾荒年，弟弟家吃了上顿没有下顿。一天，已到了中午，还没生火做饭，商二空着肚子踱来踱去，想不出办法。妻子让他去向兄长告借。商二说："没用，如果兄长可怜我贫苦，应当早就来帮我了。"妻子坚持让他去，商二就让儿子前去。一会儿，儿子空着手回来了。商二说："怎么样！"妻子问儿子，你伯父怎么说的。儿子说："伯父犹犹豫豫地看伯母，伯母对我说：'兄弟分居，有饭各食，谁还能顾谁呢'"。商二夫妇相对无言，暂时把一些破坛子和旧床卖掉，换一些粗粮维持活命。

村里有三四个无赖少年，看商大家富足，夜里跳墙进院。商大夫妇从熟睡中惊醒，急忙边敲脸盆边大喊。邻居都忌恨他，没人来救援。没办法，急忙喊商二。商二听嫂子呼喊，想去救援，妻子制止不让去，并大声对嫂嫂说："兄弟分居，有祸各受，谁能顾上谁呀！"一会儿，强盗打破了门，抓住了商大夫妇，用烧红的烙铁烙他们，喊叫声特别凄惨。商二说："他固无情，哪有看着哥哥要死而不救的！"领着儿子翻墙而过，大声疾呼。商二父子一向勇猛有力，人都怕他，更怕惊动别的人到来援救，强盗便逃走了。看兄嫂，两腿都被烙焦了。商二把他们扶到床上，把婢女和仆人都召集来，父子才回去。商大虽受了伤，但钱财没有丢失，他对妻子说："现在财物能留下，全是弟弟救助的功劳，应该分给他一些。"妻子说："你有好兄弟，就不受这个苦了！"商大不言语了。

商二家断粮了，以为哥哥一定会有所报答，过了很久，没有声息。商二的妻子等不下去，让儿子拿着口袋去商大家借粮，只借得一斗米回来。商二妻子生气他们借给的太少，要去找商大。商二把她劝住了。

又过了两个月，饥饿得支持不住，商二说："现在没有办法谋生，不如把这个宅院卖给哥哥，哥哥怕我到别处去，也有可能不要房契而周济我们一些粮食。就是不这样，得十余两银子，也可以存活下去。"妻子认为对，让儿子拿着房契去商大家。商大把此事告诉了妻子，并说："我弟弟再不好，我们也是骨肉手足，他要离开则我们就孤立了，不如让他把房契拿回去，我们周济他家一些粮食算了。"他妻子说："不行。他们说要离去，是要挟我们。真像你说的那样，就中了他们的圈套了。世上没有兄弟的人，就都死了吗？我们把墙加高，足以保护自己。不如收下他的房契，让他走，也可以扩大我们的宅院。"商量已定，让商二在出让宅院的契约上画了押，给了钱让他们搬走了。于是商二搬到邻村去居住。

村里一些为非作歹的人听说商二搬走了，又聚在一起闯进商大家，抓住商大，用种种刑具残酷地拷打他，要他把所有的金钱都拿来赎命。强盗临走时，打开仓库，喊来村中贫困的人，随便拿取，一会儿就把粮食抢光了。

第二天，商二才知道这件事，等赶来，商大已昏迷不能说话了。商大睁开眼睛看见弟弟，只能用手抓床而已。不一会儿就死了。

商二愤怒地到县衙告状。领头闹事的人都逃跑了，没法抓获。抢粮的有百余人，都是乡村里的贫苦百姓，官府也没有办法。

商大留下一个儿子，才五岁。家中破落，贫苦不堪，经常自己跑到叔父家，几天都不回去。送他回去，就啼哭不止。商二妻子很不高兴。商二说："他父母不仁义，孩子有什么罪呢？"于是给他买几个蒸饼，亲自送他回去。过了几天，又避开妻子，偷偷地背一斗粮送给嫂子，让她抚养儿子。以后经常这样。又过了几年，商大家卖了田地和宅院，得到的钱，足以自给自足了，商二就不再来了。

后来又遇到一个大灾荒年，饿死者不计其数。商二家人口多，没能力照顾别人。侄儿那年十五岁，幼小不能独立劳动，让他提篮随兄卖烧饼。一天夜里，商二梦见兄长来到，脸色凄惨地说："我被妻子的话迷惑，丧失了手足之情，弟弟你不计前嫌，使我羞愧难当。我家卖掉的老宅院，现在还空闲着，可以租下来住。屋后一个长有蓬草的土块下面，埋藏有一窖银子。挖出来，可以小富。让我的丑儿跟随你；长舌老婆我真恨她，不要管她。"商二醒后，很感惊异。

商二出高价给那所宅院的主人，才租下来。果然从后院挖出五百两银子。从此不再卖烧饼，让兄弟俩在街上开了一个店铺做生意。侄儿很聪明，计算从不出差错，又很诚实谨慎，凡是经手的钱财，一分一文都要告诉商二。商二更加喜爱他。一天，侄儿哭着请求给他母亲一些粮食。商二妻子不想给，商二感念他的孝顺，按月给他母亲粮米。几年后商二家更富足了。商大妻子病死了，商二也老了，让侄子分家另过，把家产的一半给了他。

异史氏说："听说商大一丝一毫的东西也不轻易给人或取于人，也是个洁身自好的人。然而唯妻言是听，糊涂得不敢说一句话，忽视骨肉之情，终于因各啬而死。唉！又有什么奇怪啊！商二开始时贫穷，最终富起来。他为人有什么长处可言？只是不十分听妻子的话罢了。唉！一种行为不同，人品就不一样了。"

沂水秀才

沂水县有一个秀才，在山中读书，夜间有两个美女进到书房里，微笑着不说话，各自用长长的衣袖掸拂一下床榻，相互挨着坐下，衣服柔软没有一点声音。过了一会，其中一个美人站起身，把一块白绸子平放在几案上，上面有草体字三四行，秀才也不仔细看写的是什么。另一个美女拿出一锭白银，大约有三四两；秀才拿过来放到了袖子里。美人拿起手帕，拉着手走了出去，说："俗不可耐！"秀才伸手一摸，白银不见。

美人在身边坐着，把写有文字的香帕送给他，可他却置之不理，但见了银子却拿去了，这真是一副要饭人的样子，叫人还能忍受吗！狐狸精变成可意人儿，优雅之态可以想见。

朋友谈到这个故事，叫人联想到人世间许多俗不可耐的事情，顺便记录下来：面对酸腐庸俗的客人；鄙俗的人说些文绉绉的话；摆出富贵人的样子；穷秀才装名人；在一旁观察巴结讨好的丑态；随便撒谎不休止；过分地谦让座位次序的高低上下；勉强别人欣赏自己的歪诗劣文；守财奴装穷叫苦；发酒疯者缠人不放；说话故作满族人腔调；神气神态咄咄逼人；开低级的玩笑；听凭不懂事的孩子在筵席上抓吃菜肴果品；假借别人的权势抖威风；通过不正当的方式考中的秀才举人反而在有才学的人面前谈论诗文；谈话间不停地说出有权有势的亲戚。

梅　女

封云亭是太行地方的人。他偶然间来到府城，白天躺在客店休息。当时他正值年轻丧偶，在寂寞之中，很想女人。就在他聚精会神地冥思苦想的时候，发现墙壁上有个女人的影子，好像贴在墙上的画。他想这一定是想念女人所引起的幻觉。但是，过了很长时间，影子既不消失也不动，他感到非常奇怪。起身细看，影子变得更加真切；再近前细看，居然是一位年轻女子，面带愁容伸着舌头，绳索套在秀美的脖子上。封云亭正看得吃惊的时候，年轻女子好像要下来。知道是个吊死鬼，但是凭着白天，他不太害怕。对她说："你有什么冤屈未伸，我一定竭力相助。"影子居然从墙上走下来说："咱们偶然相遇，怎么能用这么重大的事情去麻烦你？只是这九泉之下的枯骨，舌头不能缩进口里，绳索不能从脖子上取下来，请你把屋梁弄断烧掉，这大恩大德如同山岳了。"封云亭答应，随即影子也不见了。封云亭把房主叫来，问他为什么会发生刚才所见到的事情,房主说:"这房子十年前是梅家的住宅。夜里有个小偷进来偷东西,被梅家抓住送到管治安的典史那里,典史接受了小偷三百文钱的贿赂,就诬陷梅女和小偷通奸,要把梅女拘留审验。梅女得到消息后气愤不过,上吊自杀了。后来梅氏夫妇也相继死去,他家的宅子归了我。住店的客人常常见到一些怪异的现象,但没有办法制止。"封把女鬼说的话告诉给房主。房子主人考虑到拆房子换屋梁费用太大,感到为难;封云亭就出钱帮助房主拆房梁。房梁修好以后,封云亭又住到了原来的房中。梅女当夜又来到封云亭的面前,道谢之后,脸上充满了喜色,姿态娇媚。封云亭非常爱慕她,想要与梅女交欢做爱。女鬼低头惭愧地说:"我身上的阴惨之气,不但对您没好处,如果这样做了,那么生前别人加给我的污秽肮脏之辞,就是用西江的水也洗不清。以后有结合的机会,现在还不到时候。"封云亭问:"什么时候?"梅女只是微笑不答。封云亭问:"喝点酒吗?"梅女回答说:"不喝。"封云亭说:"面对美人坐着,呆眼相看,这又是什么滋味?"梅女回答说:"平生游戏娱乐的方法,只懂深闺之雅戏——打马。可是两个人又太单调,夜深了又苦于没有棋盘。现在漫漫长夜没法打发,姑且和你做交线翻服的游戏。"封云亭听从了她的意见。两人膝盖相碰,一个人将双手的食指和中指像戟一样伸开来绷线,另一个人翻线,翻了很长时间,封云亭就眼花缭乱不知怎么翻才对;梅女一边口诉如何翻法,一边用面部表情示意他怎样翻,这样越翻越奇妙,变化无穷。封云亭笑着说:"这真是闺房中绝妙的游戏。"梅女回答说:"这玩法是我自己悟出来的,只要两根线,就交织成各种各样的花样,人们不深入观察罢了。"玩到夜深觉得疲倦,他极力让梅女去睡,梅女说:"阴间的人不睡觉,请你自己睡吧。我稍懂一点按摩术,愿意使出全副本领,帮助你做个好梦。"封云亭同意了。梅女叠起双掌给他轻轻地按摩,从头顶到脚跟都按摩遍了,她的手所按摩过的地方,骨头好像酥了一样好受。接着又握指成拳,轻轻地敲着,好像用棉絮摩擦皮肤似的,全身舒服得无法形容。当捶到腰间的时候,嘴巴和眼睛都有了倦意,当捶到大腿上的时候,就昏沉沉地睡着了。等到醒来的时候,时间已快到晌午了,封云亭感到全身骨节舒服轻松,和往日大不一样。封对梅女更加爱慕不已,他绕着屋子喊了好一阵,可是并没有一点回应。直到太阳西下,梅女才来到。封云亭问梅女:"你住在什么地方,叫我到处喊?"回答说:"鬼没有固定的住所,总之是在地下了。"封云亭又问:"地下有缝隙可以容身吗?"梅女回答说:"鬼不受土地的阻碍就像鱼不受水的阻碍一样。"封云亭抓住梅女的手说:"如果你能复活,就是倾家荡产也要把你娶过来。"梅女笑着回答:"用不着倾家荡产。"玩到半夜,封云亭苦苦要求梅女和他同床。梅女说:"不要缠我,有个叫爱卿的浙江妓女,最近搬到我家北边居住,人长得非常有风韵。明晚,叫她和我一起来,让她替我陪你,怎么样?"封云亭同意了。第二天,梅女果然和一个少妇一起来了。少妇年龄有三十岁左右,眼神飘忽,暗暗透出风流放荡的情态。三个人挤在一起亲密地坐着,玩打马的游戏,玩完最后一局,梅女站起来说:"聚会到这时正好,我暂离开。"封云亭想要留住她,可是梅女轻飘飘地如一阵清风似的不在了。封云亭和爱卿两人上了床,解衣做爱,快乐非常。封云亭问她的家世,她含糊应对不肯说出详情。只是说:"郎君如果喜欢我,只要用手指轻敲北墙,小声叫:'壶卢子',我立即就来。叫三声不答应,就知道我没闲功夫,不要再叫了。"天快亮的时候,爱卿进到北墙的缝隙当中离开了。

第二天,梅女一个人来了,封云亭问她爱卿为啥没来,梅女说:"被高公子叫去陪酒了,所以没来。"于是两个人点着蜡烛在灯下谈心。梅女总像有话要说,但嘴唇一动就停住了;封云亭再三追问她,但还是不肯说,只是不停地叹息罢了。封硬拉她玩交线的游戏,玩到四更天她才离开。从这时起梅女、爱卿两个经常来玩,嬉笑之声通宵达旦,全城的人都能听到。那个典史官吏,也是浙江世家之子,他的妻子因为和仆人私通被他休了。后来又续取了顾氏,两人相亲相爱感情很好;可惜结婚才一个月顾氏就死了,典史心中非常怀念她。听说封云亭与女鬼有交情,想要打听阳世人与阴间人怎样相会,于是骑上马到封云亭处拜访。封云亭开始不肯答应,典史再三恳求,封云亭只好设宴招待他,答应为他把鬼妓招出。到了黄昏,封云亭敲着墙叫"壶卢子",三声未毕,爱卿就来了。爱卿抬头看见典史,脸色突变,回身想走,封云亭挺身将她拦住。典史细细一看,勃然大怒,抓起大碗向爱卿扔去,爱卿忽然不见了。封云亭见状非常吃惊,不知道是什么原因,正要详细询问,即见黑暗中走出个老太婆,冲着典史大骂:"你这个卑鄙的贪赃贼!坏了我家的摇钱树!快拿出三十贯钱陪我!"说完拿着手杖就打典史,打中了他的头。典史双手抱着头悲伤地说:"这顾氏是我老婆,年纪轻轻就死了,我正在为她伤心得要死,不料她做了鬼却不洁不贞,与你老太婆有什么相干?"老太婆生气地说:"你本是浙江的一个无赖,花钱买了条乌角腰带,就鼻孔朝天了!你当官有什么黑白之分?袖筒中有三百钱就是你的爹了!你搞得天怒人怨,死期已到了,你爹妈替你向阎王爷求情,愿意把心爱的儿媳送入妓院,替你偿还贪债,你还不知道吗?"说完又打他。典史被打得高一声低一声地哀叫着。封云亭正吃惊地不知怎样解劝,看见梅女从房中走出来,瞪着眼睛,吐出舌头,脸色变得十分可怕,靠近典史用长簪刺他的耳朵。封云亭非常吃惊,用自己的身子挡着典史。梅女愤恨难平。封云亭劝她说:"典史即使真的有罪,可他死在我的寓所里,那么责任就在我身上。请你不要因打老鼠把家具也毁坏了呀!"梅女就拉住老太婆对她说:"暂时留他一口气,看我的情面,照顾一下封郎。"典史仓皇鼠窜而去。回到衙门后,患上了头痛病,半夜就死了。

第二天夜里,梅女出来笑着说:"痛快!终于出了这口恶气!"封云亭问:"你和他有什么冤仇?"梅女说:"以前我就对你说过:他接受贿赂诬陷我与别人有奸情,我对他心怀仇恨很久了。常常想请你帮助昭雪,因为平时对你没任何好处,所以很惭愧,几次话到嘴边就止住了。刚好昨晚听到屋里打斗的声音,我暗中偷听,没想到这家伙正是我的仇人。"封云亭吃惊地说:"这就是诬陷你的坏蛋哪!"梅女说:"那个典史在这里当了十八年官,我也冤死十六年了。"封云亭问:"老太婆是什么人?"梅女回答:"她是个老妓女。"封又问到爱卿的情况,梅女回答:"她病了。"接着微笑着说:"我以前对你说过我们结合有期,现在真的快到了。你曾经说愿意倾家荡产来赎我出去,还记得吗?"封云亭回答:"现在我还是这么想啊!"梅女说:"实话告诉你:我死后就投生到延安展举人家去了。只是因为大冤未伸,所以拖延到现在灵魂还在这里。请你用新绸子做个装鬼的袋子,使我能够进入袋子里伴你一块到展家去求婚,估计展家一定会答应的。"封云亭担心门户身份相差悬殊,恐怕求婚不能成功。梅女说:"只管去,不用担心。"封云亭就听从了她的话。梅女又嘱咐说:"路上千万不要叫我,等到结婚那天晚上喝交杯酒时,把绸口袋挂在新娘头上,然后赶快说:'莫忘,莫忘!'"封云亭答应了。刚把口袋打开,梅女就跳进去了。

封云亭到了延安,一打听,果然有个展举人,生了一个很漂亮的女孩,只是患有呆痴病,又常把舌头伸出口外,像狗在烈日下喘息似的。十六岁了,还没有人来提亲。父母为她的事都愁病了。封云亭到展家递上名帖,详细地通报了自己的家世。然后回到自己的寓所,请媒人到展家去提亲。展举人很高兴,把他招为上门女婿。展女痴呆得很厉害,见人不知道行礼,只好让两个婢女连拉带扶地引进新房。众婢女离开新房后,展女解开上衣露出双乳,对封痴笑。封云亭将装梅女鬼魂的绸袋倒过来挂在展女的脖子上后赶紧喊:"莫忘!莫忘!"展女两眼盯住封生细细地看,好像在惊奇地想着什么。封云亭笑着对她说:"你不认识我了吗?"还把绸口袋举起来给她看,展女才醒悟过来,急忙整理好上衣,两人亲热地交谈。

第二天早上,封云亭进房拜见岳父。展举人安慰他说:"我那呆女儿什么都不懂,既然承蒙你看上了她,如果你有想法,我家中有不少聪明伶俐的丫鬟,乐意赠送。"封云亭极力争辩说展女不痴,展举人很怀疑。没多久展女来了,语言行动都很得体,看到女儿这样良好的状态,展举人非常吃惊,展女只是对着父亲掩口微笑。展举人仔细地盘问女儿,女儿进退两难,羞于开口;封云亭替她向展举人简单地叙述了事情的经过。展举人非常高兴,对女儿的疼爱,比以往好多了。于是让儿子展大成和封云亭在一起读书,提供非常丰厚的待遇和学习条件。一年多,展大成渐渐地对封云亭轻慢起来,并讨厌他,所以郎舅两个人关系很不协调;家里的仆人也对封云亭说长道短,展举人也被这些闲话所迷惑,对封云亭的态度冷淡下来。展女发觉后,对封云亭说:"岳父家是不能长久地住下去的;凡长久住在岳父家里的,都是让人瞧不起的窝囊废。乘着现在还没有太大的裂痕,应该尽快回老家。"封云亭同意了,告诉展举人。展举人想把女儿留下,女儿不答应。展举人父子俩都很生气,不给他们车马。展女拿出自己的首饰换钱租了车马回到封家。后来展举人叫女儿回家探望,展女执意推辞不肯回去。后来封云亭考中举人,翁婿两家才有了来往。

异史氏说:"官位越低的人越贪婪,常情难道都是这样吗?受了人家的三百文钱就诬梅女与贼通奸,典史的良心丧尽了。他失去了妻子,而妻子又进了妓院,他本人也最终因此而横死了。唉!实在可怕啊!"

康熙二十三年,贝丘地方有个典史为人最是贪婪狡诈,百姓都非常恨他。突然,他的妻子被骗子拐走。有个人替他贴出一张寻夫启事,上面写道:"某官因自己不小心,丢失了夫人一个。她身上没有多余的东西,只有七尺长的红绸子,包着一个元宝,翘边细纹,一点破损都没有。"也算是风流的小报应了。

郭　秀　才

广东有个姓郭的读书人,傍晚从朋友家回来,在山里迷了路,走到荆棘草莽之中。到了夜里一更天左右,听到山顶上有说说笑笑的声音,赶忙走了过去。见有十多个人席地饮酒。他们看见郭生,喧闹着说:"席中正好缺了一个客人,太好了!太好了!"郭生也就顺其意坐到空位上,看见在座的人有一半都戴着读书人的头巾,就请求指明回家的路。一个人取笑说:"你真是酸腐,放着这美好明月不去欣赏,还问什么回家的路?"说完就飞快地递上一杯酒,郭生一饮而尽,酒味芳醇扑鼻,另一人拿着酒壶往他的杯子里倒酒,郭生本来就有酒量,又加上赶路口渴,一喝就是十杯。众人都大加赞赏:"真海量呀!够朋友!"郭生旷达豪放爱开玩笑,能学各种鸟叫,非常逼真。当他离开座位去解小便时,暗中学燕子叫,众人惊疑地说:"半夜里哪来的燕子叫?"接着又学杜鹃叫，众人更加奇怪。郭生回到座位上，只是微笑不说话。正在众人纷纷议论的时候，郭生回过头装鹦鹉叫着说："郭秀才喝醉了，快送他回去！"大家正惊奇地听着，又什么声音也没有了。过了一会儿，鹦鹉又叫了。这时大家终于想到是郭生在开玩笑，才大笑起来。都把嘴撮起来跟他学鸟叫，没有一个学得像的。

有一个人说："可惜青娘子没来！"又一个人说："中秋晚上我们还在此集会，郭先生可不能不来呀！"郭生恭恭敬敬地答应了。这时候有一个人站起来说："客人拿出超人的技艺，我们也来献上踏肩的游戏，怎么样？"于是众人喧闹着站了起来，开始提议的人挺身直立，接着就有另一个人飞身站到了他的肩上，也在上面挺直身子，这样叠立了四个人以后，后边的人再也不能飞身上去了，便攀着肩膀踩着手臂，像登梯子一样登上去。十多个人一会功夫都登了上去，从下往上看真好像到了九霄云外。郭生正在吃惊地望着人梯，不料人梯笔直地倒在了地上，化作了一条又直又长的大路。郭生吃惊地站了好一会儿，顺着这条路回到了家中。

第二天，郭生腹痛难忍，拉出的粪便是绿的，有点像青铜色，碰到东西能染上去，但也没有臭气，过了三天才停止了。郭生跑到那天喝酒的地方察看，只有满地散放的剩菜和骨头，四面杂草丛生，根本就没有道路。到了中秋节那天，郭生还想去赴约，朋友把他劝住了。如果郭生大着胆子再去会会青娘子，一定有更奇怪的事情，可惜他主意不坚定。

死　僧

有一个道士云游四方。一天傍晚，投宿在荒野的寺庙里。看见和尚的房门紧紧地关着，于是拿了一个蒲团，在檐廊下双脚交叠而坐。到了夜深人静时，听见开门的声音，接着看见一个和尚进来，浑身是血，眼里就像根本没看见道士坐在那里，道士也像没看见他一样。那个和尚径直走进大殿，登上佛像的座位，抱着佛像的头大笑，好半天才离开。等到天亮，道士看和尚的住室，门还是紧紧地关着。道士对此事感到十分奇怪，进到村子里把所见的事说了。众村民到庙里，打开门查看，见和尚被杀死倒在地上，房里的箱子席子全掀翻了，知道是被强盗劫杀的。大家怀疑鬼笑一定有原因；共同察看佛像的头，发现佛像的头后有一小块裂痕，挖开一看，里面藏了三十多两银子。便用这笔钱把和尚埋葬了。

异史氏说："俗话说：'财与命相连。'真不假呀！一个人平时俭朴吝啬积攒钱财，留给将来不知怎么样的子孙，已经很傻了。何况和尚连将来不知怎么样的子孙也没有啊！活着不肯享用，死后还看着藏好的钱发笑，守财奴的可笑可叹到了这种地步。佛说：'一文钱都带不走，只有罪孽随身。'就是指这个和尚说的。"

阿　英

庐陵人甘玉，字璧人。父母早亡。留下一个弟弟叫甘珏，字双璧，才五岁就跟着哥哥一起生活。甘玉性情友爱，抚养弟弟如同对待自己的孩子一样。后来甘珏渐渐长大了，长得丰姿超俗，人既聪明，又会写文章。甘玉更加喜爱弟弟，常常对人说："我的弟弟堂堂一表人材，不能没有美人相伴。"但是由于挑选的过分苛刻，婚姻之事始终没有着落。

当时甘玉正在匡山寺里读书，一天晚上，刚刚躺下，就听到窗外女子说话的声音。偷偷一看，见有三四个女子席地而坐，几个小丫鬟摆上酒菜，都是国色天香，个个漂亮。其中一个女子说："秦娘子，阿美为什么不来呀？"坐在下首位置的女子说："她昨天从函谷关回来，被坏人打伤了右臂，不能和咱们一起玩乐，正因这在家里生气呢。"另一个女子说："前一天夜里，我做了一个十分可怕的噩梦，现在想起来还吓得出冷汗呢。"坐在下首位置的女子说："不要说了，不要说了。今晚姊妹高兴地在这里聚会，讲那吓人的噩梦使人不快乐。"这女子笑着回答说："你这小丫鬟怎么这么胆小，难道害怕虎狼把你叼去不成？想要让我不说梦境，那就要唱一支曲子，给姊妹们喝酒助兴。"坐下首位置的女子就低声吟唱道："阶下的桃花次第开，昨天的踏青约会我答应得很痛快。告诉东邻的女伴稍等莫催促，我穿好了凤头绣花鞋马上就到来。"唱完，满座的人没有不赞叹称赏的。

正在谈笑之间，忽然一个高大的男子板着脸从别的地方跑了过来，像鹰一样的双眼射出绿荧荧的光，样子又凶恶又丑陋。众女子都哭喊着："妖精来了！"仓促间像鸟一样哄然而散。只有唱歌的女子长得柔弱跑不动，被那大汉抓住，发出凄惨的哀哭声，用尽全身力气挣扎着。大汉怒吼，咬断了女子一个手指，随即就大嚼着吃了。这女子倒在地上好像死了。甘玉心中怜悯同情，实在不忍心，就急忙抽出利剑拔开门栓冲出去，挥剑就砍，砍在大汉的大腿上，大腿被砍断，带着伤痛逃跑了。甘玉把受伤的女子扶进屋里，已面如土色，衣袖上鲜血淋漓，察看她的手，右手拇指被咬掉了。甘玉立即撕块布包扎住伤口，女子呻吟着说："你的救命之恩，我用什么报答呢？"甘玉在偷看女子时，心里就暗想给弟弟做媒撮合，于是把想法告诉了女子。女子回答说："我这个伤残人，已经不能操持家务了，让我为你弟弟再找一个。"甘玉问她姓什么，她说："姓秦。"甘玉替她铺好被子，让她好好休养，自己拿着被子到别处去睡了。天亮，甘玉过来探看，床上已经空了；他猜想一定是自己回家了。甘玉到附近的村落打听，根本就没有姓秦的人家。然后到处托朋友查访，都没有准确消息。回到家里和弟弟谈起此事，悔恨得如丧魂魄。

有一天，甘珏到郊外去游玩，偶然间遇到一个十五六岁的少女，姿色娟秀，看着他微笑，好像有话要说。先是用传神的眼睛四下里看看然后说："你是甘家的二郎吗？"甘珏回答："是。"少女说："你父亲当年曾经要聘我做你的妻子，为什么现在要违背以前的婚约，另聘秦家的姑娘呢？"甘珏说："我从小丧失父母，过去的旧交我都不认识，请把你的家庭情况告诉我，回家后问问我哥哥。"少女说："用不着详细说家族门第，只要你一句话，我就会亲自到你家去。"甘珏以没有告诉哥哥为托词不肯答应。少女笑着说："傻郎君！你就这么怕你的哥哥？我姓陆，住在东山望村，三天以内，我等你的好消息。"于是告别了甘珏走了。甘珏回到家中，把路上遇到少女的经过告诉给哥嫂。哥哥说："她说的都是谎话！父亲去世时，我二十多岁了，如果有这种说法，我哪能没听说过。"甘玉又因那年轻女子一个人在郊野行走，而且碰到男人就随便交谈，更加看不起她。接着甘玉又问这姑娘长得怎么样。甘珏从脸红到脖子根，一句话也回答不出来。嫂子笑着说："猜想一定是个美人。"甘玉说："小孩子哪能分辨出什么美丑？即使很漂亮，也一定赶不上姓秦的女子；等到秦家的女子谈不成，再提她也不晚。"甘珏没出声退了出去。

过了好几天，甘玉在行路的途中，看见一个女子，哭着向前赶路。甘玉勒住缰绳停马向那女子偷看一眼，见这姑娘美得人间少有。他就叫仆人上前问她哭什么？她回答说："我从前许配给甘家二郎，因家庭生活贫困搬到外地去了，与家乡人断绝了音信，直到最近回来，才听说甘家三心二意，要违背前盟撕毁婚约，我要去问问大伯子甘璧人，看他怎样安置我？"甘玉惊喜地说："我就是甘璧人。我父亲从前给订下的婚约，我实在不知道。这里离我家不远，请你到我家再商量。"说着下马让姑娘骑上马，自己牵着马徒步回到家里。姑娘自己介绍说："我小名叫阿英，家中没有兄弟姐妹，只是和表姐秦氏住在一起。"这时甘玉才明白他要找的美女就是眼前这位。甘玉想要到她家把此事告诉给她的家人，姑娘执意不让去。甘玉心中暗喜弟弟有了这样一位漂亮的妻子，但是又担心太轻佻招人议论。过了很长一段时间，发现阿英很庄重和顺，又温柔健谈，对待嫂嫂像对待自己的母亲一样恭顺，嫂嫂也就特别喜欢她。

正值中秋节，甘珏和阿英正在亲热地喝酒，嫂嫂请阿英过去。甘珏心中不太乐意。阿英让来人先走，说她自己随后就来。可她却说说笑笑坐了好一会儿，根本没有要离开的意思。甘珏怕嫂嫂等得太久，所以连连催促她快去。阿英只是笑，最终也没有到嫂子那里去。

第二天早晨，阿英刚刚梳妆完毕，嫂子亲自来关切地问阿英："昨天晚上咱们对坐时，你为什么闷闷不乐？"阿英只是微笑。甘珏觉得有些奇怪，询问一下原委，发现阿英同时在两处出现。嫂子非常吃惊地说："假如她不是妖怪，怎么会使分身法？"甘玉知道后也很害怕，隔着窗子对阿英说："我家世代积德行善，从来不和谁结怨，如果你是妖怪，请赶快走开，千万不要杀害我的弟弟呀！"阿英羞愧地说："我本来不是凡人，只是公爹从前把我许给甘珏为妻，所以表姐秦氏因此催促我过来和甘珏成亲。自知不能生儿育女，曾多次想告辞离开甘珏，只是兄嫂待我好而依恋不忍离开。现在既然已被怀疑，那就让我们从此分手吧！"一转眼的工夫，变作了一只鹦鹉，翩翩飞去。

甘父在世时，养了一只鹦鹉，很解人意。甘父经常亲自给它喂食。那时甘珏只有四五岁，父亲喂鸟时，他就问："养鸟做什么？"甘父开玩笑说："将来给你做老婆呀！"有时鹦鹉没食了，甘父就对甘珏说："再不取鸟食来，就要饿死你媳妇了。"全家人都拿这话和甘珏开玩笑。后来鸟笼的铁链断了鹦鹉飞走了。这才明白过去的婚约，说的就是这件事。可是甘珏明知阿英是鹦鹉所变，而心里却一刻也放心不下。嫂子更加挂念，早晚想起来就掉眼泪。甘玉也后悔，可也没一点办法。

两年以后，甘玉又给弟弟娶了一个姓姜的姑娘，心里总觉得不如意。他们有个表哥在广东做主管司法的推官，甘玉到广东去探望他，长时间没有回来。正赶上土匪作乱，附近的村庄大部分都烧成废墟，甘珏非常害怕，领着家人到一个山谷里避难。山里避难的人很杂，男女老少都有，互相都不认识。忽然听到一个女人小声谈话，声音极像阿英。嫂子叫甘珏过去看一下，果然是阿英。甘珏非常高兴，抓住她的胳膊不放。阿英就同同来的人说："姐姐们暂且先走一步，我去看看嫂嫂就来。"阿英一到，嫂子看见她就伤心地哭起来，阿英再三劝慰，又说："这里不是安身的地方。"于是劝他们回去。大家说害怕土匪骚扰，阿英坚持说："不要紧。"于是一同回来了。阿英抓起一把泥土封住大门，嘱咐大家安心住在家中不要轻易出去，坐着说了一会话，返身想要离开。嫂嫂急忙握住了她的双手，又叫丫鬟抓住她的左右两只脚，阿英没办法，只得留在这里，但是她不常回到自己过去住的房间去，只有甘珏再三求她时，她才去一次。嫂嫂常向阿英说甘珏不满意新娶的姜氏，阿英便每早起来都给姜氏梳妆。梳完头发，又仔细地给姜氏扑上脂粉，人们再端详姜氏，比平时漂亮了好几倍。这样一连过了三天，姜氏居然变成了一个漂亮的女子。嫂子对这件事感到很吃惊，于是对阿英说："我连个孩子也没有生，想给你哥哥买个妾，还没来得及办理此事。不知在丫鬟们当中有没有能把容貌修饰漂亮的？"阿英回答："没有哪个人不能改变容貌的，只是容貌好的容易收到好的效果。"于是让阿英把所有的丫鬟都细看了一遍，只有一个长得又黑又丑的丫鬟有生男孩的相。于是把她叫过来，给她认真地洗干净，然后用浓粉和美容药末涂在她的脸上。这样美容了三天，丫鬟的脸色由红黑色变黄，二十八天后，脂粉渗入到皮肤里，丫鬟的相貌好看多了。就这样每天只是关门作乐，并不考虑外面的兵火。

一天夜里，喧闹的声音从四面八方响起，全家人都不知如何是好。一会儿便听到门外人叫马嘶，乱哄哄地离开了。到了天亮以后，才知道昨晚村中各家被土匪烧掠干净，土匪成群结队到处搜遍了，凡是躲在山洞中的人全被杀死或掠走了。于是全家人更加感激阿英，像神仙一样看待她。阿英忽然对嫂子说："我这次来，只是因为嫂子对我的恩义难忘，在离散和战乱中替你们分点忧愁。大伯子哥就要回来了，我在这里，就像俗话所说，'既不是妻子，又不是侍妾，可要笑死人了。'我姑且离开，有闲空时再来看望。"嫂子问："你大哥在路上平安吗？"阿英说："最近在途中有场劫难。这不关别人的事；秦家表姐受过大哥的恩惠，想必会图报答的，肯定没危险。"嫂子留她再过一夜，天未亮就离开了。

甘玉从广东回来，听说家乡土匪作乱，日夜兼程往家走。在行进途中遇上了强盗，主仆扔下马匹，各人都把钱缠在腰上，躲藏在荆棘丛中，这时一只秦吉了飞来荆棘上，展开翅膀遮住他们。甘玉看见秦吉了的脚上少了一个足趾，心里感到很奇怪。一会儿许多强盗从四面围上来，把荆棘草丛找遍了，好像在搜查他们。两个人吓得连气都不敢喘。强盗散开了，秦吉了才飞走。甘玉回到家里和家人谈了各自的遭遇，才知道秦吉了就是他在庙里搭救的漂亮姑娘。

以后每当甘玉外出不回来，晚上阿英就一定来。估计甘玉快回来了，阿英清早就走了。甘珏有时在嫂子那里遇见阿英，乘机请她到房里去，但阿英总是口头答应却不赴约。一天晚上，甘珏到别处去了，甘珏料想阿英一定会来，便躲在暗中等候，不一会儿，阿英真的来了。甘珏突然跳出来，挡住阿英并把她拉到自己房里。阿英说："我和你的缘分已尽，勉强苟合，恐怕被神灵惩罚。稍稍留有余地，每隔一段时间会上一面，怎么样？"甘珏不听，终于同阿英睡到了一起。天亮时，阿英去见嫂子，嫂子对阿英昨晚没来感到奇怪。阿英笑着说："途中被强盗所劫，有劳嫂子挂心了。"说了几句话就急着走了。过了一会儿，一只大山猫叼着一只鹦鹉从房门口经过，嫂子吓得要命，怀疑这一定是阿英。她当时正在洗头，赶忙停下来大声喊叫，大家一起呼喊追逐，才从山猫爪中救出。鹦鹉左翅膀沾满血污，已经奄奄一息了。嫂子把鹦鹉放在自己的膝头上，抚摸了好长时间，鹦鹉才渐渐苏醒过来，自己用嘴梳理着翅膀上的羽毛。又过了一会儿，在室中飞绕一圈，叫道："嫂嫂，永别了！我怨恨甘珏呀！"煽动着翅膀飞走了，再也没有回来。

橘　树

陕西人刘公任兴化县令，有个道士献给他一个栽有橘树的盆景。仔细观察，小得才有手指那么粗细,便拒绝不接受。刘公有个小女儿,当时只有六七岁,正赶上过生日。道士道:"这小橘树不值得大人您雅赏,权且送给女公子作生日礼物,祝她多福多寿。"于是就收下了。小女孩看了这棵小橘树,特别喜爱。就把它放到自己的闺房中,早晚精心保护,唯恐受到伤害。刘公任职期满时,小橘树的主干已有一把粗细了。这年结了果。刘公要离开兴化县时,认为橘树是个累赘,商量把它扔了。小女孩却抱着树撒娇啼哭。家人哄骗她说:"我们暂时离开,将来还要回来。"女孩相信了,才不再哭闹。但是又担心力气大的人给背跑了,站在院子里看着家人把小橘树移栽到台阶下,才跟着走了。

这个女孩回来后,嫁给了一个姓庄的书生。庄生在康熙五年考中了进士,授任兴化县令,当了县令夫人的刘女非常高兴。心里猜想十多年了,橘树一定不在了。可到了兴化县,看到橘树已经有十围那么粗,结满了果实,至少有上千颗。夫人向衙门里的老差役打听这十几年来橘树的生长情况,都说:"自从刘公走后,橘树长得很茂盛,但是不结果,这是第一次结果子。"夫人更感到奇怪,庄生任职三年当中,橘树年年都结满果实。到了第四年,橘树开始憔悴,很少开花。夫人说:"您这县令当不长了。"到了秋天,庄生果然被解职了。

异史氏说:"这棵橘树和刘女难道有前世的缘分吗?机遇是多么的巧合。它为她结果累累好像是对她的感恩,它不开花也像似感伤别离。一棵橘树尚且这样,而何况是人呢?"

赤　　字

顺治十二年冬天的一个晚上,天上映出火一样的红字,那文字是:"白苕代靖否复议朝冶驰。"

牛　成　章

牛成章是江西地方的一个布匹商人,娶姓郑的姑娘为妻,生儿子女儿各一个。牛成章三十三岁时得病死了。儿子名叫忠,当时正好十二岁,女儿只有八九岁罢了。他们的母亲不能守寡,变卖了家产,将钱揣入私囊,改嫁走了。留下两个孤儿,难以存活。牛成章有个堂嫂,已六十岁了,家贫寡居无处安身,便与两个孤儿一起生活。几年后,寡妇去世了,两个孤儿的家境更衰败了。牛忠渐渐长大了,想要继承父业又苦于没资本。牛忠的妹妹嫁给了一个姓毛的,毛某是个富商。牛忠的妹妹哀求丈夫借给了哥哥几十两银子做经商的本钱。牛忠跟着别人一起到金陵做生意,在路上遇到了强盗,本钱全被抢光了。在外流浪,回不了家。

牛忠偶然来到一个当铺,看见店主特别像他的父亲;出来后暗地里查访此人情况,姓名和他的父亲完全一样。对此他感到非常惊奇却不明白是什么道理。只是每天流连忘返在这个店主的身旁,想看看他有什么反应。可是这个店主人对牛忠根本不予理睬。像这样一连三天,偷着观察他的举止言谈,的确是自己的父亲,可是又不敢上前拜认,于是去找当铺里的伙计做自我介绍,请他们看在同乡的面上,让自己到店里当佣人。当下写了字据,主人看了牛忠的籍贯姓名之后,好像有所触动,问他的来历。牛忠哭着说了他父亲的名字,店主人现出惆怅若失的样子。过了好一会儿,店主问牛忠:"你母亲还好吗?"牛忠不敢说父亲已死,委婉地说:"我父亲六年前出外经商没有回来,母亲改嫁走了。幸好有伯母把我和妹妹抚养大,否则,早就葬身黄泉了。"店主凄惨地说:"我就是你的父亲。"于是拉着牛忠的手伤心落泪。接着引牛忠去参见继母。继母姬氏三十多岁,未曾生育子女,见到牛忠非常高兴,就在店里设宴为牛忠洗尘。牛成章始终唉声叹气,闷闷不乐,想立即回到家乡去。妻子考虑到店里缺乏人手,所以劝阻。牛成章便领着儿子一起管理店里的事务,过了三个月,就把账务委托给儿子,收拾行装回家乡。

父亲走了以后,牛忠把父亲已死的事如实地告诉了后母姬氏。姬氏非常吃惊,说:"他贩货到这里,从前的一位好朋友留他作典当商人,和我结婚已六年了。怎么说他已经死了呢?"牛忠又把父亲死的经过详细地讲了一遍。母子二人都感到疑惑,不明白其中原因。过了一天一夜,牛成章回到店里,带着一个妇人,头发蓬乱,像一堆乱草。牛忠仔细一看,原来是自己的生母。牛成章扯着她的耳朵大骂:"为什么抛弃我的儿子?"妇人吓得趴在地上一动不敢动。牛成章用嘴咬她的脖子,妇人喊着:"孩儿快救我!孩儿快救我!"牛忠很不忍心,横着身子当在生母和父亲之间。牛成章还在生气,妇人已经不见了。众人大惊,嚷嚷着说她是鬼。随即看见牛成章脸色变得凄惨难看,衣服散落在地上,化作了一团黑气,转眼间就不见了。后母和牛忠惊恐叹息,把牛成章的衣服拿去埋了。牛忠从此继承了父业,生意兴隆,拥有一万两银子的财富。后来回到家乡询问他生母的情况,说是就在那天死的,一家人都看到了牛成章。

青　娥

霍桓,字匡九,是晋地人。他的父亲做过县尉,很早死了。留下霍桓最小,聪敏过人。十一岁时,作为神童考中秀才而进县学读书。可是他的母亲过分溺爱,从来不让他出家门,到了十三岁时,还连叔叔、伯伯、外甥、舅舅都分不清。

同乡有个武评事,喜欢道家法术,进山修行后再也没回家,他有个女儿叫青娥,十四岁,长得异常漂亮,小的时候就常偷看父亲的有关道家的书籍,羡慕何仙姑得道成仙。父亲进山修行后,她立志不嫁人,母亲对她也没办法。

有一天,霍桓从门外偶然看见了青娥,他虽年幼无知,但只觉得对这女孩爱慕到了极点,却又说不清楚,便把这种感受直接说给母亲,让母亲托媒人去提亲。母亲明知对方不会同意,所以对儿子的要求感到很为难。霍桓却因此闷闷不乐,母亲怕挫伤儿子的脸面,就委托有交往的朋友向武家提亲,果然不成。霍桓行走坐卧都在想办法,但始终拿不出主意来。这时恰好有个道士从门口过,手里拿着一把小铲,才有一尺来长。霍生借来看了一下,问道:"这是干什么用的?"道士回答说:"这是挖药的工具,东西虽小,坚硬的石头也能挖进去。"霍生不太相信,道士就用小铲砍墙上的石头,石头应手而落像腐朽了一样。霍生惊叹不已,拿在手里摸来摸去舍不得放下。道士笑着说:"公子既然喜欢它,就把它送给你。"霍生非常高兴,要给钱酬谢,道士不接受,走了。

霍生拿着小铲回到家里,用砖头石块做试验,全砍碎了。他一下子想到用它把武家的墙挖个洞就可以看到青娥了,却不知道这样做是非法的,到了夜深人静时,霍生翻墙而出,一直跑到武家的住处,共凿开两道墙,才到达了武家的院子,看见小厢房里还有灯火未灭，弯下身子向里偷看，见青娥正在卸晚妆准备睡觉。过了一会儿，灯熄灭了，屋里安静下来没一点声音。又打洞穿墙进到屋里，青娥已经睡熟了。霍生轻轻地脱掉鞋子，悄悄爬上床去，又害怕把青娥惊醒觉察出来，那就一定遭到呵斥驱逐，便偷偷地躺在了青娥绣被的旁边，闻到了青娥身上的香气，心中暗暗地感到快乐。由于忙碌了半夜，疲倦得厉害，稍一合眼，不知不觉就睡着了。

青娥一觉醒来，听到身边有呼吸的声音，睁开眼睛一看，见墙洞有月光透入，吃了一惊，急忙穿衣起床，黑暗中拔门闩开门轻轻地走了出去，敲窗子叫醒了女仆，一起点起灯火，操起木棒来到绣房中。看见一个少年书生沉睡在青娥的绣床上，仔细一端详，认出是霍家的孩子霍桓。用力推才把他推醒。霍桓爬起来，眼睛像流星一样的有神，似乎并不害怕，只是羞涩的一声不吭。众人指着他说他是个小偷，大声恐吓斥骂，他才流着泪说："我并不是小偷，实在是因为太爱小姐的缘故，希望能够接近小姐闻到她身上的香气罢了"。大家又怀疑挖透好几层墙，不是一个小孩子所能干得了的。霍生拿出小铲说了它的奇特功效，大家当场试了试果然非同一般，惊讶极了，怀疑这一定是神仙给他的。女仆们想要把此事告诉给武夫人。青娥低头默然沉思，意思好似不同意这样做。众人私下猜知青娥的心思，于是说："这孩子的人品、神童的名声和门第还不至玷辱我们的门庭，不如放了让他离开，回去后再请个媒人来提亲。明天早晨，只向夫人撒谎说进来了盗贼，行吗？"青娥不置可否。于是众女仆便催霍桓快走。霍桓从女仆手中要回铁铲。众人笑着说："傻小子！还忘不了作案的工具吗？"霍桓又发现枕边有青娥的金钗一支，偷偷地放到衣袖里。但是被一个丫鬟看见了，急忙告诉了小姐。青娥没说什么也没生气。一个年纪大的女仆拍着霍桓的脖子说："不要说他傻气，心眼可乖巧透了！"于是让霍桓仍然从墙洞中出去。霍桓回到家之后，不敢把所发生的事情如实地告诉母亲，只是求母亲再托媒人去武家表示求婚之意。母亲不忍心明显地拒绝他的要求，急忙托媒人向别的人家提亲。青娥得知此事后，心中十分焦急，暗中派心腹丫鬟去给桓母传话。桓母非常高兴，又派媒人向武家提亲。正巧小丫鬟在武夫人面前泄漏了霍桓夜入青娥绣房的秘密。武夫人觉得受到了侮辱，非常愤怒。霍家所托的媒人一到，更触发了她恼怒的情绪，拿着拐杖指天画地，大骂霍生，并连及他的母亲。媒人吓得逃回霍家，将武夫人如何骂霍家母子的情形详细讲了一遍。霍母也非常生气地说："不成器的孩子所做的事，我一直蒙在鼓里。为什么便对我也无礼辱骂！当荡儿淫妇睡在一块时，为什么不把他们一起杀了？"于是见到亲属，总是要详细诉说一遍。青娥听说了，羞愧得要寻死。武夫人非常后悔，但又没有办法让霍母闭口不言。青娥暗中派人向霍母婉言致意，表示除了霍桓，她决不嫁他人，她的言辞很悲切，霍母被感动，从此就不再讲了，但是提亲的事也就中止了。

正赶上秦地人欧公作当地县令，看过霍桓的文章，非常器重，常常招霍桓到衙署谈话，对他很偏爱优宠。有一天，问霍生说："你结婚了没有？"霍生回答："没有。"欧公仔细问他为什么没结婚，霍生回答："早先我和武评事的小女青娥有婚约，后来因为一点小嫌隙耽搁下来了。"欧公问："现在还愿意这婚事吗？"霍生含羞不语。欧公笑着说："让我来为你成全这件美事。"于是派县尉和教谕到武家下聘礼。武夫人很高兴，就把婚事定下了。

过了一年，霍家将青娥迎娶过来。青娥一进家门，就把小铁铲扔到地上，说："这是做贼用的工具，快把它拿走。"霍生笑着说："不要忘了媒人。"珍惜地带在身边一刻不离。青娥为人温柔善良沉默寡言,每天除了早、午、晚三次给婆婆请安外,其余的时间多半是关在屋里静静地坐着,不太留心家务。但有的时候婆婆因别家婚丧外出,家里的事青娥都经管起来,很是井井有条。

过了一年多,青娥生了个儿子取名叫孟仙。她把照料孩子的事全委托给乳娘、保姆,似乎对孩子也不太疼惜。又过了四五年,青娥忽然对霍生说:"我们欢爱的缘分,到现在有八年了,现在是相聚的日子短,而离别的日子长,怎么办呢?"霍生惊奇地问她为何说此话,她沉默不语。然后又精心装扮去拜见婆婆,回身进了房间。霍生追到房间去问她,她已经仰面躺在床上断了气。霍家母子十分悲痛,买最好的棺材将她安葬了。

这时,霍母已年迈体衰,每当抱起孙子,就免不了思念媳妇,难过得如同撕肝裂肺,由此导致身体染病,渐渐地衰弱得不能起床了。吃东西就反胃,只想喝鱼汤。但附近却没有鱼,需要到百里以外才可以买到。当时男仆和马匹都被派到外面去了。霍生对父母非常孝顺,等不及仆人马匹回来,拿着钱独自出门去给母亲买鱼了。白天黑夜赶路,足不停步。等返回到山里时,太阳已经落山,两只脚一走一拐,一步只能迈出去几寸。后来有一个老头来了,他问霍生:"脚上是不是打泡了?"霍桓连连点头。老头就拉他坐到路边,敲石取火,点着用纸包着的药末,用来熏霍桓的脚。熏完之后,试着走了几步,脚不但不疼了,而且走起路来更有力了。霍桓对老头非常感激,向老头再三致谢。老头又问:"你有什么事这么急急忙忙?"霍桓把母亲害病的起因原委细说了一遍。老头又问:"为啥不另娶一房妻子?"霍生回答说:"没有遇上好的。"老头指着一个遥远的山村说:"那村里有个漂亮姑娘,如果能跟我一起去,我愿意给你做媒。"霍生以母病重等鱼吃不能耽搁为由,谢绝了老人的好意。老人便向霍桓拱手致意,相约以后霍生到村中来时,只要打听老王就行了,说完告别后离开。霍生回到家中,把鱼煮好捧给母亲。母亲只稍稍吃了一点,几天后病就好了。霍生于是带着仆人骑着马去到那个村子找姓王的老头。可是等到了与姓王的老头分手的地方,却找不见他从前所指的村子。徘徊了一个多时辰,夕阳渐渐落山,山谷多而纷杂,又看不到远处,于是就和仆人上山去找那个村庄。可是山上的小路弯转崎岖,没法骑马行走,只得徒步登山,爬到山顶时,已经是暮色苍茫了。众人迈着小步一边走一边向四周看,根本就没有村庄。正要下山,往回走的路也迷失了。霍生心里不安,焦躁得心中像火烧一样。正在胡乱寻找归路的时候,黑暗中坠到了绝壁之下。幸亏几尺之下有一窄窄的石台,霍桓坠落在石台上,石台仅能容下一人,往下看漆黑见不到底。霍桓害怕极了,一动也不敢动。又幸好崖边上都长满了小树,像栏杆一样拦住了他的身子。过了一会儿,霍桓发现脚边有个小洞,心里暗暗高兴,用背靠着崖石,像爬虫一样爬进洞里。这时心情稍稍稳定下来,希望天亮后能够向外呼救。又过了一会儿,发现洞的深处有点点亮光,像星星一样。霍桓慢慢向亮点处靠近,大约走了三四里,忽然看见了房屋,虽然没有灯烛,却明亮得和白天一样。一个漂亮的女人从房子里走出来,仔细一看,原来是青娥。她看见霍生,吃惊地问:"郎君怎么能到这里来了?"霍生顾不上说话,拉住青娥的衣袖痛哭起来。青娥再三劝慰,才止住悲哀。青娥问到婆母和儿子的近况,霍生详述了家中痛苦的状况,青娥听了也很难过。霍生说:"你死了一年多了,这莫不是阴间吧?"青娥说:"不是,这是神仙洞府。那时我并没死,所埋掉的,是一根竹拐杖罢了。郎君你现在来了,也和神仙有缘分。"于是就领着霍桓去拜见自己的父亲。见一个长胡子老人坐在堂上,霍桓急忙走上前叩拜。青娥说:"霍郎来了。"老人吃惊地站起来,握着霍桓的手简单地说了说家常事。便说:"女婿来了很好,有缘分应当留在这里。"霍桓推说母亲焦急地盼望回去,不能在这里久住。老人说:"这我也知道。但是晚三五天回去,又有什么关系呢?"于是拿出酒菜招待他,又让丫鬟在西边的堂屋里铺床,拿最好的锦绣被褥放在床上。霍生回到卧室后,拉着青娥上床和他睡觉。青娥拒绝说:"这是什么地方,容许做不庄重的事?"霍生抓住她的手不放,窗外丫鬟咪咪笑个不停,青娥更觉难堪。正在争执的时候,老头进来了,叱责道:"你这凡夫俗骨玷辱了我的仙洞!应该马上离开!"霍生向来要强,忍受不了这般侮辱,变了脸色说:"男女之情,人人难免,作为老人怎么能偷看?马上离开是可以的,只是要青娥随我一起走。"老头没话说了,叫青娥随霍生一起走,打开后门送出。把霍生骗出门以后,父女俩却关上门走了。

霍生回头一看,悬崖峭壁,险要至极,连点缝隙也没有,只身一人孤影相随,不知归途在哪。看天上,一弯晓月高挂在天空,星斗已渐渐稀少。霍生惆怅了很长时间,悲愤过后而怨恨,面对绝壁呼喊,一直没有回应。悲愤至极,从腰中取出小铲,向崖壁奋力凿进,转眼间就挖了三四尺深。隐隐约约听到有人说道:"真是孽障呀!"霍生更快地凿起崖壁来。忽然洞底开了两扇门,老翁将青娥推出说:"走吧!走吧!"崖壁随即又合上了。青娥埋怨霍桓说:"既然爱我娶我为妻,哪有这样对待丈人的?是哪里的老道士给你这个小铲作凶器,把人纠缠到要死的地步!"霍生得到了日思夜想的青娥,心情得到了安慰,也不再争辩,只担心道路险恶难以回家。青娥折了两枝树枝,她和霍生一个人骑上一条,树枝就化成了马,行走如飞,不一会儿就到家了。这时霍桓已从家里走失七天了。

当初霍生与仆人在山中互相走失,仆人找他没找到,回去禀告了霍母。霍母派人搜遍山谷,没有踪迹。正在忧愁担心之际,听说儿子自己回来了,高兴地出门迎接。抬头看见媳妇,几乎被吓死。霍生简单地讲述了这几天的遭遇,母亲才放下心来。青娥因自己的行迹离奇,担心引起别人的议论,要求立即搬家。霍母同意了。霍家在别的县另有产业宅院,确定了日期搬到那里,没人知道。

全家在一起生活了十八年,青娥又生了一个女儿,嫁给了同县的李家。后来霍母也寿终正寝了。青娥对霍生说:"我老家的草田当中,有野鸡孵了八个蛋,可以把母亲葬到那里,你们父子扶柩回去下葬,儿子已经长大成人,应该留他在老家守墓,不用再来了。"霍生按照妻子的话,安葬好母亲就自己回来了。过了一个多月,儿子孟仙回来看望父母,两个人已不知去向。询问家里的老仆人,却说:"去安葬老夫人后再也没回来。"孟仙心里感到奇怪,也只能对天长叹罢了。

孟仙的文章在当地名声很大,但是科考却不顺利,四十岁还未考上举人。后来以拔贡的身份参加顺天乡试,在考场中遇见同一号舍中一个大约十七八岁的考生,神采俊秀飘逸,非常喜欢他。看他的考卷,注明是顺天府廪生霍仲仙。孟仙吃惊得目瞪口呆,于是向仲仙说出了自己的姓名,仲仙也感到奇怪,就问孟仙的乡里籍贯,孟仙全告诉了他。仲仙高兴地说:"小弟进京时,父亲嘱咐我,考场中如果遇到山西姓霍的人,是我们本家族,应该热情结交,现在果然遇上了。但不知为什么我们的名字这么相同?"孟仙又问仲仙的高祖、曾祖以及父母的姓名,听后吃惊地说:"这是我的父母呀!"仲仙怀疑年龄不相符,孟仙说:"我父母都是仙人,怎么能从相貌断定他们的年龄呢?"于是孟仙把过去的事一一说了,仲仙才相信了。

考试结束后,两人顾不上休息,便一起坐车奔回家。才到家门口,仆人迎出来告诉说,昨晚老太爷和太夫人不知到什么地方去了。两兄弟非常吃惊。仲仙进屋问他妻子,妻子说:"昨晚我们在一块喝酒,母亲说:'你们夫妇年纪小不懂事,明天你们大哥来后,我就不用担心了。'今早我进房一看,才发现已经寂静无人了。"兄弟俩一听,顿足捶胸大哭起来。仲仙还想到处寻找,孟仙认为这样做没有用处,才算了。

这次考试仲仙考上了举人,因祖籍在山西,仲仙就跟着哥哥回老家。他们都希望父母还在人间,每到一处都要打听,可是终于没有找到父母的踪迹。

异史氏说:"霍桓用铲凿壁打洞钻入武家,睡到青娥床上,他的情意太痴了。挖开峭壁骂岳父,他的行为太狂了。仙人之所以要撮合他的婚事,无非是用长生来报答他的孝心罢了。然生活在人世上,生育子女,那么始终住在人间又怎么不可以呢?而在三十年当中,一再遗弃自己的孩子,这到底为了什么?奇怪!"

镜　　听

益都县有姓郑的两兄弟,都是读书能文的人。大郑出名早,父母常偏爱他,又因儿子受宠连他的媳妇也受到公婆的另眼看待,小郑失意潦倒,父母不太喜欢他,于是也就厌恶他的媳妇,不按常礼对待。待遇厚薄不同,使媳妇之间产生了很深的嫌隙。二媳妇常对小郑说:"你和大哥同样是男子汉,为什么就不能给妻子争口气?"于是就撑开他不和他同床。小郑因此发愤,勤学苦读,也就出了名。父母对他们的态度就稍稍好了一些,但是终究比对哥哥差一些。

二媳妇期望丈夫成名的心情极为迫切,这一年乡试之前,她在除夕的晚上,带着镜子准备占卜小郑是否能考中。她按镜听之术先向灶神祷告,然后带了镜子去听过路人讲的第一句话,有两个人刚出门互相推搡开玩笑,说:"你也凉快凉快去。"二媳妇回到房中,对这句话的含义分解不开,就把这事放在一边了。

科考结束之后,两兄弟都回来了。当时天气还非常热,两个媳妇正在厨房里给下地干活的农夫做饭,两人正热得难受,忽然有个骑马的公差来到郑家报喜,通报大郑考中举人了。婆母到厨房对大媳妇说:"老大考中了!你凉快凉快去。"二媳妇非常生气和痛心,一边做饭一边哭。不一会儿,又有人通报小郑也考中了。二媳妇用力把擀面杖一扔,拔腿就走说:"我也凉快凉快去!"这时候内心激动,不知不觉脱口说出。过后仔细一想,才发现那次镜听真灵验。

异史氏说:"贫穷落魄时连父母也不当儿子看,这也是有原因的呀!家庭本来不是争吵生气的地方,但是小郑媳妇能刺激丈夫发奋读书,和那些只抱怨失望,而无赖撒泼的多么不一样啊。她因丈夫科考成功,丢下擀面杖就去歇凉,真是自古以来少有的痛快事。"

牛 门 瘟

陈华封是蒙山地方人。因为盛夏热得使人烦躁,于是躺在郊野的大树下乘凉。忽然有一个人奔跑过来,头上包着围巾,急忙跑到树荫下,搬块石头坐下,不停地用扇子扇风,汗像流水一样往下淌。陈坐起来笑着说:"你若是取下围领,不扇也可以凉快的。"客人说:"脱掉它容易,再戴上就难了。"两个人就交谈起来,谈得很投机。过了一会儿说:"这个时候没别的想法,只希望能有一坛冰凉的美酒,一道清香,从口穿喉深入胸腹肠胃,这样暑气就可消除一半。"陈华封笑着说:"你这个愿望容易做到,我愿意帮助你实现。"于是拉着客人的手说:"寒舍离这里很近,请你能走几步路到我家做客。"客人笑着跟去了。

到了家里,陈华封从石洞中取出收藏多年的陈酒,这酒凉得冰透牙齿。客人非常高兴,一举就喝了十杯。不知不觉天就黑了,忽然下起雨来。于是在屋里点上灯,客人解开并取下围巾,两人很随便地伸足而坐。交谈中,陈华封看见客人脑后不时漏出灯光,感到很奇怪。不一会儿,客人酩酊大醉,在床上睡了。陈华封拿过灯偷看,只见客人脑后有酒杯大的洞口,洞内有好几层厚膜隔着,隔膜好像窗格子,格子的外面有一层软皮遮盖着,洞中好像空的。陈华封非常吃惊,偷偷拔下头簪拨开厚膜偷看,里面有一个形状像小牛一样的动物,从手边飞了出去,冲开窗子跑了。陈华封更加吃惊,不敢再拨了。正想转身走开,客人酒醒了。吃惊地说:"你偷看我的秘密了!把瘟牛的鬼怪放了出来,该怎么办呢?"陈向客人赔罪,并追问是怎么回事。客人说:"现在已经到了这种地步,还有什么可以隐瞒的呢!老实告诉你,我是六畜瘟神。刚才你所放出的是瘟牛的鬼怪,恐怕百里之内牛要断种了。"陈华封原来是专门养牛的,听了客人的话非常害怕,叩首跪拜客人请求解救的办法。客人说:"我自己尚且罪责难逃,哪还有什么解救的办法呢?只有苦参散治牛瘟最有效,你只有广泛地宣传这个药方,不要存半点私心杂念才行啊!"说完,道谢告别出门走了。行前又捧了一些土堆在壁上的神龛里说:"每次用一小盒就会有效果。"向陈一拱手就不见了。

没多久,牛果然病了,瘟疫普遍蔓延。陈华封想专享其利,对药方进行保密,不肯传给其他人,只传给了他的弟弟。他弟弟试用药方,一治就好了,非常灵验。但是陈华封自己把苦参散锉碎喂牛,没一点儿效果,四十头牛几乎死光了,只剩下四五头老母牛。也接近死亡。陈华封心中烦恼,但无能为力。忽然想到神龛里的土,心想未必能奏效,姑且试一试。过了一个晚上,牛的病竟然好了。这时才领悟到药方所以不灵,是神灵罚他有私心。几年后,母牛不断繁殖,牛群又慢慢恢复到原来的数量。

金　姑　夫

　　会稽地方有座梅姑庙。神主原姓马,她的家族住在东莞。她还未过门未婚夫就死了,于是立志守节不再嫁人,三十岁时也死了。她的族人建庙纪念她,称为梅姑。

　　顺治十三年,上虞县有个姓金的书生赶考路过这里,在庙里往返回旋了好一阵,对梅姑产生了非分之念。到了晚上,梦见一个婢女,传梅姑之命来请她,他跟婢女走进庙里,梅姑站在房檐下等着,笑着对他说:"承蒙您的宠爱顾怜,确实叫我依依怀恋。如果您不嫌我愚拙丑陋,情愿做您的侍妾。"金生连连答应。梅姑送他并对他说:"君暂且先去。等我摆好座位,自当迎接你。"醒了之后,心里很不痛快。这天晚上,族人梦见梅姑对他们说:"上虞姓金的书生现在是我的丈夫,应该给他塑个神像。"村子里的人都说做了相同的梦。族长恐怕玷污了神的贞节,因此不答应。过了不长时间,族长一家人全病了。他非常害怕,便在梅姑神象的左边塑了一个金生的像。像塑好后,金生告诉妻子说:"梅姑接我来了。"穿好衣服戴好帽子死了。金生妻子非常痛恨,跑到庙里指着梅姑的像骂了许多难听的话,又登上神座给梅姑神像好几个耳光子,才离去。到现在马家的人还叫金生的神像为金姑夫。

　　异史氏说:"梅姑没出嫁而守节,不可说她不贞洁。做了几百年的鬼却开始改变自己的节操,怎么这样无耻呢? 大凡贞洁刚烈的魂魄未必就依附在泥塑木雕的神像身上,那些庙中的神像显灵,震惊世间恐吓俗人,都是狐仙鬼怪假借其像罢了。"

梓　潼　令

　　太原府人常大忠进士,在京都候选。头一天夜里梦见文昌帝君投递帖子拜访他,第二天便接到梓潼县令的任命书,常大忠感到奇怪。

　　后来他回家守丧,三年丧满候补,又做了一个和当年相同的梦。常大忠暗想难道会再度出任梓潼县令吗? 随后果然又接到梓潼县令的任命。

鬼　　津

　　李某白天躺在床上休息,迷迷糊糊之中,产生一种幻景,见一个妇人从墙壁当中走出来,蓬乱的头发好像草筐一样,垂下来的头发把脸遮住了。到了床前,才用手把遮在脸上的头发分开,露出面部来,又胖又黑丑陋极了。李某非常害怕,想要立即跑开。可是这妇人突然跳上床,用力抱住李某的头,便同他接吻,用舌头把自己的口水送进李某的口中,口水冷得像冰块一样,不断向喉咙流去。李某想不下咽可又没法呼吸,吞下去又粘稠得塞住喉咙。刚呼吸一下,可口中唾液又充满了。为了呼吸只好咽下去。这样过了很长时间,呼吸阻塞得无法忍受。忽然听到门外有人走路的声音,妇人才放开手走了。从此以后李某肚子胀痛呼吸急促,几十天不能吃东西。有人告诉他服用参卢汤可以把赃物吐出来,结果吐出来一些像蛋白一样的东西,病才好了。

仙 人 岛

王勉,字黾斋,是灵山人。他思维敏捷才华过人,考试多次名列榜首。他便有点心高气傲,喜欢用俏皮话骂人,许多人被他讽刺挖苦过。一次,偶然间遇到一个道士,端详着他说:"从你的相貌上看,应该是一位非常尊贵的人。但是却被嘴巴轻薄的罪孽几乎折损光了。凭你的聪明智慧,若回头修道,还是可以登仙境的。"王勉讥笑他说:"一个人的福寿恩泽有多少我确实不知道,但是世上哪有仙人!"道士说:"你的见识这么浅薄? 不用到别处找,我就是仙人。"王勉更讥笑他说大话欺骗人。道士说:"我这话有什么奇怪? 如果你能跟我去,数十位神仙,你都可以立即看到。"王勉问:"在什么地方?"道士回答:"近在咫尺。"于是把手杖夹在两腿之间,并把另一头交给王勉,叫他照自己的样子骑上去,嘱咐王闭上眼睛。道士大喊一声:"起!"王生觉得骑在胯下的手杖粗得像能装五斗米的口袋,腾空飞动。他暗中用手摸了一下手杖,鳞甲一层一层的,非常害怕,不敢再动了。过了一会儿,道士又喊了声:"停下!"立即抽走了手杖,他们即落在一所大宅院里,到处是好几层的高楼亭阁,就像帝王的皇宫一样,有座一丈多高的台子,高台的大殿上有十一根大石柱子,非常宏伟壮观。道士拉着王勉来到大殿之上,随即吩咐道童摆下酒席招待宾客。大殿上摆了几十桌酒席,陈设豪华炫人眼目。道士换上华贵的衣服等候客人。

不一会儿,许多客人从空而降,骑的都是珍禽异兽,有骑龙的,有骑虎的,有骑鸾凤的,各不相同。来客各人都携带着乐器,有女子,有男子,有光着两只脚的。这当中独有一个美人,骑着一只彩凤,一副宫廷装束,有一个侍女替她抱着乐器,有五尺来长,非琴非瑟,叫不出名称来。

客人到齐,酒宴开始。山珍海味错杂纷呈,吃到嘴里甘甜芳香,绝非一般酒菜可比。王勉孤寂沉默地坐着,只是两眼注视着那个人,爱上了她,同时又想听她的弹奏,暗地担心她不肯弹奏。酒喝了很长时间,一位老者倡议说:"承蒙崔真人厚爱相邀,今天可以说是盛大的集会,每个人都应该尽情欢乐一番,请各位按乐器的门类,分组奏乐。"于是各自找伴组成乐队,一时间丝竹之声响彻云霄。只有骑凤的美人,她的乐器弹奏技艺是独一无二的。等各种乐声停下来之后,侍女才打开绣花口袋,把乐器横放在案几之上,美人就舒展玉腕,像弹古筝一样弹奏起来,那声音响亮的程度是其他乐声的好几倍,声音强烈时令人觉得心震欲裂,柔婉时能让人神魂荡漾。弹了有半顿饭工夫,整个大殿寂然无声,连咳嗽的声音也没有。一曲终了,铿然一声,如同敲响了清越的铜磬。众仙一齐赞扬道:"云和夫人的弹奏真绝妙呀!"然后大家都站起来告辞。只听见天空中一片鹤叫声、龙吟声,不一会儿都各自回去了。

道士在七宝床上铺好锦绣被褥,让王勉睡。王勉在刚一见到美人时就萌发了爱恋之情,听了她的弹奏之后,对美人的思慕之情更深了。但又想到以自己的才气,猎取高官理应易如拾芥,富贵以后金钱美女什么得不到? 一时间心里千头百绪,纷乱如麻。道士好像了解王勉的心绪,对他说:"你前世和我一同学道,后因意志不坚定,才坠入红尘。我不想忘记过去的旧情,实在想把你从污浊的世道中拯救出来。没想到你对功名迷恋得这么深,浑浑噩噩的无法使你醒悟过来,现在我要送你离开。以后我们未必没有见面的机会,但是要使你得道成仙需在这番劫数以后。"于是叫王勉坐到台阶下的一块长长的石头上,闭上双眼。再三叮嘱他不要睁眼看。他坐好后,道士就用鞭子驱赶石头,石头便飞了起来,呼呼的风声灌耳,不知走了多远。他忘了道士叮嘱,忽然想看看下面是什么景物,不知和什么地方景物相同。暗暗地将双眼睁开一条像线一样的小缝,只见下面是茫茫大海,漫无边际。他吓得心惊肉跳,急忙把眼闭上,但身子已经和石头一齐掉了下去,呼的一声,像海鸥一样钻进了水中。

幸亏王勉早年住在海边,稍微懂点游泳要领。在水里挣扎时听见有人鼓掌大笑,高声喊道:"跌得太漂亮了!"正在危险紧要之际,一个女子把他拉上小船,口里还取笑他说:"吉利,吉利,秀才中湿(中试)了!"王勉一看这女子,大约有十六七岁,生得十分俏丽娇艳。王出水后浑身冷得打颤,请求她生火烤一下取暖。少女说:"跟我到家里去,自然会给你想办法,假如得志了,不要把我忘了。"王勉说:"这是什么话啊!我是中原有才学的人,偶然碰上这倒霉的事,过后我肯定以身相报,岂会忘记。"

少女荡起双桨,船行飞快如风,一会就到了岸边。她从船舱中取出摘来的一朵莲花,领着王勉一起回家了。走了约半里路就进了村子,看见红色的大门向南开着,走过了好几道门,少女先跑过去报信。一会儿,一个四十多岁的男人出来,拱手和王勉见礼之后,请他进屋,让仆人取来帽子长袍鞋袜等物,又让仆人替他把湿衣服换下来。过后,开始询问王勉的籍贯姓氏,王说:"我绝不是欺骗你们,我的文才和名气在家乡是很闻名的,只是崔真人对我思念殷切,邀我进了天堂。自己认为取得富贵易如反掌,所以不愿在仙境中过隐居的日子。"男子肃然起敬:"这里叫仙人岛,和世人远隔。我姓桓,名文若,世世代代都住在这幽静偏僻的地方,怎么能有幸接近名流?"于是热情地摆上酒席,又从容地说道:"我有两个女儿,大女儿芳云十六岁了,至今还未选到中意的女婿,想让她终生侍奉您,怎么样?"王勉猜想一定是那个采莲的姑娘,忙站起身来致谢。

桓先生又叫仆人到邻居家中去请几位德高望重的人来。又示意身边的人马上请女儿出来,不一会儿,浓郁的香味扑鼻而来,十多个美女簇拥芳云出来,光彩艳丽,好像辉映在朝日中的荷花。见过礼之后坐了下来,美女们都在旁侍立,那个采莲的姑娘也在其中。

酒喝过几巡之后,一个小女孩从里边走出来,只有十来岁。生得秀美可爱。她笑着靠在芳云的身旁,眼神机灵,眼珠不停地转动,桓先生说:"女孩子不在闺房里呆着,出来做什么?"桓又对客人介绍说:"这是绿云,我的小女儿,非常聪明,已经能记很多典籍了。"于是让她给客人朗诵诗,她便朗诵了三首竹枝词。声音娇柔婉转很好听。就让她坐在了姐姐身边。桓先生又说:"王先生是位天才,过去一定写过很多诗作,能让我们赏识一下吗?"王勉就慷慨地吟诵近体诗一首,自鸣得意地左顾右盼。其中有一联是:"一生剩有须眉在,小饮能令块磊消。"邻居老头再三诵念着。芳云低声对绿云说:"上句说孙悟空离了火云洞,下句是写猪八戒过了子母河。"在座的人都拍手大笑。桓先生又请他诵念其他的诗,王勉就又念了一首《水鸟》诗:"潴头鸣格磔",突然忘了下句。刚一打顿,芳云向妹耳语,然后捂着嘴笑了。绿云告诉父亲说:"让我给姐夫续下句,'狗腚响绷巴'。"全座的人都张口大笑。王勉很不好意思。桓先生回头瞪了芳云一眼。

王勉稍稍镇定一下之后,桓先生又请他谈谈别的文章。王猜想隐居世外的人一定不懂八股文,于是就炫耀他获第一名的那篇文章,题目是"孝哉闵子骞"等二句,破题说:"圣人赞大贤之孝……",绿云看着父亲说:"圣人没有对弟子称字的,'孝哉'……

一句是别人的话。"王勉听后,谈诗论文的兴致全没了。桓先生笑着说:"小孩子懂什么! 关键不在这,而是看文章如何。"王勉才接着往下念,每当念了几句,芳云姊妹俩都耳语一阵,好像在做评论,只是声音很小听不清。王背诵到得意的地方,还把考官的评语念出来,有句评语是:"字字痛切。"绿云告诉父亲说:"姐姐说应把'切'字删去。"众人不明白什么意思。桓先生害怕两个女儿出言轻慢,也就不再追问了。王念完了,又把总评语述说了一遍,有二句说是:"羯鼓一敲,则万花齐落。"芳云又掩口向妹妹低声说了几句悄悄话,两个人都笑弯了腰。绿云又解释道:"姐姐说'羯鼓应该是四敲'。"大家又不知道是什么意思。绿云又要张口,芳云忍住笑呵斥她:"鬼丫头再敢瞎说,就打死你。"众人非常奇怪,相互猜测议论。绿云忍耐不住,就说:"去掉'切'字,就是'痛则不通'。鼓敲四下,那声音是'不通又不通'。"众人大笑不止。桓先生一边怒斥绿云,一边起身斟酒,请求原谅。王勉开始以自身的才学和名声自夸,目空一切,不把古今的名人放在眼里,到了这时,娇气全无,神情沮丧,只觉得直冒冷汗。桓先生笑着安慰他说:"刚好有一句话,请各位续成一副对联:'王子身边,无有一点不似玉'。"众人还没来得及考虑,绿云应声对道:"龟翁头上,再着半夕即成龟。"芳云笑出声来,哈着手在绿云的腋下咯吱了好几下,绿云挣扎着跑开了,回头喊道:"关你什么事,你频频取笑他也不当回事,别人只说了一句怎么就不答应呢?"桓先生训斥了她几句,才笑着离开了,邻居老头也告辞走了。

女仆引芳云夫妇进入卧室,灯烛、屏风、床铺陈设十分精美。又看见洞房里书架摆满了书,都挂着书签,无书不有。王勉向芳云提出疑难问题发问,芳云一一作答,没有回答不上的。到这时王勉才感到望洋兴叹,自愧不如。芳云呼唤"明珰",采莲姑娘答应着跑过来,王勉才把人和名字对上号。因刚才几次受到芳云姐俩的奚落羞辱,自己很担心被老婆瞧不起,幸好芳云虽然语言尖刻,而洞房之中,夫妻关系还很融洽。王勉闲居没事,就吟诗消遣。芳云对他说:"我有一句良言,不知你是否愿意接受?"王勉问:"什么良言?"芳云回答说:"从这以后不再作诗,这也是掩饰笨拙的一种好办法。"王勉十分羞愧,于是再也不作诗了。

时间长了,王勉与明珰逐渐亲近。他对芳云说:"明珰对我有救命之恩,希望对她说话时态度好一些。"芳云很痛快地答应了。每当在房中做游戏时,都招明珰一块玩,王勉和明珰的感情更深厚了。时常以眉目传情,芳云对此小有察觉,反复责备王勉。他只是勉强用许多好话给自己辩解。有一天晚上,夫妻对饮,王勉认为两人对酌太寂寞,劝芳云招明珰作陪,芳云不答应。王勉说:"你无书不读,怎么忘记'独乐乐'这几句话了吗?"芳云说:"我说你不通,现在更加证实了。你难道连句逗都不懂吗?'独要'乃乐于人要;问乐,孰要乎? 曰:'不'。"两人笑了一下就算了。恰巧芳云姊妹俩一起去赴邻居女伴的约会,王勉乘此机会,急忙找来明珰,两人男欢女爱,尽情亲热了一番。当晚,王勉感到小腹微微作痛,疼痛过后前阴全肿了。他非常害怕,告诉了芳云。芳云笑着说:"你一定给明珰报恩了!"王勉不敢隐瞒,如实告诉。芳云说:"你自己作孽招来的祸殃,实在无办法可想,既然不痛不痒,听其自然算了。"王勉疼痛几天不好,心里闷闷不乐。芳云知道他的想法,也不过问他的病情,只是凝视着他,一双大眼睛水盈盈地、亮晶晶的像清晨的两颗星星。王勉说:"你真是'胸中正,则眸子瞭焉'。"芳云说:"你正是'胸中不正,则眸子眊焉'。"原来"没有"的"没",一般人读音像"眸",所以她用这个话开玩笑。王失声笑了起来,向芳云哀求治病的药方。芳云说:"你不听良言,以前总认为我是忌妒明珰。不知这丫鬟本来是碰不得的。以前劝你不要去碰她，是出于对你的爱护，而你却像东风吹马耳一样不在意，所以我不愿意管你。现在你缠得我没办法，就给你治一下吧，但医师必查患处。"芳云就把手伸到他衣襟底下，口中念道："黄鸟黄鸟，无止于楚。"王勉禁不住大笑起来，病就好了。

过了几个月，王勉因为双亲年迈，儿子尚幼，心中常痛苦地思念着，他把想念双亲的心思告诉了芳云，芳云说："回去倒不难，只是再相会就难遇机会了。"王勉泪流满面，哀求芳云一同回乡，芳云思考再三才答应了。桓先生布置设宴为他们饯行。这时绿云提着篮子进来说："姐姐要告别家人远行，我没有什么好东西相赠，恐怕你们到海南后无处安家，我起早贪黑给你营造了一些房子，不要嫌造得草率。"芳云行礼致谢后才接过来，王勉近前一看，原来是用细草编的楼阁。大的有香橙那么大，小的仅有橘子大小，大约有二十余座，每座房子的屋梁和屋椽，都清清楚楚。里面有架着帐幔的床榻，小得像芝麻粒一样。王勉把这些东西当儿童玩具看待，但暗暗佩服绿云精巧的做工。芳云说："实话告诉你，我们都是地仙，因为早有缘分，你我才会聚在一起的。我本来不愿踏入红尘，只因你有年老的父亲，所以不忍心违背你的一份孝心。等到你父亲寿终正寝之后，还要回到岛上来的。"王勉恭敬地答应了。桓先生问："你想走旱路还是坐船？"王因怕风浪之险，愿走旱路。出门一看，车马已经等在门外了。

王勉拜别了桓先生，一路上车马行走的速度像飞一样。一会功夫就到了海边。王勉担心海上无路可走，芳云取出一匹白绸子，向南抛去，白绸化作了一道长堤，其宽足有一丈多，车马一眨眼的功夫就跑了过去，再一看长堤也随即消失。来到了一处落潮的地方，四周平坦辽阔。芳云让车马停下不要走了，下了车把绿云所送篮子中的草编房屋等取出，带着明珰等丫鬟，按原样布置起来，转眼间变成了高宅大院。大家进去解下行装，发现这座宅院和岛上的住处毫无差别，连洞房中的几案床铺都一模一样。这时天已黄昏，就在这里过夜。

第二天清晨，芳云让王勉去接老人和孩子，王勉让人备马飞奔赶回故乡。到了老家，发现祖居的宅子已经卖给别人了。向同乡人打听，才知道老母和妻子都死了，只有老父还在。儿子好赌钱，田产都给输光了，祖孙两人连个住的地方都没有，临时在西村祖房住着。王勉刚回乡时，还有追求功名的念头。看到家境如此衰落，心里非常痛苦。自己考虑即使富贵了，这和虚幻之花有什么两样！他骑马赶到西村，看到老父破衣遮体，衰朽可怜。爷俩一见面，都失声痛哭。王勉问那个不争气的儿子哪里去了，原来是赌钱还没回来。王勉就用车接走了老父。芳云拜见了公公以后，就烧水让老人洗澡，拿来丝绸的衣服让老人换上。并让老人住进舒适的房间，又请来了一些老朋友陪他喝酒谈心，对老人奉养得比世家大族更加周到。有一天，儿子找到了王勉的住处，王勉拒绝了他，不让他进门，只给了他二十两银子，让人给他传话说："拿这二十两银子去娶个媳妇，谋求生计。如果再来，就用鞭子打死！"儿子哭着走了。

王勉这次回来，很少与人来往，然而有老朋友来，则热情接待，谦恭有礼，和平常大不一样。只有黄子介是王勉的早年同学，也是有名人士中坎坷的人，王勉留他很久，常和他谈些知心的话，送给他的礼物特别丰厚。

过了三四年，王勉的父亲死了，王勉花了很多钱操办丧事，丧事办得周到尽礼。这时王勉的儿子已经娶了媳妇，媳妇对丈夫约束很严，儿子也不常赌博了。给王翁办理丧事的这天，王勉的儿媳才有机会拜见了公婆。芳云见了儿媳，赞扬她能持家理财，给了他们小两口三百两银子,让置买田地产业。第二天,黄子介和王勉的儿子到王勉的住处看望,可是房舍全消失了,不知去哪里了。

异史氏说:"美人所在的地方,哪怕是地狱,人们也将去追求,何况还有无穷的享受呢？地仙肯带美人来,恐怕天宫里也要空虚无一人了。轻薄会减损福禄名位,道理应该是这样,难道仙人就不忌讳这吗？那个女人的嘴巴,又是多么刻薄啊！"

阎 罗 薨

某位巡抚的父亲,先前做过南方总督,死去已经多年了。一天夜里,某巡抚梦见了父亲,脸色极为悲痛,告诉他说:"我生平并没有太多的罪恶,只是有一支守防的队伍,本来不该调动而错误调动了,途中遇到海盗,全军覆灭了。现在将士们把我告到了阎罗王那里,阴司刑罚残酷,实在叫人害怕。这阎罗王不是别人,就是明天押解粮草路过这里的姓魏的就是。你要代我去哀求他,不要忘了！"某巡抚醒来感到奇怪,心里不十分相信。到这一天晚上睡觉,又梦见父亲斥责他说:"父亲遭到危难,还不记在心上,难道你以为是妖怪给你托的梦吗？"某巡抚感到很奇异。

第二天,认真查看过往文书,果然有魏经历解运粮食才到这里,某巡抚立刻传见,叫手下两个听差的扶着坐下,然后像朝拜皇上一样叩拜魏经历。拜见之后,某巡抚长跪涕泣着把父亲在阴曹地府的遭遇告诉了魏经历。魏经历开始不肯承认自己是阎罗王,某巡抚伏在地上不肯起来。魏经历才说:"对,是有这回事。但阴间的法律,不像阳世那么昏暗,上下串通营私舞弊,所以恐怕帮不上忙。"某巡抚听后更加恳切地哀求,魏经历没办法只好答应了。某巡抚又请求他从速办理,魏经历考虑找不到一个安静的地方,某巡抚提出把官府的接待室清理出来,魏经历同意了。某巡抚才站了起来,便又请求让他跟着在暗中偷看,魏经历不答应。经再三恳求,魏经历嘱咐说:"去了不能作声。阴间刑罚虽残酷,和阳世不同,处刑时像是真死了,其实并未死,如果见到受刑情景可不要惊慌害怕。"

到了夜间,某巡抚潜藏在客厅旁边,看见阶下的囚犯,都是些断头折臂的人,纷杂交错数都数不清。在阶下的空地当中摆了一个正用火烧开的油锅,很多人往锅底下的火里加木柴。魏经历穿戴着官人的衣帽出来了,登上官座,形象十分威严,和平时大不一样。一群鬼都同时俯伏阶下,同声诉说冤情。魏经历说:"你们被海盗杀死,冤情自应由海盗负责,为什么要怪罪官长？"众鬼大声吵嚷:"按规定本不应该调动我们,却被他错下调令调去了,这样才使我们惨遭杀害,这冤案到底谁造成呢？"魏经历又委婉地给某巡抚之父解释开脱。众鬼一听大喊冤枉,声音大而喧闹。魏经历就叫鬼差役到跟前,对他说:"可把某官下到油锅,稍微炸一下,在道理上也说得过去。"看他的意思是想借助这种办法来平息众鬼的愤怒情绪。接着就有牛头鬼阿旁鬼抓着某巡抚的父亲来到,立刻用钢叉把他叉进油锅。某巡抚一看这般情景,心中非常悲痛,无法忍受,不觉失声一哭,厅中顿时寂然无声,魏经历与群鬼都不见了。

某巡抚惊叹着回到家中。第二天早晨去看魏经历,已经死在了客厅当中。

松江县人张禹定将这事告诉我。因为不是什么好事情,所以把当事人的姓名隐讳起来。

颠 道 人

有疯癫道人,没人知道他的姓名,居住在蒙山的寺庙里。他时而高歌,时而啼哭,人们没法猜透他的心理和喜怒无常的行为,有的人还看见他煮石头当饭吃。

赶上重阳节这天,本县有个权势人物驾着马车,张着黄盖,抬着酒登山游玩。吃过酒宴之后,招摇地向寺庙前走来,刚到寺庙门口,只见道士光着脚穿着破道袍,自己撑着黄盖大伞,口里发出"肃静""回避"的喊声从寺中走出来,样子像是戏弄贵人。贵人于是又羞愧又生气,让仆役们把他骂一顿赶走。道人笑着一边退一边跑,众人追急了,道人就把黄盖扔在了地上。众仆一齐撕碎了黄盖,不料撕下的碎片化成了老鹰,四散飞走,众仆这时才害怕了。盖柄转眼之间变成了巨大的蟒蛇,红色的鳞甲耀眼夺目。众人吓得呼喊着企图逃跑。有个陪同游览的人制止他们说:"这不过是障人眼目的幻术罢了,不能吃人!"于是拿着刀朝蟒蛇冲去。蟒蛇张开血盆大口愤怒迎来,把这一游客吞进肚里。众仆从吓坏了,簇拥着贵人拼命奔跑,一直跑了三里多路才停下来休息。贵人派几个仆人谨慎小心地前往探看,慢慢地进入庙里,一看道人和蟒都不见了。正打算回去报告主人,忽听老槐树发出像驴马般的喘息声,吓得要命。开始不敢近前,隐藏在暗处慢慢靠近,看见朽树干已经空了,有个洞像盘子大小。让人爬上去愉看树洞中有什么,只见持刀杀蟒之人倒栽在里面,而洞口大小只能伸进两只手,根本没办法把人弄出来。慌急之中用刀砍树,等到把树洞砍开,人已经死了。过了好长时又转醒过来,把他抬了回去。疯癫道人不知到哪里去了。

异史氏说:"贵人打盖游山,俗气透入骨髓。仙人戏弄权势人物的做法,多么使人发笑! 我的同乡殷文屏,是毕尚书的妹夫,为人玩世不恭。章丘县有个周秀才,于贫贱之中发迹得势了,出门就一定坐轿。他和毕尚书也有点亲戚关系。当毕尚书的母亲寿辰日,殷文屏知道周秀才一定前去拜寿,便事先等在路上。他脚穿猪皮靴,身穿官差衣服,拿着迎候长官的名帖。等周秀才的轿子到来,在路边弯着腰嘴里唱说:'淄川殷秀才迎接章丘周秀才!'周秀才自觉羞愧,便下了轿和殷文屏寒暄了几句离开。过了一会儿,众人都聚集在毕尚书家的客厅里,满座的客人都衣冠整齐,大家看着殷文屏不伦不类的装扮,没有一个不暗中发笑的。殷文屏却坐视这一切,对别人的讥笑若无其事。宴会结束,客人出门,有的坐车,有的坐轿。殷文屏也大声喊道:'殷老爷的独龙车在哪里?'两个健壮的小伙子,把一根扁木杠横在他的面前,殷文屏跳起身来跨了上去,向亲友们道谢后,飞快地走了。殷文屏也似仙人之流。"

胡 四 娘

程孝思是剑南人,从小聪明,能写文章。父母都早丧,家中一贫如洗,连衣食都有困难。请求受雇于胡通政使做文书工作,胡公让他写篇文章试试才学,看后非常高兴,说:"这人不会长期贫困,可把女儿嫁给他。"

胡公有三个儿子四个女儿,大都在襁褓中就和名门望族缔结了婚约,只有小女儿四娘是妾生的,生母已经去世了,到了十五岁还没许配人家,便招程孝思为上门女婿,有的人不赞成此事,认为胡公年老糊涂办了傻事,但胡公根本就不理会别人的议论,清理一间书房让程孝思在里面读书,吃的用的供应很丰厚。四娘的哥哥们瞧不起他,不肯同他在一张桌上吃饭。丫鬟仆人们都讽刺他。程孝思并不和他们争长论短,默默不言。他读书刻苦,专心致志。众人从旁讥讽他,他照样读书不为所动。众人又进一步在旁边敲鼓鸣锣喧闹,程孝思就拿起书本,到四娘的闺房中去读。

从前,四娘没有出嫁时,有个知人贵贱的神巫到府中给众人看相。看遍了府中的公子小姐,都没有多说什么,只有四娘来到后,神巫才说:"这才是真正的贵人啊!"到程孝思被招为女婿以后,众姊妹都喊"贵人"来嘲笑四娘。而四娘端庄沉静,从不多言,对姊妹们的轻慢刻薄之语,就像没听到一样。渐渐地连丫鬟们也跟着讽刺挖苦起来,都喊她"贵人"。四娘有个丫鬟叫桂儿,心里为四娘鸣不平,大声说道:"你们怎么知道我家的郎君就当不成贵官?"二姐听后就讥笑道:"程生若是当了贵官,就把我的眼珠挖去!"桂儿愤怒地说道:"到那时候,恐怕你舍不得眼珠了。"二姐的丫鬟春香说:"二姑娘如果说话不算数,就挖去我的两只眼珠。"桂儿更生气了,与春香击掌为誓:"一定叫你瞎了两眼!"二姐生气桂儿的话对自己有所冒犯,当即打了她两记耳光。桂儿又哭又闹。胡公的夫人听到后,也没说谁对谁错,只是微微一笑。桂儿喊着向四娘告状,四娘正在缉麻,不生气也不说话,照常缉麻。

胡公做生日这天,女婿都到了,祝寿的礼物堆满了厅堂。大媳妇嘲笑四娘说:"你家的寿礼是什么?"二媳妇接着说:"两个肩膀扛一张嘴巴!"四娘听了很坦然,毫无羞愧之色。大家看她什么事都不计较,跟呆子差不多,更加轻慢地欺侮她。只有胡公的爱妾李氏,也就是三姐的生母,一直按礼数着重四娘,常常照顾和体恤四娘。常对三娘说:"四娘心中贤惠外表淳朴,聪明而含蓄不露,嫂子和姐妹们都在她的包含容忍之中,而她们自己还不明白。况且程郎不分白天黑夜苦读诗书,难道长久是个下人吗?你不要学她们那样势利,应该好好地待她,以后万一有个变化见了面也好说话。"所以三娘每次回娘家,都和四娘的关系处得很亲密。

这一年,程孝思因岳父大人胡公的关照进了县学读书。第二年,学政大人主持考试,而胡公正巧去世了,程孝思像亲生儿子一样为岳父披麻戴孝,未能参加考试。等到守丧期满,四娘给了他一笔费用,让他进入有才学而未被发现的编制行列中。并嘱咐说:"从前能长时间住在娘家没被撵出来,只因为有老父在;今后势必不能住下去了!假如能扬眉吐气地回来,还能有家安身。"程孝思临别时,李夫人和三娘又送了丰厚的礼物。程孝思进了考场,集中精力深入思考写好了文章,力求一定考中。到发榜时一看,竟然名落孙山。愿望落空,心中郁闷,程孝思不好意思回家。幸好身边还有少许资财,便带着书箱进了京城。

当时岳父家的亲友在京城做官的有好几个,程孝思恐怕撞见被他们取笑,便更改旧名和籍贯,想隐身在大官人家找点事干。江苏东海人李御史非常器重他,收他作幕员,资助生活和学习费用,给他捐了个贡生,使他在顺天府考试,连考连中,授任庶吉士之职。这时程生才向李御史说明实情。李公借给他千两白银,先派仆人赶赴剑南,给他置买房子、产业。当时四娘的大哥因父亲去世没有钱用,要卖掉庄田,于是仆人就替程生买下来。买卖成交后,再派车马去迎接四娘。

先前,程登科后,有来报信的,岳父全家都不想听有关他的消息,又见报的名字和程孝思不符,就把报信的人赶走了。当时胡三郎结婚,亲戚都来喝喜酒,姊妹和各位姑妈都在座,可是兄嫂却不去叫四娘。忽然一人骑马跑来,奉上程孝思给四娘的书信,兄弟打开一看,互相看着大惊失色。宴会上的各位亲戚客人才来请四娘入席。姐妹惶惶不安,生怕四娘记仇不肯前来。可是不一会儿,四娘竟风度超俗地来到席间。向她祝贺的,拉她入座的,同她寒暄的,满堂都是杂乱的喧哗声。这时候,张着耳朵听的,专听四娘;睁着眼睛看的是四娘,口里说的还是说四娘,而四娘还和平常一样端庄淳朴。大家看她并不计较别人对她的轻视态度,才渐渐安下心来,于是争着给四娘斟酒。大家正在谈笑畅饮的当儿,忽然听到门外有人慌急地哭喊着,大家奇怪得很,不知发生了什么事情。这时丫鬟春香跑进来,满脸血污,众人盘问她,她哭着不能回答。二娘大声问她,她才一边哭一边说:"桂儿逼着要挖眼珠,不是别人劝解拉开,几乎被挖走了!"二娘非常羞愧,脸上流的汗水掺着脂粉一起流下。四娘没有表态,满座上寂然无声,客人各自告别离开。四娘穿上漂亮衣服打扮一新,只拜别李夫人和三姐,出门上车走了。众人这时才知道买田庄的就是程生。

四娘刚到新居,人手和用具都不够用。夫人和几个哥哥都把丫鬟仆人和日常用具送给她,四娘一个都没接受,只有李夫人赠送的一个丫鬟,四娘收下了,过了没多久,程孝思请假回乡扫墓,随行的车马仆从多得如云。到岳父家先大礼叩拜胡公灵柩,然后参见李夫人。等到舅兄们穿戴好来见程孝思时,他已登车走了。胡公去世后,几个儿子每天都在想着如何瓜分财产,亡父的灵柩无人过问。几年以后,停放灵柩的房子破漏了,眼看着灵堂要化为土丘了。程孝思看了很难过,干脆不和舅兄们商量,看好日子把岳父的灵柩下葬了,每个环节都尽礼数。下葬那天,贵官们的车马不断,同乡的人对程孝思的举动赞不绝口。

程孝思十多年间历任清贵的要职,每当同乡有困难,没有不极力帮忙的。二朗当时因为人命官司被捕入狱。巡察地方官吏的御史是程孝思的本家,执法很严明。大郎请他的岳父王观察写信疏通一下,根本就没有得到答复,更害怕了。想要去求妹妹四娘,但自己又觉无脸见人,只好拿着李夫人的亲笔信去见。到了京都,不敢马上进门,看到程孝思上朝去了,然后才到程家见四妹,寄希望于四娘念兄弟之情,忘掉过去的恩恩怨怨。看门人通报后,马上有个相识的女仆出来,把他引进厅堂,招待他的酒饭也非常随便。吃过饭,四娘出来,脸色很温和地问:"大哥事情很忙,怎么有空老远来看我们?"大郎哭着拜倒在地,述说来京的原因。四娘扶起大哥笑着说:"大哥是个有作为的男人,这算什么大事,值得这么痛哭?妹子是女流之辈,你什么时候见我对别人呜呜啼哭过!"大哥才拿出了李夫人写的信。四娘看后说:"各位嫂嫂都是手段通天的人,她们一齐求求父兄,什么事都能得到解决,何至于劳驾你跑到这里来呢?"大郎无言对答,只是苦苦哀求。四娘变了脸色说:"我以为大哥跋涉万里来看妹子的,原来是为打人命官司来求贵人帮忙的。"一甩袖子直接回内室去了。大郎又羞愧又生气地走了。回家向家人详述了经过,大人小孩听后没有不辱骂四娘的。李夫人也说她太狠心。过了几天,二郎被释放回家,家人特别高兴,笑四娘白白地报仇取怨。可是不一会儿,四娘派来问候李夫人的仆人到了。李夫人请仆人进来,仆人拿出钱和礼物说:"我家夫人为二舅的事奔走求告,没来得及给您写回信,让我送来一份薄礼,用来代替书信。"全家人这才知道,二郎能够释放回家,是程孝思帮的忙。

后来三娘家渐渐败落,程孝思对三娘的报答和周济远远超过一般。又因李夫人没有儿子,就像对母亲一样接来奉养。

僧　术

黄生是个世家子弟,很有才华,一向有远大抱负。村外有座佛寺,里边住的一个和尚平时和他交情很深。后来和尚外出云游,离开了十多年才回来,看见黄生,感叹地说:"我以为你早就飞黄腾达了,现在还是平民呀,可能本来就福命很薄吧。让我替你买通阴司科考的支持人。你能出一万钱?"他回答说:"不能。"和尚说:"请你尽力凑足一半,其余的我替你垫付,以三天为期限。"黄生答应了,把很多东西当了凑足五千钱。

第三天,和尚果然把五千钱交给黄生。黄家有一口旧水井,深不可测,据说与河海相通。和尚告诉他把钱捆在一起放在井边,叮嘱他说:"估计我到了寺庙里时,立刻把钱推到井里。再等半顿饭功夫,有一个钱浮上水面,你就赶快叩头。"说完就走了。黄生不懂这是什么仙术,转念一想是否有效还不知道,投入一万钱太可惜。于是藏起九千,只把一千投入井中。不一会儿,一个大水泡轰的一声破了,接着就有一个钱浮出水面,大得像车轮一样。黄生非常吃惊。立即叩头,接着又投进四千。钱落下后,发出碰撞的声音,被那个大钱阻隔,不能沉下去。天黑时和尚来了,责备他说:"为什么不都投进去?"黄生说:"已完全投下去了。"和尚说:"阴司中的使者只拿到一千铜子儿,怎么能说假话呢?"黄生实话相告。和尚感叹地说:"吝啬小气的人必定做不了大事。你命中注定只能终生当个贡生。不然的话,进士立即拿到手了。"黄生十分后悔,要求再祈祷一遍。和尚坚决拒绝后走了。黄生看到四千钱还在井中浮着,用绳索钓取上来,大钱便沉下去。这一年,黄生在举人考试中考了个副榜,作了贡生,最后的结局正与和尚说的一样。

异史氏说:"难道阴司里也开了纳钱捐官的条例吗?一万钱可买个进士,价钱也算便宜了。但是一千钱得个贡生,还是太贵了。连贡生都考不上,哪里还值一个钱!"

禄　数

有个地位显赫人物常做些伤天害理的事。他的夫人常用因果报应劝阻,他根本不听。正好有个方术之士能知道人的福禄寿命,此人就到他那里求教。方士仔细看了他的面相以后说:"你再吃二十石米,四十石面,寿命才到头。"回去告诉了夫人。他心想一个人一年才吃两石面,还有二十多年的寿命,难道做点坏事能减少寿数吗?所以还像从前一样横行霸道。过了一年,他忽然患了"除中"的毛病,吃的非常多而饿得又很快,一昼夜吃十几顿饭。不到一年就把几十石粮食吃完了,人也死了。

柳　生

周生是顺天府官宦家的后代。他和柳生关系很好。柳生得到有异能之人的指点,精通袁天纲和许负的相面之术,他曾经对周生说:"你没有攫取功名做官的缘分。想得到万贯家财还是可以办到的。但你夫人是个薄命相,恐怕她不能帮你建立家业。"不久,周生的妻子果然死了。周生的家业冷落萧条,一点生活乐趣也没有。于是去找柳生,向他打听未来的婚姻。进到柳生的客厅坐了很长时间,柳生却在内室不出来。喊了好几遍，他才出来。他说："我每天都给你物色合适的伴侣，现在才找到。刚才在室内施展道术，求月老给你们系上红绳。"周生高兴地向他打听有关女方的情况。柳生说："方才有个人拿着口袋出去，你遇见他没有？"周生回答，"遇见啦。衣衫破烂跟叫花子一样。"柳生说："这人就是你的岳父，你应恭敬地以礼待他。"周生说："咱俩的关系好，才和你商量隐私的事情，为什么和我开这么大的玩笑！我近期境况不佳，总还是世家子弟，何至于跟下流的市井之家结亲呢？"柳生说："不是这样，耕地的牛还能生出神牛，父亲差点有什么关系。"周问："你见过他的女儿吗？"柳生说："没有。我平常和他没有交往，他的姓名也是打听之后才知道的。"周笑着说："犁牛还没弄清楚，怎么能知道小牛？"柳生回答："我根据数术给他看相看出来的，这个人的面相虽凶顽贫贱，但一定能生个很有福气的女儿。只是勉强牵合必定会产生大的不幸，让我再祈祷一次。"周生回家后，并没把柳生的话当真，仍然到处找理想的对象。最终一个合适的也没有。有一天，柳生突然来到，他说：

"有一个客人要来，我已经代你邀请了。"周生问："是谁？"他回答说："暂且不要问，快点准备酒菜。"周生不明白是什么原因，按柳生的吩咐去办酒席。不一会儿，客人来了，是一个姓傅的兵士。周生对来客看不起，表面上说几句奉承的话，但是柳生对客人的态度却非常谦恭。一会儿，酒菜上来了，佳肴中掺杂了几样普通的蔬菜。柳生赶快起身向客人解释："周公子一向仰慕你，常托我找你，昨天才有机会见到你。听说你几天后又要远征，所以立刻邀请，实在太仓促草率。"在饮酒时，傅担心马病了，不能行军打仗，柳生马上答应为他想办法。一会儿客人走了，柳生责问周生："千金难买这个朋友，你对人家怎么如此轻慢？"柳生向周生借匹马骑回家，于是又假托周生的名义，登门把马赠给姓傅的兵士。周生知道后，虽然心里有些不高兴，但也没有办法。过年以后，周生要到江西去，给按察使当幕僚。临走前到柳生处算卦，柳生说："恭喜大吉！"周生说："我没有别的想法，只要得到一些钱财，买个称心的老婆。希望你以前的话不灵验，行吗？"柳生说："你的愿望一定能实现。"到了江西，正赶上大规模的土寇叛乱，三年不能回乡。后来稍稍安定了一点，便择日上路回乡。途中遭到土匪绑架，一起被抓的有七八个人，这几个人的财物被抢走人都放回去了，只有周生被抓进了强盗的老窝。强盗头目盘问他的家世以后，说："我有个女儿，想要许配给你，你必须马上答应。"周生不答应。强盗头目很生气，要马上砍掉他脑袋。周生害怕了，他想不如暂时答应他的要求，以后再抛弃她。就对强盗头目说："我之所以没有马上答应，是因为自己太文弱不能打仗，恐怕再给您添麻烦。如果让我和你的女儿一起离开，这将是最大的恩情了。"强盗回答说："我正愁女儿是我的累赘，这有什么不可以？"便把他引进山寨和女儿见面。这姑娘有十八九岁，长得国色天香，漂亮极了。当晚就举行了婚礼，大大超出了周生的愿望。当夜问姑娘父亲的姓名，才知道当年柳生说的背布袋的人就是她的父亲。于是向姑娘讲述了柳生过去说过的话，不觉为之感叹不已。

过了三四天，强盗正要送小两口上路，忽然官军来到，全家都被捆绑起来。有三个将官监斩，已把姑娘的父亲杀了，轮到周生了，周生自料已无活的希望。一个将官看了他一会儿说："这不是周某人吗？"原来这位将官就是柳生邀请的姓傅的兵士，因军功提升为副将军了。他对同僚说："这位是我同乡大家族中出名的人士，他怎么会当强盗呢？"给他松了绑，问他为什么来到这里。他欺骗说："刚从江西按察使大人那里娶了妻子回乡，没料想在途中被强盗抓进了老窝，幸亏你们拯救了我们，真是恩德如天。但是夫人走失,还求借您的大力,使我们夫妇团圆。"傅将军命令把俘虏排成队,让他自己去认,果然找到了。傅将军用酒菜招待他,又资助给他们路费。热情地说:"从前你赠马之恩,我日夜不忘。只是慌乱之间我顾不上准备礼物,请接受两匹马,五十两银子,使你们顺利回北方故乡。"又派两个骑兵拿着令箭护送他们。

途中,姑娘对周生说:"我父亲无知,不听别人的忠告,母亲接着就去世了。我早就知道有今天,之所以苟且偷生地活着,是因为小时候有个看相的说我有福气,希望有一天能收回父母的尸骨。在一个地方,父亲埋藏了大量的银子,可以挖掘出来赎出父亲的尸首,其余的可以带回去,还可以够咱们的生活费用和置办产业。"于是让护送的两个骑兵在路上等着,两个人回到原来的住处,屋舍全烧光了,在灰烬的下面,用佩刀挖了一尺多深,果然挖出了许多银子。全装进口袋才返回来。又拿出一百两银子贿赂两个骑兵,请他们把岳父的尸体埋好,姑娘又领周生拜别母亲的坟墓,才踏上归程。到了直隶境界,多多送给两个护送的骑兵银两后打发他们回去。

周生几年不回家,家人说他已经死了,任意侵吞冒取他的财产,粮食衣物用具都光了。听说主人回来了,非常害怕,全都一哄而逃。只剩下一个老太婆、一个丫鬟、一个老仆人。周生死里逃生,对这些鸡偷狗盗的人也就不追问了。他去拜访柳生,已经不知去向。

周妻管理家业大大地超过一个男人。她选择淳朴忠厚的人当伙计,给他们本钱使去做生意。每当那些商人在檐下算账的时候,她放下帘子在里面听打算盘,哪个珠子拨错了她都能指出来。店内店外的人谁也不敢欺骗她。数年后,店伙计有上百人,家财已经有几十万了。于是派人把父母的尸骨迁移回来,重新隆重地安葬。

异史氏说:"月下老人都可以通过贿赂来收买,这就难怪媒婆和集市上的经纪人一个样了。就是大盗也能生出这样的女儿吗?可见小土堆上长不出苍松翠柏,只是没见识人的意见罢了。连妇人女子都看不准,何况是相天下的读书人呢!"

冤　狱

朱生是阳谷县人。年少轻薄,爱开玩笑。因为老婆死了,媒人给他说亲。刚好他看到媒婆邻居的妻子长得很漂亮,就对媒婆开玩笑说:"刚才碰到你的邻居,年轻风雅俏丽,你若给我物色老婆,她就可以。"媒婆也开玩笑说:"那你就把她男人杀了,我就给你介绍。"朱笑着说:"行。"

过了一个多月,媒婆邻居家男人出外讨债,在野外被杀死了。县令让差役抓来死者的邻居和地保,残酷毒打逼迫他们说出实情,但始终没有头绪,只有媒婆说了她和朱生开玩时说过的话,县令根据这儿怀疑朱生,把他抓来,朱生根本不承认杀人。县令怀疑死者的老婆与朱生有私情,把她抓来严刑拷打,各种毒刑都用上了,她忍受不了酷刑,屈打成招。又传讯朱生。朱生说:"那女子细皮嫩肉受不了酷刑,所说的都是假的,叫她含冤而死,又给她加上不贞洁的罪名,即使鬼神不知真情,可我于心何忍?我如实供出吧:想杀死她丈夫讨她做老婆,这都是我做的,她一点都不知道。"县令问:"有何证据?"朱生回答:"有血衣可证。"就派人到他家里搜查,竟然没有找到。又严刑拷打,昏死过去几次又苏醒过来。朱生仍然说:"这是我母亲不忍让我死,才不拿出来做证据罢了。让我自己回去拿。"于是押送他回到家,对母亲说:"拿出血衣,活不成。不拿出血衣,也活不成。反正都是死,迟死不如早死。"朱母痛哭着走进后屋,过了一会拿出血衣交给差役。县令仔细察看,认为证据确凿,判处朱生死刑。上司两次驳回复审,朱生口供不变。经过了一年多,刑期快到了。

有一天,县令正在审查罪犯的罪状档案,忽然有一个人直接闯入公堂之上,瞪着双眼怒视县令大骂道:"这么糊涂,怎么能治理百姓!"几十个衙役想要抓住他,那人抬起手臂一挥,衙役一个个都倒在地上。县令害怕,想逃走。那人大声说:"我是关帝前的周仓将军!昏官如果想跑,马上杀了你!"县令吓得发抖,恐惧地听着。那人说:"杀人的是宫标,与朱某有什么关系!"说完,便倒在地上,像断了气一样。过了一会儿,又醒了,脸上没一点血色。问他是准,原来就是宫标。过堂打了他一顿板子,他认了全部罪行。

宫标是一个不法分子,知道媒婆邻居家男人出去讨债回来,心想他腰里一定缠了很多钱,等到把人杀了,却一无所获。听说朱生屈招了,暗中庆幸。那天闯进公堂,他自己也不知是怎么回事。县令问朱生血衣是哪来的,朱生自己也不知道。又审问朱生的母亲,原来是她割破手臂流血染成的。查验她的左臂,刀痕还没长好。县令也十分惊奇。后来因此被弹劾罢官,受到罚款的处分,在拘押期间死了。

一年以后,被害者的母亲让儿媳改嫁,媳妇感激朱生仗义舍命救自己,便嫁给了他。

异史氏说:"判案是当官的首要职责,是积阴德,还是伤天理,都在于怎样断案,这不能不谨慎从事。急躁、残暴,固然违背事理,办事拖拉守旧,也要伤残人命。一人告状,影响几户误了农时,裁定一件案子,于是牵连十户倾家荡产,难道这是小事吗?我曾说当官的不随便受理案件就是最大的德行。不是重大的案件,不一定关押候审;如果没有疑难问题,办案就不要拖拖拉拉。偶然有乡间无知百姓,带着山村人豪迈之气,因丢了鹅鸭之类的小事,引起互不相让的对立情绪,这类事只需当官的几句话就可以使事态平静下来,根本不用牵扯所有的人,只要对双方各打几大板,纠葛马上就可解决。人们所说的神明大老爷不就是这样吗?常常见到这样的受理案子的官员,发一张拘票把人逮来,放置不管,像忘了一样。捕役拿到拘票后,他们手里的钱没塞满就不销传票,办案的润笔钱给的不够,不肯挂听审的牌子。欺骗拖延,动不动几个月甚至一年。案子还没等到老爷过堂审理,当事人就已经脱掉几层皮了!那些矜持庄重的官员们,无忧无虑地睡在床上,而百姓受苦受难,他们却没事一样。谁能知道在水深火热的牢狱里,有无数受冤枉的百姓,他们伸长了脖子,期盼着长官们去拯救他们呢?然而那些凶顽的奸民,受点苦痛也不足惜。而对于受牵连的无辜百姓,他们的委屈怎么能承受得了呢?况且无辜受连累常常是好人多坏人少。而直接受到迫害的善良百姓比奸

图文珍藏版

民多得不止一倍。为什么？因为奸民难对付，而百姓则顺服好欺负。衙役打人骂人，看守敲诈勒索，都看准了良民才下手的。良民一入公门，就像踏到热汤和烈火之上。案子早结束一天，就早安生一天。有什么重大案情，也不能使长官去关心公堂上奄奄一息像死人一样的犯人。因为他们只怕自己的贪欲无法得到满足，故意借口拖延办案时间！这种官虽不算残暴，但他的罪过是差不多的。常在一个案件当中，与案件关系最深的只不过三五个人，其余的都是无辜百姓，是被冤枉罗织进来的。有的因平时一点口角得罪判案人，有的因家中丰厚的财产而无辜获罪。告状的人常常用尽全力去打败对方，而用剩下的余怒去报小仇。把得罪过他的人在状纸末尾写上，于是这人就像骨上生疮，在公门中受尽折磨，这都是无法忍受的苦痛。别人跪着也要跟着跪在后面，像关着的鸟，别人出去也得跟着出去，像是用绳子系着的猴子。事实上长官判案也问不到他头上，只是因受牵连而倾家荡产，来填满蛊虫一样的衙役们的私囊，害得百姓卖儿卖妻，从而发泄小人的私愤。深切地希望做大官的人，在有关的官到任时，应略微审察一下，应该追究的人关押起来，不当追究的就除名。就在这动笔挥手之间，就可保全多少百姓的身家性命，培植多少当官人的廉明正气。可当官的人从来不肯在这些问题上考虑，其实要杀人何需刑具刀斧呢？"

第 八 卷

画 马

临清县有个姓崔的书生,家里很穷,围墙破了也无力修补。每天早晨起来,就看见一匹马卧在带露的草中,毛色是黑地白花,只是尾毛不整齐,好像被火烧断了。把它赶走,夜里又来了,不知从哪里来的。

崔生有个好朋友在晋地做官,他想去投奔他,发愁没有马骑,便把这匹无主的马捉住,配上鞍子笼头骑上前去,嘱咐家人说:"如果有找马的人,就如实告诉他。"上路以后,马跑如飞,一会儿功夫就跑了上百里。夜晚也不太吃草料,崔生怀疑它病了。第二天勒紧马缰绳想不让它跑得太快,但它又踢又叫口里喷沫,雄健的样子和昨天没差别。又放纵任它驰行,中午就到了晋地。骑马到街上,看到马的人没有不称赞的。晋王听说后,愿出高价买下它。崔生怕丢马的人寻找,没敢卖。住了半年后,一直没听说是谁家丢了马,就以八百两银子卖给了晋王府了,自己又到集市上买了头雄健的骡子骑回家。

后来晋王因有紧急事情,派一名校尉骑着那匹马到临清出差。马跑了,校尉追到崔生东边邻居家中,眼见它进门了,可跟进去一看却无影踪。便向这家主人索要马。主人姓曾,确实没见到马。校尉进屋搜寻,见他家墙上挂着一幅赵子昂画的骏马图,画上那匹马的毛色和寻找的马一模一样,画上的尾毛处被香火烧坏了一点,才知道那匹马就是画上的马而成了精怪。校尉没法向晋王交差,便到衙门去告曾某。这时崔生用卖马的钱做生意发了大财,积攒的银两以万计,自愿代曾某拿出八百两银子,交给校尉而去。曾某很感激,不知道当年是崔生将马卖给晋王的。

局 诈

某御史的家人,偶然间来到街上。有一个人穿戴华丽,走过来和他拉家常。慢慢问到他主人的姓名和官衔,家人都告诉了他。那人自称姓王,是公主家中的亲随。两人越说越投机,那人便说:"如今仕途险恶,达官显贵都找个皇亲贵戚做靠山,不知你家主人投靠了哪家贵戚?"家人说:"没有。"王某说:"这可以说是吝惜小钱而忘记了大祸呀!"家人问:"依靠谁才行?"王某说:"我们公主能以礼待人,又能保护别人的安全。某某侍郎就是我引见的。如果不惜千金做见面礼,要拜见公主也不算困难。"家人很高兴,问他家住在哪里。王某便指着一个大门说:"成天住在一条巷子里还不知道吗?"家人回去告诉了御史,御史很高兴,当下摆设了丰盛的筵席,叫家人去请王某赴宴。王某高兴地来了。酒席间王某详细地介绍了公主的性情、生活习惯和身边的一些琐事。还说:"不是看在邻居的分上,即使送我一百两银子,我也不愿奔走效劳。"御史对王某更感激佩服了。临走时和他商定见公主的大事。王某说:"你只管准备礼物,我一定找机会帮你说话,或早或晚我会给你送个信来。"过了好几天,王某才来,骑着骏马很神气,对御史说:"请赶快准备礼物跟我一道走,公主家的事情太多了,来拜望公主的一个接着一个,从早到晚都不得闲,这会儿稍稍清闲一点,最好快点去,耽误了就不知道什么时候能见到了。"御史赶忙拿出精金美玉跟着王某去了,沿着曲折的道路走了十多里才到了公主家的门口,御史下马恭敬地等候,王某先拿着礼物进去。过了好一会儿,王某出来高声喊道:"公主召见某御史。"就有几个人一个接着一个地传呼。御史弯着腰,低着头走了进去,看见高堂上坐着个美人,容貌漂亮得像天仙,衣着装饰光耀夺目,侍女都穿着绸缎衣裙,整齐地排列成行。御史跪拜请安过后,公主传命,赐御史坐檐下,用金碗上茶。公主说了几句客气慰勉的话,御史便恭恭敬敬地退了出来。从里面传出赐给御史的缎靴、貂皮帽。

御史回家后,对王某感恩戴德,拿着帖子去拜见他,却见大门关着,里面没人。怀疑他侍奉公主未回来。三天内去了三次,始终没看到人影。派人去公主的住宅处打听,只见高大的门楼紧锁着。打听近处住户,都说:"这里从来没住过什么公主,前些日子有人租这房子住,离开已三天了。"派去的人回禀御史,御史和家人只得自认倒霉。

有某副将军带了一大笔钱进京,想谋取将军之职,苦于没有门路。一天,有个穿皮衣骑大马的人来拜见。他自己说:"我舅兄是皇帝的近侍。"喝完茶,请副将军支开随从人员。私下对他说:"眼下某处有个将军缺位,如果不惜重金,我可委托内兄到皇帝面前帮你说几句好话,这个官位就可到手,势力再大的人也夺不走。"副将军怀疑他说大话。这人说:"这事不必犹豫。我不过想从内兄手中抽个小数目,对你手中资财我一分也不拿,我们说好数目,立下字据。等皇帝召见后,才把钱交出来。事没办成,那么你的钱还在手上,谁还能从你怀里抢走吗?"副将军一听很高兴,答应了。

第二天,那人又来请副将军去见内兄,他介绍说:"姓田。"田家气势煊赫如侯门一样。副将军参见时,田某傲慢异常,对客人不尽礼节。这人拿着文书向副将军说:"刚才和内兄商量过了,非一万两银子不行,请赶快签个字吧。"副将军便签了字。田某说:"人心难测,怕事后变卦。"那人说:"兄也顾虑大多了。你既然把官位能给他,难道不能把官位夺回来吗?况且朝中的将相们,想巴结你还巴结不上。这位将军的前途还很远大,应不会丧良心的。"副将军也发了重誓离去。那个人送他出门时说:"三日内给你个准信。"

过了两天,太阳刚偏西,几个人大喊着来说:"皇帝正等着你呢!"副将军吃惊不小,急忙跟着来人进朝廷。看见天子坐在金殿之上,卫士威严地站在两旁。副将军叩头三呼万岁以后,皇上赐座,热心地询问,回头对左右说:"朕听说他勇武刚烈异常,今天亲见,真不愧将军之才呀。"于是对副将军说:"某处地势险要,现委任给你,可不要辜负了朕对你的信任,封侯指日可待。"副将军拜恩退出。就有前几天穿皮衣骑大马的人跟副将回到客店,依照契约把一万两银子兑走了。副将军从此高枕安卧,等待任命书。成天在朋友面前夸耀。

过了几天,再去打听消息,听说那个将军缺位已经有人补上了。副将军非常生气,跑到兵部大堂去质问:"我已经得到皇帝的任命,怎么又把空缺授给别人?"兵部尚书莫名其妙。副将军炫耀地追述了皇帝对他的接见,简直像是在说梦话。兵部尚书大怒,把他交给大理寺审讯。他才供出了那个引见者的姓名,原来朝中并无此人。副将军又耗了万两银子才得以赦免,革职离开京城。

奇怪了！副将军虽是痴呆的武夫，难道朝廷议事的地方可以作假吗？只能怀疑整个过程有幻术在作怪。这正是人们常说的，高明的强盗手中不用拿刀枪弓箭啊。

嘉祥县人李生，善于弹琴。偶然间来到东郊看见做工的人挖出了一架古琴，就用很便宜的价钱买下它。擦去尘土，古琴放出奇异的光彩。安上弦弹奏起来，声音清亮而高亢。他高兴极了，好像得到了价值连城的玉璧，于是把琴装进丝绸的琴袋里，藏在密室，即使是至亲好友也不出现。

一位新上任的县丞程某，来访李某。李本来与外人很少交往，因程老爷先来访问自己，只好作了回访。过了几天，程老爷又请李某去饮酒。再三邀请才去了。程老爷为人风流高雅，谈吐萧洒脱俗，李生很喜欢他。过了几天，李生拿帖子回请他，两人关系越发融洽。从此，无论花朝月夜，两人都在一起。过了一年多，李某偶然发现在程某官舍里的桌子上有一架用绸袋装着的琴，李生就打开来弹奏起来。程问："您也熟悉这个？"李说："这是我生平最喜欢玩的。"程惊讶地说："我们交往这么久了，何不让我领略一下您的绝技呢？"于是把香炉里的火拨旺燃起几片沉香，请李生奏几支小曲。李生弹奏起来。程某说："真是高手！我愿献一支粗陋的琴曲，是小巫见大巫，请不要见笑。"于是弹了一支《御风曲》，琴声像山风烈烈，流水潺潺，有超脱尘凡，遗世独立的情。致李某倾心佩服，愿拜他为师，从此两人又成了知音琴友，感情更深了。在一年多的时间里，程某把弹琴的技术全部传给了李生。但程某到李生处教琴，李总拿普通的琴给他用，从来不肯泄漏自己珍藏古琴的秘密。

一天晚上，两个人都喝得有些醉意。程说："我新练习了一支曲子，您愿意欣赏欣赏吗？"于是奏了一支《湘妃曲》，琴声如泣如诉，幽深哀怨。李极力称赞。程说："可惜我没有一架好琴，如果能有一架好琴，音调肯定优美得多。"李高兴地说："我珍藏了一架古琴，和一般的琴不一样，现在遇到了钟子期，怎么敢始终密藏着呢？"便到密室里打开箱子拿出琴。程用袖子拂去琴上灰尘，依着桌子弹奏起来，琴声刚柔交错，高低抑扬，无不恰到好处，精工美妙，出神入化。李不断地击节叫好。程说："以我这低劣的琴技，真是辜负了这架好琴。若让我妻子弹奏一番，我想会有一两声中意的。"李吃惊地说："尊夫人也精于此道？"程笑着说："刚才这曲子便是内人传授的。"李生说："可惜尊夫人身在闺阁之中，小生我不便去听她的美妙琴声。"程说："我们之间已不分彼此，本来就不必介意那些礼节俗套。明天，请你把琴带去，让她隔着帘幕为您弹上一曲。"李很高兴。

第二天，李生抱琴来了。程置办了酒菜畅饮。一会儿，程将琴拿到内室，马上出来陪酒。一会儿见帘中处隐隐约约有一个艳妆女子，顷刻间，脂粉的香气透到外室。接着，一阵轻柔的琴声响起，听不出是什么曲调，只觉得心旌摇荡，骨酥体软，令人神魂颠倒。一曲终了，李某便来偷看帘内，竟是一个二十来岁的绝代佳人。程某又斟上一大杯酒劝饮，内室又传出《闲情之赋》的靡靡之音。李生心神形体被迷住了，放怀畅饮，然后离席告辞，索要古琴。程说："你喝醉了，怕把琴摔坏。明天再来，我让夫人把她的绝技都献出来。"李生就回去了。

第二天，李生再去程家，然而程家公馆安静极了，只有一个老看门人。问他，回答说："五更天带着家眷走了，不知干什么去了，说往返要三天时间。"李按期又去探望，直到天黑也没音讯。县衙里的捕吏也都怀疑，报告县令破门进去一看，室内全空了，只有床铺和桌子还在。报告给上司，都猜不透是怎么回事。

李生丢了古琴,吃不下饭,睡不着觉。不远几千里到程的老家去查访。程原是楚地人,三年前捐钱买了个嘉祥县丞。李生拿他的名字查问乡邻,都说本地没这个人。有人说:"这儿有个程道士很会弹琴,又传说他有点金术。三年前,忽然离去未再见。"李怀疑是程某。又仔细询问了道士的相貌年龄,正好和程某完全吻合。这才知道,道士花钱捐官完全为了古琴。他和李生结交一年多,开始并不谈音律,渐渐地亮出自己的琴,接着表演琴技,最后又用美人计使李生痴迷,下了三年的水磨功夫,把琴骗到手离开了。道士对琴的癖好,比李生更强烈。世上的骗局花样多端,像这程道士,还是骗局中风流儒雅的人物。

放　　蝶

长山县的王斗生进士做县令时,每次审理案件,按罪过的轻重,处罚犯人交纳蝴蝶来赎罪。公堂之上千百只蝴蝶一齐放出,好似风吹起了千百片破碎锦缎。王县令就拍案大笑。

一天夜里,梦见一个青年女子穿着华贵漂亮的衣服,从容地走了进来说:"我的很多姊妹都被你残暴地虐待而死,你应当受到一点风流的小报应。"说完变作蝴蝶,盘旋着飞走了。第二天,他一个人正在衙署里喝酒,忽然听说巡按御史来了,急忙整好衣冠出门迎接,头天晚上夫人开玩笑把一朵白花插在帽子上,忘了取下来。巡按御史见了,以为是戏弄他,把他大骂了一通走了。王县令从此取消了罚缴蝴蝶的命令。

青城人于重寅,生性怪诞不羁。作推官时,正月十五的晚上把火花爆竹缚在驴子身上,从头到尾都满了,牵到知府的门前,敲着木梆请见,自己介绍说:"我送一头火驴,希望你出来看一看。"当时知府心爱的儿子出水痘,心情非常不好,谢绝了。于重寅坚持请他出来。知府出于无奈,派守门人开门。门刚一开,于点燃了驴身上的鞭炮,将驴推进门里。鞭炮一响驴子受惊乱奔,火花四溅,人不敢近前。驴子穿过厅堂进入里屋,坛坛罐罐被踢打粉碎,烟火烧燎得什物变成尘灰,连窗纱都烧光了。家人吓得呼天喊地,出水痘的孩子受了惊吓,天不亮就死了。知府恨得咬牙切齿,要弹劾他的过错,于重寅请求司道长官求情,自己登门向知府请罪,才免吃官司。

男　生　子

福建总兵杨辅有个娈童,肚子里有震动的感觉。十个月到了,梦见神人剖开他的两肋而出。醒来以后,两个男孩在他的左右大声啼哭。起身查看两肋,剖开的痕迹还清清楚楚。给两个小孩取名天舍、地舍。

异史氏说:"经考察这是吴三桂叛乱以前的事。吴三桂叛乱后,福建巡抚蔡公怀疑杨辅而想除掉他,又担心杨辅因此作乱,便找了其他借口叫他来见。杨辅的妻子向来聪明勇武,怀疑蔡不怀好意,阻止杨辅前去。杨不听。妻子流着泪送他出门。回营后传令部下,披上铠甲,拿起刀枪,等待丈夫的消息。不一会儿,听说丈夫被杀,便率军攻打蔡某。蔡仓皇失措,不知如何是好。幸好部下坚守营房,杨妻没有攻下才撤回。等杨妻率兵走远,蔡巡抚才穿着军装从营中冲出来,带领兵士高喊追杀。人们把这事传为笑话。后几年，这支叛军才被招抚。没多久，蔡突然死去。临终，看见杨辅拿着兵器进来，他左右的人也都看见了。唉！杨辅的鬼魂虽然厉害，但头还是接不上了！娈童生子的异常现象，大概是这次祸事的预兆吧？"

钟　　生

钟庆馀是辽东地区的有名人士。到济南府参加举人考试。听说藩王府中有个道士能预知人的吉凶祸福，心里很想去见他一下。考过两场之后，他散步来到趵突泉，刚好遇上了道士。道士六十多岁，胡须长长地垂过胸前，是个白发道。聚集在那里向他询问吉凶的人像一堵墙一样，道士用含糊的隐语回答他们。道士在人群中发现了钟生，非常高兴地和他握手说："你的心术德行，让人尊敬。"便拉着他的手走上楼去。避开人，便问钟生说："你莫不是想知道将来的事？"钟生说："正是。"道士说："你的福命很薄，但这次科考还是有希望的。不过这次中举荣归后恐怕见不到令堂大人了。"钟生非常孝顺，听后马上哭泣起来，便想不考完就回家去。道士说："错过了这次机会，连举人也没希望了。"钟生说："母亲死时不能在身旁侍奉，连作人的品格都不够，即使做了卿相，又有什么光彩？"道士说："我前生和你有缘，现在我一定尽力帮忙。"便送给钟生一个药丸说："可派人星夜送回家去，你母亲吃了可延长寿命七天，考试完了，你们母子还可见上一面。"钟生接过药丸收藏好，慌忙走出，急得心神不安，失魂落魄。想到母亲寿命将尽，早回去一天，就能多侍奉母亲一天，就租了驴子带着仆人立即往东赶路。才走了一里多地，驴子忽然掉头往回跑。钟生下驴吆喝它，驴子不驯服。想勒住它，它就用后蹄踢人。钟生没有办法，急得汗如雨下，仆人劝他留下别回去了，钟生不听。又雇别的驴子，也同样驯服不了。眼看太阳快落山了，还想不出驾驭驴子的办法来。仆人又劝他说："明天就考完试了，何必非得争取这一天的时间呢？让我先把药送回去，这办法不也很好？"钟生不得已，只好听从仆人的劝告。

第二天匆忙答完了卷交上，立即出发往回赶，连喘气的功夫都没有，星夜奔回家里。母亲的病原来已奄奄一息，吃了道士的药丸以后，渐渐好转。钟生进去看病中的母亲，见母亲病得如此模样，就靠在床边哭泣，母亲摇头制止他不要哭了，拉着他的手高兴地说："刚才梦中我去了阴曹，看见阎王脸色很和蔼。他对我说：'考查了你的生平，没有大的罪恶，现在看在你儿子孝心至诚，赐给你十二年的阳寿'。"钟生也非常高兴。过了好几天，母亲果然恢复了健康。没过多久，便听到了中举的消息，钟生告别了母亲到了济南。他买通藩王的太监，请他向道士致谢。道士高兴地走了出来，钟生跪地拜谢。道士说："你既然高中举人，令堂又增添了寿数，这都是你美好德行的报应，我哪有功劳呀。"钟生对道士能预先知道他来济南的心理活动感到惊奇和佩服，于是又拜问终身情况。道士说："你命中没有大的富贵，但能享高寿，你也该满足了。你前身和我都是和尚，有一次因为用石头打狗，误杀了一只青蛙，现在这青蛙已转生为驴。按着你生前的命数，本应遭到横死。可是因你的孝敬美德感动了神灵，已有消灾解难的星宿帮助你，横死的事已经不用担心了。但你的夫人前生不守贞节，注定今生要年轻守寡。现在因你积德延长了寿命，她配不上你，恐怕一年后就要死去。"钟生难过了好一会儿，问后妻在哪。道士说："在中原地方，现在十四岁了。"临别嘱咐钟生："如果遇到危险急难，应该直奔东南。"

过了一年多，钟妻果然病死了。钟生的舅父在西江地区当县令，母亲让他去探望，顺便路过中原，准备去验证道士关于后妻的预言。他偶然路过一个村子，一群男女正在河边演戏。他正想拉紧缰绳从人群边上绕过去，忽然有一头没有缰绳的公驴，跟在钟生的后面走，惹得骡子乱踢，钟生回头用鞭子抽打驴子的耳朵，驴子受惊狂奔起来。当时有个六七岁的小王子，由奶娘抱着坐在河边看热闹。驴子冲过来，卫士们来不及护卫，把小王子挤掉到河中。众人大喊，要抓住钟生。钟生打着骡子飞跑。忽然想起道士的话，拼命朝东南方向逃去。大约跑了二十多里，进了一个村子，有老人在门前，钟生便下来向老人作揖致敬。老人邀他进屋，自己说姓方。然后问他从什么地方来。钟生跪在地上叩拜，把实际情况详细告诉了老人。老人说："没关系。你就住在我这里，我打发人去探听一下。"到晚上听到消息，才知道掉下河的是个小王爷。老人非常吃惊，说："死了别家的孩子我还可帮忙，现在可就爱莫能助了。"钟生不停地哀求老人。老人仔细想了想说："真不好办啊！你先住一晚，听听风声缓急，或许还有办法想。"钟生又愁又怕，一夜没睡。第二天，老人去打听消息，知道已经发下公文缉拿肇事者，收藏犯人的也要杀头示众。老人面有难色，沉默不语地走回来。钟生恐惧万分，没法安下心来。到了半夜，老人进屋坐下，问钟生："你的夫人年龄多大了？"钟生回答妻子死了。老人高兴地说："我的办法有了。"钟生问是什么办法，老人说："我姐夫信佛，在南山出家修道，我姐姐也死了。留下个孤女，是我扶养她长大，也很聪明。我将她许配你怎么样？"钟生庆幸道士的话得到验证，又希望有这层亲戚关系，可以得到更真心周到的照顾。便说："我太幸运了。就怕我这远方来的罪人连累您老人家。"老人说："我这是为你着想，我姐夫道术非常神妙，但长久以来他根本不过问人间的事情，你们成亲后，你再同外甥女商量，必然会有办法。"钟生高兴极了，就当了倒插门女婿。

姑娘十六岁，美艳得举世无双。婚后钟生常对着她哀愁叹气。姑娘说："我即使生得丑陋，也不至于刚成亲就惹你厌恶？"钟生赔礼说："你天仙般美丽，能和你结合实在太幸运了。可我祸患在身，恐怕难免半途分手。"于是把来时途中发生的事情如实告诉了她。姑娘埋怨道："舅舅也不干人事！这弥天大祸，还不给我说清楚，却把我向火坑里推。"钟生以膝着地直起身子跪着说："是我死命哀求舅舅，舅舅可怜我又苦于没解救办法，知道你能使白骨长肉，使死人复活。我虽然不是个好丈夫，但家世门第还不会使你受辱。如果能脱此大难，以后我一定用香花供养你。"姑娘叹息道："事情已经到了这个地步，我还有什么可推脱的。但父亲从削发为僧以来，对儿女的爱抚之情已经没有了。没有办法，只好一同去哀求他，恐怕要受到很大的挫折羞辱。"于是一夜未眠，用兽毛和棉絮做成两副护膝，各自戴在衣服里面。然后雇了轿子，往南山赶路。走了十多里，前面的山路异常曲折险要，无法坐轿登山。只得下来徒步登山，姑娘每走一步都非常艰难，钟生挽着她的手臂搀扶着慢慢往上爬，用尽全力跌跌撞撞地才爬上山。眼看不远就到山门了，才坐下休息一会儿，姑娘汗流满面气喘吁吁，脸上的脂粉一道道流下。钟生见了，十分心疼地说："为了我的缘故，让娘子承受了这么大的艰苦。"姑娘忧伤地说："恐怕这还不是最苦的。"两人稍稍缓了一口气，便互相搀扶着走进佛寺。给佛像烧过香叩过头以后，经过曲折的回廊来到禅堂，看见一个老和尚闭着眼盘腿打坐，一个小和尚手拿拂尘在旁边侍候。整个禅堂打扫得干干净净，可是老和尚的面前却布满了沙子和碎石，多得像天上的星星。姑娘不敢选择地方，跪在沙石之上，钟生也跟在后面跪下。老和尚睁眼看了一下，又立即把眼合上。姑娘参拜道："很久没来看望父亲，现在女儿已经出嫁,所以带女婿前来问候。"过了半天,老和尚才说:"小妮子太拖累人了。"就不再开口。夫妻俩跑了很久,精疲力尽,沙石都快钻到骨头里了,痛得支持不住。又过了一会儿,老和尚才问:"把骡子牵来了吗?"姑娘回答说:"没有。"又说:"夫妻俩马上回去,把骡子快速牵来。"两人拜谢后直起身,狼狈不堪地往家走。

回到家里,按老和尚的吩咐,把骡子牵到庙里,二人只遵命行事,不解其意,只是躲着听天由命了。过了几天,传说罪人已被抓住处死。夫妻俩为躲过灾难而庆幸。不久,庙里派个小和尚来,把一根断了的竹杖交给钟生说:"替你顶罪死了的就是这根竹杖。"并嘱咐钟生把竹杖埋葬祭祀,来消解竹木所受的冤屈。钟生拿过竹杖一看,砍断的地方还有血痕。于是他虔诚地祷告后,把竹杖埋葬了。夫妻二人不敢在这久住,昼夜兼程回到辽阳。

鬼　妻

泰安州人聂鹏云,和妻子的感情很好。不幸妻子得病死了。聂生日夜悲痛伤心,如失魂魄。一个晚上,聂生一个人孤独地坐着,妻子推门走了进来,聂生吃惊地问:"你从哪里来?"妻子笑着说:"我已经成了鬼,为感激你对我深情的怀念,我就哀求阴间主事的人,暂且来和你幽会。"聂生非常高兴,拉着她一同上床,一切都和平时一样。从此每晚都愉快地幽会,一直过了一年多,聂生也不提娶后妻之事。他的伯伯叔叔哥哥弟弟都担心没有后人,私下里与族人商量,劝他续妻。聂生答应了,和一个好人家的姑娘定了亲。但恐怕鬼妻不高兴,没敢把定亲的事告诉她。不久,婚期快到了,鬼妻知道了,责备聂生说:"我以为你很重夫妻情义,所以才冒着阴司处罚的风险和你私会,现在你不能遵守盟誓到底,钟情的人原来是这样的吗?"聂生向她讲述这是同宗族人的意思。但鬼妻始终不高兴,告别走了。聂生虽很同情他,但是族人的意见也是对的。

到了聂生娶后妻的晚上,夫妻俩已上床躺下,鬼妻忽然来了,在床上打新娘子,大声骂道:"为什么敢占用我的床铺?"新娘起来,抵挡鬼妻。聂生吓得光着身子蹲在那里,并不敢偏袒谁。过一会儿,鸡叫了,鬼妻才离开。新娘怀疑聂妻本就没死,说聂生欺骗了自己,想上吊自杀。聂生向她做了详细的解释,新娘才知道她原来是鬼。第二天晚上鬼妻又来了,新娘害怕就躲开了。鬼妻也不和聂生睡觉,只是用手掐他的皮肤,掐完以后在烛光下瞪着眼睛盯着他,一句话也不说。这样一连过了好几个晚上。聂生十分担忧。附近村子里有个精于巫术的人,将一根桃木削成几个小木桩,钉在鬼妻坟的四角上,从此鬼妻再不来闹事了。

黄　将　军

靖南侯黄得功还在微贱的时候,和两个举人一同上京城,途中遇到了两个响马贼。两个举人害怕了,跪在地上把所有的钱财拿出来交给强盗。黄非常生气,因手无寸铁,就用两手抓住骡的后腿,举起来向强盗扔过去。强盗没有提防,被骡子压得人仰马翻。黄又用拳头把盗贼的胳膊打断,把钱搜出来还给了两个举人。两个举人非常佩服他的胆量勇气,送给他一些钱劝他去从军。后来他多次建立战功,于是封侯拜将穿了蟒袍玉带。

三朝元老

有个内阁大学士，原是明朝宰相，曾经投降过农民起义军，社会上对他的评价很坏。后来告老还乡，供奉祭祀祖宗的祠堂落成后，派了几个人在里面值班守夜。第二天清早，看见堂上挂起了一块匾额，上面写着"三朝元老。"还有一副对联。上联写着"一二三四五六七"，下联写着"孝悌忠信礼义廉"。不知道是什么时候挂上去的。人们都很奇怪，弄不明白是什么意思。有人猜测说："上联隐含'亡八'下联隐含'无耻'"。

七省经略洪承畴南征凯旋，回到南京，吊祭阵亡将士。有一位过去的门客来拜望。行过拜见礼之后，就拿出一篇文章献给洪承畴看。洪承畴厌烦文墨很久了，便以老眼昏花为借口推辞。那门客说："只麻烦您坐着听，让我给您读。"于是从袖中取出文章，高声读了起来，原来是明崇祯皇帝写的《祭洪辽阳死难文》。读完，大哭着走了。

医　术

沂县人张某是个贫苦平民。有一次，在路上遇到一个道士，这道士善于相面。给他看过面相说："你应当靠某一样技艺发家致富。"张说："你看我学什么技艺好呢？"道士又仔细看了他的面相说："学医就行。"张某说："我认不了几个字，怎么能学医呢？"道士笑着说："你真迂腐呀！有名的医生何必多识字？只要会诊病就行了。"张某回到家里，因贫困无产业，于是收集民间流传的偏方，在街面上摆个地摊，摆上蜂窝、鱼牙之类的东西，靠吃喝吹牛的办法骗钱过日子，也没引起人们的注意。

有一回，赶上青州府知府得了咳嗽病，下发公文到下属各县广征医生。沂县本来就是偏僻山区，很少有医生。县令怕不能交差，又责令下面各乡自报。便共同推举张某去。县令马上把他招来。张某当时正害咳嗽病，他对自己的病也愁没办法医治，听说去给知府看病，非常害怕，再三推辞。县令不答应，终于把他派去了。路上经过一个深山地区，渴得很，咳嗽得更厉害。到村子里讨水喝，但水的价值比酒价高，讨遍了村子，没有一个人给点水。这时他看见一个妇女在洗野菜，菜多水少，盆中的一点洗菜水又脏又浓就像口水一样。张某渴得难忍，就向妇女要来盆里的脏水喝下。不一会，不渴了，咳嗽也立即止住了。他暗想，这洗菜水定是止渴良药。等到了府城，各县医生的药方都试过了，知府的病并未见好。张某来到后，要求给一个秘密的房子制药，假装开了一张药方，在内外传阅。暗中又派人到民间去找藜藿等野菜，照着村妇的办法淘洗出极浓极脏的菜汁送给知府。知府一服用，病就好了。知府非常高兴，给张某丰厚的赏赐，还送来一块金匾以表彰他的医术。

从此张某的名声大震，求医的人来来往往，真是门庭若市。经他医治的人病没有不好的。有个得了伤寒病的人，自己说了病的症状要求开个药方。张某正好喝醉了，错开了一张治疟疾的药方给了他。醒酒后觉察到了，不敢声张告诉人。三天以后，有人拿着丰盛的礼物登门道谢，一问，才知道得伤寒病的人，按方服药后，大吐大泄，病全好了，像这样的病人很多。张某因此变得非常富有，他也因此更加重视自己的身价，请他看病不用车马接送和不给大红包就不去。

益都县人韩老先生,是个名医。他没出名的时候,经常四处卖药。有一次,天黑了没旅店住宿,住到一户人家。赶上这家的儿子得了伤寒快要死了,于是请韩老先生给医治。韩老先生想,不给治病就没地方住,要治,确实没有好医术。急得在屋里来回徘徊,用手在身上搓着,不知不觉将身上的污垢搓下一大把,搓来搓去和药丸一样。忽然想到还不如用这东西应付一下再说,反正也不会有害。明天即使不见好,也赚了个吃饱睡足。便将污垢捻成的小丸给了主人。到了半夜,主人拼命敲门。韩老先生以为病人死了,害怕挨打受辱,急忙爬起来翻墙逃跑了。主人追了好几里,韩老先生实在跑不动了,才停下来。才知道病人吃下"药丸"后出了一身大汗病就好了。主人把他挽回去,用丰盛的筵席隆重招待,临走送了他一份厚礼。

藏　　虱

有个同乡人,偶然间坐在一棵树下,在身上摸到一个虱子,用一块纸包上塞到树洞里,然后离开了。过了两三年,又从这里经过,忽然想起当年塞进树洞里的纸包。他往树洞里一看,纸包和原来一样,拿出来打开一看,虱子薄得像一片麦麸。把它放在手掌里仔细观看。不一会儿,感到掌心奇痒难忍,而虱子的肚子渐渐膨胀起来了。他便把虱子扔地上回家了。手掌痒的地方肿起核桃大小一块,肿痛几天后,死了。

梦　　狼

白老汉是直隶地方人。大儿子白甲在南方做官,两年没有消息。有个姓丁的远亲来拜访,他热情招待。丁某平时走无常——通过假死去给地府当阴差。闲谈中,白老汉就询问阴曹地府的事,丁某回答说虚幻迷离,白老汉不大相信,只是一笑了之。

过了几天,白老汉正在睡觉,梦见丁某又来了,邀他一道去玩。他跟了去,进了一座城门。过一会儿,丁某指着一座大门说:"这儿是你外甥家。"当时白老汉的姐姐有个儿子在晋地任县令。他惊讶地问:"我外甥怎么会在这里?"丁某说:"如果不信,进去看看就知道了。"老汉走进门去,果然看见外甥头上戴着貂蝉帽子,身上穿着绣着獬豸图案的官服,坐在大堂上。两旁站着拿矛戟,打旗幡的卫士。没人给通报,丁某就拉他出来,说:"你家公子的衙署距此不远,你也想去看看吗?"老汉同意了。不一会儿来到一座官衙门口,丁某说:"进去吧。"老汉往门里偷偷一看,见一只大狼挡住路,老汉害怕不敢往里进。丁某又说:"进去吧。"又进了一道门,看见堂上、堂下,坐着的、躺着的都是狼。再看台阶上,白骨如山,老汉更害怕了。丁某用身体挡着往里走。公子白甲正好从屋里出来,看见父亲和丁某非常高兴。坐了一会儿,便叫侍从去办筵席,忽然一只大狼衔个死人进来。白老汉战战兢兢地站起来说:"这是干什么呀?"白甲说:"让厨子对付着作几样菜。"老汉急忙阻止。心里惶惶不安,想离开这里,但是被一群狼拦住了去路。正在进退两难时,忽然发现狼群嗥叫奔逃,有的逃到床下,有的钻到桌底下,老汉惊奇地不知发生了什么事情。不一会儿两个穿着金色铠甲的猛士瞪着眼睛跑进来,拿着一条黑亮的铁链子把白甲绑起来,白甲倒地变成一头猛虎,牙齿又尖又长。一个猛士拿出利剑要砍掉虎头,另一个说:"且慢!且慢!这是明年四月的事,不如暂且把牙齿敲掉。"便拿出大锤敲虎的牙齿,虎牙纷纷落地。虎疼得大吼一声,震得地动山摇。白老汉吓坏了,忽然醒来,才知道是一场梦。心里觉得奇怪。派人去请丁某,丁某推辞不来。老汉写了一封信,信中详细记述了噩梦的始末,让次子去看大儿子白甲。老汉在信中多方劝诫,情词哀切。老二到了白甲的衙门里,看见哥哥门牙全掉光了,惊奇地问是怎么回事,原来是喝醉酒从马上掉下来摔掉了,问他摔下的时间,刚好是父亲做梦的那天晚上。老二更害怕了,拿出父亲写的信交给哥哥。白甲读了信,脸色变了,但稍迟一会儿说:"这不过是和梦境偶合罢了,有什么奇怪的。"原来当时白甲向当权的官员行了重贿,被保举重用,所以没有把父亲的怪梦放在心上。

老二在哥哥家住了几天,看见白甲的手下都是些贪赃枉法之徒,行贿的、走关系的日夜不断。他流着泪规劝哥哥。白甲说:"你整天生活在乡下,所以不知道当官的窍门。罢官和升官的大权,决定于上司而不在百姓。上司高兴,便是好官,只知道爱百姓,怎么能讨上司的喜欢呢?"弟弟知道无法劝哥哥改邪归正,便回家了,把哥哥的情况告诉了父亲。白老汉听了大哭。没有别的办法,只能捐献家财救济贫民,天天祈祷上天,只请求上天报应白甲时,不要连累全家。

第二年,有人报喜,说白甲被推荐为吏部主事,来贺喜的宾客天天不断。只有白老汉躲在暗中哭泣,托病卧床不出来。没多久,传说大儿子在入京途中碰到强盗,主仆都遭了劫难。白老汉才起床,对客人说:"鬼神的怨怒只报应他一人,保佑我家人平安的恩德实在太重了。"于是烧香拜谢上天。前来安慰老汉的都说这消息不真实,只有老汉对此深信不疑,定下日子给白甲准备丧事。

其实白甲开始并没死。原来,他在四月离任赴京,才走出县境就碰到强盗。白甲把所有的银两都给了强盗。强盗们说:"我们来是为全县百姓雪洗冤仇的,哪只专门为了这几个钱!"说完便砍下了他的头。强盗又问:"司大成是谁?"司大成原是白甲的心腹,帮助白甲残害百姓。仆人们供出了他。强盗也把他杀了。还有四个鱼肉百姓的衙役,是帮白甲搜刮钱财的坏蛋,白甲准备把他们带到京师作爪牙。都被搜出来杀了。处决完这批坏人之后强盗才分了钱装进口袋,飞驰而去。

白甲的鬼魂伏在路旁,看见一个官员从这里路过,官员问前面开路的随从:"被杀死的是什么人?"随从说:"是某县的白县令。"那官说:"他是白老汉的儿子,不要让老汉看到他这副凶残相,应把他的头接上。"于是有一个人捡起白甲的头接到颈上,说:"邪人的头应该是歪的,让他的嘴巴对着肩膀好了。"头接完都离开了。

白甲的头接上不久,又慢慢活了过来。妻子去收尸,发现他还有点气,就把他抬上车运回,慢慢给灌些汤水,可以咽下去。由于钱财被抢光了,没有路费回家,只好住在旅店。半年左右,白老汉才得到确切消息,派老二去接白甲回来。白甲虽然又活了,但他的眼睛只能看到自己的后背,又怪又丑,没人再把他当人看。白老汉姐姐的儿子因政绩出色名声好,这年被提拔为御史。这两件事都应了白老汉的梦。

异史氏说:"私下叹息当今天下官如虎而吏如狼的情况到处都是。即使官员不做虎,但吏役们还要当豺狼,况且贪吏比贪官还凶猛呢!人做事担心不能知道后果,苏醒过来使他不得不朝后看,鬼神的惩罚太微妙了!"

邹平县人李匡九进士,当官非常廉明清正。曾有富人被罗织罪名关进监牢,吏役威胁被抓来的富人:"县太爷要你交两百两银子,快点送来,不然,对你不利!"富人害怕了,答应出半数。吏役摇手说不行。富人苦苦哀求。吏役说:"不是我不给你出力,只怕当官的不允许。到听审时,当着你的面我替你说情,他是否允许,你也可以看个清楚。当然也让你明白我没有别的企图。"不一会儿,李匡九来审案子。吏役知道李已经戒烟了,便靠近李低声说:"你吸烟吗?"李摇摇头。吏役走到阶下跟听审的富人说:"刚才我说给一百两,他摇头不同意,你不是亲眼看到了吗?"富人相信了他的鬼话,答应出二百两银子。吏役知道李匡九爱喝茶,又靠近李问:"你想喝点茶吗?"李点点头,吏役借口去烧茶,走下去对富人说:"办成了,刚才老爷点头同意,你不是看见了吗?"不一会儿就结束了,富人无罪释放。吏役收下二百两银子的贿赂,而且另外勒索一分谢金。

唉!官员自以为清廉,但是骂他是贪官的人满路都是,这是放纵豺狼般的吏役去干坏事而自己不知道的。世上像这一类事例多得很,可以作为当官的一面镜子。

夜　明

有个商人坐船航行在南海。半夜时,船里通亮如同白天一样。他起床向海里一看,只见一个庞然大物,半个身子露出水面,像一座大山,两只眼睛像初升的太阳,光芒四射,把大地都照亮了。他惊恐地向船工打听这是什么怪物,大家都不知道。船上的人一起趴着注视它。过了一会儿,它慢慢地缩入水中,天色又黑暗下来。后来到了福建,众人都在说有天晚上忽然大亮,过一会儿又黑了下来,作为怪事互相传说。商人计算所说的时间,刚好是在船上见到怪物的那个晚上。

夏　雪

康熙四十六年七月初六日,苏州下了一场大雪。百姓吓得惊慌失措,都到大王庙去祈祷。大王的神灵忽然附在一个祈祷者的身上说:"如今称作'老爷'的在前头都加一个'大'字,你们莫不是以为我这个神小,消受不起一个'大'字吗?"众祈祷者吓坏了,同声喊"大老爷",雪马上就停了。从这件事看来,神也是喜欢阿谀奉承的,难怪谄媚的人品格越低下越能得到丰厚的赏赐了。

异史氏说:"社会风气的变化,下面的人一天天喜欢巴结上面的人,上面的人也一天天骄横狂妄起来。就从康熙四十多年来看,称呼与古代的不同,就很可笑。举人称'爷',是从康熙二十年开始的;进士称'老爷',是从三十年开始的;司、院长官称'大老爷',是从二十五年开始的。从前县令进见巡抚,也不过称'老大人',而现在这种称呼早就不用了。即使很正统的人,也只好用奉承应付奉承,没有敢说不的。像士大夫的妻子称太太,才不过几年的事。过去只有士大夫的母亲才有这种称呼。士大夫的妻子称为'太太'的,只有淫海小说中的乔太太,林太太,其他地方从未见过。唐代,皇上想给张说加封'大学士',张说推辞道:"'学士'上面从未加过'大'字,我不敢接受'大学士'的称呼。"现在称'大'的,谁给加的'大',最开始起于小人的阿谀奉承,以此讨得骄傲的官员的喜悦,他们也就大言不惭地接受了,便满天下纷纷学样而'大'了起来。我想再过数年,称'爷'的必进一步称'老爷',称'老爷'的必进一步称'大老爷',只是不知道在'大'字上面再造什么样尊称？这恐怕不是平常人所能想象出来的！"

康熙四十六年六月初三日，河南归德府下了一尺多厚的大雪，禾苗都冻死了，可惜当地百姓不知道谄媚庙中大王的方法。可悲啊！

化　男

苏州木渎镇有个老百姓的女儿夜晚坐在院子里乘凉，忽然一颗流星掉下来打在她的头上，倒地而死。她的父母年迈而膝下无子，只有这一个独生女，伤心地呼喊抢救。过了一会才苏醒了，笑着说："现在我是男子了。"一检查，果然是真。家里人不把她化男看作妖异的事，还暗中高兴突然间得了个儿子。奇怪了，这件事也发生在康熙四十六年。

禽　侠

天津有个寺庙，鹳鸟在屋脊的鸱尾上做了一个窝。大殿的天花板上，藏着一条盆口粗的大蛇。每当鹳雏的翅膀快要长成而要飞时，蛇就出来把鹳雏吃光。母鹳凄惨地叫了好几天才离去。三年间都是这样，人们料想鹳一定不再来了，可是第四年又回来和原来一样的做窝。当小鹳快长大时，大鹳飞走了，三天后才飞回来。飞回窝里哑哑地叫着，像往常一样哺喂小鹳。蛇又弯弯曲曲地爬上屋脊。快到鹳窝时，两只大鹳惊慌地哀叫，飞起直上天空。不一会儿，听到"蓬蓬"的风声，一瞬间，天昏地暗。众人十分惊奇，见一只大鸟化开遮天蔽日的翅膀，从天空迅疾冲下，势如暴风骤雨，伸出尖利的爪子抓蛇，蛇头立刻被撕抓下来，连带把大殿的屋角也拉掉了好几尺，然后展翅飞走了。两只大鹳紧随其后，好像在送行。鹳窝倾毁，两个小鹳一起落在了地上，一只死了一只活着。和尚将活着的小鹳放在钟楼上。一会儿大鹳回来了，还像往常一样哺育小鹳，小鹳羽毛丰满后一起飞走了。

异史氏说："鹳鸟第二次在原处做窝，原本没料到会再次遇祸。三年窝巢不换地方，那是立下报仇的决心。飞走三天不回来，是去搬求救兵，可想而知了。那大鸟一定是鸟类中的剑侠，飘然飞来，一击而去，即使手段神妙的剑仙空空儿也不过如此。"

济南有个绿营兵，看见一只鹳鸟飞过，拔箭射它，鹳鸟应弦而落。嘴里还衔着一条小鱼，是准备哺喂小鹳的。有的人劝他拔箭放了它，绿营兵不答应。不一会儿，鹳鸟带着箭飞走了。后来它带着箭在城郊附近来往飞了两年多。有一天，那个射箭的士兵坐在辕门下，鹳鸟带箭从这里飞过，箭落到地上。这个士兵拾起来细看，然后说："这支箭一点没损坏。"这时他感到耳朵有点痒，于是拿箭搔耳。忽然一阵大风刮来，门被大风吹得突然关闭，撞击了箭后刺穿脑袋而死去。

鸿

天津有个捕鸟的人射到一只大雁，另一只雄雁跟着飞到捕鸟人家门外，在房子的上方哀叫着飞翔，直到天黑才飞走。第二天，捕鸟人清早出门，那只雄雁又来了，哀叫着飞向猎人，扑在他的脚下，捕鸟人想把它一道抓住，看见它一上一下地伸长着脖子，吐出半块黄金。捕鸟人明白了它的意思,说:"它这是用黄金来赎老婆的。"于是放了雌雁。两雁在天空徘徊飞了半天,似乎在倾诉悲喜之情,接着双双飞走。捕鸟人把黄金称一称,有二两六钱多。唉!禽鸟能懂什么,却这样钟情!最伤心的莫过于生离死别,动物也是这样吗?

象

广东有个捕猎野兽的人,带着弓箭到深山里打猎。偶然躺下休息,不知不觉就睡着了。被大象用鼻子卷起来。他心想一定会被残害杀死。不一会儿,大象把他放在树下,跪在地上长鸣一声,成群的大象纷纷来到,从四面把猎人围在中间,好像有事情求他帮助。前面的一头象趴在树下,抬头看看树上,随后又低头看看猎人,好像让他爬上大树。猎人领会了它的意图,就脚踏着象背,攀缘着上了大树。虽然爬到树顶,但不知大象要他具体做些什么。不一会儿,来了一只狮子,群象吓得伏在地上。狮子选了一头肥象,看意思要扑住吃掉它。群象吓得发抖,没有一个敢逃跑的,只是抬头一起向树上看,好像请求猎人怜悯和救助。猎人领会了象的意思,于是向狮子射了一箭,狮子中箭立即死去。群象感激地望着猎人,好像表示拜谢。猎人便爬下大树,象又伏在地上,用鼻子拉着他的衣服,好像让他骑上。猎人跨上象背,大象就驮着他走。大象走到一处隐蔽的地方,用蹄子翻开浮土,露出数不清的象牙。猎人从象背上下来,把象牙捆好放到大象背上,大象就把猎人和象牙驮着送出山,才返回深山。

负 尸

有个樵夫到集市上去,扛着扁担回家,忽然觉得扁担一头压着很重的东西。回头一看,见一个无头的尸体挂在扁担上。樵夫吓坏了,从扁担上解下无头尸体,用扁担乱打一气,尸体便不见了。樵夫吓得飞跑,跑进一个村庄。这时天色已黑暗下来,有好几个人点着火把,好像在地上找东西。樵夫走近前去探问寻找什么东西。原来许多人坐在一起闲聊,忽然从空中掉下一个人头,胡须头发乱蓬蓬的,一下子又不见了。樵夫也说了他所见的无头尸,二者合起来,刚好是一个人,却不知从何而来。后来又有一个人提篮子而行,忽然看见他的篮子里有人头,众人吃惊地前去询问,他才大吃一惊,忙把人头倒在地上,滚转着不见了。

紫花和尚

诸城县有个丁生,是野鹤公的孙子。年少而知名,害了重病死了,隔一夜又活过来,说:"我已经悟道了。"当时有个和尚善于参悟佛经的禅理,于是派人去请和尚到病床前讲说《楞严经》。丁生每听完一节,都说讲得不对,说:"假如我的病好了,阐明佛道又有什么困难,只有某人能治好我的病,应虔诚地把他请来。"原来同县有个某生,精通医理但不挂牌行医,家人三番五次才请来,按他开的处方吃药,丁生的病果然好了。某生回到家里,一个女子从外面进来说:"我是董尚书府中的侍女,紫花和尚与我有前世的旧冤,今天才找到报仇的机会,你又要使他活下来吗?你再去治病,灾难就要降到你身上。"说完,就不见了。某生害怕了,拒绝了丁家的邀请。丁生的病复发,坚持请某生去给医治,某生就把女鬼的话如实告诉了丁生。丁生叹息道:"冤孽是前世造成的,我的死是注定的。"不久就死了。后来向别人打听,果然有个紫花和尚,是个道行很高的和尚,青州董尚书夫人曾经把他供养在家中,也没人知道紫花和尚与侍女是怎么结上冤仇的。

周 克 昌

淮上贡生周天仪,五十多岁了,只有一个儿子,名叫克昌,对他很溺爱。到了十三四岁,风度神态很秀美,但生性懒惰,不爱读书,总是逃学去跟小孩玩耍,常常一整天都不回家。周天仪不管他。有一天,到晚上还没回家,才开始找他,可是始终找不到。夫妻二人号啕大哭,几乎不想活了。

过了一年多,周克昌忽然回来了。自己说:"被道士迷去,幸好没被残害。乘他到别处去时,得以逃回来。"周天仪高兴极了,也不加追问。当教他读书时,聪明和悟性比从前提高了好几倍。又过了一年,写文章思路敏捷进步神速,考中秀才后,很有些名气。世家大族都争着和他议婚,周克昌都不愿意。赵进士的女儿姿容漂亮,周天仪强迫儿子把她娶过来。新媳妇过门后,夫妻俩说说笑笑非常亲热。但是周克昌晚上一直单独睡觉,似乎没有性的要求。过了一年,周克昌在乡试中考取了举人。周天仪更感到慰藉。然而周天仪年老了,天天都想抱孙子,常暗中劝周克昌多亲近妻子。周克昌冷淡得很好像不懂这回事。母亲却忍耐不住了,成天絮絮叨叨。周克昌变了脸色,跑出门去,说:"我早就想走了,所以没马上离开,是为了报答养育之恩罢了。我实在不能和媳妇作床上之欢,没法满足你抱孙子的愿望。还是让我离开,那个能生孙子的马上就到了。"追出去拉他,他已跌倒在地,只剩下衣帽在地上,像蝉蜕壳似的。老太婆吓得要死,怀疑周克昌早已经死了,这只是他的鬼魂。悲痛地叹息而已。

第二天,周克昌带着仆人骑着大马回来了,全家都惊慌不安。走近盘问他,说被坏人捉住卖给富商家中,商人没儿子,收他为子。周克昌到这家之后,商人忽然生下一子。周克昌很想家,商人便送他回来。问他学习情况,还像过去一样冥顽迟钝。才知道这是真周克昌,那个考取秀才、举人的,是鬼变的周克昌。周天仪私下里庆幸事情没有泄露出去,便叫周克昌冒充了那举人的名义。周克昌到了房里,妻子对他很亲热,而周克昌却腼腆不好意思,像新婚一样。他回来后刚一年,妻子就生了个儿子。

异史氏说:"古人说平庸而有福气的人,一定在口鼻眉目之间带着平庸的味道,而后福气随之而来。那些精明不凡的人,是鬼所厌弃的。平庸味在那人身上,不进考场也可以得到科举功名,不亲自迎娶美人也可以获得,更何况有些关系后台,加上会钻营的、会窥伺的人呢?"

嫦 娥

太原府人宗子美,跟父亲四处游学,寄居扬州。父亲和红桥下林老太早有过交往。一天,父子从红桥过,遇见了林老太,她一定请他们父子到她家,饮茶闲谈。旁边站着个姑娘,人长得非常漂亮。子美的父亲赞不绝口。老太看着子美对其父说:"你家儿子温顺得像个大姑娘，一脸福相，如果不嫌弃，就把女儿许给他，怎么样？"宗父大笑，催促子美站起来，让他给老太下拜。说："一言千金了。"

在早先，林老太一个人过日子。姑娘忽然来到，诉说自己如何孤独痛苦，问她的小名，说叫嫦娥。林老太很喜欢她，就把她留下了，实际上是把她当奇货等将来发一笔大财。

当时宗子美十四岁，看到嫦娥，心里暗暗高兴，心想父亲一定请媒人给他定亲，可是回家后父亲好像把这事忘了。子美思念嫦娥，心急如火烧，偷偷地告诉了母亲。父亲听后笑着说："我以前只不过和贪心的老婆子开个玩笑罢了。还不知道她要拿姑娘卖多少金钱呢，这谈何容易！"过了一年，子美的父母都去世了。可他不能忘却对嫦娥的相思之情，服孝期将满，子美托人示意林老太。林老太开始不承认有这回事。子美气愤地说："我平生不轻易弯腰行礼，你怎么把我的行礼看得一文不值，如果要违背以前的盟约，必须偿还一拜之礼"。林老太才说："从前和令尊把结亲的事当玩笑说过。但没有正式定亲，于是后来都忘了。你今天既然提起此事，难道我想留女儿嫁给天王吗？我每天精心打扮她，实指望能得到千两银子的聘礼。现在我只向你要一半，行吗？"子美自料筹不到这笔钱，也就算了。

刚好有个寡妇租子美西邻家房子住，有个十五六的女儿，小名颠当。子美偶然间看到了她，文雅艳丽，一点不比嫦娥差。心里十分倾慕，便以送些东西为借口接近她，渐渐熟悉了，常常眉目传情，想说几句话可惜没有机会。一天晚上，颠当翻墙过来借火。子美高兴地拉住她的手，两人便亲热起来。子美向她提出婚姻问题，颠当用哥哥做生意未回来作借口推辞了。从此两人秘密地互相亲近，不露一丝痕迹。

有一天，子美偶然从红桥经过，看见嫦娥正好在门里，连忙快步从门口走过。嫦娥远远看见子美，用手招呼他，子美停住脚，嫦娥又向他招手，子美便进了她家。嫦娥责备他背弃婚约，子美详细说了求亲的过程。嫦娥便进内室取一锭金子交给他，子美不要，说："当初我以为咱俩无缘，便和别人订了婚约。如果接受了你的黄金和你订婚，就要辜负别人。接受了你的黄金不和你订婚，就辜负了你的好意。我实在不愿辜负你们中的任何一个。"嫦娥沉思了好久说："你所说的婚约，我也十分清楚。那桩婚事肯定不成功，即使成了，我也不会怨你负心。你快走吧，我妈快回来了。"子美仓促之间拿不定主意，便拿了黄金回去了。

第二天夜里，子美把见嫦娥及与之婚约之事告诉了颠当，她很赞成子美的决定，只是劝子美要对嫦娥用情专一。子美不说话，颠当表示愿意列在嫦娥下边。子美才高兴了。于是派人带着金子到林老太家议婚事，林老太没有推辞，便把嫦娥嫁给了子美。嫦娥结婚后，子美把颠当说的话全告诉了嫦娥，嫦娥微微一笑，表面上怂恿子美把颠当娶过来。子美十分高兴，急着去告诉颠当，可是颠当早就没踪影了。嫦娥知道颠当是为避开自己，便暂时回了娘家，故意给颠当留下机会，嘱咐子美摘取颠当身上的香囊。嫦娥走后，颠当果然来了，子美和她商量娶亲一事，颠当只是说不要着急。在和颠当解衣亲热调笑时，发现她胁下有一紫色荷囊，想要将它摘下来。颠当变了脸色，从床上起身说："你和她一条心，和我却心存二意，你这负心汉，从今以后我们断绝来往。"子美低三下四地解释挽留，颠当不听，负气地走了。有一天，子美路过颠当门前，进去打听，已有苏州客租下来住在里面，颠当母女搬走很长时间了，踪影皆无，没地方打听。

子美自从娶了嫦娥，家里突然富裕起来，一条条的长廊把高楼连接起来，横贯一条街巷。嫦娥善于诙谐戏谑。子美偶然看到一幅美人画卷,对嫦娥说:"我自己认为你已经是举世无双的美人了,只是没见过赵飞燕和杨贵妃,毕竟还是憾事。"嫦娥笑着说:"你想见她们,那有什么难的。"便拿起卷轴仔细看了一番,便走进内室对镜梳妆,然后学赵飞燕迎风飞舞,又学杨贵妃醉酒伤怀。体态的高矮胖瘦随时变化,人物的风情姿态和画卷一模一样。正当嫦娥学美人动态时,有个丫鬟从外面进来,再也认不出她来,惊问别的丫鬟;又仔细看看,才醒悟过来大笑。子美高兴地说:"我虽然只娶了一个美人,却把千古以来的美人都请到闺房中来了。"一天晚上,睡得正熟的时候,忽然几个强盗撬开门进来,火光把四壁照得通亮。嫦娥急忙起身,惊慌地说:"强盗来了。"子美才醒,急得正要呼救。一个强盗把刀架在他的脖子上,吓得他不敢喘气。又有一个人抢了嫦娥背起,就哄哄闹闹地走了。子美才大声哭喊,全家的仆人都来了,房里的珍宝,一点没有丢失。子美非常悲痛,吓得没了主意,活着的情趣都没有了。告到官府要求追查强盗,但一点消息也没有。

时间缓慢地过了三四年,子美郁郁寡欢,百无聊赖,借应试的机会来到京都。住了半年,问卜、算卦、打听、查找,各种办法都用尽了,也查不出嫦娥下落。子美偶然路过姚巷,碰到一个女子,满面尘土,衣衫褴褛,神色局促,像乞丐一样。子美停下来细看,原来是颠当。他吃惊地问:"你怎么憔悴到这地步?"颠当说:"和你分别后迁居南方,老母就去世了,我被坏人抢去卖到一个旗人门下,挨打受冻,忍饥挨饿,难以形容。"子美掉下眼泪,问:"可以赎身吗?"回答说:"太难了。花费钱很多,只怕无能为力。"子美说,"老实对你说,近年来家中很富有,可惜客居在外带的钱不多,为了解救你,把车马行装全卖了在所不惜。如果要的钱太多,我回家再筹办。"颠当约好第二天到西门外柳树下和子美相见,还嘱咐他一个人去,不要带随从。子美答应了。第二天,子美一大早就去了,而颠当已经先到了,衣着华美,和昨天判若两人。吃惊地问她这是怎么回事,颠当笑着说:"昨天是试探你,可喜的是你没忘记我们过去的恩爱之情,请到寒舍一叙,我一定报答你的关心。"往北走了几步,就到了她家。颠当拿出酒菜,和子美饮酒畅谈。子美邀她一起回家。颠当说:"我还有很多世俗琐事,不能一同走。嫦娥的消息,我了解得比较详细。"子美急忙问她在哪里。颠当说:"她的行踪飘忽不定,住在什么地方我也不大清楚。西山有个瞎了一只眼的老尼姑,问她,就自然知道了。"当晚子美便住在了她家。

第二天,颠当把去西山的路告诉了子美。子美很快到了那个地方,果然有座古寺,周围的墙都倒了,竹林里有半间茅草房,一个老尼姑在里面补衣服。见有客人到,轻慢不爱搭理。子美上前作揖施礼,老尼才抬头问话。子美先通报了自己的姓名,就说了来这里请老尼帮助寻找嫦娥的意思。老尼说:"八十岁的老瞎子,且与世隔绝,哪里知道佳人的消息?"子美再三恳求。老尼才说:"我实在不知道。明晚有两三个亲属来看望我,也许这些小姑娘中有人认识她,你明晚再来。"子美才谢过告辞出来。第二天子美再去时,老尼已去了别处,破门上了锁。子美等了很久,更漏声声夜已深,明月当空高挂,正在徘徊,不知所措,忽然看见两三个女子从远处来到寺庙,而嫦娥就在其中。子美高兴极了,突然跳起来冲到嫦娥面前,抓住她的衣襟。嫦娥说:"鲁莽的郎君!吓死我了!可恨颠当多嘴多舌,又叫我遭受情欲缠身的苦恼。"子美拉她坐下,握住她的手细诉心曲和经历的艰难,不觉潸然泪下。嫦娥说:"实话告诉你,我是被贬谪的嫦娥,漂泊在尘世间,因期限已满,便制造了被强盗抢走的假象,是为了断绝你的希望罢了。

老尼也是王母娘娘的看门人，我当初被贬谪时，承蒙她的收留照顾，所以一有空常来看望她。你如果放弃了我，我帮你把颠当娶过来。"子美不同意，低头落泪。嫦娥看着远处说："姊妹们来了。"子美正往四处看，嫦娥已经不见了。子美痛哭失声，不想再活了，于是解下带子上吊。恍惚中感觉灵魂已离开躯体，痛苦得不知往哪里去。一会儿见嫦娥来了，抓住自己提起，脚不沾地。到了庙里，又把树上的尸体取下来，把尸体和灵魂推到一块，大声喊道："痴郎、痴郎，嫦娥在这里。"忽然间，子美好像大梦初醒。稍稍安定以后，嫦娥气愤地说："颠当贱丫头！害了我又杀郎君，我一定不放过她。"于是两人下山雇了车马回到客舍。子美让家人准备行装，就转身出西城去面谢颠当，到那地方一看，房舍全变了样，又惊奇又感叹回到了旅舍。心中暗暗庆幸嫦娥不知道。一进门，嫦娥就迎面笑着说："你见到颠当了吗？"子美吃惊得说不出话来。嫦娥说："你瞒着嫦娥，怎么能找到颠当？请坐下等一会儿，她自己会来的。"不一会儿，颠当果然来了，慌慌张张跪在床前，嫦娥在她头上用手指弹了个响爆说："小鬼头真是害人不浅！"颠当叩头，只求免于死罪。嫦娥说："把人推到陷坑中，自己还想脱身逍遥事外吗？月宫十一姑不久就要嫁人了，要绣一百幅绣花枕套、一百双绣花鞋，你要跟我一起做这些活。"颠当恭敬地说："只求你分给我一些活计，一定按时送到。"嫦娥不允许，对子美说："你若给她求情，我就放了她。"颠当用求助的目光看着子美，子美只笑不说话。颠当气得用眼睛瞪他。于是请求让她回去跟家人说一声再来，嫦娥答应了，颠当才敢离开。子美向嫦娥打听颠当的生平，才知道她是西山的狐仙。便买了车马等她。第二天，果然来了，于是一道回家。

　　然而嫦娥重新回来以后，一直保持严肃态度，再不轻易诙谐调笑了。子美强迫她玩那亲热的游戏，她只秘密地教颠当去做。颠当极聪明，善于媚惑人。嫦娥喜欢自己睡，常不和子美同房。一天夜里三更时分，还听到颠当房中笑声不绝。嫦娥派丫鬟去偷听是怎么回事。丫鬟回来不说，只是请夫人亲自去看。嫦娥趴在窗子向里一看，只见颠当化装成自己的样子，子美抱着她，口里喊着"嫦娥"。嫦娥笑着回到房中不一会儿，颠当突然心痛起来，急忙披着衣服拉着子美来到嫦娥房中，进门就跪在地上。嫦娥说："我难道是那些用妖术害人的巫医吗？你自己效'西施捧心'而已。"颠当叩头求饶，说自己知罪了。嫦娥说："你的病好了。"她这才起来，笑着走了。颠当私下里对子美说："我能教娘子学观世音娘娘。"子美不信，于是两人打赌。嫦娥盘腿打坐时，眼皮垂下来好像睡着了。颠当偷偷地在玉瓶里插上柳条放在桌子上，自己披散头发双手合十侍立一旁，樱唇半开，洁齿微露，目不转睛。子美忍不住笑了。嫦娥睁开眼睛问子美笑什么，颠当说："我在学龙女侍奉观世音。"嫦娥笑着骂她，罚她学童子拜佛。颠当把头发向上扎起来，便向四方不住的叩头，手足伏地翻转自如，施展出各种变化姿态，时而向左倾侧，时而向右弯腰，袜子能擦到耳朵，嫦娥看得笑了起来，坐在椅子上用脚踢她，颠当抬起头，用嘴衔住嫦娥的脚尖，牙齿轻轻一咬。嫦娥正在嬉笑间，忽然觉得一缕春情，从脚趾向上直达心窝，浑身欲火如炽，几乎不能自控。嫦娥连忙收住心神，呵斥道："狐奴该死！媚惑人也不看对象吗？"颠当吓坏了，松开口伏在地上。嫦娥又厉声斥责她，众人都不知道发生了什么事。嫦娥对子美说："颠当的狐性不改，刚才差点被她愚弄了。若不是我根基深厚，很容易堕落下去。"从此，每见颠当，总是严加防范。颠当羞愧惶恐，对子美说："我对她身体的每一部分，都很喜欢，喜欢得太厉害了，不自觉就媚惑上了。说我有不良之心，不但不敢，也不忍心。"子美把颠当的话告诉了嫦娥，嫦娥才像当初一样对待她。但因她过分地沉迷游戏,嫦娥多次向子美提出警告,子美不听。因此大小丫鬟女仆,都争着玩亲近而不庄重的游戏。一天,两个人扶着一个化装成杨贵妃的丫鬟,互相使了个眼色,骗化装的丫鬟放松全身的骨节装成醉酒的样子,两人忽然把手一松,那化装的丫鬟猛然跌在阶下,声音像倒了一堵墙。众人吓得大声喊叫,近前一摸,那化装的杨贵妃已经死了过去。众人非常恐慌,急忙告诉主人,嫦娥吃惊地说:"果然闯出祸来了,我说的准不准?"过去一检查,已没法救了。派人去通知她的父亲。他的父亲某甲,本来是个无赖,一路哭喊着跑过来,背着尸体闯进厅堂,把各种难听的话都骂了出来。子美吓得关上门,不知所措。嫦娥主动出来警告某甲说:"即使主人把奴婢虐待至死,按律条也不应该偿命,况且她是偶然暴死,怎么知道不会复苏呢?"某甲吼着说:"四肢已经冰凉,哪还有复活之理?"嫦娥说:"不要喊,即使不复活,还有官府做主!"于是到厅堂抚摩尸体,丫鬟竟然复活了,又抚摩了一阵,丫鬟扶着她的手站了起来。嫦娥转过身怒斥某甲道:"幸好丫鬟没死,你这贼奴怎敢出言无状。可以拿根绳子把你绑了送到官府去!"某甲无话可说,长跪不起哀求不要送官。嫦娥说:"你既然已经知罪,暂且免于追究。但你这种无赖小人,反复无常,留下你女儿早晚都是祸根,你现在赶快把她带走。原来的卖身钱,你赶快去筹办送来!"派人把某甲押送出门,使请二三位老人,作文书签字作保。手续办好后,就把那个丫鬟叫到面前,让某甲亲自问她:"没有伤吧?"丫鬟说:"没事儿。"然后才把她交给某甲领走。处理完这件事之后,就把所有的丫鬟都叫来,严加斥责,每人打几大板。又把颠当叫来,严禁再玩这种游戏。又对子美说:"今天才知道,居在上位的人一笑一颦都不能随便。嬉笑玩乐的事是由我开始闹起来的,而坏影响便一发不可收拾。凡属哀伤之事都是阴性,欢乐之事都是阳性。阳盛到极点就产生阴,这就是阴阳循环的规律。这个丫鬟的灾祸,是鬼神对我们乐极生悲的一个警告,沉迷于玩乐不及时醒悟,跟着后面就是家破人亡了。"子美恭恭敬敬地听了这番劝诫。颠当哭着求嫦娥拔去她调皮闹事的劣根。嫦娥就掐住她的耳朵,过了好一会才放手,颠当迷惘了一阵,忽然像大梦初醒,伏地便拜,高兴得要跳起舞来。从此,闺阁中清清静静的,再没人敢大声喧哗了。

那个丫鬟回到家里,没害病就突然死了。某甲因为赔不起赎金,请村老代求怜悯宽恕,免掉赎金,嫦娥答应了。又看在她服侍主人的情分上,赏了她一副棺材。子美常担心没有儿子。嫦娥腹中忽有小孩的哭声,便用刀子划破左肋把小孩取出,果然是个男孩。没多久,又怀孕了,又划破右肋,取出一个女儿。男孩极像父亲,女儿很像妈妈,长大以后都和世家大族结为婚姻。

异史氏说:"阳极阴生,真是至理名言啊!但是房里有个仙人,能使我尽情欢乐,消除我的灾祸,延长我的生命,不让我随便死去。这温柔乡实在太快乐了,能老于此就称心了!但仙人为什么要担忧于此呢?天道循环的规律,从道理上讲应该如此,但对世间那些终生痛苦从无出头之日的人怎么解释呢?从前宋代有个求仙而不得的人,常常说:'让我做一日神仙,就是死去也不遗憾了。'我不能再笑话他了。"

鞠 药 如

鞠药如,是青州府人。妻子死后,他弃家出走。过了几年,穿着道袍扛着蒲团回来了。住了一晚又要离去,族人和亲友强留住他的衣杖。鞠药如借口到村外散步,留在室中的衣服和用具都慢慢飞出,随着鞠药如去了。

褚　生

顺天府的陈举人,十六七岁时,曾经跟私塾老师在和尚庙里读书。老师手下的门徒很多。当中有个褚生,自称是山东人,读书刻苦,钻研认真,从来不肯休息。寄宿在寺庙里,没见他回过一次家。陈生和他最要好,就问他为什么这么刻苦读书。他说:"我家贫困,筹集到学费很不容易,即使不能珍惜寸阴,但加读到半夜,那么我的两天,就抵得上别人的三天。"陈生被他的话所感动,想把床搬来和他一起睡。褚生阻止他说:"暂时不要这样做,我看现在这个老师并不是我们理想的老师。阜成门有个吕先生,年纪虽老,但可以作为老师,我们一起去。"

原来京都中的塾师多半是按月收钱的,月末学费用完了,去留自便。于是两个人一同来到吕先生门下。吕先生是浙江一位学问很深的老学究,科场上不得意,贫困得回不了家乡,因此教书度日,实在不是他的本意。收下两个学生心里很高兴。而褚生又特别聪明,一看就明白,所以吕先生对他特别器重。陈生和褚生白天同桌学习,晚上同榻睡觉。

到了月底,褚生忽然请假回家,十多天还没回来。吕先生和陈生都有些怀疑。一天,陈生因到天宁寺办事,在走廊里遇到了褚生,他正在把硫磺蘸到苔麻上,作引火的材料。见到陈生,感到很不好意思。陈问:"为什么中止读书了?"褚生握着陈的手到没人处,忧伤地说:"因贫困没有钱给先生交学费,必须作半个月小贩,挣够一个月的读书费用。"陈生感慨万分地说:"只管回去读书,我会尽力帮助你。"叫随从收拾好他的东西一同回到学馆。褚生请求陈不要泄露出去,只找别的托词告诉先生。陈生的父亲是个商人,靠囤积居奇致富,陈生常偷父亲的钱替褚生交学费。陈父因为丢了钱而责备陈生,陈生如实地告诉了父亲。陈父认为儿子太傻,于是不让他再读书了。褚生知道后非常惭愧,也想告别老师离开学馆。吕先生知道褚生的困难处境后,责怪他说:"你既然贫困,为什么不早说?"便把陈生代交的学费全部返还给陈父,留下褚生继续读书,并和他一块吃饭,就像对待自己的儿子一样。陈生虽然不念书了,还常常邀请褚生到酒店里一起喝酒。褚生为了避嫌坚决不去,而陈生也特别诚恳,常常流着泪请褚生同饮,褚生不忍心拒绝朋友的一番好意,于是两人的交往亲密无间。又过了两年,陈父死了,陈生又回学馆要复学。吕先生被他的诚实所感动,又收下了他。因为荒废学业时间太长,和褚生比较,相差太悬殊了。又过了半年,吕先生的大儿子从浙江沿途乞讨到京城找父亲。学生都筹钱给先生作盘缠,褚生却只能依恋地流着眼泪。吕先生临别,嘱咐陈生拜褚生为老师。陈生答应了,请褚生到家里开设学馆。不久,陈生考取秀才,又以"遗才"的名义参加举人考试。陈生担心考不好,褚生则要求去替他。考试日期到了,褚生领着一个人来,介绍说是他表兄刘天若,嘱咐陈生暂跟他去。陈生刚走出来,褚生忽然从后面拉他,陈生险些跌倒,刘天若急忙扶住他一起出去了。两人到处游览了一会儿,就跟着刘天若来到他家休息,刘家没有女眷,便让陈生住在内室。

住了几天,便到了中秋节,刘天若说:"今天李皇亲花园里游人很多,我们去散散心解解闷,顺便送你回家。"便叫随从挑着茶炉、酒具一道出门。只见花园中的水榭和梅亭里面人语喧哗,挤不进去。走过水关,只见一棵老柳树下面停着一只画船,便相扶上船,在船上,酒过几巡,感到太冷清寂寞,刘天若对书僮说:"梅花馆最近来了一位美人,不知在不在家?"书僮去了一会儿,就同美人一道来了,原来是妓院中的李遏云。李是京都的名妓,诗写得很好,又善于歌唱,陈生曾和朋友在她家饮过酒,有一面之缘。相见后互相寒暄一番。李遏云忧伤得一脸愁容。刘天若请她唱支歌,她唱了一支《蒿里》。陈生有些不高兴,说:"即使主人和客人都不能使你高兴,也不该对着活人唱送葬的歌。"李遏云起身告罪,强作笑颜,就唱了一支艳冶的歌曲。陈生很高兴,抓住她的手腕说:"你从前写的《浣溪沙》词,我曾经读过好几遍,现在已经全忘了。"李遏云吟道:

泪眼盈盈对镜台,开帘忽见小姑来。低头转侧看弓鞋。强解绿蛾开笑面,频将红袖试香腮,小心犹恐被人猜。

陈生反复念了好几遍。过一会儿船靠岸了。经过长廊,陈生见墙壁上题词很多,便拿笔将李遏云吟的《浣溪沙》写在墙上。这时太阳快下山了,刘天若说:"参加考试的人快出考场了。"便送陈生回去,陈生进了门,刘就告别而去。

陈生看室内昏暗无人,正迟疑间,褚生回来了。仔细一看,却不是褚生。他正感莫名其妙,那人忽然近身向他倒了下来。家人说:"公子太疲劳了。"一同把他扶到床上。陈生又觉得倒下来的不是别人,而是自己。起身以后,见褚生就在身边,恍恍惚惚如在梦中。便把家人打发出去,细细问褚生是怎么回事。褚生说:"我告诉你,你不要害怕,我实际是个鬼。早就该投生了。之所以迟迟没有离开,是忘不了我俩深厚的友谊,附在你身上,代替你去应付考试。现在三场考完,报答你的愿望了结了。"陈生还想求他代替参加进士考试。褚生说:"你祖上福薄,悭吝的尸骨是不配接受封赠的。"陈生又问:"将投生哪里?"褚生说:"吕先生和我有父子情分。我常常挂念他,表兄在阴司掌管文书,求他向地府中主持生死的官员说一声,也许快有消息了。"说完告别离开。陈生对此感到奇怪,天亮就去找李遏云,准备问她中秋泛舟的事,谁知李已经死去几天了。又到李皇亲花园去看,只见自己在墙壁上题的诗句还在,墨痕暗淡,字迹模糊,似乎将要磨灭了。他才明白题字的是自己的灵魂,作诗的李遏云是鬼。到了晚上,褚生高兴地来了,对陈生说:"我所计划投生的事办成了,特来和你告别。"于是伸开两手,让陈生在他的手掌上写下褚字作为记号。陈生又要筹办酒宴为褚生送行,褚摇头说:"不必了。你如果不忘记旧情义,放榜以后,不要怕路途遥远来看我。"陈生流着眼泪送他出门。看到一个人等在门外,褚生还在恋恋难舍,那人用手按住他的头顶,随手把他压扁了,装进口袋,背走了。

过了几天,陈生果然中了举人,于是整顿行装到浙江去。吕先生的妻子中断生育几十年了,在五十多岁时,突然生了一个儿子,小孩生下来两只小拳头紧紧地握着,谁也打不开。陈生来了,请吕先生带他去看看小孩,并说孩子的掌心里各写着一个"褚"字。吕先生不太相信。当小孩看到陈生之后,十指自然伸开,一看果然有"褚"字。吕先生吃惊地问事情的原委,陈生便把经过详细地告诉了他。大家听了又高兴又惊异。陈生给吕先生赠送了许多礼物,便回家了。

后来吕先生以贡生的身份到京城参加廷试,住在陈生家里,这时小儿子十三岁,已经考取秀才了。

异史氏说:"吕老先生教学生,却不知道教的是自己的儿子。唉!帮助别人做好事,而自己受到好报,其间的关系非常接近。褚生先以灵魂报答朋友,报答老师前,他的品德和行为,可贯日月,难道只是因他为鬼的缘故而使人惊奇吗?"

盗　户

顺治年间,在滕、峄等地方,十个人当中七个是强盗,官府不敢收捕。后来强盗接受招抚,县令给他们另立"盗户"的名册。凡是遇到他们同良民争执,就故意偏袒他们,生怕他们再起来造反。后来许多打官司的人动不动就冒称盗户,而仇家便竭尽全力揭发他不是盗户。常常是当事者双方陈述理由时,都把是非曲直放在一边,而先攻击是假盗户或是真盗户,反复在这个问题上互相折磨,烦劳官府反复审查他们的户籍。恰好衙署有许多狐狸,县太爷的小姐被迷惑了,县太爷请来了法师,法师用符咒把狐狸抓住装进瓶里,准备用火来烧它,狐狸在瓶子里大喊道:"我是盗户呀!"听说这事的人没有不暗中发笑的。

异史氏说:"现在有明火执杖抢人财物的,官府不把他们当强盗而当作奸淫犯。翻墙奸淫妇女的,常常不承认自己犯奸淫罪而承认犯盗窃罪。这真是世道的一大变化。如果现在官署有狐狸,也一定大喊'我是强盗'无疑了。"

章丘县漕粮徭役和征收火耗银两,百姓缴纳的常比官绅高好几倍。所以有田产的平民都争着把田产托付在官绅名下。这样做虽然没有影响国家税收,但使得官老爷的腰包减少了收入。县令钟某,上了一份呈文请求改革弊端,得到了批准。开始叫百姓自首,接着有好劣的刁民因为得到官府的支持,便把几十年前卖给某人的田产,都造谣说成是假托某人名下的,向官府告发人主。县令都袒护告状的刁民,所以许多善良懦弱的官绅失去了田产。

有个李秀才被某甲告发,一同去接受审理,某甲大喊"秀才",李高声争论,不接受'秀才'这称号。喧闹不停。县令问左右衙役,都指着李说他是真秀才。县令问李:"为什么不承认?"李回答说:"秀才这个称号先搁下再说,等争地问题解决以后再当也不迟。"唉! 大家都争着冒充强盗,而秀才的称号都争着推辞,不肯承认。世道变得奇怪了! 有人投递了一封匿名状说:"告状人原壤,为抗法吞产事:我因年老不能当差了,有靠近城边的田产五十亩,在鲁隐公元年,暂挂恶霸秀才颜渊名下。现在法令森严,理应自首。哪知恶秀才久借不还,霸为己有。我亲自去说理,被他的老师孔子率领凶恶的党徒七十二人,毒杖交加,把我的腿都打废了。又把我锁闭在破烂的门巷里,每天只给一竹筒糙米饭,一瓢冷水,囚禁饥饿得要死。互乡的地契可作证据。乞求革除颜渊功名严加查处,使辛苦经营得来的田产归还原主,上告。"

此篇状纸可以和《柳下跖告伯夷叔齐》的呈文先后媲美了。

某　乙

城西某乙是个小偷。他的妻子非常担心他的行迹败露,多次劝阻,他于是幡然改悔。过了两三年,某乙贫困得不能忍受,心想着再干一次就洗手不干了。于是假托做生意,找个算卦灵验的人占卜一下往哪个方向去吉利。术士说:"东南方吉利,只利小人,不利君子。"卦兆暗合了他的心事,他暗暗高兴。便向东南走去,到了苏州、松江一带。每天在城郊游荡,一连好几个月。偶然走进一座寺庙,看见墙角里堆了两三枚石子,他心想这石子一定不同寻常,也拿一枚石子放到一块,然后直接跑到佛龛后面躺在那里观察动静。到了天黑,寺庙里有人聚在一起说话,好像有十多个。忽然有一个人去数石子,因为多了一颗,感到很惊讶,便和其他人一同到附近搜索,在佛龛的后面发现了某乙。便问他:"扔下石子的人是你吗?"某乙承认了。盘问他籍贯、姓名,某乙编了一套假话回答对方。就给了他一把刀,带着一起去作案。他们到了一座庞大的宅第旁边,拿出软梯,众强盗争着翻墙进到院里。因某乙是外地人,不熟悉路,就让他趴在墙外,负责传递东西、看守口袋箱子等赃物。不一会儿,上面丢下一个包裹,又过一会儿,吊放下一个箱子。某乙举举箱子知道里面有贵重物品,便砸开箱子,凡是沉重的东西,全部装在一个布袋里,背起来就跑,直接取道回家。从此以后,他修造亭台楼阁,购买良田,给儿子出钱捐了个监生。县令送给他一块"善士"的门匾。后来一个大案被破获,那些强盗都被抓住了,只有某乙因当时胡编的籍贯、名字无从查找,得以脱免。事情过去多年,某乙在酒醉时常常自己说出来。

曹州府有一大盗,得到很多资财回来,在家放心地睡觉。有两三个小偷翻墙爬进来,把大盗抓住,强迫他把钱财交出来。他不肯,小偷便用棒槌他,又用火烧他,直到交出全部钱财,小偷才离开。大盗向别人说:"我想不到烧烤的刑法有这么难受呀!"从此深恨强盗,投靠官府当了一个缉拿盗贼的差役,把县里的强盗几乎抓光了。在抓到那几个小偷后,他便照当年那些人对付他的手段残酷地回报了他们。

霍　女

朱大兴是彰德府人,家中很富有但特别吝啬,不是男婚女嫁,家里就不留客人,厨房里也就没有鱼肉之类菜肴。但他生性轻薄,乱搞女人,为了搞女人,不惜耗费重金。每到晚上,就爬墙出村,跟不正经的女人睡觉。一天晚上遇到一个单独行路的女子,估计她是逃出来的,就强行挟持她跟着自己一起回家。点灯一看,女子绝顶漂亮。自己说姓霍。进一步仔细盘问,她便很不高兴地说:"你既然收容我,何必又盘问,如果怕连累,不如早些离开。"朱不敢再问,便和她睡在一起。霍女不肯吃粗茶淡饭,又讨厌肉食,必须是燕窝、鸡心、鱼肚白作汤,才能吃饱。朱没办法,尽力供养她。又爱害病,每天需一碗参汤。朱开始不肯答应。霍女不断呻吟呼喊好像就要死了,朱不得已,只好买给她吃,病马上就没了。于是以此为常。她穿的是绸缎衣裳,过几天就嫌旧了。这样过了一个多月,花的钱不计其数,朱大兴渐渐供应不起了。霍女便哭泣着不肯吃饭,要求离开。朱害怕了,又委曲求全设法满足她的欲望。每当她感到憋闷不快活,朱就隔十来天请一次戏班子来家里演戏,演戏时,朱在帘外放一个凳子,抱着儿子坐在那里看戏。霍女看了戏,脸上还是没有笑容,屡屡讥骂,朱也不太分辩。过了两年,朱家日渐衰败。朱只好委婉地请求霍女降低一点开销,她答应了,各种费用都减少一半。时间长了,仍然无法满足,她也能吃些肉粥,又渐渐地吃普通食物也行了,朱暗暗高兴。一天夜里,她忽然打开后门逃走了。朱大兴惆怅万分好像失去魂魄。四处打听,才知道在邻村姓何的家里。

何家是个大家族,世代当官,豪奢放纵喜欢结交宾客,常常彻夜灯火通明。这夜忽然看见一个美人来到他的房中。一盘问,原来是从朱家逃出来的小老婆。朱大兴的为人,一向被何某瞧不起,又喜欢霍女长得漂亮,便留下了她。缠绵了几天,便被她迷住了。于是穷奢极欲，供养得和在朱家一样。朱大兴得到消息，便向何家要人，何某根本不当回事。朱大兴又告到官府。官府因此女姓名来历都不清楚，放在一边不予受理。朱卖掉财产到官府行贿，才答应抓来对质。霍女对何某说："我到朱家，本来就不是明媒正娶的合法婚姻，何必怕他？"何某非常高兴，打算和朱大兴在官府对质。何家有位门客对何某说："收留逃亡的女人，已经犯了国法。况且这个女人进门每天消费无度，即使是千金之家，又能维持多久呢？"何恍然大悟，不打这场官司了，把霍女归还朱大兴。

过了一两天，霍女又逃跑了。有个黄生是贫士，没老婆。霍女敲门进去，自己说出来历。黄生看见忽然来了一个美人，惶恐得不知如何是好。黄生向来守法，坚决不肯留她。霍女不离开，对话之间，风姿无比娇媚，黄生心动，留下她，可是担心她不能安于贫困的生活。但霍女每天起来很早，亲自操持劳苦，比黄过去的妻子还勤快。黄为人文雅潇洒，对女人有内在的魅力，于是只恨相逢太晚，只怕消息泄漏出去，欢情维系不久。朱大兴自从那场官司以后，家境更贫穷了，又料想霍女不会安于贫困，便放下此事不再追究了。

霍女跟黄生几年，感情深厚。一天，霍女忽然提出要回娘家，要黄生送他。黄生问她："以前你说没家，为什么前后这么矛盾？"霍女说："以前是随便说说。我是镇江人。过去跟着一个浪荡公子流浪江湖，于是到了这里。我家里相当富有，你把所有的家资拿出来跟我去镇江，一定不会吃亏的。"黄生听了霍女的活，雇车船前往镇江。到了扬州地界，把船停在江边，霍女正在靠着窗子向外看，有一个大商人的儿子从旁经过，见她这么漂亮非常吃惊，便掉转船头尾随在黄生坐的船后边，而黄生却不知道。霍女忽然说："你家很贫困，现在有一个治贫的方法，不知道你是否愿意听从？"黄生问她是什么办法，霍女说："我跟你过了好几年了，没有给你生育男女，心里一直放心不下。我虽然不漂亮，幸而还不老。如果有谁愿出千两银子相赠，便把我卖给他。这笔钱可使房屋、田产、妻室都有了。你说这计策怎样？"黄生大惊失色，不知是什么缘故。霍女笑着说："你不要着急，天下美人多的是，谁愿意花千两银子买我呢？让我到外头说句笑话，看有没有人愿出这个价钱。卖与不卖，当然在于你自己。"黄生不答应。霍女自己向船夫的妻子说了，船夫的妻子用征询的眼光望着黄生，黄生漫不经心地同意了。那妇人去了没多久，返回到船上说："邻船有个商人的儿子，愿出八百两银子。"黄生故意摇头刁难那商人的儿子。船妇过一会又回来了，说可以遵照你的意见办，就请过船交钱。黄生微微冷笑。霍女说："叫他暂时等一会儿，我嘱咐黄郎几句，马上叫他过去。"船妇走后，霍女对黄生说："我每天用价值千金的身心侍奉你，现在你该明白了吧？"黄生说："用什么话去推托呀？"霍女说："你马上去签契约，去不去原本在我。"黄生不答应。霍女逼着催他去，黄生不得已去了。对方马上兑付银子。黄生叫人封好银子加上标记，说："我因贫穷，竟弄成这样结果，突然间分手不是件容易事。假如我的妻子不愿跟你，我仍旧将银子原封不动地还给你。"正在运银子到自家船上的时候，霍女已跟船妇从船尾上了商人的船。她回头远远地和黄生道别，没一点伤心和留恋之情。黄生难过得神不守舍，气梗得说不出话来。一会商船起锚开走了，行驶得像箭一样飞快，黄生号啕大哭想叫船夫开船去追，船夫不答应，开船渡长江向南去了。

不久抵达镇江，黄生把银子搬上岸。船夫急忙解开锚把船开走了。黄生烦闷地守着行李，不知向哪去好。望着滔滔流去的江水，好像万箭穿心一样难过。正在掩面哭泣间,忽然听到一个娇滴滴的声音喊道:"黄郎。"他吃惊地回头一看,见霍女已经走在前面的路上,他这下高兴极了,背着行装跟在后面。他问:"你怎么这么快就来了?"霍女笑着说:"再迟些时候,你会疑心我跟别人跑了。"黄生还是怀疑这件事做得很古怪,反复追问根由,她笑着说:"我平生对吝啬的人就破败他的家,对心术不正的人就欺骗他。如果如实和你商量,你一定不肯答应。我上哪给你弄到千两银子呢?现在钱装满了你的口袋,妻子也回来了,你的希望都满足了,何必还问个没完?"黄生这才雇了人快挑着行李带着妻子一起回岳父家。

到了水门里,有一处向南开门的宅院。直接进去,不一会,老太爷、老太太,男人妇女,纷纷出来迎接,都说:"黄家女婿来了!"黄生进去参拜岳父、岳母。有两个青年人和他作揖见礼,陪着说话,这两人是霍女的兄弟大郎和三郎。筵席上菜肴品种不多,四个大白盘子,把方桌摆满了。鸡、螃蟹、鱼、鹅,都切得很碎却保持原样。两个青年人用大碗饮酒,谈起话来都很豪放。饭后又把他们夫妇领到另一个院子里,让他俩单独住到一处,被子枕头都很光滑柔软,而床铺都是用熟牛皮代替棕藤。每天有丫鬟女仆送三餐饭来,霍女有时整天不出门。黄生在岳父家居住时间长了,觉得很寂寞苦闷,多次要求回家,霍女坚决阻止。有一天,霍女对黄生说:"现在替你着想,请买一个女子给你留下后代。可是如果买丫鬟婢女要花很多钱,你装成我的哥哥,让我父亲到外面给你议婚,良家女子不难娶到。"黄生不答应,霍女却不管他答不答应。有个姓张的贡生,他女儿新近死了丈夫。提出要一百贯钱的聘金。霍女强迫黄生将其娶了过来。新媳妇小名阿美,长得秀丽端庄。霍女以嫂子称呼她。黄生拘束不安,而霍女很坦然。一天,她对黄生说:"我和大姐到南海去探望姨妈。一个多月就能回来,请你们夫妇安心住在这里。"说完就走了。

黄生和阿美独处一院,霍家按时送饭过来,饭菜也很丰盛。但自从阿美来后,再也没有人来过他们俩的居室。每天早晨,阿美去拜见婆婆,说过三言两语就退出来了。在旁的兄弟媳妇,只是相视一笑。即使多坐一会儿,也都觉着没什么话可说。黄生进见霍翁时也是如此。偶尔霍家兄弟聚在一起谈话,黄生一到,就谁也不说话了。黄生心存疑虑可又没人商量。阿美觉察不对劲,问黄生:"你既然和他们是兄弟,为什么一个月来像陌生的客人一样?"黄生仓促中回答不上来,结结巴巴地说:"我在外十多年,才回来没几天。"阿美又仔细盘问黄生有关公公婆婆的门第家族,和兄弟媳妇娘家的情况,黄生非常狼狈,不能再隐瞒下去,一切底细都暴露出来。阿美哭着说:"我家虽然贫穷,没有给别人做小老婆的,难怪众人都轻视我,不把我当回事。"黄生惶恐不安,不知道该怎么办,只是长跪在地上听候阿美发落。阿美一看,止住哭声把黄生扶起来,转过头商量怎么办。黄说:"我哪敢有别的打算?只好一个人离开这里回老家。"阿美说:"我既然嫁了出来,又回到娘家去住,在情理上怎能忍心?霍女虽先和你在一起,是私奔;我虽后到,却是明媒正娶。不如姑且等她回来,问问她既然出了这个主意,打算把我摆在什么位置上?"

住了几个月,霍女始终不回来了。一天夜里,听到客厅里喧闹饮酒。黄生偷偷往厅堂里看,看见两个武夫打扮的客人坐在上席,一个头上包着豹皮围巾威风凛凛像天神一般,东边那人用虎头皮作头盔,虎口蒙在前额上,虎头上的鼻子耳朵都很完整。黄生吃惊地返回来,把所看到的情景告诉阿美,到底猜不出霍家父子是什么人。夫妻俩惊疑恐惧,想到别处租房另住,又怕霍家猜疑。黄生说:"老实告诉你,即使到南海的霍女回来了,名分辩证清楚了,我也不能在这里安家。现在想带你一起走,又怕你家老人有别的意见。不如暂时分开,两年内我再来。你能等我,就等两年,如果想另外找人家,也由你自己决定。"阿美想要告诉父母一声跟黄生回老家,黄生不肯。阿美痛哭,要他发下誓言,才分别回了娘家。黄生到霍女父母那告别。当时霍家兄弟都出门了,霍翁挽留他等兄弟们回来再走,黄生不听而出门走了。

黄生一个人凄凉地登上归舟,黯然伤神。到了瓜州时,回头忽然看见一只小船飞快驶来。渐渐靠近,原来按剑坐在船头的那人是霍家大郎。老远就说:"你急着要回去,为什么不再三想想,丢下夫人走了,两三年间,谁能等待?"话才说完,船已靠近了。阿美从船中出来,大郎扶着她上了黄生的船,又跳回自己的船径直走了。开始,阿美回家正向父母哭诉,忽然霍家大郎驾驶车马来到,拿着宝剑威胁她的全家,逼阿美快走。全家吓坏了,没有人敢阻拦追问。阿美描述着当时的情景,黄不懂大郎这样做是为了什么。但阿美跟着回家他很高兴,便开船赶路。

回到了家里,黄生拿出资财经营产业,家里已相当富有。阿美常想念父母,希望黄生去探望一趟,又怕霍女一道跟来,妻妾的名分出现麻烦。过了不久,阿美的父亲寻访到来,看见家里房舍整齐,心里很感安慰。对女儿说:"你从家里走了以后,马上到霍家打听消息,看见门窗都关闭起来,房主也不知道他们的行踪,半年内没一点消息。你母亲每天哭泣,说你被坏人骗走了,不知流落在什么地方。现在有幸没出什么问题吧?"黄生把实情告诉了岳父,都猜测霍女是神仙。

后来阿美生了个儿子,取名叫仙赐。长到十多岁,母亲就让他去镇江探望外公外婆。到了扬州地界,在旅舍休息。随从都出去了。有个女子进来,牵着仙赐到了别的房间。放下窗帘,把他抱到膝盖上,笑着问他叫什么名字。仙赐告诉了她。女子问:"取这名字是什么意思?"回答:"不知道。"女子说:"回去问你父亲自然就知道了。"于是给仙赐梳头挽上发髻,摘下自己头上的花给仙赐簪上,拿出金钏戴在他手上。又拿出一块黄金放到他袖子里,说:"拿去买书读。"儿问她是谁,她说:"儿不知还有个母亲吗?回去告诉你父亲,朱大兴死了没有棺材,应该帮助,不要把这件事忘了。"老仆人回到旅店,不见了小主人,找到别的房间,听见他在和别人说话,偷偷一看,原来是从前的主母。便在外轻轻咳嗽一声。打算请示一些事。女子把仙赐推到床上,一晃就不见了。问房主,并不知道有这个人。

过了些日子,仙赐从镇江回家,把事情告诉了黄生,又拿出所赠送的东西。黄生感叹不已。等打听多朱大兴的情况,已死去三天,尸体暴露在外面没有埋葬,黄生便厚葬了他。

异史氏说:"霍女是神仙吗?换了三个丈夫算不上贞洁。但对吝啬的人,她破其财,对贪淫好色者她促使他堕落,她不是无意的人。但是破了他的财就不必再怜悯,贪淫鄙吝者的尸骨,丢在沟壑里有什么可惜呢?"

司 文 郎

平阳府人王平子,到顺天府参加举人考试,在报国寺租房子住下。寺中已有余杭县的一个书生先住在那里。王平子因和余杭书生住房相邻,所以递过帖子要拜望他。余杭书生不予理睬。早晚见了面也没一点礼貌。王平子讨厌他狂妄傲慢的样子,便断绝来往。

　　一天，有一位青年游报国寺，白衣服白帽子，看上去很魁伟。接近和他交谈，言谈诙谐文雅，王平子很尊敬喜欢他。询问他的家乡和姓氏，回答说："登州府人，姓宋。"王叫仆人摆好座位，两人对面座下有说有笑地交谈起来。余杭书生刚好从这里经过，王、宋二人都起来让座，他公然坐在了上位，一点也不谦让。突然他问宋生："你也是来参加考试的吗？"宋回答说："不是。我才疏学浅，早就没了飞黄腾达的念头。"又问："你是哪个省的？"宋生又告诉了他。余杭书生说："你不求进取，足可看出你的高明。山东、山西都没有通晓文墨的人。"宋生说："北方人通文墨的固然不多，但不通的人里面未必就有小生我，南方人固然通文墨的人很多，但其中未必包括先生你。"说完，鼓起掌来，王平子也附和宋生，弄得哄堂大笑。余杭书生又羞又恼，竖起眉毛挽起袖子大声地说："敢当场命题，比一比八股文吗？"宋生眼看别处笑着说："这有什么不敢的？"余杭书生便跑回寓所，取出经书给王平子。王随手一翻，指着书说："就是这句'阙党童子将命'（阙里有个学童不知礼节，孔子让他在接待客人中受些训练）作题目。"余杭书生起身去拿纸笔。宋生拉着他说："口讲就是了。我的破题已做好了：'在宾客来往的地方，却看到一个无知的人。'"王平子捧腹大笑。余杭书生发怒了，说："你完全不会做文章，只会变着法子骂人，这算什么人？"王尽力排解，建议另选一个好题目。王又翻开书说："做这篇'殷有三仁焉'（殷纣王时有比干、箕子、微子三个志士仁人）吧。"宋生立即应道："三个人走着不同的道路，但目标一致。那目标是什么呢？就是'仁'啊！君子能做到'仁'就行了，何必追求做法也一致呢？"余杭书生便不做了，站起身说："这个人是有点小聪明。"就走了。

　　王平子从此更加敬重宋生。就请他到书房来，很投机地谈了好半天，把自己写的文章都拿出来请宋生指教。宋生浏览得特别快，一会功夫就看完一百篇。看过后说："你对作八股文也是深有研究的。但在下笔时，虽没有非中不可的念头，还存在着侥幸考中的心理，这样，就落到下品里了。"便拿着看过的文章作讲解。王平子非常高兴，像对待老师一样对待他，让厨师用蔗糖做饺子招待他。宋生吃过后觉得又甜又香，说："生平未吃过这种饺子，麻烦以后再做一次。"从此两人相处得非常融洽。宋生每隔三五天就来一次，王平子就给他做甜水饺吃。余杭书生有时也碰见，虽不和宋生深谈，但他那目空一切的傲气却收敛多了。

　　一天，余杭书生拿自己的文章给宋生看。宋生看到文章已被别的朋友密密麻麻地

圈点过,看了一眼,推到桌子一边,一句话也没说。余杭书生怀疑他没看,再次请他看一遍。宋说已经看过了。余杭书生又怀疑他没看懂,宋说:"有什么难懂的? 只是写得不好罢了。"余杭书生说:"只看了一下评点,怎么就知道不好?"宋生就背诵那文章,就像早先读过一样,而且一边背一边指出文章的毛病,把余杭书生弄得无地自容,汗流满面,一句话没说就走了。过一会宋生走了,余杭书生进来,非要王平子的文章,王不给他看。余杭书生硬是自己给找出来了,看见文章多处已被宋生圈点过,嘲笑地说:"这些圈圈很像水饺啊!"王生本来性格质朴内向不善言语,只是羞惭罢了。第二天宋生来了,王平子详细地告诉了宋生。宋生非常生气,说:"我以为那南方人已被降服了,这无赖竟敢如此放肆,一定好好报复他一下。"王生极力劝他不要轻率用事,宋生深深佩服王平子的忠厚宽容。

考试结束后,王平子把应试的文章给宋生看,宋生非常赞许。两人偶然来到大殿前游览,看见一个瞎眼和尚坐在廊下,摆好摊子卖药行医。宋生惊奇地说:"这可是个奇人呀! 最能评断文章好坏,不能不去请教一番。"于是叫王生回书房去取文章。碰上了余杭书生,便和他一起来了。王平子参见瞎和尚并喊师父。和尚以为是来求医的,便问他有什么病症。王平子细述了请教文章的心意,和尚说:"是谁多嘴? 眼睛看不见怎么能评论文章?"王平子请他用耳朵代替眼睛。和尚说:"三篇文章有两千多字,谁有耐心听那么久? 不如把文章烧了,我用鼻子闻一闻就知道了。"王平子照办了。每烧一篇,和尚闻过点一点头,说:"你开始效法大家的手笔,虽然没达到逼真的程度,也很接近了。我刚才是用脾脏领受的。"王平子问:"能考中吗?"和尚说:"也能考中。"余杭书生不大相信,先把古代大家的文章烧了试探他。和尚闻了又闻,说:"好哇! 这篇文章是我用心领受的,如果不是归有光、胡友信,怎么能写出这样的文章?"余杭书生大为吃惊,才开始烧自己写的文章。和尚说:"刚才只领受一篇文章,还未闻到三篇所有的,为什么忽然换了另一个人的文章来?"余杭书生撒谎说:"刚才那一篇是朋友写的,只那一篇,现在这才是我的。"和尚闻一下刚才剩下的灰,呛得咳嗽了好几声,说:"不要再烧了! 格格不能入,我勉强用胸膈领受了,再烧,就作呕了。"余杭书生惭愧地走了。

几天后发榜,余杭书生竟然中了举人,王平子落榜了。宋生和王平子一起去告诉和尚。和尚叹息着说:"我虽然眼睛瞎了,但鼻子还管用,那些考官连鼻子也不管用了。"不一会余杭书生来了,得意扬扬地说:"瞎和尚,莫非你也吃了人家的水饺? 现在到底怎么样?"和尚说:"我所评论的是文章,不是和你论命运。你不妨把所有考官的文章都找来,各烧一篇,我便知道谁是你的老师。"余杭书生和王平子都去找考官们的文章,只找到八九个的。余杭书生说:"如有差错,怎样进行处罚?"和尚气愤地说:"弄错了,你再剜掉我的瞎眼珠。"余杭书生开始烧文章,每烧一篇,和尚都说不是,到第六篇,忽然面对着墙拼命呕吐,屁响如雷。在场的人都笑了起来。和尚擦去眼泪对着余杭书生说:"这真是你老师的文章! 开始不知道,猛然一闻,刺痛了鼻子,肚子也被弄得像针刺一样,连膀胱都承受不了,一直从肛门里冒出来才好受些!"余杭书生大怒,走的时候说:"明天就见分晓了,不要反悔,不要反悔!"过了两三天,竟然没有见到他,到他寓所一瞧,已经搬到别处去了。这才知道那位考官果然是他的老师。

宋生劝王平子说:"我们读书人不应该怨天尤人,要多反省自己。不怨人就德行日益光大,多严格要求自己就学业日益进步。这次落榜,本来是命运不佳,凭良心说,你的文章也没达到登峰造极的地步。那么从此更加倍地磨炼自己,天下总有不瞎眼的考官。"王平子听了,心里更敬佩宋生。又听说第二年还要举行乡试,便索性不回去了,在这里跟宋生学习。宋生说:"尽管京中物价特贵,但费用不用担心。你房子后面有埋藏的银子,可以取出来用。"就把埋银的地方告诉了他,王辞谢说:"前人窦仪、范仲淹尽管贫困,但还保持廉洁,我现在幸好还能维持生活,怎敢用非分的钱玷污自己!"

一天,王平子酒醉睡着了,他的仆人和厨工偷偷地打开了钱窖,王平子忽然醒来,听房后有声响,偷偷出去,看地上堆满了银子。仆人见事情已败露,便害怕地说出了实情。王平子正在大声责骂,忽然发现银上刻着字,仔细一看,刻的是祖父的名字。原来王平子祖父曾在明代南京城任六部郎。进北京时住在报国寺,突然得病死了,这些银两是他当年留下的。王平子非常高兴,称了一下,共八百多两。第二天便去告诉宋生,并把银杯拿给他看,王平子想和宋生平分这些银子,宋生坚决拒绝。他便拿了一百两银子送瞎和尚,但瞎和尚已经走了。

以后一连几个月,王平子学习更加刻苦。应试前,宋生说:"这次要是还没考中,才真是命运不济了。"不久因王平子违反考试规则被除名。王自己还没说什么,宋生却痛哭不止。王反过来安慰宋。宋生说:"我不被上天所喜欢,穷困潦倒一辈子,现在又连累到好友身上。这是天命啊!这是天命啊!"王平子说:"万事原本有命数。像先生你无意猎取功名,和命数无关。"宋擦着眼泪说:"有些话我早就想说了,怕你吃惊奇怪。我本不是一个活人,而是一个漂泊的游魂,年轻时很有才气名声,科考不得志。装作发狂来到京城,希望找个理解我的人,把我的书传授下去。甲申年死于李闯王之乱,从此年年到处漂泊。幸好得到你的理解爱护,所以我竭力帮你琢磨攻读,要使我平生没有实现的愿望,在好友的身上得到实现,聊作我最大的快慰。现在文章的命运还是这样,谁还能无动于衷啊!"王平子也感动得哭起来。问宋生:"你为什么淹留不投生?"他说:"去年上帝有命令,委托孔圣人和阎罗王审核遭劫的冤鬼,德才兼备地留在阴曹地府做官,剩下的就让他们转世投生。我已被录用,之所以还没到职,是想享受一下飞黄腾达的快乐罢了。现在要分别了。"王平子问:"你考录的是什么职务?"宋生说:"文昌帝君府里缺一名司文郎,暂时由一个聋耳人代职,所以现在文运颠倒。万一我能得到这个位置,一定使圣人的教化发扬光大。"第二天,宋生高高兴兴地来了,说:"我的愿望实现了。孔圣人叫我写一篇《性道论》,他看后很高兴,说我可作司文郎。阎罗审查我的档案,说我犯过口孽,不想录用。孔圣人据理力争才被任职。我拜谢圣人后,他又把我叫到文案前边嘱咐说:'因为你爱惜人才,才提拔你担任这清高显要的职务。应该洁身自爱把事办好,不要犯以前的错误。'由此可见,阴曹对人的品行看得比文才还重要。你一定是因为修养不够才没考中的,但只要积累善行不放松,一定会考中的。"王平子说:"如果真的是这样,余杭书生的德行又在哪里?"宋生道:"不知道。不过阴曹赏罚严明,很少出差错。前天的瞎和尚也是个鬼魂,是明朝八股文名家。因生前糟蹋字纸太多,被罚为瞎子。他给人医治疾病,是为了消除前生的罪孽,所以在街市上罢了。"

王平子让人摆酒给宋生送行,宋生说:"不必了,我打扰你一年多,这最后一次,再给我做顿冰糖水饺就心满意足了。"饺子端上来,王平子悲伤得吃不下,让宋生坐下来随意吃。一会功夫,就吃了三大碗,拍着肚子说:"这顿饭可以饱三天,我这是为纪念我们之间的友谊啊!以前吃的都在房后,已长成菌子,收起来当药引子,能增长小孩的智慧。"王平子问以后什么时候能再见面,宋说:"有了官职在身,遇事要避嫌疑。"王又问:"如果到文昌帝君庙里去焚香祭拜,你能收到祭品吗?"宋回答:"这都没有用处。人世和九天相隔太远,只有洁身自爱多做好事,地府官员自然会向上禀报,我一定能知道。"说完,告别而去。王平子到房后一看,果然长了很多紫菌,便摘下来收好。旁边有个新土堆,原来吃的水饺埋在里面。

王平子离京回家后,对自己的品行要求更严了。一天夜里梦见宋生坐着张盖的马车来看他,说:"你过去曾因一点小事生气,误杀了一个丫鬟,被削去了禄位。现在你诚心向善,过去的处罚已经撤销了。但命薄不能做官。"这年,王平子考中了举人。第二年,又考中了进士。以后没再出去当官。他得了两个儿子,有一个非常笨,把紫菌给他吃了,于是变得非常聪明。后来因事到了南京,在旅店遇见了余杭书生,两人畅叙久别之情,余杭书生非常谦逊,但是两鬓已经斑白了。

异史氏说:"余杭书生公然自我吹嘘,想来他的八股文章,未必全不值得一看。但他那骄傲刻薄的情态和神色,却叫人一刻也不能忍受。上天和世人早就讨厌他了,所以鬼神都要戏弄他。假如能够注重人的道德修养,那么只会写臭文章的考官,还是容易碰上的,何至于仅仅碰上一次呢?"

丑　狐

穆生是长沙府人。家里贫困,连过冬的棉衣都没有,一天晚上,他一个人孤寂地坐着,有个女子进来了,穿着华丽耀眼的衣服却长着一张又黑又丑的脸。笑着说:"莫不是有些冷吧?"穆生吃惊地问她是什么人。她回答说:"我是狐仙。可怜你孤单寂寞,暂且和你睡在一起暖暖冰冷的床铺。"穆生害怕她是狐仙,又讨厌她的丑陋,大叫起来。狐仙把一个元宝放在桌上说:"你若和我相好,就把这个元宝送你。"穆生高兴地答应了,床上没有被褥,狐仙就脱下她的袍子代替。天快亮了,狐仙起床后嘱咐穆生说:"把我送给你的元宝,快点拿到市上去买软绸缎作被褥,剩下的买棉衣和食物足够了。如果想和我长久好下去,就不用担心受穷了。"说完就走了。穆生把此事告诉了妻子,妻子也很高兴,马上到集市上买了软缎和棉絮赶制被褥和棉衣。狐仙晚上又来了,看见床上铺盖都是新的,高兴地说:"你家娘子也劳累了!"便留下些银子酬谢她。从此,狐仙没有一晚上不来的,每次离开,必定留下钱物,过了一年多、穆生家的房屋整齐洁净,男女穿的衣服都是绸缎做的,穆生居然像个土财主。狐仙送的东西渐渐少了,穆生因此从心里讨厌她。请了一个法师到家里来,在门上画降妖符箓。狐仙来了,便撕下符箓,用嘴嚼碎吐在地上。进屋指着穆生骂道:"忘恩负义,你已达到顶点。这些符箓又能把我怎样!你如果讨厌我,我会自觉走开。但你既然恩断情绝,从我手中拿去的就要还我。"说完气愤地离开。

穆生害怕了,把事情经过告诉了法师。法师摆设神坛,坛还没摆设完,法师从坛上倒在地上,血流满面,众人走近一看,法师被割去了一只耳朵。众人吓得四散逃跑。法师也捂着伤口逃窜了。投进房中的石块像盆大,把家具门窗、锅碗瓢盆都砸得稀碎。穆生吓得钻到床下,缩作一团,直冒冷汗。一会儿,见狐仙抱一只猫头狗尾的怪物进来,把它放在床前,唆使它说:"嘻嘻!可以咬坏蛋的脚。"怪物一口咬住穆生的鞋子,牙齿比刀子还锋利。穆生吓得要死,想把腿弯曲藏起来,但四肢已不能动。怪物咬他的脚指,发出嘎崩的响声。穆生疼得要死,哀求告饶。狐仙说:"拿出所有的金银珠宝,不许隐瞒。"穆生答应她。狐仙说:"呵呵!"怪物才停止咬他。穆生疼得站不起来,只能告诉她珠宝等物在哪里,狐仙自己去寻找,除了金银首饰外,只有二百两银子。狐仙嫌少,又发出"嘻嘻"的声音,怪物又咬起来,穆生哀叫要求宽恕。狐仙限十日之内,要他偿还银子六百两。穆生答应了,狐仙才抱起怪物离开。过了好长时间,家人渐渐聚拢来,从床下拉出穆生,脚上鲜血淋漓,被怪物咬掉了两个脚趾。再看房中,财物都没了,只有当年的破被还在。就用破被子把穆生盖上,让他躺下。又怕狐仙十天后再来,于是把丫鬟、衣物全卖了,凑足了六百两银子。到期那天,狐仙果然来了,急忙把银两付给她,她没说什么就走了。从此再也没出现。穆生脚上的伤治了半年才好,他的家境又像当年一样贫穷了。

狐仙又找上了邻近村子的于某,于某务农为业,家里没有中等人家的资财。可是三年间,花钱捐买监生,高楼大厦一栋连一栋,所穿的华丽衣服,多半都是穆生家的。穆生见了,也不敢问。有一天到野外,行路间偶然遇到了狐仙,长跪在路边,狐仙没说话,只是用白手巾包着五六两银子,远远地扔给他,返身直接走了。后来,于某死了,狐仙还不时到于家去,于家的东西常丢失。于某的儿子见狐仙来,就给她叩头参拜,远远地对她祝告:"父亲虽然去世了。我们还是你的孩子,纵然不抚恤我们,又怎么忍心看我们受穷呢?"狐仙走了,就再也没来。

异史氏说:"邪物进门,能把它杀了自然是壮举。但已接受了它的恩惠,即使是鬼怪也不应负心于它。晋灵公受赵盾的拥护而得以立为晋国君主,后来却反过来杀赵盾,这必然遭到贤士豪杰的非议了。那女人不是你心里所喜欢的,即使给你大量的财富也不应动心。穆生见钱喜形于色,为了得到财利,竟不惜丧身辱行。可悲啊贪心汉,终于自取残败!"

吕 无 病

孙麒公子是洛阳人,娶蒋知府的女儿为妻,夫妻感情很好。可惜蒋氏二十岁就夭亡了。孙麒忍受不了这悲痛的打击,离开家,住进山中的一所别墅里。

正值一个阴雨天,他白天在屋里躺着休息,室内没有别人。他忽然看见里屋的门帘下边露出一双女人的小脚,奇怪地问她是谁。有个小女子掀帘进来,有十八九岁,衣服朴素整洁,只是微黑的脸上有好多麻子,好像是个贫家姑娘。心想一定是村子里来租房子的,就呵斥她说:"要用房子应该先跟我家人说一声,怎么能随便闯进屋里来?"女微笑着说:"我不是村中人。我祖居山东,姓吕,父亲是读书人。我小名无病。跟着父亲迁居他乡,父母早亡,因敬慕公子是世家名士,愿意做一个侍奉你读书的婢女。"孙笑着说:"你的想法很好。但是和女仆杂居不方便,等我回家后,派车把你聘来。"女子踌躇地说:"我自知貌丑才疏,怎敢和公子平起平坐?如果让我在书案前听你驱使,想必我不至于倒拿书册的。"孙说:"收纳婢女也要选个吉日啊!"就指着书架,叫她将历书第四卷拿来,原来是想试试她。女找到书翻看了一下,而后笑着捧给孙说:"今天凶神河魁不在室内。"孙麒有些心动,便把她藏在屋里。她闲着没事,替孙麒抹桌子整理书籍,点起檀香,擦净香炉。把书房收拾得光洁照人,窗明几净。孙麒对此很高兴。

到了晚上,孙打发仆人住到别处,女子低眼垂目,百般柔媚,殷勤地侍候孙麒。孙叫她去睡觉,才端着蜡烛走了。到半夜孙麒睡醒,觉察床头躺着一个人,用手一摸,知道是吕无病。便把她摇醒。无病惊醒后,起身站在床前。孙说:"为什么不睡到别的房间去,床头是你睡觉的地方吗?"女说:"我害怕。"孙可怜她,就给她放个枕头在床上,让她靠床里边睡下。忽然闻到呼吸的热浪慢慢扑来,气味清雅得像荷花一样。孙很奇怪,就叫她过来睡在一个枕头上,禁不住心神荡漾起来,渐渐地睡到了一个被窝里了,心中感到无比幸福。孙麒想把吕无病长期藏到屋里不是长远之计,又怕带回去遭到非议。孙麒有个姨妈,离别墅只隔十多户人家,和无病商量,叫她先躲到姨妈家,然后再将她娶过来。无病认为这样办很好,就说:"你姨妈和我很熟,不用先去打招呼了,我现在就去。"孙麒送她,她就翻墙走了。

孙麒的姨妈,是个守寡的老太太。早晨打开大门,吕无病闪身而入。姨妈问她是谁。无病回答:"你的外甥叫我来看望你。公子打算回家去住,因为路远车马不够,就让我暂时寄住一些日子。"姨妈相信了她的话。于是她就住下了。孙麒回到家里,骗家人说姨妈家有个丫鬟,愿意送给他,就派人用轿子把她抬回来。来到孙家,无病则陪着孙麒吃饭睡觉。日子长了,孙更加喜欢她了,便收她做小老婆,世家大族来给他提亲,他不答应,似有和无病白头偕老的意思。无病听说他的想法后,苦苦劝他另娶一房正妻,孙同意了,就娶了一个姓许的姑娘,但他始终宠爱无病。许姑娘非常贤惠,从来不计较孙在谁的房中过夜。无病对许氏也更恭敬,妻妾间关系非常和睦。许氏生了个儿子,取名阿坚,无病常常抱着他,像自己生的一样。阿坚才三岁,就离开奶妈跟无病睡,许氏叫她,他也不肯走。不久,许氏害病死了。临终前嘱咐孙说:"无病最疼阿坚。让阿坚当她的儿子也行,你把无病扶正作夫人也行。"下葬后,孙打算按许氏的遗言将无病立为正妻。把这个想法告诉了本家,大家认为不合适。无病也坚决推辞,就将此事搁置一边。

本地王尚书有个女儿,新近守寡,王家派人来求婚。孙麒根本不打算再娶,王家再三要求。媒人说王女长得如何漂亮,孙家又仰慕王尚书家的权势,一起怂恿孙麒答应这门亲事。孙被说动了,又娶了王氏。王氏长得确实漂亮,但也骄横到极点,对衣服用具百般挑剔,动辄砸毁丢掉。孙因为喜欢她美貌,不忍心惹她生气。过门几个月,每天晚上都让孙睡在她的房中。每当无病来到她面前,哭笑都得罪她。还不时把怒火发到孙麒身上,屡次和孙打闹。孙感到妻子使他头痛但又没办法整治,所以常常一个人睡。妻子又生气,孙忍受不了,找个借口去了京城,逃避妻子带来的灾难。

王氏因丈夫远游京城,迁怒于无病身上。无病在王氏面前弓背弯腰,大气不敢出,看着她的脸色行事,可是始终不能使王氏欢心。夜里叫无病睡在床下侍候她,儿子阿坚跑来和无病一起睡在床下。每当无病被叫起来侍候她时,阿坚就要啼哭。王氏讨厌孩子啼哭,骂不绝口,无病急忙叫奶妈把孩子抱走,阿坚不去,强抱他走,哭得更厉害了。王氏怒气冲冲地起来,把阿坚毒打了不知多少下,他才跟奶妈走了。阿坚从此得了惊悸的毛病,吃不下饭。王氏禁止无病去看孩子,阿坚整天啼哭,王氏责骂奶妈,叫奶妈把阿坚丢在地上。孩子哭得力竭声嘶,喊着要喝水,王氏不让给阿坚喂水。到了晚上,无病看王氏暂时离开,偷偷进去给阿坚喂水。阿坚见了无病水也不喝了,抓住无病的衣襟号哭。王氏听见了,气势汹汹地出来,阿坚听到王氏的声音,吓得猛然憋住哭声,全身一阵抽搐便断了气。无病放声大哭。王氏怒喊道:"一幅卑贱丫鬟的丑样子,难道想用小孩子的死威胁我吗?别说死了孙家一个吃奶小孩,就是杀了王府世子,我王尚书的女儿也担待得起。"无病抽泣忍住哭声,要求给阿坚一口棺材,王氏不许,命家人马上把孩子尸体扔出去。

王氏走后，无病偷偷摸了阿坚一下，四肢还有些热气。便低声对奶妈说："快把孩子抱走，在野外少等一会儿，我马上就到。孩子死了，我们一起把他丢了；活着，我们共同抚养他。"奶妈说："行。"无病回到房里，取出金簪、耳环等首饰，追上奶妈。两人一看阿坚，已经苏醒过来。二人非常高兴，商量到别墅去找孙麒的姨妈，奶妈担心自己小脚走不动路，无病就先跑到前面去等她，无病行走如飞，奶妈极力奔跑才能赶上。大约二更时分，阿坚病情加重，不能再往前走了。便从小道走进一个村子，到一个农夫家，守着门等天亮，敲开门借房子住，卖掉了几件首饰，请来巫婆和医生给阿坚治病。但病仍然不见好。无病掩面痛哭对奶妈说："请奶妈好好看护阿坚，我去找他父亲。"奶妈正觉得她的想法太荒唐，可是转眼间无病已无影无踪了。奶妈惊诧得目瞪口呆。

这天，住在京都的孙麒正躺在床上休息，无病悄悄地走进来。孙麒猛然一惊，说："难道我刚刚躺下，就做梦了吗？"无病抓住她的手不停地抽泣，顿着脚说不出话来。过了很长时间，才失声痛哭着说："我历尽千辛万苦，带阿坚逃到杨——"话没说完，便放声大哭，倒在地上不见了。孙吓坏了，还怀疑是梦。叫来仆人一看，无病的衣服鞋袜都放在地上，都感到无法解释，即刻整理行装，星夜飞驰回家。听说儿子死去而无病逃走的惨讯后，孙麒捶胸痛哭。说话间触犯了王氏，王氏不但不承认过失，还对孙反唇相讥，孙麒非常气愤，拿出刀要和她拼命，丫鬟婢女拼命拦住，不让他靠近王氏，孙远远地掷刀打王氏，刀背碰到王氏的额头，额头破了血流满面，披头散发嚎叫着出门，将要跑回娘家去告状。孙抓住她拉了回来，用棒子狠狠地打了一顿，衣服都打成一缕缕的碎布条，伤口痛得不能翻身。孙让家人把她抬回房中守住，等伤养好后把她休了。王氏的哥哥和弟弟听到消息后，怒气冲天，率很多骑马的家丁到孙家门前叫骂，孙麒也集合家丁手执兵器防御。双方叫骂了一天才散去。王家兄弟觉得未出这口恶气，到官府告孙的状。孙也带着家丁护卫主动到官府对质，控诉王氏的恶劣行径。县令没办法使孙屈服，就把孙麒送学宫教官处去处置，以此讨好王尚书。没想到教官朱先生，是个世家子弟，为人刚直方正，不攀附权贵，查明案情后，愤怒地说："县令老爷把我当作是卑鄙肮脏的教官和勒索伤天害理的钱财来舔上司屁股的下贱人吗？这种乞丐相，我不能作出来。"于是不按县令的要求处理孙麒。孙公然返回家中。王家没办法，便示意亲友，出面为两家调停，要孙麒到王家赔礼，孙不肯，来往十多次没结果，王氏的伤渐渐地平复了，孙想把她休了，又怕王家不接受，只好耐心地拖下去。

无病逃走，儿子死了，孙日夜伤心不已，想找到奶妈问个明白。于是想起当初无病说"逃于杨"的话，附近有个杨家疃，怀疑她在那里，到杨家疃一问，没有人知道，有个人说五十里外有个杨谷，派家人骑马去打听消息，果然找到了。原来阿坚并没死，渐渐康复了，家人和奶妈、阿坚相见，都非常高兴，一起回到家里。阿坚看见父亲，嗷嗷地大哭起来，孙也潸然泪下。王氏听说阿坚还活着，气势汹汹地跑了出来，就要讽刺谩骂。孩子正在哭，睁开眼看见是王氏，吓得扑到父亲怀里，好像是请求父亲把他藏起来。孙麒抱起一看，孩子又断了气。急忙大声喊他，过了一会儿才苏醒过来。孙愤怒地说："不知你如何残酷地虐待孩子，居然把我儿吓成这样！"就马上立下离婚书，送王氏回娘家。王家又果然不接受，又用轿子把她抬回孙家。孙不得已，就带着儿子住在另一个院里，不和王氏来往。奶妈又详细地叙述无病当时的奇异情状，孙麒才省悟无病原来是鬼。他被无病的情义所感动，安葬了无病的衣物鞋袜，竖一碑，上刻"鬼妻吕无病之墓"。没过多久，王氏生一男孩，王氏用两手卡住小儿的脖子将孩子活活掐死。孙麒更气愤了，又把她休回娘家，王家用轿子抬回孙家。孙麒便写了状纸告到上级官府，都因王父是个尚书的缘故置之不理。后来王尚书死了，孙不停地上告，才判王氏离婚回娘家。孙麒从此不再娶妻，纳丫鬟为小老婆。

王氏回到娘家后，凶悍刁蛮的名声在外，过了三四年也没人上门提亲。王氏顿时悔悟，但已无法再挽回。有个孙家过去的老女仆，正巧来到王家，王氏殷勤地接待了她，当着老女仆的面哭了。女仆猜测她的心情，像是怀念孙麒。老女仆回去告诉了孙，孙一笑置之。又过了一年多，王氏的母亲也死了，孤苦无依，嫂子弟媳都非常憎恶她。她更觉无路可走，每天都暗暗哭泣。有一个穷书生死了妻子，王氏的哥哥想要多送些嫁妆把她嫁出去，王氏不愿意。常常私下里托人向孙麒致意，哭着说她多么后悔，孙麒不理。一天，王氏带着一个丫鬟，偷条驴骑着，直接奔到孙家。孙正好从里面往外走，她跪在台阶下，不停地哭。孙想把她赶走。王氏就拉着孙的衣襟跪在面前。孙麒坚决地拒绝她说："如果再生活到一块，平时没有什么矛盾还好说话，一旦有了矛盾，你兄弟像虎狼一样，再想离婚，还能办到吗？"王说："我偷着跑回来，万万没有再回娘家的可能，你若留我，那就留下；如果不留，我就去死。况且我二十一岁嫁给你，二十三岁被休回，纵然有十分的过错，难道没有一分情义吗？"说完就从手腕上脱下一只金手钏，把两只脚尖并在一起，用金钏套上，用衣袖盖在上面，说："成亲时对着香火发誓的情形，难道一点也记不起来了吗？"孙也泪光闪闪，让人把王氏扶进屋里。孙还怀疑王氏骗他，想叫她兄弟当众说话作证。王氏说："我私自从家出来，有什么脸面再求兄弟？如此还不相信，我藏着自杀的用具在，让我砍下一个指头表明悔改决心。"便从腰里抽出一把刀，靠着床沿伸出左手砍断一个指头，血像泉水一样流出来。孙麒大惊，急忙给她包扎。王氏痛得变了脸色，但没呻吟一声。笑着说："现在我已从黄粱梦中醒来，特地借一间斗室让我带发修行，何必对我这么不放心呢？"孙麒便叫孩子和小妾另住一处，而自己早晚往来于两边。又每天访求良医好药为王氏治疗手伤。过一个多月就好了。

王氏从此不吃荤菜，不饮酒，整天关门念诵佛经。时间长了，看到家庭的管理松懈不善，便对孙说："我这次回来，本想不过问家里的一切事情，现在看到目前这种花销，恐怕子孙有饿死的。没办法，只好再厚着脸皮替你经营一番。"于是召集女仆丫鬟，按日督促纺织。有的家人见她求告主人才回来，轻视她，暗中还讥笑她，王氏只当没听见。照样对家政严加管理，对偷懒的责罚鞭打，毫不留情，众仆人才开始怕她。她又隔着帘子监督管家算账，把账目清理得精密入微。孙麒于是很高兴，让儿子和小妾每天朝见请安。这时阿坚已九岁，王氏加倍体贴照顾他，每天早晨入私塾去读书，王氏就留些糖果点心等他回来吃，阿坚也渐渐和她亲近了。有一天阿坚用石头打麻雀，正赶上王氏经过，石头打中了她头，当时就倒在了地上，半天说不出话。孙大怒，把阿坚打了一顿，王氏苏醒后，竭力劝孙不要打孩子。并且高兴地说："我过去虐待阿坚，心里一直放不下这件事，幸好今天抵消一宗罪案。"孙更加宠爱王氏。王氏常常拒绝孙麒，让他去和小老婆睡。过了几年，王氏生几个孩子，死几个，说："这都是我过去杀死孩子的报应。"阿坚娶妻后，她便把对外的事情交给儿子，家里的事情委托儿媳。一天她说："我某一天要死了。"孙麒不相信，王氏准备了寿衣和棺木，到了那天，她换上寿衣躺在棺材里死了。脸色和活着一样，奇异的香味充满内室，入殓后，香气才慢慢消失。

异史氏说："心中所爱，原来不在于容貌是否漂亮。绝代美人毛嫱、西施，怎知不是因爱她们的人对她们的称美呢？吕无病如果不被悍妇忌妒，她的贤德就不会彰显出来，孙麒几乎会叫人笑话他有喜好丑女的怪癖。至于王氏出身高贵，根基原本就深厚，所以豁然醒悟后，马上修成正果。像那些沉沦于地狱的人，都是享尽了富贵而没经历过艰难的人。"

钱 卜 巫

夏商是河间府人。他父亲夏东陵是个富豪，奢侈浪费，每次吃包子，都把边角扔掉，弄得满地都是。因为他父亲长得又肥又重，人们称他"丢角太尉"。到了晚年，他家境贫困，一日三餐都得不到保证，两只胳膊瘦得皮肤松弛下垂，像个挂着的口袋，人们又叫他"募庄和尚"——是说他挂着口袋。临终前，他对儿子夏商说："我生平糟蹋天物，老天爷生气了，终于弄到了挨饿受冻而死的下场。你应当爱惜东西，努力行善，以赎我的过错。"

夏商严格遵照父亲的遗命，对人诚实质朴，不三心二意，亲自种田维持自己的生活。同乡的人都喜欢并尊敬他。有个富翁可怜他家道败落，主动借钱给他，让他学做小买卖。可他总是把本钱都赔进去了。因为没钱偿还富翁借给的本钱，感到很惭愧，请求富翁让他做雇工抵债。富翁不愿意让他做功，夏商欠钱无力偿还，心里恐惧不安，把家里的田产都卖了，去还富翁的钱。富翁查明了他卖田的情况，更加同情他，硬是又替他赎回卖掉的产业，并又借给他一大笔钱，让他去经商。夏商推辞道："十多两银子还无力偿还，怎么敢欠来世的牛马债呢？"富翁便叫别的商人和他一起去。过了几个月，仅仅做到不赔本。富翁不收利息钱，叫他再去干。这样有一年多，赚的钱物已有满满一车，从水路回家时，船在江中遇到暴风，差点翻了船，货物损失了一半。回来计算一下，所剩的财物刚好够还富翁的本息，便对商人说："上天要叫他贫穷，谁能救得了呢？这都是我连累了你们。"便清查账目交给商人，恭敬地抽身退出。富翁还坚持让他去做买卖，他坚决不干了，还和往常一样老老实实地种田。常常自己叹息道："人生在世，都有几年福享，我怎么就落魄到如此地步？"这时正赶上从外地来了个女巫，用铜钱卜卦，可以知道人的一生命运。夏商虔诚地去求卜。这个女巫，是个老太婆，房子整洁精致，中间摆着神座，整天熏着香。夏商进去拜见完毕，女巫向他要钱。夏商交给了她一百个铜钱，女巫将铜钱全都扔到木桶里。她便拿着木桶跪在神座前，摇响木桶好像祈祷求签的样子。然后站起来把铜钱倒入手中，再按着钱倒出时的先后顺序排在桌子上。推测方法是有"字"这面朝上表示不走运，没字的一面向上表示顺畅。数到五十八个铜钱，都是有字这面朝上，往后数都是没字的。女巫问："你多大年纪了？"回答："二十八岁。"女巫摇头说："还早得很呢！官人你现在走的是先人的运数，不是本身的运数，五十八岁才交你本身的运。到那时才没有麻烦事了。"夏商问："什么叫先人运？"女巫回答："先人有善行，他的福没有享尽，后人就可以享受先人的福；先人有恶行，他的祸还没受够，后人也得跟着受祸。"夏商屈指一算，说："再过三十年交本人运，已经老了，快进棺材了。"巫说："五十八岁前，就有五年回润，可以稍稍经营点事情，然而只能不受饥寒罢了。五十八岁那年，有一大笔钱财自然而来，用不着费力去谋求。官人一生没有不好的行为，下辈子有享不尽的福。"告别女巫回来，半信半疑，但他还是安分守己，不敢有发财的奢望。

后来到了五十二岁，他开始留心验证女巫的话。那年春耕时，他得了疟疾不能种地了。病好以后,天已大旱,早春作物都干死了。快到秋天才下起雨来,家里没别的种子,所有田地都种上粟米。接着又是大旱,荞麦、豆类都旱死了,只有粟米安然无恙。后来天下雨了,粟米长得蓬蓬勃勃,得到特大丰收。第二年春天发生大饥荒,全家才没有挨饿。夏商从此相信女巫占卜的话了。从富翁那里借本钱,做小本经营,经常有小收获。有人劝他做大买卖,他不肯。到了五十七岁,偶尔修补围墙,挖地时得到一只扣着的铁锅,揭开它,有一团像棉絮一样的白气,吓得不敢动它,过了一会儿,白气散了,只见满满一瓮银子。夫妻俩将银子抬回家,一称共有一千三百二十五两,和妻子暗他说女巫的术数小有差错。邻人的老婆到夏家来,偷偷看见夏家的银子,回去告诉了丈夫。丈夫妒忌夏家的银子,暗中告诉了县太爷。县太爷最贪心,把夏商抓到官府向他要银子。商妻想隐瞒一半,夏商说:"不应该得到东西,留着也白白招祸。"就全都交给了县太爷,贪官得到银子,又怕他还有隐藏,又向夏商要来装银子的瓮。用银子把瓮装满,才放了夏商。没过多久,县太爷升为南昌府同知。到了第二年,夏商到南昌贩货。贪官已经死了。贪官的妻子要回老家,便把笨重的东西拿去变卖,其中有好几篓桐油。夏商看桐油价钱便宜,就买下运回。回到家里,有一篓桐油有些渗漏,就把桐油倒进另一个容器,而里面有两锭白银,一一检查后,每篓桐油里都藏着银子。称了称,刚好和原来挖掘的银子数目相同。夏商从此富了起来,他便经常周济穷人,慷慨大方从不吝啬。妻子劝他多积攒些钱留给子孙,夏商说:"我这样做也正是给子孙积财积福啊!"那个向县官告状的邻人,穷得跟乞丐一样,想求夏商,而心里又惭愧。夏商听说后对他说:"过去的事,是因我时运没到,所以鬼神借你的手使我发不了那笔财,你有什么罪过?"于是周济他。那邻人感动得哭了。后来夏商活到八十岁,子孙继承了他的产业和家风,一连好几代都不衰败。

异史氏说:"过分的奢侈浪费,王侯之家都难免倾覆,何况平民百姓呢!活的时候无度地浪费糟蹋东西,死的时候什么东西都没有,可悲啊!幸好夏东陵在临死时深深忏悔,教育了儿子,夏商能改正父亲的错误,在家里败落了七十年后,终于使家重新兴盛。如果不是这样,父亲的罪孽连累儿子,儿子又拖累孙子,不达到讨饭的程度就没个完。老女巫不知是什么人物,就泄漏了天机?唉!怪了。"

第九卷

邵 临 淄

临淄县某翁的女儿,是太学生李某的妻子。在出嫁前,有个算命先生给她推算命运,说她一定受到官府的刑罚。某翁听了对算命先生很生气,随后又笑着说:"这算命先生胡说到这种地步!且不用说世家大族的闺秀一定不会上公堂的,难道一个太学生还不能庇护自己的妻子吗?"

某翁女儿出嫁后,凶悍得厉害,指着丈夫的鼻子辱骂是常事。李生忍受不了她的暴虐,气愤得告到官府。县令邵公受理了他的状纸,发签叫差役立即把李妻传到公堂来。某翁听说后,非常吃惊,带着子弟到县衙哀求把官司压下来。县令不准许。李监生也后悔了,要求撤诉。县令邵公很生气,说:"官府中处理案件难道能随你们想办就办想停就停吗?一定要拘捕审讯!"把李生的妻子带到后,稍稍盘问了几句,就说,"真是个泼妇!"当堂打了三十大板,屁股上的肉都打烂了。

异史氏说:"邵公难道对老婆辱骂丈夫的事很恼火吗?不然怒气怎么发作得这么厉害!但是县里有了贤明的县令,乡民家里就没有刁蛮的老婆了。所以把这件事记下来,用来补充《循吏传》不全面的地方。"

于 去 恶

顺天府的陶圣俞,是很有名望的读书人。顺治年间去参加举人考试,寄居在城郊。一天,偶然出去散步,看见一个人背着行李,好像没有找好住处,陶上前询问他是不是没找到房子,他便把行李放在路上,两人坦诚地谈了起来,举止言谈很有名士风度。陶很高兴认识他,便请他和自己一起住。客人很高兴,提着行李来到陶的屋里,两人就一块住。客人自己说:"我姓于,名去恶,顺天府人。"因为陶稍大几岁,以陶圣俞为兄。

于去恶性格沉稳不喜欢游览,经常一个人坐在屋子里,他的桌面上也没有书卷。陶不和他谈话的时候,他就默默地躺在床上。陶对他感到奇怪,查看他的书箱,除了笔砚之外再没别的东西。陶便问他。他笑着说:"我们读书,怎么能临渴才掘井呢?"有一天,向陶借去一本书,关上门抄书,速度特别快,一天就抄了五十多页,也没见他折叠装订成册。陶偷偷一看,原来他抄完一篇,就烧成灰咽下去。陶越发感到奇怪了,问他这样做的原因。于回答说:"我用这种办法代替读书。"于是当场背诵所抄的书,一会儿功夫背诵了好几篇文章,一个字都不差。陶圣俞听了非常高兴,要他把这种方法传授给自己,于去恶认为此法传授不得。陶以为于吝惜,说些讽刺挖苦的话。于去恶说:"兄长真是太不谅解我了。我若不说实话,没法向你表白心迹;若是突然说出来,又怕你惊怕而感到怪异。怎么办好呢?"陶坚持说:"不碍事,你只管说。"于说:"我不是活人,而是鬼。现在阴司以考试授官职,七月十四日奉天帝之命考主持科考的官员,十五日一般考生进试场,月底发榜。"陶问:"主持考试的官员怎么还要考呢?"于回答说:"这是因为天帝对考试很慎重,不论官职大小都得通过考试。文章写得好的才选用为出题评卷的考官,文章写不通顺的不能参加出题和阅卷。阴间有各种神灵,也和阳世间有太守、县令一样。岂不知阳世间那些得势之人,当了官之后,对三坟五典等文献古籍根本不看。年轻时读的书也只不过当作敲门砖,用来猎取功名罢了。当仕途大门被敲开后,就把砖丢了。再掌管处理文书档案十几年,即使是文学修养很高的人,胸中还能有几滴墨水呢?人世间之所以文章不通的人能侥幸考中,而文章好的反而落榜的主要原因,就是少了对主考官的考核。"陶圣俞非常赞同于去恶的观点,从此更加敬慕。一天,于从外面回来,脸色很忧郁,叹息道:"我活着的时候很贫贱,自己以为死后一定可以摆脱了,没想到这受穷的命运却紧紧缠绕,直到阴司还跟着我!"陶问什么原因。于去恶说:"文昌帝君奉命到罗国封王去了。阴司里对主考官的考试也就取消了。那些在阴司里游荡了几十年的游神闲鬼都来参加出题评卷,像我这样的人还有什么希望呢?"陶问:"他们都是些什么人"?于回答:"即使说了,你也不认识。稍微举一两个知名的人,你可以了解大致情况。一个是瞎子乐正师旷,一个是贪官司库和峤,我自己知道命运不好靠不住,靠着文才取胜,但目前又没人能欣赏,不如就此罢休!"说完闷闷不乐,便整顿行装准备离开。陶圣俞一边安慰一边挽留,于去恶才答应留下。

到了七月十五日这天晚上,于去恶对陶圣愈说:"我就要进考场了。麻烦你在天快亮时,拿着点燃的香插在东门外的荒野里,喊三声于去恶,我就来了。"说完出门走了。陶买了酒烧好了菜等着于去恶。东方快亮时,陶恭敬地按于的嘱咐办了。不一会儿,于去恶带一个年轻人来了。陶问他姓名。于说:"这是方子晋,我的好朋友。刚好我俩在考场不期相遇。听到你的盛名,很想来拜见你。"三个人一同来到陶的寓所,点上蜡烛,互相行了见面礼。这叫方子晋的青年人,似玉树亭亭而立,眉清目秀,面目英俊,态度谦和,陶圣俞非常喜欢他。便问:"子晋的佳作,一定很快人意?"于去恶说:"说来可笑,考场中的七道题目,他已经完成一半了,当他把主考官的姓名仔细看过以后,收起笔砚直接出了考场,真是个怪人啊!"陶用扇子扇着火炉把酒温好,问道:"考场中出了什么题目?去恶能高中吗?"于回答:"八股文和经义题各一道,这是人人都能做的。策问的题目是:'从古以来奸恶邪僻的事固然很多,而社会风气败坏到今天,各种奸情丑态更是用语言难以形容,不但在罪行名目上十八层地狱包容不尽,罪犯的数量也远远不是十八层地狱所能容纳得下。用什么办法可以解决犯罪的问题呢?有人说可以适当增加几层地狱。但这样做又难免违背天帝好生之心。到底是增加呢?还是不增加呢?或者有别的办法可以正本清源呢?希望各位学士不要有顾虑,把想说的话都说出来。'小弟我的策论虽不算太高明,可我说得非常痛快。文章的题目是'拟作:因天魔殄灭,请按功劳分级赐给群臣龙马天衣。'其次还有《瑶台应制诗》《西池桃花赋》。这三种,自认为在考场中是独一无二的了!"说完,自己快乐地鼓起掌来。方子晋笑着说:"老兄的文章自然是独步一时的,过几天以后,你不痛哭流涕才算真正的男子汉。"

天明以后,方子晋要告辞离开。陶圣俞挽留他,要和他一起住在这里,方不答应,只是约好晚上再来。过了三天,居然没有再来。陶圣俞让于去恶把方公子找来。于去恶对陶说:"没有必要,子晋对你一片诚心,不是那种没情义的人。"太阳偏西了,方子晋果然来了。拿出一卷文稿交给陶圣俞,说:"三天失约,是因为我抄录一百多篇过去写的八股文,请你帮我做一番品评。"陶圣俞捧读起来,非常高兴,读一句赞美一句。大约读完两篇,便收藏在书箱里。方子晋、于去恶、陶圣俞三人谈到深夜,方子晋便留宿在这里,他和于去恶睡在一张床上。从这以后,他每晚都来这里住宿,陶若见不到方子晋就不高兴。一天晚上,方子晋慌里慌张地走进来对陶圣俞说:"地府的榜已经张贴出来,于五哥落榜了!"于去恶正在床上躺着,听到这话,吃惊地坐了起来,伤心地流着眼泪。方、陶两人竭力安慰解劝,他才勉强收住眼泪。但是三个人默默地互相对看,确实有几分尴尬难堪。方子晋打破沉寂,说:"刚才听说张桓侯要来巡视检查了,这话只怕是落榜的人造的谣言。否则,这次考试恐怕会有反复。"于去恶听了,脸上有了喜色。陶问他们有关张桓侯的事情。于去恶说:"桓侯张翼德每三十年到地府巡查一次,每三十五年到阳世巡查一次,阳间和阴间不合理的事,要等这位老大人来了才能消除。"便站起身来,拉着方子晋一起走了。

过了两晚上他们才回来,方子晋高兴地对陶说:"你还不祝贺于五哥呀? 张桓侯前天晚上果然来了,把地府的榜文撕碎了,榜上的名字,只保留了三分之一,把落榜人的试卷全部复查一遍,看到五哥的试卷后非常高兴,把他推荐为'交南巡海使',早晚就会有车马来接他去上任。"陶听后非常高兴,摆酒为于去恶祝贺。喝了几杯酒之后,于问陶说:"你家有不住人的闲房子吗?"陶说:"要闲房子干什么?"于回答:"子晋孤苦无靠没有房子住,又舍不得离开你。我想让他借住在你家里,也好有个依靠。"陶高兴地说:"如果能这样,我太荣幸了。即使没房子,住在一张床上又有什么妨碍。只是我家有老父,必须先关照他老人家一声。"于去恶说:"我知道令尊大人慈祥宽厚可以依靠。你离考试还有一段日子,子晋如果不能长期等候,就让他先回去怎么样?"陶留子晋在客舍做伴,等考完一道回来。

第二天黄昏时分,有车马来到门口,接于去上任。于去恶拉住陶的手说:"从此我们就要分别了,有一句话想说,又怕影响你锐意进取之心。"陶问:"有什么,尽管说。"于说:"你的命运有些不顺利,生的不是时候。这场考试你只有十分之一的希望。下一科张桓侯降临人间,公道才开始彰显出来,你有十分之三的希望,到第三科你才有希望。"陶听说后不想参加考试了。于说:"这样不行,这都是天命,即使明知道考不上,注定要经历的艰苦,也还是要经历的。"又回头对方子晋说:"不要再耽搁了,今天的年、月、日、时都很吉利,我这就用车马送你回去。我骑马自己去上任。"方子晋高兴地和陶兄告别。陶心中模糊不解,不知该说些什么好,只是挥泪送别。只见车马分头上路,一会功夫都不见了。他才后悔子晋去自己家而忘了让他捎话,但已经来不及了。

陶圣俞三场考完,觉得不太满意,没等放榜就急匆匆赶回来,一进门就问子晋的情况,家里人都不知道是怎么回事。于是向父亲讲述了和方子晋的交情。父亲说:"如果是这样,客人早就来了。"原来,有一次陶翁在白天睡觉时,梦见有车盖停在门前,一个漂亮的少年从车中出来,走入大厅给他叩头。陶翁惊奇地问他从哪里来,他回答说:"大哥答应借给我一间房子,他因参加考试没有一同回来。我便先来了。"说完就请求拜见母亲。陶翁正在谦让,刚好有个女仆进门报喜:"夫人生了一个少爷。"陶翁从恍惚中醒来,感到非常奇怪。陶圣俞所说的这个日子正好和陶翁的梦境相符,才知道陶翁的小儿子就是子晋的后身。父子两人都很欢喜,给他取名小晋。婴儿刚生下来,夜里总爱啼哭,陶母对此感到很苦恼。陶圣愈说:"倘若是子晋,我见了他,他就会不哭了。"当地风俗忌讳新生儿见生人,所以不让陶去见他。可是陶母实在忍受不了这孩子夜里的啼哭,就叫陶圣俞进去看看。陶圣俞呜呜地逗他说:"子晋不哭! 我来啦!"小晋正哭得厉害,听到陶圣俞的声音马上停了哭,两眼一眨不眨地盯住陶生,好像在仔细端详。陶圣俞亲热地摸摸小晋脑袋后走了。从这以后小晋就没在夜里哭过。过了几个月,陶圣俞不敢见小晋,因为一见,他就弯腰叫抱,一离开就哭个不停。陶圣俞也喜爱逗小晋玩。小晋四岁离开母亲,就跟哥哥睡在一起,哥哥出门了,他就躺在床上等哥哥回来。哥哥经常在床上教他读《毛诗》,他呢呢喃喃跟着背,一晚上能背四十多行。哥哥把方子晋的遗作教他念,他读得特别高兴,只念一遍就能背下来。用别的文章去试,就不行了。到了八九岁,长得眉清目亮,简直又是一个方子晋了。

陶生两次乡试不中。顺治十四年,考场舞弊事被揭发出来,许多考官遭到杀头、充军的处罚,科考纪律肃整一番,这就是张桓侯巡视的结果。陶生在下一科中了副榜,不久举为贡生。便对仕途心灰意冷,隐居家中,教弟弟读书。经常对别人说:"我有了教弟弟读书的乐趣,即使给我个翰林也不换。"

异史氏说:"我每次来到桓侯张飞的庙堂里,瞻仰那长长的胡须,威风凛凛有生气。他叱咤风云铲除邪恶,金戈挥动,吼声如雷,率兵马所到之处,无不所向披靡,大快人心,出人意表。世人因将军战功累累,便把他看作是周勃、灌婴一类的人物,哪知道文昌帝君事情太多,需请他帮助做的事很多呢!唉!只可惜三十五年才来一次,实在太少太迟了。"

狂　　生

刘学师说:济宁有个能饮酒的狂生,家里口粮都不足,但有一点钱就去买酒,根本不把穷困当一回事情。正巧新上任的知州大人酒量大得没人和他能对饮,听说狂生饮酒出名,找他来陪饮。由于狂生的确很能喝而喜欢他,经常在一起交谈饮酒。狂生仗着与知州的亲密关系,凡有小案件而且当事人想要胜诉,他常接受一点贿赂为人讲情,知州常常答应他的要求。狂生对这种事习以为常了,知州却开始从心里讨厌他。一天,知州上早衙,狂生拿着帖子到公堂来见。知州接过帖子看了一下微笑着,狂生大声说:"你若是答应就说声:可以;不答应就说声:不可以。笑什么啊!我听说:士可杀而不可辱。别的事情我没法报答你,难道笑一声也不能回报吗?"说完放声大笑,把大堂上的灰尘都震下来了。知州愤怒地说道:"你怎敢这般无礼!难道没听说过灭绝全家的令尹吗?"狂生甩了甩袖子直接走到堂下,大声说:"穷秀才没家可灭。"知州更生气了,把他抓了起来。查访他家住哪,想抄他的家,原来他没有田产和房屋,只带着老婆住在城墙上。知州听说穷到这步田地就放了他,只是赶走不让他在城墙上住了。朋友们可怜他疯疯癫癫,大家凑钱给他买了一小块地,建起一间小房子。他住进以后,才感慨地说:"现在才知道令尹可怕了!"

异史氏说:"士大夫遵守礼法,不敢在大街上劫人钱物,南面王他能把我怎样?但是仇人还有办法治服他,只是因为他有家族还在,财产还有。如果到了无门可灭,无家可抄的程度,对他恨得发火的人拿他也没办法。哈哈!这就是'贫贱骄人'者的面目呀!唯独正人君子即使贫穷,也不轻易牵连别人,那狂生因贪杯好酒,在公堂上喋喋不休,这种人太卑贱了。虽然人品不高,但是他那狂态是别人赶不上的。"

澄　俗

澄地人往往变化成动物，到院子外面寻找食物。有个过客住在旅店，时时看见一群老鼠进到米缸偷米吃，一赶就跑了。客人等老鼠都跑进米缸后，突然把缸盖上，用瓢舀水往缸里浇灌，一会儿老鼠全淹死。主人家除一个儿子外，全部突然死去。这个儿子把客人告到官府，官府推其情由，原谅了客人。

凤　仙

刘赤水是平乐府人，从小生得聪明俊秀，十五岁便在州学读书。父母死得早，他便在游游逛逛中荒废了学业。家中生活虽很拮据，但是爱好修饰打扮，穿着、被褥及床铺都很精美。

一天晚上，他被朋友请去喝酒，忘了吹灭蜡烛就走了。喝了几杯酒以后才想起来，急忙跑回家去。不料听到房里有人小声说话，从门缝往里偷看，见一个青年抱着一个漂亮姑娘躺在自己的床上睡觉。他的家靠近富人家的一所闲院，那里常有鬼狐出入，心想床上这二位也一定是狐狸精。他也不害怕，进去叱责道："我的床铺岂容你们在上面胡来？"床上两人惊慌失措，抱起衣服光着身子跑了。走得匆忙掉下一条绸裤，裤带上系着一个精致的针线包。刘心中非常高兴，唯恐被那青年男女再偷回去，藏进被子抱在怀里。一会儿，一个蓬头的丫鬟从门缝里挤进来，向刘赤水要绸裤。刘笑着要报酬，丫鬟说送他好酒，刘不答应。丫鬟说送给他银子，他还不答应。丫鬟笑着走了。一会儿丫鬟回来说："我家大姑娘说，如果把裤子还给她，愿意送个美人作答谢。"刘问："你家大姑娘是谁？"丫鬟回答："我家姓皮，大姑娘小名八仙，和她睡在一起的是胡郎。二姑娘水仙，嫁给了富川的丁官人。三姑娘凤仙，比两个姐姐都漂亮，你见了肯定不会不中意的。"刘赤水怕她失信，要求立刻就能等到好消息。丫鬟回去一会儿，又回来说："大姑娘让我告诉你，好事哪能仓促办成？刚才向凤仙提出嫁给你的事，反受到一顿痛骂。只要你同意暂缓些时日，自有办法，我家不是那种轻易许诺而又不守信的人。"这回总算相信了，刘赤水把裤子还给丫鬟让她拿走。

过了几天，一点消息也没有。一天黄昏，刘从外面回来，关上门刚坐下，忽然两扇门自动打开，两个人用被子抬着一位姑娘进来，两个人抓住被子的四个角抬入后，说："送新娘的来了！"然后笑着把姑娘放在床上离开了。刘赤水近前一看，姑娘沉睡没醒，还散发着酒香。醉脸似霞，好一倾国倾城的绝代佳人！刘这下可高兴极了，马上拿起她的脚给她脱掉袜子，抱起她解开衣带，脱下衣服。这时凤仙已微微觉醒，睁眼见到刘赤水，手脚不听使唤，只是口里恨恨地骂道："我被八仙这坏丫头卖了。"这时刘赤水亲热地抱着凤仙，两人肌肤相近，凤仙嫌刘的皮肤冰冷，微笑着说："今晚是怎样一个夜晚，碰上你这全身冰凉的人呀！"刘赤水接口道："美人呀美人！你要拿这凉人怎么办呀？"于是两人在锦裳帐里尽享男欢女爱之乐。凤仙说："八仙这无耻的家伙，玷污了别人的床铺，却拿我来换裤子！我一定小小报复她一下。"从此，没有一个晚上不来的，两人的感情紧缠密绕如胶似漆，十分亲爱。凤仙从袖中取出金钏一枚，对刘赤水说："这是八仙的东西。"又过几天，怀揣一双镶珠嵌玉做工十分精美的绣鞋来，凤仙又把鞋交给刘赤水嘱咐他故意向外界张扬,刘赤水果然拿出这双绣鞋在亲友面前炫耀。想看绣鞋的人出钱出酒给刘赤水,以求一睹为快。刘赤水便把金钏、绣鞋作为奇货珍藏起来。一天晚上,凤仙前来告别。刘赤水奇怪地问她是怎么回事,凤仙说:"八仙因绣鞋的事,非常恨我,想带着全家搬到远方去,以此来断绝我们的关系。"刘害怕了,愿把金钏和绣鞋还给八仙。凤仙说:"不必了。她正要用搬家来要挟我,如果还她,正好中了她的计谋。"刘问:"你为何不一个人留下来?"回答说:"父母都迁到很远的地方,一家十多口人的生活都靠胡郎一人经管。如果不跟大家一块走,恐那搬弄是非的长舌妇造谣生事。"从这以后再也没来过。刘赤水难免惆怅万端。

过了两年,刘赤水不堪相思之苦,欲见凤仙。偶然在路上遇见一个女郎,骑着一匹行动迟缓的老马,由一个老仆人牵着,擦肩而过。这女郎掀开面纱看刘,刘也注意到这是一个丰姿艳丽的漂亮女子。一会儿,一个青年从后面赶上来,问:"这女子是谁?似乎生得很漂亮。"刘赤水也极力称赞。青年向刘拱一拱手笑着说:"你太过奖了,这是我的妻子啊。"刘惊惶羞愧地向青年道歉。青年说:"没关系,南阳诸葛三兄弟,你把龙抢走了,剩下一般的又何足称道。"刘对青年的话迷惑不解。青年说:"你不认得偷偷睡在你床上的人了吗?"刘赤水才想起是八仙的郎君胡公子。便和他谈起了连襟的友谊,两人友好地开着玩笑。青年说:"岳父岳母新近才回来,我正要去拜望,一同去好吗?"刘非常高兴,跟着青年来到了紫山。这山上有一所城里人避乱住过的旧房子。八仙下马走了进去。不一会儿,好几个人出门来迎接客人,说:"刘官人也来了!"刘便进去拜见岳父岳母。有一个不曾见过的青年已经先在里面就座了,他穿着华丽的皮靴和长袍。岳父说:"这是富川的丁姑爷。"两人作揖见礼后坐下。不一会儿,美酒佳肴纷呈筵席。翁婿间谈笑风生,非常融洽。岳父说:"今天三个女婿都来了,可以说是个美好的聚会,桌前又没外人,可以把女儿叫出来,做一个大团圆的聚会。"一会儿,姐妹们全出来了。岳父让仆人给女儿摆好座位,每个人都坐在丈夫的身边。八仙看见刘赤水,只是捂着嘴笑。凤仙则找机会嘲弄八仙。水仙容貌比不上姐姐和妹妹,但性格沉静温和,满座的人谈得兴高采烈,只有她端着酒微笑。于是座位下鞋子交错,脂粉的香气四溢撩人,全家人十分欢畅。

刘赤水发现床头放着各种乐器,便取出来一支玉笛吹奏,为岳父祝寿。岳父很高兴,叫擅长乐器的人各自取出一件演奏,于是满座的人争着去拿自己会用的乐器,只有凤仙和丁郎坐着不动。八仙说:"丁郎不会弹奏也就算了,难道你也不肯屈指弹一弹吗?"便把拍板扔到凤仙怀里。拍板一响,各种乐器的声音都响了起来。老翁高兴地说:"家人的这次团聚真是好极了!女儿们都能歌善舞,为什么不各尽所长表演一下呢?"八仙站起来,拉住水仙说:"凤仙向来把她的歌声看得像金玉一样贵重,不敢劳驾她,我们二人合演一个《洛妃曲》。"两人刚把歌舞演完,正好丫鬟用金托盘捧着水果进来,众人都不知这水果叫什么名字。老翁说:"这是'田婆罗',是从真腊国带来的。"于是便捧了几颗水果放在丁郎面前。凤仙不高兴地说:"对女婿的爱憎,难道还以贫富作标准吗?"老翁只是微微一笑没有答话。八仙说:"爸爸因丁郎是外县人,是远客,若论年龄长幼,难道只有凤妹妹有个拳头大的穷酸女婿吗?"凤仙始终感到不痛快,脱下华丽的衣服,把板拍交给丫鬟,唱了一段《吕蒙正风雪破窑记》。一曲唱完,声泪俱下,情真意切,然后一甩衣袖就离开了。满座的人都感到非常扫兴。八仙说:"这丫头还像往常一样任性。"追出门去,却不知道她跑到哪里去了。刘赤水感到很羞愧,也告辞离开了。走到半路,看见凤仙坐在路旁,叫他过来坐在一起,说:"你也是个男子汉,就不能给妻子争口气吗?黄金屋就在书里面,希望你好好发奋读书。"又抬起脚来说:"出门时走得太急,荆棘把鞋划破了,赠给你的东西,还带在身边吗?"刘赤水从怀中取出绣鞋,凤仙穿在脚上,换下旧鞋。刘赤水要留下那双旧鞋,凤仙笑着说:"你也真是个大无赖,谁见过有把老婆的东西带在身边的?你如真心爱我,有一件东西可以赠送给你。"马上取出一面镜子交给他说:"想要找我,就到书本里去找,不然,就永远见不到了。"说完就不见了。

刘赤水无精打采地回到家里。拿出镜子看看,只见凤仙背着脸站在镜中,好像望着百步开外的一个人。他想起凤仙临别时的嘱咐,便闭门谢客,专心读书,一天再拿镜子看看,见镜中的凤仙忽然现出正面,秋波流动,含情欲笑,便更加爱惜珍重这面宝镜了。在无人时,常和镜中的凤仙默默相对。过了一个多月,锐意进取发奋读书的意志消退了,常常游玩忘了回家。再看镜中的凤仙,凄惨得好像要哭,隔一天再看,镜中的凤仙和当初一样背着脸站着。才知道这是因为自己荒废学业的缘故。于是关上门刻苦研读,日夜不停。过了一个多月,凤仙的镜影又朝外了。从此,刘赤水便用镜子来检验自己的学习态度,每逢因事荒废学业,镜中的凤仙就哭丧着脸。刻苦攻读几天,镜中的凤仙就面带笑容。于是早晚将镜子挂在对面墙上,如同面对老师一样。这样刻苦攻读了二年,一下就考中了举人。自己高兴地说:"现在我可对得起我的凤仙了!"这次拿着镜子再看,只见她那眉黛又弯又长,洁白如玉的牙齿微微露出,一副笑容可掬的样子,似乎就在眼前。他越看越爱,便目不转睛地盯着凤仙看。忽然听到镜中的凤仙说:"'影子里的情郎,图画中的爱人。'大概就是说我们今天的情形吧!"刘赤水又惊又喜,四处看来看去,见凤仙就站在自己身边。他拉着凤仙的手询问岳父母生活起居情况。凤仙说:"我和你分别后,就没曾回过家,每天藏在离这不远的山洞里,整天关注着你勤学的情况。"刘赤水要到城里去参加一个宴会,凤仙要求和他一起去。刘赤水同意了,两人共坐一辆马车前往,人们即使在对面也看不见她。在宴会快要结束时,凤仙暗中对刘赤水说,把她假说成是从城里娶回来的媳妇。凤仙回到刘家,才出来见客人,开始经管家中的事情。人们对她的美貌感到惊奇,但不知道她是狐仙。

刘赤水能考中举人,是由富川县令评卷录取的,他因此要去拜见这位老师。路上遇见丁郎,丁热情地邀请到他的家里,招待得很优厚。丁郎对刘赤水说:"岳父岳母最近又搬到别的地方去了,我妻子水仙回娘家快回来了。我一定写封信去报告喜讯,并和他们到你府上祝贺。"刘赤水原先以为丁郎也是狐仙,等问起他的家世,才知道他是富川县大商人的儿子。当初,丁郎夜晚从别墅回来,碰到水仙一个人走夜路。丁郎见她长得漂亮,便偷偷地看她,她便要求丁郎带他乘车一块走。丁郎求之不得,高兴地用车把她拉到自己家,让进书斋,当晚丁郎就和水仙住到了一起。水仙能从窗户的雕花格子进出,丁郎才知道她是狐仙。水仙说:"你不必怀疑我会害你。我见你对我深爱不移,所以才甘愿将终身托给你。"丁郎确实喜爱水仙,竟然没再娶别人。

刘赤水回家后,借了一户富贵人家的大院子作客人饮宴休息的地方。他叫仆人把房子打扫得干干净净,只是苦于缺少帷帐等物。可隔了一个晚上,第二天那陈设就焕然一新了。过了几天,果然有三十多人举旗挂彩,抬着酒和其他礼物来到,车马众多,把街巷都填满了。刘赤水作揖行礼接待岳父、丁郎、胡郎等人,把各位亲戚让进客厅。凤仙也把母亲和两个姐姐让进内室。八仙说:"丫头今天富贵了,总该不再埋怨我这媒人了吧！金钏和绣鞋还在吗？"凤仙找出来交给她，说："鞋子还在，早被千人看破了。"八仙用鞋在凤仙背上一拍，说道："该打你，把鞋给了刘郎。"于是把它扔到火里烧了，随即祝颂道："新时如花开，旧时如花谢；珍重不曾着，姮娥来相借。"水仙也代祝说："曾经笼玉笋，着出万人称；若使姮娥见，应怜太瘦生。"凤仙拨弄火堆说："夜夜上青天，一朝去所欢，留得纤纤影，遍与世人看。"便把鞋灰弄进盘子里，堆成十几份，看见刘赤水进来，托着盘子送给他，只见绣鞋满盘，样式做工和原来的一模一样。八仙急忙追了出去，把托盘推翻到地上，地上还有一两只绣鞋，八仙伏在地上把绣鞋的形迹吹灭。到了第二天，丁郎和水仙因为道远，先回去了。八仙想和凤仙多玩几天，不愿动身，父亲和丈夫胡郎多次催促，直到午饭后才出来和大家一起走了。

老翁一行人刚来的时候，排场大，随从多，看热闹的人像赶集一样。有两个盗贼看这一行人中有漂亮女人，魂都丢了，于是策划在他们回去的途中抢走漂亮女人。探察到他们离开村子，就一直跟在后面。眼看相隔不到一箭的距离，两盗贼骑马飞奔可就是追不上。后来到了一个两崖夹道的地方，一行人的车马走的缓慢了一点，两盗贼赶了上来，拿着刀大声吼叫，人都吓得四散奔逃，两盗贼下马掀开车帘一看，里面坐着个老太婆。正在怀疑是错抢了美人的母亲，正要往别处再找，不料被刀砍伤了右臂，一会儿功夫就被抓住捆上。定眼一看，两边并不是山崖，而是平乐府城门，车中坐的是李进士的母亲，刚从乡下回来。另一个盗贼滞后赶来，被砍断马腿落下就擒。守城门的士兵把两个盗贼送到知府处，一审讯就认罪了。当时正有两个大盗贼没有抓获归案，经过盘问，就是这两个案犯。

第二年春天，刘赤水考取了进士。凤仙恐怕招来灾祸，所以辞谢娘家人亲临祝贺。刘赤水也没有再娶别人。等到他升为郎官时，才讨了个小老婆，生了两个儿子。

异史氏说："唉！人情冷暖的变化无常，神仙和凡人原来并没差别啊！'少壮不努力，老大徒悲伤。'可惜没有凤仙一样争强好胜的佳人，变作镜中或悲或笑的人影。我希望有像恒河的沙子那么多的仙人都派娇女和凡人结为婚姻，那么在贫穷的大海中，芸芸众生就会少吃不少苦了。"

佟　　客

徐州人董生，喜欢击剑。常常慷慨激昂，自负武艺高强。偶然在路上遇见一个客人，骑着驴子和他一块走。董生和他交谈，发现客人的谈吐很有些豪爽气概。他便问他的姓名，客人说："辽阳人，姓佟。"董生又问："到哪里去？"回答说："我离开家乡二十多年了，刚从海外回来。"董生说："你遨游四海，认识的人很多，曾经遇见过不同寻常的人吗？"佟客说："什么样的人算不同寻常？"董生说了自己的爱好，对于没有得到异人的传授感到遗憾。佟客说："这种不同寻常的人什么地方没有？但被传授者必须是忠臣孝子，不同寻常的人才肯把武艺传授给他。"董生又毅然自称是忠臣孝子，并取出利剑，弹着剑柄歌唱。又用剑砍断路旁的小树，炫耀佩剑的锋利。佟客捋着胡须微笑，要把董生的佩剑借过来看看。董生把剑交给佟客。佟客接过来随便挥舞了两下，说："这是用旧铠甲之铁铸成的，又被汗臭熏染过，是最下等的剑。我虽不懂高明的剑术，但有一把剑还管用。"便从衣服底襟里取出一尺来长的一把短剑，用它来削董生的佩剑，像削青葫芦一样干脆，手起剑落，董生的剑便斜断成马蹄一样。董生非常吃惊，也请佟客把剑让他看看。接过佟客的剑用袖子再三擦拭后又交给佟客。他把佟客邀请到家里,坚持留佟客住了几天。他谦恭地向佟客请教剑术,佟客说真的不懂,董生两手按着膝高谈阔论,佟客只洗耳恭听而已。

到了夜深人静,忽然听到隔壁院里发出纷纷杂杂的吵嚷声,董生的父母就住在隔壁的院里。董生又惊又疑,靠近墙凝神细听,听到大声呵斥道:"叫你儿子快点出来受刑,就放了你!"过一会儿,似乎开始拷打,呻吟声不断传来,真是董生的父亲。董生抓住戈矛想过去,佟客拦住他说:"你过去恐怕活不成了,应该想个万全之策。"董生惊惶不安地向佟客请教,佟客对他说:"强盗指名要抓你,打死你才甘心。你有没有其他兄弟,应该向你老婆吩咐后事,让我开门把仆人书僮都叫起来。"董生答应了,进去把情况告诉了妻子。妻子拉着他的衣襟哭泣,不放他走。董生舍身救父的念头一下子打消了。便和老婆上楼寻找弓箭,准备强盗来时也好自卫。正在仓惶间,听见佟客在房檐上笑着说:"幸好强盗已经走了。"他点蜡烛往房上一照,佟客已不见了。畏畏缩缩地出门查看,只见父亲手提灯笼从邻居家喝酒刚回来,只是房前堆了许多刚烧过的芦秆灰。这才知道佟客原来就是他要找的不同寻常的人。

异史氏说:"忠孝本是人的血性,古往今来做臣下和儿子而不能为皇帝和父母牺牲的人,难道开始就没有过执戈勇敢的瞬间吗?总是一念之差所贻误的。从前解缙和方孝孺相约以死来殉建文皇帝,但解缙最终食言了,怎知道不是相约以后回到家,禁不住老婆的哭泣呢?本县有个捕快,常常几天不回家,妻子便和同巷中一个无赖通奸。一天捕快回来了,正赶上这无赖从老婆的屋里出来,他非常怀疑,拼命盘问老婆,老婆不承认。接着在床头发现了无赖掉下的东西,老婆这才无话可说了,只能跪在地上哀求宽恕。捕快怒气冲天,把一根绳子扔给她,逼她上吊。妻子请求让她梳妆以后再死,捕快同意了。妻子到屋里去打扮,捕快自斟自饮等着,不断地大声骂她快点出来吊死。不一会儿,妻子穿着华丽的衣服出来了,哭着给他叩头说:'你真的忍心让我死吗?'捕快非常生气地骂她。妻子返身走进屋里,正准备把绳子挂起来,捕快把杯子往地上一摔,大声说:'唉!回来!戴上一顶绿头巾,或许还压不死人。'于是夫妻和好如初。这个捕快也是和解缙同一类型的,可发一笑。"

辽 阳 军

沂水县某人,明末充军辽阳。正赶上辽阳城被攻陷,他也被乱兵砍杀,头虽然断了,但还没死透。到了夜里,一个人拿着名册过来,按名册清点死鬼。当点到这个人时,说他不应该死,让手下的人把他的头接上送他回去。几个人一起拿着他的头安在颈腔上,一齐把他扶起来。只听见耳边风声簌簌,走了好一会儿,几个人把他放到一个地方后就离开了。他看了看,原来是自己的家乡沂水县。沂水县令听说了,怀疑他是私自逃回来的。把他抓来审问,认为他说的情节太荒唐,都不相信。仔细看他的脖子,又没有砍断的伤痕,准备处以重刑。某人说:"我虽然拿不出证据,但请求先把我关押在狱中。断头的事可能是假的,辽阳城被敌人攻陷总不会是假的。假设辽阳城完好无缺,然后再将我处死也不晚呀!"县令采纳了他的意见。几天后,辽阳城被攻陷的消息传来,时间和某人说的完全一样,就把他放了。

张 贡 生

安丘人张贡生害病,仰卧在床上。忽然看见有个小人从心口钻出,高只有半尺,他穿戴着儒生的衣帽,做出滑稽戏子的样子。口里唱着昆山曲,声音清越嘹亮。说白时自我介绍的姓名籍贯和张贡生相同,所唱的内容情节都是张贡生平生所遭遇的事情。四折戏唱完,吟下场诗就不见了,张贡生还能记起剧本的大致内容,经常说给别人听。高西园见到张贡生时,曾经详细询问,他还能讲述戏的曲文,只可惜我不能全回忆起来了。

高西园说:以前读渔洋先生《池北偶谈》,看见有记载着心口小人的事情,说的是安丘张某人的事情。我一向和安丘张卯君要好,猜想张某一定是他的本家。有一天见面时我问到这件事,才知道就是张卯君自己的故事。我又问那件事的全过程,他说:当他病好起床时,所记忆的昆山曲,连一个字也没有遗漏,还抄录成册。后来他夫人认为这是些不吉祥的话,把抄本给烧了。现在每逢酒后茶余,还能记起它的尾声,并常常背诵给客人听。现在一并记载下来,给大家增加点奇闻轶事。它的曲词是:"诗云子曰都休讲,不过是'都都平丈'(相传一个乡下私塾先生教小学读《论语》,读出很多错别字,最可笑的是把'郁郁乎文哉'读成'都都平丈我')。全凭着佛留一百二十行(乡村私塾启蒙方面的课本,叫《庄农杂字》,开篇说:'佛留一百二十行,唯有庄农打头强',特别鄙陋粗俗)。玩味曲子的语意,似乎是介绍自己生平寥落,晚年给农家子弟作私塾先生,受主人的轻慢,才写出这支曲子。想来那个前世的老儒生,大概是张卯君的前身吧? 卯君名叫在辛,善于隶书和篆刻。

爱 奴

河间府人徐生,在恩县设学馆教书。腊月初回家,路上遇到一个老汉。他细看了徐生以后,说:"徐先生放假啦。明年到什么地方教书?"徐生回答:"仍旧在原处。"老汉说:"我叫施敬业,有个外甥要请一位高明的老师教他。前些天托我到东疃去聘吕子廉先生,但他已经接受了临淄的聘金。您如果屈尊答应教我外甥,我愿出比恩县多一倍的聘金。"徐生用已经和别人有约为由推辞。老汉说:"你真是个守信用的君子。但离明年还有几天,我诚心地送上一两黄金作礼金,请暂时留在这里教教他,明年的事另外再商量好吗?"徐生答应了。老汉下了马,递上礼函说:"我住的村子离这不远,只是房宅简陋狭窄,多养牲口不方便,就请让仆人牵马先回村,咱俩散步走回去不也很好吗。"徐生听从了他的意见,把行李放在老汉的马背上。走了大约三四里路,天快黑了,才走到他家门口,门上嵌着金钉兽头的门环,完全是世家大族的派头。老汉把外甥叫出来拜见老师,是一个十三四岁的小孩。老汉说:"我的妹夫蒋南川原来是个指挥使。只留下这个孩子,不迟钝,但是太娇生惯养了。能受你一个月的精心教诲,应该胜过十年呀。"一会儿功夫,摆上酒席,菜肴丰盛又精美。席上斟酒送菜的都是丫鬟女仆。有一个十五六岁的丫鬟拿酒壶站在旁边斟酒,生得非常有风韵,徐生的心暗暗被这丫鬟所动。酒过席散,老汉叫丫鬟安排好床铺,才告辞离开。

　　第二天天还不亮,小孩便来上学了。徐生才起床,就有丫鬟拿来毛巾脸盆侍候他洗漱,这丫鬟就是昨晚端壶斟酒的漂亮女郎。一日三餐都由她管理照料。到晚上,她又来清理床铺,徐生问他:"家中怎么没有男仆?"丫鬟只笑不回答,铺好被子就走了。第二天晚上又来了,徐生用不庄重的话挑逗她,丫鬟笑笑不表示反感。便大胆地亲近起来。于是丫鬟告诉徐生说:"我家里没有男人,外面的事情就请施老舅帮助办理。我叫爱奴。夫人很尊敬先生,恐怕别人不干净,所以叫我来侍候你。今日咱俩的事要严守秘密,恐怕被别人发现,于我俩脸上无光。"有一天夜里,两人睡到一块,天亮了也不知道,被公子撞上,徐生非常惭愧不安。到了晚上,丫鬟来对徐生说:"幸好夫人很敬重先生,不然就坏事了! 公子回去把看见的场面告诉了夫人,夫人忙捂住他的嘴,好像生怕被你听到。只是警告我不要在书房停得太久。"说完就走了。徐生很感激夫人。但是公子不爱读书,老师责备他,夫人为儿子求情。开始还只是叫爱奴替她传话求情,后来渐渐亲自出面干涉了,隔着窗子给儿子说情,常常心疼得直流眼泪。但每天晚上又来打听公子功课如何。徐生很不耐烦,变了脸说:"既要放纵儿子偷懒,又要让他把功课学好,这样的老师我做不惯,请允许我告辞离开。"夫人叫丫鬟来赔不是,徐生才留下来。徐生自从到蒋家来教书以后,很想出去散散心,但蒋家经常关紧大门不让出去。一天,徐生喝醉了,心里发烦,叫爱奴来问主人为什么不让出去。爱奴说:"没有别的原因,夫人怕荒废公子的学业。如果一定想出去,就请等到夜里。"徐生气愤地说:"收了别人的几两银子,就应当关在房子里憋死吗? 叫我晚上跑到哪里去? 我早就以白吃饭为耻,礼金还在钱袋里。"便拿出金子放在桌子上,整好行李准备走。夫人从里屋走出来,默默不语,只是用衣襟捂着脸抽抽噎噎地哭,叫丫鬟送回酬金,打开门送出去。徐生觉得门户很狭窄,走了几步,日光透了进来,原来自己是从一个陷下去的坟墓里走出来的。往四处一看,满目荒凉,原来是一座古墓。徐生很惊恐。但又感激她们的恩义,于是用夫人给他的酬金,给古墓培上黄土栽上树木后才离开。

　　过了年,徐生又经过这个地方,到古墓上祭拜后上路。远远地看见施老汉笑着向他问候,热情地邀请。他虽然心里知道是鬼,但想问候一下夫人的情况,便同老汉进了村子,买酒一起喝。不知不觉天黑了下来。老头站起来付了酒钱。就说:"这里离住处不远,我妹妹也正好回娘家了,希望能劳您大驾,替老夫消除灾祸。"出村几步,又来到一个村落,老汉敲开门进去,点起蜡烛接待客人。不一会儿,蒋夫人从里面出来了,徐生这才细看了一下,她是一个四十岁左右的美貌的妇人。她拜见徐生并致谢道:"我这衰落的家族,门庭冷落,承蒙先生施恩于地下的枯骨,真让我无以报答。"说完掉下泪来。接着叫爱奴出来,对徐生说:"这丫鬟是我喜爱的人,现在把她送给你,也好使你在寂寞的客居生活中得到些照顾和安慰。你如有什么事要办,她也还算善解人意。"徐生连连答应。不一会儿,施老汉兄妹都走了,爱奴留下来陪徐生睡觉。鸡叫头遍,施老汉便来催促徐生整理行装上路,夫人也出来了,嘱咐爱奴好好侍候先生。又对徐生说:"从此更须谨守秘密,你和她的私情是一种奇特的姻缘,恐怕喜欢搬弄是非的人说闲话。"徐生答应,告别了施老汉兄妹,和爱奴共骑一匹马向前赶路。到了学馆,徐生要了个单独的房间,和爱奴一同住在里面。有时来了客人,爱奴回避,客人也看不见她。徐生每要办什么事情,意念一产生,爱奴就替她办好了。爱奴还懂巫术,一按摩疾病就好了。

　　清明节,徐生回家。经过蒋夫人的墓地,爱奴下马和徐生告别。徐生嘱咐她向夫人致谢。她答应道："好。"便不见了。徐生在家住了几天返回学馆,正打算去墓地拜谒,只见爱奴穿着漂亮衣服梳妆整齐在树下等他,两人便一同上路。徐生长年来往于河间和恩县之间,也就常常和爱奴在蒋夫人的坟墓附近见面和分手。徐生想把爱奴带回家去,但她执意不肯。

年末,徐生辞退学馆的教职回家,和爱奴相约后会的日期。爱奴送徐生到从前坐过的地方,指着石堆说："这是我的坟墓,夫人还未出嫁时,我便在身边侍候她。我夭折后,便埋在这里。你以后如果经过这里,烧上一炷香凭吊,我们就能见面。"徐生告别爱奴回到家里,十分怀念爱奴,就到爱奴的坟上去祭祷,不料毫无踪影。于是到集镇上买了棺材,挖开墓穴,想把爱奴的尸骨搬回家去安葬,来寄托自己的爱恋之情。墓穴挖开后,他亲自揭开棺盖,见爱奴的脸色跟活人一样,皮肤虽然没有腐烂,衣服却败朽如灰了。头上的玉饰、手上的金钏都和新制作的一样。再看腰间,缠着几块金锭,便把首饰和金锭包起来放在怀里。才脱下自己的长袍盖在尸体上,抱着放到棺材里,租车将棺材运回。把棺材停放在别的房里,给她换上绣花衣服,一个人就睡在棺材旁边,希望有灵验的效应。忽然看见爱奴从外面进来,笑着说："劫墓的强盗原来在这里呀!"徐生非常惊喜地慰问她。爱奴说："前些日子跟夫人去东昌府,三天后回来,我的房子已经空了。过去蒙你多次邀请,之所以不肯跟你回家,是因我从小受到夫人的厚爱和恩宠,不忍心离开她。你现在既然把我劫到这里,就请尽快安葬,这将是你对我的最大恩德。"徐生问:"古代有的人死了一百年以后还可以复活,现在你的身体完好,何不也来个起死复生呢?"爱奴叹息道:"这是有定数的。世间传说的那些灵异的事迹,大多数是人们幻想出来的。如果想让我恢复生命也没有多大困难,只是不能像活人一样饮食和生育,所以也就不必了。"说完就打开棺盖进去。尸体立即站了起来,亭亭玉立十分可爱。徐生摸了摸她的心窝,像冰雪一样凉。于是爱奴想再躺进棺材等候下葬,徐生坚决不让。爱奴说:"我蒙夫人的过分宠爱,主人从外地回来,带回几万两黄金,我偷偷拿了一些,她也不加追问,我临死时,没有别的亲属,便藏在身边给自己殉葬了。夫人可怜我早夭,又把珍宝首饰给我戴上才入殓。身体这才不曾腐烂,不过是受金宝之气的保护罢了。如果活在人世,哪能保持长久呢? 如果你一定让我留在人世,切记不要强迫我吃东西,吃了东西灵气会消散,那样游魂也将消失。"徐生便建了一所漂亮精美的房子,和爱奴一起住在里面。爱奴起居谈笑和平常人没有什么不一样。只是不吃不喝不呼吸,不见陌生的人。一年多以后,有一天徐生有点喝醉了,拿着喝剩的残酒强行灌到爱奴嘴里。她立刻倒地,口中流出血水,一天过去,尸体变坏了。徐生伤心悔恨已经无济于事,就隆重地葬了爱奴。

异史氏说:"蒋夫人教育孩子,和人世并无两样,但对老师的待遇多么优厚! 不也很贤德吗! 我认为艳丽的行尸走肉不如风雅的鬼魂,竟因为一个穷秀才的粗俗鲁莽,致使爱奴不得享长寿之福,太可惜了!"

章丘县有个朱生,向来刚强耿直,在某贡生家里教私塾,每当他处罚学生时,贡生夫人常派丫鬟去请求免于处罚。朱生不予理会。有一天,夫人亲自来到窗外向朱生求情。朱生大怒,拿着戒尺大骂追出。夫人吓得连忙逃跑。朱生追了上去,一戒尺打在夫人的屁股上,打得屁股皮肉铿铿作响。让人笑破肚皮。

长山县有个老汉,每次聘请家庭教师,必定把一年的薪水按全年的实际天数合计,算出每天的酬金数额。又把老师离开私塾和回私塾的日期详细记在账簿上。到了年终,就当着老师的面按教学天数计算工钱。有个马生受雇在他家开设学馆,见他拿着算盘来,询知原因后非常惊奇。后来暗想了一个办法,便反怒为喜,随他怎么核算,一点也不计较。老汉非常高兴,坚持订出明年的教书合同。马生找了个借口推辞不干,便向老汉推荐了一名性格非常乖僻的教书先生取代自己。那位教书先生一到学馆后,动不动就把老汉痛骂一顿,老汉没办法,全都忍受下来。年末,老汉端着算盘来了,教书先生勃然大怒,姑且听他去算。老汉又把路上、节假日的时间算在老师误工的账上,教书先生不接受,坚持要算到教学账上去。两人争执不下,每人都拿根长戈对准对方,彼此打得头破额烂,到公堂上去打官司。

单 父 宰

青州府有个五十多岁的老汉,续取了年轻的后妻。前妻的两个儿子怕继母再生孩子,乘父亲喝醉了酒,偷偷地割掉了他的睾丸,然后涂上药粉。老汉发现后,装病不敢声张此事。时间长了,伤口渐渐平复。忽然有一天进屋后,刀口绽开,血流不止,不久便死了。后妻知道内情后,告到官府。官府把老汉的两个儿子拘捕来审讯,果然招供了。县令吃惊地说:"我现在真成了'单父宰'(骗割父亲之人可宰杀)了。"一并处死了他们。

本县有个王生,讨了个老婆才一个多月便将她休了。岳父到县衙里告了他。当时的县令是辛公。他问王生为什么要休了老婆。王生回答:"这事难以启齿。"辛公坚持问,王生说:"因为她不能生育。"辛公说:"真是胡说,结婚才一个多月的新娘子,怎么能知道她不生孩子呢?"王生羞涩地忸怩了好长时间,最后告诉辛公说:"她的阴道长得特别偏。"辛公笑着说:"这么说阴道偏了也是一种灾害,闹得家庭无法整治了。"这个判决可以和"单父宰"并传于世,可增一笑料。

孙 必 振

孙必振过江,遇上雷雨大风,渡船摇荡得非常厉害,同船的人都非常惊慌。忽然看见金甲神站在云端上,手里拿着金字牌给下面的人看。船上的人都抬头看那金字牌,上面写着"孙必振"三个字,非常清楚。众人对孙必振说:"你一定犯有该受天条谴责的重罪,请你自己另上一条船,不要连累大家。"孙必振还没来得及申辩,众人不等他同意,看到旁边有一只小船,共同把他推到小船上。孙必振刚登上小船,回头一看,原来乘坐的那只船翻了。

邑 人

本县有个乡下人,一向因无赖闻名乡里。一天早上起床,有两个人把他的魂摄去了。到了集市的一头,看见屠夫把半边猪挂在架子上。两个人便用力把他推挤到半边猪肉上，他忽然觉得身体和猪肉合在一起了，那两人也径直走了。过了一会儿，屠夫开始卖肉。他感觉每割一刀，自己就疼一下，疼得直入骨髓。后来有个邻居老头来买肉，一再计较称得多了少了的，添肥搭瘦，把肉一片片地切割成碎块，他疼得就更惨了。肉卖完了，他的灵魂才沿着原来的路回家。到家时已经是大半个早晨了。家里人以为他起床迟了，他便把这番遭遇讲述一遍。叫来邻居老汉来问，老汉买肉刚回来，他说的片数、斤数，和老汉所买肉的片数、斤数丝毫不差。在一个早晨的时间里，已经受到剐刑一次，不也是怪事吗！

元　宝

广东临江边的山岩陡峭，常常有元宝嵌在石缝里。山崖的底下是汹涌的波涛，船只不能停泊。有的人摇船靠近去摘元宝，嵌得结实，拿不下来。如果谁命中注定该得此物，那么他一摘就下来，回头再看，又长上一个了。

研　石

王仲超说：洞庭湖的君山上有个石洞，高可以容下一只船通过，深不可测。湖水从洞中循环流进流出。他曾举着火把荡着小船进去过，看见洞的两侧都是黑色的岩石，颜色跟油漆一样黑，用手一按是软质的。拿刀会割，好像切硬豆腐，可以随着自己的心愿做成砚台。拿出洞后，被风一吹就变得比其他的石质更坚硬。试着用它磨墨，非常理想。商船游艇，来来往往非常多，君山洞中有好石头，却不知取用。石头也得依赖好奇之士来发现称扬。

武　夷

武夷山有一道千仞高的峭壁，人们常在峭壁下面捡到沉香和玉石。知府听说此事，就率领好几百个工匠搭建云梯，要到山顶上看看有何灵异之物。三年才造成云梯。知府登上去，快到山顶时，看见山顶有只大脚伸下来，一根拇指就比捶衣服的棒槌还粗，听一声大喊："再不下去，就要掉下去了！"知府大吃一惊，慌忙往下爬。人刚落地，只见架设的云梯全部腐朽折断，崩落在地。

大　鼠

万历年间，皇宫里出现一只大老鼠，和猫一样大，造成很大危害。在民间到处寻找好猫来捕捉它，总是被老鼠吃了。这时刚好外国进贡了一只狮猫，毛白像雪，非常漂亮。宫里人把这只狮猫抱到闹鼠的房间里，关上门，在外面偷偷观察。

猫蹲了很长时间，老鼠才小心翼翼地从洞穴中出来，看见猫，狂怒地扑过来。猫避开它，跳到桌子上，大鼠也跟上来，可猫又跳到地上。就这样来回折腾不下一百次。看的人都说猫害怕老鼠了，认为这狮猫也是无能为力的。接下来，老鼠蹦跳的动作渐渐迟缓下来，肥大的肚皮一凸一凹，气喘吁吁，蹲在地上休息。猫立即快速跳下来用爪子抓住老鼠的头皮，一口咬住脖子。猫和鼠撕咬在一起，翻来滚去地争持着，猫发出呜呜的吼声，老鼠也啾啾地叫着。开门去看，老鼠的头已经被咬碎了。这才知道狮猫开始避开老鼠，不是怕它，而是要把它累疲拖垮。老鼠出击，猫就退避，等老鼠避战休息，猫却勇猛出击。猫用的是这种智谋罢了！唉！那些无谋的匹夫动辄拔剑而起，与那老鼠有什么区别！

张 不 量

某商人到了直隶地界，忽然下起大冰雹。他躲在庄稼地里，听见空中人说："这是张不量家的田地，不要损坏了他的庄稼。"这商人暗想那姓张的既然名叫"不良"，天神反而要保护他的庄稼。冰雹停了，商人来到村里，查问张不良是个什么样的人，并且打听取这名字是什么意义。人们告诉他，张的家富裕殷实，储积了很多粮食。每年春天，村里的贫民都向他借粮食。还粮时，他不管还的多还是少，都收下了，从来不拿着斗升等量器去复核，所以叫他"不量"，并不是"不良"。众人赶去看地里的庄稼，只见庄稼棵棵穗穗都摧毁得像一团团的乱麻，只有张不量家的庄稼完好无损。

牧 竖

两个牧童进山碰到一个狼窝，窝里有两只小狼。两人商量好一人抓一只，各自爬上一棵树，两棵树相距几十步。不一会儿，大狼回窝，见丢了小狼，急得惶惶不安。牧童在树上扭小狼的脚和耳朵，故意让它发出嗥叫声。大狼听见了抬头向树上望，狂怒地奔到树下，一边乱叫一边在树上乱抓。另一个牧童又在那棵树上弄得小狼嗥嗥直叫，大狼一听停止叫声向四面张望，看见另只小狼后，放下这一只又跑向另一只，像前先那样乱抓乱叫。等大狼跑到第二棵树下时，那一棵树上的小狼又叫了，它又转身奔过来，嘴里不停地叫，脚下不停地跑，这样往返几十回，渐渐地跑得慢了，声音也微弱了。后来气息奄奄地僵卧在地上，过了好长时间，一动不动。牧童从树上下来，一看，大狼已经断气了。

当今有些豪强之人，瞪着眼睛，手按宝剑，好像是要把人抓住吃掉。而惹恼他使他发怒的人，却关上门离去。这时那豪强声嘶力竭，再没人与他为敌，难道不自以为是英雄？不知这是大狼式的威风，人家故意捉弄他而当作演戏看罢了。

富 翁

有个富翁，很多商人向他借过钱。一天，他外出，有个青年跟在他的马后，富翁问他做什么，也说借本钱做生意。富翁答应了。到家以后，刚好桌上有几十个钱，这青年就随手把钱垒起来，很快几十个铜钱便高高低低很有层次地垒在一块了。富翁一看，拒绝借贷，到底没借给钱而打发了他。有人问是什么原因，富翁说："这个人一定好赌博，不是个正派人。他在赌钱时习惯熟练的垒钱手法，不知不觉地表现出来了。"过后一查，果然是这样。

王　司　马

新城县人兵部尚书王霁宇镇守北方边疆时,曾经叫铁匠铸一口长柄大刀,刀面有一尺左右,重三千斤。每次到边界巡视,就叫四个人抬着。仪仗队到了哪里,就把它放到地上,故意叫北国的人来拿,这些人用力摇都摇不动。王霁宇又暗中照原样子用桐木做了一个复制品,刀的宽窄大小跟长柄大刀没一点差异,用银箔贴在刀面上,经常在马上拿这把刀舞来舞去。各部落民族看到,没有不吃惊害怕的。他又在边地埋插苇席为界,沿着边界的不规则曲线横斜埋了十多里,形状像篱笆,他扬言说:"这是我的长城。"北国的兵来了,全拔下来烧了。又派人安上。烧过三次后,他就在苇席下边安放上火药石头并设有机关。北兵又来烧苇席,药、石都爆炸起来,死伤了很多人。活着的也都吓跑了。王尚书又像先前一样埋下苇席,北人远远看见就退走了。因为这个缘故,对他像对神仙一样服服帖帖。后来王尚书年老退休了,边界上的形势又紧张起来。皇帝又召他复职,当时他已八十三岁高龄,勉强支持病体辞别皇上赴任,皇上安慰他说:"只需要躺在床上治理那地方就行了。"于是他又来到边界。每到一处,他总是躺在帐篷里。北人听说王尚书来了,都不相信,便假借议和的名义来验证是真是假。掀开帘子,看见他安然地躺在那里,就都对着床头叩头跪拜,翘起舌头退了出去。

岳　　神

扬州府一位提同知官员,晚上梦见岳神召见他,语言神色都很愤怒。抬头看见一个人侍立在岳神身边,在替他说好话。他醒来以后对这梦很反感。一大早就到岳庙,默默地进行祈祷。从庙里出来,看见药店里有个人,和昨夜梦里在岳神旁边站的那人非常像。问他之后,才知道他是医生。回到家里,突然病了,特地派人去把医生请来。医生一到就开方让人去买药。晚上把药服下,到半夜人就死了。有人说阎罗王和东岳天子每天派遣男女侍者十万八千多人,分布到天下作巫医治病,叫作"勾魂使者"。用药的人不能不小心一些。

小　　梅

蒙阴县有位世家公子王慕贞,偶尔到浙江一带游览,看见一个老妇人在路上哭。王公子问她哭什么,她说:"我去世的丈夫只留下一个儿子,现在犯了死罪,有谁能把他救出来?"王公子向来慷慨。当下记住犯人的姓名,从自己的口袋里拿出钱给这个死刑犯四处奔走活动,终于帮他开脱了罪责。这人从监狱出来,听说是王公子慷慨解囊救出自己,莫名其妙,不知是什么缘故。便找到旅店,亲自向王公子致谢并问明是怎么回事。王公子说:"没什么原因,只是怜悯你母亲年纪大了。"这人吃惊地说:"母亲已经死了多年。"王公子也感到奇怪。

到了晚上,老妇人来向王公子致谢。王公子责怪她不应该撒谎骗人。老妇人说:"老实告诉你吧,我是东山的一只老狐狸。二十年前曾和这孩子的父亲相好过一个晚上,所以不忍心看他父亲在阴间由于没儿子而成为饿鬼。"王听了肃然起敬,想再问点别的事情,她却不见了。

从前,王公子的妻子很贤惠,一心向佛,不吃荤,不喝酒。打扫出一间干净的屋子,里面悬挂着观音菩萨的神像,因为没儿子,天天都在里面烧香祷告。而这观世音又特灵验,常常托梦给她,指示她趋利避害,所以家中事情的好坏都取决于观音的旨意。后来王妻病了,而且很重,便把床移到挂观音神像的那间屋子。又另外在内室铺设锦绣被褥,把门窗关紧,好像在等什么人。王对她的行为很不理解,只是认为她病得昏迷,所以不忍心阻止她这些让人费解的行动。她一病就是两年,讨厌嘈杂的声音,常赶走别人独居一室。暗中偷听,似乎她在和别人谈话,开门一看又非常寂静,在病中她没什么牵挂,只不放心十四岁的女儿,天天催王生准备嫁妆把她嫁出去。女儿出嫁后,她把丈夫叫到床前,拉着他的手说:"现在该分别了!刚得病时,菩萨告诉我,命里本当死得快些。心中放不下的,就是幼女未嫁。于是观音给了些药,让我延续生命到现在。去年,观音要回南海,留下了她案前的侍女小梅服侍我。现在我快死了,我这薄命人又没生儿子。保儿是我喜爱的,怕你娶个凶悍的后妻,使他们母子没有依靠。小梅姿容秀美,性情又贤淑温和,可以娶她作后妻。"原来王公子有个小老婆,生个儿子叫保儿。王公子认为她的话很荒唐,就说:"你向来敬重菩萨,现在说出这种话,不是太亵渎神灵了吗?"王妻说:"小梅侍候我一年多,已不分彼此,我已经婉言求过她了。"王公子问:"小梅在哪?"回答道:"屋里的不是她吗?"王公子正要再问,妻子闭上眼睛死了。

王公子夜里守灵,听见里屋传出隐隐约约的哭泣声,吓坏了,怀疑是鬼。叫丫鬟小老婆开门进去看看,原来是一个十六七岁的美人,穿着丧服坐在屋里,众人都以为她是神女,一齐围着她叩头。她止住泪把她们扶起来,王公子凝神注视着她,她只是低着头而已。王公子说:"如果亡妻说的是真话,请到厅堂接受儿女和仆人的朝拜。如果你不同意,我也不敢妄想,给自己招来罪过。"小梅羞红着脸出来,直走到北面正厅。王公子让丫鬟给小梅一个面南的座位。王公子先给她行礼,小梅也还了礼。以下按年龄长幼身份尊卑依次俯伏叩见,小梅神情庄重,坐着接受众人的叩拜。只有王公子的小老婆跪拜时,小梅把她扶起来。自从夫人卧病以后,丫鬟们开始懒惰,仆人们乘机偷偷摸摸,家里早就不成样子了。众人参见完结,恭恭敬敬地站在一旁。小梅说:"我感激夫人的盛情,把我留在人间,又把家里的大事委托给我,你们应该各自洗心革面,好好为主人效力。从前犯过的错误,一概不予追究。不然,可不要说家里没主妇!"众人望着座上的小梅,真像悬挂的观音画像时时被微风吹动的样子。听着小梅的话，众人心里都有些畏惧惊慌，异口同声地回答了小梅。小梅就先安排夫人的丧事，一切都办得井井有条。从此大小奴仆没有敢偷懒的。小梅经管着内外大小的事务，王公子要做什么事情，也先告诉她一声才去做。他们虽然早晚都见面，但私下里并不说话。给夫人下葬后，王生很想履行以前的婚约，不敢直接跟小梅说，嘱咐小老婆暗中示意小梅。小梅说："我受了夫人的谆谆嘱咐，从道义上讲是不容推辞的，但是婚娶是重要的事情，不能草率从事。年伯黄先生位尊德重，如果请他主持结婚仪式，那么我将唯命是听。"当时沂水县人黄老先生曾任太仆卿，这时退休在家闲居，是王公子父亲的朋友，两家往来密切。王公子便亲自去见黄老先生，把实情告诉他。黄老先生感到奇怪，就同王公子一块来了。小梅听说，马上出来参拜黄老先生。黄老先生一见，惊奇得以为是仙女下凡，谦逊地辞让，不敢接受她的叩拜大礼。接着送她一份丰厚的贺礼，主持完婚礼才回家。小梅在黄老先生临走时，给他赠送了枕头，鞋子，就像孝敬公公婆婆一样。从此以后，两家的交往更加亲密了。

结婚后，王公子总认为小梅是观音侍女，便在亲热中带几分恭敬，并常向她打听观音娘娘起居情况。小梅笑着说："你也太迂腐了，哪有正直的神仙下嫁凡人的？"王公子再三追问小梅的来历，小梅说："你也不必过分追问，你既然认为我是神仙，早晚小心供奉着，自然不会有灾祸。"小梅对丫鬟们非常宽厚，不笑不说话，但丫鬟们做下贱的游戏时，远远看见了她，就不作声了。小梅告诉大家说："难道你们真以为我是神仙吗？我是什么神仙呀！其实我是夫人的姨表妹，从小在一起相处得很好，我表姐在病中很想见我，私下里让南村的王姥姥把我接来。但因随时可能碰到姐夫，为避男女之嫌，所以假托是观音娘娘的侍女，关在里屋，其实不是神人。"众仆还是不相信。但每天都生活在她身边，看见她的行为举止和平常人没有差别，各种传言渐渐消失了。然而即使是顽劣的仆人，迟钝的丫鬟，王公子平日用鞭子抽打也改不了的，小梅轻轻吩咐一句话，没有一个不乐意奉命行事的。都说："真不知道是什么原因。确实不是怕她，只要看见她的笑容，就自然心软，所以不忍心违背她的吩咐。"因此，原来许多没有办好的事情都兴办起来了。几年之中，田地纵横连成片，仓里存万石粮食。又过了几年，王公子的小妾又生了一个女孩。小梅生了个儿子。儿子生下来，左臂上有个红点儿，于是取名小红。小红满月，小梅叫王公子摆上丰盛的酒席，邀请黄老先生来赴宴。黄老先生送来了很丰厚的贺礼，但推说年纪老迈不能出远门。小梅派了两个年纪大的女仆坚决邀请，他才来了。小梅把孩子抱出来给黄老先生看左臂上的红点，以示取名字的意思。又再三向黄请教这红点的凶吉征兆。黄老先生笑着说："这是喜红，可以增加一个字，给他取名喜红。"小梅非常高兴，再次出来叩头拜谢。这一天，满院的鼓乐声不停，显贵的亲戚像赶集一样。黄老先生住了三天才告辞离去。

忽然一天门外来了车马，接小梅回娘家。小梅到王家十多年，从未听说有什么亲戚娘家，大家都议论这件事，而小梅置若罔闻。收拾打扮好以后，把孩子抱在怀里，要王公子亲自送。王公子答应了。送了大约二三十里路，路上寂静没有行人，小梅叫车夫停下车，叫王公子下马，屏退了其他人，对丈夫说："王郎呀王郎，我们在一起的时间短，离别的日子将会很长，你说伤心不伤心？"王公子吃惊地问原因。小梅说："你知道我是什么人？"回答说："不知道。"小梅说："你在江南拯救出一个死囚犯人，有这回事吗？"回答说："有。"小梅说："在路上哭的老妇人是我母亲。她感激你的恩义一心要报答，便借你夫人信佛的机会，假托是神仙。实际上是让我来报答你。现在幸好生了这褓褓中的儿子,这个心愿也实现了。我看出你倒霉的时运快到了,把孩子留在家里,恐怕不能长大。所以借口回娘家解除这孩子的危难。你记住:家里有人死了时,应当在鸡叫头遍时,到西河柳堤上去,见到有提葵花灯的人路过,便拦在路上苦苦哀求他,可以免除灾难。"王公子说:"记住了。"便问什么时候回来。她说:"不能预定。总之应该牢记我的话,相会的日子也不会太远。"临别时,两人拉着手伤心地流着眼泪。一会儿,登上车像风一样地疾驰去了。王公子一直到看不见踪影了,才回家。

小梅走了六七年后,一点音信都没有。忽然四周乡里瘟疫流行,死的人很多。王公子一个丫鬟病了三天就死了。王生想起小梅临走时的嘱咐,对此十分关心。这天和客人喝酒,大醉后便睡着了。醒来后,听见鸡叫了,急忙起来到堤上,见灯光一闪一闪刚刚过去。赶紧追,只隔百十来步,愈追愈远,渐渐看不见了,懊恼悔恨地回到家里。过了几天突然得病,不久就死了。王公子的本家有很多无赖,他们合伙欺负王公子的小老婆和保儿,公然砍伐树木抢庄稼,家境一天天败落下去。过了一年,保儿又死了,一家人更没有了主心骨。同族的人越发横行无忌了。瓜分他家的财产,把圈里的牛马牵走,还想瓜分他的房子。因他小老婆住着房子,又叫来一伙坏人将她强行卖掉。小老婆舍不得小女儿,母女俩对面哭泣,四面邻居为之悲惨伤心。正在危难之中,忽然听到有轿子进来,一看是小梅领着小儿子喜红从车里走出来。小梅四周一看,纷纷乱乱像赶集一样,她问:"这是些什么人?"小老婆哭着述说了所发生的事情。小梅脸色沉下来,便叫跟随来的仆人关门下锁。那些同族的人想要抗拒,可手脚不能动弹。小梅命令仆人把他们一个个捆起来,拴在走廊的柱子上。每天只给三碗稀粥。马上派老仆人跑去告诉黄老先生,然后进里屋哀伤地哭了起来。哭过以后,对小老婆说:"这都是天命。本打算上月就回来,刚好我母亲病了,便耽误到现在。想不到转眼间家败人亡了。"她又问起过去的丫鬟和女仆,原来都被族人抢走,更加难过哭起来。过了一天,丫鬟和仆人听说小梅回来了,都自己偷着跑回来。见了女主人没有不痛哭流涕的,被拴在柱子上的同族人都狂喊喜红不是王公子的亲生儿子,小梅也不和他们争辩。接着,黄老先生来了,小梅领着喜红出门迎接。黄老先生拉住喜红的手,捋起左边衣袖,只见一颗红痣宛然在目,并指给大家看,证明这确实是当年的喜红。于是清查丢失的物品,登记造册,黄老先生亲自去找县令。县令把这帮无赖抓去,各打四十板子,给他们戴上手铐脚镣关进监狱,严格追查失物。没过几天,田产牛马,全部归还原主。黄老先生要走了,小梅拉着喜红哭拜道:"我不是世间人,叔父心里明白。现在我就把喜红托付给老人家了。"黄老先生说:"只要我老汉一息尚存,不会不给他做主的。"黄老先生走后,小梅把家里财产盘查清点就绪,把儿子托给小老婆照看。便准备了祭品为丈夫扫墓。去了半天的时间也没回来。到墓地一看,只见祭品摆放得好好的,可是人不见了。

异史氏说:"乐于帮助别人保住后人的人,别人也照样保住他的后人。这虽是人事而实际上天意。至于有的所谓好朋友,人在的时候,便能出入同车,豪饮同席;一旦人坟头长草,妻子儿女受尽欺凌时,那昔日同车的朋友则远远望上一眼躲开了。对死去的朋友挂在心上念念不忘,对帮助过自己的人感恩图报,只有谁呢? 狐仙啊! 假如你有大宗的财产,我一定做你忠实的管家。"

药　僧

济宁有一个人,偶然在荒野寺庙外面,碰到一个游僧,借着太阳光亮捉虱子,拐杖上挂着个葫芦，像是卖药的。于是便跟游僧开玩笑说："和尚也卖房事中的丹药吗？"和尚说："有哇。弱的可以变强，小的可以变大，马上见效，用不着等一两夜。"这个人高兴地向和尚讨要丹药。和尚掀开衣角取出一粒黄米粒大小的丸药，叫他吞下。大约有半顿饭功夫，只觉得下阴猛长，过一会儿自己一摸，比原来长了三分之一。心里还不满足，看见和尚去厕所，偷偷解开僧袍衣角，拈起两三丸一齐吞下。不一定感到皮肤要裂开一样，筋都缩成一团，脖子向下缩，腰向下弯，但下阴长个不停。他吓坏了，没有办法。和尚从厕所出来，看到他那副模样，惊慌地说："你一定偷吃我的药了！"急忙递给他另一种药丸让他吃下，才觉得下阴不再长了。解开裤子一看，几乎长得和两条大腿一样长了。他缩着脖子跛着脚走回家去，父母都认不出他了。从此变成了废物，每天睡到街边上，很多人看见过。

于 中 丞

总督于成龙，巡视境内到高邮，刚好碰上一个大豪绅家要嫁女儿，嫁妆非常丰厚，夜里被盗贼翻墙全部偷走。知州没办法破案。于公立即下令城门都关上，只留一个城门放行人出入，让吏目守住这个门，严格搜查来往行人的行李。又贴出告示通知全城居民，各自回到自己的家中，等候第二天查点搜寻，一定要查出赃物。于公悄悄嘱咐吏目，假如有从城门出入几次的人，就抓住他。才过了中午，抓住两个人，他俩多次出入城门，都是单身行走，没带行李等物。于公说："这是真正的盗贼。"两个人不停地说假话争辩自己无罪。于公叫人把他俩的衣服解开搜查，见长袍里各穿着一套女人的衣服，都是嫁妆里面的物品。——他俩恐怕第二天大搜查被发现，便忙着转移赃物，但赃物太多难以携带，所以就暗中穿在身上一次又一次地出入城门。

于公作县令时，到邻县办事。早晨从城门外经过，看见两个人用床抬着病人，上面盖着大被子。枕上露出头发，上面插着一支凤钗，病人侧着身子躺着。有三四个壮汉在两边跟着走，时时用手掖一掖被子，让被子压在病人身底下，好像怕风吹进去。不一会儿，又把床放在路边休息，又换两个人抬。于公从旁经过，派公差回转身去询问，他们说是妹子病危，要送她回丈夫家。于公走了二三里路，又派公差去看他们把人抬到哪个村里去了。公差暗中跟踪那帮人，到了一个村子的一家房前，里面出来两个男人把他们接了进去。公差回来向于公说明了经过。于公问邻县县令说："城中有没有发生盗劫案件？"县令说："没有。"当时对地方官的治绩考查很严，各级官员都怕说自己的辖区有盗贼，所以即使有被盗劫或被杀的案情发生，也隐瞒起来不敢说。于公到了客馆，吩咐家人细致查访，果然有个富人被强盗闯进家里用烙铁烫死了。于公把富人的儿子叫来，问他家被抢劫的情况，他坚决不承认有这件事。于公说："我已经在这里替你把大盗抓住了，没有别的意思。"那富人的儿子叩头痛哭着说明了情况，请求为死去的父亲报仇雪恨。于公敲开县令的大门，派遣了四个身体强健的公差在四更天出城，直奔那个村子，抓住八个人，一审讯就认罪了。于公盘问那病妇是什么人，强盗供认说："作案那天我们晚上都在妓院里，所以和妓女合谋，把抢的钱财放到床上，让她抱着抬到窝主家里再分赃。"大家都佩服于公的神机明察。有人问他是怎么识破这个案件的。于公说："这是很容易识破的。只是人们不留心罢了。哪有年轻妇女躺在床上，而容许男人把手伸进被窝里去的？况且抬着一个女人走，又不断换人，那就表明床上除人以外还有很重的东西,床的两边有人交手保护,就可以知道床上有很贵重的物品。如果病妇病情严重,一定有妇女出门迎接,而接的只有男人,见病人后并不吃惊问一句,所以确知这一伙人一定是强盗。"

皂 隶

万历年间,历城县令梦见城隍神向他要人服役。县令便把八个差役的姓名写在文书上,在庙里烧了。到了夜里,八个差役都死了。庙东边有个酒店,店主和其中的一个差役交情很好。正好那个差役夜里来买酒,店主问:"招待什么贵客?"回答:"有很多同僚,买上一壶酒,借此通个姓名认识罢了。"第二天天亮后,店主看见别的差役一问,才知道那个差役已经死了。他推门走进城隍庙,那酒瓶还在,装的酒还是满的。回到酒店再看昨夜收的酒钱,都是纸灰。县令将八个人画在城隍庙的墙上。其他的差役有公事,都先洒酒祭祀庙里的八个差役才上路,不然,一定会遭到鞭打责罚。

绩 女

绍兴府有个老寡妇在夜里独自纺麻线,忽然有一个青年女子推门进来,笑着说:"老妈妈不是太辛苦了吗?"看姑娘娘有十八九岁,容貌端庄秀美,衣着华丽。寡妇吃惊地问:"你从哪里来的?"女子说:"我可怜老妈妈孤身一人,所以来和你做伴。"老妇怀疑她是公侯之家逃出来的姬妾,再三盘问。女子说:"老妈妈不必害怕。我的孤单,也和你一样。我喜欢你这里整洁清静,所以才来。两个人都可以免除寂寞,难道不好吗?"老妇又怀疑她是狐狸精,犹豫不回答。女子干脆上床代替老妇纺麻,说:"老妈妈不用担心,这种活计,我能做得很好,肯定不会在吃穿用等方面给你增加负担。"老妇见她温和可爱,便安心把她留下。

夜深了,女子对老妇说:"我带来的被褥枕头等卧具还放在门外,您出去解手时,麻烦您帮我拿进来。"老妇出门一看,果然有一包衣物等。女子解开包裹将被褥铺在床上,不知是什么锦绣,无比的光滑柔软芳香。老妇也打开自己的铺盖,铺好棉布被褥,和女子睡在一张床上。女子刚把衣裙解开,一缕奇异的香气便充满房间。两人睡下后,老妇暗自心想:遇上了这么漂亮标致的姑娘,可惜我不是个男人。女子在枕头上笑着说:"老人家已经七十岁了,还那么胡思乱想吗?"老妇不好意思地说:"没有。"女子说:"既然没胡思乱想,为什么惋惜自己不是男人?"这下老妇更确定女子是狐仙,非常害怕。女子又笑着说:"要做男人,为什么又怕我呢?"老妇吓坏了,两条腿发抖,抖得使床摇动起来。女子说:"唉呀!这么胆小还想做男人!实话告诉你,我真是仙女,但是我来并不是要加害于你。只是需要谨慎,千万不能让别人知道,我保你丰衣足食。"老妇早晨起来,在床前跪拜。女子伸出手拉她起来,手臂光滑细嫩好像香脂一样,暖烘烘的散发着芳香,一触老妇的肌肤,老妇马上感到皮肤都松弛轻快了。老妇心旌摇动,又开始胡想。女子嘲笑说:"老太婆两腿战栗才停,心又想到什么地方去了!如果让你作男人,肯定会为情而死。"老妇说:"假设是男人,今天晚上哪能不死!"从此两人的心非常贴近,每天共同纺麻。再看女子纺的麻又匀又细又光滑,织成布闪闪发亮像锦绸一样,价钱要比平常的价钱高出三倍。老妇每次出门就把门锁上。有人来找她,就在别的房间接待。女子在这里住了半年,竟然没有人知道。

以后老妇把女子的事情渐渐地对亲近人的讲了,同村居住的姊妹们都求她帮助说情,希望能见见女子。女子责备她说:"你说话太不谨慎了,我不能在这长期住下去了。"老妇后悔说走了嘴,深表自责,但是求见的人也越来越多,甚至有权势的人威胁老妇。老妇哭着向女子陈述了被逼迫的情形。女子说:"如果只是些女伴,见见面也没什么关系。恐怕招来轻薄的男儿,难免受到调戏侮辱。"老妇一再恳求,女子才答应接见。到了第二天,大群的老太婆、年轻姑娘媳妇,拿着香烛来拜见,沿途络绎不绝,女子很讨厌这些人烦乱,无论富贵贫贱,都不和她们说话。只是沉默地端坐那里,听任她们朝拜叩头。乡里青年男子听说女子长得漂亮,神魂颠倒,老妇拒绝了他们的求见。

有个费生,是本地名士,拿出所有的家产变卖,用大量的钱贿赂老妇。老妇答应,替他求情。女子已经知道他们暗暗交易,责备她说:"你出卖我吗?"老妇伏在地上交代了收受贿赂的过程。女子说:"你贪图他的钱,我感谢他的痴心,可以同他见一面。但我们的缘分尽了。"老妇又跪地叩头。女子答应明天相见。费生听了,非常高兴,拿着香烛来到,进门就恭恭敬敬地向女子一揖到地。女子在帘内和他说话:"你破产求见,不知有什么话要指教我?"费生说:"实在不敢有所冒犯。只因为古代的西施、王嫱都仅仅是传说,如果能不因平庸迟钝而不理睬的话,让我一开眼界,在下就十分满足了。至于吉凶祸福都是命中注定,并不是我想知道的。"忽然看见布幕之后的女子,容光照射,修长眉黛樱唇小口,都充分显现,好像没有帘幕隔挡一样。费生神魂激荡如醉如痴,禁不住拜倒在地。起身以后,而帘幕沉厚阻隔,只听得见声音却不见人。正惆怅间,又暗自遗憾没有看到女子的下体,忽然看见帘子下面翘出一双绣鞋,尖尖瘦瘦还不到一指长。费生又拜。女子在帘中说:"你回去吧,我已经累了。"老妇人在另一间屋子里请费生喝茶。费生题写一首《南乡子》词在墙壁上:

隐约画帘前,三寸凌波玉笋尖;点地分明,莲瓣落,纤纤,再着重台更可怜。花衬凤头弯,入握应知软似绵,但愿化为蝴蝶去,裙边,一嗅余香死亦甜。

写完就走了。

女子看了题词很不高兴,对老妇说:"我说过缘分已经完了,现在看来一点不假。"老妇伏地叩头请罪。女子说:"罪过也不全在你身上,我不慎偶然堕落在情网中,把自己的容貌给人看,才遭到淫词的亵渎,这都是自找的,于你有什么罪?如果不赶快从这里搬出,恐怕身陷感情的魔窟,再历劫难不得脱身了。"便整理行装走出门去,老妇追出挽留她,转眼已经不见了。

红 毛 毡

朝廷原来允许红毛国和中国互相贸易。守边主帅看他们人多,不让登岸。红毛国人再三恳求说:"只要给一块毡子大的地方就够了。"主帅想一块毡子占不了多大一点地方,便答应了他们的请求。

红毛国人把毡放到岸边上,大小只容下两个人罢了。再一拉,便可容下四五个人。他们一边拉一边登岸,顷刻之间扩大到一亩多地,上面站了好几百人了。突然间几百人一齐把短刀投过来,因为出乎意料,守边人来不及抵抗,被抢掠了几里地才离开。

抽　肠

　　莱阳县石姓某人白天躺着睡觉，见一个男人和一个妇人手拉着手进来。妇人又黄又胖，腰粗得身子向后仰，看样子很痛苦。那男子催他说："来呀，来呀！"某人以为他们是一对偷情的人，便假装睡觉偷看他们要干什么。这两人进来后，好像没看见床上有人。男子又催促说："快来！"妇人便露出胸部和肚子，肚子大得像个皮鼓。男子取出一把杀猪刀，用力刺进妇人的腹部，从心窝一直剖到肚脐，刀划破皮时发出"嗤嗤"的声音。某人吓坏了，不敢粗声喘气。妇人皱着眉头忍受着剧痛，不曾哼过一声。男子口叼刀子，把手伸进妇人腹中，抓住肠子挂在肘弯处，一边挂一边往外抽，一会儿功夫，就挂满了臂弯。男子又拿刀把肠子割断，放在桌上。又继续从妇人肚子里往外抽肠子。桌子上放满了，就挂在椅子上，椅子上挂满了，就把几十圈肠子，像渔人撒网一样，往某人的头边一扔。某人觉得一阵热腥味，满头满脸都压得一点缝隙也没有。他再也忍受不住了，用手把头上的肠子推开，大声嗥叫，爬起来便跑。肠子落到床前，两只脚被捆住，昏昏迷迷地倒在地上。家人跑来一看，只见他身体被猪肠子缠着。后来走近仔细查看，什么都没见到，众人以为是自己眼睛发花，并没感到奇怪。等到某人讲梦中所见，大家才感到奇怪。但房子里并没有血污痕迹，只是几天之内血腥气味没有散尽。

张　鸿　渐

　　永平府人张鸿渐，十八岁就成了本地区的名士。当时卢龙县的赵县令贪婪残暴，百姓们都遭受到这贪官的祸害。有个范生被他用刑杖活活打死。同学们都为范生含冤惨死而义愤填膺，想要到巡抚衙门上告，并请张鸿渐写状纸，邀他一道去打官司。张鸿渐同意了。张鸿渐的妻子方氏长得漂亮而且很贤惠。听说了要替范生告状申冤的事，劝他说："秀才们做事情，只能享受成功的快乐，却不能一块承受失败的打击。如果官司赢了就都想争头功，官司打输了，众人就纷纷瓦解，不能心聚一处。现在是个有势才有理的世界，是非曲直很难按道理进行判定，你又没有兄弟。假设案情恶化，有谁能解救你的急难！"张鸿渐认为妻子的话很对，后悔不该答应同学的请求，便委婉地推辞了，只给他们写好状纸就离开了。

　　状纸递上后，巡抚衙门只草草地过一次堂，也没断出个是非曲直。赵县令用大笔银子买通大官，反诬秀才们结党而将他们抓了起来，并且追查写状纸的人。张鸿渐吓坏了，赶紧逃到外地。到了凤翔府地界，路费都花光了。到了傍晚，他还在旷野里徘徊不定，找不到住宿的地方。忽然看到一所小村庄，便赶紧跑了过去。看到一个老太婆正在关门，她看见张鸿渐，问他想做什么，张如实相告。老太婆说："吃饭住宿这都是小事，只是我家没有男人，留客不方便。"张鸿渐说："我不敢有过分的要求，只要容我在门里住一夜，能够躲躲避虎狼就行了。"老太婆让他进到门里，然后关上门，给他一张草垫，吩咐说："我可怜你无处安身，私自留你在这里过夜。明天天亮前早点离开，恐怕被我家小姐知道会怪罪我的。"说完老太婆走了。张鸿渐靠着墙闭上眼睛休息。忽然看见灯笼的光亮一闪一闪，是老太婆领着一个女郎走了过来。张鸿渐因被老太婆私自留宿门里，怕被女郎发现，急忙躲在黑暗的地方，偷偷对来人看了一眼，原来是一个二十来岁的姑娘。姑娘来到门口，看见草垫，问老太婆，老太婆把实情告诉了姑娘。姑娘生气地说："我们家都是弱女子，怎能留下一个来历不明的人在家里过夜？"又问："那个人去哪里了？"张鸿渐惶恐地走出来跪在阶下。姑娘仔细盘问过他的宗族姓氏、住址等情况后，脸色稍微开朗一些，说："幸好是个风雅的读书人，留下也没什么关系，然而这老奴竟不来禀报一声，草率地接待一位君子，难道是合礼数的吗！"于是让老太婆带客人到房间里去。一会功夫，便摆上了酒席，菜肴食品都精致洁净。饭后又给张鸿渐设置床铺，铺上锦绣被褥。他心里非常赞赏这姑娘的贤德，便暗中向老太婆打听她的姓名。老太婆说："我家姓施，老爷和太太都去世了，只留三个女儿。刚才看见的是大姑娘舜华。"老太婆走了，张鸿渐看见桌子上有一本《南华经》注，便拿了过来放在枕头上，俯伏在床上翻阅起来。忽然舜华推门进来。张鸿渐忙放下书去找鞋和帽子。舜华拉住他在床边坐下，说："不必多礼！不必多礼！"说完自己也靠近床边坐了下来，有些腼腆地说："你是位风流才士，想要把这家托付给你，便犯了瓜田李下的嫌疑。你该不会因此嫌弃我吧？"张鸿渐惊慌不安地不知怎么回答，只是说："我不愿欺骗你，家中已经有妻子了。"舜华笑着说："这就可以看出你诚实，不过这也关系不大。既然你不讨厌我，明天我就请媒人来。"说完，就想离开。张鸿渐从床上探出身子用双手拉住她，舜华也半推半就留宿在张鸿渐的床上。天还没亮就起来了，送给他几两银子，说："你拿去作游览的零用钱。黄昏后，再晚点回来，害怕被别人发现。"张鸿渐按舜华说的去做，早出晚归，半年之内天天如此。一天，回来得很早，到原来的地方一看，村庄和房屋全不见了，张鸿渐感到非常吃惊和奇怪。正在犹豫徘徊的时候，只听老女仆说："你怎么回来得这么早！"转眼间，院落又像从前一样。而他自己又在屋子里了，越发觉得奇怪。舜华从里屋出来，笑着说："你怀疑我了吧？该对你说实话了，我是狐仙，和你前世有缘，如果一定要生我的气，请马上分手。"张鸿渐留恋舜华的美貌，还是安心留下了。夜里张鸿渐对舜华说："你既然是仙人，那么千里之路不过是呼吸之间罢了，我离家已经三年，心里常常想念妻儿，能带我回去看看吗？"舜华好像有点不高兴，说："论夫妻情分，我自己认为对你够忠诚的了，而你却守着我心里想着她，这说明你对我的恩爱都是假的呀！"张鸿渐道歉说："你怎么能这样说话呢！俗语说：'一日夫妻百日恩'，以后我要是回家后想念你，不也像今天想念她一样吗？如果有了新的忘了旧的，你能喜欢我这样做吗？"舜华这才笑了，说："可我却有偏心，对我，希望你永远不要忘记，对她，希望你早点忘掉她。至于你想回家的事，这也不难，你家不就在眼前吗？"便拉着张鸿渐的袖子走出门，只见天色昏暗看不清楚道路，张鸿渐小心翼翼地不敢前进。舜华拽着他向前走，不多时，说："到了，你回家去吧，我走了。"他停住脚仔细地辨认了一会儿，果然看到自己的家门。他从矮墙翻过去，看见房子里灯还亮着。便走近前去用两指敲门，里边问是谁，张鸿渐详细他讲了事情的经过。屋里的人举着蜡烛打开了门，果然是方氏。夫妻俩又惊又喜，手拉手走进卧房。鸿渐看见儿子睡在床上，感慨地说："我离开时儿子才到膝盖那么高，现已长得这么高了。"夫妻俩紧紧依偎在一起，恍恍惚惚好像在梦中一样。张鸿渐把这几年的遭遇从头至尾讲了一遍。问到那场官司，才知道秀才们有的被关死在牢里，有的被充军远方。他更加佩服妻子的远见卓识。妻子扑向他怀里撒娇说："你有了漂亮的情人，根本就不再想着冷被窝里还有个孤独的泪眼人了！"张鸿渐说："不想着你，怎么会回来呢？我和她虽说感情很好，终究不属同类，唯独她对我的恩义是终生难忘的。"方氏说："你认为我是谁？"张鸿渐仔细一看，竟然不是方氏，原来是舜华。用手一摸儿子，是消暑的竹夫人。张鸿渐非常惭愧，一句话也说不出来。舜华说："你的心思我总算了解了！按理说应该就此分手，幸好还没忘记对你的恩德，还可以弥补不足的一面。"过了两三天，舜华对他说："我看，痴心恋着一个不属于我的人，没啥意思。你天天埋怨我不送你，现在我刚好到京城去，可以顺路把你送回。"便顺手从床上拿起竹夫人一同跨上去，并让他闭上眼睛，感觉离地不远，耳边飕飕风声。不一会儿，就落到地面上。舜华说："从此就分别了。"张鸿渐正想临别叮嘱几句，舜华已经消失得无影无踪了。

张鸿渐惆怅地站了好一会儿，听见村里狗叫，在苍茫的暮色里那树木房屋，都是故乡的景物。他沿着熟悉的小路走回家去，爬过矮墙去敲房门，和前次敲门的动作一样。方氏被惊起后，不敢相信是丈夫回来了，经过盘问证实后，才挑着灯笼呜呜咽咽地出来开门。见了面。哭得抬不起头来。张鸿渐还怀疑是舜华弄的幻象，又看见床上睡着一个孩子，和昨晚上见到的一模一样。于是笑着说："你又把竹夫人带来了吗？"方氏不懂他说的是什么意思，生气地说："我盼望你回来，度日如年，枕上的泪痕还在，好容易才得见面，你竟然没有一点悲伤和依恋的感情，到底是什么心情所致呢？"张鸿渐看出她的感情是真实的，确定是方氏之后，才抓住她的手臂呜呜地哭起来，详细地讲述了几年在外的经历。又问到那场官司的结局，和舜华说的一样。正在两人各述感慨的时候，听见门外有脚步声，问了几声，没人答应。

原来村里有个无赖某甲，早就看上了方氏的美貌，这天夜里从外村回来，远远看见一个人翻墙进到张家，心想一定是和方氏有奸情赴约会的，就跟在他后边一起进了张家。某甲以前没见过张鸿渐，就伏在窗下偷听。等到方氏问他是谁，他却反问："屋里的人是谁？"方氏骗他说："屋里没人。"某甲说："我听了很久了，特地来捉奸的。"方氏不得已，只得实说丈夫回来了，某甲说："张鸿渐的案子还没了结，即使回家了，也要把他捆起来送到官府。"方氏苦苦哀求他别声张此事，可这无赖口出淫词，用轻薄的话调戏方氏，步步进逼。张鸿渐胸中怒火燃烧，拿把刀直接冲了出去，一刀砍在某甲的头上。某甲倒在地上还嗥叫，张鸿渐又连砍几刀，某甲被砍死。方氏说："事情已经到了这地步，你的罪更加重了。你赶快逃走，杀人的罪就让我来顶着。"张鸿渐说："大丈夫死就死个光明磊落！怎么能连累老婆孩子而自己去逃命呢？你不用担心我的死活，只要你能让儿子继承张家读书的门第，我即使死了也可以闭上眼睛了。"

天亮，张鸿渐到县衙去自首。赵县令因为张鸿渐是朝廷追查的犯人，只是暂且稍加惩治，不久又将他由州押解京城，一路上张生备受折磨非常痛苦。途中遇见一个女子骑马从身边走过，一个老太婆给她牵着马缰绳，原来骑马人是舜华。张鸿渐喊住老太婆想要搭话，话还没说，眼泪先掉下来了。舜华掉转马头，用手掀起面纱，惊讶地说："是表兄，怎么弄成这个样子？"张鸿渐简单地把事情经过说了一下。舜华说："根据你平时的所作所为，本该扭头走开不管，但我还是不忍心。我家离这不远，就请两位公差一道去坐坐，也可送给你一点路费。"三人跟着舜华走了二三里路，看见一个山村，楼房高大整齐，舜华下马先进去了，让老女仆打开客房请他们进去。接着摆好了美酒佳肴，好像早有准备一样。又让老女仆出去对三人说："我家没有男人，张官人就向两位公差大人多劝几杯酒，前边的路上还要两位大哥多多照顾。小姐又派人筹办几十银子给官人作路费，并一起酬劳两位公差大哥，去筹钱的人马上回来。"两个公差暗暗高兴，纵情畅饮，只是不提上路的事。天渐渐黑了下来，二公差都醉了。舜华出来，用手往刑具上一指,刑具纷纷坠地。她拉起张鸿渐骑到一匹马上,马飞奔像蛟龙腾云一样。不一会儿,舜华催张鸿渐下马,说:"你从这下去,我和妹妹相约在青海见面,为你的事已经耽误了半天,一定有劳她们久等了。"张鸿渐问:"以后什么时候能再见面?"舜华不作回答。再问一遍,舜华把他从马背上推下,骑马走了。天亮后打听这是什么地方,原来已经到了太原府。便到城里租间房子在那里教学。改名叫宫子迁。过了十年,打听到追捕逃犯的事情渐渐没人过问了,才再一次小心试探着往东方家乡走。到了村外不敢贸然进,等到夜深了才进村。到了自己家门口,看见围墙修得很高很结实,不能像以前那样翻过去,只得用马鞭敲门,过了好一会儿,妻子才出来问话。张鸿渐小声告诉妻子。妻子非常高兴地把他接回家中,故意呵斥说:"少爷在京城缺乏费用,就应当早些回来,怎么派你半夜跑回来?"两人走进内室,各自叙说两边发生的事情。张鸿渐知道二位公差逃亡外地至今没回来。谈话时帘外常有一少妇走来走去,张鸿渐问她是什么人,妻子回答:"是儿媳呀!"张鸿渐问:"儿子在哪?"回答:"上京赶考还没回来。"张鸿渐感慨地流着泪说:"我在外逃亡十几年,儿子已经长成大人了,没想到还能继承家里的书香门第,真是把你的心血都熬尽了!"话还未说完,儿媳已温好酒摆上菜,饭菜摆了满满一桌子。张鸿渐高兴的是家中的事情在妻子方氏的操持下,一切都大大超出了自己所寄托的。在家住了几天,天天躲在书房里,恐怕别人知道。一天夜里,刚刚躺下,忽听外面人声喧闹,接着又是急促的敲门声。两人很害怕,一块起来。又听到有人说:"有后门没有?"方妻更加害怕,急忙找来门扇当梯子,送张鸿渐翻墙逃走。然后才到门口问明敲门的原因,原来是儿子考中了举人。方氏非常高兴,深深后悔不该帮助丈夫逃走,但已无法挽回。

张鸿渐这天夜里慌忙穿过草地和乱树丛,急不择路,到了天亮已经疲倦得不成样子了。他开始的本意是向西逃走,向过路人一打听,才知道距离去京都的大路已经不远了。便走进一个村子,想把衣服卖掉换饭吃。看见一所高门,贴着报喜的纸贴,走近一看,知道是位姓许的考中了举人。过了一会儿,一个老头从院里走出来,张鸿渐上前行礼说明来意。老头儿见他的举止文雅,知道不是骗饭吃的,便请他进去接受款待,并问他要去哪里。张假托说:"原在京城教书,回家的路上遇到了强盗。"老头儿留他在这里教他的小儿子。张鸿渐略问一下老人的家世,才知道老头儿是退居的京官,那新科举人是他的侄儿。

过了一个多月,许家新科举人和一位同榜的举人回到家里。客人是永平府姓张的新举人,十八九岁。张鸿渐因为客人的籍贯、姓氏都和自己相同,暗地里怀疑是自己的儿子。但乡里姓张的很多,只好暂时不作声。到了晚上,许举人解开行李拿出一本记载同科举人简历的《同年录》,张鸿渐赶忙借来看,原来这客人真是自己的儿子,禁不住流下眼泪。大家问他哭什么。他就指着同年录上的姓名说:"张鸿渐就是我。"便将自己的遭遇从头至尾讲了一遍。张举人跟父亲抱头痛哭。许家叔侄两人劝解安慰张家父子,两人才收住泪转悲为喜。许家老翁还给御史写了书信,送了礼物,进行疏通,张家父子才一同回家。

方氏自从收到儿子中举的喜报后,每天都为张鸿渐仓皇逃走而伤心。忽然听说中举的儿子回来了,更加感到难过。不一会儿,父子俩一起进了家门,她惊奇万分,以为丈夫是从天而降。问明原委,全家人转悲为喜。某甲的父亲看见张鸿渐的儿子做了举人,不敢再产生报仇的念头。张鸿渐也格外照顾他,又对他讲述了当年情况,某甲父亲又惭愧又感激,于是两家相处很好。

太 医

明朝万历年间,有个孙评事,从小就死了父亲,母亲从十九岁守寡。孙评事考中进士的时候,母亲已经死了。他曾经对人说:"我一定给母亲博取一个诰命(由皇帝给大臣的母亲妻子进行某种封赠),让她在阴间也能风光一下,才不辜负母亲苦苦守节把我养大。"忽然他得了急病,非常严重。他平时和太医关系很好,便叫人把太医请来,送信的人刚出门,他的病情加剧。他睁大眼睛说:"活着的时候不能扬名显亲,死后有什么脸面去见九泉之下的老母!"说完就死了,但没有闭上眼睛。不一会儿,太医到了,听到孙家的哭声,便进去吊丧。他看见孙评事睁大眼睛的样子感到很奇怪。家人把他临死前说的话告诉了太医。大医说:"孙评事想得到诰赠给母亲争光,这并不困难。现在皇后快要生孩子了,只要能活十多天,皇帝就要封赠大臣家属,那时就能得到诰命的封赠了。"便叫人拿艾叶来,在尸体上用艾团炙烤十八处穴位。艾团快烧完的时候,孙评事在床上已经发出了呻吟声。又连忙把药灌进去,居然复活了。太医嘱咐他说:"一定要记住不能吃熊肉和虎肉。"全家人都牢牢记住太医的叮嘱。但是因为熊肉虎肉不常见,都没太在意。过了三天,孙评事身体已经复原,照样跟着大臣一起上朝。又过了六、七天,果然生了太子,皇帝举行大规模宴会,赏赐群臣。宦官拿出一种非常稀有的食物,遍赠参加宴会的文武群臣。雪白的肉片中长着一缕缕红丝,味道无比香美。孙评事吃了它,不知是什么东西。第二天,向同僚打听昨天吃的是什么珍品,告诉他说:"是熊掌。"孙评事大惊失色,马上就病了,回到家就死了。

牛 飞

本县某人买了一头牛,非常健壮。他夜里梦见牛生出双翅飞走了,认为不吉利,担心牛会死亡、丢失。便把牛牵到集市上以低价卖掉了。然后用一块方巾包着银子缠在胳膊上。回家的半路上,看见一只鹰在吃死兔子,靠近它时,很驯良。他便用包银的方巾捆住鹰的腿,架在胳膊上。鹰不停地挣扎扑腾,当他稍不注意没抓紧的时候,鹰带着包银子的方巾飞上高空。这虽是命定的,然而不去怀疑梦,不贪小便宜去捉鹰,那么一头走路的牛怎么能突然飞走呢?

王 子 安

东昌府名士王子安,在科举考试中很不得意。有一次,他在考完试之后,抱的期望很高。快放榜时,他喝得酩酊大醉,回家躺在卧室里。恍惚中听见有人说:"报喜的人来了!"王子安踉踉跄跄地爬起来,说:"赏他十贯钱!"家人知道他说醉话,就骗他说:"你只管安心睡觉吧,已给过赏钱了。"王子安就睡下了。不一会儿,又有人进来说:"你中进士啦!"王子安自言自语地说:"我还没进京参加进士考试,怎能考取进士呢?"那个人说:"你忘记了吗?三场都考完了。"王子安听了非常高兴,跳起来喊道:"赏钱十贯!"家人又像前一次一样哄骗他。又过了些时候。一个人急急忙忙进来说:"你殿试任命翰林,跟班的人前来报到。"果然看见两个人在床前拜见他,衣服帽子很整洁。王子安叫家人赏酒饭给他们吃喝,家人照样骗他,暗中笑他说醉话。呆了好一会儿,王子安心想既然做了翰林,不能不在乡里炫耀一番。就大喊长班,一共叫了好几十声也没人答应。家人笑着说:"你先躺着等一下,我们去寻他。"又过了好半天,长班果然又来了。王子安槌着床跺着脚大骂:"蠢奴才,跑到哪去啦!"长班发怒说:"穷措大无赖!刚才是同你开玩笑的,你还真敢骂人啦!"王子安大怒,突然站了起来,扑了过去,把长班的帽子打掉了。他自己也跌了一跤。王子安的老婆走进来,把他扶起来说:"怎么醉成这个样子!"王子安说:"长班太可恶了,我才惩罚他们一下,哪里是醉了呢?"妻子笑着说:"家里只有一个老太婆,白天给你做饭,晚上给你暖脚。哪里有什么跟班来照顾你这把穷骨头。"儿女们听说了都笑起来。王子安也被笑得醒了酒,好像从大梦中醒来一样,才发现刚才中举人、任翰林都是假的。但是还记得长班的帽子掉了。寻到门后,真找到一个像酒盏大小的红缨小帽。大家都感到不可理解。王子安自己笑着说:"从前有人被鬼嘲笑,我今天却被狐狸奚落了。"

异史氏说:"参加考试的秀才,在七个不同的阶段,有七种形象:初进考场时,光脚提篮,像乞丐。点名时,动辄受当官的呵斥和差役的怒骂,像囚犯。回到号舍时,号房的隔板到处是破洞,差役们从破洞里能看到考生的脑袋,在棚子的下面可以看到考生的双脚,这时他们则像秋末冷得飞不动的蜜蜂。到出场时,神情恍惚,好像天昏地暗都变了颜色,像是个刚飞出笼子的病鸟。等到录取时,一点风吹草动就提心吊胆,连做梦都在想着能不能被录取,有时做了一个得意的梦,高兴得就像住进了高楼大厦,做一个失意的梦,沮丧得像瞬息间人的尸骨已腐朽了一样。此时,食不甘味,睡不安寝,就像用绳子牵着的猴子。忽然间报录的骑着马四处报信,而报条中没有自己的名字,这时脸色突然变了,无精打采地好像是断气了一样,就像吃了有毒的苍蝇,把你弄来弄去也没感觉。初落榜时心灰意冷,大骂阅卷的人瞎了眼睛,再好的文章也不起作用,恨不得把文具书籍全部烧毁,烧了还出不了心头之气,还要用脚把灰踩碎:脚踩还不解恨,把踩过的灰丢进脏水沟里。从此决心披头散发,躲进深山,面对石壁,再有谁把"且夫""尝谓"这类文字给我看,我一定拿起戈矛把他赶出门去。可是没多久,落榜的时间长了,生气的情绪慢慢平静下来了,想要舞文弄墨取得功名的心又痒起来。又像打破蛋壳的斑鸠,只得重新衔着树枝构筑新巢,重新再抱蛋生养小斑鸠。像上面所说的种种情况,当事人哭得死去活来,可对旁观者说来,哪还有比这更好的笑料!王子安的心境之中顷刻之间产生千头万绪的幻象来,想必鬼狐老早就在他身旁晴中嘲笑他了,所以乘他喝醉的时候同他开那样荒唐的玩笑。但他一旦从床上醒来,怎能不对自己的那副可怜相哑然失笑呢?再看那考场得志者的滋味,也只不过是一会儿的过眼云烟罢了。翰林院的老先生们,也只不过是经历了两三次短暂的快乐罢了。但王子安却在一场酒醉之后把别人所有的快乐都尝到了,这样看来狐狸的恩情实际上也同推荐提拔的老师差不多了。"

刁 姓

有个姓刁的人,家里不从事生产,常靠给人看相算命赚钱,实际上他根本不懂得相术。他几个月回家一次,每次回来,钱袋里的钱都是满满的。大家感到奇怪。正赶上乡里有个人客居在外地,远远看见一家高高的院墙门里有一个人,头上戴着道士巾,口里说着诙谐风趣的话,一群女人围着他。走近一看,原来是姓刁的。于是在暗中偷偷观察他干什么。见有一个人问他:"我们这些人当中,有一位贵夫人,你能认出她吗?"原来有一位贵妇人穿着平常人的衣服站在这些人当中,故意试验一下他的相术。同乡人心里在为刁某着急。刁某从容地看着天空横指说:"这有什么难认的。试看贵妇人头顶上,自有云气环绕。"众人的眼睛不知不觉地就集中在一个人头上了,想看看她头上的云气。刁某指那人说:"这位真是贵人。"众人很惊奇,认为他的相术的确神奇。那位同乡人回去以后,到处讲刁某狡诈的小聪明。大家才知道即使小小的行当,也必须有过人的聪明才智。不然怎么能欺骗过别人的耳目,赚别人的银子,没有资本而生财发家啊!

农　妇

　　淄川县西边磁窑坞有个农民的老婆,勇猛健壮像个男人,经常替乡里人解决困难排解纠纷。她和丈夫分居两个县。丈夫家住在高苑县,离淄川县有一百多里。丈夫偶尔回来一次,住两三晚就走了。农妇亲自到颜山,以贩卖陶器为职业。有了盈余,就施舍给讨饭的。一天晚上正在和邻居的女人说话,她忽然站起来说:"肚子有点痛,想必是孩子要出生。"说完就走了。天亮后邻妇去探望,而见她肩上挑着两口酿酒的大瓮,正要进门。邻妇随她来到屋里,看见一个婴孩包着睡在床上。惊奇地问她,才知道她生下孩子后已经挑着重担走了一百多里路了。她早年同北庵的一个尼姑很要好,结为姐妹。后来听说尼姑乱搞男女关系,气得拿着棒子要去打,大家苦苦相劝才算了,有一天,在路上遇上了尼姑,当下打了她几个耳光。尼姑问:"我有什么罪?"她也不回答,拳脚石块相加,打得尼姑都喊不出声了,才放开手走了。

　　异史氏说:"世人说女中丈夫,还是自己知道不是男子。这农妇可就忘了自己是女人,她那豪爽自快的性格,完全和古代的剑仙一样。莫不是她的丈夫也属于唐代聂隐娘的磨镜少年之类人物吧?"

金　陵　乙

　　金陵卖酒的某乙,每当把酒酿成,便攙进很多水并放些毒药,即使很有酒量的人,喝上几杯都会烂醉如泥。他因此获得了"中山"的美名,发了很大的财。

　　一天早上,他看见一只狐狸醉卧在酒槽边上,就捆住了它的四肢,正在找刀,它醒了过来,哀求他说:"请你不要杀我,你有什么要求我都照办。"便放了它,转眼间已经变成人。当时同巷里有一个姓孙的人家,大媳妇被狐狸精迷住了,某乙就问它是谁干的,狐狸精说:"是我干的。"某乙看见孙家二媳妇长得更漂亮些,就求狐狸精带他到孙家去。狐狸精对他的要求感到很为难。某乙再三请求。狐狸精请某乙跟它走,进到一个洞里,拿出一件粗劣的衣服递给他说:"这是我死去的哥哥的遗物,穿了它就可以到孙家去。"某乙穿上那件衣服回到家里,家里人都看不见他。穿上普通衣服出来,大家才看见了他。他非常高兴,和狐狸精一块来到孙家。只见孙家墙上贴着一张很大的符篆,笔画曲折蜿蜒像龙蛇飞舞。狐狸精害怕了,说:"这和尚太厉害,我不去了!"便离开了。某乙迟疑犹豫地走到跟前,见一条真龙盘在壁上,昂着头好像要飞似的。某乙也恐惧地离开了。原来孙家找了一个外国的僧人,给孙家镇邪,画给符箓先叫拿回去,和尚本人并没到孙家。第二天,和尚来了,做了个法坛施展法术。四邻都跑去看热闹,某乙也混杂在人群中。忽然神色突变慌忙奔逃,好像有人来抓他一样。到了门外,倒在地上变作一只狐狸,四肢还穿着人的衣服。和尚将要杀死它。某乙的老婆儿子叩头求情。和尚叫把它牵走,每天喂给饮食,过了几个月就死了。

郭　　安

孙五粒有个幼年仆人,独自住一间房子。睡梦中恍惚被人抓去,来到一座宫殿前,看见阎罗王坐在上面,打量他说:"错了,不是这个人。"于是派人将他送回。回来以后,梦也醒了,非常害怕,搬到别处去住了。便有另外一个仆人叫郭安,看见僮仆的床空闲着,因而睡到了这张空床上。还有一个叫李禄的仆人,和幼年仆人早有积怨,长时间来就想杀了他使自己快意。这天夜里,他拿着刀溜进房间,一摸床上,有人躺着,认为是那年幼的仆人,就把他杀了。郭安的父亲见儿子被杀,到官府告状。当时陈其善做淄川县令,对凶手很宽容。郭父难过得死去活来,伤心哭喊着:"我活了半辈子,只有这一个儿子,今后叫我怎么活呀!"陈县令就把杀人凶手李禄判给郭父当儿子。郭父只好含冤而退。这件幼仆见鬼的事并不让人感到奇怪,而让人感到奇怪的是陈县令的判案。

济南府西面某县有个凶手杀了人,被害者的老婆告到县衙。县令非常生气,立刻派人把凶犯拘捕归案。犯人带到,县令拍案大骂:"好好的一对夫妻,你竟害得人家老婆守寡,马上把你配给她,让你的老婆也尝尝守寡的滋味。"便判令他俩结婚。这种"英明"的判决,都是进士出身的官员干的,从别的途径升上来的官员恐怕没这本事。而陈其善也是这样干,什么途径不出人才!

陵　县　狐

陵县李翰林家里,常常有收藏的玉瓶、铜鼎等古玩物在桌子边缘上,快要掉下来了。李翰林怀疑是小厮和仆人干的,常常生气地责骂他们。仆人们都说冤枉,但也不知是什么原因,于是把书斋的门窗牢牢关闭锁上,天亮一看,还是那种危险的样子。李翰林心里明白这样异现象肯定有来由,又暗中观察。一天夜里,满书房通亮,吃惊地以为是盗贼。两个仆人靠近窗子往里偷看,亮晶晶的射向四面。怕它逃跑了,急忙冲进屋子把它抓住。狐狸咬仆人腕上的肉想逃脱,仆人把它抓得更紧了,便和其他仆人一起用绳子捆住。举起来一看,它的四只腿脚都没骨头,随手摇来摇去像垂着的带子一样。李翰林可怜它通灵性,不忍心杀,用柳条筐把它罩住,狐狸无法出来,戴着柳条筐一起乱跑,于是一条条数落它的罪过,然后放了,从此书斋中的怪象再也没出现。

第 十 卷

王 货 郎

济南城中有个卖酒老头,让儿子小二去齐河讨还酒债。小二刚出城西门,碰上哥哥阿大。当时,阿大早已死了。小二吓了一跳,忙问他怎么又回到了人世。阿大说:"阴曹地府中发生了一件疑案,要你去对证。"小二听了,又气又恼,很是埋怨牵连自己。阿大无奈何地指指身后一个衙役打扮的人说:"官差在此,由得了我吗!"只见那人一抬手,小二就身不由己地跟了去,狂奔了一夜,来至泰山下。忽然一座官衙呈现在眼前,正要进去,就见许多人从中纷纷走了出来。衙役拱手打听案子怎么样了。一个人说:"别去了,案子已经了结。"衙役就放了小二要他回去。小二的哥哥担心路途遥远,弟弟没有路费。衙役想了很久,没说什么,就自己领着小二走了。

走了有二三十里远,来到了一个村子里,停在一户人家的房檐下,吩咐说:"如果有人出来,就要求他送你回家,如果不肯,你就告诉他是王货郎交代的。"说完就离开了。小二也昏晕僵倒在地。天亮了,主人出来,见有人死在自己门前,大吃一惊。小心守护了一段时间,竟又活转来。忙扶进家中灌汤灌水,这才说出话来。告诉了自己家住何处,并要求资助回家。主人表示很为难。小二就把衙役交代的话说了一遍。主人听了,惊骇到了极点,赶快租了匹马送小二回家。到家后,偿还钱,他不要。问他原因,也不说,就离开了。

疲 龙

胶州人王侍御,奉命出使琉球国,正在海上行进时,突然从云中掉下一条巨龙,激起了几丈高的水柱。那龙半浮半沉,昂起头,把下巴支在船上,眼睛半闭,气息奄奄,像死了一样。船上的人恐慌极了,停止了一切操作,半点也不敢动。船夫说:"这是在天上行云播雨后疲惫不堪的龙。"

王侍御忙把皇帝的诏书高挂在上,焚香祈祷。过了一段时间,大约是恢复了体力,那龙竟悠然离去。船于是又能前行,但刚要走,就见又一条巨龙掉了下来,情形和前面的那条一样。一天中竟有三四次。

又过了几天,船夫要求多准备白米,并告诫说:"离清水潭近了。如果看到什么,就把米撒入水中,千万安静,不要吵嚷。"说着就到了那个地方,水清极了,透彻见底。下面全是龙,五颜六色,有的粗如脸盆,有的粗如水缸,一条条的都盘伏着。也有随波游动的,鳞甲爪牙,历历可见。

所有的人都吓得魂飞魄散,闭着眼,止住呼吸,不但不敢看,甚至连动也不敢动。只有船夫把米撒入水中。过了很长时间,海水又成了深黑色,知道已过了清水潭,这才发出担惊受怕的呻吟声。问船夫撒米的缘故。船夫说:"龙怕蛆钻进鳞甲里。白米就很像蛆，因而龙看到它就不再动了。这时在它的上方行船，可以避免危险。"

真　生

　　长安有个读书人叫贾子龙，偶然到邻街去，碰见一个客人，风度潇洒脱俗。打听了一下，这人姓真，从咸阳来，借住在这儿。心里很倾慕，第二天，便正式去拜访。刚好他出去了。接连去了三次，都没见上。贾子龙于是暗中让人盯着，等他确实在家的时候去拜访。真生躲避不出，贾子龙就闯进去找，真生这才和他见面。

　　两人促膝一谈，竟非常投缘。贾子龙就让客店里的小跟班去买酒。真生海量，能说能侃，两人喝得高兴极了。酒将要完的时候，真生从箱子中拿出一个酒器，玉做的，没有底。真生往里倒了一杯酒，就满满的了。然后用小杯从里往出取，装满了酒壶，但酒器中的酒却并不见少。贾子龙惊奇极了，就非要学这招不可。真生说："我之所以不想见你，是因为虽然你没有其他短处，但贪心还未根除，这毕竟是仙家的隐术，怎么能教给你呢？"贾子龙说道："冤枉！我怎么贪心，偶尔生出过分的想法，是因为穷罢了。"听了这话，两人哈哈大笑，尽兴而散。

　　从此以后，两人你来我往，亲密无间。每到用度难支的时候，真生就拿出一块黑石头，对它使咒用法，然后用它去磨瓦砾，这些瓦砾立刻就变成了白银。真生就将这些白银送给贾子龙。每次都是刚够用，从来没有多余的。贾子龙每当要求多来一点时，真生就说："我说你贪，怎么样，怎么样！"贾子龙暗想：明着求是肯定不行，想趁他醉了睡着的时候，把黑石头偷出来要挟他。

　　一天，两人喝了酒睡下，贾子龙悄悄爬起来，在真生的身上搜寻，不想被真生发觉了，说："你真是昏了头，丢了良心，没法和你相处了。"就立刻和他分手，搬到别的地方去了。

　　一年以后，贾子龙偶然到河边去玩，看到有块石头晶莹光洁，极像真生的黑石头，就捡了起来，像宝贝似的珍藏起来。没几天，真生突然来了，神情懊丧，就像失去了什么。贾子龙安慰他，问怎么回事。真生说："你以前见过的那块石头，是仙人的点金石。我从前和抱真子相从的时候，抱真子喜欢我的坦诚正直，就把它赠送给了我。没想到有次醉酒后把它丢了。应在你这里。假如能够还给我，大恩大德，绝不敢不报。"

　　贾子龙笑了，说："我平生从不敢欺骗朋友，的确像占卜所说的那样。可是，最了解管仲贫困的是他的朋友鲍叔。你怎样做呢？"真生便说将用百金酬赠。贾子龙说："一百金真不少了。但要是教我口诀，让我亲自试一下，我才会没有遗憾的。"

　　真生怕贾子龙不守信用。贾子龙说："你是仙人，难道还不了解我，怎么能够失信于朋友呢！"真生就把口诀教给了他。

　　贾子龙见台阶上有一块巨石，就准备拿它来试。真生见了，拉着他的胳膊阻止。贾子龙不听，继续往前走，并弯腰从地上拾起半块砖，放在那巨石上，说："这个怎么样，不多吧？"真生觉得还可以，就由他去了。谁知贾子龙不磨砖，而磨了那块巨石。真生吃惊，脸色都变了，待到要阻拦时，巨石已经变成纯金了。

　　贾子龙把点金石还给了真生。真生感慨万端，叹口气说："已经如此，还能说什么。可是随心所欲地把福禄给人，是必然要受到上天惩罚的。如果要躲过我的罪，得施舍一百副棺木和一百件棉衣，你肯这样做吗？"贾子龙说："我之所以想要钱，并不想把它藏起来占为己有,你怎么还认为我是守财奴呢?"听了这话,真生高兴地离开了。

贾子龙有了这些钱以后,一边施舍一边经商,不到三年,应施舍的都已够数了。真生突然到来,握着贾子龙的手说:"你真是一个守信义的人啊!那次分别后,福神将我告到天帝那里,削去了我的仙籍。多亏你大力施舍,使我能以功抵罪。希望你能继续如此。"贾子龙问真生属于天上的哪一仙职?真生说:"我只不过是一只得道的狐仙罢了。出身微贱,受不了罪孽牵连,所以生平很知自爱,不敢有一丝一毫的胡作非为。"贾子龙为他摆上酒菜,又像以前那样欢快地畅饮起来。

贾子龙九十多岁时,真生仍时不时地到他家中来。

长山县某人,专卖解毒药,人即使要死了,喝了他的药,必定救活。但他对药方极为保密,就是亲戚好友也不传。一天,他因受连累入狱,妻弟给他送饭,暗中在饭里放了毒。坐着等他吃了,然后告诉他。他不信。结果时间不长,肚子里就闹腾起来,才大惊,大骂道:"畜生养的快跑!家里虽然有药,只怕路远难等,赶快到城中去找薛荔碾成沫,要一杯清水,快去拿来!"妻弟如法去办。等找到时,他已经上吐下泻快要完了,赶快把药灌下,立刻就好。自此,这药方才传了出来。这和狐仙藏那石头是一样的。

布　　商

某布商到青州府境时,偶然进入一座废庙,见它房屋零落凋敝,很是感慨伤怀。有位和尚在旁说道:"你如果有善念,暂且把山门修起来,也算是给佛面增光了。"布商一口应承。和尚很高兴,请他到方丈室殷勤款待。又要求他装修内外大殿,布商说自己能力达不到。和尚却不依不饶,口气强硬,脸色强悍。布商害怕,就把所有的钱都拿了出来给了和尚。将要走,和尚拦住说:"你把钱全拿出来并不是自愿的,对我你难道能甘心吗?不如先打发了你。"说着拿刀就逼了过来。布商苦苦哀求,和尚不理,布商就要求吊死,和尚同意了,逼着布商到暗室,催着他上吊。

就在这时,恰巧有位海防将军路过这里,远远地从墙垣残破处望见一位红衣女子进到和尚卧室中。觉得可疑,就下马来到寺中。前后严密搜索,找不到踪影。搜到暗室时,门户紧闭,和尚不开,借口说有妖异。将军大怒,手起刀落,破门而入,看见有人吊在梁上,忙救下来。不大功夫,布商醒了过来。将军询问后得知详情,就将和尚抓起来,又审讯女子的下落。其实没有,原来是神佛显灵。于是杀了和尚,将财物还给布商。

布商越发全力修庙,因此庙中香火大盛。赵丰原举人讲这件事最清楚。

彭　二　挣

禹城县人韩公甫亲自对人说:曾和同乡人彭二挣一块在路上走着,一回头,竟不见了彭二挣,只剩驴跟着走。听见喊救命的声音很急,但就是看不到人。仔细一听,原来是从被囊中发出的。近前一看,被囊鼓鼓的,虽然有些偏重,但也掉不下来。打算弄出来,但囊口缝得严严实实,用刀挑开,才看见彭二挣像狗一样地卧在里面。等出来,问是怎么进去的,也茫茫然不知道。原来他家有妖狐作怪,诸如此类的事很多。

何　仙

　　长山县的王瑞亭公子,懂得扶乩问卜。所请的乩神自称何仙,是吕洞宾的弟子。也有人说是吕洞宾所骑的那只仙鹤。每次降临,就同人们谈文作诗。李质君翰林,像对老师一样的侍奉何仙。无论是道家仙理,还是应试科目、诗书数术等,无不谈得深切入理,清晰明白。李翰林学业有成,多半是借了何仙的力量。因此,那些文学之士都信奉他。但是,何仙为人们决断疑难之事,多依据人情事理,很少预言吉凶祸福。

　　康熙三十年,主考官朱雯到济南主持考试。考试结束后,诸学友请何仙指点考试结果,何仙要了大家的考卷,然后一一评点。在场的人中有和乐陵县人李忭熟悉,李忭本是一个好学深思的人,大家都寄希望于他,就拿了他的文章,代请何仙决断。何仙评点说:“等一等。”稍后,又批写:“刚才评李生,只是就文章而言。但他气数太差,注定考四等而受教鞭之罚。奇怪!文章和气数如此不相吻合,难道说主考官竟然是不论文章的吗?各位稍等一下,让我去探看探看。”过了一会,又批写道:“我刚才到学署看了一下,见主考官事务繁杂,心思全然不在文章上。所有一切应试事务全交给手下六七个幕僚。他们中有的是捐粮捐出个国子监学生名号的,前生丝毫没有根基,多半都是些饿鬼道中的游魂、走南跑北要饭吃的材料。在地狱的黑暗界里呆了八百年,眼神的精气太亏损,就像人在洞中呆久了,突然出来,觉得天地都变了色,根本就分不清真正的光色,其中也有一两个前生是人的,但分头阅卷只怕难以恰好落在他们手中。”

　　众人忙问如何挽救,何仙说:“办法很清楚,大家都知道,何必再问。”众人会意,就转告李忭,李忭很害怕,就将自己的文章拿给孙子未翰林评定。孙翰林充分肯定,李忭释去心中疑虑。由于孙翰林是举国知名的文章大家,所以李忭胆气更壮,不再把乩语放在心上。

　　后来发榜,李忭竟然只得了个四等。孙翰林大吃一惊,忙把李作的文章拿来再看,依然是无可挑剔。于是就提笔写道:“石门县的朱雯主考官,向来有文名,必不会荒谬至此。必定是幕僚中醉汉,不懂得句读者干的。”

　　由此,人们更加信服何仙的神明,焚香祷告,叩拜礼谢。何仙又乩示说:“李生也不要因这一时的委曲而失意,多抄试卷,扩大影响,明年可得优等。”李忭照吩咐行事。时间一长,传到学署中,特别贴出文告安慰他,第二年果然得了优等。竟是如此灵验。

　　异史氏说:“幕府中大多是这等幕僚,难怪京都里下等妓院中,一到晚上客人都满了。咳!”

牛　同　人

　　(以上残缺)牛同人来到父亲房中,见老父躺在床上还未醒,知道是狐妖干的。不禁怒喊道:“狐妖太可恨了,为什么乱我家人伦!关圣帝号称‘伏魔’,现在跑到哪去了,而让此类妖物横行!”于是给玉帝上书,说关圣帝失职。过了很长时间,突然听到空中有嘶喊声,竟然是关圣帝。厉声叱责说:“书生竟然这样无礼!我难道专替你家驱赶狐妖吗?如果有所请求而不能实现,责怪埋怨没说的。”于是下令打牛同人二十杖。打得腿上的肉都要掉下来了。

过后不久,就见一黑脸将军捆着一只狐狸牵走了。家中从此再也没有祸祟了。

三年后,任济南游击的武官的女儿被狐狸精缠上了,千方百计也解脱不了。狐狸精对女子说:"我生平最怕的只有牛同人。"这位游击官也不知道牛同人是什么人,无处寻找。恰巧碰上提学使官员到此地主持考试,牛同人前来参加,在府城被士兵污辱,气愤之极,到游击衙门投诉。游击官一听他的名字,喜出望外,格外逢迎接待,立刻把那士兵抓来,捆绑责罚,按法惩处。办完此事,就将家中之事一一告诉。牛同人不得已,为他上告关帝。不一刻,就见一位身穿金色盔甲的天神降临他家。狐狸精正在房内,颜色大变,现出原形,像只狗似的,绕着房子嗥叫着乱窜。没窜几下,就自己跑出来趴在台阶下,天神说:"上次关帝不忍心杀你,现在又犯,就不饶了。"捆起来放在马上就离开了。

神　女

米生是闽地人,讲故事的人忘了他的名字和籍贯。他一次偶然到郡城,喝醉了,路过闹市时,听到一处大宅院里响着雷一样的箫声和鼓声。就问当地人,说是办生日宴会,但门前很冷落。再一听,里面的音乐奏得更加热烈,吹拉弹唱,一浪高过一浪。因在醉中,特别喜欢,于是也不问主人是谁,就在街头买了贺礼前去拜访。到了门前,递进一张自称晚辈字样的帖子。有人见他衣着简陋,就问:"你是这家的什么亲戚?"米生回答什么都不是。那人便说:"这户人家不是当地的,侨居在这里。不清楚是什么官,但很有身份。既然不是亲戚,到这里求什么?"

米生听了很后悔,但帖子已经递进去,想走也不行了。这时,两位少年出来迎客,绮丽的衣着耀人眼目,气质高雅,风采过人。行了一礼,请他进去。

院中一位老人面向南坐着,东西两面摆着几桌酒案,有六、七位客人,都像是贵族世家。看见他,都站起来施礼。老人也拄着手杖站起来。米生站着,等老人过来好行礼,但老人却始终没有离开席位。两位少年说道:"家父年老体衰,迎来送往很困难。让我们兄弟代谢您的光临。"米生再三谦谢,兄弟俩才作罢。

于是又增加一席,紧挨着老人那一席。不一会儿,有女子在下面演奏。座位的后面,有玻璃屏风,用来挡住女眷。音乐大作,客人也难以交谈了。宴会将要结束时,两位少年站起身,分别用大杯向客人敬酒。那杯子太大了,能装三斗酒。米生感到为难,但看客人都接受了,因而也就接受了。接着又四面一看,主人客人全都喝干了。米生只得也喝干了,这时,少年又来斟酒,他觉得困极了,就站起身要离席。少年硬拉着他的衣襟拦住,想不到他大醉了,竟躺倒在地上。直到觉得有人往自己脸上洒凉水,才恍惚觉得一觉醒来。起身一看,客人早已散了,只剩一位少年扶着送他,于是告别。以后又到这里来,但人已经搬走了。

从郡城回来后,一次去集市,看见一个人从酒馆里出来,邀请他去喝酒,看看,不认识,也去了。进去一看,见自己的街坊鲍庄已经先在那儿了。于是问那人的情况。鲍庄说:"那人姓诸,是集市上磨镜子的。"于是又问姓诸的,怎么认识自己的。姓诸的说:"前些日子祝寿的那个人,你认识吗?"米生说不认识,姓诸的说:"我对他们家很熟。那老人姓傅,但不知道哪里人,什么官。你去祝寿时,我就在台阶下,因此认识你。"三人直喝到日落西山才分手。这一夜,鲍庄死在回家的路上。

鲍庄的父亲不认识姓诸的，就指名状告米生。经检查，鲍庄身上有重伤，因而就以谋杀罪把米生抓了起来，上枷带锁，饱尝苦头。由于抓不到姓诸的，案子不能审结，只能先把他关起来。直到一年多以后，巡按御史视察地方得知他的冤情，才放了出来。这时，家中一切都已变卖了，学籍也被取消了。寄希望于向上申诉，于是打点了行李到郡城里去。日落西山，步履困难，就在路旁休息。远远来了一辆小车，跟着两位使女，已经过去了，又忽然停住，不知车中人说了些什么，就见一位使女走来问道："你是不是姓米？"米生很惊奇，忙站起来说是。又问他怎么贫困到了这步田地。米生就讲了原因。使女回到车旁讲了，又回来叫米生到车跟前来。车中人用纤纤细手掀起帘子，米生抬眼一望，是一位绝代佳人。她说道："不幸遇到飞来的灾祸，真为你叹息。现在的学政衙门，空手是行不通的。路途上没有什么好送给你……"说着从头上取下一朵珠花，送给米生说："这东西可卖一百两银子，请你好好收藏着。"米生跪拜下去，并想问问她的来历。但车子走得很快，转眼间已经很远了，无从知道她是谁了。但就珠花推想，上缀明珠，绝不是凡世间的东西。就小心翼翼地珍藏着，继续赶路。

到了郡城，递上状子，苦于上下勒索，又身无分文。拿出珠花来看看，怎样也舍不得卖。只好又返回去。家已经没有了，只能寄居在哥嫂家。多亏哥哥通情达理，多方为他谋算，使他不因贫困放弃学业。

第二年，他到郡城参加学籍考试，迷了路，错走到深山里。正是清明节，游人很多。几位骑马女郎走过来，有一位正是去年送花的女子。看到他后停下马，问他到哪里去。回答说参加学籍考试。女郎非常惊讶，说："你的学籍还没有恢复吗？"米生神情凄凉地从怀中拿出珠花说："我不忍心将它卖掉，所以到现在还是童生身份。"一抹红晕浮上女郎面颊，停了一下，女郎吩咐他在路边等着，便身姿婀娜地离开了。

很长时间后，一位婢女骑马奔来，把一包东西交给他，说："娘子说：今天学使大人门庭若市，送你二百两银子，作为疏通之用。"米生推辞道："娘子给我的恩惠太多了！我自料考试还有把握，如此重金实在不敢接受。请告诉娘子的姓名，我要为她画像，焚香供奉，就心满意足了。"婢女不理，把东西撂在地上就走了。他从此用度充足。然而生性不愿意逢迎讨好，也就免掉了上下疏通的花费。后来以第一名恢复了学籍，就把银子给了哥哥。哥哥善于经营，三年后，家业又都恢复起来。

恰巧福建巡抚是他祖父的学生，特别照顾，兄弟俩都成了巨富人家。但他生性清高耿直，虽然和在位大官是世代交情，却从不去拜访走动。一天，有位身着盛装骑着马的客人来到家门，竟没有人认识。米生出来一看，竟是傅公子。行礼请进，互致问候。米生要摆酒设宴，傅公子推辞说太忙不打搅了，但又没有要走的意思。不一会儿，酒菜都备好端上，傅公子却起身说有事相告，米生就和他一块进到内室。一到内室，傅公子就跪拜下去，伏在地上。米生很惊讶，忙问："怎么回事？"傅公子悲伤地说道："家父刚遭大祸，有求于巡抚大人，非你不可。"米生立刻拒绝道："我和他虽然世代交情，但因私事求人，我生平从不干。"傅公子依然跪在地上，哀求哭泣。米生厉声说："我和公子，只是喝过一次酒的交往，为什么竟要逼着我丧失气节！"公子惭愧极了，只有起身告别。

第二天，正独自坐着，忽见一个丫鬟进来，一看，正是山中送银子的婢女。米生惊讶地站起身，丫鬟说："你还记得珠花吗？"米生连说："当然，当然，从不敢忘。"丫鬟说："昨天来的公子，就是娘子的胞兄。"米生听了，心中暗喜，借口说："这很难让人相信。如果能亲见娘子说一声，就是油锅也敢跳。不然，不敢遵命。"丫鬟婢女转身出去，上马飞奔而去。

到了夜半的时候，丫鬟敲门进来，说："娘子来了!"话未落，女郎一脸悲伤地走了进来，面对墙哭着，一言不发。米生拜倒说："我不是你，绝不会有今天。只要有吩咐，敢不竭尽全力?"女郎说："被人求的人常常骄横对人，求人的人常常怕人。半夜奔波，一生中哪里受过这份苦，只是因为怕人的缘故，还有什么好说的!"米生忙宽慰说："我之所以没有马上答应，是怕错过机会而再见你就难了。让你半夜奔波，我知道自己的罪过。"说着挽住她的袖子，抬手暗暗抚摸。女郎很气愤，说："你真不是个正人君子! 全不顾当初的恩义，竟想乘人之危! 我错了! 我错了!"愤然出门，上车要走。米生忙追上请罪谢过，跪在地上拦着，丫鬟也为他求情。女郎情绪才略有好转，就在车中对米生说："实话告诉你:我不是凡人，是神女。家父是南岳都理司，偶尔失礼于地官，将被上奏天帝，非本地官的信印，则无法解救。你如果不忘以前的恩义，就用黄纸一张，替我盖上巡抚的信印。"说完，就驱车走了。

米生回家后，害怕担心不已。就借口要驱邪，告诉巡抚要盖官印。巡抚觉得这事像巫术，没答应。米生就用重金贿赂巡抚的心腹，虽然答应了，却一直没有机会。米生只好先回来。丫鬟等在门前，米生讲了经过，她什么也没说就走了，样子像是怨他不尽心。米生追上送她，说："回去告诉娘子，如果事情不成，我会以性命报偿的。"

到家后，翻腾一夜，也想不出什么办法来。偶然听说巡抚大人的爱妾正在买珠宝，就把珠花送上，这位爱妾高兴极了，就偷偷给盖上了。刚拿回家，正碰上丫鬟来了，就笑着说："幸好不辱使命。可是多年来，就是在贫困要饭时都不愿意出让的东西，今天到底为了它的主人而舍弃了!"于是把情形讲了，并说："黄金扔了，我不会可惜，告诉娘子，珠花是一定要赔的!"

几天后，傅公子登门道谢，并带来一百两黄金。米生很生气，说："我之所以这么做，是因为令妹无私地帮助我，不然的话，就是万两黄金也不能改变我的气节!"强要他收下，便更加声色俱厉，傅公子很难堪地离开，说："事情不算了结。"

第二天，丫鬟奉女郎派遣，带了百颗明珠前来，说："这些足够赔偿珠花了吧?"米生说："我看重的是花，而不是珠子。假如当时送给我的是价值数十万的珍宝，直接就卖给富豪人家了。怀有它而甘于贫贱，为什么呢? 娘子是神人，我哪里敢有什么其他想法，有幸能够报答大恩的万分之一，就死而无憾了。"丫鬟把珠子放在桌子上，米生就对明珠朝拜，拜后坚决不要。

几天后，公子又来了。米生吩咐准备酒菜，公子就让自己的随从到厨房去做。两人放开酒量，大喝一场，你欢我笑，如同一家。有人送给米生一种米酒，公子认为美极了，一喝就是上百杯，脸都红了。对米生说："你是一位正直无私有气节的人，我们兄弟不能早一些认识你，真是比女子都不如。家父感谢你的大恩德，没有什么可报答，就想把妹妹嫁给你，只担心因人神两界而使你不满意。"米生又喜又惊，不知该说什么好，公子临别时又说："明天是七月初九，新月如钩，星如拱辰，天上织女有小女儿要下嫁，是吉日，你把新房准备好。"

到了第二天晚上，果然如约将女郎送来，一切都和常人一样。三天后，女郎对兄嫂一家甚至仆人都有赠送和赏赐，她又非常贤惠，对待嫂子就像对待婆婆一样。因几年没有生育，就劝米生再娶妾。米生不肯。

碰巧他的哥哥因做生意到江淮，替他买了个少女带回来。少女姓顾，小名博士，长得清秀甜美,米生夫妇都挺喜欢。博士头上戴着朵珠花,很像是当年的那枝。摘下一看,果然是。很奇怪,就问她。回答说:"当年有位巡抚的爱妾死了,她的婢女偷出来卖,我父亲觉得便宜,就买了。我很喜欢它。父亲没儿子,只生我一个,所以,要什么都给。后来父亲死了,家业衰败,我就寄居在顾婆家。顾算是我姨姨辈的。见珠花,屡屡要卖,我跳井寻死不答应,所以才保存到今天。"

米生夫妇非常感慨,说:"十年前的东西,现在又回到原主人手中,真是定数啊!"女郎又拿出另一枝珠花,说:"这件东西很久没伴了。"于是赐给博士,并亲手给她戴上。

博士退下后,就详尽地打听女郎的家世,家里人都不直说。博士就悄悄对米生说:"我觉得娘子不是人间的凡人,她的眉目之间有神气。昨天给我戴珠花时,离得很近,我发现她的美丽是内里发出的,而不是像凡人那样以黑了白了五官长得是地方那样来表现的。"米生笑笑。博士又说:"你别说,我准备试探试探:如果她是神,只要有愿望,在没人的地方焚香求告,她一定能知道。"

女郎的绣袜特别精美,博士非常喜欢,但从没敢说,于是就在自己房中焚香祷告,诉说这个愿望。女郎早上起来,突然翻开箱子,找出袜子,叫丫鬟送给博士。米生笑了起来。女郎就问缘故。米生一一说了。女郎笑道:"好狡黠,这婢子!"因聪慧而更加喜爱她了。但博士更加恭谨,每天早上一定沐浴熏香来朝拜。

后来博士一胎生了两个男孩,两人就各带一个。米生八十岁时,女郎依然像少女。米生病了,女郎亲自监工做棺材,比一般的大一倍。死了,女郎也不哭,等其他人走开了,女郎就进入棺中也死去了,于是一同安葬了。至今传说是"木材家"。

异史氏说:"女郎确是神了,而博士却能认出她是神人,这依据了什么法术呢?可见人的聪明智慧,原来有超过神的了!"

湘　裙

晏仲是陕西延安人,和哥哥晏伯住在一起,友爱和睦,感情深厚。晏伯三十岁时去世,没有儿女。不久,他的妻子也去世了。晏仲哀悼思念之际,常想生两个儿子,把一个儿子作为哥哥的后代。可是刚生了一个儿子,妻子就死了。因担心后妻对儿子不好,就准备买个妾算了。

邻村有人要卖婢女,晏仲就去相看,没有中意,心绪很坏,被朋友请去喝酒,大醉而归。半路上,遇见读书时的同窗梁生,拉着他的手很殷切,请他到家中去。因为酒醉,也忘了梁生已经死了。跟着就去了。到了一看,不是原来的样子,奇怪而问他。回答说:"才搬的。"进门要备酒席,家中自酿的酒已没有了。梁生就要他先坐着,自己拿了瓶子去买酒。

晏仲到大门口去等,就见一个妇人骑着驴经过,有个孩子跟着,年龄约有七八岁,那眉目神态,极像他的哥哥。心中一动,忙跟了上去,问那孩子姓什么。孩子说姓晏。晏仲更加惊奇,又问孩子的父亲叫什么,孩子说不知道。说着话,已经到了孩子的家,那妇人下驴进去了。晏仲就拉着孩子问:"你父亲在家吗?"孩子答应一声进家了。

过了片刻,一个年纪大的妇女探出头观望,竟是他嫂子。很惊讶晏仲怎么来了。晏仲很是悲伤,随着嫂子进了门。见房子重新收拾过,齐齐整整。就问哥哥哪去了。回答说:"要债去还没回来。"问:"骑驴的是什么人。"说:"你哥哥的妾甘氏,生了两个男孩。大的阿大,到集上还没回来;你见到的是阿小。"

坐的时间长了,酒渐渐醒了,才意识到见的都是鬼。由于兄弟情深,也就不怕。

这时,嫂子正在温酒做饭。晏仲急着想见哥哥,就催着阿小去找。过了很长时间,阿小哭着回来了,说:"李家欠债不还,还跟父亲闹。"晏仲一听,跟着阿小跑去。见两个人将哥哥正摔在地上,晏仲怒从心起,挥起拳头冲了过去,敢阻拦的,都被打得连连后退。先将哥哥救起来,对手却跑了。追上去抓住一个,一阵痛打才放手。起身抓住哥哥的手,跺脚大哭,很是伤心,哥哥也哭了。

到家后,全家都来安慰,收拾好酒菜,兄弟俩举杯庆贺。没多久,一个少年进来,约有十六七岁。晏伯叫他阿大,要他拜见叔父。晏仲拉住他,哭着对哥哥说:"大哥地下有两个儿子,却没有人扫墓;弟弟我儿子少又单身,怎么办啊?"晏伯神情也很凄凉悲哀。嫂子对他哥哥说:"让阿小跟他叔去,不就行了吗。"

阿小听说,依偎在叔的身边,眷恋着不愿离开。晏仲抚摸着他,更加辛酸。问:"你乐意跟着我去吗?"阿小说:"乐意。"心想鬼虽不能算人,但有了总比没有强,好歹是个安慰,心情也就好些了。晏伯说:"带去后,不要娇惯,多给他吃些血肉,在阳光中曝晒,直到中午过后。六七岁的孩子,经过春夏两季,肉和骨头就会形成,也能娶妻生子,只是恐怕活不长而已。"

说话间,有少女在门外听着,情态温顺柔婉。晏仲猜想是哥哥的女儿,就问。晏伯说:"她叫湘裙,是我小妾的妹妹。孤身一人,无家可归,就寄养在这,已有十年了。"晏仲问是否已有人家了。晏伯说:"还没有。近来有媒人提说东村的田家。"少女在窗外小声说:"我不嫁田家放牛娃。"晏仲很动心,但不好明说。过了一会,晏伯在书房中支了床,留弟弟过夜。晏仲本不愿留,但心中留恋湘裙,想设法探探哥哥的意思。于是就留下来去睡觉了。

当时正是初春天气,还比较冷,书房中又从不生火,寒气逼人,面对孤灯独坐,极想喝杯酒。正想着,阿小推门进来,把一杯羹一斗酒放在桌上。晏仲高兴极了,问谁弄的这些。回答说是湘姨。酒快喝完时,又将火盆放在床下。晏仲问:"你爹娘睡了吗?"回答说:"早已睡了。"问阿小睡在哪儿。回答说:"和湘姨一块睡。"等他睡下了,阿小关门离开。

晏仲心想湘裙贤惠又善解人意,更加爱慕。又因为她能带阿小,要她的念头更坚定了。翻来覆去,一夜都没睡着。

早上一起来,就对大哥说:"我子然一身,没有伴偶,拜托大哥多留心。"晏伯说:"咱们家也不是那种只有一瓢一担家当的人,想找自然有的是。但地下即便有佳人美女,恐怕对弟弟也没什么好处。"晏仲说:"古人也有娶鬼妻的,有什么不好?"晏伯似乎明白了,就说:"湘裙还不错。但凡地下人,用大针刺人迎穴,要是流血不止的,才可以嫁给世上人做妻子。哪能随随便便。"晏仲说:"只要湘裙能抚育阿小,也就行了。"晏伯摇头。晏仲反复求个不停,他嫂子说:"把湘裙叫来刺一下看看,不行就算了。"说着就拿着针往外走。一出门碰上湘裙,伸手抓住手腕,竟然血迹斑斑。原来,湘裙听了晏伯的话,早已自己试过了。嫂子笑着放开手,进房告诉晏伯说:"她早已自有主意了,还用得着你替她操心吗?"湘裙姐姐一听,很是愤怒,冲到湘裙跟前,手几乎戳到眼睛上,说:"淫荡贱妇不知羞!想和小叔私奔吗?我绝不让你如愿。"湘裙又羞又气,痛哭寻死,全家都闹翻了。晏仲很没意思,就告别兄嫂,领着阿小回家。晏伯说:"你先回去。不要让阿小再回来,怕伤了他的生气。"晏仲记下了。

回去后,往大里虚报阿小的年龄,说是哥哥卖掉的婢女所生的遗腹子。大家见孩子极像晏伯,也就信了。

晏仲教阿小读书,总是让他在中午时抱着书曝晒在日光下读。开始很痛苦,时间长也就习惯了。酷暑六月,桌椅烫人,阿小边读边玩,一点也不抱怨。阿小聪明,一天能看半卷书,晚上和叔叔一起睡觉时,竟都能背出来。晏仲很宽慰。因忘不了湘裙,所以也就不再想重娶的事了。

一天,有媒人来为阿小提亲,因家里无主妇,心里很是焦躁发急。突然间,哥哥的妾甘氏来了,说:"阿叔别奇怪,我送湘裙来了。先前因为这丫头太不知羞,所以我有意挫折羞辱她一下。阿叔这样的一表人才不跟,还能跟什么样的呢?"看到跟在后边的湘裙,晏仲很是高兴,忙请甘氏坐。因前面有客人,就告诉甘氏,先去周旋一下。随即又返回身,但甘氏已经走了。湘裙也已换衣服下到厨房里,厨房里响起一片切菜做饭声。功夫不大,饭菜就一一端了上来,可口宜人。

送走客人,进来一看,湘裙已收拾得整整齐齐端坐在房中,于是两人就相拜成亲。到了晚上,湘裙仍打算和阿小一块睡。晏仲说:"我正在用阳气温润他,不能分开。"于是就让湘裙单独住在一间屋子里,只是在晚上去喝杯酒欢聚一下。

湘裙对晏仲前妻生的孩子就像自己生的,使晏仲更觉得她贤惠无比。一天晚上,两人意好情浓时,晏仲开玩笑问:"阴间也有美人吗?"湘裙想了好一阵子,说:"没见到过。只有邻房葳灵仙姑娘,大家都说她美。但我看也不太出众,只是很会收拾打扮罢了。我和她交往很长,心里很看不上她的放荡。如果想见她,马上就可以。但这种人,还是不见的好。"晏仲急着想见。湘裙提笔准备写字,但随即又扔下笔说:"不行,不行。"晏仲再三再四地要求写,她就说:"千万不要被迷住。"晏仲答应。湘裙就裁纸画了几幅画一样的符,在门外烧了。不一会儿,门钩有响声,帘子掀动,听到吃吃的笑声。湘裙起身拉进一个人来,高高的发髻,流行的式样,就如画中人。

湘裙扶她坐在床头,一起举杯互相问候。那女人刚见到晏仲时,还用衣袖掩着口,不随意说什么。几杯酒过后,则又笑又闹亲热过分,一点禁忌也没有。渐渐地,竟伸出只脚来踩晏仲的衣服。晏仲意乱神迷,像是丢了魂一样。但碍于湘裙在跟前,而湘裙也有意提防,一刻不离左右,葳灵仙突然起身,掀开帘子往外走,湘裙跟在后面,晏仲也跟上。葳灵仙就拉住晏仲的手,快步走到其他房里。湘裙恨极了,但又无可奈何,气愤地回到自己房里,只能由他们去了。

过了一会儿,晏仲来了。湘裙责备说:"不听我的话,只怕以后想拒绝也办不到了。"晏仲认为湘裙嫉妒,不欢而散。

第二天晚上,葳灵仙不请自来。湘裙讨厌她来,很不礼貌地对待她,葳灵仙却拉着晏仲一块去了。一连几个晚上都是这样。湘裙看见她来就骂她数落她,但她却依然如故,推不出去。

就这样有一个多月,晏仲就病得卧床不起了,这才后悔,叫湘裙和自己睡在一起,希望能避开葳灵仙。但无论白天晚上,只要稍有疏忽,则晏仲和葳灵仙就已交欢上了。湘裙拿棍子赶她,她气愤了,就和湘裙对干,湘裙体弱,手上脚上都被她打伤了。晏仲的病愈来愈重,湘裙哭道:"我怎么见我姐姐啊!"又过了几天,晏仲就昏死过去。

刚死时,见二个差人拿着公文来,就不由自主地跟着走了。上了路,苦于没路费,就邀差人一同顺便到哥哥家中去一趟。晏伯一见,大惊失色,问:"你近来干什么了?"晏仲说:"没别的,只是被鬼缠上罢了。"就把经过讲了。晏伯听后说:"明白了。"就拿出一包银子对差人说:"请笑纳。我弟弟罪不该死,请放他回去。我让我的儿子跟你们去,或许不会不合适。"叫阿大陪着差人喝酒,自己到屋里给家里人说了经过。于是叫甘氏到隔壁去叫葳灵仙。

过一会儿,葳灵仙来了,见晏仲在这儿,就要跑。晏伯赶上揪回来,骂道:"淫妇!活的时候是荡妇,死了还是贱鬼,大家早已不能容忍了,竟又祸害我弟弟!"上手抽她,抽得头发散乱,妖艳之态立时去了许多。很长时间,来了一位老太太,趴在地上苦苦哀求。晏伯责备她放纵女儿淫乱,训斥责骂了好一阵子,才让她和葳灵仙走了。晏伯送晏仲出门,飘忽之间就到了家门,直入卧室,明明白白像睡去又醒来,这才知道自己刚才已经死了。

晏伯责备湘裙说:"我和你姐姐认为你贤惠能干,所以让你跟了我弟弟,你反而要促使我弟弟死呀!如果不是有弟媳的名分关系,一定狠狠打你一顿。"湘裙又羞又愧又怕,抽泣呜咽,跪在地上向晏伯请罪,感谢指教。晏伯看见阿小,高兴地说:"儿子居然成了阳间人了!"湘裙准备做饭,晏伯阻止说:"弟弟的事还没了结,我顾不上吃饭。"阿小已十三岁,也知道恋父了,见父亲要走,就哭着要跟。晏伯说:"跟着叔叔最快乐,我走了还要来的。"说着就转身走了。从此以后,就再也没有往来了。

后来阿小娶了妻子,生下一个儿子,也是三十岁时就死了。晏仲抚养阿小的孩子,就像对阿小活着时一样。晏仲八十岁,阿小的儿子二十多了,就让他独立门户了。

湘裙没有生过儿女。一天,对晏仲说:"我先入坟墓行吗?"盛装躺在床上就死去了。晏仲也不悲伤,半年后也死了。

异史氏说:"天下人中兄弟友爱像晏仲的,有几个呢?应该让他不死而活得更长。阳世绝后,而从阴间继承上,这全是不忍心兄长死去的诚心所致。在人绝无此理,在天难道有这种运数吗?在地下生子,希望继承自己生前的产业,这种人想来不会少。只是害怕继承了那绝后人的产业的贤兄贤弟们,不肯收养抚恤罢了。"

三　　生

湖南某人,能记得自己的前生三世。

第一世当县令,参与主持科举考试。有位名士兴于唐落榜了,愤懑致死。到阴间后为此告状。此状一告,和他是同样原因而死的数以千万计的鬼,推他为代表,大家抱成一团。某人就被阴间勾去了魂,对质此事。阎王问:"你既然是评判文章的,为什么使名士落选而让平庸的考上?"某人辩解说:"上面有总裁,我不过是奉命行事罢了。"阎王立刻发下传票,把主考官勾来。勾来后,阎罗把某人的话讲了一遍。主考官说:"我不过是总其大成的,虽然有上好文章,但是阅卷官不推荐考上,我又怎么能够见到呢?"阎王说:"此事不要互相推诿,论失职都一样,按规矩应受抽打的刑罚。"正要用刑,兴于唐不满意,大声号叫,两阶旁的鬼齐声响应。阎王问原因,兴于唐高声道:"抽打的刑罚太轻,一定要挖掉两眼,作为不知文章的报应。"阎王不肯,众鬼更加厉声号叫。阎王说:"他们未必不想得到好文章,只是见识卑下罢了。"众鬼又要求剖他们的心。阎王不得已,就让人扒去他们的衣服,拿刀破胸挖心。两人嘶声痛喊,鲜血淋漓。众鬼才大快,说:"我们含怨负屈埋没地下,从未有能一伸此气的,多亏兴先生,怨气全消了。"说着便一哄而散。

某人剖心后,被押往陕西投生为平民的儿子。二十多岁时,碰上盗贼作乱,自己身陷盗贼之中。官府派兵征剿,抓获了大批盗贼,某人也在其中。暗想自己不是盗贼,希望说清楚后能被解脱。等见到公堂上官员,仔细一看,是兴于唐。大吃一惊,想:"我该死了!"随后,那些俘虏都释放了,某人最后被提审,不容置辩就杀掉了。

某人到阴间状告兴于唐,阎王没有立刻把他勾来,而是等他的阳寿完时再说。一等三十年,兴于唐才到。当面对质,以草菅人命罪罚兴于唐投生为畜牲。又考核某人的行为,曾打过父母,惩处与兴于唐是一样的,也为畜牲。某人怕来生再被报复,就要求罚作大畜生。阎王就罚他为大狗,兴于唐为小狗。

某人托生在顺天府街市店铺里。一天,躺卧街头,有位从南方来的客人,带着一只金毛犬,大小像狸,某人一看,是兴于唐。心里认为他小好对付,上去就咬。小狗扑上来咬住他的喉咙,死死不放,像铃铛似的系在脖子上摆不脱。大狗摆扑嗥窜,市场上的人也无法将他们分开。不一会儿,就都死了。

两个人一同到了阴间,各讲各的理。阎王说:"冤冤相报,何时算了。今天就为你们解开此结。"就判兴于唐来世为某人的女婿。

某人生于庆云县,二十八岁考中举人。生了一个女儿,娴静娟好,世家大族争相求婚,某人都不答应。偶然到临郡,正碰上学政大人录取考生,所取第一名姓李,即兴于唐转世。某就把他请到自己住的地方,对他非常好。问他家中情况,知他还未婚配,就将女儿许配给他。大家都说某人爱才,但哪里知道这是前世姻缘。

不久,李生就将某人的女儿娶走,两人相称美满。然而女婿常以自己的才华欺侮丈人,一两年也不上门一次。丈人也都忍了。后来女婿中年潦倒背时,很难有所作为,丈人就千方百计为他谋划经营,这才使他在科举中得志扬名。从此以后,女婿和丈人和好得像父子一样。

异史氏说:"一次落榜而三世结仇不解,怨竟到了如此程度啊!阎王的调解固然好,然而阶下千千万万的冤鬼,如此纷繁,岂不是要成了天下的爱婿都是阴间地府中悲鸣号恸的怨鬼呢?"

长　亭

泰山附近有一个叫石太璞的人,很喜欢驱鬼压邪之术。

一天,遇到一位道士,见他聪明睿敏,将他收为弟子。道士打开函套,取出两卷书,上卷讲驱狐,下卷言驱鬼。便将下卷给了石太璞,说:"你有了这部书,吃的穿的和美人就都有了。"石太璞问道士姓名。道士告诉石太璞他是汴城北村玄帝观的王赤诚。道士在石太璞家里留住了几天,每天教他禳鬼要诀。

从那以后,石太璞精于符术,名声大噪,前来请他施法的人络绎不绝。

一天,来了一位老者,携带厚礼,口中称自己姓翁,女儿被鬼缠住,危在旦夕,恳请石太璞亲自去为女儿消灾。石太璞听说病危,不肯接受礼物,姑且与老者一块去一趟,走了约莫十里多路,进了一座山村,到了老者的家。只见红墙青瓦,房舍华丽。

进屋后,见一位少女躺在绤纱帐里。丫鬟进来轻轻挽起纱帐,少女有十四五岁左右,仅有气息,形容枯槁。石太璞凑上去仔细端详,她突然睁开眼说道:"好医师来了啊!"家人见了,不胜惊喜,因为她不说话已经有好几天了。

石太璞命丫鬟放下纱帐,走出闺房,向她父亲询问病状。老者说:"大白天的,就有一个少年翩然而至,与我女儿睡在一起。等我们去捉他时,他就无踪无影了。过一会儿,又神不知鬼不觉地回来。他这样来无影去无踪,我们猜想他一定是鬼无疑。"石太璞说:"如果真是鬼,驱除它并不难;我怕它是狐精,果真如此,就不是我所能行的了。"老者连连说:"不是狐精,不是狐精。"

石太璞于是交给一道符篆,这天晚上就住在老者家。半夜时分,有一个衣冠整齐的美貌少年走了进去。石太璞以为他是家中的人,便撑起身问少年来找什么人。少年回答说:"我是鬼。老者家的人是狐精。我是喜欢老者的女儿红亭,姑且到这里来的。鬼给狐精作祟,不伤害阴鹜,你又何必拆散别的姻缘而保护狐精呢?红亭的姐姐叫长亭,生得美丽绝伦,我并不沾她,而是留着给你的。老者如愿把她许配给你,你再给治疗。我自然就会走的。"石太璞心下喜欢,便答应了。少年说罢走了,红亭不久便清醒过来。

天亮后,老者听说女儿神态清楚,开口说话,便喜滋滋来告诉石太璞,并请他一道进房探看,石太璞取下旧符烧了,坐在红亭床前诊视。偶然抬头见绣帐后立着一位情女,天姿艳丽,宛若仙人,心想一定是长亭无疑。为红亭诊完后,他要水来洒纱帐。长亭忙去取了一碗水递给石太璞,往来之间,眉带情波,石太璞意动神摇,心思早已不在驱鬼上了。他告别老者,说是去做药,可一连几天没有回来。老者的家闹鬼更加厉害,除长亭以外,家中所有妇人丫鬟都被鬼淫惑。

老者急得派人去请石太璞,而石太璞推说自己有病,来不了。第二天,老者亲自来请。石太璞故意装成腿有病,拄着拐杖困难地迎了出来。老者上前问他这是怎么了,石太璞叹口气说:"这是我独身生活造成的呀!前几天夜里丫鬟给我送暖脚壶,不小心摔在地上打了,烫了我的两脚。"老者问他:"夫人逝去后,先生为什么不续娶呢?"石太璞道:"恨不能找到像您家那样的清贵门第!"老者听了,默默不语地走了。

过了几天,老者又来了,见了跛足的石太璞,慰问了两三句话,说:"先生如果能为我家逐去鬼魅,便全家上下安然,小女长亭十七岁,愿将她嫁与先生。"石太璞大喜,连连叩头道谢,让人备了马,随同老者一道去。

看视完病人后,石太璞担心翁家会背约悔婚,便请求和长亭的母亲订立盟约。那老妇人听说,匆忙出来说:"先生为什么要怀疑我家背约呢? 如若不信,有我家长亭头上所插金簪为信。"便让人取了金簪给了石太璞。石太璞欣喜地谢了,便将老者家上下人召集来,为他们一一拔除。只有长亭没有露面,石太璞便写了一道符,让人拿着送给长亭。

这天夜里,鬼再没有来搅扰,全宅格外安宁,只有闺房中的红停仍旧不断呻吟。石太璞向她身上洒了法水,口中念念有词,不一会儿,红亭就安然入睡。石太璞见红亭好转,便要告辞回家。老者再三挽留,石太璞只好又呆了一天。到了晚间,老者准备了饭菜,殷勤款待石太璞。二更时,老者才起身离去。石太璞正要入睡,突然听见一阵急促的敲门声,开门一看,竟是长亭。长亭一脸惊惶,上气不接下气地对石太璞说:"我家里的人要对你下毒手,你快快逃吧!"说罢,又匆忙转身去了。

石太璞一听,吓得战战兢兢,面无血色,急忙跳墙跑了。正跑间,远远望见前方火光闪动,便飞快奔到跟前,是夜间打猎的人,这才放心。等这些人打完猎,石太璞随他们一起回去。他心中怨恨,一肚子气又无处发泄,准备到汴城去找王赤城;又一想家中还有老父亲,生病卧床很久,自己走了,谁人来照顾?不由地犹豫不决。

忽然有一天,两辆车子驶到他家门前,原来是老妇人亲自将长亭送来了。老妇人对石太璞说:"你和我有盟约,而你为何一走再不露面呢?"石太璞见了长亭,所有的怨恨都烟消云散了,也不介意老妇人的话。接着,老妇人催促两人拜了天地。石太璞正要设宴款谢岳母,老妇人摇着手说:"我又不是外人,何必这么多客套?我家老头子年老糊涂,如果有什么事的话,你肯代长亭顾念我吗?假如能这样,便是我的造化了。"说罢,上车而去。

原来,老者谋杀女婿的事,老妇人起先并不知道,石太璞被吓跑后,她出门去追,不见了踪影。回来后,她听说了这事,心中气愤,便骂老者不仁不义。长亭在旁不住地嘤嘤哭泣,连饭也不吃了。老妇人这次将女儿送上门成亲,也不是老者的意思。等到长亭过门后,石太璞追问此事,长亭才说出了前后经过。

两三个月后,老者派人来接长亭回娘家。石太璞怕长亭一去不回,便加以阻止。长亭见丈夫不同意自己回去,便时常啼哭。一年多后,长亭生下一个儿子,取名叫慧儿。石太璞无比喜爱,花钱雇了一个奶妈,精心哺育孩子。那慧儿好哭闹,夜里一定要母亲哄着睡觉才行。

一天,老者又派车来接长亭,来人说老妇人很想女儿,请石太璞念母女之情,让长亭回去与她见上一面。长亭听了,更加悲痛,泣不成声。石太璞心软下来,再也不忍心强留她。长亭想带慧儿一道回去,石太璞不同意。长亭便随家人回娘家去了。临走时,约定一个月后便回来。可是一眨眼半年过去了,却没有一点消息。石太璞派人去打探,回来后说翁家祖住的房子已很久没人居住了,至于长亭,更没了音讯。

又过了两年,石太璞仍打听不到长亭的消息,便绝了念头,慧儿整夜啼哭,不能安睡,使石太璞心如刀割。不久,他父亲病故,使他愈加伤心,接着也卧病不起,不能接受宾朋的吊唁。这天,他正在昏睡间,忽听见一个妇人哭着进来。仔细看去,见长亭一身孝服立在当地。石太璞一见,突然大放悲声,哭死过去。一旁丫鬟见了,大声惊呼,长亭这才停住哭泣,抚摸着石太璞,好久才苏醒过来。石太璞怀疑自己已经死了,问长亭是不是在阴间相遇。长亭说:"不是啊!是我不孝,不能取得父亲的欢心,使我三年不能回来,的确有负于你!刚好家里人由东海经过这里,得到公公故去的噩耗。我尊父命绝了儿女之情,但再也不敢失了翁媳之礼。我来这里时,只有母亲知道,悄悄瞒着父亲!"

说话间,慧儿欢叫着投入母亲怀中。长亭抚摸着儿子,哭着说:"因为顾念了父亲,结果使我儿没有了母亲啊!"慧儿也呜呜大哭,一旁人见了,也都掩面哭泣。哭了一会儿,长亭抹抹泪,起身理理衣衫,把公公灵前供品摆放整齐,一副恭恭敬敬的样子。这使石太璞心情得以安慰,他想起身,却因身体虚亏,情急间不能动弹。等石父丧事一过,长亭便要回去,准备接受违背父命的责骂,丈夫挽留,儿子号哭,便不忍心离去。

这时,有人来报说长亭母亲生病。长亭对石太璞说:"我是为公公而来,你难道不为我母亲的病放我走吗?"石太璞答应让她回去。长亭告别丈夫爱子,一路悲泣着走了。这一走,又是好多年没有回来。时间一久,父子俩对长亭也淡忘了。

一天,天气凉爽宜人,石太璞打开门透风,不意长亭飘然而至。石太璞很惊骇,问她是怎么来的。长亭神色悲哀地坐在榻上，叹道："在闺阁时，看一里路也相当远；如今一天一夜而奔走千里，几乎累死了！"石太璞细细盘问，长亭欲言又止。他再三追问，长亭这才哭着说："近年迁居山西地界，租住赵官人的房屋，最初两家关系友善，父亲将红亭嫁给了赵家公子。赵公子生活放荡，闹得赵家上下不能相安。红亭回来告诉了父亲。父亲大怒，将红亭留住，半年中不让她回赵家去。赵公子动了气，不知从哪里找了一个恶人，呼神唤鬼，将我父亲绑了去。这一下，全家又惊又怕，登时四散奔逃了。"

石太璞听了，竟扑哧一声笑了起来。长亭见了，怒不可遏，愤愤诘问几句，拂袖而去。等石太璞追出来时，已没有了长亭的身影，不禁怅然后悔。

过了两三天，老妇人与长亭一道来了，母女俩见了石太璞，双双跪在地上。石太璞惊愕不止，连忙询问是怎么回事。长亭哭着说："听母亲说，绑走我父亲的，是你的师父哇！"石太璞一听，松了口气道："果真是师父的话，这事便容易多了！"

于是他急忙起身到汴城，打听到玄帝观，王赤诚出外刚回来不久，石太璞便进观拜见师父。王赤诚见石太璞前来，问道："徒弟来这里为何事啊？"石太璞用眼看去，见厨房内有一只老狐狸，前腿穿了洞用绳子系在那里，便笑着对师父说："弟子这次来，是为这条老狐狸。"王赤诚盘问老狐狸是他什么人，石太璞说是岳父，又将实情一一告知师父，王赤诚因那狐狸狡诈，不肯轻易放掉它，架不住石太璞苦苦相求，这才应允了。石太璞又向师父数说老狐狡诈之处，那老狐听了，藏在灶中，一脸羞惭的样子。王赤诚笑着说："那老狐狸羞耻之心还没有丧尽啊！"

石太璞将老狐狸牵出，用刀割断绳索抽出来，老狐痛得直咬牙。石太璞放慢节奏一点一点地抽，笑着问："你老痛了，不抽可以吗？"老狐眼冒火光，神色中含有愠怒。老狐得了救，摇着尾巴窜出观去。石太璞也辞别师父回家。

三天前，已经有人告知老者的消息，老妇人已前去寻找，让长亭留下来等候石太璞。石太璞回来，长亭迎上来拜伏在地。石太璞将长亭扶起。长亭告诉他要回去看看父亲，三天之后一定回来。石太璞对她的话早已不相信，见她如此说，只当又是信口道来，便不再挽留，只由她去，不想长亭走后，两天后便回来。这次倒让石太璞不胜惊奇，问道："怎么这么快就回来了？"长亭说："我父亲因为你曾在汴城戏弄过他，一直不忘怀，整日叨叨，我不想再听，所以早早回来了。"从此，长亭与娘家常来往，而石太璞和岳父之间却再不理会。

异史氏说："老狐狸性情反复无常，狡诈得很。悔婚之事，对两个女儿用的一种手法，诡谲也就可知了。但是以要挟来求婚，这样便从一开始就开了老狐狸悔婚之端。况且女婿既然爱妻子而救岳父，只应当抛弃前嫌而用仁义来对待才行；竟然还要戏弄于危急之中，怎能怪老狐狸没齿不忘啊！天下有岳父和女婿之间相互不和睦的，大抵这样。"

席 方 平

东安县人席方平，他的父亲名叫廉，生性憨厚拙朴。因和同乡的富户羊某有过节，羊先死，羊死后几年，廉也病了，生命垂危时，对人说："羊某现在用钱买通阴差要拷打我了。"说着就浑身红肿，号叫惨呼地死去了。

席方平悲伤难抑，食不下咽，说："我父亲朴实木讷，现在被强鬼欺凌，我要到阴间去代他伸张冤气。"从此,席方平不再说话,时而坐着时而站着,样子像发痴,原来灵魂已经离开了躯体。

刚出门,他不知道往哪去,只要见到路上有行人,就问城在哪里。不久,就进了城。他父亲已被押在狱中。到了狱门,远远望见父亲倒卧在房檐下,样子很狼狈。抬头看见儿子,眼泪潸然而下,说:"狱吏都因受贿,日夜拷打我,腿脚都打坏了!"席方平愤怒之极,大骂狱吏道:"我父亲就是有罪,自有王法在,难道是你们这些死鬼能决定的吗!"于是转身出来,拟写诉状。

正值城隍上早衙,就喊冤告状。羊某害怕,就上下打点,打点完毕,这才上堂听诉。城隍以所告证据不足驳回,根本不当回事。席方平的冤屈无处诉说,就又在黑暗中奔走一百多里赶到郡城,将此事上告。拖了半个月,才见审理。郡府长官打了他一顿,依然把此事又交回城隍重审。

回到城衙,席方平饱尝了刑枷的折磨,悲惨冤屈难以述说。城隍怕他再次上告,就派差役将他押送回家。送到后差役离去,席方平不肯进家,就又脱身奔到阎王府中,状告郡府长官的贪酷行径。阎王立刻将有关人员传来对证。那两个官员就暗中派心腹和席方平交涉,要他通融,答应给他千金。席方平不答应。

过了几天,席方平所住客店的老板告诉他说:"你斗气也斗得过分了,官求求和,你竟固执得不听。现在听说他们在阎王前各有所进,只怕你的事情要坏了。"席方平认为只是街头闲话,并不相信。可随即就有两个黑衣人来叫他到阎王府去。

一升堂,就见阎王脸有怒色,不容分说,就下令打他二十板。席方平厉声问道:"我有什么罪?"阎王漠然置之,就像没听见一样。席方平挨打时,喊道:"打得好,该打!谁让我没钱呢!"阎王更加恼怒,下令施用火床。两个鬼上前拉下席方平,见东台阶上有架铁床,下面烈火熊熊,床面烧得通红通红。鬼扒掉席方平的衣服,把他放在铁床上,翻来覆去又按又压,痛苦极了,骨黑肉焦,使人恨不得立刻死去,但又死不了。约有一个多时辰,鬼说:"行了。"就扶他起来,催他下床穿衣。还好,脚虽破了,但还能走路。又来在堂上。阎王问:"敢再告吗?"席方平说:"大冤未伸,寸心不死。要说不告,是骗你阎王。非告不可!"又问:"告什么?"回答说:"遭遇的一切,都要告!"阎王大怒,下令锯了他。

两个鬼拉席方平下堂。见那儿竖着一根木头,有八九尺高,下面放着两块木板,血迹模糊。正要绑他,就听堂上大喊:"席方平。"两个鬼又押他上去。阎王又问:"还敢告吗?"依然回答:"非告不可!"阎王立刻要拉他下去锯了。

到了堂下,两个鬼用木板把他夹起来,捆在木头上。锯一拉,他就觉得头被劈开,痛不堪言,但并不号叫,强忍着。只听一个鬼说道:"好样的,硬汉子!"随着隆隆的锯声,已到胸前。又听见一个鬼说:"此人大孝无罪,锯时稍斜一下,别伤了心。"就觉得锯在胸前拐了一下,那痛苦更加厉害。不大功夫,便被劈成两半。放开夹板,两半身子分别倒地。

鬼上堂大声报告,堂上传呼,把身子合起来见阎王。两个鬼就把两半身子推合在一起,拉着上堂。席方平明显感到有条锯缝,极痛,像要裂开一样,刚迈步就倒下了。一个鬼从腰间抽出条丝带给他说:"送这个给你,作为你孝行的报答。"接过来系上,立刻康复,一点也感觉不到痛了。上堂后趴伏在地上,阎王又问他,他怕再受酷刑,就回答说:"不告了。"阎王便下令立刻送他回阳间。

阴差带着他出了北门，指了一下路，便返身回去了。席方平心想阴间比阳间更黑暗更无理，又没有办法使天帝知道。世上传说灌口的二郎神是天帝的亲戚，而且功高位显，并说这位神聪明正直，只要求诉，定有灵验。暗喜两位阴差已经走了，便转身向南去找二郎神。

正在奔走中，有两个人追了上来，说："阎王估计你不会回家，现在果然如此。"就又把他抓回去见阎王。心中暗想：阎王将会更加愤怒，罪罚也会更惨。没想到阎王一点也不恼怒，对他说："你确实是孝子，但你父亲的冤枉，我已经为他洗雪了，现在已投生在富贵人家，用不着你再奔走呼告了。现在送你回去，给你千金家产，百岁长寿，你满意吗？"说着写在簿籍中，并盖上大印，让席方平亲自看过。

席方平道谢下堂，鬼差和他一同出门，要送他回家。走在路上，鬼差连打带骂："奸猾的贼骨头！频频反复，把人快让你折腾死了！再犯，就把你放在大磨子中，研成粉末。"席方平瞪起眼睛斥责道："鬼小子想干什么！我从不怕刀砍斧锯，就是忍受不了打骂。走，一块回去见阎王，如果他愿意让我自己走，哪里用得着你们送。"反身朝回奔去。两个鬼差害怕了，忙说好话赔情劝他回来。

席方平故意走得艰难缓慢，走几步，就歇在路旁，鬼差心里不满，但又不敢说。半天光景，走到一个村子里，有一户人家房门半开，鬼差带着他一块到门前休息，席方平坐在门槛上。趁他不注意，鬼差就把他推到了门里边。

席方平大吃一惊，静下来一看，自己成了刚生下的婴儿，很愤怒，啼哭不止，奶也不吃，三天就死了。漂泊的灵魂依然不忘去灌口。大约奔走了有几十里路，忽然看见一队仪仗，旗帜飘扬，剑戟横路。他想到路旁避一下，但因冲撞了仪仗，被前卫抓住，押到车前。抬头见车中坐着一位青年人，仪表不凡，形体高大。问席方平："你是什么人？"席方平满腔怨愤正无处申诉，想这人一定是高官，或许握有主宰大权，于是细说悲惨遭遇。车中人命人放开他，让他跟着一块走。

不一会儿到了一个地方，见有十来位官员站在路旁迎候，车中人各有问讯。随后，指着席方平对一位官员说："这个尘世中的人，正要到你处申诉，应该立刻替他申明判决。"席方平问随行的人，才知道车中人是上帝殿下九王，他所吩咐的人即是二郎神。席方平打量二郎神：个子高，多胡子，不像世上所传说的样子。

九王走了以后，席方平就跟着二郎神来到一座官衙，见父亲和姓羊的和那些衙役们都在。过了一会，从囚车中又走出几个犯人，竟是阎王、郡府长官和城隍。当堂审讯，席方平所说句句是实。三位犯官浑身发抖，就像趴在地上的老鼠。

二郎神随即提笔判决，片刻之间，便发下判决书，命案中人一块看。判决书写道：

查阎王者：担当王爵之职位，深受天帝之恩宠，理应清正廉洁为下属做出表率，不该贪赃枉法使人们怨言纷出。虽然名列王侯，但空有尊贵的地位，像狼一样的狠，像羊一样的贪，竟玷污了一个当政者应有的品格和道德。斧敲研，研入木，妇子之皮骨皆空；鲸吞鱼，鱼食虾，蝼蚁之微生可悯，当掬西江之水，为你洗肠，即烧东壁之床，请君入瓮。城隍、郡司是小民百姓的父母官，为上帝代行管理照顾他们的职责，虽然职位低下，但对鞠躬尽瘁忠于职守的来说，是不辞为民请命的。即使被高官所迫，只要有这种志向也是不会屈服的。你们竟然上下勾结伸出鹰鸷一样贪婪的手，一点也不顾念民贫；而且气焰嚣张肆虐着野兽般的奸谋，更不嫌鬼瘦。真是人面兽心！如此作为，先罚死在阴间,然后去掉人形换上兽皮,允许投胎为兽类。隶役者:既然当了鬼差,就不再属于人类。只有一心在公门中修行,以求再有做人的机会。怎么敢在苦海中生出波澜,更造出弥天的罪孽来?飞扬跋扈,狗脸生出六月之霜;上蹿下跳,虎威断绝条条生路。在冥间逞尽淫威。人人都把狱吏奉为至尊;帮昏官施尽暴政酷刑,像屠夫一样人人害怕。应该在法场上剁去四肢,再放在汤锅中煮烂。

羊某:富有而没有仁心,狡猾而又诡计多端。以钱行事,使阎罗殿上一片阴霾;铜臭熏天,使在死城中暗无天日。小钱即能用鬼,大钱竟能通神。应将羊某家产尽数没收,以报偿席方平的一片孝心。着即押赴东岳施行。

又对席廉说:"考虑到你儿子的孝行大义,以及你的性情良善懦弱,可再赐给你三十六年的阳寿。"

便派了两个人送他们回归阳间。席方平将判决书抄了一份,父子俩在路上一起看。

到家以后,席方平先苏醒过来,叫家人打开棺材看父亲怎样,尸体僵硬冰冷,直等了一天,才渐渐活了过来。席方平问父亲要判决书,已不见了。

从此以后,席家日益富足,三间年,良田遍野,而羊某的子孙却衰败了,楼阁田产,全都归了席家。同乡人有买羊某田产的,夜间便梦神人叱责说:"这是席家的东西,你不得占有!"开始还不太信,等种了以后,终年一点收获也没有,于是再卖给席家。席方平的父亲直到九十多岁后死去。

异史氏说:"人人都说净土,却不明白生死隔世,意念都已迷离,况且不知道自己是从哪里来的,又到哪里去;更何况像席方平这样的死了一回又再死,投生了一次又复生呢?忠孝志坚,就会历万劫而不移。不同寻常的席方平,多么伟大!"

素　秋

俞慎,字谨庵,是顺天府世家子弟,他到都城参加考试,住在城外郊区。常见对门有位青年,长得貌美如玉。心里喜欢,就找机会接近交谈,发觉谈吐极为风雅。很兴奋,就拉着胳膊到自己住的地方,设宴款待。问他姓什么,自称:"金陵人,姓俞,名士忱,字恂九"。公子听说和自己同姓,更加亲近,就结拜为兄弟,青年人就把自己的名字去掉一个字,单名叫忱。

第二天,公子到他家拜访,见书房光亮洁静,但门庭冷落,更无一个仆人。俞忱领他到里面,叫妹妹出来拜见。她大约十三四岁,肌肤晶莹光泽,铅粉美玉也没有她白。稍后,亲自端茶献客,似乎家中也没有婢女或者妈子,公子很奇怪,说了几句话就告辞了。

从此以后,彼此友爱就像同胞兄弟一样。俞忱没有一天不到他这来。有时留他住下,就以小妹无人陪伴推辞。公子说:"你侨居千里之外,竟然连个门前招呼的小仆人也没有。你们兄妹纤弱,怎么生活呢?想来不如跟我走,我家中还有地方让你们住,怎么样?"俞忱很高兴,约好在考试后去。

考试完后,俞忱邀公子到他家去,说:"中秋明月亮如白昼,妹妹素秋准备了些酒菜,不要辜负了她的心意。"直接拉着他直到家内。素秋出来略微问候了一下,就到套间里,放下帘子准备。略过了一会,自己出来烫酒。公子起身说:"让妹子亲自操劳,于心何忍。"素秋笑笑进去了。过了一会,帘子掀开,出来一位婢女捧着壶,一位老妈子端着鱼送上来。公子很惊讶,说:"这两人从哪里来的? 不早早做事,而让妹子操劳?"俞忱微微一笑,说:"素秋又作怪了。"只听到帘子里有吃吃的笑声,公子不明白怎么回事。过了一会儿吃完饭,婢女和老妈子撤盘子,公子咳嗽,不小心弄到了婢女身上,婢女随声倒地,碗也碎了,酒也撒了。再看那婢女,竟是用帛剪成的小人,只有四寸多。俞忱大笑。素秋也笑着出来,把小人拾进去。随后那婢女又走了出来,依然像刚才那样忙碌着。公子奇怪极了。俞忱说:"这不过是妹子年幼时,学得柴姑的一点小手段罢了。"公子于是问:"弟妹都已成年,为什么都还没有成家?"俞忱回答说:"先人去世,我们还没有定好落脚之处,因此推迟到现在。"于是商定好动身的日子,卖掉房子,俞忱带着妹妹和公子一起动身向西。

到家后,收拾了一处房子让他们住,又派了一个婢女服侍。公子的妻子,是韩侍郎的侄女,特别喜爱素秋,吃饭也不分开。公子和俞忱同样。俞忱非常聪明,读书一目十行,试着写一篇八股文,连长于此道的老手也比不上。公子劝他考童子试。俞忱说:"我之所以做这些,只想分担一下你的辛苦而已。我知道自己福分有限,不堪在仕途作为。更何况一入此途,就不能不患得患失。所以我不操此业。"

又过了三年,公子参加考试又未中选。俞忱为此大为不平,奋然说:"榜上登个名,没想到这么艰难! 我当初不想受此诱惑,因而宁愿默默无闻。现在看大哥竟不能一显身手,不觉心中发热,虽然现在我已经十九岁了,从未进学,但愿意效仿初生小驹驰骋一下。"公子很高兴,到考试时送他入场,县考、府考、道考均为第一。从此益发和公子一起刻苦用功。第二年科试,两人均为府、县冠军。俞忱名声大噪,远近的人都争着和他结亲,俞忱全拒绝了。公子极力劝他,他也以乡试后再说来推托。

时间不长,乡试结束,倾慕他的人争相抄录下他的文章,彼此传诵。俞忱也自认为第一名非自己莫属。等发榜时,两人竟都落选。当时,两人正在喝酒,公子还能强作笑颜,俞忱却脸色大变,酒杯落地,扑倒在桌子上。扶到床上,人已快不行了,忙叫来妹妹,睁大眼对公子说:"我们两人情同手足,但却并非同一家庭。我自知已登上鬼簿,深受恩顾却没有什么可报答。素秋现已成人,既得到嫂子的抚爱,你就收她为妾吧。"公子正色说:"这真是胡说八道! 不是让人说我是人形而言行吗!"俞忱流下泪来。

公子立即派人不惜重金买来上好棺木。俞忱叫人抬到跟前,用尽全力自己爬进去。吩咐妹妹说:"我死后,急速阖棺,不要让任何人打开看。"公子还有话要说,而俞忱的眼已闭上了。公子不胜悲伤,如同死了兄弟。但心里觉得他临死的嘱咐有些奇怪,等素秋因事离开时,打开棺木去看,只见衣服头巾像蜕下来一样,空摆在那里,揭开一看,有一尺多长的蠹鱼,僵躺在那里。诧异惊恐中,素秋突然进来,极悲哀地说:"兄弟间有什么隔阂? 之所以如此,并不是避你,只怕飞扬流传,我也不能长留下来了。"公子说:"礼是依据情而定的,只要情谊在,就是异类又有什么关系呢? 妹妹难道不明白我的心吗? 即使妻子,我也不会讲的,不要担心。"于是立刻找出下葬的吉日,很隆重地办了丧事。

起初,公子打算将素秋嫁给世家,俞忱不同意。现在俞忱死了,公子就和素秋说,素秋仍不同意。公子说:"妹妹现已二十岁了,年龄大了而不嫁,人们将会怎么说我呢?"回答说:"如果是这样,那就听兄的安排。但我自知没有福相,不愿入侯门,寒士就行。"公子答应了。

不几天，媒人纷纷前来提说，但没有中意的。先前，公子妻弟韩荃来吊唁时见到素秋，心里喜爱，想买回去作小妾。和姐姐商量，姐姐忙止住他不要说，怕公子知道。韩荃回去后，始终放不下，就托媒人找公子，许诺为他打通乡试关节，公子听了，大怒，斥骂一通，将媒人打了出去。从此以后，连交往都断了。

恰巧有位前任尚书的孙子某甲，将要娶亲时未婚妻突然死了，也派媒人来。此人高房大厦连成一片，公子早就知道。但想亲自见见人，就和媒人约好，让他到家来。到那天，将内室帘子放下，让素秋自己看。某甲来了，前呼后拥，盛装华丽，轰动街坊四邻。人也长得清秀文雅，像个姑娘。公子很高兴，见到的人也都齐声赞美，但素秋却不喜欢。公子不听，竟应允了婚事。嫁妆丰厚，花费极多。素秋极力劝阻，只要一个年岁大的婢女供自己使唤就行。公子也不听，最终还是给了丰厚的陪嫁。

出嫁后，夫妻倒也琴瑟和谐。只是兄嫂常常挂念，就每月都回来探望一下。来时，凡陪嫁的珠宝珍品，总要带回几件，交给嫂子要她代为收藏。嫂子也不明白她的意思，就接了下来暂替她保管。

某甲很小就失去了父亲，只有一个寡母，因而溺爱娇惯得非常厉害，天天交往一些行为不轨的人，被逐渐勾引得又嫖又赌，家传的书画古玩尽被他卖掉还债。韩荃和他有来往，请他喝酒打探，说愿意用两个妾和五百两银子换素秋。某甲起先不肯，韩荃再三要求，某甲心动了，但害怕公子不答应。韩荃说："我和他是最近的亲戚，素秋又和他没什么干系，如果事情已经成了，他没有什么办法。万一有问题，我全担了。有老父亲在，哪里怕他一个俞谨庵呢？"说着，让两个妾盛装陪酒，并说："如果行，到时按约进行。"到约定时间，某甲怕韩荃使诈，晚上等在半路，果然有车轿来，打开帘子一看，两个妾都在，就领回去，暂且安顿在书房内。韩荃的仆人又把五百两银子交付明白，某甲跑入内室，骗素秋说：公子因暴病而来请她。素秋也顾不上收拾，草草地就出了门。

上了路，夜色茫茫，迷失方向，走了很远很远，还没有到。忽然，有两只巨大的火烛迎来，众人暗自欣喜可以问问路了。转眼间来到跟前，原来是巨蟒的两只眼睛。众人恐惧极了，逃窜而去，车轿丢在路旁。天快亮时，才又陆续回到这里，但只剩下空车轿了，猜想定是被蟒蛇吃了。回去告诉韩荃，只能是垂头丧气而已。

几天后，公子派人来看妹妹，才知被人骗走之事。开始时并不怀疑是某甲干的。等把那随身婢女接回来细问各种情况后，才明白就里。愤怒之极，向府、县都提出控诉。某甲害怕，向韩荃求救。韩荃因为妾和银都白扔了，心里正没好气，一口回绝。某甲呆头呆脑早已没了主意，各处传票到来时，只好行贿以求不被带上公堂。一月多，金银珠宝、衣服首饰都变卖一空。

公子到按察使衙门催促得很紧，各县官员都被命令要严办此事，某甲知道躲不过去，就到公堂上，一五一十地讲了事情的经过。按察使发传票拘韩荃对质。韩荃害怕了，把经过告诉父亲。他父亲当时退休在家，对他做出这样的违法之事很生气，把他交给了衙役。到公堂上，韩荃讲了遇蟒的事，但没人相信，认为是谎话，把那些家人拷打一遍了。某甲也多次被打，多亏他母亲卖掉田产，上下营救，这才得以在行刑时轻一些，保住了性命。而韩家的仆人已被折磨死了。

韩荃长时间关在狱中，愿意花一千两银子帮某甲去贿赂公子，哀求他不要再追究此事。公子不答应。某甲的母亲又加上那两个妾，只求暂时将此事作为疑案先挂起来,等找到素秋后再说。公子的妻子也承家命,早也说,晚也劝,公子才答应了。

某甲家已经贫困不堪了,用房子换现钱,急切中又不能立刻出手,就先把二妾送来,求公子能延缓延缓。

几天后,公子晚上在书房中坐着,素秋突然带着一位老妇人来了。公子惊问道:"妹妹一直都好吗?"素秋笑着说:"遇蟒蛇不过是小妹的小法术罢了。当夜跑到一个秀才家,被他母亲收留。秀才自己说认识兄长,现在门外,请他进来吧。"公子倒穿着鞋就往外走,用灯一照,不是别人,竟是周生。他是宛平县的名士,公子平素就因彼此性情相投而和他关系很好。拉着胳膊进到书房,款待十分周到。倾谈之后,才清楚事情的原原本本。

原来,那天天快亮时,素秋敲周生家的门,周母收留了她。问她,说是公子的妹妹。就要来报信,被素秋拦住了。留下来和周母住在一起。因她聪慧,善解人意,周母很喜欢,由于儿子还没媳妇,心里就很属意素秋。借事说起,素秋以没有兄长的允诺来推辞。周生也因和公子交情深厚,而不愿做无媒之合,只是频频打听有关此事的情况。了解到讼事已有眉目,素秋就告诉周母说打算回家。周母就让周生带一位老妇人送素秋,并嘱咐老妇人就此说亲。公子因素秋在周生家住了这么长时间,心中有把她嫁给周生的想法。等老妇人一提亲,很高兴,立刻和周生当面订了亲事。

本来,素秋所以要夜里回来,是想让公子得到银子后再告诉大家她回来的事。但公子认为这不必,说:"以前是心中愤恨无处发泄,因此要钱以促使他们败家。现在又见到妹妹了,就是万金也不换的!"就派人告知那两家,免了。又想到周生家本不宽裕,道路又远,迎娶很困难,就把周母接来,住在俞忱原来的宅院里。周生准备了迎娶的物品鼓乐,举行典礼成婚。

一天,嫂子逗素秋说:"现在有了新夫婿,和以前丈夫的枕席之爱,还记得吗?"素秋微微一笑,回头看着婢女说:"还记得吗?"嫂子不明白,究根追底,原来三年间的床上之爱,都是用婢女替代的。每到晚上,用笔在婢女的两道眉毛上一画,驱使她去,即使面对着灯烛坐着,某甲也分辨不出。嫂子更觉惊奇,就要学她的法术。素秋只是笑不说话。

第二年举行乡试,周生打算和公子一块去,素秋认为没必要。公子硬拉着去了。这一次,公子考中举人,周生落榜回来,内心有了退隐之意。过了一年,母亲去世,就再也不提进取功名之事了。

一天,素秋告诉嫂子说:"以前问我法术,原本是不愿用此来惊人视听。现在离告别远行的日子近了,请让我悄悄地传授给你,也可以避一下兵灾。"惊讶地问她,说:"三年后,这里将会变得没有人烟。我很柔弱,难以担惊受怕,打算到海滨去隐居。大哥是富贵中人,不能同去,所以说要分别了。"就将法术教给嫂子。过了几天,又告诉公子。留不住,公子流下泪来。问到哪里,也不说。早上鸡叫起身,带了一位白须老奴,骑着两匹驴走了。公子派人暗中跟着送行,到胶州、莱州一带,尘雾遮天,等天晴后,已不知到哪里去了。

三年后,李闯王起兵,村舍化为废墟。韩夫人剪帛放在门内,贼兵到后,看见白云绕着一丈多高的韦驮神,便吓走了。因而使家中人和物得以保全。后来村里有位商人到海上,见一位老头很像那白须老奴,但胡子头发全是黑的,仓促间不敢认。那老奴停住脚笑道:"我家公子还健康吧,借你带句话,素秋姑娘也很安乐。"问他住在何处,只异史氏说:"读书人无发达的福相,由来已久。俞忱不求功名的想法很明智,却竟然不能坚持。哪里知道花了眼的主考官从来都是看命不看文的。一试不中,就溘然长逝,蠹鱼之痴,多么可怜! 可悲啊,俞忱奋然,不如周生退隐而成仙。"

贾 奉 雉

平凉县人贾奉雉,才华名望冠盖一时,但在科试中总是不得志。一天,路上碰到一位秀才,自称姓郎,风度洒脱,出语精辟。就邀请到家,拿出八股习作请他指正。郎秀才看了,不太赞赏,说:"你的文章,小试取第一有余,大试取榜尾不足。"贾奉雉问:"怎么办?"郎秀才说:"天下事,由低向高困难,由高往低容易,这还用得着鄙人说吗?"于是列出某文某文为标准,大都是贾奉雉所鄙弃而不屑一提的。听郎秀才这么说,不由笑道:"学者立言,贵在不朽,即使味列八珍,也应让天下人不觉得过分。像这样猎取功名,即使作了朝廷大臣,依然不出下贱。"郎秀才说:"不对。文章虽好,但人贱则不传。你打算独守文章不求闻达经老一生倒还罢了;如果不是这样,像科场上的官员,都是凭这些东西发迹的,只怕不会因为要读你的文章,就另换一副眼睛和肚肠吧。"贾奉雉终究不以为然。郎秀才起身笑道:"少年气盛。"告别而去。

这年乡试,贾奉雉又落榜,郁郁不得志,常常思索郎秀才所说的话,就找出他所列举的文章,硬着头皮读。还未读完一篇,就昏昏欲睡,心中迷惑不知该怎样才好。

又过了三年,临近乡试时,郎秀才忽然来了,相见后都很高兴。郎秀才写出自己所拟的七个题目,要贾奉雉作。第二天,要来看,认为不行,要贾奉雉重写。重写后,郎秀才又是一顿指责。贾奉雉就玩笑般地从落选试卷中,将那些拖沓累赘,难以见人的句子集在一起,句联成篇,等郎秀才来了给他看。郎秀才高兴地说:"掌握了!"就让他熟记,千万不要忘了。贾奉雉笑了,说:"实话说,这些话并不是我想要写的,转眼便忘,就是打我一顿,也想不起来了。"郎秀才坐在桌旁,强令他读了一遍,又让他露出脊背,用笔写了一道符,说:"只此就足够了,可以把所有的书都捆起来放在楼上了。"看那道符,洗也洗不掉,已渗入肌肤里了。

进了考场,那七个题目全是试题。回想所拟作的文章,茫茫然一点记忆不起。只有那篇游戏文章,却历历在目。拿起笔来想写下来,而终因以此为羞,要略微改一下,但推敲苦思,竟一个字也动不了。直到夕阳西下,只好照原样写出交上。

郎秀才在外边等了很久,见他出来,问:"怎么到这时候?"贾奉雉就告诉他实情,并要他把符擦掉。但一看,那符已经消失了。再回忆试场上所作的文章,竟然如同前世的事情一样。很惊奇,就问:"你怎么自己不试试呢?"郎秀才笑说:"我从不做这种打算,所以就用不着读这等文章。"约贾奉雉第二天到他住处去。贾奉雉答应了。郎秀才走后,贾奉雉拿出底稿看,全不是自己本意,心中怏怏不快,若有所失,也不去拜访郎秀才,懊恼万分地回了家。

不久发下榜,竟中了第一名。再次阅读底稿,一读一出汗,待读完了,几层衣服都湿了。自言自语道:"这种文章一出,怎么再见天下读书人呢?"正在惭愧不安时,郎秀才突然来了,说:"想中也已经中了,还有什么好闷的?"答道:"我刚才正在想,用金盘玉碗装狗屎,真没脸出去见同人了。干脆遁迹山林,与世长绝吧。"郎秀才说:"这是大志向高行径,只是怕你做不到。若果然能行,我带你见一人,可得长生,这样,那千载留名之举也就不值得留恋了,更何况那转眼间的富贵呢!"贾奉雉很高兴,留郎秀才同住,说:"让我想想。"天明时,对郎秀才说:"我决心已定!"也不告诉妻子,飘然离去。

渐渐走入深山,来到一个洞府,其中别有天地。有位长者坐在堂上,郎秀才让他参拜,并称长者为师。长者说:"怎么来得这么早?"郎秀才说:"这个人的道念已坚,期望能收下他。"老者说:"你既然来了,须将此身置之度外,才能得道。"贾奉雉一一听命。

郎秀才送他到一个院子,安排好睡觉地方,又给他吃的东西,然后就离开了。房子倒也精致清洁,只是有门无扇,有窗无档;房中只有一张小桌子一张床。贾奉雉脱鞋上床,月光撒满一屋,他觉得有些饿,就拿郎秀才给的东西吃,香甜可口,稍吃一点就饱了。心里想郎秀才可能还要来,静静地坐了很久,一点声息也没有。只觉得满室清香,脏腑中空明可见,脉络都历历可数,忽然听到很刺耳的声音,像是猫抓痒。从窗户上扫视了一下,原来有只老虎蹲在屋檐下。乍一见,很吃惊,因想起师父的话,就又收神凝坐。老虎像似知道房里有人,就搜寻到床前,气咻咻地,把脚和腿闻了一遍。一会儿,院子中传来噑叫挣扎的声音,像鸡被绑起来一样,老虎就跑了出去。又坐了一会,进来一个美人,香气袭人,悄然上床,贴在身边小声说道:"我来了。"说话间,口上香脂散出阵阵芬芳。贾奉雉闭着眼一动不动。那美人又低声说:"睡了吗?"极像妻子的声音,贾奉雉心里悄然一动,但转念一想:"这都是师父考验我的法术。"照样闭着眼不动,美人笑了,说:"老鼠出动了!"原来,以前婢女和他们夫妻住在同一房间,夫妻交欢怕婢女知道,商订了暗语:"老鼠出动了。"就是交欢信号,突然听到这话,不觉心中大动,睁眼注视,果然是自己的妻子,问:"怎么来到这儿的?"答说:"郎生怕你寂寞思归,派一老妇带我来的。"说完,因贾奉雉不辞而别的缘故,相互依偎中很有些怨言。贾奉雉安慰解释了很长时间,才使得心情转好,相互嬉戏交欢。

两情相交平息后,天也要亮了。只听长者的斥责声渐渐逼近院子。贾妻忙起身,但无处可藏,就翻过矮墙走了。不一会儿,郎秀才跟着长者一块来了。长者当着贾奉雉的面用杖打郎秀才,要立刻将贾奉雉送走。郎秀才就带着贾奉雉从矮墙出去。说:"我对你期望太高,所以不免有些太急;不料想你情缘未断,连累我受到杖打斥责。现在暂且分手吧,以后有相见的机会。"指示了回去的路,拱手告别。

贾奉雉俯瞰自己家所在的村子,历历在目。想妻子柔弱,一定还在途中,就紧跑着赶。大约走了一里多路,已经到了自家门前。只见屋倒墙塌,全不是旧时模样;村中的老老少少,竟然一个都不认识,心里才大为吃惊,感到奇怪。突然联想到传说中的刘晨、阮肇从天台山回到家乡的故事,仙境半年抵尘世十一年,真和自己所面临的一样。不敢进门,就坐在对面歇息。好长时间,有个老翁挂着拐杖出来,贾奉雉作了个揖,问:"贾奉雉家在什么地方?"老翁指着他的故居说:"这就是。你是不是想问问奇事呢?我都清楚。传说这家的上辈人中举后就避世去了。去的时候,儿子才七八岁。到十四五岁时,他母亲突然大睡不醒。儿子在时,寒暑替她更衣;儿子死后,两个孙子穷困潦倒,房子也坏了,只能搭个草棚庇护着。一个月前,老夫人突然醒了。屈指算来,竟有一百多年了。远近的人听说这样的奇事,就都来打听探访,最近才少了些。"贾奉雉豁然顿悟,说:"老者不知道,我就是贾奉雉。"老翁大为吃惊,忙到他家去传话。

这时,他的长孙已经死了,次孙名祥,已经五十多岁了。因见贾奉雉这么年轻,怀疑有假。直到夫人出来，才认出来。眼泪汪汪不止，招呼他一同进去。苦于没有房舍，就暂且住在孙子家中。只见男男女女，大大小小，奔走聚集在他的身旁，都是曾孙或玄孙辈，一个个粗陋低劣，少有文气。长孙媳妇吴氏，打酒备饭，又叫自己的小儿子贾杲和媳妇与自己住在一起，收拾出一间房子让祖父母住。

贾进到房子里，烟尘和着小孩尿迹，杂气熏人。住了几天，就懊恼怅怅地忍不住了。两个孙子家轮着供给饮食，烹调很差。村中因为贾奉雉新近回来，天天有人招呼请客；但夫人常常难得一饱。吴氏出自读书人家，知道女子应该怎样行为，奉养始终；贾祥家的供给却渐渐少了，或者要了才给。贾奉雉气怒了，就带着夫人到东里设馆教学自谋生计。常对夫人说："我后悔走到这一步，但也没办法了。不得已，我将重操旧业，如果没了羞耻心，富贵也是不难得到的。"

住了一年多，吴氏还按时供给，而贾祥父子连人也见不着了。这一年，贾奉雉考中秀才。县令看重他的文章，给了丰厚的赠品，由此家中稍为宽裕，贾祥也来亲近了。贾奉雉把贾祥叫来，算清以前的耗费，给他银子抵偿，训了一顿，让他走，以后不要再来。又买了一座新宅子，叫吴氏搬来一同住。吴氏有两个儿子，年长的留守旧家业；次子贾杲，很聪慧，贾奉雉就让他和自己的学生一块读书学习。

贾奉雉从山里归来，心思更加明澈，没用多久，乡试、会试连续考中而成。又过了几年，以侍御史的身份出巡两浙，名声显赫，家中歌舞楼台，盛极一时。贾奉雉为人耿直，不避权贵，朝中的大僚们，总想要中伤他。贾奉雉多次向皇帝请求辞职，未被允许。不久，祸事就来了。

原来，贾祥有六个儿子，都是些无所事事的家伙，虽然贾奉雉嫌弃不理他们，但他们却仗着贾奉雉的权势作威作福，霸占田产，乡中的人都把他们看作祸害。有乙某新娶媳妇，贾祥的次子竟夺来做妾。这乙某本来就是个撒泼使诈的家伙，众人又赞助金钱帮他告状，因此传到都城。于是当权的大臣纷纷递上奏章攻击贾奉雉，贾奉雉无法为自己洗清，被关一年。贾祥和他的次子病死狱中。贾奉雉奉圣旨充军到辽阳。

此时，贾杲成为秀才已久，为人很仁厚，有品行贤良的赞誉。夫人生了个儿子，已十六岁，贾奉雉就将他托给贾杲管，自己和夫人带了一仆和一老妈子走。贾奉雉说："十多年的富贵，还不如一场梦长。现在才明白荣华富贵之处，都是地狱的所在。后悔比刘晨和阮肇，多造了一重孽案罢了。"

几天后，到了海边，远远望见有大船驶来，鼓乐奏鸣，侍役者都像天神。靠近后，从船里出来一人，笑着请贾奉雉到船上略休息一下，贾奉雉一见，惊喜极了，纵身跳过，押送的差役也不敢拦。夫人急着想一起走，但船已经离得远了，就气愤跳入海中，漂了有几步，见有人垂下一条长练，把她救走了。押送的让撑船的人赶快撑船，边追边喊，只听到雷一样的鼓声，间杂在波涛声中，转眼之间，大船就不见了。贾奉雉的仆人认出了那人，原来是郎秀才。

异史氏说："世人传说陈大士在试场中做完文章后，吟诵多遍，感慨说：'也不知哪个人能认得！'就丢弃这篇而重新作。因此，他在试场上写的文章远不如平时的。贾奉雉因羞于试场笔墨而避世，这很有些仙骨在。再返人世时，竟因为生计而自甘堕落，贫贱中的人也太难了！"

胭　　脂

　　东昌府人卞氏,是位兽医。他有个女儿,小名叫胭脂,生得人品出众,贤惠美丽。卞兽医格外喜欢她,想将她嫁给大户人家,而那些名门显贵因他家贫寒,地位低贱,不屑于和他家联姻,所以到成年还未出嫁。

　　卞家对门住的是位姓龚的人家,妻子王氏,性情轻佻,喜好玩笑,是胭脂的常客。一天,胭脂与王氏说了一回话。王氏走时,胭脂将她送到门口,偶然见到一位少年从门前经过,身着白衣袍,头戴白巾帽,丰采奕奕。胭脂一见,怦然心动,忙将秋波去追逐那少年。少年已走很远了,胭脂仍眼睛一眨不眨地看着他的背影。

　　王氏在一旁看了,顿时猜出了胭脂的心思,便开玩笑地说:"以姑娘的才貌,如果能配这位少年,是绝对没有什么遗憾了。"胭脂脸上飞红,默默无语。王氏问她:"你认识这位少年吗?"胭脂说:"不认识。"王氏说:"他是南巷的秀才鄂秋隼,是已故举人的儿子。我曾经和他家是邻居,所以认识他。世间的男子,没有像他那样性格温和委婉的。今天他身穿白衣,是因为他的妻子刚死去,丧服还没有脱。姑娘如果有意,我可以捎话给他,让他托人说媒。"胭脂没有回答,王氏会心地一笑,走了。

　　过了几天,王氏那边并没有什么消息,胭脂在这边等得心急,怀疑是王氏没有时间去鄂秋隼家,又怀疑鄂家不肯要她,因此闷闷不乐,终日徘徊,牵肠挂肚。渐渐地,饭也不想吃,竟生了病。王氏听说胭脂病了,便过来探看,打听她的病因。胭脂答道:"我也不清楚。只是从那天我俩分别后,便觉得心中不快,在家早晚等你的消息。"王氏小声说:"我丈夫出外经商没有回来,因此还没有告诉鄂郎。你的身体不适,莫非是因为这件事吗?"胭脂羞得红了脸。王氏逗她说:"如果是为了这事,病也病了,你还顾忌什么?先让他夜里到你家来聚一聚,他还有不肯的?"胭脂叹息道:"事已至此,也顾不得什么害羞不害羞了,如果他不嫌弃我家贫寒低贱,便让他派媒人来,我的病就可痊愈。如果私下约会,是绝对不可以的!"王氏连连点头,便去了。

　　王氏小时曾和邻居书生宿介通奸,她出嫁后,宿介得知她的丈夫出外,总是找上门来和王氏寻旧欢。这天晚上,宿介又来了,王氏便笑着向他说起胭脂的话,开玩笑说让宿介去告诉鄂秋隼。宿介早就知道胭脂生得很美,听王氏一说,心下暗喜,庆幸自己这下有机可乘了。他想和王氏同谋,又怕她生出妒意,便假做和王氏搭讪,打听清楚胭脂闺房的情况。

　　第二天夜里,宿介偷偷翻墙进院,摸到胭脂窗下,用手轻轻敲着窗户。胭脂被惊醒,在里边问:"是谁? 有什么事?"宿介回答:"我是鄂秋隼。"胭脂听了心中一阵狂跳,但还是说:"我之所以思念你,是想和你相爱百年,而不是为了缱绻一夜。你如果真爱我,就应该托人来说媒;若只是为了私合,我断断不敢从命。"宿介暂且答应了胭脂。又苦苦哀求,说是只请胭脂允许他握一握她的手,才能为信。胭脂不忍心过于拒绝他,便打开了门。宿介疾速进房,猛然将胭脂抱住就要欢爱。胭脂没有力气抗拒,倒在地上,连连喘气,宿介忙将她拉了起来。胭脂说:"哪里来的恶少,一定不是鄂郎;如果是鄂郎,他为人温顺,知道我的病因,应当怜惜,怎么能如此狂暴! 你如果再这样,我要叫了。你品行这样亏损,对我们两人都不利!"宿介害怕露出真相,不敢再强迫,只向胭脂请求以后相会的日子。胭脂便以迎亲那天为期。宿介嫌远,又再次请求。胭脂讨厌他纠缠，便推说等病好后再相约。宿介向她索要信物，胭脂不给。宿介便抓住胭脂的脚，脱下她的绣鞋而去。胭脂叫住他说："我已将自己许给了你，又有什么可吝惜的，只怕画虎不成反类犬，而遭人侮辱耻笑。现在绣鞋已到了你手，料想也要不回来。你如果负心于我，我只有一死！"

宿介从胭脂家溜出来后，又到王氏家去过夜。躺下后，心中还惦念着绣鞋，悄悄地摸衣袖中的鞋子，哪知鞋子已不见了。他急忙起身点着灯，抖着衣服找；又盘问王氏，王氏不答应。他怀疑是王氏将绣鞋藏了起来，王氏也故意笑着逗他。宿介无法隐瞒，便将实情告诉王氏。说完，又拿着灯烛在门外到处寻找，连影子也没有。他心中无比懊恼地回到王氏房里睡下，暗中思忖可能是遗落在回来的途中。第二天，他早早地起身出去寻找，仍旧没找到。

先前，同一街巷中有个叫毛大的，是个游手好闲之辈。他曾经挑逗过王氏而没有得手，又知道王氏和宿介关系密切，想着要抓住他俩的把柄，以此要挟王氏。这天夜里，毛大经过王氏家门，上前推了推，门竟然没有拴，便偷偷潜入院中。刚到窗外，脚下踩住了一个东西，软得像棉花一样。他拾起来一看，却是用汗巾裹着的女人绣鞋。他趴在王氏窗下仔细偷听，听见宿介正在向王氏述说刚才的经过，心下暗喜，便抽身出来。过了几天，一天晚上，他翻墙到胭脂家，因不熟悉门户，误敲了胭脂父亲卞老汉的窗户。卞老汉隔着窗户一看，见是一个男子；又听他的声音，知道是为了女儿而来。卞老汉大怒，便拿起一把刀开门出来。毛大一见怕极了，返身就逃。正要攀墙而走，卞老汉追了过去，毛大情急之中找不到逃路，便夺过刀子，卞老妇人起来大呼大叫，毛大急了，举刀杀了卞老汉，越墙而逃。这时，胭脂病情刚有好转，听见屋外有嚷闹声，便起身下床，点上灯烛。出外一照，见父亲脑袋破裂，不能说话，一会儿便死了。卞老妇人在墙下捡到绣鞋，仔细看，是女儿的东西。她紧紧逼问女儿，胭脂哭着将实情告诉了母亲，因为不忍心拖累王氏，便说是鄂秋隼自己来的。

天亮以后，卞老妇人到县衙告状，县令派衙役拘捕鄂秋隼。鄂秋隼为人谨慎木讷，年纪有十九岁，见人总是像孩子一样容易害羞。他突然稀里糊涂地被拘捕，吓得要死。到公堂上后不知道该说什么，浑身只是筛糠。县令见他这副模样，更加相信鄂秋隼是杀人凶手，便对他施以重刑。鄂秋隼耐不住皮肉之苦，屈打成招。之后，县衙将他解送郡府。郡府官衙对他也是像县衙那样施以酷刑。鄂秋隼胸有冤气难平，每次总提出要和胭脂当面对质；而当二人公堂相遇时，胭脂总是大骂鄂秋隼。鄂秋隼却张口结舌不得申辩，因而郡府官衙便判他死罪。后来，又反复审了几次，历经几位官员，均没有对此案提出异议。后来，委托济南府复查审理。

当时任济南府知府的是吴南岱，一见鄂秋隼，怀疑他不像是杀人的人，便暗中派人从容审问，使鄂秋隼可以充分辩白。由此，吴公更加认定鄂秋隼一案纯系冤案。他考虑了几天，才开堂审理。他先问胭脂道："你二人订约，有知道的人吗？"胭脂答："没有人知道。"吴公又唤鄂秋隼上来，用温和的言语宽慰他。鄂秋隼说："我曾经路过她家门口，见我家从前的邻居龚氏的妻子王氏和一位少女出来，我便立即快快走过避开了，并没有和她说过一句话。"吴公呵斥胭脂道："你刚才说一旁没有其他人，为什么又有邻居妇人呢？"便要动刑。胭脂害怕了，说："虽然有王氏，但是与她没有关系。"

吴公便命暂停审理，去拘来王氏。几天后，王氏拘到。吴公为了不让她和胭脂通气，立即开堂再审。问王氏道："杀人的人是谁？"王氏答："小妇人不知道。"吴公又诈她说："胭脂供说杀卞老汉的事你都知道，怎么敢再隐匿不说？"王氏叫道："冤枉啊！那淫妇自己想男人，小妇人虽然有过提媒的话，也只是开开玩笑而已。她自己把奸夫引到院中，小妇人怎么能知道！"吴公细细盘问王氏，王氏便叙述了她与胭脂两次开玩笑的话。吴公又将胭脂唤上堂，大怒道："你说王氏不知道情由，现在又做何解释？"胭脂哭着说："我自己不好，使父亲惨死刀下，官司不知要打到什么时候，又连累他人，的确不忍心啊！"吴公又问王氏："你和她玩笑后，曾经对什么人讲过？"王氏说："没有告诉过任何人。"吴公大怒道："夫妻同床，没有不说的话，怎么会没有说？"王氏供道："小妇人的丈夫出去经商，没有回来。"吴公道："即使这样，凡爱开玩笑的人，都喜欢笑别人的愚蠢，以炫耀自己的聪明。你真没有向任何人说吗？你在欺骗谁？"便命人用夹子夹王氏的十根手指头。王氏不得已，便如实供道："小妇人与宿介说过。"

吴公便释放了鄂秋隼，拘捕宿介。宿介押到后，只推说不知道。吴公说："凡与妇人奸宿的必定不是好人！"命严刑拷打。宿介受刑不过，供认道："我想赚到胭脂是实情。自从鞋子丢掉后，没有敢再去，杀人的事我实在不知道。"吴公怒道："能翻墙的人什么事做不出来！"又命人用杖狠打。宿介不堪酷刑，便供认杀了卞老汉。吴公结了案，将案卷报上，无不称赞他的神明。

此案铁证如山，宿介也只有伸长脖子等待秋天斩决了。那宿介虽然放荡无德，却是齐鲁地区的名士。听说学使施愚山最称贤能，并具有怜才恤士的德行，便写了一纸控诉状叙说冤情，语言无比悲怆恻然。施公见了状纸，便讨来宿介的招供，仔细看了后，凝神静思。不一会，他拍案道："这个书生是冤枉的！"他向巡抚和按察使请求，将案子交给他再进行审理。

宿介押到后，施公问宿介："你把绣鞋丢到了什么地方？"宿介道："我忘了。但是在敲王氏门时还在袖中。"施公又转而盘问王氏："除了宿介以外，还有几个奸夫？"王氏道："没有了。"施公不信，问："淫乱之妇，怎么能只私通一个人？"王氏供道："小妇人与宿介从小便交好，所以不能谢绝；后来不是没有挑逗的人，只是小妇人不敢相从。"施公命王氏说出有什么人曾经挑逗过她。王氏供道："同巷的毛大，好几次挑逗小妇人，而被小妇人拒绝了。"施公道："那你为什么拒绝他呢？"王氏不答，施公命衙役用板子打，王氏连连叩头，血流满面，只说再也没有奸夫。施公这才作罢。又问王氏："你丈夫远出，难道就再没有托故而来的人吗？"王氏道："有某甲、某乙都借口借钱、送礼，曾有一、二次来小妇人家。"某甲、某乙都是巷中游荡子弟，对王氏虽有心，但均未表明，施公一一记下了他们的名字，一并拘来。等人犯押到后，施公亲自到城隍庙，让他们伏在神案前。便说："不久前，我梦见神人告诉我杀人犯不出你们四五个。现在面对神明，不能有胡言乱语。如果肯自首，我这里可以宽待他；如果有假话，从重而治，不得有赦！"这几个人听了，异口同声地说他们没有杀人。施公命人将刑具放在地上，准备把他们铐起来，又将他们的头发束起，剥光衣服，几个人齐叫冤枉。施公命将他们放下，说："既然自己不从实招来，我就请鬼神指出是谁。"他命人用毡褥将大殿上的窗子全部遮盖住，不得有一点缝隙；把赤裸上身的嫌疑犯赶到黑暗处，给他们每人一盆水，命他们自己洗手，然后把他们绑在墙壁下，严令警告："面对墙壁，不许乱动，杀人的，自当有神在他的背上写出名字。"不一会儿。施公将他们叫出来验看，施公指着毛大说："这是真正的杀人犯！"

原来，施公先让人用灰涂了墙壁，又用烟煤洗了嫌疑犯的手，杀人者害怕神来书写,所以就会将脊背藏在墙壁那一边,因而沾有灰色。临出来时,他会用手护着背,故而沾有烟色。施公原来就怀疑毛大是杀人犯,到此更加确信不疑。他命人对毛大施加毒刑,毛大终于全部吐出实情。施学使判道:

案犯宿介:重蹈盆成括杀身之覆辙,获得登徒子好色的名声。只因两小无猜,成就了野鸭如同家鸡之恋;又为一言有漏,以至于得陇又起望蜀之心。"将仲子"翻院墙就像鸟儿落地,进了卞家;假"刘晨"入天台,好比洞口遇仙,骗开房门。对女子动手动脚,老鼠尚且有皮,怎么能够这样?动脑筋折花折柳,文人竟然无行,算是什么东西!幸而听病燕之娇啼,还有怜香惜玉之心;怜弱柳之憔悴,并无雨骤风狂之暴。罗网中放了么风,还有点文人之意;金莲下抢走绣鞋,岂不是无赖之尤!蝴蝶有心过墙,不料隔窗有耳;绣鞋不意丢失,谁知落地无影。假中假由此而生,冤外冤有谁能信?祸自天降,终于受酷刑,差点丧命;孽由自作,几乎砍脑袋,不得复生。翻墙钻洞的淫行,固然玷辱书生名声;李代桃僵的误会,也真难消心头冤气。责打可以稍为宽缓,抵他已受的苦刑;秀才姑且降为童生,给他自新的出路。

至于像毛大这种人:刁猾无赖,市井凶徒。挑逗邻居女子遭到拒绝,淫心不死;探察偷情男人已经入港,贼智顿生。迎春风进了门户,庆幸随张生入室;求茶水得到美酒,妄想学韩寿偷香。不想天夺走六魄,鬼摄去三魂。乘天筏直入寒宫,撑渔船错闯桃源路。就使情火顿熄烈焰,欲海横生波澜。刀横直前,下毒手毫无顾忌;狗急跳墙,起恶心丧尽天良。翻墙进入人家,只想张冠李戴;夺刀落下绣鞋,就成金蝉脱壳。风流道上竟然出这种恶魔,温柔乡中怎会有如此鬼蜮!即将该犯斩首示众,以快人心。

至于胭脂:尚未许嫁,已达婚龄。以月里嫦娥之貌,自应有郎如美玉;似《霓裳羽衣》之姿,何愁藏娇无金屋。感"关关雎鸠"而思"君子"之"好逑",竟然萦绕绩妇之春梦;怨"摽梅"之实而想诱女子"吉士",几乎成了离魂之倩女。只因一线情丝牵缠,致使万种梦魇毕至。争一少女芳心,恐失胭脂之美色;惹众饿狼垂涎,都借秋隼的名义。绣鞋抢走,难以保全纯洁真挚的爱;闺房敲开,几乎糟蹋价值连城之玉,红豆嵌进骰子,入骨的相思竟惹出灾难;父亲死在刀下,可爱的美人真成了祸水。幸而尚能自守贞操,终于白璧无瑕;虽然陷入牢狱之灾,还可重归闺房。拒绝非礼的行为,其情可嘉,还是清白的情人:"掷果潘郎"的心意,其愿可遂,也是风流的雅事。伏仰县官,担任媒人。

此案了结,远近传颂。自从吴公审案,胭脂才知道鄂秋隼是冤枉的。二人在堂下相遇,她腼腆含泪,痛悔的话几次想脱口而出,终究没有说出。鄂秋隼也为她的眷恋之情所感动,对胭脂也爱慕更深;但一想到她出身低微,况且每天登公堂受审,被千人指指点点,担心娶了她被人取笑,所以犹豫不决,无法下决心。判决下来后,他才拿定主意。县令为他做媒,并送乐队吹吹打打地迎亲。

异史氏说:"太严重了!审狱的人不可以不慎啊!纵然能知鄂秋隼代为承受冤枉,谁又想到宿介也是委屈的呢?然而案情虽然不清楚,是总会有痕迹留存,要不是细审密察,便不能得出正确结论。唉!人人都佩服先哲判案高明,而不知道他们的用心良苦啊!世上高居于百姓之上的人,常常以下棋打发时光,在绸被里判案。下边民情的艰难,却不肯忧思一下。到百姓敲鼓鸣冤时,衙门大开,他们高坐公堂,对那些喊冤的,用桎梏来使之平静,无怪乎刑狱中多有沉冤啊!"

施愚山先生是我的老师。初见时,我还是儿童。亲见他奖励后进学生,拳拳之心,唯恐不尽;小有冤屈,必定曲意加以保护,呵责禁止侵害的行为,从来不肯在学校里摆威风,来向权贵献媚。他真是孔子的护法神,不仅是一代文宗,评判文章不屈抑读书人而已;而爱才如命,更不是后世学政使虚应故事装装门面所能及的。

曾经有位名士应试进了考场,作以"宝藏兴焉"为题的文章,误把山里宝藏理解为水下宝藏;文章誊写完毕才发觉,料想没有不落第的道理。于是作《黄莺儿》一曲写于文后,说:

宝藏在山间,误认却在水边。山头盖起水晶殿。瑚长峰尖,珠结树颠,这一回崖中跌死撑船汉!告苍天,留点蒂儿,好与友朋看。

施愚山先生阅卷至此,也作曲一首与他唱和:

宝藏将山夸,忽然见在水涯。樵夫漫说渔翁话。题目虽差,文字却佳,怎肯放在他人下。尝见他,登高怕险;哪曾见会水淹杀?

这也是先生风雅之一斑,爱才之一例。

阿　　纤

高密县人奚山,以做生意为业,常常客居蒙阴县、沂水县一带。一天,他正在途中行进,被雨所阻,等赶到常住宿的地方,夜已很深了。他敲遍所有店铺门,没有人搭理,只好在街两侧的房檐下徘徊。

忽然有一人家的门打开,一位老者走出,请奚山进去。奚山高兴地随老者进入。拴好驴,登上客厅,而客厅中并没有桌子和床铺。老者解释道:"我可怜你今夜没有住宿,所以才让你到我家中过夜。我既不是卖吃的,也不是沽酒的,家里没有什么人,只是老妻和弱女,此刻她们已经睡熟了。虽然有些剩饭菜,但没有热过,你如果不嫌弃的话,将就着吃点冷饭吧!"说罢他便进里屋去了。过了一会儿,老者拉出一张矮床,放在当地上,让奚山先坐;再进去带了一张矮桌出来,来来去去,一阵忙乎。这倒让奚山不好意思,便请老者停下手歇息一会儿。正说着,有一少女手捧酒壶,挑帘走了出来。老者看见了,对奚山说:"我家阿纤起来了。"奚山看阿纤有十六七岁,生得婀娜多姿,极富丰韵,不禁动了心思。原来奚山有一个兄弟尚未婚配,他做哥哥的便时常留意有无合适的女子,以便为兄弟说亲。见眼前这样一位美貌的女子,心下自然有意说给兄弟。因此,便向老者询问籍贯和家中情况。老者说他姓古,子孙均死去,膝下只剩下阿纤一个女儿。刚才不忍心搅扰她母女的歇息,想是老妻将女儿叫醒了。奚山问老者:"不知婿家是谁?"老者答道:"我家阿纤还没有说下婆家?"奚山听了,暗自高兴。吃罢饭,他向老者谢道:"你我二人萍水相逢,承蒙你老这样热心待我,令我没齿不忘。你老有大德,我才敢冒昧直言。我有一个弟弟三郎,今年十六岁,正在读书。有心攀附求亲,不知嫌弃贫贱不嫌弃?"老者面露喜色,急忙说:"我一家在这里也是借住,如果能得到相托,便想借用你的一间房子,我们一家搬过去一起住,也免得相互挂念。"奚山点头应允,又起身答谢。老者殷勤安顿了一阵,进屋睡觉去了。

第二天,雄鸡唱后,老者起身叫醒了奚山,招呼梳洗。奚山收拾停当,从怀里掏出饭钱,递与老者,老者坚决不要说:"留客人吃一顿饭,没有接受饭钱的道理,何况我们已成为姻亲呢!"奚山向老者一家辞别上路。

一个月后,奚山从别处返回那个小村镇。离村镇有一里多路时,遇见一老妇人领着一位姑娘,浑身素白。走近后,奚山看她好像是阿纤。姑娘也频频回首看奚山,又拉住老妇人的衣袖,在耳边不知说了些什么。老妇人便停下脚步,向奚山招呼道:"那位先生是不是姓奚呀?"奚山见问,连声答应。老妇人一听他是奚山,脸上顿时神色惨然,对奚山说:"几天前,我那老头子不幸被塌在墙下压死了,我们娘俩今天到墓上去,家里现在没有人,请先生在路边稍等一会儿,我们去去就来。"便同阿纤一同走进林中,过了好一会儿二人才出来。返回时天已昏黑了,三人便一同走。路上,老妇人说起孤儿寡母,日子实在难过,不由伤心泪下。奚山被她们哭得心里发酸,老妇人想了想说:"这里人情冷漠,我们母女不好长呆下去,既然是将阿纤许了你们奚家,不如早早让我们随了你去,如何?"奚山满口答应。到家后,老妇人点起灯,为奚山做饭,等打点完毕,对奚山说:"前些日子,我估摸着先生快到了,便把家中所有的谷米卖了,眼下还有二十多石,因路远没有来得及卖。离村子向北去四、五里路,有一个村庄,村中第一家人家叫谈二泉,是我的买主。烦请先生用驴先驮一袋粮食去,敲开他的门告诉他,说南村古姥有几石谷米,卖了作盘缠用,烦他赶牲口来一下。"说完便将一袋谷米交给奚山。奚山将那袋粮食放在驴背上,赶着到了老妇人说的那户人家。黑漆大门紧闭着,奚山上前敲门,一个大腹便便的男人开门出来,奚山便将老妇人的话讲与他听,将那袋谷米倒进谈家粮仓,便回来了。不一会儿,有两个人夫赶了五头骡子来到阿纤家,老妇人领着奚山去粮仓装谷米。粮仓却是一个窖,奚山跳下去,一斗一斗往里装谷米,阿纤母女帮忙,很快就装满了几袋粮食,让来人驮走。这样来回往返四次,谷米总算运完了。随后谈二泉把银子交给古姥。古姥留下一个马夫两头牲口,打点行装便向东上路。走了二十里,天才亮。到了一个集市上,在街上雇用马,谈二泉的仆人才回去。

到家后,奚山将这次途中所遇告知了父母。相互见面后极为高兴,另辟一间房舍让阿纤母女居住,选择吉日,给三郎完婚。老妇人给女儿备办嫁妆也很细致。阿纤平日里少言寡语,谁和她说话,只是微微而笑,白天晚上纺纱织布,手脚终日不闲,因此奚家老少上下都喜欢她。她曾私下里叮咛三郎说:"请你告诉大伯哥一声,再往西去,路过我们早先住过的地方,千万不要提起我母女俩的事。"在奚家住了三四年,家越来越富,三郎也考中了秀才。

一次,奚山又宿在那个小村镇古家的邻居家。和主人交谈中,偶然说起那年自己在这里无处投宿,被古家收留的事。主人笑着说:"客人记错了吧? 我家东邻是我阿伯的宅第。三年前,在宅中居住的人总是看见怪异之事,吓得不敢再呆,所以宅子许久没人居住了。哪里会有什么老翁老妇人相留的事?"奚山听主人这样一说,不由惊讶异常,也没有深谈。主人又说:"这所宅子以前空废了十年,没人敢进。一天,院子后墙坍塌,我阿伯前去查看,见一块石头压住一只大鼠,竟像猫一般大小,尾巴在外边还摇着。我阿伯急忙回来,又叫了些人一同前去,奇怪的是那鼠却不见了。大家怀疑这大鼠是妖孽。以后又过了十多天,有人进宅去探看,一切如常,没有什么异样。又过一年多才有人家搬进去居住了。"奚山心中更加感到蹊跷,回家后,将听来的话悄悄告诉了父母,怀疑弟妇不是人类,便暗暗替三郎忧虑。而三郎却与娇妻感情日笃。

日子一久,家里人暗中议论纷纷,阿纤有所察觉。一天夜里,她对三郎说:"我跟你好几年了，平素小心侍候公婆、丈夫，没有失过妇德；而如今却被猜疑不是人类，既然如此，就请你写一纸休书，任你另选良偶吧！"说罢，泪水涟涟，泣不成声。三郎说："你的心我早已清楚。从你进我家门后，家境日益富起来，这些福分都应当归于你，感谢你都来不及，哪里会有什么异议？"阿纤说："你没有二心，我难道不知道吗？但众口纷杂，纵使我长了十张嘴，也难以分辨啊！"三郎再三好言劝慰，阿纤这才作罢。

奚山虽然口中不说，心里总放不下来，找来一只猫，让猫作扑抓状，暗中观察阿纤的神色。阿纤虽然没有现出害怕的神色，却懂得大伯的用心，整天郁郁不快。

一天傍晚，阿纤对三郎说老母有病，要过去看看。到天明后，三郎去岳母房子探看，空无一人。三郎大为惊骇，派人四处寻找，没有一点音讯。自此，三郎失魂落魄，寝食无心。他的父兄却感到除了一块心病，暗自庆幸，盘算着替三郎续娶一房。三郎得知这件事后很不高兴。

等了有一年多，阿纤和老母仍没有一点消息。父兄们对三郎又总是讥讽责骂，三郎不得已，便买了一个妾，但是对阿纤仍苦苦思念。又过了几年，奚家渐渐变得贫穷，都怀念起阿纤来。

有一次，奚山的堂弟奚岚因事到胶州，路上在亲戚陆生家歇宿。夜里，奚岚听见陆家隔壁的邻居，哭得很伤心。因夜已深，陆生已睡下，便没顾上盘问原因。等他再次返回，又住到陆家后，想起那晚哭声，便问主人是怎么回事。陆生告诉他说："几年前，有寡母孤女两人在这里寄住。一月前老妇人死了，只剩下姑娘一个人，举目无亲，所以常哀伤恸哭。"奚岚问姑娘姓什么，陆生答说姓古。奚岚怦然心动，仔细打问，陆生说："这母女俩平日里总是闭门锁户，不与他人来往，所以不清楚她们的身世。"奚岚惊叫道："是我嫂子啊！"便去那家敲门。听见敲门声，有人抹着泪出来，隔着门问："来人是哪位？我家向来没有男子。"奚岚从门缝中仔细看，果然是嫂子，便叫道："嫂子开门，我是你叔公家阿岚啊！"阿纤急忙开了门，将他请进内，鼻涕一把泪一把地哭诉自己孤苦伶仃的情状，凄凄惨惨。奚岚说："我三哥想嫂子想得好苦，夫妻间纵使有不和顺的地方，也不至于远远地跑到这里来呀！"他就要租辆马车同嫂子一道回家。阿纤摇摇头，神色黯然地说："我生性好强，不愿被人非议，所以才同母亲一道隐居在这里。如今随你一道回去，会被人看不起的。如果实在非要我回去，我的意思要和大哥分开过，不然的话，我就喝毒药一死而已。"

奚岚回家后，将巧遇嫂子及嫂子所言告诉了三郎。三郎又惊又喜，骑了一匹快马，连夜去找阿纤。夫妻相见，抱头痛哭。

第二天，三郎领着阿纤向房主告辞。主人谢监生原先见阿纤生得秀美，暗中盘算着将阿纤弄来做小妾，阿纤和母亲在他家中住的几年间，他从没有要过一分房钱。一有机会，他便在老妇人面前暗示此意，被老妇人断然拒绝了。老妇人死后，谢监生喜不自禁，心想阿纤定可到手了，却来个三郎，他将几年房钱统统算出来，以难为阿纤。三郎家本来就不富裕，听说要那么多钱，面有难色。阿纤毫不在乎地说："没关系。"领着三郎去看仓里的储粮。约有三十多石，用来还清房租绰绰有余。三郎大喜，对谢监生说要用粮抵房租。谢监生却表示不要谷米，只要钱。阿纤叹了口气道："这都是我的孽障啊！"便将谢监生对她早已垂涎之事告知了三郎。三郎怒不可遏，要写一纸诉状告官，被陆生劝住了。陆生帮阿纤将粮食出卖给乡邻，收取银钱偿还谢监生。用车把三郎夫妻送回家。

三郎向父母如实说明情况和兄长奚山分开来过。阿纤拿出自己的私房钱，每天建造粮仓，然而家中却没有一石谷米，家人对她这种举动感到好生奇怪。一年多后，见粮仓满满的。不几年，三郎成为一个富户，而奚山却穷得叮当响。阿纤将公婆接到家中养活，常常周济兄长一些粮食钱物。三郎高兴地对她说："你可真称得上不念旧恶啊！"阿纤说："他也是出于疼爱弟弟罢了，假若不是兄长，我怎么有缘和你相识呢？"

打那以后，家中再没有出现过什么怪异。

葛　巾

洛阳人常大用，喜爱牡丹成癖。听说曹州牡丹是齐鲁一带最好的，就一心向往。碰巧有其他事到曹州，就借住在当地士绅的花园中。

当时正在二月间，牡丹还未开花，常大用只是徘徊园中，注目花苞，期望早日长出。写了上百首怀牡丹的绝句诗。不多久，花蕾渐渐长成，但钱也要花完了，就把春天的衣服当了，依然流连忘返。

一天，一大早来到牡丹花处，见有一位姑娘和老妇人在那儿。猜是高贵人家的家眷，连忙返身回来。傍晚再去，又看到她们，就从容地避开了。略微瞧看一眼，见那姑娘宫中打扮，艳丽至极。目眩心迷，突然转出一个念头，想：这一定是仙人，尘世中难道有这样的姑娘吗！急忙返身去找，刚转过假山，正碰上老妇人。姑娘正坐在石头上，彼此看到，吃了一惊。老妇人用身子遮住姑娘，呵斥说："大胆狂生，想干什么！"常大用直挺挺地跪下，说："娘子一定是神仙。"老妇人训道："如此胡说，该把你捆起来送到官府！"常大用吓坏了。姑娘却微微一笑，说："走吧！"转过假山走了。

常大用往回走，腿脚都有些不听使唤了，想着姑娘回去告诉父亲哥哥，肯定会来辱骂羞辱一番的。躺在空荡荡的房子里，很后悔自己的冒失不检点。只是暗自侥幸姑娘没有怒容，或许不把这当回事记在心里。又悔又怕，悔怕交集，一夜心里都不踏实。第二天日头已高，也没有人来兴师问罪，很高兴，心里也渐渐安宁，但一想起姑娘的音容笑貌，害怕又变成了相思。如此连续三天，憔悴得几乎要死。

一个晚间，仆人已经睡熟，老妇人来了，端着个杯子上前说："这是我们家葛巾娘子亲手做的毒药汤，快喝了！"常大用吓了一跳，但随后说："我和娘子，从无怨恨过节，何至于要赐我死？既然是娘子亲手调制的，与其因相思得病而死，还不如饮毒药而死！"接过来一饮而尽。老妇人笑了，接过杯子走了。常大用觉得药气香冷，不像是毒药。不大功夫，觉得肺隔间宽展舒畅，头脑清爽，便酣然睡去，醒来后，已是阳光灿烂，映满窗前。试着起来，病似乎没了。心中更加相信姑娘是神仙。没有相见的机缘，只能在没人的时候，对她似乎站过、坐过的地方，虔诚地叩拜，默默地祈祷。一天，正走着，突然在林木深处迎面碰上姑娘，大用喜出望外，拜倒在地。姑娘走上前来拉他起来，他突然闻到姑娘身上的奇异的香味。拉着姑娘白玉般的手腕，柔软温润，令人骨节都要酥了。正要说话，老妇人突然来了。姑娘让他藏在石头后边，指着南边说："夜里用花梯过墙来，四面全是红窗子的房屋，就是我的住处。"说完，匆匆离去。常生心中一阵失落，丢魂落魄，不知她到什么地方去了。

夜里，搭梯子上了南墙，发现那边墙下已放好梯子，很高兴，顺着下去后，果然有带红窗的房子。房中传出下棋声，站住不敢再往前动一动，只好翻墙回去。待了一会，又翻过来,落子的声音响得更紧,慢慢近前,悄悄一看,见姑娘正和一位素衣美人对坐,老妇人也在座,一个使女在旁侍候。就又翻墙回去。往复三次,已将三更了。常大用趴在梯子上,听老妇人出来说:"梯子,谁放在这的?"叫使女来一块搬走了。常大用呆在墙上,想下没梯子,又恨又气,闷闷不乐地只好回去。

第二天夜里,又去,见梯子已预先放好。下去后,幸好寂静无人,进屋,见姑娘一人独坐,动也不动,似乎在想什么。看到常大用,吃了一惊,起身,含羞侧身站着。常大用作揖说:"我自想福分浅,只怕和天人无缘,竟也有今夜啊!"爱抚地将姑娘拥进怀中。姑娘柳腰纤细,恰好一握,呼气芬芳如幽兰。她以手推拒说:"怎么一来就这样!"常大用说:"好事多磨,迟了鬼也会忌妒的。"话未完,就听远远传来说话声。姑娘说:"玉版妹子来了!你可以暂且趴在床下。"常大用照办。不大功夫,进来一个女子,笑着说:"败军之将,还敢再战吗?我已烹好茶,敢请你去做长夜之欢吗?"姑娘以困了推辞。玉版执意请他,姑娘坐着坚决不去。玉版说:"如此恋恋不舍,难道有男子藏在屋里吗?"硬拉着走了。常大用从床下爬出来,恨得要死,就翻开枕头席子,想找件姑娘的东西。但屋子里没有梳妆用品,只是床头上有个水晶如意,柄上结着条紫色的巾子,芬芳爽洁,很可爱。藏在怀里,翻墙回去了。整整身上的衣服,依然散发着姑娘的体香,心中的思念渴望更加迫切。但藏在床下时的惊恐,使他有犯罪受罚的感觉,想想不敢再去,只是珍藏着如意,希望姑娘来找。

隔了一夜,姑娘果然来了,笑着说:"我一向认为你是君子,但不知竟是盗贼。"常大用说:"真有这回事!所以偶尔不做君子,是期望如意啊!"就把姑娘揽在怀里,脱去姑娘的衣服,莹润如玉的肌肤一展现,带着体温的香气便四处流溢,拥抱间,只觉得她鼻息体味间,没有不芬芳袭人的。就说:"我一直认为你是神女,现在更清楚不是猜测了。有幸得到您的垂爱,真是三生有缘了。只怕像仙女杜兰香那样,下嫁人间,最终分手只留下离恨。"姑娘笑说:"你想得太多了。我不过是个离魂的情女,偶然被情所动罢了。这事要谨慎保密,怕那些是非之口,捏造黑白,你长不出翅膀,我不能驭风,那么因祸患分离就比好聚好散更惨了。"常大用觉得对,但总认为她是仙人,一个劲地问她姓什么。

姑娘说:"既认为我是仙人,那仙人又何必告诉别人姓名。"问:"老妇人什么人?"回答说:"是桑姥。我年幼时蒙她庇护,不受风霜雨露的侵害。因此,和那些婢女不一样。"起身准备走,说:"我那里人多眼杂,不能在这久留,找机会就会来的。"分手时,索要如意,说:"这不是我的东西,是玉版丢下的。"问:"玉版是谁?"答说:"我的堂妹。"常大用把如意给了她,姑娘就走了。

姑娘虽然走了,但那被子枕头等等却染上了异香。从此后,三两夜姑娘就来一次。常大用被迷住,不再想回家。但钱已用完,就打算卖马。姑娘知道了,说:"你因为我的缘故,囊空如洗,衣服也当了,我怎么能忍心。现在又卖马,千里之途,你将怎么回去?我还有些积蓄,还能帮你收拾好归家所需。"常大用辞谢说:"感谢深情厚谊,我拍胸发下誓言,也不足论报。又这样贪心卑下,耗费你的财物,我还像人吗!"姑娘非要他接受,说:"就算借给你。"拉着常大用的胳膊,来到一棵桑树下,指着块石头说:"搬开它!"常大用照着做了。姑娘从头上拔下簪子,在那地上刺了几十下,又说:"刨开。"常大用又照着做了。露出一个瓮口,姑娘伸进手去,拿出白银约五十多两。常大用拉着姑娘胳膊不让再拿,姑娘不听,又拿出十多锭,常大用硬放回去一半,然后,像原来那样埋起来。

一天晚上,姑娘告诉常大用说:"近来已有些议论,看样子长不了啦,这不能不预先考虑谋划一下。"常大用吃惊说:"这可怎么办!我一向规矩谨慎,现在为了你,像失守的寡妇,再也不能自主了。一切都听你的,就是刀砍斧锯,也不管它了!"姑娘就商量和他一起逃走,让他先走,在洛阳会齐。

常大用收拾东西上路回家,打算先到家然后迎回姑娘。谁知刚到,姑娘的车也正好到了家门前,两人一起进门,拜见家人。四邻很惊奇,也一起来祝贺,不知道是暗地逃来的。常大用提心吊胆很是害怕,姑娘却格外坦然,告诉常大用说:"别说千里之外无法打听得知,就是知道了,我是世家女儿,卓王孙遇到司马长卿不过如此还能怎样!"

常大用的弟弟叫常大器,十七岁。姑娘看着他说:"他很有惠根,前程大大超过你。"常大器快成婚了,未婚妻就突然死了。姑娘对常大用说:"我的妹妹玉版,你也曾看到过,容貌很不错,年纪也相仿,他们结成夫妇,真算是最佳配偶了。"常大用听了直笑,逗她说让她做媒。姑娘说:"真想叫她,也不是什么难事。"常大用高兴地问:"用什么方法?"答说:"妹妹和我最好。驾匹两马的轻便车子,让一老妇跑一趟就行了。"常大用怕去了牵出自己的事情,不敢答应。姑娘执意坚持,说:"没关系。"就准备了车,派桑姥去。

几天后,到了曹州。将近街门时,桑姥下了车,让车夫把车停在路上等着,自己趁着夜色进了街区。好长时间,带姑娘一块来,上了车就出发。天黑时就住在车上,五更时就再走。

姑娘计算着时间,等要来时,让常大器换上盛装去迎娶。走了五十多里,双方相遇,行了迎娶的礼仪,一同回来。家中张灯结彩,鼓乐齐鸣,常大器和玉版行礼成婚。从此,兄弟两人都有一个漂亮媳妇,家里也一天富于一天。

一天,有几十名大盗,骑着马,突然闯入。常大用知道发生变故,让全家人都躲上了楼。大盗们闯进来,把楼围住。常大用俯身问道:"有仇吗?"回答说:"没有仇。只是有两件事要相求:一是听说两位夫人是人间没有的,请恩赐我们见一见;一是五十八个人,每个人讨您五百两金子。"把柴堆积在楼下,准备放火来威胁。常大用只答应给银子,强盗们不满意,要烧楼,家里人非常恐慌。姑娘和玉版要下楼,拦阻不听。两人收拾得光彩夺目下了楼,离地面还有三个台阶时停住了,对强盗说:"我们姐妹都是仙女,暂时来人间走一走,怕什么强盗!想赐给你们万两金银,只怕你们不敢要。"众强盗一起向上朝拜,连连说:"不敢。"姐妹两个准备退身,一个强盗说:"这是行诈!"姑娘听见,转过身站着,说:"打算干什么,早点说,还不算晚。"强盗们面面相觑,没一个人说话,姐妹俩从容地上了楼。强盗们抬头仰望,直到看不见了,才哄的一声走了。

又过了两年,姐妹俩各生了个儿子,才渐渐自称:"姓魏,母亲封为曹国夫人。"常大用怀疑曹州没有姓魏的世家,更何况大姓家中走失女儿,竟放过一边问也不问。虽然没敢因此详细盘问,但心里总觉得奇怪。就找个机会再到曹州去。到了曹州,四处打听,世族中并没有姓魏的。于是又到原来的房东借住,见墙壁上有赠曹国夫人的诗,很感吃惊和怪异,就向主人打听。主人笑了,就请他去看曹夫人。去了一看,原来是一株牡丹,高齐房檐。问此名由来,说因为此花是曹州第一,所以同仁们开玩笑封的。问什么品种,说是"葛巾紫"。心中更怕,怀疑姑娘是花妖。

回家后,不敢直说,只是讲那赠夫人诗以观察反应。姑娘听了,皱眉变色,匆匆出去,叫玉版抱孩子来,对常大用说:"三年前,被你的思恋感动,就以身报答。现被猜疑,还怎么能再聚在一起!"就和玉版一块举起孩子,远远一扔,孩子掉在地下不见了。常大用正惊慌地四处看,姐妹二人一起不见了。常大用又恨又悔。

几天后,孩子落地处长出两株牡丹,一夜间长一尺多高,当年就开了花,一紫一白,花朵大得像盘子,比起一般的葛巾花、玉版花,花瓣更多更细。几年中,枝叶茂盛,长成一丛。分出部分移栽别处,变生别的品种,没有人知道叫什么。从此,牡丹的繁盛,没有能超过洛阳的了。

异史氏说:"坚守专一,鬼神可以沟通;偏的反的,也不能说是无情。白居易寂寞时,把花当作夫人,何况真能会心领悟,又何必竭尽力气去追根问底呢?可惜常大用太不通达了。"

第十一卷

冯木匠

巡抚周有德要把一座旧王府改建成巡抚衙门。当时召集了许多工匠,有位叫冯明寰的木匠在府邸值夜班。晚上刚睡下,突然从半开的窗子看到明月当空,亮如白昼。远远望见矮墙上站着一只红色的鸡。正看着,那鸡已飞扑到地。一会儿,有位少女探出半身往里看。冯木匠猜测她和工匠中的某人有私情,就仔细听,发现大家都睡熟了。暗自心动,希望少女错投到自己怀里。稍过了一会,那少女果然翻进窗子,直钻在自己怀里。冯木匠暗自高兴,一句话不说。交欢过后,少女就离开走了。从此夜夜都来。

刚开始,冯木匠还瞒着少女,后来就说明了。少女说:"我不是错投了人,是敬慕你才这样的。"两人感情日益亲密。后来,工程结束,冯木匠收拾东西回家,少女已在旷野处等着他了。冯木匠的村子离郡城不远,少女就跟他一块回去。

进门后,家里没有一个人看见她,冯木匠这才明白她不是人。一起生活几个月,冯木匠精神越来越差,心里更加害怕,请法师镇邪,但一点效果都没有。一天夜里,少女盛装而来,对冯木匠说:"世上的缘分都有定数,该来的推不走,该去的也留不住。现在就和你分手了。"于是离去了。

黄　英

顺天府人马子才,家中传统喜好菊花,到他时更厉害。听说有优良品种,一定要买来,远在千里也不怕。

一天,有位金陵来客住在他家,说自己表亲家有几个品种,北方没有。马子才一听便动了心,立刻收拾行装上路,和来客一起到金陵。来客多方寻找,替他找到两芽,他细心包裹,像获得至宝一样。归途中,碰到一位年轻小伙子,潇洒飘逸,风度翩翩,骑着驴跟在一辆油碧车后。彼此走近后相互交谈。小伙子自称姓陶,言谈风雅。问马子才从哪来。马子才一一说了。小伙子说:"没有不好的品种,全在人的培育。"于是,就谈论起种菊的方法。

马子才高兴极了,问小伙子到哪去。回答说:"姐姐在金陵住厌了,打算搬到北方去住。"马子才很高兴地说:"我虽然不富,但茅屋还可以容下你们。如果不嫌荒芜简陋,就用不着再去别的地方了。"陶某就跑到车前,请示姐姐。车里人打开帘子回话,是一个二十多岁的绝世美人。看着弟弟说:"房子不怕差,但院子要大。"马子才回说没问题。姐弟俩就一同到了马子才家。

马子才宅子的南边有一个荒了的花圃,仅有几间小房,陶某很高兴,住了下来。每天到北院来,为马子才收拾菊花。花已经枯了,陶某拔下来重栽,没有不活的。但马家很清贫,陶某和马子才天天一起吃饭,似乎陶家并不生火做饭。马子才的妻子吕氏,很喜欢陶某的姐姐,不时送些粮食给他们。陶某的姐姐叫黄英,文雅善谈,常到吕氏处,一起做针线。

有一天,陶某对马说:"你家也不富足,我天天因肚子问题连累你这位知交,怎么能长期这样。就现在着想,卖花足可以谋生。"马子才向来清高,听了陶某的话,鄙视他,说:"我认为你是个风致高雅的人,应该能受得清贫。现在说这种话,是把陶冶性情之地当作了谋利的市场,对菊花真是侮辱。"陶某笑着说:"自食其力不算贫,贩花为业不算俗。人当然不能去钻营求富,但也不必一心求穷。"马不语,陶某起身出去了。

从此以后,马子才所扔掉的残枝劣种,陶某都一一收拾整理拿走了。而且,也不到马家休息吃饭了,请了才来一下。不多久,菊花就要开了,听到陶某门前人声鼎沸,热闹得像市场一样。觉得奇怪,就过去看。见那买花的,车拉肩挑,一个接着一个。那些花都是独特品种,从未看到过。心里讨厌他的贪婪,要和他绝交,但又恨他私下保留好品种,就敲他的门,要责备讥刺他。陶某开门出来,握着马子才的手拉进园子。见半亩大的荒芜园子里,现在成了菊圃。除几间房子外,没有一点空地。挖去卖掉的,就折下其他花株上的枝条补插上。那些含苞待放的,没有不是品佳貌奇的。但仔细一看,都是自己以前拔掉扔了的。

陶某进到屋里,拿出酒菜,摆在菊圃旁,说:"我因穷而不能信守清高的准则,连日来侥幸得了些钱,还够一醉的。"过了一会儿,房里叫"三郎",陶某答应着进去。随后便端出美味佳肴,烹调得非常精细讲究。马就问道:"你姐姐为什么不出嫁?"答说:"时候没到。"问:"什么时候?"答说:"四十三月。"马又追问说:"什么意思?"陶只笑不说。两人开怀畅饮,直到兴尽才散。

第二天,马子才又到陶家去,新插的菊花已有一尺多高了。他非常惊奇,苦苦要学那技术。陶某说:"这本来就不能说,况且你又不用此谋生,哪里用得着这个呢?"又过了几天,陶的门前略微清净些,陶某就用蒲席把菊花包起来,捆绑好,装了好几车拉走了。过了年,到春天过去一半的时候,才拉着南方的奇花异卉回来了。他在京城开了个花店,十天内就卖完了。然后回来种菊花。

问去年买了花的人,他们虽然留下根,但第二年全变成了劣种,仍要重新到陶某这里来买。陶某因此一天比一天富。一年增添新房,二年盖起大房。盖时只凭自己随意,从不和主人商量。渐渐地,园中原来种花的地方,全成了各种建筑。又在墙外买了块地,四周打上墙,都种上菊花。到了秋天,带着花离开,到春天结束时仍没回来。马子才的妻子病死了。马子才属意黄英,就让人去暗示。黄英微笑,样子像是应充,只是专等陶某回来决定了。

一年多,陶某始终没回来。黄英就教仆人种菊花,像陶某那样。得了钱即进行买卖,在村外买了二十顷良田,宅院也愈来愈大。忽然有一天,从广东来了位客人,带了陶某的信。马子才打开一看,是要他姐姐嫁给马子才的。算一下他寄信的日子,正是妻子死的日子。回忆在菊圃中喝酒的那天,到现在正好四十三个月,便非常惊奇。把信给黄英看,问在什么地方行聘礼。黄英推辞不要彩礼。又说故居太简陋,要马子才住到南边宅院来,像招赘一样。马子才不同意,就选择吉日举行仪式,把黄英娶回来。进门后,黄英就在故居开了门,直通南院,每天过去教仆人种菊。

马子才认为依靠妻子富裕为耻,一直叮咛黄英把两边的账分开。但家里所需用的,黄英动不动从南院中拿来。不到半年,家里的一切都是陶家的。马子才立刻派人

——清理送回，并告诫不要再拿。可不到十来天，又乱了。反复多次，搞得他不胜其烦。黄英笑道："你这个廉洁清高像陈仲子的人不也太劳累了吗？"马子才很不好意思，不再管，一切都听凭黄英了。黄英召集工匠，准备材料，大兴土木，马子才挡也挡不住。经过几个月的修建，楼舍相连，南北两院合二为一，看不出彼此的分界了。

这时，黄英听从马子才的意思，不再以卖花为业了，但日常所享用的，超过世家大族。马子才自己很不安，说："我三十年的清高品行，现在受你连累。活在世间，只能靠妻子吃饭，真是没有一丝一毫丈夫气了。人人都期望富贵，我却只想穷啊！"黄英说："我并非贪婪低下，但如果不略为丰裕，会叫千载之后的人说陶渊明生就的贫贱骨头，一百世也不能发迹。因此，聊为我家渊明先生解解嘲罢了。然而，穷的想富，很难；富的要穷，却很容易。床头的金子任你抛去，我决不吝惜。"马子才说："扔掉别人的金钱，照样也不光彩。"黄英说："你不愿意富，我也不能穷。没办法，和你分开：清者自清，浊者自浊，有什么关系？"就在园子里修了座茅屋，挑漂亮的婢女服侍他，马子才搬过去住觉得很安然。但才过了几天，苦苦思念黄英，去叫，不肯来。没办法，只好自己过去到黄英处。隔一天去一次，渐渐成了习惯。黄英笑他说："东家吃饭，西家睡觉，清廉的人不应该这样。"马子才自己也笑了，无话可说，于是又搬回去住在一起，像以前一样。

马子才因事到金陵，正是菊花开放的秋季。早上到花店去，见花店里摆满了很多花，花形株态均为上乘。心中一动，想似乎出自陶某的手。正想着，主人出来了，果然是陶某。喜出望外，互诉离别情思。陶某留他住下。他邀请陶某回去，陶某说："金陵是我的故土，我将在这成婚。略有些积蓄，烦你带给我姐姐。年终时我会回去一趟的。"马子才不听，更加苦苦请求，并说："家中很富足，足够坐享其成，用不着再卖花了。"就坐在店里，让仆人替陶某论价，价钱压得很低，几天就卖完了。逼着陶某收拾行装，租了条船一起上路回家。刚进家门，他姐姐已叫人收拾好他住的房间，床、被子等等一应俱全，像是预先知道弟弟要回来似的。

陶某自从回来后，拿出带回来的钱财，召集工匠，大修亭园。整天和马子才下棋喝酒，也不去结识一个新朋友。为他提亲，他推说不愿意。他姐姐就派两个婢女服侍他睡觉，三四年后，生了个女孩。陶某向来有酒量，从没有见他大醉过。马子才有个朋友曾生，酒量无人能匹敌。这天恰好来看马子才，马子才就让他和陶某比着喝。两人开怀畅饮，极为高兴，相见恨晚。两人从上午直喝到深夜，各自喝了一百壶。曾生烂醉如泥，沉睡在酒席上，陶某回房睡觉，出门踏到菊畦里，站不稳，衣服褪在一旁，倒地化作菊花，有人那么高，开着十来朵花，比拳头还要大。马子才吓坏了，忙告诉黄英，黄英连忙跑去，拔下来放在地上，说："怎么醉成这样！"把衣服盖好，拉着马子才一块走开，嘱咐他别看。

天亮了，马子才来看，见陶某睡在花畦旁，这才悟到：姐弟两个是菊花精，便愈发敬爱他们了。而陶某自从露出形迹后，酒愈发喝得放开了，常常就自己下帖子请曾生来，从此两人成了莫逆之交。二月十五百花生日那天，曾生来拜访，叫两个仆人抬来一坛用药浸的白酒，相约喝完。坛中的酒要完了，两人还不太醉，马子才就偷着往里又倒了一瓶，二人又喝完了。曾生醉得软了，几个仆人背着走了。陶躺在地上，又变成了菊花。

马子才见过一次了，也不惊奇，像黄英那样拔下来，守在旁边看它变化。时间长了，叶子越来越枯萎。马子才害怕了，这才去告诉黄英。黄英听了惊恐地说："这是杀我弟弟呀!"跑去一看,根已经枯了。痛苦得要死,掐下一段枝干,埋在盆里,带到自己房里,天天灌溉养护着。

马子才悔恨得要死,极其怨恨曾生。过了几天,听人说曾生已经醉死了。盆中的花渐渐长出芽来,九月开放时,短短的枝干,粉色的花朵,闻着有酒香味,于是起名叫"醉陶",用酒浇就长得茂盛。后来陶某的女儿长大成人以后,嫁给了世家子弟。黄英一直到老,也没异乎寻常的事。

异史氏说:"青山白云一样的人,因为醉酒而死,世上的人都感叹惋惜,但他自己未必不认为是痛快的事。把'醉陶'这个品种栽在院子里,就像面对好朋友,面对美人,不能不寻觅物色它啊。"

书　痴

徐州人郎玉柱,他的先辈曾官至知府,很清廉,得到俸钱不用来置办经营产业,只收藏书,满屋子都是。到郎玉柱自己,更是爱书如痴,家里极穷,什么都卖了,只有父亲的藏书,一本也不舍得出手。

父亲在世时,曾亲笔抄了《劝学篇》,贴在他的书桌座位右边,郎玉柱每天诵读,又用素纱保护着,只怕磨灭了。他读书不是为了求得一官半职,而是确实相信书中真有美人金钱。昼夜研读,不论寒暑,从不间断。二十多岁了,也不设法提亲成婚,期望书中的美人自己来到。见到客人亲戚,不知道问候,三五句话后,便大声自顾读起书来。客人进退两难,只好一走了之。每当学政大人抽查测试时,都将他列在前面,但遗憾的是难以中举。

一天,他正在读书,突然一阵大风把书卷走了。连忙去追,一脚踏在地上,却陷了进去,用手一探摸,洞里有腐烂的草,挖开一看,是古人的粮窖,存粮已朽败的像粪土一样。虽然已经无法再吃了,但更加使他坚信"书中自有千钟粟"的说法不假,更加起劲读书。

又一天,顺着梯子爬到书架高处,在乱书堆中发现有一辆长达一尺的金车,喜出望外,认为是"书中自有黄金屋"的应验。拿出去向人展示,发现是镀金而不是真金的。心里暗自怨恨古人,骗自己。过后不久,和他父亲同年考中进士的人被派到此处做道台,这人本性好佛。有人就鼓动他把金车献出来做佛龛。道台很是高兴,就赠给他银子三百两,马两匹。玉柱很高兴,认为金屋、车马都应验了,因此读书更加刻苦。

然而这时他已经三十岁了。有人劝他成家,回答说:"'书中自有颜如玉',我用得着担心没有漂亮老婆吗?"又苦读了二、三年,一点结果都没有,人家都拿这开玩笑。当时民间传说:天上织女私逃下凡。有人就逗郎玉柱:"天上仙女私奔,就是为了你啊。"

郎玉柱知道是戏弄自己,也就不加理睬。

一天晚上,读《汉书》到第八卷,快到一半时,见有纱剪的美人夹在里面。吃惊说:"'书中自有颜如玉',难道就应验在这上面吗?"心里怅然若失。但仔细看那美人,眉目如生,背上隐隐有两个小字:"织女"。很感奇怪。就天天放在书卷上,反复端详赏玩,以至连吃饭睡觉都忘了。

一天,正看着,美人突然弯腰起来,坐在书上微笑。郎玉柱吃惊得要死,忙趴在地上叩拜。等拜完抬起头,那美人已有一尺高了。更怕,又叩头。那美人已从桌子上下来,亭亭玉立,宛然一位绝代佳人。郎玉柱问:"您是什么神?"美人笑说:"我姓颜,字如玉,你早已知道我了。天天蒙您格外垂青,假如不来一下,恐怕千载而下再也没有相信古人的人了。"郎玉柱高兴极了,就和她睡在一起。枕席虽恩爱倍至,但郎玉柱却一点也不懂得男欢女爱的事情。

每当读书时,必定要如玉坐在身旁。如玉叫他不要再读了,他不听。如玉说:"你所以不能飞黄腾达,原因就在于只读书啊。试看那些中举的人,像你这样读书的有几个人呢?你如果不听我的,我就只好走了。"郎玉柱当时听了,但转眼间就忘了,读书声又朗朗响起。过了一会,找如玉,但不知到哪去了。丢魂落魄,祈求祷告,但一点踪影都没有。突然想到如玉藏身之处,把《汉书》拿出来仔细翻找,寻到原来发现的那一页,果然找到了。呼唤她,动也不动,就趴在地上哀求发誓,如玉才从书上走下来,说:"你再不听,就永远断绝!"叫他找来棋具、赌具等,每天同他纵情游戏。但郎玉柱心思根本不在这上面,只要瞧见如玉不在跟前,就暗自拿书来读。怕如玉发觉,就暗中把《汉书》第八卷混杂在其他地方,让她找不到老家。

一天,读书入迷,如玉来了,他竟一点没发觉。突然看见,忙把书合上,但如玉已不见了。很怕,拼命找,把所有的书翻遍了,一点踪影没有。最终,还是在《汉书》第八卷中发现,仍在以前的书码处,一点不差。于是又跪拜祈求,发誓再不读书,如玉才下来。和他下棋,说:"三天内棋艺不熟,我就再回去。"到第三天,他不知怎么竟在一局中赢了如玉两子。如玉很高兴,又教他乐器,规定他五天内练熟一支曲子。郎玉柱手上弹着,眼睛看着,已没有闲暇去顾及到其他事情了。时间长了,随手弹奏,都合节拍,自己也感到鼓舞。如玉又天天和他喝酒游戏,郎玉柱乐而忘读。如玉又让他走出家门,广交朋友。从此,郎玉柱风流潇洒的美名顷刻间名扬远近。如玉说:"你可以参加科举考试了。"

有天夜里,郎玉柱突然对如玉说:"男女住在一起就会生孩子,我和你一起住了这么长时间了,怎么不是这回事呢?"如玉笑了,说:"你整天读书,我一直认为没什么好处。就连夫妇间的事,你还尚未了解懂得'枕席'这两个字大有功夫。"郎玉柱惊奇地问:"什么功夫?"如玉笑笑没说话。一会儿暗中凑到郎玉柱跟前,主动与郎玉柱交欢。郎玉柱快乐到极点,说:"我想不到夫妇间的快乐,还有用语言不能形容的。"于是,碰到人就说,没有人不被逗得掩着嘴笑他。如玉知道了,责怪他。他说:"打洞翻墙的事,才不可告人。夫妇间的天伦之乐,人人都有,有什么好忌讳的。"

此后过了八九个月,如玉生了个男孩,雇老妈子带着。突然有一天,如玉告诉郎玉柱说:"我跟你两年了,现在也生了孩子,可以就此分别了。时间长了,怕给你带来灾祸,到那时后悔也晚了。"郎玉柱听了,哭着趴在地下不起来,说:"你不想那正在呱呱啼叫的孩子吗?"如玉也很悲伤,满面凄惨。很长时间,如玉说:"你一定要留我不走,就把书架上所有的书都丢掉不要了。"郎玉柱说:"这些书是你的故乡,也是我的性命,怎么说出这种话?"如玉也不勉强,说:"我也知道是定数,但不能不预先告诉你罢了。"

原来,亲族中看到如玉的人,都惊奇得要死,由于没听说郎玉柱和那家结了亲,就去盘问。郎玉柱不会说谎话,只好默不作声,人们更猜疑,传得纷纷扬扬远近都知。最后,传到县令史公耳朵里。史公是福建人,年纪轻轻就中了进士。听说后心中涌动,很想一睹丽容。就要将郎玉柱和如玉抓来。如玉得知消息,就避匿得无影无踪。史公大怒,把郎玉柱押入狱中,革去功名,带械上刑,一心要问出如玉的下落。郎玉柱被拷问得死去活来,但一句供词也没有。就拷问家中使女,含含糊糊知道一点,但又说不太清楚。史公认为是妖精,就亲自带人到郎家。进屋后,见到处是书,多得无法搜查,就放火烧了。烟气凝结在院子上空,浓重得像阴云密布。

后来,郎玉柱被放了出来。他到远方找到父亲的一位学生,求得一封说情书信,重新复议此事,恢复了他的秀才资格。当年考中举人,第二年考中进士。他对史某恨之入骨。供着颜如玉的牌位,早晚祈祷祝愿说:"你如果在天有灵,保佑我一定到福建当官。"

后来,果然到福建任巡按御史。到任三个月,查出史某的劣迹,抄没他的全家。当时郎玉柱表亲为司法官员,逼着史某把自己的爱妾送给郎,假说是买的婢女,暂且安顿在官署里。案子了结后,郎当日就自我弹劾,带着那妾弃官回家了。

异史氏说:"天下的东西,积聚太多就会招来忌妒,太爱好就会走火入魔:女子的妖异,就是爱好书之走火入魔。事情离奇荒诞,史县令查究一下未尝不可。但施展秦始皇用火烧的暴虐,也太惨了些! 史县令存心不良,也活该得到这样刻毒深重的报复。咳! 有什么奇怪的!"

齐天大圣

兖州府人许盛,跟哥哥许成到福建做生意,货物还没采购齐全,有客商说此地的大圣很灵验,要到庙里去祈求祷告一下。许盛不知道大圣是什么神,就和哥哥一块前往。到大圣祠庙,殿堂楼阁接连一片,宏伟壮丽无以复加。到大殿瞻仰,圣像是猴头人身,原来是齐天大圣孙悟空。所有的人都肃然起敬,不敢有一点懈怠的样子。许盛向来刚正耿直,暗自好笑世俗的浅陋。大家上香祭奠,叩拜祷告,许盛却悄悄溜走了。

拜完回到住处,哥哥责备他怠慢无礼。许盛说:"孙悟空是丘处机老先生所写寓言中的人物,干吗这样虔诚信奉? 如果他真有神灵,刀砍雷劈,我自己承受!"客店老板听到直呼大圣名字,忙摆手阻止,大惊失色,像是怕大圣听到一样。许盛见这样子,更加高声嚷嚷争辩,听的人都捂着耳朵走掉了。到夜里,许盛果然病了,头疼厉害。有人劝到庙中谢罪,许盛不听。不大会儿,头疼好点,大腿又疼了,一夜间竟长出个极大的疮,连脚都肿了,吃不下饭,睡不成觉。于是哥哥就替他去求神,但不灵验。有人说:"神降天谴,必须自己亲自去。"许盛仍是不信。

过一个多月,旧疮渐渐好了,但新疮又长出来,比前一次更加痛苦。找医生来,用刀割那腐烂的肉,血流了满满一碗。许盛怕人们把大圣传得更神奇,就强忍着疼不呻吟一声。又过了一个多月,才好了。但哥哥又染上重病。许盛说:"怎么样! 敬神的也是这样,足可以说明我的病并不是由于孙悟空啊!"哥哥听了他的话,更加气恼,认为这是神迁怒于自己,责备弟弟不替自己去祷告。许盛说:"兄弟像手足,前些日子,我身子都烂了也不去祷告,现在难道因手足有病就改变我的操守吗?"因而只是寻医求药,而不到庙中去求神。

吃了药,哥哥突然死了。许盛伤惨悲痛集结满胸,买了棺木装殓了哥哥后,直奔庙中,指着圣像数落道:"哥哥病时,说是你迁怒于他,使我不能自白。倘若你真有神灵,就应该让死者复生,我就面朝北当你的弟子,不敢有其他话。不然的话,就将你处以三清之法,将塑像也处置掉,也好破除我死去的哥哥的困惑。"

夜里,梦到一个人招呼他去到大圣祠。到后,抬头看见大圣怒气冲冲,斥责他说:"因为你不成体统,用菩萨刀刺穿你的腿,但还不认识自己的罪过,依然说些渎神的话。本应送你到拔舌狱,念你一生刚正耿直,暂且宽恕赦免了你。你哥哥的病,是你找来的庸医害他短命,对别人有何怪罪?现在不略施些法力,更让狂妄不信神的人引为口实。"就派了位侍从到阎罗那里去请命。回来说:"人死三天后,鬼籍已上报天庭,恐怕难以为力了。"大圣神拿了块方版,提笔不知写了些什么,让侍从拿着去了,很长时间才回来。许成和他一块来,并肩跪在堂上。大圣问:"怎么这么久?"侍从说:"阎罗不敢自作主张,又拿着大圣的旨意上禀北斗星君,因此晚了。"许盛快步上前拜谢神恩。大圣说:"快点和你哥哥一块走吧。如果你能够向善,会为你降福的。"兄弟俩悲喜交集,互相牵扶着回去了。

梦醒后很奇怪,连忙打开棺材一看,哥哥果然活了过来,忙扶出来,非常感激大圣的法力。从此后,许盛诚心信奉,比那些一般人更加虔诚。只是兄弟二人的本钱,因病已耗去大半,现在哥哥身体还不行,生意做不成。相对发愁,没有办法。

一天,偶然到城外去转,突然有位穿粗布衣服的人盯着他说:"你有什么忧愁?"许盛正苦于无人倾诉,就把自己的遭遇经历一一道来。那人说:"有一个好地方,暂且去看看,也足以解解忧愁。"问:"什么地方?"只回说不远。许盛就跟着去了。

出城有半里路远,那人说:"我有些小法术,转眼就能到。"就叫他两手抱着自己的腰,略一点头,就觉得云从脚下生出,腾空而上,不知有几千万里。许盛怕极了,双眼紧闭,一点点也不敢睁开。不大功夫,听说"到了"。突然出现一片琉璃世界,流光溢彩。惊讶地问:"什么地方?"答说:"天宫。"信步走去,越上越高。远远望见一老人,那人高兴地说:"正好碰到此老,是你的福气?"举手对老人作揖。

老人邀请他们到自己的住所,烹茶献客,只有两杯,根本就没有许盛的。那人说:"这是我的弟子,千里迢迢做生意。现在虔敬地来到您府上,求您略施馈赠。"老人就叫小僮拿出一盘白色石子,样子像雀蛋,晶莹明澈,像冰一样。让许盛自己拿。许盛心想拿回去可做饮酒时计数的筹码,就拿了六个。那人觉得太少,又替他拿了六个,交给许盛一块包好了,嘱咐他装在腰袋里。拱拱手说:"够了。"

告别老人,仍让许盛抱着腰下来,一刻间就着了地。许盛叩拜请问仙名。那人笑着说:"刚才就是所谓的筋斗云。"许盛恍然大悟,知道是大圣。就又求他保佑庇护。大圣说:"刚才所见的是财星,已赐给你十二分利,哪还需要求其它的呢!"许盛又拜下去,起来后,大圣已渺无踪迹。

回去后,高兴地告诉哥哥。解下腰袋一起看,那些白石子已经融进腰袋了。后来用车运货回到家乡,获利几倍。从此后多次到福建,一定去拜祭大圣。其他人祈求祷告,不太应验,许盛所求,没有不应验的。

异史氏说:"从前有位读书人路过寺庙,画了把琵琶在墙上后走了。等他再回来时,琵琶竟已大显神灵,香火兴旺。这表明天下的事情本来就不必实有其人;人认为它灵,那它也就灵了。什么缘故呢?人心向往,而妖物就来假托罢了。像许盛这样刚正耿直的人,本来就应得到神明的保佑,难道真的有那耳藏绣花针、毫毛可以变化、脚下生筋斗云、青天可飞上的孙悟空吗!但许盛最终入歧途被迷惑,也是他见识不真啊!"

青 蛙 神

在江汉一带,民间对青蛙奉若神明。供奉青蛙神的祠庙中的青蛙多得数不清,有的像笼那般大。有谁不小心冲撞了青蛙神,家中便总是出现一些怪现象:青蛙爬上几案、床榻乱跳乱蹦,有的像蜥蜴似的紧紧巴在光滑的墙壁上也掉不下来,各具形态。每逢这家发生有这种怪异的事,就一定会有凶事发生。因而全家上下,人人惊恐,赶忙斩杀牲畜祈祷青蛙神。神一旦高兴,也就没事了。

楚地有叫薛昆生的,自幼聪慧,容貌姣好,人见人爱。昆生六七岁时,一天,有位穿青衣的老妇人来到他家,自称她是青蛙神的使者,代为转达青蛙神的意思,愿意将女儿嫁给昆生。薛老汉性情淳朴敦厚,听老妇人一说,心中怎肯情愿?便推说儿子还小,谈婚事未免太早而婉言谢绝了。这以后,薛老汉对别人也不敢提起儿子的婚事。

几年过去了,昆生渐渐长大,家中为他向姜氏姑娘下了聘礼。青蛙神责问姜氏说:"薛昆生是我的女婿,你怎么能随便染指呢!"姜氏吓坏了,赶忙退了聘礼。薛父得知这事后,深深为之忧虑,于是杀牲祈祷,对着青蛙神像说:"实在不敢和神之女相配啊!"祝完,猛然间见案上所供菜有水酒中尽飘浮着大蛆虫,蠢然涌动。薛父把酒菜倒掉,急忙谢罪回家。他心中越想越怕,只好听天由命了。

一天,昆生有事外出,路上,有位神使迎上来,向他宣布神命,苦苦邀请昆生前去面见青蛙神。昆生不得已,只好跟着神使去了。进了一个红色大门的院子,里面亭台楼阁,华丽堂皇。有位老翁坐在堂上,看上去有七八十岁。昆生慌忙跪在地上拜谒。老翁命他起身,让他坐在案旁。不一会儿,婢女婆婆们围过来观看他,乱纷纷挤在一起。老翁回头吩咐婢女道:"去告诉老夫人说薛郎到了。"几个婢女应诺着去了。

没多长时间,一白发老妇人领着一位女郎出来,约有十六七,生得花容月貌,美艳绝伦。老翁用手指着女郎对昆生说:"这是我的女儿,名唤十娘,我原说她可与你配为佳偶,可你父亲却因为我们是异类而拒绝了。婚姻大事,当父母的只能做一半主,那一半在于你自己了。"

昆生一边听着,一边用眼睛打量十娘,心生好感,嘴上不说话。老妇人笑着说:"我本来就知道你愿意娶十娘。请你先回,我马上就将十娘送到你家。"昆生答应下来,急忙回去告诉了父亲。

薛老汉乍一听,仓促之间手足无措,便教给一番话,叫儿子再去青蛙神那儿表示谢绝,昆生不肯去。正在推搡间,车子已停在门外,婢女成群结队,拥着十娘鱼贯入门。十娘登堂拜昆生父母,公婆见十娘,也喜不自胜。到晚间二人成婚,共入新房。这一夜,说不尽的情意美满,琴瑟和谐。

从此以后,青蛙神夫妇经常降临薛家。他们身上穿的衣服,若是红的便是事喜,白的就来财,很快应验。不久薛家便发了家。

自昆生和十娘结婚后，门外、堂前、墙边、厕内全都是青蛙，家中人虽不满，却没有人敢说一句冒犯的话。只有昆生年轻任性，高兴时便忘了讨厌它们，发怒时就用脚踩踏死不太怜惜。十娘脾气虽然温顺，却也容易发怒，她不喜欢昆生的所作所为，昆生并不理会十娘的愠怒，行为没有一些儿收敛。十娘越发气愤，拿话来刺昆生。昆生也恼了，发怒道："难道仗你家父母能祸害人吗？大丈夫怕什么青蛙！"十娘很忌讳谁说"蛙"字，叫昆生如此一说，更加生气，说："从我进你家大门，为你家田里增收，买卖赚钱，家业兴旺。如今一家老小衣锦腹饱，却恩将仇报，就如小鹁鸟生出翅膀，想啄瞎老母鸟的眼睛了！"昆生大动肝火，嚷道："我正嫌弃这些污秽东西，不忍心将它们留给子孙，不如你早早走了了事！"便将十娘赶走。昆生父母听说时，十娘已去多时了。老夫妻俩气得瑟瑟发抖，斥骂昆生糊涂。让他快去将十娘追回来。昆生正在气头上，说死也不肯。到了晚上，昆生母子都病倒了，胃中难受，吃不下饭。薛老父怕急了，忙去青蛙神庙负荆请罪，情辞恳切。三天后，母子俩的病才痊愈，十娘也自己回来了，夫妻又和好如初。

十娘过门后，整天总是装扮后安坐在房，从来不做针线，昆生的衣服鞋袜，全部推给了薛母。薛母不高兴地唠叨说："儿子娶了妻，仍旧累老娘！人家媳妇侍奉婆婆，我们家却是婆婆侍候媳妇！"这话可巧让十娘听到，生气地一扭身来到堂上，愤愤地说："我做儿媳的每天早上侍候婆婆饮食，晚间亲自到房中问安，像这样供奉婆婆，还有什么可挑剔的？我不足的是不能省下佣钱，自受苦罢了。"薛母气得说不出话来，直抹眼泪。昆生进来，见母亲面有泪痕，便问母亲为何伤心。薛母说了前事，昆生火冒三丈，狠狠地责骂十娘。十娘不服气，更不屈服。昆生恨恨地说："娶下妻子不能让人快乐，倒不如没有！即使触怒了老青蛙，也不过遭横祸死掉而已！"说罢又将十娘赶走。十娘也怒不可遏，出了门头也不回地走了。

第二天，昆生家突然起火，烧了好几间房屋，桌几床榻，全部化为灰烬。昆生生气极了，奔往祠庙，指着青蛙神叱责道："你的女儿不能孝顺公婆，没一点家教，而你却帮她护短！神是公正的，难道有教人惧怕妇人的吗？况且我们二人争吵，都是我所为，和父母没有干系。你要惩罚就对着我；否则的话，我也要烧了你的房屋，作为报复。"说完，他抱了些干柴放在殿下，要点火烧祠庙。村人见了，拉住他苦苦哀求别烧。昆生这才愤愤地回家去了。父母听说儿子竟然当面指责神明，大惊失色。

到晚上，青蛙神托梦给邻村的人，让他们给他女婿家建造房屋。天亮后，邻村人备齐砖瓦人工，来到昆生家，说是来为昆生家盖房，薛家一再推辞，这些人说什么也要干。这样，每天有好几百人干活，不几天，薛家房屋一新，床铺、幕帐、桌椅等器具全备齐了。房刚修盖完，十娘来了，向公婆承认了自己的过错，话语温和婉转。转过身来，对着昆生莞尔一笑，眼中柔情无限。家中人见了，这才转忧为喜。从这以后，十娘性情更加温顺，有两年多，夫妻婆媳之间没有发生过什么口角。

十娘平素最讨厌蛇。一次昆生想逗逗她，便笼了一条小蛇，到十娘面前猛然打开，吓得十娘尖叫一声，脸色突变，直骂昆生。昆生见她动了真，也变了脸，两人大声对骂起来。十娘正色道："这次我不等你撵我，从此一刀两断！"便出门而去。薛父吓坏了，狠狠杖打昆生，逼他向神请罪。幸而没有发生什么变异，一切安如往常。

这件事过去有一年多以后，昆生念起十娘从前的好处，不由日思夜想，深深感到后悔，便几次偷偷去神庙哀求十娘回来，均没有结果。不久，他听说十娘已许了袁氏，心中不由大失所望，便不再等待，只好另找合适人家。不想找了几家，并没有像十娘那样的容貌和品德的。于是,昆生更加思念十娘,忍不住去袁家打探。见袁家正粉刷房屋,洒扫庭院,只等新娘的车马到来。他心中愧恨万分,回家后不思饮食,竟至卧床不起。他父母又急又愁,不知怎么才好。

一天,昆生正在昏睡,忽然觉得有人抚摸着他说:"你身为大丈夫,几次要与我断绝夫妻关系,却又做出这种模样!"昆生惊醒,见面前坐着心爱的十娘,不禁喜出望外,一下子从床上跳起,问十娘道:"你从哪里来的?"十娘冷冷地说:"因为轻薄人如此待我,我只好遵从父命,另嫁他人。我父母接受了袁家彩礼,眼看我将成为袁家的人,想起你从此没有了十娘,教我怎么也忍不下心来,便决心退了这门亲。今天就是拜堂的日子,父亲又没脸悔婚,我便带着彩礼,将它们退还了袁家。刚才我出门时,父亲出来送我,对我说:'傻丫头!不听我的话,以后再受薛家凌辱,你就是死了也别回来!'"昆生见十娘无限情义,感动得眼泪如雨而下。家中的人听说十娘回来,都高兴得什么似的,赶忙去告诉昆生父母。薛母得知,跌跌撞撞跑进儿子房中,一把拉住十娘的手,泣不成声。

从此,昆生变得老成起来,再也不做恶作剧引逗十娘,夫妻二人情深意笃,如胶似漆。十娘对昆生说:"我从前因为你轻薄,未必能与我白头偕老,所以不敢给你留下根苗;如今这种念头已烟消云散,我要为你生儿子了。"没过多久,青蛙神夫妇身着红袍来到薛家。第二天,十娘便临盆,一胎生下两个儿子。从此,两家来往密切,倍加和睦。村中有人一旦触犯了神明总是来向昆生求情;或者让自家妇人打扮一番拜见十娘,十娘一笑,神的迁怒便化解了。

薛氏后裔越来越多,人们称这一家叫"薛蛙子家"。附近的人不敢这样称呼,远一些地方才敢。

又

青蛙神,往往借巫师的口来传话。巫师能体察神的喜怒:告诉信徒说神高兴,福分就来了;说神发怒,男人女人便坐着发愁叹气,有的连饭也不吃了。是流俗如此呢?还是这神确实灵验,不仅仅是虚妄呢?

有位大富商周某,本性极吝啬。碰上居民募捐修关圣帝庙,众人无论穷富都积极捐助,唯独周某一毛不拔。长时间不能完工,首倡的人不知怎么办。恰巧碰到众人祭祀蛙神,巫师突然说:"周仓将军命令小神负责募捐之事,把账本拿来。"众人忙照办。巫师说:"已捐过的,不再勉强;没有捐过的,根据自己的力量写。"大家连连答应,恭敬照办,各自写下所捐数目。巫师巡视说:"周某在不在这?"周某这时正混在人后,唯恐神知道,听见后脸变了色,不情愿地蹭到前面。巫师指着账本说:"写上一百两银子。"周更加窘迫。巫师发怒说:"淫债还付了二百两,况且好事呢!"原来周某和一女人私通,被其丈夫逮住,花了二百两银子了事,所以拿这事揭露他。周更加惭愧害怕,没办法,按要求的写上。

回家后,告诉妻子。妻子说:"这是巫师使诈罢了。"巫师多次来拿,始终不给。一天,刚躺下午睡,忽然听到门外像牛喘气一样的声音,出去一看,有一只巨大的青蛙,房门刚能容下身子,迈着沉重缓慢的步子,挤开门扇进来。进屋后,掉过头趴着,把下巴支在门槛上。周某全家都惊慌害怕了。周某说:"一定是要募捐的。"就点上香祝颂说,愿先交三十,其余的分次送去,青蛙不动。愿交五十,青蛙的身子忽然一缩,小了一尺多;又加二十,缩得更小,像只斗;说全部交清,缩成拳头大小,从容出去,进到墙缝中不见了。周某忙把五十两送到监造所。人们都感到奇怪,周某也不说什么缘故。

过了几天,巫师又说:"周某欠五十两,为什么还不催交?"周某听说,害怕,又送了十两,意思是就此完结。一天,夫妻两人正在吃饭,那大青蛙又来了,样子像上次一样,眼里有怒气。稍呆一会儿,上了床,弄得床摇摇晃晃要倒,把嘴放在枕头上睡了,肚子鼓得像头卧着的牛,床的四角都填满了。周某害怕了,忙补足一百的余额送去,看那青蛙,仍是一点不动。半天时间,小蛙渐渐聚集,到了第二天更多,打洞上床,无处不去。那些比碗大的,爬到灶上吃苍蝇,掉到锅里煮烂了,弄得饭菜臭不可闻,更不要说吃了。到第三天,院子里到处是蠢蠢爬动的青蛙,一点空隙都没有了。全家人都惊恐到极点,不知怎么办才好。没办法,只好去请教巫师。

巫师说:"这一定是嫌少。"周某就向蛙神祈祷,愿增加二十两,大青蛙才抬起头;又增加,抬起一只脚;一直加到一百,才四脚挪动,下床出门,刚刚步态笨重地走了几步,又转回身卧在门内。周某胆战心惊,忙问巫师。巫师揣摩是要周某当场兑现。周某无可奈何,如数付给巫师,大青蛙开始走,几步之外,身子猛然缩小,混在群蛙里面,无法辨认,众多小蛙就你拥我挤地渐渐散去。

庙修成后,开光祭奠,还需要用钱。巫师突然指着发起者说:"某某该出多少。"发起人一共十五个,只有两个人没点到。这些人一同祈求:"我们都已经捐过了。"巫师说:"我不是按贫富来定有还是没有,而是只按你们各自侵吞贪污的多少来定数目。这种钱,不能用来自肥,恐怕有飞来横祸。念你们首倡辛劳,因而替你们消消难。除某某廉正没有侵取外,即使我的巫师,我也不会有一点偏袒的。这就叫他先拿出来,给大家带个头。"说完,巫师就奔到家中,翻箱倒柜。妻子问,也不回答,把所有积蓄全拿了出来,告诉众人说:"我私扣银子八两,现在全拿出来。"和众人一称,有六两多,就叫人记下不足之数。众人吃惊了,不敢再说了,都按所说之数交出。过后,巫师竟一点不知道自己做些什么。有人告诉他,他很惭愧,把衣服当了,补上所欠的银子。其中只有两个人少了应交数目,事情结束后,一个病了一月多,一个生了疮,所花的医药钱,远超过所欠的数目。大家都认为这是对私吞捐款的报应。

异史氏说:"老青蛙掌管募捐,对那些不愿做善事的人,作用不是远远胜过拿刺钉带绳子的吗?把那些监守自盗的人指出来,以退赔来消除他们的灾祸,那么,它显示威力,正是在施行慈悲啊。"

任　秀

鱼台县人任建之,是做皮货生意的。带上所有的钱到陕西,路上遇到一个人。那人自称是宿迁人,叫申竹亭。相谈投机,就结拜成兄弟,结伴而行。到了陕西,任建之一病不起,申竹亭照顾得很好。

过了十多天,病情更重。就对申竹亭说:"我家里没有固定的收入,八口人的吃饭穿衣,全靠我一个人奔波得来。现在不幸要死在异地了。你就像我的亲兄弟一样,离家两千里之外,除了你还有谁呢!我带了二百多两银子,你拿出一半,为我置办一些装殓用的东西,剩下的就权做你的旅途费用;另一半你就寄给我的妻子儿女,使他们能够把我运回故乡。如果你肯将我的尸骨带回故乡,一切花费不必计较。"扶在枕头上写好遗书交给申竹亭，到晚上就死了。申竹亭花了五六两买了一口薄棺材装殓了，客店主人催他搬移出去。申竹亭借口找寺院寄放棺木，竟一去不返了。任建之家中直到一年多后才得到确实的消息。

任建之的儿子名任秀，当时只有十七岁，正在从师读书。得到消息后就停了学，要去寻找父亲的灵柩。母亲可怜他年幼，不忍心，任秀就伤心地哭着，悲哀得要死。母亲只好借了钱送他上路，并派了个老仆人和他一起去。半年后将父亲尸骨运回。殡葬后，家里穷得一贫如洗。多亏任秀聪明，孝期满后，考入鱼台县学成为秀才。但他轻浮好赌，母亲虽然管教得很严，却始终不改。

一天，学政大人亲临考察，任秀只得了四等。母亲气得直哭，饭也不吃。任秀这才感到惭愧不安，对母亲发誓要改过。从此关门读书，一年多时间，以成绩优等取得官费秀才资格。母亲劝他设立学馆教学，但由于他的行为随意不知检点，人们都讥笑小看他没人请。

任秀有个表叔张某，在京城做生意，劝他到京城去，愿意带他一块去，一切费用都用不着他花。任秀很高兴，就跟着去了。到了临清，船停泊在关卡外。当时，有许多盐船停在那里，帆樯密密匝匝，多得像林子一样。睡下后，只听水声人声，吵得难以入眠。夜深人静时，忽然听到邻船上传来清亮的骰子声，入耳萦心，不觉手上发痒。暗中细听，船上的人都已睡熟了。自己口袋里还有一千文钱，就想到邻船上玩一下。悄悄起来，解开钱袋，伸手掏钱时就犹豫了，回想母亲的教诲，就放下钱把口袋系好。可睡下后，心里不安宁，睡不着，很难受，就又起来解钱袋。如此折腾了好几次，兴致更加强烈，无法再忍，就拿着钱直奔过去。到了那邻船上，见两个人正在赌，赌注很大。就把钱放在桌上，立刻要入局。两人很高兴，就和他一块赌，任秀大赢。其中一人输完了，就拿出一大锭银子向船主换成钱，逐渐把赌注加到十多贯钱。正赌得热闹，又来了一个人，全神贯注看了好长时间，也将身上所有的银子拿出来，约有一百两，抵押给船主换成钱，入局一起赌。

任秀表叔张某夜里醒来，发现他不在船上，又听到骰子声，心里就明白了。来到邻船上，打算阻止他。但去了一看，见任秀身旁钱堆得像山一样，也就不说什么了，拿了几千文钱回去，并叫船上的人都过来拿，来回搬了好多次，还有数十千钱摆在那里。不大功夫，那三个赌客都败了下来，全输光了。船上没有现钱了，那三人就要赌银子，但任秀已心满意足，不想再赌，就借口非现钱不赌来为难他们。张某也在旁边一个劲地逼任秀回去。三个人急了。船主想得抽赌之利，就到别的船上兑换现钱，有一百多千。三人得了钱，赌得更凶。但没多久，又全归了任秀。这时，天已亮，开关放行了。任秀就和张某等人一块把钱搬回去，那三个人也走了。

船主看那抵押的二百多两银子，竟都是些金箔灰。大吃一惊，找到任秀船上，讲了这事，想要任秀赔偿。等问了姓名籍贯，知道是任建之的儿子，就缩着头流着汗羞愧地走了。任秀找到船夫一问，知道这人就是申竹亭。任秀到陕西时，也曾听过他。现在，鬼已经报复了他，任秀也就不再找他算过去的账了。就用这些钱和表叔北上合伙做生意，年终时获得了成倍的利润。于是捐了个监生。此后更加意经营生意，十年时间，就称富一方。

晚　霞

　　五月五日端午节,吴越之地有斗龙舟的民间游戏。人们砍伐树木,把船做成龙的样子,龙身绘上鳞甲,装饰得金碧辉煌,上部有雕栋朱槛,所挂的船帆旌旗全部使用锦绣。船的末端是龙尾,高达丈余,上空悬一木板,用布绳牢牢系住。游戏时,一个男孩在木板上翻滚倒立,表演各种技巧。木板下是滚滚江水,稍不小心,便有掉落水中的危险。男孩是买来的,买时便告知了他父母,然后预先调教训练,如果堕落水中淹死,莫要后悔。而吴门一带,则是使用美女表演的。

　　镇江有个姓蒋的男孩叫阿端,刚七岁,聪明伶俐,敏捷灵活,同岁儿童中,没有能超过他的,于是,他身价倍增。十六岁了还操此艺,船到金山脚下失足掉下江中溺死了。蒋母就阿端一个儿子,听说儿子死讯,哭得死去活来。

　　阿端并不知道自己已死,觉得有两个人引着他走去,见水中别有天地;回头一瞧,身后波流回旋,像石壁直立。一会儿走进一座宫殿。见一人戴头盔坐着,这时,一旁走出两个人,对阿端说:"这位便是龙窝君。"就催着阿端下拜。龙窝君面色和蔼,吩咐那两个说:"阿端的技巧不错,可让他到柳条部去。"二人将阿端引到一个处所,内里殿堂宽广,庭院方正。走上东廊后,出来几个少年,向阿端行礼,看上去大都是十三四岁。不一刻,走出一位老婆婆,众少年见了,忙呼"解姥姥"。解姥姥应了,令阿端当场献技。阿端便使出浑身解数,为解姥姥表演了一场。完了,解姥姥又教给阿端钱塘飞霆之舞,洞庭和风之乐。只听见鼓钲声聒耳,各院均响。随后各院都平静了。但解姥姥怕阿端不能很快熟悉舞乐,又絮絮叨叨地调教阿端;而阿端只需一遍,就清楚明白了。解姥姥高兴地说:"这孩子性灵,决不在晚霞以下!"

　　第二天,龙窝君巡视各部,各部群集在大殿前。龙窝君首先巡视夜叉部,均是鬼脸,穿鱼服。这时,鼓钲敲响,那大钲周长足有四尺多;鼓也可四个人合抱,声音就像是巨雷轰响。接着,部属又跳起舞来,人动水动,霎时,波涛汹涌,横流星空,那浪竟击落了一颗天星,坠下地陨灭了。龙窝君见了,忙命停住,命乳莺部进见。乳莺部一色年轻貌美的丽人,只听见笙乐之声奏起,清风习习,适才还喧嚣无比的河底,顿时波平声息,水渐渐地凝成水晶般的世界,上上下下一片明亮。一曲舞毕,燕子部依次进来——原来尽是少年儿女。其中有一位十四五岁模样的姑娘,拂袖低头,跳散花舞。她舞步轻盈,翩翩如飞,袖中衣下抖出五色花朵,随风扬下,飘洒了一庭院。乐声住后,姑娘跟着她的燕子部立在西边丹墀。阿端忍不住斜视了姑娘一眼,心中不禁生出喜爱之情,他悄悄向燕子部的人打听姑娘姓名,知道她就是解姥姥说的晚霞。不一会儿,又叫柳条部上前。龙窝君要特地试试阿端的舞艺。阿端上前拜过,大大方方地跳了起来,他忽为柳条沐风,舞姿柔软多变;忽如金刚力鼎,身架力量贯注,节奏有序,舞步合拍。龙窝君大喜,极力夸奖阿端聪慧灵悟,赐给他诸多宝物。阿端谢过,和众部下堂来到西边丹墀,阿端在人群中远远地去看晚霞,却见晚霞也在往他这边瞄。停了一会儿,阿端徘徊着向部北端靠,晚霞也渐渐地莅出来向南挨近,尽管相隔咫尺,却因法度威严而不敢走出部伍一步,两人只是四目传神,暗送秋波而已。待蛱蝶部巡察完毕后,各部鱼贯而出。柳条部跟在燕子部后,阿端急忙走到部前,而晚霞也有意落在部后。她回头脉脉含情地看了眼阿端,故意丢下一支珊瑚钗。阿端手疾眼快,俯身拾起藏在袖中。回去后,他想念晚霞,竟然患了病,不思茶饭,夜难成寐。解姥姥心疼他,派人送来好吃的,她自己也每天来看望三四次,殷切安抚,阿端的病仍不见好转。解姥姥深深为阿端忧虑,却无任何办法,只好哀道:"眼看吴江王寿辰已近,阿端病未痊愈,这可怎么办好?"

到天将黑时,一个男孩子前来,坐在阿端床上和他搭讪。那孩子说他是蛱蝶部的人,又直截了当地问阿端道:"你是为晚霞生的病吧?"阿端不由惊问:"你怎么知道的?"男孩笑说:"晚霞也和你一个样子噢!"阿端听了,神色凄然地撑起身来,问男孩自己该怎么办好。那男孩问阿端:"你现在能走路吗?"阿端说:"勉强能支撑着走。"男孩便搀扶着他出来,向南打开一扇门,进去后,又折向西,再进一门。只见眼前豁然开朗,面前有好几十亩莲花,奇怪的是这些莲花竟长在平地上,瓣叶像床席一般大,花大如盖,地上堆的花瓣有一尺厚。男孩将阿端引进来后,对他说了声:"你先在这儿等着。"就走了。没多久,一位美人拨开莲花进来,阿端凝神一看,正是晚霞。两人相见,分外惊喜,彼此倾诉了相思之情,各自又叙述了家世。末了,他们用石头压住硕大的荷叶,以作遮蔽,又将荷花瓣铺在地上,然后躺在其中亲热睡觉。离别时,两人约定每天黄昏时相见,这才依依不舍地告别而去。阿端回来后,病也好了。从那以后,两人每天一次在荷花地里相会。

几天后,各部随同龙窝君去吴江王处祝寿。寿庆完毕,各部全都返回,只留下晚霞和乳莺部的一个人在宫中教舞,几个月没有一点消息。阿端不禁怅然若失,整天无精打采的。一天他偶然得知解姥姥每天来往于吴江府,不由一阵狂喜,便去见解姥姥,假说晚霞是他的表妹,请求解姥姥带他去见见晚霞。解姥姥答应了。到吴江府后,因宫禁森严,晚霞无法出来与阿端见面,阿端只好闷闷不乐地回来。这样又过了一个多月,阿端只觉得度日如年,想晚霞几乎到了痴狂的程度。

一天,解姥姥来了,哭着对阿端说:"真可惜啊!晚霞投江死了!"阿端大惊,眼泪唰唰流了下来。他踩坏了冠帽,又撕破了衣服,将金珠藏在怀中冲出门,想要随晚霞一道去死。但是那江水如石壁般坚硬,凭他怎么用头去撞也进不去。他正想再回来,又怕人再问起官服,增重罪责。正在通身大汗,彷徨犹豫间,忽然看见壁下面有一株大树,便灵机一动,攀缘而上,快到树梢时,他使出全身力气,猛地跳下,连衣服也没有沾湿,就已浮到了水面之上。在这一瞬间,阿端恍恍惚惚就如看见了人世,随即顺水漂流向岸边游去。不一会儿,阿端终于游到岸边。在江边坐着休息了一会儿,突然想念起家中老母,便乘着一叶小船前往家乡。抵达乡间时,他四面打量村中房舍,恍然有隔世之感。到家后,忽然听见窗中有女子说话的声音:"你儿子来了!"那声音听上去格外耳熟,极像晚霞。片刻,一女子与阿端母亲一同迎了出来,阿端定睛一看果然是晚霞。两个有情人见面,高兴得忘了悲哀,而阿端母亲却是又悲又疑又惊又喜,均合作一处了。

当初,晚霞在吴江,突然觉得肚子里有了动静。宫中法规森严,她担心生下孩子,会被狠狠鞭笞,再加上与阿端见不得面,便只求一死,便投了江。投江后不久,她的身体浮出水面,被一只客船的人救起。人家问她是哪里人,家在何方。晚霞原是吴地的名妓,投水没有死,妓院又不能再去,便告诉人家说镇江蒋氏是他的夫婿,那人便掏钱为她租了条船,将她送到蒋家。阿端母亲怀疑她认错了人;晚霞却一口咬定没有说错,并将详情细细告诉了阿端母亲。老婆婆爱晚霞丰艳美丽,待她极好,只是担心她年纪轻,未必肯终身寡居。晚霞却孝顺谨慎,见家中贫穷,便将所戴珍奇宝饰变卖了,得了几万钱。阿端母亲看她并无二念,这才放下心来。阿端母亲担心儿子不在,儿媳一旦产下孩子，会被乡邻笑话。晚霞说："只要得到真孙子，何必怕人知道？"阿端母亲听了，想想也是，便安下心来。这时恰逢阿端回家，晚霞怎能不高兴？阿端母亲却怀疑儿子并没有死，趁夜间偷偷地挖开儿子的坟冢，见骨骸仍在；回去又细问儿子。阿端才恍然知道自己已经死了。怕晚霞知道自己不是人后会厌恶，遂叮嘱母亲别再说了。阿端母亲又告知邻里，说当年得到的并不是儿子的尸体。她始终忧虑儿子会不会生育。没过多长时间，晚霞又生下一子，和普通人家孩子一样，阿端母亲这才转忧为喜。

时间一长，晚霞渐渐感觉到阿端不是活人，责备他说："为什么不早说！凡是鬼穿了龙宫衣裳，经过四十九天，魂魄坚固凝聚，与活人一样的。如果得到宫中的龙角胶，可以续骨节、生肌肤，只可惜当初没有早早买下来！"阿端取出身上带的夜明珠出卖，被一位西域商人用百万金买走。从此以后，蒋家变成巨富。

一次，阿端为母亲做寿，阿端夫妻俩双双起舞，消息传到王府，王爷想将晚霞夺过来。阿端吓慌了，忙去面见王爷，对王爷说他夫妻二人全是鬼。王爷不相信，让人检验阿端，果然没有影子，这才作罢。王爷又命晚霞在宫中别院教宫女舞技。晚霞用龟尿毁了自己的容貌然后去见王爷。晚霞在宫中教了三个月舞，宫女们到底不能全部学会，后来也就离去了。

白 秋 练

直录有位姓慕的读书人，小名蟾宫，是商人慕小寰的儿子。聪明，好读书。十六岁的时候，父亲认为学文太迂腐，让他学经商，跟随自己到楚地。

在船上没事时，他就吟诗诵文。船到武昌，父亲留他住在客店，看守货物。乘父亲外出，他拿着书本读，音节铿锵。就见窗上人影憧憧，似乎有人在偷听，但也不觉得奇怪。一天晚上，父亲出去赴宴，很长时间没回来，慕生吟诵更加刻苦。有人在窗外徘徊，映着月光，非常清楚。很奇怪，就出来看，原来是位十五六岁的美貌少女。看见他，忙避开了。

又过了二三天，装上货返回，晚上停靠在湖岸旁。父亲碰巧外出，有位老妇人上船说："你害死我女儿了！"慕生很吃惊，问她。回答说："我姓白。有个女儿叫秋练，很通文字。说在郡城时，曾听到你的吟诵，现在还铭刻在心，以至饭不吃觉不睡，想和你结亲，你不能拒绝。"慕生心里很乐意，但顾虑父亲责备，就实话告诉了妇人。妇人不相信，就要他拿出信物。慕生不肯。老妇人发怒说："人间婚姻，有人求亲还不答应。现在我自己做媒送上门，反而不要，这耻辱也太过分了！不要再想向北走了。"说完就走了。过了一会，父亲回来了，慕生就委婉地说了此事，暗暗期望父亲答应。但父亲认为远离家乡，加上看不上女求嫁的缘故，一笑了之。

停船的地方，水深没过船橹，但一夜间，突然堆起沙石，船被拥住不能动。一年当中，常有船被这样困住，等到第二年桃花水涨时，其他的船还没到，被困船上的货往往能涨百倍以上。由于这一原因，慕生的父亲也就不太忧虑奇怪。只是想到明年南来时，还要一些本钱，就留下慕生，自己一个人回去了。

慕生暗暗高兴，后悔没有问清老妇人住在哪里。没想到，太阳落山时，老妇人和一位婢女扶着姑娘来了。让她解开衣服，躺在床上。老妇人对慕生说："人已经病成这样了，别高枕无忧像没事人一样！"就离开了。刚一听说，慕生吃惊，忙端灯去看，见白秋练病态含娇，秋波流转。就问候安慰，白秋练嫣然一笑。慕生就硬要白秋练说句话。她说："'为郎憔悴却羞郎'，可说是写我的啊。"慕生欣喜若狂，就想和她亲热，但怜惜她柔弱，就伸手在怀里抚摸着吻她。白秋练不觉高兴起来，调笑说："你为我吟诵三遍王建的'罗衣叶叶'，我的病就好了。"慕生照办。才两遍，白秋练就披上衣服坐起来，说："我好了！"再读，就用娇颤的声音一起相和。慕生更是神采飞扬，就灭了灯，和白秋练一同睡了。

天不亮，白秋练就起来了，说："老母亲要来了。"不久，老妇人果然来了。见女儿收拾齐整，高兴地坐在那儿，很感欣慰，要女儿一块走，女儿低头不语。老妇人就自己走了，说："你高兴和郎君一起玩，就由你吧。"慕生这时就问白秋练住在何处。白秋练说："我和你不过是偶然相识的朋友，婚嫁还不一定，何必让你知道家中情形。"

一天夜里，白秋练早早起来，点上灯，打开书，突然脸色悲戚，泪光莹莹。慕生忙起来问她。说："你父亲就要来了。我刚才用书占卜，打开后，翻到的是李益的《江南曲》，词意不祥。"慕生就安慰宽解她，说："头一句'嫁得瞿塘贾'，就非常吉利，哪里有什么不祥！"白秋练这才略微好些。起身告别说："我们暂且分手，天亮后，会被人指指戳戳的。"慕生抓住白秋练胳膊，哽咽地问道："如果好事如愿，我到哪儿告诉你。"回答说："我常让人打听着，如果不如愿我会知道的。"慕生要送白秋练，白秋练坚决不让，自己走了。不久，慕生父亲果然到了。慕生渐渐说出实情。父亲怀疑他招妓女，怒气冲冲地训骂他。仔细审视船中财物，没少一点，这才不骂了。

一天晚上，慕生父亲不在，白秋练突然来了，见面后，两情眷恋，难舍难分，不知该怎么办。白秋练说："好坏有定数，先图眼前。暂且留你二个月，然后再说吧。"临别时约定以吟诗为相会暗号。从此后，只要他父亲出去，就高声吟诵，白秋练就来了。

四月都要过完了，货物已错过黄金季节，众商人没办法，就凑钱到湖神庙祈祷求助。端阳节后，雨水突然来了，而且很大，船可以走动了。慕生随船到家后，相思成疾。他父亲很担心，又是请巫师，又是请医生大夫。慕生悄悄对母亲讲了此事，说："我的病不是药和巫术所能治好的，要想有救，只有白秋练到来。"

开始时，他父亲对此大怒，但时间长了，慕生愈来愈不行，这才感到害怕，就租了车带儿子到那地方去，依然停在原来停船的地方。寻访当地住户，并没有人知道白老妇人。碰巧湖面上有位操舵的老妇人，听说后，自称就是。慕生父亲登上她的船后，看到白秋练，心中暗自高兴。就问家中情景，原来是以船谋生的。就实说了儿子的病情原因，希望白秋练能到自己船上，先解救儿子的重病再说。老妇人因没有婚约的原因，不答应。白秋练露出半片脸来，专注地听他们说话，见不行，眼角的泪都要下来了。老妇人看着白秋练的样子，加上慕生父亲苦苦哀求，也就答应了。

到了晚上，慕生父亲出去后，白秋练果然来了，走到慕生床前，哭着说道："往年我相思成病，现在轮到你了！这里的滋味，不能不让你体味一下。但你虚弱萎顿到这种样子，急切中怎能马上就好呢？请让我也为你吟诵一下诗吧。"慕生高兴了。白秋练吟诵的仍是王建的那首诗。慕生说："这是你的心事，治其他人怎么有效呢？但听到你的声音，我的精神就已爽快了。试着为我朗诵'杨柳千条尽向西'这首诗吧。"姑娘照着做了。慕生赞叹说："太惬意了！你以前朗诵词，有首《采莲子》中说'菡萏香连十倾陂'我心里还记着。烦你再拉长声为我吟诵一遍。"姑娘又照着办了。刚读完，慕生一跃而起说："我何曾病过！"就忘情地搂抱在一起，缠身重病似乎顿时不见了。随后问："我父亲见你母亲说什么？事情行吗？"白秋练已觉察到慕生父亲的意思，就直说道："不行。"

过了一会儿，白秋练走了，慕生父亲回来，见儿子已能起来了，高兴得很，但只是说些安慰宽解的话。并说："姑娘的确好。但从小把舵摇橹听船歌，低贱不说，只怕不贞洁。"慕生没说话。他父亲出去后，白秋练又来了，慕生就转了父亲的意思。白秋练说："我都看明白了。天下的事情，越急越难成，越迎合越要拒绝。应该让他自己改变主意，反过来求我。"慕生问有什么办法。姑娘说："凡是商人，获利是最大心愿。我有办法知道什么货物能卖上价。刚才看了船上的货物，没多少利润。替我告诉你父亲，买什么有三分利，买什么有十分利。等回去后，我的话应验了，那么我就成了最好的媳妇了。你们再次来这儿的时候，你十八岁，我十七岁，有的是相亲相爱的日子，有什么可忧愁的。"

慕生就把白秋练所提到的货物说给父亲。父亲颇不相信，就姑且从办货剩下的钱中拿出一半置办白秋练所说的货。谁知回去后，自己所办的货大亏本，幸亏置办了些白秋练所说的货，得到很厚的利润，才略微持平。因此，很是心服白秋练的神算。慕生又夸赞白秋练有本事，说是她说过，能让自己大富。父亲听了，就筹办大笔本钱，再次南下。

到了以前停船的地方，几天中都不见白老妇人的影子；又过了几天，才见她把船停在岸边柳树下，于是就去送聘礼。白老妇人全不要，选择吉日把姑娘送到船上来。慕生父亲就另租了条船，为他们举行了婚礼。白秋练就叫慕生父亲更向南走，把应办的货一一开列出来交给他。老妇人就邀请女婿过来，把家安在自己船上。

三个月后，慕生父亲办完货返回到这里。其所办货物的价格已翻了倍。从这里启程回去时，白秋练要求带些湖水。到家后，每次吃饭时都要加一点，像用酱油醋一样。因此，以后每次南行，都要带几坛子回来。

三四年后，白秋练生了个儿子。一天，突然哭了，想回家。慕生的父亲就带着她和慕生一同回到她的故乡。到了当地湖中，却不知道老妇人在哪儿。白秋练就扣着船舷呼叫母亲，脸色神情都变了。催着慕生沿着湖去打听消息。遇到一个钓鲟鳇鱼的人，钓到一条白色鲤鱼。慕生近前一看，是个大家伙，样子全像人，乳房阴部都具备。感到奇怪，就告诉白秋练。白秋练大吃一惊，说自己一直都有放生的愿望，嘱咐慕生买来放了。慕生就去找那钓鱼的商量，要价极高。慕生回来告知姑娘。姑娘说："我在你家，帮助谋算挣的钱有多少万，如此区区小数也值得讲价！如果一定不听我的，我就投湖死了算了！"慕生害怕了，也没敢告诉父亲，就自己悄悄偷出钱买来放了。办完事回来，不见白秋练了，找也找不着。直到天快亮了，白秋练才回来。问到哪去了，说到母亲那去了。又问："你母亲在哪里？"白秋练很不好意思地说："现在不得不实话告诉你了：

刚才所赎的，就是我母亲啊。母亲一直都在洞庭湖中，被龙王委派主管来往行旅。近来龙宫中要选妃子，我被那些说闲话的称赞为美人，于是龙宫中就找我母亲要人。我母亲实言上奏，龙王不听，把我母亲流放到南岸，母亲饿得要死，所以才遭了这一劫难。现在劫难虽然逃过了，但流放处罚依然在。你如果爱我，替母亲去求真君便可以免除处罚。如果你认为我是异类而憎恶我，请让我把儿子扔还给你，我走，龙宫中的享受，未必不比你家强过百倍。"慕生大惊，决心办，但忧虑不能见到真君。白秋练说："明天午后，真君应该来。你看见一个跛道士，就赶紧拜他，他进水你也跟着。真君喜欢文士，必定会得到他的怜悯和允诺的。"就拿出一方鱼腹绫，说："如问你要求什么，你就把这拿出来，求他写一个'免'字。"慕生就按姑娘所说的等着，果然有个道人一跛一拐地来了。慕生就趴下叩拜。道士连忙往前走，慕生紧紧跟着。道士把手杖扔在水里，跃身登上。慕生竟也跟着他跳上去，一看，登上的并不是手杖，而是一条船。又叩拜。道士问："求什么？"慕生就拿出白腹绫求他写字。道士展开一看说："这是白鲤鱼的翅，你怎么得到的？"慕生不敢隐瞒，把前前后后经过详详细细地说了一遍。道士笑道："这东西很风雅，老龙怎能如此荒淫！"就拿出笔草写了个'免'字，就像画符的样子，然后掉转船头送他上岸。上岸后，见道士仍在手杖上，顷刻间就不见了。慕生回到船上，白秋练很高兴，但嘱咐他不要将此事告诉母亲。

几人回到慕生家，又过了二三年，慕生父亲南行，几个月过去了还不回来。所存湖水用完了，新的又迟迟不来。白秋练就病了，日夜急喘。吩咐说："如果我死了，别埋，应在早晨、中午、晚上三个时候，吟诵杜甫《梦李白》诗，我的尸体就不会腐烂。湖水拿来时，倒在盆里，关上门解下我的衣服，放在里面浸着，就活了。"

喘息了几天后，便死去了。过后半个月，慕生父亲回来了。慕生就按所说的办法赶紧去做。在水中浸了有一个多时辰，慢慢醒过来了。从此后，便想着要回南方。后来慕生父亲死了，慕生就遵循白秋练的意思，把家迁到楚地。

王　者

某公任湖南巡抚时，派一位州佐官吏押送六十万两饷银到京城去。路上因雨耽误了行程，天已晚，还找不到住宿的地方，远远看见一座古庙，就停歇在那儿。天明后，发觉所押送的银子，全不见了。大家既奇怪又害怕，无从追查责任，只得回去报告某公。某公认为胡扯，就要按律令处置。等询问了所有差役，没有不同说法。某公就责令那位州佐回到原来的地方，找出头绪来。

州佐到庙前时，碰到一位瞎子，样子长得很奇特，自己标榜说："能知心事。"于是就求他算一算。瞎子说："是为了丢银子的事。"州佐说："是"。于是就把前前后后经过讲了。瞎子便要他找个车，说："只要跟我去，你自己就会明白的。"就按他说的办，无论是当官的当差的都跟着他。瞎子说："向东"，就向东。说："向北"，就向北。走了五天时间，来到深山里，忽然有座城郭出现在面前，住着许多人。进城后，走了一阵，瞎子说："停。"下了车，用手向南一指说："见有向西的高门，敲开自己去问。"说完拱拱手就走了。州佐按照他说的去做，果然看见一座高门。慢慢往里走，见一人出来，衣服打扮是汉代的，也没说姓什么叫什么。州佐就说了自己从哪来，为什么来。那人说："请你在这呆几天，我和你去见管事的。"就领他到一个地方，单独住在一处，提供吃喝。闲时散步到后院，见有一座亭园，就走进去。见老松树浓荫蔽日，小草如同地毯。转过几处回廊和小亭，又看到一座高亭，就沿台阶上去，见墙上挂着几张人皮，五官都在，散发着熏人的腥气。不觉毛骨悚然，急忙退出来回到住处。心想肯定要把自己的人皮留在这了，没有活的希望，又想反正进退都是死，也就由它去吧。

第二天，那人来叫他，说："今天可以去见了。"州佐忙答应。那人骑着马奔得很快，州佐跟着拼命地跑。不一会，到一官府门前，很像总督府衙门，穿黑色衣的差役排列在两边，阵势威严。那人下了马，带州佐进去，又过了一道门，见有一位王者，珠冠绣绂，面向南坐着。州佐快步向前，拜倒在地叩见。那王者问："你是湖南押送饷银的官员吗？"州佐说是。王者说："银子都在这儿。这点东西，你们巡抚就是痛痛快快地赠送，也未尝不可。"州佐哭诉道："期限已经到了，回去定会处以刑法，我拿什么做凭证说明情况呢？"王者说："这不难。"就给他一个大匣子，说："用此回复，保你无事。"又派力士送他。州佐吓得气不敢出，不敢再说什么，接过匣子往回返。但道路山川全不是来时经历过的。出了山，送他的力士就回去了。

走了几天，到了长沙，如实禀报巡抚。巡抚认为荒唐，怒气冲天，不容分辩，就让左右把他捆起来。州佐解开包裹，拿出匣子，巡抚拆开还没看完，便脸如土色。忙让人松绑，说："银子不过是小事，你先回去吧。"然后忙给下属地方官发令，设法补齐银子交往京城。

几天后，巡抚得了病，不久就死了。先前，巡抚和爱妾睡觉，起来后，发现爱妾的头发没有了，衙门上下惊动，奇怪万分，但谁也不知道为什么。而匣子中就装着那头发。另外还有一封信，说："你从做县官起，到现在官位极高。索取搜刮，贪婪之极，桩桩件件，数不胜数。那六十万银子现已收缴入库，你应该从自己贪得的钱中补齐这笔数额。押送的官无罪，不准为难处置他。前一向取走你小妾头发，略示警戒。如果再不谨遵教令，早晚拿下你的脑袋。小妾头发附带还你，以作明证。"

巡抚死后，这封信才被家人传出来。后来巡抚的属下官员曾派人找那地方，只见悬崖峭壁，再无路径。

异史氏说："红线女夜取金盘，以警戒贪婪，诚为大快人心的奇事。但世外桃源的仙人，是不从事抢劫掠夺的；就是剑客们聚集的地方，又怎么会有城郭衙署呢？唉！这是什么神啊？假如能找到这一地方，恐怕天下前往揭发控诉的人就再也断不了。"

某 甲

某甲和仆人老婆私通，就杀了仆人，纳娶仆人老婆做妾，生了二子一女。十九年后，强盗攻破这座城，洗劫一空。有个青年强盗，提着刀来到某甲家。某甲看他，模样酷似死去的仆人。不禁叹息说："我今天完了！"拿出所有财物以求幸免。那强盗理也不理，也不说一句话，只是见人就杀，全家二十七口人全被杀光了。某甲头未断，强盗走后又醒过来一会，还能说话，三天后才死。唉！报应一点不差，真可怕啊！

衢州三怪

张握仲曾在衢州府当兵，说："衢州府夜深人静时，一个人不敢独自走。钟楼上有鬼,头上有只角,相貌狰狞凶恶,听到人走路声就扑下来。人受惊奔逃,鬼也就走开了。但人一见它就得病,而且大多要死的。另外,城中有个水塘,晚上会出现一匹白布,横放在地上,路过的人要拾,就把他卷入水中。还有鸭鬼,夜已静,塘边什么动静和东西也没有,如果听到鸭叫声,人就病了。"

拆 楼 人

平阴人何冏卿,起先在秦地做县令,有个卖油人犯点小罪,话说得愚直,何冏卿发怒,就下令用杖刑打死了他。何冏卿后来官做到吏部郎官,家中很富足。盖一座楼,上梁的那天,亲朋举杯庆贺。突然看到卖油人进来,暗自吃惊猜疑。随后报告说妾生了个儿子。伤感地说:"楼还没完工,拆楼的人已经来了。"大家都说他开玩笑,而不明白他确实看到了。后来这孩子长大,极顽劣,将家产全弄光了。给人当雇工,只要得到几文钱,就买香油吃。

异史氏说:"常看到富贵人家高楼连片,但死了后,再去时已成了废墟。这必定有拆楼人生在他家。地位高的人,怎么能不早早自我警惕啊!"

大 蝎

明代将军彭宏,追剿强盗来到四川。在深山中见到一大寺院,说是已有上百年没有和尚了。问当地人,则说:"寺中有妖怪,进去就死。"彭宏怕藏有强盗,就带兵砍开茅草进去。前殿中有只黑雕夺门飞去;中殿没异常;又往里,则是佛阁,巡视周围没有什么,但是进来的人都感到头痛难忍。彭宏亲自进去,也是同样感受。不大功夫,有只蝎子大如琵琶,从板上蠢蠢爬下。兵士吓得跑出去。彭宏就放火烧掉了这座寺院。

陈 云 栖

有位叫真毓生的,是楚地夷陵州人,父亲为举人。他能写文章,人长得漂亮,二十岁左右就很有知名度了。小时,看相的人说:"以后该当娶女道士做妻子。"他父母都笑了。但为他择亲时,高不成,低不就,总没结果。

他的母亲臧夫人,祖居黄冈,他因这缘故去到那里看外祖母。听当时人说:"黄州'四云',少者无伦。"原来,黄州有座吕祖庵,庵中的女道士很美,所以有这说法。自祖庵离臧氏村仅有十多里,他于是偷着去了。敲开门,果然有三四个女道士,恭敬高兴地迎他进去,仪态风度很高雅。其中年令最小的美丽非凡,真是整个世界都没有第二个了。心中喜爱,就注目相视。姑娘以手支腮,只是看着其他地方。其他几个女道士忙着找杯子烹茶,他便趁机问这姑娘姓名。姑娘说:"名云栖,姓陈。"他就开玩笑道:"真奇了! 我恰好姓潘。"陈云栖的两颊飞红,低头不语,转身出去了。一会儿,茶好了,又端上一盘上好茶点。女道士各自说了名姓。一位叫白云深,三十多岁;一位叫盛云眠,二十多点;一位叫梁云栋,大约二十四五,却是师妹。只差陈云栖不来。真毓生很怅惘,就问她。白云深说:"这丫头怕生人。"真毓生要起身告别。白云深极力挽留,真毓生不听。白云深说:"你如果想见陈云栖,明天可再来。"

回去后，思恋更深，于是第二天又去了。其他几个人都在，只差陈云栖，也不好马上就问。几个人做好饭菜留他吃饭，他极力谢绝，不行。白云深替他掰饼子拿筷子，劝这劝那，非常殷勤。用完饭后，问："陈云栖在哪儿?"答说："自己就来了。"等了很长时间，看看天色也很晚了，他打算回家。白云深抓住手腕留他说："先在这待一会，我去拖那小婢子来见你。"他便停住了。一会儿，点上灯摆上酒。盛云眠走了。喝了几巡酒，真毓生辞说醉了。白云深说："再喝三大杯，陈云栖就出来了。"他果然就如数喝了。梁云栋也以此要挟劝酒，他又喝了。把杯子扣过来，要走。白云深看着梁云栋说："我们面子薄，不能劝酒，你去拉陈云栖来，就说潘郎等陈妙常已经等得很久了。"梁云栋去了，过一会儿回来，说："陈云栖不来。"真毓生要走，但夜已经很深了，就装醉仰面躺卧。白云深、梁云栋二人替他把衣服脱光，轮流与他交欢，搅扰一夜，受不了。天一明，也不睡了，起身回去。

回去后，几天不敢再来，但心里仍是念念不忘陈云栖，只是不时地到附近探察情况。一天，天已经傍晚，白云深和一少年出去了。很高兴，他不太怕梁云栋，急忙去敲门，盛云眠出来应着。问她，则梁云栋也不在，到别处去了。就又问陈云栖。盛云眠就带他去。进到又一重院子里，盛云眠喊道："陈云栖，客人来了。"只见房门砰的一声关上了。盛云眠笑了，说："门关了。"真毓生站在窗前，像要说什么，盛云眠就离开了。陈云栖隔着窗子说："人都拿我做诱饵钓你。你频频来，性命不保。我不能永守清规，但也不敢随意地违背廉耻，要得到像宋时潘某那样的才行。"真毓生就许愿说要白头到老。陈云栖说："我师傅抚养我也不容易，如果你真的爱我，就用二十两金子为我赎身，我等你三年。如果期望随意苟合，办不到。"真毓生答应了，正要抒说自己心愿，盛云眠又来了，只好跟她一同出去，告别回家。但心中总念念难忘，想找个机会再去看看她。就在这时，家人来报知父亲抱病，于是连夜赶回去。

没多久，父亲死了。母亲家教极严，心事不敢让她知道，只好设法节约省钱，一天一天地攒。有提婚的，就以还在服孝为由拒绝。母亲不听，他就婉转说道："我以前到黄冈时，外祖母准备和陈氏订婚，我也一心愿意。现在因家中遭大变，音信断绝，长时间也没到黄冈去问过。我想去一下，如果不行，一切就按母亲的想法去做。"夫人答应了，他就带着攒的钱去了。

黄昏时分，到了庵中，只见一片荒凉，大不同于以往。慢慢往里走，只有一位老尼姑正在灶下做饭，就问她。回答道："前年老道士死了，'四云'也就四散去了。"问到哪里去了。说："白云深、梁云栋跟恶少走了；先前听说陈云栖寄住在府城北；盛云眠的消息不知道。"他听了后非常伤感悲哀。就坐车到府城北去，遇见寺观就问，却没有一点消息，只能带着遗憾回到家中。编假话告诉母亲说："舅舅说：陈翁到岳州去了，等他回来，会派人来的。"半年后，他母亲回娘家，问起这事，他外祖母很茫然。他母亲对他说谎很生气。外祖母猜想是不是外甥和舅舅两人谋划的，但又从来没听说过。多亏他舅舅外出了，无法对证。

臧夫人因上莲峰烧香还愿，晚上就吃住在山下。已经睡了，客店老板又敲门，送来一位女道士，和她一起住。女道士说自己叫陈云栖。听夫人说家在夷陵，就过来坐在床边，述说自己的坎坷遭遇，很是悲切伤痛。末了说："我有个表哥潘生，和夫人是同一地方，麻烦您让您的子侄辈给他捎个话，说我暂且在栖鹤观师叔王道成这里，很痛苦，度日如年。让他早点来，怕错过机会，以后就难说了。"夫人问她表兄叫什么，说不上来，只说："他既然在学宫，秀才们都会知道的。"第二天天不亮就告别了，临走时又再三叮咛。

臧夫人到家后，给他说起此事。他就跪在母亲面前，说："实话告诉母亲，她说的潘生，就是儿子我啊。"随后说了缘故。夫人知道后，很是生气，说："不肖的东西，竟敢淫乱庙观，娶道士做妻子，有什么脸面见亲朋呢！"他垂着头，一句话也不敢说。恰巧过后不久，他要到府城去参加考试，就私下里让船到府北去找王道成。到了一问，才知道陈云栖半个月前离此出游，到现在还没有回来。心里很伤感，闷闷不乐，回来后就病了。

这时，他外祖母去世了，臧夫人去奔丧。出完殡回来时迷了路，走到一姓京的人家。一问，竟是同族妹妹。就邀她进去。见有个姑娘在堂屋，年龄约十八九，姿态之优雅，相貌之秀美，是从未见到过的。夫人一直想找个好媳妇，使儿子无可挑剔。心中一动，就问情况。族妹说："这是王家的姑娘，京氏的外甥女。父母都不在了，暂且寄居在这儿。"问："夫家是哪里？"说："没有。"夫人拉着姑娘的手说话，姑娘话语娇柔动人。夫人非常高兴，为此住了一夜，私下里把自己的想法告诉族妹。族妹说："的确不错。只是姑娘眼头很高，不然的话，怎么能延误到现在呢！容我同她商量一下。"夫人就叫姑娘和自己睡在一处，交谈得很是相投欢快。姑娘自愿认夫人做母亲。夫人很高兴，要她和自己一块回夷陵。姑娘更加高兴。第二天，就一同乘船回来了。

到家后，真毓生病还没好，躺在床上。母亲要安抚他因相思而得的病，就让婢女暗中告诉他说："夫人为公子带了美人来。"他不信，趴在窗子上看，见姑娘比陈云栖更加艳美绝伦。就想：三年的约期已过，陈云栖出游不返，想是玉容已经有主了。能得到如此佳丽，于心也颇为安慰。于是喜上眉梢，病也就很快好了。

夫人叫两人见面，等真毓生出去，夫人对姑娘说："你知道我叫你一起来的意思吗？"姑娘微笑说："我知道了。但我所以来的念头，母亲还不清楚。我年少时也许给夷陵的潘氏，音讯隔绝，想他现在一定有了更好的婚配。如果真是如此，我就做您的儿媳；如果不是，那我就始终是你的女儿，会报答您的。"夫人说："既然有婚约，也就不勉强了。只是以前在五祖山的时候，有女道士问潘氏，现在又是潘氏，可我清楚知道，夷陵世族中原无此姓的。"姑娘很惊奇，说："住在莲峰下的，是母亲您吗？询问潘氏的，就是我呀。"夫人此时也恍然大悟，笑了，说："如果是这样，那潘生本来就在这里了。"姑娘问："在哪？"夫人就叫婢女领去问真毓生。真毓生惊奇地说："你是陈云栖吗？"姑娘问："你怎么知道？"真毓生就说了当时的情景，姑娘这才知道潘生是开玩笑。姑娘知道他就是当年的定情人后，很害羞，没有再往下谈，就急忙跑去告诉夫人。夫人就问她怎么又姓王。姑娘说："我本姓王，因为师父喜欢我，就收我做女儿，于是改随师父姓。"夫人很高兴，就选了吉日，让他们成婚。

先前，陈云栖和盛云眠都投奔王道成，因王道成处狭小，盛云眠就去了汉口。陈云栖由于娇弱幼稚，不能吃苦，又羞于外出做道士行当，王道成对她很不好。恰好京氏到黄冈，陈云栖见到舅舅后流泪哭泣，就带了回去。让她脱了道士的装束，准备嫁给士族人家，因此不提她曾做过道士的事。但是提亲的，姑娘都不愿意，舅舅和舅妈都不明白她的心思，心里就有些厌烦她。那天得和夫人一同回来，得到寄托，才如释重负。成婚后，两人各述经历，高兴得泪流不止。陈云栖孝顺有礼，夫人很是疼爱。但她只是弹琴下棋，不懂管理家人和经营，夫人又很担忧。

过了两个多月，夫人叫他们两个到京氏家去，住了几天。回来时，泛舟江中，见有船过来，船上有位女道士。近了一看，原来是盛云眠。盛云眠只同陈云栖好。陈云栖一见，高兴极了，就招呼她到自己船上来。两人相对伤心，陈云栖问："准备到哪儿去？"盛云眠说："长时间没消息，想你。远路去到栖鹤观，就听说你到了舅舅家。因而打算到黄冈去打听一下，竟不知道你和意中人已经相聚了。你现在看起来就像神仙，只剩下我这个到处漂泊的人，不知什么时候才算到头。"说着便唏嘘起来。陈云栖想了个主意：让她把道服换了，假装是自己的姐姐，带来陪伴夫人，然后慢慢寻找合适的人家。盛云眠同意了。

到家后，陈云栖先去告诉夫人，然后盛云眠进去。她举止颇有大家风度，谈笑间很是通达人情世故。夫人寡居，寂寞难挨，盛云眠来，非常高兴，唯恐她离开。盛云眠也每天早起，替夫人操劳料理，不把自己当作客人。夫人更加高兴，暗想给儿子再娶陈云栖的姐姐，也好遮遮陈云栖女道士的名声，但没敢说出来。

一天，臧夫人忘了某件事没做，就忙问，说是盛云眠早已代做了。于是对陈云栖说："画中人不能理家，有了又能干什么。媳妇如果像你大姐一样，我就不担忧了。"陈云栖存此心已久，只是怕夫人嗔怪而没敢说。听夫人这样说，就笑着回答道："母亲既然爱她，那我就仿效女英、娥皇怎么样？"夫人没说话，灿然微笑。陈云栖下来后就告诉真毓生说："老母亲同意了。"就另收拾了一间屋子，告诉盛云眠说："往日在观中一起睡觉时，姐姐说：'但得到一位能知热知冷的所爱之人，我们两个就一起侍奉他。'还记得吗？"盛云眠不觉两眼湿润，说："我所说的所爱之人，不是别的：如天下操劳家事，却没有一个人明白其中甘苦；但几天之中，略微有些作为，就引得老母亲体念，那么心中的冷暖立刻就变得不一样了。如果不下逐客令，使我能够长伴老母，也就心满意足了，并不想能实践以前所说的。"陈云栖告诉夫人，夫人就让她们点上香，各自发了誓，绝不后悔。然后让盛云眠和真毓生举行了夫妇仪式。将要入寝时，盛云眠告诉真毓生说："我是二十三岁的老处女啊。"真毓生还不太相信。等随后落红湿透了褥子时，才感到惊讶。盛云眠说："我之所以要找一个好配偶，并不是不甘寂寞，只是以大姑娘的身份，厚着脸应酬人，像妓女一样，是我无法接受的。借现在这一方式，我挂在你的名下，就能为你侍奉老母，管理内务了。至于床帏之乐，就请你和别人探讨吧。"三天后，就抱着被子跟夫人住在一起，撵也撵不走。直到陈云栖有一天早到夫人处，占了她睡觉的地方，没办法，才跟着真毓生去了。从此三两天一换，习以为常。

夫人本来喜欢下棋，自从寡居后，没功夫再下了。但自从有了盛云眠，把一切管理得井井有条，整天没事，就和陈云栖下棋。或者挑灯品茶，听两个媳妇弹琴，夜深才散。常对人讲："孩子父亲在时，也没有现在这样的乐事。"

盛云眠管理家中钱财出入，常把所记的账给夫人看。夫人疑惑地说："你们常说很小就成了孤儿，这写字弹琴下棋又是谁教的呢？"陈云栖就笑着说了实情。夫人也笑了，说："当初我拒绝儿子娶一个女道士，现在竟然娶了两个。"忽然想到儿子小时候相面的事，这才相信命数是躲不掉的。

真毓生两次乡试都不中，夫人说："我们家虽然不很富，但薄田三百亩，幸有盛云眠料理经营，一天比一天温饱。只要你在跟前，和两个媳妇同我一起快乐，不想要你去求富贵。"真毓生答应了。后来盛云眠生了一男一女；陈云栖生了三男一女。夫人八十多岁而终。孙子们都考中秀才，长孙是盛云眠所生，已经中了举人。

司 札 吏

某游击官妻妾成群,最忌讳别人提她们的小名,把年叫岁,生叫硬,马叫大驴;又忌讳说败,把败叫胜,把安叫放。虽然书信往来不太计较,但家人说了,则怒不可遏。一天,司札吏汇报事情误犯,大怒,就用砚台砸他,当场砸死。三天后,酒后醉卧,见司札吏拿着帖子进来,问:"干什么?"说:"'马子安'来拜。"突然想到是鬼,急忙起来,拔刀就砍。司札吏微笑着把帖子扔到桌上,悄然无踪。把帖子拾起来一看,上写着:"岁家眷硬大驴子放胜(年家眷生马子安拜)"。残暴荒谬之人,被鬼揶揄,实在可笑!

牛首山有个和尚,自名铁汉,又名铁屎。写了四十首诗,看到的人没有不笑倒的。他自己刻了两方印,一个刻"混账行子",一个刻"老实泼皮"。秀水人王司直把他的诗刻印出来,书名叫《牛山四十屁》,落款为:"混账行子,老实泼皮放。"不必读他的诗,光标题就够让人发笑的了。

蚰 蜒

学政朱矞三家门槛下有条蚰蜒,好几尺长。每到风雨天气就爬出来在地上盘旋,像条白布一样。按说蚰蜒的形状像蜈蚣,白天看不见,夜间出来,闻到腥味就聚在一起。有人说:蚰蜒是蜈蚣中没有眼睛而非常贪吃的一种。

司 训

教官某人很聋,但和一只狐狸好,狐狸跟他耳语,也能听见。每次见上级,都和狐狸一块去,因此,没人发觉他的耳聋。

过了五六年,狐狸要和他分手了,告诫说:"你像傀儡一样,没人操纵,五官等于是废的。与其因为耳聋获罪,不如早寻退路。"他贪恋职位,不能照狐狸的话去做,因而在行事中常是答非所问,乖谬连出。学校要免了他,他又找当权的说情留下来。

一天,考场有事,点完名,学政退堂和诸位教官一块闲坐。教官们所带走后门的名单在靴子中,这时呈上请求关照。都呈完了,学政笑着问他:"贵学校为什么却没有名单呈进呢?"他茫然不知学政大人说什么。同座的用肘捅捅他,把手做插入靴中的样子,示意给他。他替亲戚寄卖的房事用品,就藏在靴子里,以便随时出售。因学政笑着说,就以为要这东西。便起身弯腰回说道:"卖八文钱一个的最好,下官不敢呈进。"满座的人都暗自好笑。学政立刻将他撵了出去,随后就免了他的职。

异史氏说:"某教官独独没有呈进循私情的名单,也算是中流砥柱了。学政要求这样的呈进,本来就该奉给他房事用品。但因此而被罢免,真冤哪!"

朱子青公子在《耳录》中说:"东莱地方有位姓迟的贡生,在沂水县任教官。性情疯疯癫癫。同僚们聚集时,若无人言语,迟某过上片刻,就不由自主地五官乱动,又哭又笑,一副旁若无人的神态。但一听到别人的笑声,则马上就止住了。他极为吝啬,攒了百余两银子,悄悄埋在书房,连妻子也不让知道。一天,独自坐着,忽然手脚自己动作起来,稍后说:'作恶结怨,受冻忍饥,好不容易攒了这些积蓄,全都在书房里。倘若有人知道,那可怎么了的?'如此这般地反复了三四次。一个门丁就在旁边,他竟一点也没感觉。第二天,他有事出外去,那门丁就到书房挖出银子拿跑了。过了二三天,他心中不宁,就挖开看,则已经空空如也了。跺脚捶胸,长吁短叹,悔恨得要死。任教职的人中,可说是千奇百态了。"

黑　鬼

胶州李总兵,买了二个黑鬼,黑得像漆一样。脚上的皮极厚,把刀刃朝上铺成路,在上面来回走,一点事也没有。李总兵把娼妓配给他们当老婆,生的孩子是白皮肤。那些仆役们就逗他们,说不是他们的种。黑鬼也怀疑,就杀了孩子,验看骨头,全是黑的,这才后悔了。李总兵常叫两个黑鬼相对跳舞,表情神态还值得一看。

织　成

洞庭湖中,常常有水神借船的事。只要是条空船,船上的缆绳扣便会自动解开,飘然游去,一旦听见空中音乐大作,船夫们躲藏到船角落里,紧闭双眼听着,而不敢抬头仰视,任船漂游。等水神游玩后,船又泊回原处。

有位柳生,落第归来,喝得大醉,躺在船上睡得呼呼的。猛然间,船夫听见头顶上方鼓乐大作,知道水神前来借船。船夫拼命推柳生,醒不来,只好自己躲藏在甲板下。不一会儿,有人揪拉柳生。柳生仍昏然睡着,随拉随倒,全然无觉。那人也就算了。

柳生正睡得香,忽然听见耳边一阵鼓角喧闹声。他微微睁开眼睛,闻到一股兰、麝香味;偷眼看去,见满船都是美女佳丽。柳生明白碰见了怪异之事,闭上双眼。没过多久,有人传呼织成,随即过来一个侍女,站在柳生脸旁。柳生微微睁开眼,见绿袜紫鞋裹着细瘦如指的尖脚,心中喜欢便悄悄地用牙齿去咬那只袜子。过一会儿女子移动跌倒在地。船上首座的一个人,忙问女子发生了什么事。女子上前说了原委,那人大怒,命人立即将柳生砍了。话音刚落,上来几个武士,扭住柳生,提将起来。柳生看见南面坐着一人,穿戴打扮像位君王,便边走边说道:"我听说洞庭君姓柳,我也姓柳。从前洞庭君落第,如今我也是落第秀才。洞庭君遇上龙女而成仙,现在我却因为醉中调戏一女子而死,为什么幸运和不幸之间会有这样大的悬殊呢!"大王听了柳生的话,忙将柳生叫住,问道:"你是落第秀才吗?"柳生说是。大王便让人取了纸笔,令柳生作一首《风环雾鬓赋》。柳生原是襄阳名士,但构思迟缓,握笔在手中,凝神细思了很长时间,大王讥诮柳生道:"名士哪能是这样?"柳生放下笔,对大王说:"从前左思作《三都赋》,深思熟虑,十年才成。可以见文章贵在精,而不在于快!"大王笑了。听认他慢慢地写。从辰时到午时,用了几个时辰,文章才写完。大王拿在手中展卷浏览,大喜说:"真不愧是名士啊!"便命人赐给柳生酒食。

片刻之间,各种美味佳肴纷纷送上。柳生与大王正说话,进来一个小官吏,手中捧着一个簿子,向大王奏道:"溺籍已填写完毕,请大王过目。"大王接过,问那小官吏:"上面有多少人?"回答说有一百二十八人。大王又问:"签差的是什么人?"小官吏道:"是毛、南二位将军。"

柳生起身告辞。大王赠他十斤黄金和一把水晶戒尺,对他说:"近来湖中有一些劫数,你拿着这件东西可以免于灾难。"柳生正要拜谢,忽见一队车仗排水而出,立在水面,大王下船登车,很快便消失不见了,湖面仍旧一片寂然。

船夫从甲板下出来,便荡舟向北而去。正行驶间,江上突然刮起了风,船逆风而行,不好前进。猛然间,水中浮出一只铁锚,吓得船夫大叫:"不好了!毛将军出来了!"同行的几条船上的商人都伏倒在船上,瑟瑟发抖。不一会儿,湖中有一根木桩直立,不停地摇动,好像在捣着什么。众人魂飞魄散,恐惧地叫道:"南将军也出来了!"话刚落音,湖面上波浪大作,浪峰冲起几十丈高,遮天蔽日,湖中船舶,一瞬间全部被浪头打翻,而柳生手中举着水晶戒尺,端坐在船上,那滚滚的波涛涌来,一到船边,顷刻间便消失了,柳生保全了性命。

柳生回去后把这次奇遇,每每向人说起。说船上的侍女,虽然没有看清她的容貌,但裙下那双金钩般的小脚,是世间所没有的。

后来柳生因事去武昌,碰见一个姓崔的老妇人卖女儿,出千金她却不卖,只说她有一把水晶戒尺,如果谁能和她这把相配,便将女儿嫁给谁。柳生心中诧异,取了自己那把水晶戒尺,去找崔老妇人。老妇人爽快地接待了他并叫出女儿,年纪十五六,生得妩媚风流,美丽无比,向柳生略微行了礼就转身回屋去了,柳生一见,觉得心动神驰,对老妇人说:"小生也有一件东西,不知道是否和你家所藏之物相称?"一齐将戒尺拿了出来比较,长短不差分毫。崔老妇人高兴万分,便向柳生问清住的旅舍所在,并请柳生马上回去雇车来接姑娘,将戒尺留下作为信物。柳生不肯,老妇人笑道:"官人也太小心了!我怎么能为了一把戒尺而抽身蹒走呢?"柳生再不好推托,将戒尺留下。出门后,他雇了辆车急忙返回,却见家中无一人影。柳生大惊,问遍了左邻右舍,回答都说不晓得。太阳已经偏西,柳生神情沮丧,郁郁不乐地回去。途中有一辆马车过来,车帘被揭起,有人问:"柳郎为什么这么迟才来?"柳生看去,正是崔老妇人,高兴地问道:"到哪里去?"老妇人呵呵笑道:"你一定怀疑我拐骗了你的戒尺跑了吧?刚才你走后,恰巧有辆便车前来,我想到你眼下寄居在旅舍,备办车子有诸多不便,因此直接送女儿到船上去了。"柳生恳求老妇人将车赶回,老妇人不答应。柳生又急又慌,不敢轻信老妇人的话,急忙跑回船上,见姑娘和一个婢子正在里面。姑娘看柳生气喘吁吁地进来,便面带微笑迎上前来。柳生看见她的绿袜紫鞋,和从前船上所见的那个侍女没有什么区别!心里惊奇,不住地来回打量,姑娘笑着说:"死死地盯着人看,是没见过我还是怎么?"柳生俯下身去偷看姑娘脚下,见袜子后边他咬过的齿痕仍在,不由惊奇地问姑娘:"你是织成吗?"姑娘只是微笑,并不作答。柳生作长揖说:"你如果真是神人,请早直说了,可免去我的迷惑!"姑娘说:"我如实告诉你,从前船上遇到的,是洞庭君。他仰慕你的才华,便想把我送给你;而王妃喜爱我,所以回去和王妃商量。如今我来这里,是奉了王妃之命的。"柳生大喜,便净手拈香,向着湖水朝拜。之后,带着织成回家。

后来他去武昌办事,织成请带她一道去,顺便回娘家。到洞庭湖后,织成拔下头上金钗掷进水中,忽然间,一条小船从湖中漂出,织成一跃上了船,如鸟一样轻盈,转眼无影无踪。柳生坐在船头,在织成失踪的地方凝神看着。一会儿,远远地来了一只楼船,到柳生船边,楼船上一扇窗子打开,忽然好像七彩羽毛的鸟儿飞过,而织成已回来了。有一个人从楼船窗中向这边投递金珠珍品,都是王妃赐给的。从此以后,织成每年去洞庭湖朝拜一两次,成为惯例。所以柳生家拥有很多珠宝,每拿出一件,连行家也摇头说不认识。

相传唐时有位叫柳毅的在洞庭湖遇到了龙女,龙王便让他做驸马。后来,龙王将王位让给了柳毅。因为柳毅为读书人,相貌举止斯文,不能震慑水怪,龙王便给了柳毅一副鬼面具,让他白天戴上,夜里去掉。时间一久,柳毅渐渐习惯,到晚间忘记取掉,面具便和脸皮合在一起了。他常常对镜自愧。所以,行人泛舟湖上时,他见有人指点什么,就怀疑是指自己;用手遮额头,他也疑心对方是偷看自己。于是突然掀起风波,往往将船覆没。因而第一次乘船的人,船夫一定会将此事告诫乘客。不然的话,就牺牲祭享后,才能渡湖。一次许真君偶然到洞庭来,因湖上浪大,船不能行走。许真君极为恼怒,将柳毅绑了投入郡府牢狱中。狱座清点囚犯时,总是多一个犯人,搞不清是怎么回事。一天晚上,柳毅托梦给知府,恳请他救自己出狱。知府因仙界与人间各有其路不相通,无能为力。柳毅对知府说:"真君近日要来此地,只要求求他,我一定会得救的。"不久,真君果然又来了,知府便代柳毅在真君面前求情,真君这才放了柳毅。这以后,湖上禁忌才稍稍有所松懈,平安了许多。

竹　青

鱼客是湖南人,不清楚他的籍贯是哪里。他家中很穷,科举落第后回家。没了路费自己又不好意思讨着吃,饿极了,暂且在吴王庙休息,向神拜祷。拜毕,出了大殿,躺在房廊下。忽忽悠悠地有一个人过来拉起他,将他引去见吴王,那人跪在吴王面前奏道:"黑衣队眼下缺一个士兵,可以让鱼客去补个缺。"吴王同意了,又授给鱼客一身黑衣服。鱼客穿上黑衣服后,突然变成一只乌鸦,振翅飞去。飞着飞着,见前面有一群同类,便飞入群中,与它们一道落在船帆柱上。船上的旅客见了,急着向上抛肉,乌鸦轰然振起,在空中接抢肉吃。鱼客也学着同伴的样子去做,不一会儿,就将肚子填得饱饱的。接着,他停驻在树梢上,想到混饱肚子竟如此容易,不禁得意扬扬。

过了几天,吴王可怜鱼客孤身一人,便给他配了一只雌乌鸦,名叫竹青。竹青来了后,和鱼客彼此相爱。鱼客每次取食吃,总是很驯服,没有防人的心机。竹青经常劝诫,但鱼客还是不听。一天,有满兵经过,用弹弓打中了他的胸部。幸亏竹青及时衔走他不致掉落下去被满兵捉去。这下可惹恼了群鸦,鼓动翅膀,激起水浪,波涛涌起,船只全部倾覆。鱼客受伤后,竹青每天觅食来喂养他,但鱼客因为伤势太重,最后还是死了。

猛然间,鱼客从梦中惊醒,见自己睡在庙中廊下。先前,来往庙中的人以为他死了;不知他是谁,摸他身上,见有温热,所以不时有人来查看。见鱼客醒转来,问起他为何睡在这里,鱼客如实告之,众人凑钱给他,将他送回家去。

三年后,鱼客又路过吴王庙,进庙中拜神。他设下酒食,呼唤鸦群下来吃。乌鸦们争相啄食时,鱼客祈祝说:"竹青如果在的话,应当让她到这里来与我见一面。"乌鸦们吃完后,呼啦啦飞走了。后来鱼客考中举人,回家时拜谒吴王庙,用猪、羊祭祀吴王之后,大设吃食,慰劳那些乌鸦朋友,又祝竹青一番。这天晚上,他投宿在湖村,在灯底下坐着,忽然几案前像有飞鸟飘落,仔细看去,是位二十岁左右的美人站在案前,娇声问道:"别来无恙吗?"鱼客大惊,忙问女子是谁?女子嫣然一笑,款款地说:"你难道不认识竹青了吗?"鱼客一听面前的女子是竹青,喜笑颜开,问竹青从哪里来。竹青说:"我如今成了汉江神女,所以回家乡的时间就少了。前些日子,乌鸦使者两次向我说起你对我的情意,心中感动,特地来与你相聚。"鱼客一听竹青此话,更加欣慰,两人宛如夫妻久别,非常欢恋。鱼客打算和竹青一道回南边家中,而竹青却想让鱼客随她一同向西,两人各不让步。等鱼客一觉醒来时,竹青已经起身了。鱼客睁开眼细瞧,见高堂之上烛光通明,竟不是在船中,便惊跳起来问竹青:"这是在哪儿?"竹青咯咯笑道:"这里是汉阳。我家也是你家,何必再南去!"这时,天渐渐亮了,婢女和婆子们摆上酒菜,在大床上放了矮几,夫妻俩斟酒对饮。鱼客问竹青:"我的仆人在哪儿?"竹青答:"都在船上呢。"鱼客担心船夫不肯久等,竹青说:"不妨事的,我会替你告诉他们的。"于是,夫妻二人日夜饮宴,鱼客也乐而忘归了。

船夫从梦中醒来后,忽然发现是在汉阳,吓得什么似的。仆人们不见了主人,也四处寻访,然而毫无音信。船夫见雇主失踪,想离开汉阳而去,怎么也解不开缆绳,无法,只好和仆人守在船上。

两个月过去,鱼客忽然想起应该回去了,便对竹青说:"我在这里,就会和亲戚们断绝了来往。况且你与我名为夫妻,而却不愿认家门,这可叫我怎么办好?"竹青说:"无论如何我也不能去;纵然去了,你家里自有妻子,将会怎么对待我呢? 不如让我住在这里,作为你的另一个家。"鱼客只是恨路途遥远,不能时常来此。竹青取出一件黑色衣服,对他说:"你从前穿的这件旧衣服还在这里,想我时,穿上这件衣服就可以来我这儿;你来后,我可以帮你解去乌鸦之形。"于是竹青命人设下酒宴,为鱼客饯行。

鱼客喝得大醉,倒头而睡。等他醒来后,发现自己在船中躺着。再向外看,船仍在老地方停泊着。船夫和仆人也都在船上,他们突然间看见鱼客,均不相信自己的眼睛,纷纷盘问鱼客到哪里去了。鱼客故意装出吃惊的样子,说自己一点也不清楚。鱼客见枕头边有个包袱,打开检看是竹青送他的新衣新鞋,那件黑色衣服也叠放在一起。再一摸,腰间系一只绣袋,打开一看,里边尽是金银钱币。于是鱼客让船夫将船向南划去。到岸后,他重重地酬谢了船夫,向家乡方向而去。

回家后,几个月间,他一直念念不忘汉水上的竹青,便溜出家门,穿上黑色衣服。顷刻间,他觉着两胁下生出双翅,羽翼一张一合地凌空飞去。大约有两个时辰,鱼客已飞达汉水。他盘旋着向下看去,见江水中的一个孤零零的岛屿中有一群楼舍,便飞落下去。有一个婢女远远看见了,呼叫道:"官人来了!"听见喊声,竹青出来,命众婢女为鱼客松开衣服上的结子,鱼客只觉得羽毛寀然脱落,浑身轻松。竹青拉着他的手进入房中,说道:"你来得正好,我早晚要临盆了。"鱼客开玩笑地说:"是胎生还是卵生?"竹青道:"我现在已羽化为神,脱骨换胎,应该和从前有所不同。"过了几天,竹青果然生产,胎衣厚厚的裹着胎儿,像一只巨大的卵,将它弄破后,是个男孩。鱼客高兴极了,给孩子取名叫汉产。三天后,汉水神女纷纷前来贺喜,送来不少服饰珍宝,作为礼物。这些神女个个生得仙姿绰约,美不可言,均在三十岁以下。她们进房后,坐在竹青的榻上,用细纤的手指轻轻地按婴儿的小鼻子,说这叫"增寿"。等她们去了以后,鱼客问竹青:"刚才来的神女都是谁?"竹青说:"都是和我一样的神女。走在最后穿藕白色衣裙的,就是人们所说'汉皋解佩'故事中的神女。"

鱼客在竹青这儿住了几个月,便要回去,竹青用船送他走。那船不用帆和楫,飘然而行。到达岸边后,岸上已有人牵着马等他,遂上马归去。从此后,鱼客在两地之间来往频繁。

过了几年，汉产长得秀美可爱，鱼客对他喜欢得不得了。他的妻子和氏，因为没有生育，总是想见见汉产。鱼客便将此事告诉了竹青。竹青就准备行装让汉产跟随父亲一道回家去，约定三个月以后让汉产回来。父子俩到家后，和氏见了汉产，喜爱得像是自己生的儿子，十来个月过去了，仍不舍得让汉产回去。突然有一天，汉产突然得病而死，和氏伤心极了，哭得死去活来。鱼客也丢魂落魄，急忙去告诉竹青。刚进门，见汉产光着脚睡在床上，顿时转忧为喜，问竹青是怎么回事。竹青回答道："你违约的时间太长了。我在这里想念儿子，所以才招他回来的。"鱼客向竹青说明和氏爱汉产而恋恋不舍所致。竹青说："等我再生孩子后，便让汉产回去。"

一年多后，竹青又产下一对孪生男女，男孩名叫汉生，女孩名叫玉珮。鱼客无比欣喜，领着汉产返家。后来，因为每年常常和竹青见三、四次面，极为不便，就举家迁往汉阳。汉产十二岁时，竹青认为人间没有佳丽之人，将汉产叫了去，为他娶了妻，才让他回来。汉产的妻子叫厄娘，也是神女所生。

和氏死了，汉生和妹妹玉珮，一起前来吊丧。和氏下葬后，汉生留了下来，鱼客带着玉珮走了，从此再没回来。

段　　氏

段瑞环是大名府的富翁，四十岁了，还没有儿子。妻子连氏是一个极为忌妒的女人，想买妾也不敢。和一个婢女私通，连氏发现了，把婢女狠打几百下，卖到河间府栾氏家。

段瑞环一天比一天老了，侄子们整天来要钱，一句话不对，就恶声恶气的。段瑞环考虑不能如此下去，就想过继一个侄子，但无论过谁，都会遭到其他侄儿的阻挠反对。连氏虽凶悍也无法可施，这才很后悔，她气愤地说道："老头子年纪不过六十多，怎么见得不能生儿子！"就买了两个妾，由着丈夫去宠爱，决不过问。一年多时间，两个妾都有了孕，阖家欢喜，胸中的闷气也渐渐平息了。凡遇到侄子们强要什么，就连骂带说地一律不给。没多久，一个生了个女孩；一个生了个男孩，但死了。夫妻俩很失望。

又过了一年多，段瑞环中风不起，侄子们更加肆无忌惮，牛马及其他东西，看上就拿，招呼都不打。连氏呵斥痛骂，他们就反唇相讥，根本就不放在眼里。连氏没有办法，整天哭个不停。段瑞环的病更厉害了，不久就死了。

侄子们集在灵前，商议如何分割家产。连氏虽然痛心悲伤，但也无法制止。只希望能留下一座带有良田的庄子，好养活剩下的人。但侄子们坚决不肯。连氏说："你们寸土不留，是要饿死我们这老的老，小的小吗！"定不下来，连氏只有气愤哭泣，自己打自己。忽然间，有人进来吊丧，直到灵前，跪拜祭奠，极尽哀痛。完后，就退在孝子的位置上。众人盘问他。回答说："死的是我父亲。"众人更吃惊。那人就从容地说了经过。

先前，那婢女嫁给栾氏后，过了五六个月，就生了个男孩，起名叫怀。栾氏像抚养其他孩子一样地抚养他。十八岁时考中秀才。后来栾氏死了，诸位哥哥分家产，把他单列，和栾氏兄弟不一样。怀问母亲，才知道缘故。说："既然分属两姓，自然各有各的继承，何必在这获取别人的百亩之地呢？"就骑来马到段家，但段瑞环已经死了。

他讲得很有根据，确实可信。连氏正在愤恨悲痛中，听到后喜出望外，直奔出来，说："我现在也有儿子了！你们所借去的牛马等一应东西，也该好好地还回来了。不然的话,就要有官司打了!"那些侄子们相顾失色,一个个灰溜溜地走了。

段怀就把妻子带来,一起操办父亲的丧事。诸段不平,就谋划撺段怀。段怀知道了,说:"栾氏不把我当作栾氏,段氏也不把我当作段氏,哪里是我的归宿呢!"愤愤不平,准备告官。众亲戚乡党劝说排解,诸段只好算了,认了这事。但连氏因为牛马的缘故,不肯罢休。段怀劝她算了。连氏说:"我并不是因为牛马,是由于闷气塞胸,你父亲因气愤而死,我之所以忍气吞声,就是由于没儿子啊!现在有了儿子,还怕什么呢!前边的情形你不知道,待我自去公堂申诉。"段怀一心劝阻,她不听,写好状子就上了公堂去投诉。县令把诸段拘捕来,审问查核。连氏气势充沛,语言痛切,一一说来,滔滔不绝。县令也被她感动了,惩戒诸段,把所有的东西追回原主。连氏回来后,把段氏兄弟中没有参与趁火打劫的人叫来,把追回来的东西,全都分给了他们。

连氏七十多岁快要死的时候,招呼女儿和孙媳妇来说:"你们记着,如果三十岁还不生儿子,就是当掉首饰,也要给丈夫纳妾。没有儿子的情形真是难以忍受啊!"

异史氏说:"连氏虽然忌妒,但能立刻改变,所以上天使她有了儿子,能扬眉吐气。看她慷慨果断的行为,咳!也是女中豪杰啊!"

济南府蒋稼的妻子毛氏,没有孩子又很嫉妒。嫂子常劝她,她不听,说:"宁愿绝后也不让那些送情卖俏的来气我!"快到四十岁时,常常想继嗣的事。打算过继哥哥的儿子,兄嫂都答应了,但却迟迟不肯过继。那孩子常到叔叔这边来,每次来,夫妻两个都给他好吃的,问他说:"肯到我们家吗?"孩子也答应。他哥哥暗地嘱咐孩子说:"假如他们再问,你就说不肯。如果问你为什么不肯,就说:等你们死后,何愁田产不归我所有。"

一天,蒋稼出远门做生意,孩子又来到他家,毛氏又问,孩子就把父亲教的话说了。毛氏大怒,说:"你们老婆儿子在家,只是天天算计我的田产吗?算盘错了!"把孩子撵出去,立即叫来媒婆,给丈夫买妾。当时有个卖婢女的,要价很高,尽其所有也不够,看样子成不了。蒋稼的哥哥怕时间一长毛氏后悔,就暗中把钱付给媒婆,让媒婆说是向人转借来的,以促成此事。毛氏极高兴,就把婢女买了回来。

蒋稼回来时,毛氏把前前后后的事一讲,蒋稼大怒,就和哥哥绝交。一年后,妾生了儿子,夫妻两个高兴极了。毛氏说:"媒人不知借谁的钱,一年多了也不问,这恩德可不能忘。现在儿子都有了,但还没有付够母亲的身价!"蒋稼就带上钱去找媒婆。媒婆笑着说:"应当好好谢谢你大哥。我一贫如洗,谁敢借给我一两银子。"就把实情一一说了。蒋稼这才明白,回来告诉妻子,两人感动得不知说什么好,相对哭泣。就准备收拾好酒菜,请哥嫂过来,夫妻两个跪着迎接。把钱给哥哥,哥哥不要。兄弟妯娌尽欢而散。后来,蒋稼一共有三个儿子。

狐 女

伊衮是九江人。一天夜里有女子来,和他同床共寝,他心里明白是狐女,但爱她美色,就秘不告人,父母也不知道。久而久之,神消形瘦,疲惫难支。父母就严加盘问,这才说了实话。

父母很忧虑,就让人陪着他睡,又施了符咒,但依然没用。他父亲就亲自陪着,狐女不来了。但一换人,则又来了。伊衮就问,狐女说:"世俗的符咒,哪里能制得了我。但人应有伦理,哪有当着公公的面交欢的呢!"伊衮的父亲得知,就整天陪着儿子,狐女从此绝迹了。

后来因叛贼横行,村里的人四处奔逃,伊衮一家人也走散了。他一人跑到昆仑山,四处一片荒凉。太阳就要落山了,他心里怕极了。忽然看见一个女子走来,近了一看,竟是狐女。流离失所中,相见很是欣慰。狐女说:"夕阳西下,你就暂且留在这儿吧。我找块好地方,暂且弄间房子,以躲避虎狼野兽。"就见她向北走了几步后,蹲在乱草中,不知干些什么。片刻间又返回来了,拉着伊衮往南走,走了十多步,又拉他回来,忽然就见一片高大的树木围绕着一座高亭,铜墙铁柱,屋顶像是金箔做成。走近一看,墙高与肩齐,四周没有门窗,墙上布满了一个个小坑。狐女踏着过去,伊衮也跟着过去。进去后,觉得这金屋不是人工所能造成的,就问它的来龙去脉。狐女笑说:"你就住吧,明天把它送给你。金铁各有千万,想你半生都吃用不尽的。"随后要走,伊衮苦苦相留,才不走了,说:"被人厌弃,已决心永远断绝,今天又不能坚持了。"

伊衮睡醒时,狐女不知道什么时候已经走了。天明后,翻墙出来,回头再看那里,并没有什么房屋亭子,只有四根针插在指环里,一个香脂盒覆盖在上面。那些大树,也不过是灌丛荆木。

嘉平公子

嘉平地方有个公子,生得风姿秀美仪表堂堂。他十七八岁时,离开家到府城去参加童子科考试。他偶然路过一家姓许妓女家的门,眼睛向里一瞥,见门内有一位十五、六岁女子,于是注视着她。美貌女子冲他颔首微笑,公子就像被勾走了似的,上前与女子说话。女子问公子道:"你住在哪里?"公子便将自己的寓所告诉了女子。女子又问:"你房中还有别人吗?"公子答说没有。女子说:"晚上我到你那儿拜访,你可不要告诉别人。"公子回来,到黄昏时分,支开僮仆。女子果然翩然而至。自称:"我小名温姬。"又说:"因仰慕公子风流,所以背着妈妈前来。小小心思,就是情愿侍奉公子终身。"公子也很高兴。

从那以后,温姬每隔两三夜总要来一次。一天晚上,温姬冒雨而来,进门脱下身上的湿衣服,搭在衣架上;又脱去脚上的小靴,让公子代她擦去上边的泥污,她自己则上床拉开被子盖在身上。公子看那小靴,靴料为五纹新锦,全部泡透了,为之可惜。温姬说:"我不敢用这不值钱的东西来劳动公子,是想让公子明白我的一片痴情。"她听见窗外雨声不止,便吟道:"凄风冷雨满江城。"温姬请公子读出下句。公子以不懂写诗推却。温姬道:"像公子这样的人,怎么能不知道风雅?好叫我扫兴!"温姬劝他学写诗,公子点点头允诺了。

温姬和公子往来频繁,僮仆们无不知晓。公子的姐夫宋氏也是世家子弟,听说内弟与温姬有交情,便私下里央求公子让他见温姬一面。公子便向温姬说了,温姬一口回绝。宋氏悄悄躲在僮仆的房中,等温姬来了以后,就趴在窗子上偷看,神魂颠倒,几至发狂地猛地推开房门进去。温姬忙起来,翻墙而去。

宋氏见了温姬后很向往,于是准备礼物会见妓院的老鸨许妈妈,指名要见温姬。

许妈妈对他说:"以前确实有个温姬,但已死了很长时间了。"宋氏惊愕退出,将实情告诉了内弟。公子才知道温姬是鬼。到了晚上,公子便将宋氏所说地告诉了温姬。温姬说:"我的确是个鬼。不过你想得到美女,我也想得到美男。我们俩各自如愿就足够了,又何必要管是人鬼呢?"公子连声称是。

等公子考完试回家,温姬也随同他一道回去。旁人看不见她,而只有公子才能看见。到家后,公子独自住在书斋中歇息而不回房睡觉,父母便生产了怀疑。一次温姬回娘家去,公子才将前事向母亲讲了。母亲吃惊不小,劝诫公子和温姬断绝来往。公子不听从。父母愁得不得了,用各种办法来驱除不能遂愿。

有一天,公子写了一张留给僮仆的便条,放在几案上。那上面写的错字很多,把"椒"错成"菽","姜"错为"江","可恨"错为"可浪"。温姬便在便条子后写道:"何事'可浪'?'花菽生江'。有婿如此,不如为娼!"便告诉公子说:"当初我以为你是世家之后,才高八斗,学富五车,所以以身自荐。却不料你只是徒有其表!我以貌取人,莫不要被天下人耻笑了吗!"说罢,忽然不见了。公子虽然觉得惭愧,仍然将便条交给仆人。遂一时传为笑谈。

异史氏说:"温姬也太认真可爱了!像这样翩翩公子,又何必去苛求他呢!以致后悔不如娼妓,那他的妻妾就要羞得直哭了。然而用什么办法都赶她不走,而一见便条就浩然长叹,看来,这'花菽生江',和读了令人不敢生病的杜甫诗句'子章髑髅'!有什么两样啊!"

《耳录》上说:有人在路边施舍茶水,招贴上写道:"施恭结缘。"把"茶"误写成"恭",也够使人一笑了。

有一大户人家的子弟,衰落穷困后,在大门上贴了一张招贴,写的是"出卖古代淫器"。把"窑"误写成"淫"。下面还写着"有要宣淫、定淫的,大小皆有,入内看货论价。"宣窑和定窑都是名贵的古磁器,世家大族的后代有许多不通的就是像这样,哪里仅是"花菽生江"呢?

第十二卷

二　　班

云南人殷元礼,精通针灸术,碰上贼寇作乱,逃往深山里。天已经晚了,离有人家的地方还很远,很担心碰上老虎、狼等猛兽。远远见前面路上有两个人,就急忙赶上去。等赶上后,那两个人问他从哪儿来,殷元礼就告诉了自己的姓名籍贯。两人拱手恭敬地说:"是良医殷先生啊!敬仰你泰山北斗般的名望已经很久了。"殷元礼就问他们的情况。两人说都姓班,一个叫班爪,一个叫班牙。并且说:"先生,我们也是避难在一个石屋中,侥幸还可栖身,敢劳你大驾一去,况且还有所求。"殷元礼很高兴,跟着他们一起去了。

不大功夫,到了那地方,房子靠着山谷。以燃着的柴火替代烛光,才看清二班容貌身躯威猛,样子看来很不善良。但没有办法,也就听其自然了。又听到床上有呻吟声,仔细一看,原来床上僵卧着一位老妇人,像似有什么病痛。问:"什么病?"班牙说:"就是因为这个,所以敬求先生。"就绑了一束柴点亮照着,请殷元礼到跟前看。只见老妇人的大鼻子下面口角处有两个赘瘤,大得像碗一样。并且说:"非常痛,不敢动,妨碍饮食。"殷元礼说:"容易。"拿出艾揉成团,替她灸了几十下,说:"过一夜就好了。"

二班很高兴,烤鹿肉招待客人,没有酒,没有饭,只有鹿肉一种食品。班爪说:"仓促间,不知道你的到来,希望不要因轻慢而责怪。"殷元礼吃后就睡下了,头枕着石块。二班虽然诚实质朴,但粗鲁莽撞令人可怕,殷元礼翻来覆去不敢熟睡。天还不亮,殷元礼就叫老妇人,问她病情。老妇人刚醒,自己用手摸瘤,瘤就破成了创口。殷元礼催着二班起来,以火照明,给老妇人敷上药末,说:"好了。"就拱手告别,二班又把一块烤鹿肘赠给他。

三年过去了,也没什么消息。一天,殷元礼有事进山,路上碰到两只狼,挡在道上。太阳偏西时,又来了一群,前后都是。突然,一只狼扑倒了他,其他的狼一哄而上争相撕咬,衣服全碎了。殷元礼心想是死定了。正在这时,突然来了两只老虎,吓得狼群四散奔逃。老虎发怒,大声吼叫,把狼吓得趴在地上,一动不敢动。老虎扑上去把狼都咬死了,就径直走了。

殷元礼狼狈不堪地走着,担心找不到投宿的地方。这时,遇见一位老妇人走来,看到他这副样子,说:"殷先生吃苦了!"殷元礼就心事重重地说了自己的遭遇,问老妇人怎么认识自己。老妇人说:"我就是在石室中得到你治救的那个病人啊。"殷元礼这才恍然大悟,就求老妇人让他借宿,老妇人就领他去。

到一处院落时,已开始点灯了。老妇人说:"我等你已等了很久了。"就拿出衣服袍子,把他那烂衣服换下来。摆酒设宴,非常热情周到地款待。老妇人也用陶碗自斟自饮,言谈饮酒都很豪放,不像位妇人。殷元礼问:"上次所见的两位男子,是姥姥的什么人?怎么不见了?"老妇人说:"两个儿子去迎接先生,现在还没回来,一定是迷了路。"

殷元礼被她的情义所感动，放开畅饮不觉中沉醉了，在席间就酣睡起来。等醒来时，天已亮了，四面一看，竟没有房子，自己孤坐在岩石上。听岩石下面有牛一样的喘气声，走近一看，原来是只老虎，还没睡醒。嘴上有二处瘢痕，都像拳头那样大。怕极了，唯恐它知觉，就悄悄地逃走了。此时才醒悟那两只老虎就是二班。

车　　夫

有个车夫推着重车上坡，正竭尽全力时，有只狼来咬他的屁股。想要放手，一车货物将压在自己身上，只得忍着痛拼命往上推。等上了坡，那只狼已经咬下一块肉走了。乘他无能为力之际，偷尝一块肉吃，这狼也够狡黠而让人好笑了。

乩　　仙

章丘县的朱步云善于乩卜，每当同人诗文聚会时，往往召请仙人一起唱和。一天，有位朋友看到天上微微有云，得诗一句，请仙人对出一句。上句是"羊脂白玉天。"乩批说："问城南老董。"众人都以为是乱说。后来因故偶尔去城南到了一个地方，那里土色红似丹砂，觉得奇怪。见一老头在旁边放猪，就问他。老头说："这是猪血红泥地。"忽然想起乩词，大惊。问老头姓什么，老头说："我是老董。"对出诗句不算奇，但预知碰到城南老董，这也真神了！

苗　　生

龚生是岷州人，到西安参加考试，在旅店休息时，买了酒自斟自饮。这时，有位高大的男人进来，坐下和他交谈。龚生请他喝酒，也不推辞。他说自己姓苗，言谈举止粗鲁豪放。龚生因他不文雅，又是路上相遇，酒喝完了，也就不再添。苗生说："和酸文人喝酒，把人要闷坏了。"说着去酒店买酒，提了一大瓶来。龚生推辞不喝了，苗生就抓着他的胳膊劝，他的胳膊痛得像断了一样，没办法，只好喝了几杯。苗生自己用汤碗喝，笑着说："我这人不善于劝客，一切由你自己随意吧。"龚生就收拾行李上路了。没走几里路，马病了，倒卧在路上，龚生只好坐在路旁。行李很多，正在无法可想时，苗生来了。问清缘故，就把自己的行李交给仆人，他把那马扛起来快走了二十多里，到了一处旅馆，把马放下来送到槽上。过了一段时间，龚生和仆人才到。龚生很惊奇，认为苗生是神人，对他格外优待，打酒买饭，和他一起吃喝。苗生说："我特别能吃，不是你能管饱的，放开喝够酒就行了。"一气喝完了一大瓶，就起身告别，说："你给马治病还得些日子，我不能等，先走了。"就离开了。

后来，龚生考试完后，三四个朋友邀他一同登华山。在山上席地摆酒，正喝得高兴，苗生忽然来了，左手拿着大酒杯，右手提着一条猪腿，往地上一撂说："听说诸位登临此处，敬请让我也附一下骥尾。"众人起身见礼，相互杂坐在一起，开怀畅饮，很是快活。众人提出要赋诗联句，苗生争辩着说："开怀畅饮很快乐，何苦绞尽脑汁苦思冥想。"众人不听，并立下罚酒三杯的规矩。苗生说："联句不好的，应该军法从事！"众人笑了，说："所犯罪行还不到这一地步。"苗生说："如果不杀，我这武夫也能行的。"首座靳生说:"绝巘凭临眼界空。"苗生信口续说:"唾壶击缺剑光红。"下面一位沉吟的时间很长,苗生就自己拿壶倒酒喝。过一会儿,按次序联句,渐渐地诗句越联越俗。苗生喊道:"到此为止吧,要想饶了我,就不要再作诗了!"众人不听。苗生再也忍耐不住,就突然像龙一样地吟啸起来,山谷响应;又起身抬头俯身像狮子一样舞起来。作诗的思绪被打乱了,众人只好停止,于是又频频举杯喝酒。这时已喝得半醉了,考生们又互相读起考场中的文章,相互赞赏。苗生不愿听,就拉着龚生划拳。胜负已有好几个回合,而这些人的彼此吹捧诵读还没完。苗生厉声说:"我已听得很清楚了。这些文章,只适合在床头向老婆读罢了,大庭广众间叽里呱啦的真令人讨厌!"众人脸上显出惭愧的神色,厌恶他的粗鲁莽撞,就更加高声朗诵。苗生愤怒极了,趴在地上大吼一声,立刻变成了老虎,扑上去把这些人咬死,咆哮着离开了。活着的只有龚生和靳生。

靳生这次乡试中了举人。三年后,他再次经过华阴,忽然看见嵇生,也是在华山上被老虎咬死的一个。很惊恐,想要逃走,嵇生拉着马笼头不放。靳生就下了马,问他要干什么。嵇生说:"我现在是苗生的伥鬼,服役很辛苦。必须再杀一个读书人,才能替代。三天后,应有一个穿儒衣戴儒帽的被老虎吃掉,但必须是在苍龙岭下,才是替代我的。你到了那天,多请些文士到这来,就算是为老朋友帮忙了。"靳生不敢说什么,恭敬地答应着告别。回到住处,整整思考了一夜,也没想出办法来,只好拼着违背诺言,让鬼来责罚好了。恰在这时,有个表亲蒋生来了,靳生就把这怪事告诉了他。蒋生是小有文名的,而同县的尤生科考后名列其上,蒋生心里嫉妒。听靳生一说,就想借机害他。写了一封请柬邀尤生一起登山,自己穿着普通人衣服,尤生感到奇怪,也搞不清他的意思。到了苍龙岭半腰,把酒肴摆好,礼貌有加地请尤生享用。正碰上知府也登览华山,因知府和蒋家是世代交谊,听说蒋生在下边,就派人叫他。蒋生不敢穿着普通人的衣服去,就和尤生换了衣服。还未换完,一只老虎骤然扑来,衔起蒋生就走了。

异史氏说:"自鸣得意津津乐道的人,拉着别人的衣服袖子,强迫人听他讲;听的人呵欠连连,屡伸懒腰要睡要逃,其人还说得手舞足蹈,一点不自觉。知交人就该从旁边用肘捅他,用脚踢他,以防座上有不能忍耐像苗生的人在。然而嫉妒的人因换衣服而死,则知道苗生也不是无心的。因此,厌恶愤怒的是苗生,又不是苗生。"

蝎　客

南方专营蝎子的商人,每年都来临朐县,收购量很大。当地人手拿木钳,到山里去,挖洞翻石头找蝎子。

一年,商人又来了,住在旅馆。忽然心动,头发寒毛都竖了起来,急切地告诉旅馆老板说:"杀生太多,现在惹得虿鬼发怒了,要杀我!求你赶快救救我!"老板看到房子里有口大缸,就让他蹲下,拿缸把他扣起来。过了一会,奔进来一个人,黄头发,狰狞丑恶。问老板:"南方来的客人在哪儿?"答说:"出去了。"那人进到房子四下打量,鼻中发出闻东西的声音,连着三次,就出门走了。老板说:"可幸没事了。"搬开缸一看,那商人已化成血水了。

杜　小　雷

杜小雷是益都县西山人。母亲两只眼都瞎了,杜小雷侍奉非常孝顺,家里虽然很穷,但好吃好喝从未缺过。一天,刚好要外出,买好肉交给妻子,让她做水饺。他妻子最不孝,切肉时把屎壳郎搅了进去。母亲觉得恶臭熏人无法吃,就把饭藏起来等儿子。杜小雷回来了,问:"水饺味道好吧?"母亲摇头,把饭拿出来给儿子看。杜小雷掰开水饺一看,发现屎壳郎,怒不可遏。进到房中,要打妻子,又怕母亲听到,躺在床上想办法。妻子问他,也不说话。妻子自己心虚,在床下走来走去。时间长了,发出喘息的声音。杜小雷叱责说:"还不睡,等着挨打吗?"也未听见回话。起来用灯一照,见有头猪,仔细一看,则两只脚是人的,这才明白是妻子变的。县令听到后,就绑了去,在四处城门游街,以警诫人们。

谭薇巨曾亲眼看见过。

毛　大　福

太行人毛大福,是专治创疮的医生。有一天,看病归来,在路上碰见一只狼,把嘴里叼的包裹丢下,蹲在路旁。毛大福拾起来一看,里面包着几件金首饰。正在奇怪时,狼欢跳上前,略拽了一下他的衣服,就离开了,毛要走,又拽。毛大福看狼没有恶意,就跟着去了。不久,到了狼窝,见一只狼病了躺在那儿,头上有个极大的疮,腐烂生蛆。毛大福明白了狼的用意,剔去恶蛆腐肉,弄干净,敷上药,像给人治疗一样,而后才离开。当时天已经很晚了,那只狼远远地跟着送他。走了有三、四里路,又遇上几只狼,咆哮着要吃他,他怕极了。那只狼急忙跑到那群狼中,像是告诉它们什么,狼就都走开了。毛大福这才回了家。

先前,本地有位叫甯泰的银商被强盗杀死在路上,找不到线索。刚好碰到毛大福卖那些金货,被甯家人认出来,就把毛大福拉到公堂上。毛大福讲了来路,县官不信,就上刑。毛冤极了,但又无法自明,就请求暂且宽刑放了自己,去找狼来问。县官就派两个人押着他进山去找。一直来到狼窝,正巧狼还没回来,一直等到晚上还不见,三个人就只好回来。走到半路,碰见两只狼,一只狼的疮痕还在。毛大福认得,就作揖祷祝说:"上次承蒙馈赠,今天竟因此被冤枉。你们不能为我昭雪,回去就会被拷打死的!"狼看到毛被绑着,愤怒地冲向差役,差役拔出刀对峙着。狼把嘴抵着地大声嚎叫,大致有二三声,山里的上百只狼群聚集而来,把差役围住,绕着转。差役很窘迫。狼群竞相上前咬绳子,差役明白了,就解开毛大福的绳子,狼才一起走了。回去后讲了这情形,县令觉得奇异,但也没有就把毛大福放了。过后几天,县令出行,有只狼叼着只破鞋在路上。县令走过去没管,那狼又叼着跑到前面路上放下。县令就叫人收了鞋,狼才离去。回来后,县令暗中派人找鞋的主人。有人传说,某村有个叫丛薪的人,被两只狼追着撵着叼走了一只鞋。抓来让他认,果然是他的鞋。于是怀疑是他杀的甯泰,一审问,果然不错。原来,丛薪杀了人,把大量银子拿走,而衣服下面藏的首饰,没来得及搜走,被狼叼去了。

从前有位接生婆外出归来,遇到一只狼挡在路上,咬着她的衣服似乎要叫她跟着去。就跟去了。见雌狼正在分娩,生不下。接生婆就用力替它按捺,等生下后才回来。第二天,狼衔来鹿肉放在她家以示报答。可知这样的事从来就有,而且不少。

雹 神

唐济武翰林,到日照县去参加安家的葬礼。经过雹神李左车的祠庙时,进去游览观瞻。祠前有个池塘,很清澈,有几条红色的鱼在水里游来游去。其中有条斜尾巴的鱼在水面上吞吐戏水,见人也不惊。唐翰林捡块小石头要打它游戏。道士急忙制止,不让打。问原因,说:"池中凡有鳞的,都和龙有关,触怒它们必定会招来风雹。"唐翰林笑他附会荒诞,终于用石头打了那鱼。游览完后,乘车继续上路,就有像伞盖一样的黑云跟着他移动。簌簌地落下冰雹,有棉子那么大。又走了一里多路,天才放晴。唐翰林的弟弟唐凉武在后面,赶上后和他谈话,竟不知道下了冰雹。问前边走的人也是如此说。唐翰林笑着说:"这岂不是广武君李左车在作怪吗!"但依然不觉得有多么奇怪。

安村外有座关圣祠,有个小商贩恰好在那里休息,忽然扔下两只竹筐,快步进到祠中,拔下架子上的大刀舞动起来。说:"我是李左车,明天将陪从淄川的唐翰林同来,帮他送葬。"说完后,清醒了过来,不知道自己说了些什么,也不认识唐翰林是什么人。安家听说后,非常恐惧。李左车庙离村子有四十多里,小心恭敬地准备好纸帛等祭祀用品,到庙里苦苦祷告,只求怜悯,不敢劳动大驾。唐翰林奇怪安家如此恭敬虔诚,就问主人。主人说:"雹神显灵的迹象最著名,常借活人的口传话,都很应验而无虚话。如不虔诚地祷告祭祀以求他不来,那么,第二天大风和冰雹就来了。"

异史氏说:"广武君李左车在当年,也是老于谋划而行动威猛的人。做东方风雹之神,或许是他那不可消磨的锐气,使得他得到天上的这一职位。但既然成了神,又何必如此特殊而搞得自己不同于一般呢!唐翰林的道义文章,是天和人都钦佩瞩目的,这或许是雹神一定要唐翰林信服自己的原因吧!"

李 八 缸

太学生李月生,是李升宇老翁的次子。李老翁非常富有,金银都用缸来装,邻里都叫他李八缸。李老翁得了重病,叫儿子来分金银:兄长八份,弟弟二份。李月生失望而不满意。李老翁说:"我不是偏心或爱一个不爱一个,还有藏在窖里的钱,一定要等人少时,才能给你,不要急。"

又过了几天,李老翁的病更重了,快要不行了。李月生想到一旦老爹死了就麻烦了,看见没人,就在床头偷偷地问。李老翁说:"人生的苦乐,都是有定数的。你正享有贤妻的福分,所以不宜再多给你金银,以增加你的罪过。"李月生的妻子车氏,最为贤惠,有古代著名贤妇桓少君、孟光的品德,所以老人才这样说。李月生依然苦苦哀求。李老翁发怒了,说:"你还有二十多年不得志的时光,就是给你一千两银子,也马上就光了。如果不到山穷水尽时,别指望给你!"李月生本是个孝顺友爱的人,也就不敢再说什么了。

没有多久,李老翁病得更加沉重,不久就死了。好在兄长贤德,一应丧葬之事,也不和他计较。李月生又天真烂漫,不计较钱,又好客善饮,设宴摆酒,每天要让妻子做三四次,不太管家里的经营生产。邻里间的无赖看到他懦弱好欺,就经常好鱼好肉地占他便宜。几年后,家道就中落了。窘迫时,多亏哥哥给些周济,不至于穷困到极点。

没有多久，哥哥因年老有病而死，更加少了帮助，以至到了断粮的地步。春天借了秋天还，地里的出产，一收到场上就完了。只得卖地过活，家业日益减少。

又过了几年，妻子和长子相继去世，他更加无依无靠。不久，买下羊贩子的妻子徐氏，指望能得到一些财物。但徐氏性子刚烈，天天折磨收拾他，以至连朋友间的红白喜事也不敢去。

忽然有一天夜里，梦见父亲说："现在你的遭遇，可说是山穷水尽了。曾许给你的窖藏金银，现在到时候了。"问："在哪儿？"说："明天给你。"醒后觉得奇怪，还认为是太穷了想钱想的。第二天，取土修墙，挖出了大量的金银。这才醒悟以前所说的"人少时"，是指的自家人死得过半的时候。

异史氏说："李月生和我是不计身份的贫贱之交，他为人老实厚道不欺诈。我们兄弟和他相交，悲哀欢乐都一起分享。近年来，我们彼此相距不过十多里，或老或死也不告诉我们知道。我偶然路过他的村子，因这缘故也不敢去看他。那么李月生的困苦状况，大概有难以明说的了。忽然听到他一下子得到千金，不由得为他感到欢欣鼓舞。唉！李老翁临终时的安排，往日早已清楚知道，但想不到他的话都是预言。这又多么神奇啊！"

老龙舡户

朱徽荫先生任广东巡抚时，来往的客商们，告了许多无头冤案。千里之外的人到了这里，活不见人，死不见尸；几个人同时出来，结果音讯全无。积案累累，无法追究。刚开始告的时候，主管部门还发文追查；等投诉的多了，竟置之不问了。

朱先生到任后，遍查旧案，投诉中死去的人不下百十个，那千里之外无人投诉的，更不知有多少。朱先生惊骇奇怪，心中悲伤，思索此事觉也睡不着。问遍了手下的官吏，都没有什么办法。于是虔诚地沐浴熏香，致文书给城隍之神。完后在书房中睡觉，恍惚看到一位官吏，拿着笏板进来。问："什么官？"回答说："城隍刘某。"问："有什么话要说？"回答说："鬓边垂雪，天际生云，水中漂木，壁上安门。"说完就退出去了。醒来后，解不开这隐语之谜。在床上辗转一夜，忽然悟到："垂雪一句，是指老；生云一句，是指龙；水上木头是舡；墙上安门是户：岂不是'老龙舡户'吗！"

原来广东的东北有小岭河、蓝关河，发源于老龙津，直通南海，岭外的巨富们，常由此进入广东。朱先生就派了武装士兵，密授机谋，捕抓那些在老龙津驾舟的人，先后抓了五十多个，没用刑就招供了。原来这些贼寇，以摆渡为名，把客人骗上船，或者用蒙汗药，或者用闷香把客人弄昏过去，然后就剖开他们的肚子塞进石头，沉到水底下去。客人的冤屈和贼寇的残酷都到了极点！自从冤案昭雪后，远近一片欢腾，赞美的歌谣和颂词都能编成专集。

异史氏说："剖开肚子塞进石头沉入水底，残酷和冤屈已到了极点，但木头雕成一样的官员，却丝毫不关痛痒，难道只是广东这样暗无天日吗！朱先生一来则鬼神都为他效力显灵，积日已久的冤情得以明白，多么神奇啊！然而，朱先生并非有四只眼睛两张嘴，不过是他念念不忘百姓的疾苦，天天记在心里的结果罢了。那些位高权重的，出行时刀戟仪仗排满道路，归来时兰麝异香熏心，尊贵优雅虽然无以复加，究其实那些老龙船户有什么差别呢！"

青城妇

费县人高梦说在任成都知府时,遇到一件离奇的案子。先前,有位西部来的商人住在成都,娶了个青城山的寡妇。随后商人因事回西部,一年多后回来。夫妻两人一聚,商人就突然死了。一同经商的人感到怀疑就告了官,当官的也怀疑妇人有私情,就苦苦审讯。严刑拷打,始终不招。备了公文押解到成都府,但缺乏证据,就关在狱中,拖了很长时间。

后来,高梦说的衙署中有人得了病,请了位老大夫,碰巧在谈论此事。大夫听到,突然问:"那女人嘴尖不尖?"问:"什么意思?"开始的时候不说,再三追问,才说:"绕青城山有好几个村落,村里的女人很多都和蛇交合过,生下的女孩嘴尖,阴道里有蛇信一样的东西。到恣情纵淫的时候,蛇信有时就出来,一进入阴茎中,男子立刻因阳脱而死。"高梦说听后觉得骇人听闻,还不太相信。大夫说:"这儿有个巫婆能用药使女人产生淫欲,蛇信自然出来。是真是假,可以验证。"高梦说就按他所说的,让巫婆给那被押的寡妇使用药物,蛇信果然出来。疑惑才解开。行文上报到省里,上级官员也都如法检验,这才开脱了寡妇的罪名。

鸮鸟

长山县令杨某人,本性贪婪到了出奇的地步。康熙三十四年,西部边塞用兵,买民间的骡马运粮。杨县令就借此搜刮,地方上的骡马被一扫而空。周村是商贩的聚集地,赶集人的车马从四面八方聚到这里。杨县令率领健壮的兵丁全部抢了过去,不下数百头。四面八方来到这的买卖人也没处去告。

当时,各县县令都因公务在省里。恰巧益都县令董某、莱阳县令范某、新城县令孙某在此处旅店。有二位山西商人,来到门前哭诉,说他们有四头健壮的骡子,都被抢去了,他们离家很远,又无生意可做,回不了家,哀求诸位大人能说说情。三位县令可怜他们的处境,就答应了。一起去找杨县令,杨县令备办酒席招待他们。喝酒间,三人说明来意。杨县令不听。三人劝说更加恳切。杨县令就举杯劝酒以岔开话题。说:"我有一个酒令,作不出来的罚。必须是一是天上,一是地下,还要有一位古人;左右问拿的什么东西,说的什么话,要随问随答。"说完,便首先举例说道:"天上有月轮,地下有昆仑,有一古人刘伯伦。左问所拿何物,答说:'手执酒杯。'右问口道何辞,答说:'道是酒杯之外不须提'。"范公说:"天上有广寒宫,地下有乾清宫,有一古人姜太公。手执钓鱼竿,道是'愿者上钩'。"孙公说:"天上有天河,地下有黄河,有一古人是萧何。手执一本大清律,道是'赃官赃吏'。"杨县令有些惭愧,沉吟了很久,说:"我又有了。天上有灵山,地下有泰山,有一古人是寒山。手执一帚,道是'各人自扫门前雪'。"众人听了,彼此看看,脸上有些挂不住。忽然间,有位青年人气宇不凡地走了进来,穿着整齐华丽的袍服,举手行礼致意。大家就拉他坐下,用大杯给他倒酒。青年人笑着说:"酒暂且先不喝了。听到诸位高雅的酒令,我也愿来胡诌几句。"众人请他说。青年人说:"天上有玉帝,地下有皇帝,有一古人洪武朱皇帝。手执三尺剑,道是'贪官剥皮'。"众人大笑起来。气得杨县令愤恨地骂道:"哪里来的狂小子敢这样放肆!"就叫差役抓他。青年人一个箭步上了桌子,变成一只猫头鹰,冲出门帘,飞到院子里的树上停下了,回头对着屋内发出笑声。打它,它就边飞边笑地离开了。

异史氏说:"借买马的由头,那些主管的大人们十个中有七个家里都拴满了健壮的牲畜,但成千上百一群一群的,成了骡马贩子的,除这长山县令外真不多见。圣明天子爱惜人民的财力物力,拿一样东西都要给它相应的价值,哪里知道奉命执行的竟流毒到这种地步呢!猫头鹰到的地方,人们最讨厌它的笑,孩子们都要一起唾它,认为是不好的征兆。这里的一笑,则和凤凰的鸣叫有什么区别呢!"

古　瓶

淄川县北村的井干涸了,村里的甲乙二人下去淘井。挖了一尺多深,挖出个骷髅。不小心弄破了,嘴里含着黄金。甲乙二人高兴地装在口袋里。再挖,又有六、七个骷髅,就都打破了,结果没有金子。骷髅旁有两个瓷瓶,一件铜器。铜器大约有两手合抱那么大,有几十斤重,旁边两只环,不知干什么用的,已经锈蚀得斑驳陆离了。瓶子也很古老,不是现代的样子。

从井里出来后,甲和乙都死了。过了一阵,乙活了过来,说:"我是汉朝人,遭逢王莽之乱,全家人一起跳了井。刚巧有点金子,我就放在了嘴里,实际上并不是入殓时所含的,所以不是人人都有的。干什么要把所有的头颅都砸碎呢?这情景也太可恨了!"众人忙点香烧纸一起祷告,许诺为他们安葬,乙才好了,但甲没有活过来。

颜神镇的孙生听到这件奇事,买走了铜器。举人袁宣四得到一只瓶子,能够显示阴晴:先有一点湿润的地方,起初像米粒大小,渐渐变宽变满,不久雨就来了;湿润消退,就云开日出晴了天。另外一个瓶子到了张秀才家,能够知道朔望:朔时,则出现一个豆粒般大小的黑点,随着日子变大;望时,则整个瓶子都满了;等过了望,又渐渐消退,到晦时则又回复到原来的样子。因为在土里埋得时间长了,瓶口上沾了块小石子,刷不掉剔不掉。最后敲掉了,瓶口上因此略有缺口,也是件憾事。把花插在瓶中,花落后能结出果实来,像长在树上一样。

元少先生

韩元少先生还是秀才的时候,有一天,突然来了位官府小吏,说他的主人要请韩元少先生去做家庭教师,但是没有表明身份的名帖。问他主人家的情况,答得很含糊。但所带的各种礼品,却非常符合礼义并且优厚。韩元少先生答应了,约好了去的日子,那人就走了。

到了约定的日子,果然有车来接。道路长而曲折,是以前从未走过的。忽然间看到有宫殿楼阁,就下车进去,那气派就像王府一样。到了学馆后,酒菜纷纷摆上,劝他自己享用,并没有主人来陪。撤席后,公子出来拜见,年纪有十五六,长得一表人才,风度不凡。行完礼后,就到别处去了,每当请教学业时才来老师这儿。公子非常聪明,一听教义就搞通了。

先生因为不知道主人的家世,心里颇为纳闷。学馆里有两个小仆人服务,就私下里问他们,都不说。问主人在哪里,答说忙着做事。先生求他们带自己去悄悄看一看,不答应。多次请求,才领他到一个地方,听到有拷打的声音,从门缝中一看,见有位君王样子的人坐在大殿上,台阶下剑树刀山,都是阴间的景象。大惊,正要退回去,里边已经知道了,就停下政务,斥退诸位鬼吏,疾声叫小仆人。小仆人吓得脸都变了颜色,说:"我因为先生你,惹祸上身了!"战战兢兢地跑了进去。那君王样子的人发怒说:"怎么敢私自领人偷看!"就用一条巨大的鞭子狠狠地抽打。打完后,就叫先生进去,说:"之所以不见你,是因为阳世和阴间各不相同。现在你已经知道了,也就难以再在一起了。"于是赠给他报酬,让回去。说:"先生是天下第一等人,只是穷困潦倒的时间还没过去罢了。"派一位差役牵马送他。先生怀疑自己已经死了。差役说:"哪里就会这样!你吃的用的,都是从阳世间购置的,不是阴间的东西。"回来后,坎坷了几年,后来连中会元、状元,那人的话都应验了。

薛 慰 娘

丰玉桂是聊城县一个读书人。家中很穷,无以为生。万历年间大饥荒,就孤身一人逃荒到南方去。从南方回来,走到沂水境内时得了病,硬撑着又走了几里路,到城南的乱坟地实在不行了,就躺在一个坟堆旁。忽然间像做梦一样,来到了一个村子里。有个老头从家中走出来,邀请他到家里去。有两间房子,很简陋。内屋里有个姑娘,十六七岁,仪容显得聪慧优雅。老头让她用柏枝泡茶,装在陶器里给客人喝。问丰玉桂的住处,年龄等。说:"我姓李,名洪都,是平阳人。流落到这里,到现在已经三十二年了。你记着我的这地方,如果我家子孙来找我,就麻烦你告诉他们。我不敢忘了你的情义。我的义女慰娘,颇不丑,能配上你。我三儿子来的时候,就叫他去定亲。"丰玉桂很高兴,叩拜说:"我已经二十二岁了,还没有得到好的配偶。承蒙你赐我好姻缘,好是非常好;只是到哪里能找到你的家里人告诉你的事呢?"老头说:"你只要住在北村里,等上一个多月,自然会有人来的,只求你不嫌烦就行了。"丰玉桂怕老头不守信用,就进一步落实说:"实话告诉老伯:我们家除了四堵墙外,别无财物,只怕日后不合您的愿望,半路上被抛弃,会让人难堪的。即使没有这姻缘,我也不敢不像季路那样遵守诺言,不如直接告诉你真情吧?"老头笑了,说:"你是要让我老头发誓吧?我早已熟知你一贫如洗了。这姻缘不光为你。慰娘孤苦无依,我照管她很久了,不忍心看着她到处流落,所以把她许给你。有什么想不开的!"就拉着丰玉桂的胳膊送他出去了,拱拱手关了门进去。

丰玉桂醒了,依然躺在坟旁,太阳已经快到中午了。慢慢起来,磕磕绊绊地走到村子里。村里人见到他都吃了一惊,说他已经死在路旁一天了。丰玉桂突然想到,那老头一定就是墓中人。但隐藏不说,只是请求让他住下。村里人怕他再死了,没人敢留。村里有个秀才和他同姓,得知后,就跑来问他的家世,原来是丰玉桂的远房叔父。很高兴地把他领到家里,给他吃饭治病,几天后就好了。于是说了自己的遭遇,他叔父也很吃惊奇怪。于是等着看有什么事发生。

住了不长时间,果然有位穿官服的人找到村子里,寻访父亲的坟墓,说自己是平阳进士李叔向。先前,他父亲和同乡某人出来做生意,死在沂水,同乡就把他先埋在了乱坟地。同乡回家后也死了。当时李老头的三个儿子都还小。后来,大儿子李伯仁中了进士,做了淮南县令。多次派人寻找父亲的坟墓,却一直无人知道。次子李仲道,中了举人。李叔向最小，也考中进士。于是就亲自来寻找父亲的遗骨，到沂水各处打听探访。这一天寻到了这里，村子里的人都不知道，丰玉桂就领他到坟墓所在的地方，指给他看。李叔向不敢相信，丰玉桂就把自己所经历过的讲给他听，李叔向觉得很奇怪。仔细打量，两座坟连着，有人说三年前有个当官的，把一位年轻小妾埋在这儿。李叔向怕误挖了别人的墓，丰玉桂就把自己所躺的地方指给他。李叔向叫人抬来棺材放在旁边，才开始挖。挖开后，竟是具女尸，衣服腐乱昏暗，但脸上的颜色却同活着一样。李叔向知道错了，吓坏了，不知道该怎么办。但女子却立刻起来，四面看看说："三哥来了吗？"李叔向吃了一惊，忙上前问她，原来是慰娘。就脱下衣服给她穿上，抬回旅馆去。又连忙挖旁边的墓，期望父亲也能复活。挖开后，皮肤头发虽然还在，但抚摸一下又干又硬，很是悲哀。装殓进棺材后，祭奠了七天，慰娘披麻戴孝，就像女儿一样。慰娘忽然对李叔向说："以前父亲有二锭黄金，曾分给我一锭做嫁妆。我由于孤单体弱没放的地方，就用丝线系在腰里，但没有带走，哥哥是不是见了？"李叔向不知道，就让丰玉桂去到墓穴中找，果然有，像慰娘所说的一样。李叔向就仍把那用丝线系着的金锭给了慰娘。闲时，就问慰娘的家世。

原来，慰娘的父亲名叫薛寅侯，没有儿子，只生了慰娘，非常疼爱她。一天，慰娘从住在金陵的舅舅那儿回来，带着老妈子找船，有个撑船的人是金陵地方说媒拉线的。正巧有个官员，任期满了要回京城，派他找一个美貌动人的姑娘做妾，找了好几家，没有称心的，准备乘船到扬州去找。撑船的人忽然见到姑娘，就生出一条诡计，急忙招呼她们上船。老妈子以前也认识他，就上了船。到了半路，撑船人就在饭里下了毒，姑娘和老妈子都昏了过去。把老妈子推到江里，带着姑娘返回金陵，以高价卖给了那个官员。慰娘进门后，那官员的夫人才知道，气坏了。慰娘又稀里糊涂，不知道行晋见礼，于是被狠打了一顿关了起来。官员的船向北走了三天，姑娘才清醒过来。婢女讲了经过，慰娘大哭不止。一天夜里，住在沂水，慰娘就上吊死了，被埋在这乱坟地。姑娘在墓里，被群鬼欺凌，李老翁时常保护她，慰娘就把老翁当作自己的父亲。李老翁说："你命不该死，应为你找一个好女婿。"那次丰玉桂见她后出来，李老翁回去对姑娘说："这小伙子品行可靠，可以托付终身。等你三哥来了，替你主婚。"一天，对慰娘说："你该回去等着了，你三哥要来了。"就是挖墓的那一天。

在办理起灵归葬期间，慰娘一一向李叔向回忆讲述了这些。李叔向听后，叹息了很长时间，就把慰娘当作妹妹，让她随李姓。略微置办了一些衣服用品，就把她嫁给丰玉桂。说："盘缠不多，不能替妹妹置办嫁妆。我想带你们一块回去，以安慰母亲的心，怎么样？"慰娘很高兴地答应了。于是夫妻两个就和李叔向一起，护送灵柩回李老翁家去了。

回到家后，母亲问清缘故，对慰娘比自己亲生的还要爱，让他们单独住一院。丧葬时，慰娘的哀悼超过了儿孙们。母亲更怜爱她，不让她回去，吩咐几个儿子给她买宅院。碰巧有个姓冯的要卖宅院，价值六百两银子。仓促间未能全部付清房钱，就暂时写下欠债文契，约定日子给钱。

到了那天，冯某一大早就来了，正碰上慰娘也从住的院子过来看望母亲，突然一见，绝对像当年那个撑船人。姓冯的见了慰娘也是一惊。慰娘快步走了过去。两位兄长也因母亲有小病，来到母亲房中。大家聚在一起，慰娘问："客厅前走来走去的是谁？"李仲道说："几乎忘了，一定是前天那个卖房子的。"就起身要出去。慰娘拦住他，告诉了自己的怀疑，让盘问一下。李仲道答应了出去，那姓冯的已经走了，而巷子南边的塾师薛先生却在那儿。就问："有什么事？"说："昨天晚上冯某请我早早到府上来写有关卖房文契，刚才在路上碰见他，说是偶然忘了件东西，暂且回去拿一下就回来，让我坐在这儿等他。"过了一会，丰玉桂和李叔向都来了，大家一起攀谈。慰娘由于冯的缘故，也悄悄来到屏风后看。仔细一看，那薛先生竟是自己的父亲。突然出来，抱着大哭起来。薛老翁又惊又喜，哭着说："孩子从哪来啊？"大家这才知道他就是薛寅侯。李仲道虽然在街上常常碰见他，但那时并不知道他叫什么。此时大家都很高兴，就给他讲了以前的经过，摆酒庆贺，留他住一宿，听他讲了自己的经历。因慰娘丢了，妻子悲伤而死，自己独身一人，无依无靠，就到处教学来到了这里。丰玉桂就告诉他，等买了房子，就接他来一块住。

第二天，薛老翁去打听，冯某已经全家一起逃走了，才知道杀死老妈子卖掉女儿的，就是他了。冯某刚到平阳的时候，靠做买卖起家，但连年赌博，一天天就耗完了，因而卖房子，卖慰娘所得的银子也消耗完了。

慰娘得到宅院后，也不太仇恨冯某了，找了个好日子搬过去，也不追究冯某逃到哪里去了。李母馈赠不断，一切日用所需都供给她。丰玉桂就在平阳安下家来，只是回乡参加考试觉得路远很辛苦。好在这一年中了举人。慰娘富贵后，常常想老妈子是为自己而死的，想在她儿子身上报答。老妈子的丈夫姓殷，有个儿子叫殷富，喜欢赌博，穷得没有立锥之地。一天，在赌局中争赌注，打死了人，逃来平阳，投奔慰娘。丰玉桂就把他留在家中。问他打死人的姓名，正是那撑船的冯某。丰玉桂惊骇叹息了很久，就说破了这件事。殷富这才知道冯某就是杀死母亲的仇人，更加高兴，就在这里当了佣人。

薛寅侯被女婿养起来，女婿又给他买了妾，生下一个儿子和一个女儿。

田 子 成

江宁府人田子成在过洞庭湖时，因船翻淹死了。儿子田良耜，是明代末年进士，而当时还在襁褓中。妻子杜氏，听到噩耗后，服毒死了。田良耜由庶祖母抚养成人，在湖北做官。一年多后，奉上司命令去经管湖南事务。到洞庭湖时，痛哭着返了回来。向上司呈报说自己能力才干不够，降职为县丞，隶属汉阳府，依然推辞不去。上司强行督促才勉强去了。去后，就寄情放荡于江湖间，不把职守放在心上。

一天晚上，停船江岸，听到洞箫的声音，悠扬宛转很动听。乘着月色，信步走去，大约有半里路，看到旷野中有几间茅草屋，闪着点点灯光。靠近窗子一看，有三个人在里边喝酒。坐在上首的是位秀才，三十多岁；下首是位老头；打横坐是吹箫的，年龄最小。一曲吹完，老头拍手称好。秀才面对着墙低吟思索，像是没听到。老头说："卢十兄一定有好作品，请大声吟出来，让大家一块欣赏。"秀才就吟诵道：

> 满江风月冷凄凄，瘦草雪花化作泥。
> 千里云山飞不到，梦魂夜夜竹桥西。

声音悲凉凄惨。老头笑了，说："卢十兄又故态复萌了。"斟了一大杯酒，说："我不能相和，就唱支歌助酒兴吧。"唱了一曲"兰陵美酒"。唱完后，一桌的人都笑了。

青年人起身说："我看看月亮斜到什么程度了。"一出来突然看到田良耜，拍手说：

"窗外有人，我们的狂态全暴露了！"就拉他进去，一起喝酒。老头让他坐在青年人对面。他摸摸杯子，都是冷酒，就推辞不喝。青年人就站起来用苇子做成的火把燎热了酒壶给他。田良耜也叫随从拿出钱来去买酒，老头再三地拦住了。问田良耜的家世状况，田良耜一一说了。老头表示敬意说："是我们这里的父母官。我姓江，名少君是本地人。"指着少年说："这是江西的杜野侯。"又指着秀才说："这是卢十兄，和你同一个地方。"这位姓卢的秀才，自从见到田良耜，就很傲慢，不太礼貌。田良耜就问："家住哪里？如此高才，只是早没听说。"回答说："流离在外已经很长时间，亲戚同族的人都不认识，让人悲叹痛苦啊！"言下非常感伤痛苦。老头摇手打断说："遇到这样好的客人，不说喝酒，絮絮叨叨如此，听了让人生厌！"就拿起杯子自己喝了，说："有个酒令，大家一块来行，不能的罚。每人掷三个骰子，以点数相合为准，必须符合一个古代典故。"就掷骰子，掷了个么、二、三，唱道："三加么二点相同，鸡黍三年约范公：朋友喜相逢。"下来轮青年人，掷了两个二点一个四点，说："不读书的人，只见过一些俗典，不要笑话。四加双二点相同，四人聚义古城中：兄弟喜相逢。"卢秀才掷了两个么一个二点，说："二加双么点相同，吕向两手抱老翁：父子喜相逢。"田良耜掷的点数和卢的一样，说："二加双么点相同，茅容二簋款林守：主客喜相逢。"酒令行完以后，田良耜起身告辞。卢秀才起身说："同乡的情谊，还未来得及倾吐，干吗分别得这样匆忙？还有事要问，希望你再呆一会。"田良耜又坐下来，问："有什么话要问？"说："我有个老朋友某某，淹没在洞庭湖，和你是不是同族？"田良耜说："是我的父亲，你怎么认识？"说："小的时候就很要好。淹死的那一天，只有我见到了，因而收拾了他的尸骨，埋在江边。"田良耜哭着叩拜，求他指示墓地在什么地方。卢说："明天到这来，当指给你看。其实很好找，离这几步远的地方，只要看到坟上有十根芦苇的就是。"

田良耜流着泪和众人拱手告别。到船上后，一夜都不能入睡，想那卢秀才的情志和词句似乎都有原因。天将亮时又去，而那些茅屋全没有了，更为惊骇。于是遵照他所说的去找墓，果然找到了。有一丛芦苇长在坟上，一数，刚好十根。恍然悟到卢十兄的称呼，都是其寓言；晚上所碰见的，是自己父亲的鬼魂。仔细询问当地人，则是二十年前，有位姓高的老人富而好善，把那些淹死的人的尸骨捞上来掩埋，因此有几座坟留下来。于是挖开坟墓带上父亲的尸骨，弃官回家乡了。

回到家后告诉庶祖母。庶祖母细细问了那鬼的容貌长相都符合。那江西杜野侯，就是他的表兄，十九岁，淹死在江里；后来他父亲流离到江西。又悟到杜夫人死后，葬在竹桥的西边，所以诗中这样写。只是不知道那老头是什么人。

王 桂 庵

王樨，字桂庵，是大名府的世家子弟。一次，他乘船南游，便将船泊在江岸边。邻船上船工的女儿正在低头绣鞋，生得如出水芙蓉，风姿绰约。王桂庵看了半天，而女子似乎没有察觉。王桂庵朗声吟道"洛阳女儿对门居"，故意让那女子听。女子似乎听出是对她的，只是稍稍抬头斜眼看了一下王桂庵，仍旧低下头去绣鞋。王桂庵魂飞神驰，从怀中掏出一锭银子，向女子扔过去，刚巧落在女子衣襟上。女子拾了起来，扔向岸边。王桂庵捡起来，更觉奇怪，又将一支金钏投向女子，掉在她脚旁。女子头也不抬，照旧绣着鞋。一会儿，船工回来了。王桂庵生怕船工看见那只金钏后盘问女儿，不由深深为女子担心,而女子从容地用小脚将金钏遮住。船工解开缆绳,撑船而去。王桂庵心中空落落的,很沮丧,便呆呆地坐着痴想。当时,王桂庵的妻子刚死,后悔没有媒人就此订婚。他忙向船户打听,船户们都说不清楚。王桂庵急忙拨转船头追去,那条船连影子都没了。不得已只好反转船头向南。

等事情办完,向北回时,他又沿江细细打听那只船的下落,还是没有眉目。到家后,他心中挂念女子,以至食不甘味,夜不成眠,整日蔫蔫的,无精打采。

一年后,他又去南方。这次,他特地买了条船,以船为家。每天细细观察来往船只,时间一长,看也看熟了,独独不见他盼望的那条船。在船上住了半年多,身上带的钱用光了,只好回家。回来后,行思坐想,仍在那女子身上。

有天夜里,梦见只身走到江边一座村落,走过几家院门,见一所宅院的柴门向南而开,门内用竹子作为篱笆,以为此处是亭园所在,便走了进去。院内栽着一株合欢树,上面红丝缠满。他心里想道:"诗中有'门前一树马缨花'句,不正是指这种情景吗?"再走几步,有齐整光洁的芦苇篱笆。向深处走去,见有三间北房,窗子紧闭着。靠南有间小房舍,红芭蕉将窗户遮蔽得严严实实的。他探身看去,见一副衣架放在门口,上边挂了一件画裙,知是女子闺阁,慌忙向外退去。里边的人似乎察觉到了,出来看视,美丽的面容刚一露出,正是船上那女子。王桂庵喜出望外地说道:"我们也有相逢的日子啊!"上前正要和那女子亲热,可巧女子的父亲回来。一下子惊醒,才知道是梦。可是梦中所见历历如在眼前。他将此隐藏在心中,生怕对人说了,便破坏了好梦。

又过了一年多,王桂庵再次到镇江府。府城南有位徐太仆,与王家是世交,便请他去府上宴饮。王桂庵信马由缰而去,误进一座村子,眼中所见景象,就像经历过似的。有一家门内,种有一株合欢树,与梦中的一模一样。王桂庵大惊,扔下马鞭走进院门。院中的东西,同梦境没有二样。再往近走,房舍的形制、位置、间数都和梦中的一样。一想到梦已应验,便不再疑虑,径直向南边那间小房舍走去,船上那位女子果然在房中。那女子远远看见王桂庵,吃惊地站起来,躲在门后,叱问说:"什么地方的男人?"王桂庵犹像间还以为是在做梦。那女子见王桂庵走得近了,急忙关上房门。王桂庵在门外问道:"你不记得扔金钏的人了吗?"接着详细叙述了自己的相思之苦,并且说了那个梦境。女子隔窗打问他的家世,王桂庵一一说了。女子问道:"你家既然是世家,必有美丽妻子在室,又何必要我?"王桂庵说:"不是因为你的缘故,我早已婚娶了!"女子说:"真像你所说,足见你的一片真心。但是这件事我难以向父母开口,过去也曾违背父母之意,拒绝了几家上门说媒的人家。你的金钏还在我这里,料到钟情的人一定会有消息的。眼下,我父母到亲戚家去,马上就要回来。你暂且去吧,请媒人来纳金下聘,我看不会不成的;倘若想越礼成婚,这可是用错心机的。"王桂庵急忙要退出。女子远远地呼叫王郎道:"我叫芸娘,姓孟,父亲名江篱。"王桂庵牢牢记下后便出去了。

从徐太仆府上用完宴席早早出来,王桂庵到芸娘家拜谒孟江篱。孟江篱将他请进家,在篱笆院墙旁坐下。王桂庵自报了家门及身世,并说明来意,取出百两银子的聘礼呈上。孟江篱说:"你来晚了一步,我家小女已有人家了。"王桂庵开始不信,对孟江篱说:"我打听得确确实实,芸娘仍待字闺中罢了,为什么坚决拒绝呢?"孟江篱正色说:"我刚才说的,句句是真,不敢诳骗。"王桂庵不禁神色沮丧,没精打采地与孟江篱道别出来。

这天晚上,王桂庵辗转反侧,想了一夜,把每位熟人挨个掂量了一下,竟没有一个人能够做媒的。想来想去，只有一个徐太仆，以前，他曾想将事情原委告诉徐太仆，又怕徐太仆会笑话他娶船工的女儿为妻；如今事情紧急，来不及多想，唯有出面找他帮帮忙。

等天亮后，他便起身出门去找徐太仆。徐太仆听王桂庵说明了来意，拍了拍掌道："孟老头和我是亲戚，你为什么不早说？"王桂庵向徐太仆吐露了隐情。徐太仆心生疑问，对王桂庵说："孟江蓠家是穷，但从来不以操舟为业，你是不是搞错了？"王桂庵也不知所以。徐太仆便让儿子大郎去向孟家打问。

孟江蓠见大郎提起此事，便说："我家虽穷，但不卖婚。前几天，王公子前来行聘，想必是以为我利欲所动，所以，我不敢与他结为婚姻，既然徐先生有意为媒，那么一定没有什么问题了。只是小女自小娇溺惯了，一些大户人家几次提亲，均被她拒绝了，王公子这门亲事，我不得不与小女商量，省得她日后埋怨。"便起身进内。过了一会儿，他出来对大郎说："看来王公子与小女有缘，这事便算定了，大郎回去请王公子下聘吧。"

大郎回家向父亲回复了，王桂庵一听孟家同意，高兴得合不拢嘴，便张罗彩礼，择日下聘。又借了太仆家一幢房子，重新整修装饰一番，很快便将芸娘娶进。

新婚三天后，王桂庵与芸娘拜别岳父回家。晚上，他夫妻二人住在船中，灯下闲聊时，王桂庵问芸娘道："那次我在这里遇见你，本来就怀疑你不是船工的女儿。你父女二人为什么在江上泛舟呢？"芸娘说："我叔父家住江北，父亲与他很久没有见面，就向别人借了一条船前去探望。我家生活仅仅可以自给，可是对他人所赠并不看重。我笑你两只瞳孔像豆子般小，几次以金银打动人。开始，我听见你吟诗，知道是风雅之人，又疑心是浮浪弟子把我当作荡妇挑逗呢！假如让父亲看见金钗，你休想活了！你看我爱才心切不？"王桂庵笑了，说："你是鬼得很，但也掉进我的妙术中了！"芸娘问什么事，王桂庵笑而不答。芸娘追问得急了，王桂庵才说："快到家了，此事最终要让人知道。我实话告诉你：我家里本来就有妻室，是吴尚书的女儿。"芸娘不相信，王桂庵故意装得很认真，表明绝无骗她的道理。芸娘勃然变色，呆呆地怔了一会儿，猛然站起身，奔出舱外。王桂庵后脚追出来时，芸娘已投身滔滔江水之中了。王桂庵大呼大叫，惊醒了熟睡的船客。这时，夜色昏黑，朦朦胧胧，只有满江星点而已。王桂庵痛不欲生，哭了整整一夜。他沿江而下，出高价雇人打捞芸娘尸首，却没有下落，只好郁悒地回到家中，悲恸交集。又担心孟江蓠来看望女儿，自己将怎么对他交代？他有个姐夫在河南做官，便去投奔了姐夫。

一年后，王桂庵从河南回家，中途遇上下大雨，连忙躲进一家民舍避雨。进了院门，见房廊洁净，有位老太太在逗弄小儿玩耍。小儿见王桂庵进来，摇摇晃晃地扑过来，伸出双手要他抱。王桂庵见这孩子并不认生，感到有些奇怪。又看他生得灵秀可爱，便将他抱起来放在膝上。老太太叫了小儿几声，招手让他过去，小儿却不理会，只和王桂庵亲近。停了一会儿，雨住了，王桂庵急着上路，便把小儿递到老太太怀中，自己下堂去整顿行李。小儿哀哀地哭着说："爹爹要走了！"老太太脸上顿时挂不住，便高声呵斥小儿，硬抱着他走了。王桂庵坐待仆人打点行李。忽然，有位美色女子抱着小儿从屏风后转出，正是芸娘！王桂庵正惊奇间，芸娘骂道："负心的人！你留下这块肉，要拿他怎么办？"王桂庵才知道小儿是他的儿子。痛如万箭钻心，来不及问芸娘究竟如何得以活命，只是一个劲儿地向芸娘追悔他前次的戏言。芸娘转怒为悲。夫妻二人相对垂泪。

原来,这家主人莫老伯,六十岁还没儿女,那年带着老太太到南海朝拜观音娘娘。回来时,他将船泊在江边。此时,芸娘身体随波漂来,刚好撞在莫老伯的船上。莫老伯忙让人将芸娘救起,抢救了一夜,芸娘才轻轻吐出一口气,苏醒过来。莫老伯夫妇看芸娘生得姣好,很是喜爱,便将芸娘认作女儿,带着芸娘回到家中。几个月后,老夫妇俩要为芸娘找一个夫婿,芸娘说什么也不愿意。十个月后,芸娘生下一个儿子,取名寄生。王桂庵在莫家避雨时,寄生正好一岁了。

王桂庵听了这件事的前前后后,解下行装,进屋去拜了岳父岳母莫老伯夫妇。几天后,他带了芸娘、寄生母子一道回家。到家后,见孟江篱已在他家等了两个月了。孟江篱初来时,见王家仆人言辞躲躲闪闪,心中好生疑惑。等到见到女儿女婿后,这才放下心来。王桂庵详细向家人叙说了芸娘的遭际,孟江篱这才明白那些仆人吞吞吐吐是有原因的。

寄 生 附

寄生字王孙,是本地区的名士。因他在褓褓中就能认出父亲,父母认为他天生聪慧,很钟爱他。越长越英俊,八九岁就能写文章,十四岁进了郡学。常要自己选择配偶。父亲王桂庵有个妹妹叫二娘,嫁给秀才郑子侨,生了个女儿叫闺秀,聪慧美貌天下无双。王孙一见,心里非常爱慕。时间长了,觉也睡不着,饭也吃不下。他的父母极为忧虑,苦苦追问,他才说了实情。父亲就找了媒人到郑家去说亲。郑秀才是个性格拘谨规矩的人,认为中表亲不利婚嫁,就拒绝了。王孙得知后,病更重了。母亲没办法,就暗自委婉地向二娘致意,只求闺秀来看一下,安慰一下自己的儿子。郑秀才知道了,更加生气,说出了不好听的话。到此,父母都绝望了,只能由他去。

本地有户大姓人家姓张,五个女儿都很美,最小的叫五可,比几个姐姐更出色,正在找女婿,还没有人家。一天,上坟的时候,在路上遇见王孙,从车中看到后,回去就告诉了母亲,她母亲明白了她的意思,找来媒婆于氏,略微透了些意思,媒婆就来到王家。当时王孙正病着,媒婆知道后,就笑道说:"此病我老婆子能治。"芸娘问她缘故。媒婆就传达了张氏的意思,并极为夸赞五可的美貌。芸娘很高兴,就叫媒婆去问王孙。

媒婆进去后,抚慰王孙,告诉他这事。王孙摇头说:"治得不对症,怎么办!"媒婆笑说:"你只问医生好不好:只要好,本来请叫和的这个名医而叫作缓的那个名医来了,这就行了;认定那个人非他不行,直到要死了还是等着,不也太傻了吗?"王孙唏嘘说:"只是天下的医生,没有超过和的啊。"媒婆说:"怎么见识这么小?"于是就把五可的容貌颜色头发皮肤,神情体态,连说带比画地描绘形容了一番。王孙又摇头说:"婆婆算了吧!这是我的心意中的姑娘。"就翻身对着墙,不再听了。媒婆见他志向不变,就走了。

一天,王孙在重病中,一个婢女突然进来说:"你所想的人来了。"高兴极了,一骨碌起来,急忙走出房子,而那姑娘已经在院子里。仔细辨认,却不是闺秀,她穿着松花色的细褶绣裙,两只小脚微微露在外边,就是仙女也不过如此。拜问姓名。回答说:"我就是五可。你是一个非常有深情的人,但只钟情闺秀,让人心里不平。"王孙道歉说:

"生平没有见到过你,所以眼里只有闺秀,现在我知道自己错了!"于是就发誓定情。正在双手相握情意绵绵时,刚好他母亲来抚慰他,猛然醒来,原来是场梦而已。回想梦中情景,五可姑娘的音容笑貌就像在眼前一样。自己思量:五可果真和梦里的一样,何必去求那难以得到的呢。于是就把梦告诉了母亲。母亲为他改变心思而高兴,急着要找媒人。王孙担心梦得不准,就托邻居一位向来和张家熟悉的老太太找个借口去一下,亲眼看看五可。

老太太到张家时,五可正病着,手支着下巴靠在枕头上,婀娜娇美的姿态,能倾倒一世的人。走近问她:"什么病?"姑娘用手摆弄着衣带,默然无语。她母亲代答道:"不是病,近日来和父母斗气罢了?"老太太问为什么。她母亲说:"好多家来提亲,都不愿意,一定要像王家寄生那样的才嫁。因为我这做母亲的劝得她太急,就故意不吃饭已经好几天了。"老太太笑着说:"姑娘若许配了王郎,真是玉人成双了。他如果看到五姑娘,恐怕又要憔悴死了!我回去就叫他请媒人来,怎么样?"五可阻拦说:"姥姥别这样!恐怕不如意,更添些笑话来!"老太太毅然地以必成为己任,五可才露出笑容来。

老太太回去到王家说了情况,和那媒婆说法一样。王孙详细询问了五可的衣着和鞋,也和梦中的一样,非常高兴。心里虽然踏实了一些,但终究不能放心他人的话。过了几天,病渐渐好了,就悄悄地把姓于的媒人找来,商量要亲眼见见五可。于婆婆很为难,就暂且应承一声走了。过了很长时间也不来。正要去找她问问,于婆婆忽然开心地来了,说:"想法有机会实现了。五姑娘一直有点小病,每天叫婢女扶着到对面的院子。你到那里藏起来等着,五姑娘行动迟缓,你可以仔仔细细地看个清楚。"

王孙很高兴,第二天早早地就去了,于婆婆已经先到了。叫他把马系在村里的树上,领他到临街的一间屋子里,安排好坐的地方,把门关上离开了。过了一会,五可果然扶着婢女出来了。王孙就从门缝中看她。来到门前时,于婆婆故意指着云彩树木让五可看,使她能慢些走。王孙因此看得很仔细很清楚,激动得发抖难以自持。一会儿,于婆婆来了,说:"能不能替代闺秀?"王孙表示很感谢就回来了,告诉父母,要他们请媒人求婚。可等媒人去了,五可已经订婚了。王孙太失意了,后悔气闷得要死,立刻又病了。父母也更加忧虑,责备他自己把事情耽误了。王孙无话好说,只是每天喝一些米汤。连着几天,瘦得皮包骨头趴在床上,比以前更严重。

一天,于婆婆突然来了,吃惊道:"怎么病得这样厉害?"王孙哭了,说了实情。于婆婆笑道:"痴公子!以前人家找你来,你却故意推却;现在你求别人,就一定能如意吗?但即使如此,还能够使上劲。要是早和我商量,就是许配给京城的皇子,也能夺来给你。"王孙高兴极了,求于婆婆设法。于婆婆就叫他家写好求婚书派仆人去,约好第二天在张家等。父亲王桂庵怕太唐突被拒绝。于婆婆说:"前面已经和张公说好了,只是拖后几天,才突然悔约;况且五可许给人家,还没有婚书为凭。谚语说:'先做的先吃'。还有什么可犹豫的!"王桂庵就依了她的主意,第二天,就派了二个仆人去,并没有什么阻碍,多多地犒赏了两个仆人让回来了。王孙的病顿时好了。从此后再也不想闺秀了。

当初，郑秀才拒绝了这一婚事，闺秀很不高兴；又听到张家的婚事成了，心里更加压抑忧郁，就病了，精神和身体一天比一天更糟。父母问她，不肯说。婢女看出她的心意，就悄悄告诉她母亲。郑秀才知道了，发怒不给她治病，任凭去死。二娘生气地说："我侄子也很不差，干吗守着那老陈规，害死我的娇女儿！"郑秀才气愤地说："如果生下这样的女儿，还不如早死，免得给人留下笑柄！"因此，夫妻两个人也闹翻了。

二娘和女儿讲，如果仍嫁给王孙，就等于为妾。女儿低头不语，意思像是很情愿。二娘和郑秀才商量，郑秀才更加愤怒，一切都由二娘，把女儿置之度外，不再管了。二娘爱女心切，要兑现自己的话。女儿很高兴，病也渐渐好了。二娘打听好王孙迎亲的日子，到了那一天，以侄子结婚为理由要回去，天未亮，就派人问哥哥要仆人和车马。王桂庵最为友爱，再加上两个村子离得较近，就用准备迎亲的车马先去接二娘。车马一到，二娘就把闺秀打扮好送到车上，并派了两个仆人和两个老妈子护送。车到门前，用毡铺地进去。当时，鼓乐都已经招集来了，郑家的仆人就叫他们吹打起来，一时间人声沸腾。王孙跑出来看，见一个姑娘用红头帕蒙着头，吓坏了，想跑；被郑家的仆人挟持着要他交拜。王孙也不知道是怎么回事，也就拜了堂。拜完后，两个老妈子扶着姑娘，径直就到了新房。这才知道是闺秀。这时，全家上下都乱了套，不知如何是好。天也渐渐晚了，到了正式迎亲的时候，可王孙不敢去迎亲。王桂庵就派仆人去告诉张家这一情况。张氏发怒了，就要和他们断绝关系。五可不愿意，说："她虽然先到，但没有订婚等程序；不如仍让他们来迎亲。"她父亲采纳了，就告诉来的人。来人回去说了，王桂庵还是不敢这样做。家里人聚在一起谋划，哭也不是，笑也不是，没有办法好想。张家人等了好长时间，知道不来了，就也用车马把五可送了来，王家又连忙把另一间屋子布置成新房，让五可住。王孙周旋于两人之间，走来走去不知怎样才好。他母亲在中间调停，让两人按年纪论大小，两人都答应了。可等五可知道闺秀比她大一点，她要叫闺秀为姐的时候，却显得很为难。等到三天后一起见公婆时，五可见闺秀风采动人，就不觉让闺秀占了先。从此后，两人总算摆平了。但是王孙的父母依然担心时间长了不能彼此相容，但两个人没有什么别扭，衣服鞋袜换着穿，相亲相爱像亲姐妹一样。

王孙问五可拒绝提亲的原因。五可笑了，说："没别的，就是报复你对于媒婆的拒绝。还没见过我，心里只有闺秀；等你见到我以后，我也想略微摆弄一下你，看看你对我和闺秀比怎么样。假使你只为她害病，而不为我害病，那我也就不强求你接纳我了。"王孙笑说："这报复也太惨了！然而不是于婆婆，哪里能一睹你的芳容呢！"五可说："是我自己愿意见你，于婆婆能做什么。经过房门的时候，岂不知道里边有人虎视眈眈吗！梦中已经彼此相许了，为什么还不相信呢？"王孙吃惊地问："你怎么知道？"五可说："我在病中梦见到了你家，以为是妄想；后来听说你也梦到我，才知道魂魄真的到了这里。"王孙觉得奇怪，就讲了梦境，哪天哪时都相符。

他们父子两人的良缘，都是因梦而成，也算是离奇的情缘了。所以一并记下来。

异史氏说："父亲痴情，儿子又几乎为情而死。人们所说的情种，就是说的王孙吧？没有善于做梦的父亲，怎么能生出这离魂的儿子呢！"

周　生

　　周生是淄川县官衙的幕僚。县令因公外出，他的夫人姓徐，有去泰山朝拜碧霞元君娘娘的心愿，因为路途遥远的缘故，就派仆人带着祭祀礼品代她前去。让周生作一篇祭神的祝祷文。周作了篇骈体文，一一述写徐夫人生平，很有些戏谑轻侮的语句。其中有几句是："栽殷阳满县之花，偏怜断袖；置夹谷弥山之草，唯爱余桃。"这些是诉说了夫人胸中不满的事，诸如此类还很多。脱稿后，拿给同僚凌生看。凌生认为有亵神灵，告诫他不要用。不听，交给仆人拿去。不久，周生就死在官署中；随后仆人也死了；徐夫人生孩子后，也因病死了。人们还没想到这有什么奇怪的地方。周生的儿子从京都来迎父亲的灵枢，晚上和凌生睡在一起。梦到父亲告诫他说："文字之事不能不谨慎啊！我不听凌君的话，因写了那些亵渎的话，致使神灵发怒，突然折损了我的寿命；又连累徐夫人，并殃及焚烧文稿的仆人。恐怕到冥间也难免严厉的惩处！"他儿子醒来，告诉了凌生；凌生也做了同样的梦，于是就把周生作文的事说给他听。周生的儿子为之深感敬畏。

　　异史氏说："放任感情纵笔去写，往往洋洋洒洒很自快，这是文人墨客的常情。但是，像那些游戏侮辱的词句，怎么就敢奉献给神明。狂生无知，被神灵惩处是罪有应得的。但是让贤德的夫人和千里迢迢奔波的仆人一同死去却不知道犯了什么罪，这和人间刑律中分别首犯和从犯相比，反而更昏乱不明吗？冤枉啊！"

褚　遂　良

　　长山县赵某，租大户人家的房子居住。他腹中生了肿块，孤身一人，又穷困，只能奄奄一息地等死。

　　一天，硬挣扎着出来，躺在房檐下凉快。醒来的时候，发现一位绝代美人坐在身旁。于是就询问她。回答说："我是特地来给你做媳妇的。"赵某吃惊说："先不说我这穷人不敢有这样的妄想；就是有，像我这奄奄一息的样子，即使有了媳妇又有什么用！"美人说："我能治你的病。"赵某说："我的病不是举手间就能治好的，纵然有良方，没钱买药又能怎么样！"美人说："我治病不用药。"就把手放在赵某的肚子上，用力按摩。赵某觉得她的手掌热得像火一样。就这样按摩了一会，肚子里的肿块隐隐发出分解的声音。又过了一会，想上厕所。急忙起身，跑了几步，脱了裤子狠拉一气，粘液流离，肿块都排了出来，觉得浑身上下都爽快了。返回躺在原处，对美人说："你是什么人？祈盼告诉姓名，我好立牌位供奉。"回答说："我是狐仙。你就是唐朝的褚遂良，曾经对我家有恩，一直铭记在心要报答。每天都找你，现在总算找到了，夙愿可以实现了。"赵某自惭形秽，又怕茅屋黑灶弄脏了美人的漂亮衣裳，不敢领她进屋。美人请他只管放心。赵就领她进了屋子，见地上铺草就是床，席子也没有，冰锅冷灶无烟火。赵某说："不说这光景不值得你委屈受辱，就是你甘心情愿，请看看那粮瓮空空如也，我又拿什么来养活妻子呢?"美人只说:"别犯愁,没关系。"赵某听她说完,一回头,看到床和床上用的毡、席、被、褥等已一应俱全。正要询问,转眼间,又看到整座屋子都用银光纸裱糊得像镜子一样光滑明亮。所有的东西也都变了,桌子茶几精致清洁,酒菜也摆好了。于是两人高高兴兴地一起喝起酒来。天晚了,两人就一同就寝交欢,像夫妇一样。

房子的主人听到他的奇遇,就请美人出来见见。美人立刻出来,没有为难的样子。从此后,四处都传遍了,来的人很多。美人也不拒绝。有人设宴招待赵某,美人必定和丈夫一块去。一天,酒席上有位举人暗动淫心。佳人早已知道,忽然起身指责讥讽。当即用手推了一下他的头,头从窗棂间穿过去,而身子卡在里面,进不得退不得,连动也动不了。众人一起哀求饶了他,美人这才把他搜出来。

有一年多时间,来的人愈来愈多,美人很厌烦。那些被拒绝的人就骂赵某。端阳节时,赵某和美人摆酒大宴宾朋,突然有只白兔跳了进来。美人站起身说:"春药翁来叫我了!"对兔子说:"请先走一步。"兔子就跑出去走了。美人叫赵某拿梯子。赵某就从房子后面扛出一架长梯来,有几丈高。院子里有棵大树,就把梯子靠在上面,梯子比树还高。美人先上,赵某也跟着。美人在梯子上回头说:"亲戚朋友中有愿意跟着去的,就请上来。"众人彼此看着不敢上。只有主人家的一个小仆人,很快爬上去跟在后边。愈上愈高,在梯子的尽头有云相接,再就看不见了。大家再看那梯子,竟是用了多年的破门,只是把木板去掉了。大家拥进屋子,只见还是原来那样破败冷落的样子,其他什么也没有。还想着那小仆人回来可以问问情况,到底也没有踪影。

刘　　全

邹平县有个兽医侯某,去给耕地的人送饭。到野外时,有股风在面前打旋,侯某就用勺子舀出汤水洒在地上祭奠。洒了好几勺,风才离去。一天到城隍庙会,在房廊下漫步,看到里边塑着刘全献瓜的塑像,布满了鸟粪,连眼睛都糊住了。侯某说:"刘大哥怎么受到这样的玷污?"就用指甲把鸟粪除掉了。

过后几年,侯某得病躺在床上,被两个差役把魂魄勾去。到官府衙门前,那两人索要钱物,逼得很厉害。侯某正在无计可施时,忽然从衙门里走出一位穿绿色衣服的人,看到他后很惊讶,说:"侯老翁怎么来了?"侯某就告诉了他。绿衣人责备两个差役说:"这是你侯大爷,怎么这样无礼!"两个差役连连说是,请罪道歉,说不知道。随后听到鼓声如雷,绿衣人说:"升早堂了。"就同他一块进去,让他站在台阶下,说:"暂且站在这儿,我替你打听一下。"就上堂招手,叫一个办事人下来,略说了几句话。那办事人看到侯某拱拱手说:"侯大哥来了? 你也没什么大事,有匹马告你,对质一下就能回去了。"就走了。

过了一会,堂上叫侯某的名字。侯某就到堂上跪下,一匹马也跪在那儿。官员问侯某:"这匹马说被你的药害死了,有这事吗?"侯某说:"它得了瘟病,我用治瘟病的药方治它。用药后治不好,隔了一天死去,和我有什么关系?"马也说着人话,和他彼此辩驳得很厉害。那官员就让查档案,档案上注明马的寿命有多少,应该死在某年月日,和实际情况非常吻合。于是斥责说："这是你的天数尽了,怎么能够乱告!"训斥了一顿让它走了。又对侯某说："你存心行善很好,可以不死。"就叫那两个差役仍送他回去。

前面见过的那两个人跟了出来,嘱咐差役路上好好待他。侯某说："今天虽然承蒙保护帮助,但我生平实在不认识二位。乞求告诉我姓名,也好报答。"绿衣人说："三年前,我从泰山回来,渴得要死。从你家村外经过,多亏你拿勺子舀汤水给我喝,到现在也忘不了。"那办事人说："我就是刘全。那时被鸟粪蒙着眼,闷得受不了,你用手为我清除干净,因此铭记在心。无奈阴间的酒饭不能招待你,请就此告别吧。"侯某这才明白,就往回走。到家后,招待两位差役,差役连杯水也不敢喝。侯某苏醒后,才知道已经死去两天了。从此以后,更加一心向善。每到时序节日,一定用酒水祭奠刘全。八十岁时,还很强健,能够骑马奔驰。一天,路上碰见刘全骑着马过来,像是要远行的样子。拱手问候以后,刘全说："你的寿数已尽,勾魂的文书已经发出了。差役要来,我制止他们说不用。你现在可以回家料理后事了,三天后,我来和你一块走。在阴间我替你买了个小官,也没有什么苦楚。"就走了。侯回家后,告诉妻子,叫来亲友一一告别,把棺材等准备好。第四天黄昏时,对大家说："刘大哥来了。"进到棺材里就死了。

土 化 兔

靖逆侯张勇镇守兰州的时候,出外打猎获得兔子很多,其中有半身或两条腿还是泥土的。一时间这地方争相传闻,说是土可以变化成兔子。这也是从事物的道理上无法解释的。

人 妖

东昌府有个叫马万宝的人,是个率意而为狂放不羁的人。他的妻子田氏也和他一样,不拘常规,风流潇洒。夫妻两个感情非常好。

一天,来了个女子寄住在邻居寡妇家,说是受不了公婆的虐待,暂且出来避避。她的针线活非常好,就替那邻居老妇做些活。老妇很喜欢,就留她住下。住了几天,女子说自己能在晚上为人按摩,专治女子的肚子疼。老妇常到马家来,宣扬她的这一能耐。田氏也不留意。一天,马万宝从墙缝中看到那女子,有十八九岁,很有风致,心里就喜欢上了。就私下里和妻子商量,让她假装有病叫女子来。老妇先来了,到床前问候安慰后,说:"承蒙娘子叫她,她就来。只是她怕见男人,请别叫你丈夫进来。"田氏说:"我们家没有多余的房子,到那时他进进出出,这可怎么办?"说完又沉思了一会,说:"晚上西村他舅叫他去喝酒,就告诉他不要回来了,这很容易。"老妇人听后就走了。这里夫妻二人就来了个改头换面的掉包计,笑着布置开了。

天快黑的时候,老妇领女子过来,问:"你丈夫晚上回来不回来?"田氏说:"不回来了。"女子高兴地说:"这样就好。"说了几句话,老妇就走了。田氏就点上灯,铺开床,让女子先上床,自己也脱了衣服吹了灯。忽然说:"几乎忘了,厨房门还没关,怕狗进去偷吃。"就下床，开了门把丈夫换进来。马万宝摸索着进来，上了床和女子睡在一起。女子颤声说："我来给娘子治病吧。"其间还夹杂些调情的话，马万宝也不言语。女子就抚摸着他的肚子，渐渐移到肚脐下，然后停住，突然间摸向两腿之间，摸到了他那正不安分的东西。女子吃惊恐惧，就像摸到了蛇蝎一样。起身就要逃。马万宝拦住她，把手插到她的两腿间，一摸，竟满满一把，也是个大家伙。吓了一跳，急叫点灯。

他妻子只当事情崩了，急忙点上灯进来，准备调停。进来一看，见女子跪在地上乞求饶命，知道是个男的，又羞又怕，就连忙出去了。马万宝就盘问他。那人就说自己是谷城县人，叫王二喜。因为大哥是专以男扮女装骗奸妇女的桑冲的徒弟，因而把这些东西教给了自己。又问他骗奸了几个人。说："出道时间不长，只有十六个。"

马觉得他这种行为应该处死，就想告到官府。但又爱他脸蛋长得漂亮，就绑起来把他的阳物割了。那人血流不止，昏了过去，有一顿饭的时间才醒过来。马万宝让他躺在床上，盖好被子，吩咐他说："我拿药给你治，等伤好了，你就跟着我过一辈子。不然的话，告发你必死无疑！"他答应了。

第二天，老妇来了，马万宝就骗她说："她原来是我的表侄女王二姐。因为不能生育而被婆家撵出来，夜里都给我们说了，这才知道。突然有点不好，我去替她买些药，另外再到她家去一下，要她留在这给我妻子做伴。"老妇到房子去看望"王二姐"，见她脸色灰黄像尘土蒙着。就到床前问候。王二姐回答说："我阴部突然肿起来，恐怕是长了毒疮。"老妇人相信了，安慰后走了。马万宝就精心替他治疗，内服外用，一天天好了。马万宝晚上常和他狎睡在一起；他每天早早起来，替田氏洒扫做饭，缝衣补缀，就像婢女一样。

过了不长时间，干此勾当的桑冲被处死，七个门徒也被砍头示众。只有王二喜漏了网，给各地发了通缉令，严加追捕。村里人暗中对马万宝收留的这个人怀疑，马万宝就叫村里的老妇们来，隔着衣服摸她。这样一来，大家的怀疑也就自然没有了。从这以后，王二喜对马万宝感恩戴德，终生陪伴他。后来死了，就埋在马氏坟旁，现在还依稀能够看到。

异史氏说："马万宝可说是个善于用人的人了。孩子们喜欢玩螃蟹，但又怕它钳人，就把它的钳脚弄断了喂养。唉！如果弄通其中的深理，就是用来治理天下也没有不行的！"